मुक्तिबोध :
ज्ञान और संवेदना

मुक्तिबोध : ज्ञान और संवेदना

नंदकिशोर नवल

राजकमल प्रकाशन

ISBN : 978-81-7178-952-8

मूल्य : ₹995

पहला संस्करण : 1994
छठा संस्करण : 2019

प्रकाशक : राजकमल प्रकाशन प्रा. लि.
1-बी, नेताजी सुभाष मार्ग, दरियागंज
नई दिल्ली-110 002

शाखाएँ : अशोक राजपथ, साइंस कॉलेज के सामने, पटना-800 006
पहली मंजिल, दरबारी बिल्डिंग, महात्मा गांधी मार्ग, इलाहाबाद-211 001
36 ए, शेक्सपियर सरणी, कोलकाता-700 017

वेबसाइट : www.rajkamalprakashan.com
ई-मेल : info@rajkamalprakashan.com

मुद्रक : बी.के. ऑफसेट
नवीन शाहदरा, दिल्ली-110 032

MUKTIBODH : GYAN AUR SAMVEDNA
by Nand Kishor Naval

मुक्तिबोध के सहचर मित्र
श्री नेमिचंद्र जैन को

भूमिका

मुक्तिबोध पर लिखी गई यह पुस्तक दो खंडों में विभक्त है। पहले खंड में मुख्यतः उनके 'ज्ञान' का विश्लेषण है और दूसरे खंड में मुख्यतः उनकी संवेदना का। 'ज्ञान' और 'संवेदना' उनमें अलग-अलग नहीं हैं, प्रायः वागर्थ की तरह संपृक्त हैं, उनके शब्द भी हैं–'संवेदनात्मक ज्ञान' और 'ज्ञानात्मक संवेदना', फिर भी अध्ययन की सुविधा के लिए यह विभाजन करना पड़ा है। अधिक सही यह कहना होगा कि अध्ययन के क्रम में यह स्वयं हो गया है। अपनी तरफ से हम यही आश्वासन दे सकते हैं कि हमने मुक्तिबोध को यथासंभव अविभाज्य रूप में देखने और दिखाने की कोशिश की है। अध्ययन कविता पर केंद्रित है, लेकिन प्रसंगवश उसमें उनके आलोचना-साहित्य, कथा-साहित्य और उनकी राजनीतिक टिप्पणियों की भी छानबीन की गई है।

कवि कई प्रकार के होते हैं। कुछ कवि भावना के साथ ज्ञान को भी महत्व देते हैं, कुछ जितना भावना को महत्व देते हैं, उतना ज्ञान को नहीं। हिंदी से ही उदाहरण लें, तो यहां पहली कोटि में कबीर और तुलसी आएंगे और दूसरी कोटि में विद्यापति और सूर। आधुनिक काल में भी 'प्रसाद'-जैसे ज्ञानी कवि हुए हैं, तो महादेवी-जैसी भावुक कवयित्री भी। वस्तुतः यह कवि की अपनी बनावट पर निर्भर है कि वह अपने युग की समस्या को कैसे ग्रहण करेगा, केवल भावना और कल्पना के द्वारा, या इनके साथ बुद्धि के द्वारा भी; केवल अपनी अंतर्दृष्टि के द्वारा, या अपनी विश्वदृष्टि के द्वारा भी। मुक्तिबोध कविता में संवेदना के साथ ज्ञान को अनिवार्य मानते थे। इसी कारण उन्होंने कवि द्वारा अपने भीतर विश्वदृष्टि विकसित करने पर बहुत बल दिया है।

उनके संबंध में दूसरी महत्वपूर्ण बात यह है कि वे कबीर-जैसे विद्रोही कवियों की परंपरा के कवि थे। उनका विद्रोह उनकी मार्क्सवादी विश्वदृष्टि की देन था। इसमें निश्चय ही किसी प्रकार का संदेह न होना चाहिए कि वे बहुत ही दृढ़ और सुसंगत मार्क्सवादी थे। इस प्रसंग में जो बात सदा याद रखने की है, वह यह कि उनका मार्क्सवाद यांत्रिक और संकीर्णतावादी न होकर विकासमान और सृजनात्मक था। इसी कारण उन्होंने विश्वदृष्टि को अपने अनुभव के योग से 'विकसित' करने की बात कही है, उसे 'अर्जित' करने की नहीं। एक कवि के लिए उनकी दृष्टि में विचारधारा की सार्थकता तभी है, जबकि वह उसे आत्मविस्तार के रूप में दिखलाई दे।

आज पूर्वी यूरोप और सोवियत संघ में कथित समाजवादी व्यवस्था ध्वस्त हो

चुकी है। इससे यह निष्कर्ष निकालना गलत होगा कि मार्क्सवाद के दिन लद गए और उन्नीसवीं शताब्दी के औद्योगिक एवं पूंजीवादी विकास की परिस्थितियों में उत्पन्न यह विचारधारा अब अप्रासंगिक हो गई है। मार्क्सवाद का दार्शनिक और ऐतिहासिक चिंतन सही है, उसके आर्थिक और राजनीतिक चिंतन का सार-तत्व भी सही है, अपने आशय में सर्वाधिक मानवीय, बशर्ते कि मार्क्सवाद को हम जड़ रूप में ग्रहण न कर बदलती हुई परिस्थितियों में, जिनमें पूंजीवाद में होनेवाले परिवर्तनों से लेकर विज्ञान और तकनीकी विद्या तक के क्षेत्र में होनेवाले परिवर्तन शामिल हैं, विकासमान रूप में ग्रहण करें। कथित समाजवादी व्यवस्था का ध्वंस इसलिए हुआ है कि वह जनतांत्रिक व्यवस्था और स्वतंत्रता दोनों का निषेध कर प्रशासनिक आदेशों से चालित एक यांत्रिक सामूहिकीकरण वा सरकारीकरण के सहारे चल रही थी। इसके साथ उसमें ऐसी गड़बड़ियां भी थीं, जो उसे न केवल जनतंत्र-विरोधी और समाजवाद-विरोधी, बल्कि मानव-विरोधी व्यवस्था सिद्ध कर रही थीं। मुक्तिबोध समाजवाद को जनतंत्र के विकल्प के रूप में नहीं, बल्कि उसके उच्चतर रूप में देखते थे। उनका स्तालिनवाद-विरोधी संघर्ष को समर्थन देना इसी का प्रमाण है। उन्होंने न केवल बहुत दृढ़ता से यह कहा था कि "रूस के ख्रुश्चेव ने अ-स्तालिनीकरण की जो प्रक्रिया शुरू की, वह बीच ही में नहीं रोकी जा सकती", बल्कि उससे भी आगे जाकर, इटली की कम्युनिस्ट पार्टी के नेता तोग्लियाती ने जब यह सवाल उठाया था कि सोवियत जनतंत्र में, जो मार्क्सवादी और लेनिनवादी सिद्धांतों पर खड़ा किया गया है, ऐसी कौन-सी खराबी आ गई जिसकी वजह से स्तालिन इतनी बुराइयां कर सका, तो उन्होंने लिखा था, "हम भी यह मानते हैं कि यह (सवाल) बिलकुल बुनियादी और उचित है। तोग्लियाती ने बिलकुल ठीक जगह गोली दागी।" उन्होंने मार्क्सवाद को अपनी विश्वदृष्टि के रूप में उसके वैज्ञानिक मानववाद के कारण स्वीकार किया था, इस कारण नहीं कि वह कथित सर्वहारा की पार्टी और नौकरशाही के द्वारा एक निरंकुश और भ्रष्ट सत्ता का रूप ले लेगा।

स्वभावतः साहित्य के क्षेत्र में मुक्तिबोध यथार्थवादी कविता के पक्षधर थे, आत्मपरक कविता के नहीं, यद्यपि उन्होंने उसमें आत्मपरकता का निषेध नहीं किया। कविता में आदर्श स्थिति तो उन्होंने यह मानी कि विश्व-समस्या व्यक्ति-समस्या बनकर उपस्थित हो! लेकिन आग्रह उनका विश्व-समस्या के चित्रण पर था। सौंदर्यशास्त्र के क्षेत्र में उनका संघर्ष नई कविता के उस सौंदर्यशास्त्र के विरुद्ध निर्दिष्ट था, जिसके प्रभाव में उसमें मात्र निजी संवेदनात्मक प्रतिक्रियाओं की कविता लिखी जा रही थी। उन्होंने "व्यक्तिबद्ध पीड़ाओं से हटकर" रची गई कविता को महत्व दिया और उसी में सौंदर्य की स्थिति बतलाई। सौंदर्य के जीवन के साथ संबंध पर उनका विशेष बल था, लेकिन यथार्थ के नाम पर कविता को इतिवृत्त बनाने की जगह उन्होंने उसमें कल्पना ही नहीं, फैंटेसी का महत्व प्रतिष्ठित किया। उनकी मान्यता थी कि किसी भी कविता को ठीक से समझने के लिए उसकी सृजन-प्रक्रिया को समझना जरूरी है। इसी क्रम में उन्होंने सृजन-प्रक्रिया पर अनेक लेख लिखे, जो उनकी अपनी सृजन-प्रक्रिया से तो परिचित कराते ही हैं, किसी हद तक यथार्थवादी कविता की सृजन-प्रक्रिया पर

भी प्रकाश डालते हैं। इस प्रसंग में एक खास बात यह है कि वे अपने सौंदर्यशास्त्रीय चिंतन में आचार्य शुक्ल, लूकाच, इलियट, ड्राइडन और लेनिन की कुछ प्रस्थापनाओं को सिर्फ दुहराते नहीं हैं, अपने चिंतन और सृजनात्मक अनुभव के बल पर उन्हें विकसित भी करते हैं।

मुक्तिबोध का लेखन चूंकि परंपरागत प्रगतिशील लेखन से भिन्न है, इसलिए उनकी प्रगतिशीलता पर बार-बार प्रश्नचिह्न लगाया गया है और उन्हें प्रगतिशील 'झुकाव' रखनेवाला प्रयोगवादी और नई कविता का कवि कहा गया है। नई कविता के प्रति स्वयं उनका क्या रुख था? वे भी अपने को कभी-कभी प्रयोगवादी और नई कविता का कवि कहते थे। उनका प्रयोगवाद और उनकी नई कविता कौन-सी थी? पुस्तक के पहले खंड के तीसरे निबंध में इन्हीं बातों पर विचार किया गया है। आज नई कविता एक व्यतीत कहानी प्रतीत होती है, लेकिन उस काल में मुक्तिबोध ने उसके विरुद्ध एक विकट संघर्ष चलाया था। उस संघर्ष में उन्होंने आत्म-सत्य की जगह वस्तु-सत्य के संप्रेषण पर बल दिया और उनका वस्तु-सत्य क्रांतिकारी समाज-सत्य था, कोई गोल-मटोल चीज नहीं, जिसके नाक-नक्श का पता न चले। उनके नई कविता-विरोधी संघर्ष की विशेषता यह है कि उन्होंने उससे उसके अंतर्विरोध को गहरा बनाया, लेकिन उसे पूरा अस्वीकार न किया। दूसरी तरफ स्वयं प्रगतिशील परंपरा के कवि होते हुए उन्होंने उसके सामान्यीकृत रूप के विरुद्ध भी तीखा संघर्ष चलाया। उनके संघर्ष के ही परिणामस्वरूप उनकी मृत्यु के बाद उनके साहित्य के प्रकाश में आते ही नई कविता का चमचमाता हुआ कलश धरती पर लुढ़क गया और प्रगतिशील लेखन में भी एक गुणात्मक परिवर्तन उपस्थित हुआ।

बहुत ही गहरे अर्थों में मुक्तिबोध एक राजनीतिक कवि थे। उन्होंने स्वयं लिखा है कि उनकी कविता का मूल आशय राजनीतिक होता है, भले वह अप्रकट हो। लेकिन उनकी राजनीति देश की रोजमर्रा की राजनीति न होकर एशिया, अफ्रीका और लैटिन अमरीका के उपनिवेशवाद और नवउपनिवेशवाद के विरुद्ध संघर्षरत देशों की राजनीति है, जिसके प्रहार का मुख्य लक्ष्य साम्राज्यवाद है। यही राजनीति उनकी राजनीतिक टिप्पणियों में भी व्यक्त हुई है और उनकी कविताओं में भी। वे कविताएं स्वाभाविक रूप से अन्य प्रगतिशील कवियों की तरह आंदोलनात्मक या प्रचारात्मक धरातल पर न रची जाकर गंभीर मानववादी धरातल पर रची गई हैं। कवि की दृष्टिगत व्यापकता और विश्व-मानवता से उसकी प्रतिबद्धता के कारण उनमें एक महाकाव्यात्मक औदात्य और ओजस्विता संभव हुई है।

1978 में डॉ. रामविलास शर्मा की पुस्तक 'नई कविता और अस्तित्ववाद' का प्रथम संस्करण निकला था। उन्होंने प्रकाशक को कहकर हमें उसकी एक प्रति भिजवाने की कृपा की थी। उसमें उन्होंने मुक्तिबोध की कविता का विस्तार से पुनर्मूल्यांकन किया था। हम पुस्तक मिलने पर तत्काल उसे पढ़ गए थे और उन्हें लिखा था कि "आपका मुक्तिबोध का पुनर्मूल्यांकन वस्तुपरक है।" लेकिन बाद में जब हमने मुक्तिबोध की आलोचना और कविताओं के 'टेक्स्ट' का निकट से अध्ययन किया, तो डॉ. शर्मा

की आलोचना की 'आत्मपरकता' सामने आ गई। 'मुक्तिबोध रचनावली' के प्रकाशन के साथ मुक्तिबोध का समग्र कृतित्व प्रकाश में आया, तो उससे हमारे निष्कर्ष की पुष्टि हुई। हमने पाया कि डॉ. शर्मा ने अपने पूर्वनिर्धारित निष्कर्षों की स्थापना के लिए इतने बड़े पैमाने पर विकृतीकरण से काम लिया है कि सहसा तो वह अविश्वसनीय है.। वे हिंदी के बहुमान्य आलोचक हैं। उनकी गिनती अब हिंदी की जातीय परंपरा के उन्नायकों में होती है। ऐसी स्थिति में आलोचना में इस प्रकार का व्यवहार उनकी आलोचकीय प्रतिष्ठा को क्षतिग्रस्त करता है, बल्कि उनके समग्र आलोचनात्मक कृतित्व की विश्वसनीयता को संदिग्ध बना देता है। नई पीढ़ी ने उनके द्वारा किए गए मुक्तिबोध के मूल्यांकन और पुनर्मूल्यांकन को कभी स्वीकार नहीं किया, तथापि इसकी आवश्यकता बनी हुई थी कि विस्तार से उनकी स्थापनाओं पर विचार कर सच्चाई को सामने लाया जाए। इसी कारण इस खंड के अंतिम दो निबंध डॉ. शर्मा की स्थापनाओं के ही खंडन को समर्पित हैं, यद्यपि इस क्रम में मुक्तिबोध के ज्ञान और संवेदना के अन्य कई पक्ष भी उद्घाटित हुए हैं। डॉ. शर्मा ने जितने जोर-शोर से मुक्तिबोध को अस्तित्ववाद और रहस्यवाद-प्रभावित दिखलाया है, उतने ही जोर-शोर से वे इन दोनों के विरोधी थे। 'कुल्ली भाट' में एक स्थान पर निराला ने तुलसीदास पर कुत्सित आक्षेप किए हैं। डॉ. शर्मा ने उसके लिए उन्हें आड़े हाथों लिया है, क्योंकि वे आक्षेप 'अक्षम्य' और 'निराधार' हैं। डॉ. शर्मा की आलोचना में हम उनके इस कार्य से भी प्रेरित हुए हैं, क्योंकि मुक्तिबोध पर लगाए गए उनके आरोप भी 'अक्षम्य' और 'निराधार' हैं! उनका मुक्तिबोध-विरोध उनके संकीर्णतावादी मार्क्सवादी होने का परिणाम है, यह समझने में विशेष कठिनाई न होनी चाहिए।

मुक्तिबोध को आत्मसंघर्ष का कवि माना जाता है। वे मध्यवर्गीय संस्कारों और सीमाओं से मुक्त होकर सर्वहारा-वर्ग से तदात्म होना चाहते थे, लेकिन चूंकि यह काम आसान नहीं था, इसलिए वे आत्मसंघर्ष में गिरफ्तार थे। एक तरफ अपने व्यक्तित्व का मोह और दूसरी तरफ उसके विसर्जन की आकांक्षा—इसने उन्हें विकट अंतर्द्वंद्व में डाल रखा था! डॉ. शर्मा ने उन्हें सिजोफ्रेनिया नामक रोग का रोगी तक करार दे दिया है, जिसका दुष्परिणाम होता है व्यक्तित्व-विभाजन। वास्तविकता यह है कि मुक्तिबोध न केवल मानसिक रोगी नहीं थे, बल्कि वे अपने युग के सर्वाधिक सुगठित व्यक्तित्ववाले रचनाकार थे। डॉ. शर्मा और डॉ. नामवर सिंह में यह विवाद चलता रहा है कि उनका आत्मसंघर्ष उनका अपना संघर्ष है या वह पूरे मध्यवर्ग का है। दोनों विद्वानों ने दो छोरों पर जाकर बात की है। हमारा निष्कर्ष यह है कि मुक्तिबोध का आत्मसंघर्ष उनका अपना संघर्ष होते हुए भी पूरे सचेत प्रगतिशील मध्यवर्गीय बुद्धिजीवी समुदाय का संघर्ष है और उसका संघर्ष होते हुए भी वह उनका अपना संघर्ष है। यह संघर्ष वस्तुतः वर्गसंघर्ष की छाया है, जिसकी द्वंद्वात्मकता उनके यथार्थ-बोध के साथ बढ़ती गई है। उनका उद्देश्य आत्मसंघर्ष के माध्यम से एक 'सृजनात्मक व्यक्तित्व' का निर्माण करना था, जिससे कि समाज में परिवर्तन घटित हो सके। इसमें उन्होंने व्यक्ति की सक्रियता की निर्णायक

भूमिका मानी है। इस संबंध में यह भी ज्ञातव्य है कि उनमें सिर्फ आत्मसंघर्ष ही नहीं है, "संकल्पधर्मा चेतना का रक्तप्लावित स्वर" भी है। पुस्तक के दूसरे खंड के पहले निबंध का प्रतिपाद्य यही है।

नई कविता 'लघुमानव' की कविता थी, इसलिए स्वभावतः उसमें औदात्य की अभिव्यक्ति नहीं हुई। मुक्तिबोध का आग्रह औदात्य पर था, जिसका स्रोत उनकी दृष्टि में ये चीजें थीं—ओजपूर्ण भावना, विराट कल्पना, और विश्लेषणात्मक बुद्धि। उनका कहना था कि "अंश-सत्य की खंड-प्रतीति" से नहीं, "पूर्ण ऐतिहासिक सत्य" के ज्ञान से ही औदात्य की सृष्टि संभव है। इस प्रकार एक व्यापक वैचारिक परिप्रेक्ष्य को उन्होंने श्रेष्ठ काव्य-रचना के लिए आवश्यक माना। लेकिन इससे यह भ्रम न होना चाहिए कि वे उदात्त के आगे अनुदात्त को कोई महत्व नहीं देते। यथार्थवादी कवि अनुदात्त को छोड़कर नहीं चल सकता, क्योंकि आज जीवन और समाज में अनुदात्त की सत्ता सर्वव्यापी है। स्वभावतः उनकी कविता में उदात्त और अनुदात्त दोनों का जटिल सम्मिश्रण देखने को मिलता है, आत्मा के ऊंचे पर्वत-शिखर के साथ कचरे का ढेर भी! कभी-कभी तो वे जान-बूझकर औदात्य को भंग कर देते हैं और पाठकों को टुच्चे यथार्थ के धरातल पर उतार लाते हैं। दोनों हाथों से आसमान को थामे रहनेवाले शक्ति-पुरुष के साथ ओरांग-उटांग के बिना मुक्तिबोध की कविता का बिंबलोक अधूरा है, बेअसर भी। लेकिन इसमें कोई शक नहीं कि उनकी कविता का मूल चरित्र 'हीरोइक' है। इस खंड के दूसरे निबंध में इसी विषय पर अपेक्षित विस्तार के साथ विचार किया गया है।

तीसरा निबंध मुक्तिबोध की कविता में पाए जानेवाले प्रगीतात्मक तत्वों पर लिखा गया है। उनमें वस्तुपरकता और आत्मपरकता का जटिल संयोग देखने को मिलता है, यह तथ्य है। इस कारण उन्होंने न केवल लंबी कविताओं की रचना की है, बल्कि छोटी कविताएं भी अच्छी संख्या में लिखी हैं और उनकी लंबी कविताओं में भी प्रगीतात्मक संवेदना के खंड पिरोए हुए हैं। प्रगीतात्मक तत्व उनकी कविता को "करुण रसाल हृदय के स्वर" प्रदान करते हैं, जिससे उनकी विद्रोह और क्रांति से भरी कविता का असर बहुत बढ़ जाता है। उसके साथ बहुत सहजता से पाठक गहरी आत्मीयता स्थापित कर लेते हैं। प्रेम और प्रकृति प्रगीतात्मक कविता के पुराने विषय रहे हैं। मुक्तिबोध के प्रेम में स्वकीया-परकीया का आग्रह नहीं है और उसमें मनुष्य की भावनाओं के 'मानवीयकरण' को महत्व दिया गया है। उनके प्रगीत-नायक का न केवल प्रेम से व्यक्तित्व-परिवर्तन होता है, बल्कि वह इतिहास-प्रक्रिया में शामिल होकर इतिहास की समस्याओं को अपनी समस्याएं बना लेता है। इस तरह वह हिंदी कविता के पूर्ववर्ती प्रगीत-नायकों से भिन्न पूर्णतः आधुनिक चरित्रवाला नायक है। उसकी अन्यतम विशेषता यह है कि वह व्यक्ति से जनता तक की यात्रा करता है, लेकिन अपने व्यक्तित्व को छोड़ते हुए नहीं, उसे रूपांतरित अथवा विकसित करते हुए। प्रकृति की कविता स्वतंत्र रूप से मुक्तिबोध ने नहीं लिखी, लेकिन वह उनके व्यक्तित्व का अनिवार्य अंग थी, जिसका प्रमाण यह है कि उसके बिना वे न कुछ अनुभव कर

सकते थे, न कोई सृजन। इस निबंध में यह भी दिखलाया गया है कि प्रकृति और मनुष्य दोनों उनकी कविता में किस कदर गुंथे हुए हैं। मुक्तिबोध निश्चय ही केवल संघर्ष के नहीं, सौंदर्य के भी विलक्षण कवि हैं। इसके बिना उनके काव्य-संसार का एकरस वा विरस होने से बचना असंभव था।

हिंदी में 'इतिवृत्तात्मक शैली' के लिए 'यथार्थवादी शैली' का प्रयोग होता रहा है। यह भ्रामक है, क्योंकि यथार्थवाद एक पद्धति है, जैसे क्लासिसिज्म और रोमैंटिसिज्म, शैली-मात्र नहीं। स्वभावतः यथार्थवादी लेखन अनेक रूपों और शैलियों में किया जा सकता है। पहले यह मान्यता थी कि साहित्य-रचना की एक शैली वह होती है, जिसमें दुनिया यथावत् चित्रित होती है, और दूसरी वह, जिसमें आकर दुनिया बदल जाती है। पहली शैली को ही यथार्थवादी शैली माना जाता था, लेकिन अब यह मान्यता बदल चुकी है और धीरे-धीरे सारे विद्वान यह मानने लगे हैं कि यथार्थवादी साहित्य की रचना फैंटेसी की शैली में भी हो सकती है। इन्हीं बातों को ध्यान में रखकर हमने चौथे निबंध में 'यथार्थवादी शैली' की जगह 'इतिवृत्तात्मक शैली' का प्रयोग किया है, बिलकुल उसी अर्थ में, जिसमें सर्वप्रथम आचार्य रामचन्द्र शुक्ल ने 'इतिवृत्तात्मक' शब्द का प्रयोग किया था। स्वयं मुक्तिबोध ने 'यथार्थवादी शिल्प' और 'भाववादी रोमांटिक शिल्प' शब्दों का प्रयोग किया है, जिससे पाठकों को उलझन हो सकती है, लेकिन इसे आलोचना की तत्कालीन शब्दावली की सीमा मानकर चलने से कोई कठिनाई न होगी।

मुक्तिबोध ने अपनी कविताओं में फैंटेसी की शैली का इस्तेमाल किया है, यह जानी हुई बात है। इस संबंध में ज्ञातव्य है कि इस शैली की तरफ वे धीरे-धीरे बढ़े थे और यथार्थ-बोध की परिपक्वता के साथ उनका ढंग स्वयमेव बदलता गया था। दूसरे, उन्होंने अपनी कविताओं में फैंटेसी का कई प्रकार का इस्तेमाल किया है। कहीं फैंटेसी का स्पर्श हलका है, कहीं प्रगाढ़। कहीं वह सरल रूप में आती है, कहीं बहुत जटिल रूप में। उनकी फैंटेसी की शैली की सफलता उनकी इस क्षमता में निहित है कि वे जिस तरह यथार्थ को फैंटेसी में बदल सकते थे, उसी तरह फैंटेसी का चित्रण भी बिलकुल यथार्थ की तरह कर सकते थे। उनका यथार्थ-लोक जैसे फैंटास्टिक है, वैसे ही उनका फैंटास्टिक लोक अत्यंत यथार्थ। चौथे निबंध में इन बातों की चर्चा तो है ही, उनकी चार पूर्णतः फैंटास्टिक कविताओं के 'कथा-चित्र' भी दिए गए हैं, जिससे शेष फैंटेसीवाली कविताओं से उनकी भिन्नता स्पष्ट हो सके। ये 'कथा-चित्र' इसलिए भी दिए गए हैं कि मुक्तिबोध की फैंटेसी के कथित दुर्भेद्य किले में प्रवेश को सुगम बनाया जाए। उनकी व्याख्या नहीं की गई, पर यथास्थान उनमें निहित संकेतों को अवश्य स्पष्ट किया गया है। इस प्रसंग में एक खास बात यह है कि मुक्तिबोध संभवतः पाठकों की कठिनाई को ध्यान में रखकर अनेक बार स्वयं भी अपनी फैंटेसी में आनेवाली वस्तुओं के प्रतीकार्थ का संकेत कर देते थे। यदि उन संकेतों को भी समझा गया होता, तो उनकी ऐसी कविताओं को लेकर जो विवाद चलता रहा है, उसमें बहुत कुछ कमी आ जाती।

अंतिम निबंध मुक्तिबोध की अभिव्यक्ति पर है। उनकी भाषा के संबंध में सामान्य धारणा यह है कि वह बहुत ही अनगढ़ और ऊटपटांग है। कुछ लोग उसे छायावादी भी कहते हैं। वस्तुस्थिति यह है कि मुक्तिबोध भी कभी ढली हुई भाषा लिखते थे, जब उनका विषय परंपरागत था। विषय और संवेदना में परिवर्तन के साथ उनके लिए अभिव्यक्ति के पुराने साधन अपर्याप्त या बेकार सिद्ध होते गए, जिससे वे हमेशा अपने को एक संघर्ष के बीच पाने लगे। 'अभिव्यक्ति का संघर्ष' उनके संघर्ष का एक प्रमुख मुद्दा है, जो उनके सामाजिक-राजनीतिक संघर्ष से अनिवार्य रूप से जुड़ा हुआ है। ताज्जुब नहीं कि 'अंधेरे में' कविता में उनकी एक खोज कवि के रूप में 'परम अभिव्यक्ति' की भी है और 'अरुण कमल' उनके लिए कविता का प्रतीक है, क्रांति का नहीं। विद्वानों ने यदि उनकी कविता को 'क्रांति' समझ लिया, तो इसे भी अस्वाभाविक नहीं कहेंगे, क्योंकि उनका संघर्ष अंततः अविभाज्य था।

मुक्तिबोध ने संघर्ष करते हुए अपने लिए जो भाषा उपलब्ध की, वह छायावादी तो क्या होगी, प्रचलित 'यथार्थवादी' काव्य-भाषा से भी बहुत आगे की भाषा है, जिसमें अनेक सम और विषम स्तर हैं। उसके विवेचन से इस धारणा का भी खंडन हो जाता है कि उनकी भाषा एकरस संस्कृतनिष्ठ है। श्रीकांत वर्मा ने कहा था कि उसमें संगीत की कमी है। हमारा अनुभव है कि उसमें तनावजनित वह लय है, जिसे स्वयं मुक्तिबोध ने 'नभो-आलाप' कहा है। इसी तरह दूसरे विद्वान उनकी अभिव्यक्ति पर दुरूहता का आरोप लगाकर उनके साहित्य को जनता का साहित्य मानने से इनकार करते हैं। स्पष्टतः यह 'जनता का साहित्य' की संकीर्ण प्रगतिवादी धारणा है, जिसे मुक्तिबोध ने स्वयं अपने प्रसिद्ध लेख 'जनता का साहित्य किसे कहते हैं' में निरस्त कर दिया था। इन तमाम सवालों के साथ निबंध के अंत में मुक्तिबोध की काव्य-संरचना पर भी विचार किया गया है, जिसे अज्ञेय ने 'अपूर्ण' कहा है। जाहिर है कि इस प्रकार की टिप्पणी करते समय टिप्पणीकारों के ध्यान में कविता के पुराने सांचे रहे हैं, जिन्हें तोड़कर ही मुक्तिबोध की कविता अपने पूरे वेग और शक्ति के साथ प्रवाहित हुई है। इसमें उनकी कविता की संरचना भी टूट-फूट नहीं गई है, बल्कि उन्होंने उसे एक बिलकुल नया रूपाकार प्रदान किया है। उनकी कविता इतिहास के साथ प्रवहमान होने के कारण असमाप्य है, लेकिन उसकी संरचना में एक नई कलात्मक पूर्णता है।

इस खंड के परिशिष्ट में 'अंधेरे में' कविता का विश्लेषण प्रस्तुत किया गया है। यह कविता न केवल मुक्तिबोध की सर्वश्रेष्ठ कविता है, बल्कि यह उनकी सर्वाधिक विवादास्पद कविता भी है। आशा है, इस विश्लेषण से कविता के वास्तविक स्वरूप पर प्रकाश पड़ेगा और उसकी अंतर्वस्तु, जोकि फासिज्म-विरोध है, उभरकर सामने आएगी। यह निबंध बिलकुल स्वतंत्र रूप में लिखा गया है, इसलिए इसमें पूर्वकथित बातों की यत्र-तत्र संक्षेप में पुनरावृत्ति हुई है। पुस्तक में भी कुछ उद्धरण प्रसंग-भेद से दुहराए गए हैं। कभी-कभी विवश होकर हमें लंबे उद्धरण भी देने पड़े हैं। इन सभी बातों के लिए हम सुरुचिसंपन्न पाठकों से क्षमा-याचना करते हैं।

'मुक्तिबोध रचनावली' में कभी-कभी पूरी कविता के अधूरी होने की संभावना

प्रकट की गई है और अधूरी कविता के बारे में इस तरह सूचना दी गई है, जैसे कि वह पूरी हो। क्रमशः 'जमाने का चेहरा' और 'शब्दों का अर्थ जब' ऐसी ही कविताएं हैं। हमने 'जमाने का चेहरा' को पूरी कविता मानकर उस पर विचार किया है। 'रचनावली' के संपादक ने 'एक प्रदीर्घ कविता' शीर्षक के अंतर्गत मुक्तिबोध की चार कविताएं—'एक प्रदीर्घ कविता का प्रास्ताविक', 'इस नगरी में', 'डूबता चांद कब डूबेगा' और 'कल जो हमने चर्चा की थी'—दी हैं और उन्हें एक ही दीर्घ कविता के अंश मानने का आग्रह किया है। इसका कारण यह है कि उन्हें स्वयं मुक्तिबोध की हस्तलिपि में ये कविताएं एक ही दीर्घ कविता के अंश के रूप में लिखी हुई प्राप्त हुई हैं। इन कविताओं की विषय-वस्तु और रूप पर विचार करने के बाद हम इस निष्कर्ष पर पहुंचे हैं कि ये चारों कविताएं एक लंबी कविता के अंश न होकर स्वतंत्र रूप से लिखी गई चार कविताएं हैं। इस बात की पुष्टि इस तथ्य से भी होती है कि मुक्तिबोध ने इन्हें पत्रिकाओं में स्वतंत्र कविताओं के रूप में प्रकाशित कराया था। ऐसी स्थिति में ये यदि रचनावली-संपादक को कवि की हस्तलिपि में एक कविता के अंशों के रूप में लिखी हुई प्राप्त हुई हैं, तो उसका मतलब सिर्फ यह हो सकता है कि ये किसी एक कविता के अंश न होकर एक कविता-शृंखला की कड़ियां हैं। इस कारण इस पुस्तक में हमने चारों कविताओं को चार स्वतंत्र कविताएं मानकर उन पर विचार किया है, या उनका हवाला दिया है।

'पाया पत्र तुम्हारा' में नेमिचंद्र जैन के नाम लिखे गए मुक्तिबोध के पत्र हिंदी में भी हैं और अंग्रेजी में भी। हमने अंग्रेजी पत्रों से जहां उद्धरण दिए हैं, वहां उनका हिंदी में अनुवाद कर लिया है।

हिंदी में समकालीन काव्य-चर्चा के केंद्र में मुक्तिबोध को प्रतिष्ठित करने का बहुत कुछ श्रेय आलोचकों में डॉ. नामवर सिंह को है। स्वभावतः उन्होंने मुक्तिबोध पर पुस्तक पूरी करने के लिए हमें प्रोत्साहित ही नहीं किया, कई अन्य प्रकार से भी हमारी सहायता की है। पुस्तक के पहले खंड का पहला निबंध 'आलोचना' में प्रकाशित कर उन्होंने उस पर अनुकूल टिप्पणी भी की थी, जिससे हमें बल मिला था। यह सब हमारे प्रति उनके अखंड स्नेह का प्रमाण है, जिसका प्रतिदान मात्र शाब्दिक कृतज्ञता - ज्ञापन नहीं हो सकता। बाद के तीन निबंध क्रमशः 'पूर्वग्रह', 'साक्षात्कार' और 'दस्तावेज' में छपे थे। 'दस्तावेज' में ही दूसरे खंड का दूसरा निबंध भी छपा था। इन लंबे-लंबे निबंधों को छापने के लिए हम उक्त पत्रिकाओं के संपादकों का आभारपूर्वक स्मरण करते हैं। पुस्तक की पांडुलिपि को अंतिम रूप देने का कार्य हमारी सुपुत्री सौभाग्यवती पूर्वा ने किया है। यदि मुक्तिबोध में उसकी यत्किंचित् रुचि न होती, तो उसके लिए यह कार्य दुष्कर होता। हम उसे हार्दिक शुभाशंसा देते हैं।

यह कटु ऐतिहासिक तथ्य है कि मुक्तिबोध जब तक जीवित रहे, कवि-रूप में उपेक्षित रहे। इस बात से वे काफी दुखी रहते थे, लेकिन उन्होंने आत्मविश्वास नहीं खोया था। अपने एक लेख में उन्होंने अपनी कविताओं के बारे में कहा है : "कोई समानधर्मा पुरुष जरूर उन्हें पढ़ेगा, आज नहीं, मेरी मृत्यु के बाद सही। उसे अच्छी

नहीं लगेंगी, वह आलोचना करेगा, किंतु उसे उसके कुछ हिस्से अवश्य पसंद आएंगे! तो, उस समानधर्मा के इंतजार में—या यूं कहिए कि आशा में—मेरे इस कमरे में कवि-कर्म चल रहा है! उस समानधर्मा का रूप मेरी आंखों के सामने अवश्य प्रस्तुत होता है। वह मुझसे अधिक बुद्धिमान, अधिक अनुभवी, अधिक उदार, अधिक सहृदय, अधिक मर्मज्ञ, अधिक मेधावी होगा। वह मेरे गुण-दोषों का विवेचन करेगा।" यह पुस्तक उसी समानधर्मा के स्वागत की तैयारी में लिखी गई है। इति।

नंदकिशोर नवल

सुमति पथ, रानी घाट,
महेंद्रू, पटना—800 006
17 मार्च, 1992

विषय-सूची

1

1

विश्वदृष्टि

'आधुनिक कविता की दार्शनिक पार्श्वभूमि' शीर्षक अपने लेख में मुक्तिबोध कहते हैं : "· · · साहित्य में प्रकट भावदृष्टि उस ज्ञानधारा या विचारधारा से अनुप्राणित और अनुशासित होती है कि जिस धारा को हम उस लेखक की विश्वदृष्टि कह सकते हैं।" इस तरह वे विचारधारा और विश्वदृष्टि को एक-दूसरे का पर्याय मानते थे। उनकी दृष्टि में कवि की विश्वदृष्टि उसकी विचारधारा पर आधारित नहीं होती, बल्कि उसकी भावदृष्टि उसकी विश्वदृष्टि पर आधारित होती है।

लेख में आगे उन्होंने कहा है कि नई कविता को उत्तराधिकार के रूप में न अध्यात्मवादी विचारधारा प्राप्त हुई, न भौतिकवादी। उसमें विश्वदृष्टि को 'विकसित' करने का कोई प्रयत्न नहीं किया गया। कुछ कवियों ने आपस में बैठकर भले अपने विश्वास एकत्रित कर लिए हों, लेकिन वे विश्वास उनके साहित्य की पार्श्वभूमि नहीं बन सके। नए कवियों के पास ऐसी कोई केंद्रीय दृष्टि नहीं, जो उनकी भावदृष्टि का अनुशासन करने में समर्थ हो। इसके साथ उनका यह भी कहना है कि आज बहुत-से कवियों के अंतःकरण में जो बेचैनी, ग्लानि, अवसाद और विरक्ति के भाव हैं, उसका एक कारण उनमें एक ऐसी विश्वदृष्टि का अभाव है, जो उन्हें आत्मिक शक्ति प्रदान कर उनकी अगतिकता को दूर कर सके। कवियों में विश्वदृष्टि के अभाव को उन्होंने उनके और साहित्य के लिए ही नहीं, देश के लिए भी 'हानिप्रद' बतलाया है। यहां उनकी विश्वदृष्टि को 'विकसित' करनेवाली बात विशेष रूप से ध्यान देने योग्य है।

मुक्तिबोध ने विचारधारा अथवा विश्वदृष्टि की विकास-प्रकिया को द्वंद्वात्मक माना है। यही उनके एतत्संबंधी चिंतन की विशेषता है। प्रत्येक युग में कुछ ऐसे बुनियादी तथ्य होते हैं, जो न केवल हमारे निजी जीवन पर गहरा असर डालते हैं, बल्कि देश के वर्तमान और भविष्य का भी निर्माण करते हैं। उन बुनियादी जीवन-तथ्यों के जो तर्कसंगत निष्कर्ष और परिणाम निकलते हैं, हम उनकी तरफ नहीं जाते। "वे मूलभूत जीवन-तथ्य इतने विस्तृत होते हैं कि उनके चंगुल से, प्रभाव से, उनके संवेदनात्मक अनुभव से, बचा नहीं जा सकता। फिर भी हमारे पास शिक्षा तथा संस्कृति

द्वारा प्राप्त जो संचित ज्ञान है, उसके प्रकाश में भी हम उन जीवन-तथ्यों का विश्लेषण नहीं करते। आज की बहुत-सी कविताओं में दुःख, वैकल्य व पीड़ा तथा विरक्ति का स्वर है। उसके मूल में उसको घटित करनेवाले जो कारक तथ्य हैं, उनका विश्लेषण करके उनके तर्कसंगत निष्कर्षों तथा परिणामों के आधार पर, हम अपनी ज्ञान-व्यवस्था, तथा उस ज्ञान-व्यवस्था के आधार पर अपनी भाव-व्यवस्था, विकसित नहीं करते।" स्पष्टतः उनके अनुसार कवि विश्वदृष्टि कहीं से प्राप्त नहीं करते, बल्कि अर्जित ज्ञान के आलोक में अनुभूत जीवन-तथ्यों का स्वयं विश्लेषण कर उसे उपने भीतर विकसित करते हैं। तात्पर्य यह कि यह दृष्टि न सिर्फ ज्ञान के बल पर प्राप्त की जा सकती है, न सिर्फ अनुभव के बल पर। इसके लिए ज्ञान और निजी प्रयास दोनों का संयोग आवश्यक है। इसीलिए इसके विकास की प्रक्रिया द्वंद्वात्मक है। आकस्मिक नहीं कि मुक्तिबोध ने विश्वदृष्टि को 'सिर्फ किताबी' मानने से इनकार किया है और उसके लिए 'अनुभवात्मक ज्ञान-व्यवस्था'-जैसी सार्थक संज्ञा का प्रयोग किया है। यह ज्ञान-व्यवस्था अनुभवात्मक होने से स्वभावतः संवेदनात्मक होती है।

मुक्तिबोध की ज्ञान-व्यवस्था के आधार पर भाव-व्यवस्था विकसित करनेवाली बात आचार्य रामचंद्र शुक्ल की इस बात से बहुत दूर नहीं है कि "ज्ञान-प्रसार के भीतर ही भाव-प्रसार होता है।" 'एक साहित्यिक की डायरी' के 'कलाकार की व्यक्तिगत ईमानदारी : दो' लेख में वे यशराज के माध्यम से 'ज्ञानात्मक आधार' की परिभाषा प्रस्तुत करते हैं। वह वैज्ञानिक जानकारी के अलावा जीवन-जगत का जो बोध है, उसका व्यापक होना, पुष्ट होना, विश्व में ज्ञान का जो विकास-स्तर प्राप्त है, उसे आत्मसात् करना और उससे आगे बढ़ना है। यशराज कहता है, "भावना उसी क्षेत्र में सक्रिय होती है, जो क्षेत्र वस्तुतः ज्ञानशक्ति द्वारा गृहीत हो। बोध, यानी ज्ञान के क्षेत्र के भीतर ही भावना की पहुंच है, उसके बाहर नहीं। इसीलिए यह आवश्यक है कि हमारे जीवन का ज्ञानात्मक आधार व्यापक और विकसित हो।" 'दार्शनिक पार्श्वभूमि' वाले लेख में ही उन्होंने कहा है कि कवियों में कहीं सौंदर्यवाद के नाम पर, तो कहीं अन्य किसी नाम पर यह भय समाया रहता है कि अगर हम जीवन के बुनियादी तथ्यों को ही गद्यात्मक संवेदना में प्रस्तुत करेंगे तो लोग हमारी कृति को कलाहीन कह देंगे, हमें कम्युनिस्ट, वामपक्षी अथवा आध्यात्मिक कह देंगे! उनका आग्रह था कि नए काव्यांदोलन के कवि तरह-तरह के आत्म-निषेधों से मुक्त होकर साहसपूर्वक अपने भीतर अनुभवात्मक ज्ञान-व्यवस्था या विश्वदृष्टि विकसित करें और उसी के आधार पर काव्य-रचना में प्रवृत्त हों। इस आधार के अभाव में रची गई कविताएं स्वतंत्र संवेदनात्मक प्रतिक्रियाएं-भर होती हैं, किसी अंतर्निहित सागर की लहर नहीं। वे इस बात से सहमत नहीं थे कि विश्वदृष्टि का विकास एक बौद्धिक कार्य है, इसलिए इसकी अपेक्षा दार्शनिकों से ही की जानी चाहिए, कवियों से नहीं।

क्षणिक संवेदनात्मक प्रतिक्रियाएं कवि को शेष जीवन से काटकर सौंदर्यवाद की तरफ ले जाती हैं। ऐसा कवि अपनी कविताओं में कुछ मनःस्थितियों का फेन और धूम-भर प्रकट करके रह जाता है, उन्हें जन्म देनेवाले मूल जीवन-तथ्यों को जानने में

कोई रुचि नहीं दिखलाता। मजे की बात यह है कि कभी-कभी उक्त मनःस्थितियों के माध्यम से मूल जीवन-तथ्यों की जानकारी प्राप्त करने की कोशिश की जाती है, लेकिन प्रत्यक्ष रूप से कवि-गण उन्हें अपनी अनुभवात्मक ज्ञान-व्यवस्था का अंग बनाने का प्रयास नहीं करते। मुक्तिबोध के शब्दों में, "आधुनिक विज्ञान-युग में कवियों द्वारा जीवन-ज्ञान का बॉयकॉट सचमुच दर्शनीय और शोचनीय है। वह उनके आत्मिक ह्रास और ह्रास की विद्रूपता का सूचक है। यही कारण है कि कविता में आज जो निज-समस्या अंकित होती है, वह वास्तविक संदर्भों से हीन होने से मानव-समस्या का रूप धारण नहीं कर पाती।" उन्हें यह कहने में भी दुविधा न हुई कि नई कविता में जो विचारधारा या विश्वदृष्टि का अभाव था, उसके पीछे पश्चिम से आयातित एक कला-सिद्धांत था और उस कला-सिद्धांत के पीछे प्रगतिशीलता-विरोधी एक राजनीति थी। वह सिद्धांत था कला की स्वायत्तता का सिद्धांत। "कला की ऑटोनॉमी को, कला की स्वायत्त प्रकृति को, इतना निर्विकल्पक (ऐब्सोल्यूट) किया गया कि साक्षात जीवन से उसके संबंध-सूत्र टूटने लगे—विशेषकर उस जीवन से और उसके ज्ञान से, कि जिसमें उपस्थित समस्याएं मानव-समस्याएं बनकर वह हालत पैदा कर देती हैं कि मनुष्य उस जीवन को बदल डालने की, उस समाज को कि जिसमें वह जीवन पाया जाता है, बदल डालने की ओर प्रवृत्त होता हो। इस प्रकार की प्रवृत्ति से नए व्याख्याताओं को डर लगता था। उन्हें डर लगता था कि वे परिवर्तनकारिणी प्रवृत्तियां कहीं नई कविता में उभरने न लगें।"

'रचनाकार का मानवतावाद' शीर्षक निबंध में मुक्तिबोध ने विश्वदृष्टि अथवा अनुभवात्मक ज्ञान-व्यवस्था के लिए 'जीवन-ज्ञान-व्यवस्था' शब्द का प्रयोग किया है और उसके संबंध में कई महत्व की बातें कही हैं। सबसे पहले वे उसका संबंध लेखक के वर्ग से जोड़ते हैं। चूंकि लेखक की वास्तविक जीवन-प्रणाली एक विशेष वर्ग से ही संबद्ध होती है, इसलिए उस वर्ग में प्रचलित सामान्य भाव-धारा भी उसके विकास में योग देती है। परिणामतः उस मूल्य-भावना तथा दृष्टि के विकास में जितना अपना हाथ होता है, उतना ही पारिवारिक तथा वर्गीय क्षेत्रों का भी। इस प्रकार एक ही साथ वह दृष्टि निजगत तथा जीवन-क्षेत्रगत अर्थात वर्गगत प्रयासों के योग का एक परिणाम होती है, भले ही संवेदना अथवा अनुभूति के रूप में उसके तत्व तथा कार्य निजी मालूम हों। इसके बाद वे कहते हैं कि लेखक के अंतःकरण में स्थित जीवन-ज्ञान-व्यवस्था को, जिसके मूल-जाल संवेदनात्मक-अनुभवात्मक होते हैं, जीवन-जगत की व्याख्या के साथ, अर्थात किसी व्यापक विचारधारा और किसी दर्शन के साथ जोड़ने का प्रयास होता रहता है। एक ओर लेखक स्वयं जीवन-जगत की व्याख्या चाहता है, तो दूसरी ओर साहित्य-क्षेत्र में विभिन्न प्रकार की विचारधाराएं और दर्शन जीवन-जगत की व्याख्या को लेकर उपस्थित रहते हैं। इस प्रकार लेखक के अंतःकरण में उपस्थित संवेदनात्मक-अनुभवात्मक जीवन-ज्ञान-व्यवस्था के साथ जीवन-जगत की दार्शनिक व्याख्या का समन्वय हो जाता है, और वह दार्शनिक धारा लेखक को 'आत्म-विस्तार' के रूप में दिखलाई देती है। अंतिम बात उन्होंने यह कही है कि यह आवश्यक नहीं

है कि लेखक जिस जीवन-ज्ञान-व्यवस्था को लेकर चलता है, उसमें कोई विकास न हो अथवा वह जिस दार्शनिक धारा को लेकर चलता है, उसमें वह अपनी ओर से कोई नवीन तत्व न जोड़े। इसके विपरीत वह स्वयं तो अपने आपको उस दार्शनिक धारा से परिपुष्ट करता ही है, दार्शनिक धारा की भी वह अपनी विशेष दृष्टि से व्याख्या करता हुआ उसमें नवीन अर्थ भर देता है। अब यह सहज अनुमेय है कि मुक्तिबोध की विश्वदृष्टि मार्क्सवादो होते हुए भी इतनी आत्मीय और सृजनात्मक क्यों है? उन्होंने उसे अपने भीतर अपने अनुभवों और ज्ञान के साथ-साथ असंदिग्ध रूप से मार्क्सवाद की मदद से भी विकसित किया था, लेकिन बदले में अनेक बार मार्क्सवाद में भी नवीन अर्थ भर दिया था।

'दार्शनिक पार्श्वभूमि' वाले लेख में मुक्तिबोध यह भी कहते हैं कि "अत्याधुनिक नई कविता में सर्वमान्य दार्शनिक भूमि लगभग विलुप्त है। इसके पूर्व एक सुस्पष्ट और सांगोपांग विचारणा थी, प्रगतिवादियों के पास।" निश्चय ही यह 'सांगोपांग विचारणा' विश्वदृष्टि नहीं थी, वर्ना वह शीत-युद्ध के हमलों के आगे इतनी कमजोर न साबित होती। मुक्तिबोध ने भी स्वीकार किया है कि प्रगतिवादी विचारणा के भारतीय व्याख्याता पर्याप्त अपरिपक्व थे और उनमें पर्याप्त मतभेद भी था। मुक्तिबोध की अपनी विशेषता यह थी कि उन्होंने स्वयं कभी मार्क्सवाद को न संकीर्ण रूप में ग्रहण किया, न यांत्रिक रूप में। वे विश्वदृष्टि के कायल थे, लेकिन संकीर्ण दार्शनिकता के नहीं। 'नई कविता की प्रकृति' शीर्षक लेख में उन्होंने स्पष्ट कहा है कि यदि हम 'दार्शनिक' आधार का बहुत संकुचित अर्थ स्वीकार करें, तो कलाकार के लिए यह जरूरी नहीं है कि वह किसी बंधे-बंधाए वैचारिक ढांचे को अपनी कला की श्रेष्ठता उपस्थित करने के लिए यांत्रिक रूप से स्वीकार करे। वे सत्य को यांत्रिक ढंग से प्रस्तुत करने के सख्त विरोधी थे। अपनी एक कविता में उन्होंने कहा है : "वे सत्य जिनके सामने हैं नम्र मेरा भार भी / उन्हें यांत्रिक रूप से दुहरा न पाऊंगा कभी / लोकप्रियता के लिए फहरा न पाऊंगा कभी …।" आधुनिक हिंदी कविता का इतिहास इस बात का साक्षी है कि वे जिस रास्ते पर चले, वह सही होते हुए भी चूंकि नया था, इसलिए उन्हें आजीवन उपेक्षा का शिकार होना पड़ा। दूसरी तरफ कई ऐसे प्रगतिशील कवि और आलोचक थे, जिन्होंने सत्य को यांत्रिक ढंग से दुहराकर काफी लोकप्रियता प्राप्त की। स्पष्टतः मुक्तिबोध को ऐसी लोकप्रियता अभीष्ट न थी।

अपने कवि-जीवन के आरंभ में कुछ वर्षों तक वे बर्गसाँ के प्रभाव में रहे। उनकी इस समय की कविताओं पर वह प्रभाव स्पष्ट है। बर्गसाँ का दर्शन स्पेंसर-जैसे दार्शनिकों के विधेयवाद के विरुद्ध निर्दिष्ट था। वह विधेयवाद वस्तुतः यंत्रवाद था। लेकिन बर्गसाँ भाववादी दार्शनिक थे, भौतिकवाद को द्वंद्वात्मक ढंग से विकसित करनेवाले दार्शनिक नहीं। स्वभावतः मुक्तिबोध पर उनका तभी तक प्रभाव रहा, जब तक मार्क्स, एंगेल्स और लेनिन द्वारा निर्मित और विकसित द्वंद्वात्मक भौतिकवाद से उनका परिचय नहीं हुआ। अपने वक्तव्यों, पत्रों और कविताओं में उन्होंने इस परिचय को अपने जीवन में क्रांतिकारी मोड़ लानेवाला बतलाते हुए उसके महत्व पर अनेक

प्रकार से प्रकाश डाला है। 'तार सप्तक' के वक्तव्य में शुजालपुर में बिताए गए 1942 के दिनों के बारे में वे कहते हैं : "यहां लगभग एक साल में मैंने पांच साल का पुराना जड़त्व निकालने की सफल-असफल कोशिश की। इस उद्योग के लिए प्रेरणा, विवेक और शांति मैंने एक ऐसी जगह पाई, जिसे पहले मैं विरोधी शक्ति मानता था।" वह विरोधी शक्ति भौतिकवाद था, जिसका द्वंद्वात्मक रूप मार्क्सवाद का आधार है। उन्होंने आगे लिखा है : "क्रमशः मेरा झुकाव मार्क्सवाद की ओर हुआ। अधिक वैज्ञानिक, अधिक मूर्त और अधिक तेजस्वी दृष्टिकोण मुझे प्राप्त हुआ।" उनके ये शब्द भी ध्यातव्य हैं : "यहां यह स्वीकार करने में मुझे संकोच नहीं कि मेरी हर विकास-स्थिति में मुझे घोर असंतोष रहा, और है। मानसिक द्वंद्व मेरे व्यक्तित्व में बद्धमूल है। यह मैं निकटता से अनुभव करता आ रहा हूं कि जिस भी क्षेत्र में मैं हूं वह स्वयं अपूर्ण है और उसका ठीक-ठीक प्रकटीकरण भी नहीं हो रहा है। फलतः, गुप्त अशांति मन के अंदर घर किए रहती है।" डॉ. रामविलास शर्मा ने उनके इस कथन का यह अर्थ लगाया है कि मार्क्सवाद को वे एक अपूर्ण दर्शन मानते थे और दूसरे भाववादी दर्शनों से उसका समन्वय कर उसे पूर्ण बनाना चाहते थे!

यहां मुक्तिबोध के दो पत्रों का हवाला देना जरूरी है। 30 अक्तूबर, 1945 को उन्होंने नेमिचंद्र जैन को लिखा था : "आपने एक व्यक्ति के साथ नाजुक खेल खेला है। उसे कम्युनिस्ट बनाया, दुर्धर्ष घृणा के उत्ताप से पीड़ित।" उसके थोड़े ही दिनों बाद नेमिजी में ही जब उन्हें मार्क्सवाद को लेकर संदेह के लक्षण दिखाई पड़े, उन्होंने 7 नवंबर, 1945 के पत्र में उन्हें लिखा कि "हमें कम से कम कुछ बुनियादी सिद्धांतों के बारे में निराशावादी नहीं होना चाहिए और हमें निश्चय ही अपने काम से अपने अंतिम लक्ष्य और विजय में ऐसा विश्वास आरोपित करना चाहिए, जिसमें किसी प्रकार के संशोधन की आवश्यकता न हो।" उन्होंने यह भी लिखा कि "प्राथमिक बुनियादी सिद्धांतों को लेकर मैं कभी आपको भ्रम का शिकार न होने दूंगा।" 'बुनियादी सिद्धांतों' से यहां मतलब मार्क्सवाद के बुनियादी सिद्धांतों से है। उनमें मुक्तिबोध की आस्था हमेशा अडिग रही। "जिस भी क्षेत्र में मैं हूं, वह स्वयं अपूर्ण है और उसका ठीक-ठीक प्रकटीकरण भी नहीं हो रहा है" इसका संबंध मार्क्सवाद से है, जो इस बात का सूचक है कि उन्होंने न तो मार्क्सवाद को पूर्ण ज्ञान के रूप में ग्रहण किया था, न वे उसके कार्यान्वयन को बिलकुल ठीक मानते थे। मार्क्सवाद उनके लिए विकासमान ज्ञान था और आज यह बात ज्यादा स्पष्ट है कि स्तालिन-युग में उसका ठीक-ठीक प्रकटीकरण भी नहीं हो रहा था। जहां तक उनके अपने असंतोष और अशांति की बात है, उस पर उनके जिस पत्र का पहले हवाला दिया गया है उसी का यह वाक्य पर्याप्त प्रकाश डालता है : "मैं एक अशांत आत्मा लेकर पैदा हुआ हूं—अशांत, अपने युग की सर्वोच्च आकांक्षाओं और अपने समय की सबसे बड़ी कमजोरियों की वजह से।" युग की सर्वोच्च आकांक्षाएं—शोषणमुक्त समाज की रचना के स्वप्न, और समय की सबसे बड़ी कमजोरियां—व्यक्तिवादी समाज के दुर्गुण! मुक्तिबोध में यदि इन दोनों के बीच संघर्ष की स्थिति है, तो यह उनके मार्क्सवाद

की कमजोरी नहीं, शहजोरी है, उसे अधिकाधिक प्रामाणिक और जीवंत बनानेवाली वस्तु। उसे उन्होंने द्वंद्वात्मक विधि से ही ग्रहण किया था, बने-बनाए रूप में उसे स्वीकार नहीं कर लिया था। उन्हीं के शब्द लेकर कहें तो उसने उनका सिर्फ ज्ञान-विस्तार नहीं, बल्कि 'आत्म-विस्तार' किया था।

मुक्तिबोध को जब अपने मित्र से मार्क्सवाद का ज्ञान मिला, तो उनके रोम-रोम से हर्षोल्लास फूट पड़ा और उनके हृदय में आत्मोत्सर्ग की भावनाएं लहराने लगीं। अपने मित्र के प्रति उनका मन कृतज्ञता से भर उठा। इन भावों की अभिव्यक्ति अत्यंत चित्रात्मक ढंग से उन्होंने अपनी अनेक कविताओं में की है। 'उपकृत हूं' शीर्षक कविता में उन्होंने अपने मित्र को संबोधित कर कहा है कि तुमने मुझे जीवन के निष्ठुर यथार्थ का ज्ञान कराया, तुम्हारे संपर्क से जैसे जीवन के झरने के तल की बालूभरी जमीन मेरे सामने उभर आई! मैं तुमसे मिलने से पहले एक स्नेह-मधुर आदर्शवाद के चक्कर में पड़ा था, जिसके गुप्त काले गड्ढरों में क्षुधित अहंकार के तृषित सर्प-समूह अदृश्य और नीरव ढंग से चलते रहते थे। 'मेरे मित्र, सहचर' एक लंबी कविता है, जिसमें उन्होंने अपने मित्र का बहुत ही भव्य चित्र खींचा है। यह मित्र ऐतिहासिक विकास के वस्तुपरक नियमों से परिचित है, इसलिए वह विश्व-क्रांति की प्रक्रिया को आंखों के सामने घटित होते देखता है। उसका हृदय जनगण की पीड़ा और संघर्ष के संकल्पों से भरा हुआ है। 'नक्षत्र-खंड' मुक्तिबोध की एक दिलचस्प कविता है, जिसमें उन्होंने अपने मित्र के साथ मार्क्सवादी विचारधारा तक परिश्रमपूर्वक पहुंचने की कथा लिखी है। लिखा है कि पहले उनमें मानवीय सौहार्द और प्रेम की कमी नहीं थी, पर वे भावना से आगे एक ऐसी विचारधारा तक पहुंचना चाहते थे, जिससे संपूर्ण वास्तविकता और जगत-प्रक्रिया की व्याख्या हो सके और जिसमें मानववाद का उत्कर्ष हो :

> अरे, हमने पठारों पर सतत
> जी-तोड़ मेहनत से,
>   हृदय जोड़े;
> कि इस पथ को
> स्वयं की भव्य अंतःशक्ति से अभ्यस्त कर डाला
> कि फिर भी वह ··· अधूरा था
> अधूरा ···
>   क्योंकि केवल भावना से
>   काम चलना खूब था मुश्किल।
> हमें था चाहिए कुछ और
> जिससे खून में किरणें बहें रवि की
> कि जिससे दिल
> अनूठा भव्य अपराजेय टीला हो
> कि जिससे वक्ष

हो सिद्धांत-सा मजबूत
भीतर भाव गीला हो।
हमें था चाहिए कुछ और . . .
. . .   .

हमें था चाहिए कुछ वह
कि जो गंभीर ज्योतिःशास्त्र रच डाले।
नया दिक्काल-थियोरम बन,
प्रकट हो भव्य सामान्यीकरण
मन का
कि जो गहरी करे व्याख्या
अनाख्या वास्तविकताओं,
जगत् की प्रक्रियाओं की।

यह विचारधारा उन्हें अपने मित्र के साथ सुदूरस्थित भूरी पहाड़ी खोदने पर, जोकि 'उपेक्षित जीवन-तथ्यों' की प्रतीक है, जगमगाते रत्नकणों के रूप में प्राप्त हुई। डॉ. शर्मा ने इन रत्नकणों को पारमार्थिक वस्तु समझा है, पर मुक्तिबोध के काव्य-संसार में प्रवेश कर जाने के बाद इनका असली अर्थ पाठकों पर तुरत स्पष्ट हो जाता है।

'मेरे सहचर मित्र' 'मेरे मित्र, सहचर' से एक भिन्न कविता है, यद्यपि दोनों का रचना-काल लगभग एक है। यह कविता भी लंबी है और इसमें एक तरह से मुक्तिबोध ने अपने मित्र के प्रति कृतज्ञता-ज्ञापन किया है कि उसने मार्क्सवाद का ज्ञान प्रदान कर उन्हें 'सिनिक' और संशयवादी होने से बचाया : "खूंखार, सिनिक, संशयवादी / शायद मैं कहीं न हो जाऊं, / इसलिए, बुद्धि के हाथों-पैरों की बेड़ी-/ जंजीरें खनका कर तोड़ीं, / तुमने निर्दय औजारों से, / टूटती बेड़ियों की नोकों / से जख्म हुआ औ' खून बहा / यह जान तुरत / अपने अनुभव के गंधक का / चुपड़ा मरहम मेरे व्रण पर तुमने सहसा।" इससे समझा जा सकता है कि अपनी पूर्वधारणाओं और पूर्वग्रहों से किस तरह लड़ते हुए और लहूलुहान होते हुए मुक्तिबोध मार्क्सवादी दर्शन तक पहुंचे थे। उनके मित्र की विशेषता यह थी कि यह दर्शन उसके लिए भी महज किताबी न था। उसने भी उसे अपने अनुभव की प्रकिया से गुजरकर ही प्राप्त किया था, जिससे वह उनके जख्म को ठीक करने में भी मददगार था। इस कविता में मुक्तिबोध ने अपने मित्र को संबोधित करते हुए यह भी कहा है कि उसने उन्हें जिस ज्ञान की शिक्षा दी, उसे उसने अपनी विक्षुब्ध जिंदगी की वैज्ञानिक प्रयोगशाला में श्रमपूर्वक स्वयं तैयार किया था। 'एक स्वप्न-कथा' शीर्षक कविता में भी समुद्री पक्षी कवि को सहस्रों वर्षों से उफनते सागर का, जोकि शोषण पर आधारित समाज-व्यवस्था का प्रतीक है, स्वयं भाष्य करने को कहते हैं : "सहस्रों वर्षों से यह सागर / उफनता आया है / उसका तुम भाष्य करो / उसका व्याख्यान करो / चाहो तो उसमें तुम डूब मरो। / अतल निरीक्षण को, / मरकर तुम पूर्ण करो।" उन्होंने अपने मित्र को शत-सहस्र

भावना-विचारों के पल्लवों और अनुभव-शाखाओंवाला अक्षयवट कहा है, जिसके तनों पर वे अपनी बेचैनी के सांपों को छाती से रगड़ते और जख्मी होते रहे। यदि उससे उनकी मुलाकात न होती, तो वे अंधकार के सागर में पानी के काले थर के नीचे कीचड़ में अज्ञान-ह्वेल की प्रदीर्घ भीषण ठठरी-से कहीं पड़े होते। अपने मित्र से मुक्तिबोध को जो ज्ञान प्राप्त हुआ, उसने उनके व्यक्तित्व को बिलकुल नया बना दिया। उनकी आत्मा में जैसे मधुमक्खी का छत्ता फैल गया, जिसका मतलब है—मधुमक्खी के दंश के साथ शहद की मिठास! संघर्ष और सौंदर्य!! 'पता नहीं' कविता में भी मित्र मौजूद है, जिसके प्रभाव से भीतर का प्रज्वलित कमल प्रस्फुटित होता है, जिस पर स्थित वह शक्ति-पुरुष प्रकट होता है, जो जिंदगी को खतरों में डाल देता है। यह शक्ति-पुरुष 'अंधेरे में' का रक्तालोकस्नात पुरुष ही है, कोई अन्य नहीं। इस कविता में भी उसी कविता-जैसी पंक्तियां हैं : "वे आस्थाएं तुमको दरिद्र करवाएंगी / कि दैन्य ही भोगोगे / पर, तुम अनन्य होगे, / प्रसन्न होगे!!"

मार्क्सवाद को ज्ञान और संवेदना के धरातल पर ग्रहण करनेवाले इस कवि ने ताज्जुब नहीं कि तुरत भारतीय कम्युनिस्ट पार्टी की सदस्यता ग्रहण की और जैसा कि मध्यप्रदेश के कम्युनिस्ट कार्यकर्ता रोहिणीकुमार चौबे ने 'लक्षित मुक्तिबोध' में कहा है, "ही लिव्ड एंड डाइड ए कम्युनिस्ट, नो डाउट इन हिज ओन वे!" आज इस बात को लेकर चर्चा होती है कि मुक्तिबोध कभी पार्टी-सदस्य थे या नहीं। नेमिजी के नाम लिखे गए पत्रों में इस बात के कई संकेत हैं कि उन्होंने न केवल पार्टी-सदस्यता ग्रहण की थी, बल्कि वे पूरी निष्ठा और श्रम से पार्टी द्वारा दिए गए काम को भी अंजाम देते थे। एक ही पत्र का हवाला देना काफी होगा। यह पत्र उन्होंने 12 मार्च, 1943 को नेमिजी को उज्जैन से लिखा था। अपनी आर्थिक परेशानियों से तंग आकर वे एक आर्डनेंस फैक्टरी में नौकरी कर लेना चाहते थे। इसी प्रसंग में वे उनसे कहते हैं : "लेकिन एक नई कठिनाई है, जिसे मैं अभी तक हल नहीं कर सका। मैं पुनः पार्टी-सदस्य बना लिया गया हूं। मुझे कुछ निश्चित कार्य दिए गए हैं, जिन्हें करना मेरे लिए खुशी की बात है। आर्डनेंस फैक्टरी में, मैं वे काम न कर सकूंगा। उससे बड़ी बात यह होगी कि मुझे पार्टी से इस्तीफा देना पड़ेगा। मैं हृदय की गहराई से आपसे कह रहा हूं, मैं उसका खयाल भी बर्दाश्त नहीं कर सकता ···।" मुक्तिबोध के इस पत्र से लगता है कि वे पार्टी की ओर से छात्र-मोर्चे पर काम कर रहे थे और उनके प्रयासों से अगले वर्ष ही उज्जैन के छात्रों में एक संभावनाओं से भरे आंदोलन की शुरुआत हो जाएगी, इसकी उन्हें भरपूर आशा थी। वे 1942 में शुजालपुर में ही पार्टी-सदस्य बन गए थे और जबलपुर तक यानी 1947 तक बने रहे। चौबेजी का ही कहना है कि जब उत्तरप्रदेश सरकार ने अपने यहां 'न्यू एज' पर प्रतिबंध लगाया, वे इलाहाबाद में थे और मुक्तिबोध जबलपुर में। पत्र के वितरण की समस्या पार्टी-सदस्यों के सामने थी। इसके लिए जबलपुर को वितरण-केंद्र और मुक्तिबोध को माध्यम बनाने की बात चली, जिसे उन्होंने सहर्ष स्वीकार कर लिया था।

मुक्तिबोध के अन्यतम सखा जीवनलाल वर्मा 'विद्रोही' ने 'लक्षित मुक्तिबोध'

में ही बतलाया है कि पार्टी की सदस्यता उन्होंने नागपुर आकर छोड़ी थी। उनके अनुसार बहुत कष्ट सहकर अक्तूबर, 1948 में वे नागपुर आए थे और सदस्यता छोड़ने के पीछे एक ओर उनकी गतिविधियों पर सरकारी जासूसी का दबाव रहा होगा, तो दूसरी ओर वहां के कुछ प्रतिष्ठित साहित्यकारों की सक्रियता, जिन्होंने उन्हें कहीं भी जमने नहीं दिया। हरिशंकर परसाई ने भी लिखा है कि जब वे नागपुर में सरकारी नौकरियों में थे, तब उनके पीछे 'साम्यवाद-विरोधी भूत' लगे रहते थे। चूंकि पुलिस में उनका रिकार्ड था, इसलिए खुफिया विभाग के लोग उन्हें तंग किया करते थे। शुजालपुर से लेकर राजनांदगांव तक मुक्तिबोध का कम्युनिस्ट पार्टी और कम्युनिस्टों से संबंध बना रहा। पार्टी के लिए वे पर्चे लिखते थे और अनुवाद का काम करते थे। जब भोपाल अस्पताल में वे बीमार होकर भर्ती थे, थोड़े-से पैसे जमा होते ही उन्हें राजनांदगांव के कम्युनिस्ट नेता प्रकाश राय की बीमार पत्नी का ध्यान हो आया था और उन्होंने उन्हें मनिआर्डर द्वारा पचास रुपए भिजवाए थे, जिनमें से उनका मन रखने के लिए पांच रुपए रखकर प्रकाश राय ने शेष रुपए लौटा दिए थे। चौबेजी के मुक्तिबोध-संबंधी अंग्रेजी वाक्य का पूर्वार्ध जितना महत्वपूर्ण है, उससे अधिक ही महत्वपूर्ण उसका उत्तरार्ध है। कम्युनिस्ट के रूप में जीवन बिताकर बहुत लोग चले गए, लेकिन उनमें सच्चे कम्युनिस्ट वे थे, जिन्होंने अपने ढंग से कम्युनिस्ट आचरण किया। सच्चा कम्युनिस्ट अपने ढंग से ही बना जा सकता है, न कि इस तरीके से कि कम्युनिस्ट विचारधारा को कहीं से प्राप्त किया और उसे गहने की तरह गले में डाल लिया। मुक्तिबोध ऐसे कम्युनिस्ट नहीं थे, इसलिए स्वभावतः वे अपने आचरण से लेकर विचारों एवं रचना तक में 'ऑफिसियल' कम्युनिस्टों से मेल नहीं खाते।

उन्होंने बाद की अपनी एक कविता 'चकमक की चिनगारियां' में कहा है कि सारे प्रश्न कृत्रिम और सारे उत्तर छलपूर्ण हैं। समस्या एक ही है कि शहरों और गांवों के लोग शोषण-मुक्त और सुखी कब होंगे? यह चिंता उनमें आरंभ से ही बद्धमूल थी। 'तार सप्तक' के वक्तव्य में उन्होंने अपने कवि-जीवन के आरंभिक दिनों के बारे में लिखा है कि उस समय एक तरफ उन्हें छायावादी कविता का सौंदर्यलोक खींचता था और दूसरी तरफ मराठी का मानवतामय उपन्यास-लोक। उन्होंने सौंदर्य-लोक ही चुना, पर मानवतामय उपन्यास-लोक भी राह में पीछे पड़ गए आत्मीय की तरह उनके साथ चलता रहा। उनके भीतर एक सुसंगत, लेकिन 'अनुभवसिद्ध' विश्वदृष्टि प्राप्त करने की तीव्र आकांक्षा थी : "दार्शनिक प्रवृत्ति—जीवन और जगत के द्वंद्व—जीवन के आंतरिक द्वंद्व—इन सबको सुलझाने की, और एक अनुभवसिद्ध व्यवस्थित तत्वप्रणाली अथवा जीवन-दर्शन आत्मसात कर लेने की, दुर्दम प्यास मन में हमेशा रहा करती।" मार्क्सवाद के रूप में जब यह जीवन-दर्शन उन्हें मिला, तो उनके सामने भाववादी दर्शन की उलझनें बिलकुल स्पष्ट हो गईं। उसके पहले उनकी स्थिति यह थी कि वे भारतीय और यूरोपीय भाववाद को अस्वीकार भी नहीं करते थे और उसे जन-साधारण के लिए हानिकारक भी मानते थे। जन-साधारण के लिए उन्हें जीवन के प्रति अधिक ईमानदार बनानेवाले एक दूसरे दर्शन की आवश्यकता महसूस होती थी। उनका यह

मनोरंजक वाक्य देखने लायक है : "बाहरी दृष्टि से सत्पथ पर ले जानेवाली निर्बुद्धि निष्ठा कुमार्ग पर ले जानेवाली स्वतंत्र बुद्धि की अपेक्षा अधिक हानिकारक होती है।" (मु. र., दूसरा संस्करण, 6/27)

यहां 'जब प्रश्नचिह्न बौखला उठे' शीर्षक उनकी एक कविता का स्मरण किया जा सकता है। इसमें कवि के मन में प्रश्न भाववादी चिंतन-प्रणाली को लेकर उठते हैं, भौतिक जीवन के पक्ष से। उसके बाद तो जैसे उसकी आंखों के सामने एक नई दुनिया खुल जाती है।अब "संघर्ष-विचारों का लोहू / पीड़ित विवेक की शिरा-शिरा/ में उठा-गिरा,/ मस्तिष्क-तंतुओं में प्रदीप्त / वेदना यथार्थों की जागी !!" पहले जैसे उसके लिए इस 'यथार्थ-वेदना' और 'संघर्षात्मक विचारों' का कोई महत्व नहीं था। 1945 के आसपास के अपने एक लेख में मुक्तिबोध कांट से लेकर बर्गसाँ तक के दर्शन की आलोचना करते हैं और कहते हैं कि वह दर्शन वस्तुपरक न होकर आत्मपरक है। कांट ज्ञान का विश्लेषण करने के क्रम में वैज्ञानिक दृष्टिकोण का उपयोग करते हैं, लेकिन अंत में घोर अवैज्ञानिक निष्कर्ष पर पहुंचते हैं। वस्तु-जगत के संपूर्ण अनुभवों को वे एक ऐसे अलौकिक सत्य में पर्यवसित कर देते हैं, जोकि मनुष्य के ज्ञान से बाहर है, अर्थात जो केवल श्रद्धा का विषय है। हेगेल कांट की तुलना में अधिक सुसंगत हैं, लेकिन अंततः वे भी आत्मानुभव को ही वस्तु-सत्य के साक्षात्कार का माध्यम मानते हैं और 'पूर्णसत्ता' को 'वस्तुसत्ता' से एक कर देते हैं। मुक्तिबोध के अनुसार "यही आत्मकेंद्री प्रवृत्ति शॉपेनहॉर से बर्गसाँ तक परिलक्षित होती है। परंतु (वे) जगत और आत्मजगत को मिटाने की फिक्र में सारे वस्तु-सत्यों को आत्म-सत्यों के पानी में घोल देते हैं। (उप., 5/38)

'कामायनी' की आलोचना के प्रसंग में उन्होंने लिखा है कि वास्तविक जीवन की समस्याएं सामने आती हैं, तो कोई भाववादी दर्शन काम नहीं देता, न पाश्चात्य, न पौर्वात्य। पूंजीवादी युग वैचारिक अराजकता का युग होता है। चूंकि इस युग में पनपनेवाले दर्शनों का व्यवहार से अनिवार्य संबंध नहीं होता, इसलिए उनमें अंतर्विरोध और असंगतियों का होना आम बात होती है। मुक्तिबोध की मान्यता यह थी कि भाववादी दर्शन हृदय के घाव भर सकता है, पर समाज की खाइयां नहीं पाट सकता। वह तब तक संभव नहीं है, जब तक कि दर्शन बाह्य जीवन-जगत से निकला हुआ, यानी भौतिकवादी न हो। स्वभावतः उन्होंने हर प्रकार के भाववादी दर्शन का खंडन किया और अपने लेखों और कविताओं से भौतिकवादी दर्शन के द्वंद्वात्मक रूप की स्थापना करने का प्रयास किया।

भाववादी दर्शन की यह मान्यता कि जो अभौतिक है, वह प्राथमिक है और जो भौतिक है, वह दूसरे स्थान पर, उसे धर्म के जड़सूत्रों के समीप ले आती है, जिनके अनुसार यह संसार दिक् और काल में सीमित है और ईश्वर द्वारा रचित है। भाववाद चेतना को प्रकृति से अलग मानता है, जिसके परिणामस्वरूप वह अनिवार्य रूप से मानव-चेतना और संज्ञान-प्रक्रिया का रहस्यीकरण कर देता है। उसके अनुयायी यह प्रचार करने लगते हैं कि यह संसार अज्ञेय है, इसे जाना नहीं जा सकता। वस्तुतः

पुराण और धर्म की अवास्तविक अवधारणाओं से ही भाववाद का जन्म हुआ है। यह मिथ्या-वैज्ञानिक दर्शन के रूप में उन्हीं का विस्तार है। समाज के रूढ़िग्रस्त और प्रतिक्रियावादी तबके और वर्ग न समाज के वास्तविक ज्ञान में रुचि रखते हैं, न सामाजिक संबंधों के नवनिर्माण में। उनके विचारों की छानबीन करने पर पता चलता है कि उनकी विश्वदृष्टि के मूल में भाववाद होता है। भाववाद के विपरीत भौतिकवाद भौतिक को प्राथमिक मानता है और अभौतिक को दूसरे स्थान पर रखता है। इसका निहितार्थ यह है कि संसार शाश्वत है, इसकी रचना ईश्वर ने नहीं की और यह दिक् और काल में अनंत है। भौतिकवाद चेतना को भूत से उत्पन्न मानते हुए उसे बाह्य जगत का प्रतिबिंब ठहराता है। इस तरह यह संसार उसके लिए अज्ञेय नहीं। दर्शनशास्त्र के इतिहास में भौतिकवाद समाज के उन प्रगतिशील वर्गों और स्तरों की विश्वदृष्टि रहा है, जो इस संसार को ठीक-ठीक समझने और प्रकृति पर मनुष्य की शक्ति को बढ़ाने में रुचि रखते रहे हैं। जैसा कि ऊपर संकेत किया गया है, मुक्तिबोध ने इस भौतिकवाद को यांत्रिक रूप में ग्रहण नहीं किया और वे हमेशा उसे उसकी जटिलता में समझने और समझाने के लिए प्रयत्नशील रहे।

'कामायनी : एक पुनर्विचार' नामक अपनी कृति में उन्होंने 'प्रसाद' की 'कामायनी' के भाववादी दर्शन को ही अपनी आलोचना का मुख्य विषय बनाया है। स्वभावतः इस कृति का आरंभ ही द्वंद्वात्मक भौतिकवादी दर्शन के आख्यान से होता है। वे कहते हैं कि हमारा जीवन एक त्रिकोण की तरह है। इसकी एक भुजा वस्तु-जगत यानी वह सामाजिक परिवेश है, जो सामाजिक-राजनीतिक स्थितियों, मानव-संबंधों और विविध जीवन-मूल्यों एवं आदर्शों का क्षेत्र है। दूसरी भुजा हमारा अंतरंग जीवन है, जो उक्त सामाजिक परिवेश को आत्मसात करता हुआ अपने को उसके साथ सामंजस्य या द्वंद्व की स्थिति के लिए तैयार करता रहता है। उनका निश्चित मत है कि "मनुष्य के अंतर्जीवन का इतिहास बाह्य द्वारा दिए गए तत्वों से बना हुआ होता है।" त्रिकोण की आधार-रेखा वे मनुष्य की अपनी चेतना को मानते हैं, जो उक्त दोनों भुजाओं के बिना अपना कोई रूपाकार नहीं प्राप्त कर सकती। यह चेतना वस्तुतः ऊर्जा है। "उन दो में से यदि एक भी लुप्त हो तो चेतना का कोई अर्थ ही नहीं रहता। हमारा अंतर्जीवन और उसका क्रम अपने बाह्य परिवेश और परिस्थिति से आवयविक संबंध रखता है, और दोनों—अंतर तथा बाह्य—अंगांगिभाव से एकीभूत होकर हमारा जीवन बनाते हैं।" यह बात किंचित् विस्तार से मुक्तिबोध ने अपने लेखों में भी कही है।

वस्तु और रूप के संबंध पर विचार करने के लिए उन्होंने जो लेख लिखा था, उसके चार प्रारूप मिलते हैं। उनमें से दूसरे प्रारूप में वे कहते हैं कि मन का मूलाधार प्राणिशास्त्रीय है। इसी से भोजन, प्रजनन, आत्मरक्षा आदि मूल प्रवृत्तियां मनुष्य को दूसरे प्राणियों के समान सिद्ध करती हैं। ये देह-जन्य वृत्तियां हैं जो मन की ऊर्जा में परिणत होती हैं। मनुष्य में यह ऊर्जा बाह्य जीवन-जगत के तत्वों को आत्मसात कर उन्हें ज्ञान-तत्वों में रूपांतरित कर देती है। ये ज्ञान-तत्व हजारों वर्षों से चली आती हुई ज्ञान-परंपरा के बिंब होते हैं। मन जब किसी बात पर प्रतिक्रिया करता है, तो उसकी

संवेदना या भावना में ज्ञान भी होता है। यह ज्ञान मिथ्या ज्ञान हो सकता है, लेकिन वह 'ज्ञान' ही है। मन की ऊर्जा बाह्य जीवन-जगत को आत्मसात करके ही प्रतिक्रिया कर सकती है, अन्यथा नहीं। इस प्रकार अंतस्तत्व संशोधित, संपादित और आत्मसात किया गया बाह्य जीवन-जगत ही है। मन की ऊर्जा में ही उसकी स्वतंत्रता है, लेकिन वह ऊर्जा भी देह-स्थिति और वातावरण से नियंत्रित है। पूंजीवादी युग की विशेषता यह है कि इसमें एक ओर अध्यात्मवादी कल्पना को लेकर, जिसे भाववादी दार्शनिक 'चेतना' कहते हैं, जीवन-जगत-संबंधी दृष्टिकोण का विकास किया गया है और दूसरी ओर केवल भौतिकशास्त्र या प्राणिशास्त्र को लेकर। स्पेंगलर और बर्गसाँ दोनों 'जीवन का दर्शन' नामक संप्रदाय के दार्शनिक माने जाते हैं। इन्होंने प्राणिशास्त्र के आधार पर, यद्यपि भाववाद की भूमि से ही, अपनी दार्शनिक मान्यता बनाई। मुक्तिबोध ने इन दोनों प्रयासों को एकपक्षीय कहकर उनकी आलोचना की है और उन्हें अवैज्ञानिक माना है।

'कामायनी' की विश्वदृष्टि की आलोचना मुक्तिबोध की अपनी विश्वदृष्टि का इजहार है। उन्होंने स्पष्ट शब्दों में कहा है कि ज्ञान, क्रिया और इच्छा के सामंजस्य का प्रश्न व्यावहारिक जगत और मानव-मन दोनों का प्रश्न है, जिसे रहस्यवादी ढंग से हल नहीं किया जा सकता। वह केवल बुद्धिजीवियों, कवियों, दार्शनिकों और सांस्कृतिक जनों का प्रश्न नहीं है, वह मनुष्य-मात्र का प्रश्न है। उसका संबंध मनुष्य के व्यक्तित्व के आंतरिक संगठन तथा व्यावहारिक जगत के संगठन से है, जोकि सामाजिक, राजनीतिक और मानवीय संघर्ष में संपूर्ण योग के बिना असंभव है। आगे हेगेल की आलोचना में कही गई मार्क्स की उक्ति का प्रयोग करते हुए वे कहते हैं, "जड़ और चेतन में प्रकट आध्यात्मिक परमात्म चेतना की कल्पना में व्यक्ति-सामंजस्य की कल्पना को घोल देना, आत्मबद्ध व्यक्तिवाद का ही तो एक ऐसा घनघोर नमूना है, जो हमारे नैतिक मानदंडों को, दिशा-दृष्टियों को, जीवन-मूल्यों को शीर्षासन कराता है, और इस अधःस्थित शीर्ष में बसे हुए नेत्रों को गगनगामी बनाता है।"

'कामायनी' में अभिव्यक्त 'प्रसाद' की विश्वदृष्टि अद्वैतवाद का ही एक नया संस्करण है। "उत्तरप्रदेश के मध्यवर्ग की सांस्कृतिक चेतना के वह अनुकूल ही था, इसलिए कि वह मध्यवर्ग स्वयं सामंती सांस्कृतिक छायाओं से ग्रस्त रहा—यद्यपि अखिल भारतीय पैमाने पर पूंजीवाद का ही विस्तार हो रहा था।" इसी आलोचना में 'प्रसाद' का वर्ग-चरित्र निर्धारित करने के क्रम में मुक्तिबोध ने यह सामान्यीकरण प्रस्तुत किया है कि चरित्र अंतर और बाह्य के परस्पर संघर्ष से, इच्छा की पूर्ति के, और बाह्य से सामंजस्य की स्थापना के, द्विविध और द्वंद्वात्मक किंतु एकीभूत प्रयत्नों की प्रक्रिया में, निर्मित और विकसित होता है। गांधीवाद बीसवीं शताब्दी के भारत का प्रमुख भाववादी दर्शन है। उन्होंने इस पुस्तक में अनेक स्थलों पर इस दर्शन पर प्रहार किए हैं। एक स्थल पर इसी दर्शन की ओर संकेत करते हुए वे कहते हैं : "यह बात अब स्पष्ट हो जानी चाहिए कि समाज के दुख-दैन्य-कष्ट को मात्र दया-माया-ममता से नहीं, वरन वैज्ञानिक-सामाजिक उपायों से दूर किया जाता है, आध्यात्मिक धरातल पर उन्हें

मिटाया नहीं जा सकता, शोषक का हृदय-परिवर्तन नहीं किया जा सकता। व्यक्तिवाद, दार्शनिक क्षेत्र में आत्मा को प्रधानता देकर भाववादी तरीके से संसार की ओर देखता तथा उसकी व्याख्या करता है। इसलिए वह किसी भी मूलभूत सामाजिक समस्या का सदा-सर्वदा के लिए निराकरण नहीं कर पाता।"

धर्म सामाजिक चेतना का वह रूप है, जिसकी विशेषता है लोगों के मानस में उन पर शासन करनेवाली बाह्य और पार्थिव शक्तियों को अवास्तविक और अपार्थिव रूपों में प्रतिबिंबित करना। यह वस्तुतः एक ऐतिहासिक वस्तु है, जो सामाजिक विकास की विभिन्न अवस्थाओं में विभिन्न रूप लेता रहा है। आदिम समाज में धर्म के उदय का कारण था, प्राकृतिक शक्तियों के सम्मुख मनुष्य की असहायता, क्योंकि उस समय उत्पादक शक्तियां बहुत ही निम्न स्तर पर थीं। वर्ग-समाज में धर्म बना रहा, क्योंकि इसमें वर्ग-शोषण, अनुचित सामाजिक संबंध और गरीबी तथा अधिकारहीनता ने जनता के भीतर जो निराशा उत्पन्न की, उसने उसे अति प्राकृत शक्तियों की तरफ आशा से देखने के लिए प्रेरित किया। मनुष्य को यह झूठा विश्वास दिलाकर कि उसके जीवन की सारी ज्वलंत आवश्यकताएं दूसरे जगत में पूरी होंगी, धर्म बाहरी शक्तियों पर उसकी निर्भरता को दृढ़ करता है और इस तरह उसकी सृजनात्मक क्षमता को नष्ट कर उसे निष्क्रिय बनाता है। वर्ग-समाज में यह श्रमजीवियों को समाज को बदलने के लिए किए जानेवाले संघर्ष से विमुख करता है और उनकी वर्ग-चेतना के निर्माण में बाधाएं खड़ी करता है। इन्हीं कारणों से मार्क्स ने धर्म को 'अफीम का नशा' कहा था। ईश्वर एक काल्पनिक धारणा है: एक सर्वशक्तिमान अतिप्राकृत सत्ता, जो इस संसार का स्रष्टा और शासक है। ईश्वर की इसी धारणा पर धर्म के सारे आधुनिक रूप आधारित हैं। ईश्वर की यह धारणा आदिम सामुदायिक व्यवस्था के ध्वंस और वर्गों एवं राज्य के उदय के साथ अस्तित्व में आई। एंगेल्स के अनुसार यह सर्वशक्तिमान ईश्वर "पूरबी देशों के निरंकुश राजा की प्रतिकृति" है। लेनिन के अनुसार "(इतिहास में और वास्तविक जीवन में भी) ईश्वर सबसे पहले विचारों का वह पुंज है, जिसे बाहरी प्रकृति और वर्गीय प्रभुत्व की मनुष्य की पशुवत् अधीनता ने जन्म दिया है। यह विचार-पुंज वर्गसंघर्ष की तरफ से मनुष्य को बिलकुल सुलाकर उस अधीनता को दृढ़ करता है।" धर्म में आत्मा के संबंध में यह धारणा है कि वह एक अशरीरी और अनश्वर अभौतिक शक्ति है, जोकि दूसरे विश्व में शरीर से अलग और स्वतंत्र रूप में बनी रह सकती है। भाववादी दर्शन में यह ईश्वर का अंश और अलौकिक वस्तु मानी गई है।

मुक्तिबोध ने 'ओ काव्यात्मन् फणिधर' और 'एक अरूप शून्य के प्रति' शीर्षक अपनी प्रसिद्ध कविताओं में धर्म, ईश्वर और आत्मा की बहुत ही तीखी आलोचना की है।

'ओ काव्यात्मन् फणिधर' शीर्षक कविता में उन्होंने अपनी कविता का वह रूप अंकित किया है, जो उन्हें अभीष्ट था। इसमें वे अपने काव्य-सर्प से कहते हैं कि वह एक अंधेरी गुफा में तब तक उन एकत्र किए गए क्रांतिकारी विचार-रत्नों को छिपाकर रखे, जब तक उन्हें लेनेवाले सही लोग नहीं आ जाते। ये रत्न कौन-सा काम करेंगे?

जब लोग उन्हें ले जाएंगे, तो उनसे घर-घर प्रकाशित हो जाएगा और उस प्रकाश में उस 'ब्रह्मदेव' का भीषण मुख दिखलाई पड़ेगा, जो स्वयं अदृश्य रहकर "निज अंकशायिनी दुहिता-पत्नी सरस्वती / या विवेक-धी" के द्वारा उद्दाम स्वार्थ या सूक्ष्म आत्मरति का प्रचार करता है। ये चीजें व्यक्ति के मन से उसके जगत को अलग कर उसे स्वार्थी और आत्मकेंद्रित बनाती हैं। इतना ही नहीं, इस 'ब्रह्मदेव' की छत्रछाया में धनी और धनी और निर्धन और निर्धन होते जाते हैं। कहने की आवश्यकता नहीं कि यह कविता धर्म-भावना के व्यक्तिवादी और संघर्ष-विरोधी रूप पर गहरी चोट है। यह मुक्तिबोध की बहुत ही सशक्त कविताओं में से है। इसमें वे अपनी कविता का लक्ष्य क्या बतलाते हैं? जनता के मन से धार्मिक विश्वास को खत्म करना।

'एक अरूप शून्य के प्रति' अपेक्षाकृत छोटी लेकिन बहुत ही महत्वपूर्ण कविता है। इसमें वे ईश्वर को लक्ष्य कर कहते हैं :

मात्र अनस्तित्व का इतना बड़ा अस्तित्व
ऐसे घुप्प अंधेरे का इतना तेज उजाला,
लोग-बाग
अनाकार ब्रह्म के सीमाहीन शून्य के
बुलबुले में यात्रा करते हुए गोल-गोल
गोल-गोल
खोजते हैं जाने क्या?
बेछोर सिफर के अंधेरे में बिला-बत्ती सफर
भी खूब है।

इसके साथ आत्मा के संपूर्ण धार्मिक और दार्शनिक प्रभा-मंडल को ध्वस्त करते हुए उन्होंने ये जोरदार पंक्तियां लिखी हैं :

देखो तो—
प्रतिपल तुम्हारा ही नाम जगती हुई
लार टपकाती हुई आत्मा की कुतिया
स्वार्थ-सफलता के पहाड़ी ढाल पर
चढ़ती है हांफती,
आत्मा की कुतिया
राह का हर कोई कुत्ता जिसे छेड़ता है, छेंकता
लेकिन, तुम खूब हो
सूनेपन के डोह में अंधियारी डूब हो।

लक्ष्य करने योग्य 'स्वार्थ-सफलता' है, जिसकी प्राप्ति में धर्मप्राण व्यक्ति लगे रहते हैं। इस कविता में मुक्तिबोध ने ईश्वरवाद पर मानववाद की स्थापना की है, जो उसकी इन मार्मिक पंक्तियों में प्रत्यक्ष है :

सई सांझ

कदंब वृक्ष पास
मंदिर-चबूतरे पर बैठकर
जब कभी देखता हूं तुझको
मुझे याद आते हैं
भयभीत आंखों के हंस
व घावभरे कबूतर
मुझे याद आते हैं मेरे लोग
उनके सब हृदय-रोग
घुप्प अंधेरे घर,
पीली-पीली चिंता के अंगारों-जैसे पर . . .

उन्हें यह भौतिकवादी विश्वदृष्टि, यह समाजवादी मानववाद, यह "अग्नि विवेक की" कहां मिली? कविता के अंत में ईश्वर को ही संबोधित कर वे विलक्षण हार्दिकता के साथ कहते हैं :

नहीं, नहीं, वह तो है ज्वलंत सरसिज!!
जिन्दगी के दलदल-कीचड़ में धंसकर
वक्ष तक पानी में फंसकर
मैं वह कमल तोड़ लाया हूं—
भीतर से, इसीलिए, गीला हूं
पंक से आवृत,
स्वयं में घनीभूत
मुझे तेरी बिलकुल जरूरत नहीं है।

दुहराना व्यर्थ है कि मुक्तिबोध ने विश्वदृष्टि केवल पुस्तकों से नहीं प्राप्त की थी, उसमें उनके जीवनानुभव और जीवन-चिंतन का बहुत ज्यादा हाथ था। जो व्यक्ति अपनी विश्वदृष्टि जिंदगी के कठिन अनुभवों से प्राप्त करेगा, वही मानवीय संवेदनाओं से पूर्ण और संकल्प की दृढ़ता से युक्त होगा। उसे वाकई ईश्वर-जैसी किसी फालतू चीज की जरूरत न होगी। 'एक अरूप शून्य के प्रति' शीर्षक कविता की तरह की ही उनकी एक अन्य कविता है 'सुनहले बादल में जिन्न'। इसमें भी उन्होंने ईश्वर और धर्म-भावना पर करारी चोट की है। ईश्वर सुनहले बादलों में रहनेवाला जिन्न है, जिसकी आंखों की आभा से सारा पर्वत-प्रदेश जगमगाता रहता है। लेकिन वहीं घाटियों और दर्रों में उन कुलियों की टटरियां फैली रहती हैं, जिनके कंधों पर चढ़कर धर्मप्राण लोग बदरीनाथ की यात्रा करते हैं। इस कविता में भी उस कमल का जिक्र है, जिसकी सुगंध में ज्ञान जाग्रत करने और धार्मिक जड़ता भगाने की क्षमता है। कविता की अंतिम पंक्तियों में धर्म और आत्मा का उपहास इन शब्दों में किया गया है : "ज्यों-ज्यों उन कुलियों की खुशियों का खात्मा / होता है, त्यों-त्यों यह पुण्यमयी होती है आत्मा।"

भाववादी समाजशास्त्री और इतिहासकार यह मानते हैं कि इतिहास का दार्शनिक

सामान्यीकरण संभव नहीं और इतिहास प्रगति नहीं करता, अपनी आवृत्ति करता रहता है। टायनबी और स्पेंगलर ने इस प्रतिक्रियावादी धारणा को बहुत प्रचारित किया है कि मानव-इतिहास लगातार अपने आरंभ-बिंदु की ओर लौट रहा है। मुक्तिबोध ने अपनी 'ब्रह्मराक्षस' शीर्षक कविता में इन दोनों का एक साथ जिक्र किया है। स्पेंगलर की पुस्तक 'पश्चिमी सभ्यता का ह्रास' में व्यक्त प्रतिक्रियावादी विचारों की तो उन्होंने 'कामायनी : एक पुनर्विचार' में स्पष्ट शब्दों में आलोचना की है। इतिहास की भौतिकवादी धारणा ने सामाजिक चिंतन में एक बुनियादी तब्दीली ला दी। इसने इस तथ्य का उद्घाटन किया कि सामाजिक जीवन का आधार भौतिक होता है और उसके विकास के कुछ नियम होते हैं। मार्क्स ने सामाजिक विकास की ऐतिहासिक प्रक्रिया की विस्तार से व्याख्या की और स्थापित किया कि शेष सामाजिक संबंधों को उत्पादन-संबंध निर्धारित करते हैं। उत्पादन-संबंध ही वह आधार है, जिस पर सभी सामाजिक व्यवस्थाएं, राजनीतिक और कानूनी ढांचे तथा सामाजिक चिंतन के विभिन्न रूप टिके होते हैं। लेकिन आधार पर अधिरचना की भी प्रतिक्रिया होती है, जिसका महत्व किसी तरह से कम नहीं होता। मार्क्स ने नियतिवाद और संकल्पवाद दोनों का विरोध किया।

'समाज और साहित्य' मुक्तिबोध का अत्यंत महत्वपूर्ण निबंध है। इसमें उन्होंने बतलाया है कि समाज की एक विशेष अवस्था में, जब पूंजीवाद के भीतर मजदूर-वर्ग परिपक्व हो जाता है, उसकी विचारधारा के रूप में द्वंद्वात्मक भौतिकवाद उपस्थित होता है। यह सृष्टि तथा समाज के विकास के मूल नियमों का उद्घाटन करता है। ये नियम मानव-संकल्पों से पृथक तथा स्वतंत्र हैं। मनुष्य उनके प्रति सचेत होकर अपने को उनके अनुसार ढाल सकता है, पर उन्हें बदल नहीं सकता। पूंजीपति-वर्ग इन नियमों को स्वीकार नहीं करता, क्योंकि ये पूंजीवाद के उत्थान, ह्रास और अवश्यंभावी अंत की ही घोषणा नहीं करते, पूंजीवाद के अंत और समाजवाद की स्थापना के लिए कार्य-सिद्धांतों का भी विकास करते हैं। मुक्तिबोध ने द्वंद्वात्मक भौतिकवाद और भाववाद के युद्ध को वैचारिक क्षेत्र में "वस्तुतः श्रमिकवर्ग के जनवाद तथा पूंजीवाद के बीच तुमुल संगर" कहा है। उन्होंने 'कामायनी' के रचयिता 'प्रसाद' के बारे में लिखा है कि उनके प्रत्येक संवेदन में चिंतन के कण विद्यमान थे। मुक्तिबोध की सामाजिक चेतना भी ऐतिहासिक भौतिकवाद के ज्ञान से प्रदीप्त है।

आदिम सामुदायिक व्यवस्था, दासप्रथा पर आधरित व्यवस्था, सामंतवाद, पूंजीवाद और कम्युनिज्म—मानव-इतिहास के प्रगतिशील विकास की ये अवस्थाएं मुक्तिबोध के इतिहास और समाज-चिंतन का आधार हैं। वे जिस युग में उत्पन्न हुए थे, वह अपने देश में पूंजीवाद के विकास और सामंतवाद के ह्रास का युग था। अंतर्राष्ट्रीय स्तर पर साम्राज्यवाद के पतन के साथ पूंजीवाद का ह्रास भी शुरू हो गया था और उसके अंतर्विरोधों के फलस्वरूप कथित सामाजवादी व्यवस्था अस्तित्व में आ गई थी। स्वभावतः उन्होंने पूंजीवाद-सामंतवाद का विरोध किया और समाजवादी समाज के स्वप्न को अपने लेखन में प्रतिफलित किया। 'विक्षुब्ध बुद्धि के मारक स्वर' उनकी एक कविता है, जिसमें उन्होंने पूंजीवाद द्वारा सामंतवाद के नाश और पूंजीवादी सभ्यता

में स्वार्थपरता, निराशा और निषेध-भावना से ग्रस्त व्यक्तिवाद के उदय की चर्चा की है। 'कम्युनिस्ट घोषणापत्र' में मार्क्स और एंगेल्स ने कहा था कि पूंजीवाद ने सभी 'काव्यात्मक' सामंती संबंधों का अंत कर दिया, "नकद पैसे-कौड़ी" के हृदयशून्य व्यवहार के सिवा मनुष्यों के बीच और कोई दूसरा संबंध बाकी न रहने दिया और धार्मिक श्रद्धा के स्वर्गोपम आनंदातिरेक, वीरोचित उत्साह तथा कूपमंडूकतापूर्ण भावुकता को उसने आना-पाई के स्वार्थी हिसाब-किताब के बर्फीले पानी में डुबो दिया। मुक्तिबोध की कविता में सामंती संबंधों का कोमल उदार आकाश पूंजीवाद के विकास से कागज की छत की तरह भभक उठता है। फिर वे कहते हैं :

यह सही है कि वह गगन-दहन
था एक चरण युग का
वह युग जिसमें कि प्रजापतियों का
दृप्त व्यभिचरण था।
यद्यपि काले शून्याकाशी फैलावों में
मानव-जग का था नाम नहीं
फिर भी, फिर भी,
दूर ही सही,
सुंदर रहस्यमय चंद्रलोक सामने
बराबर दिखता था।

सामंतवाद के बाद जिस व्यक्तित्व का विकास हुआ, वह निहायत आत्मकेंद्रित और निराशावादी है : "क्या किया, जब रंदे और बसूले से / खुद को छीला, / तो अपना खून पिया / इसलिए, अनाशा की गहरी शैंपेन / विनाशक नशा / स्वयं के गहन बोध की देन / जहरीला दुःख बहा / अपना ही खून पिया।" यह "स्वयं के गहन बोध की देन" का परिणाम है। अस्तित्ववाद ने अपनी अस्मिता पर पड़े सभी सामाजिक आवरणों को हटाकर उसकी अनुभूति पर बल दिया था, जिसका फल यह हुआ कि अस्तित्ववादी व्यक्ति और अधिक निराश हो गया। अब उसकी प्रगति आत्मसंहार की दिशा में होने लगी।

पूंजीवाद अपने साथ अपनी समस्याएं लाया है, जिनके निदान के लिए समाजवाद में उसका संक्रमण आवश्यक है, पर इतिहास में उसका कदम एक प्रगतिशील कदम है, ऐसा मुक्तिबोध भी मानते हैं। इस सिलसिले में उनकी टिप्पणी 'अर्जेंटीना के विद्रोह की तस्वीर' देखनी चाहिए। अर्जेंटीना लैटिन अमरीका का एक ऐसा देश था, जो वस्तुतः बड़े-बड़े सामंतों, जमींदारों और गिरजाघरों द्वारा शासित था। पैराँ वहां का फौजी शासक था, जो नवोदित व्यापारियों, छोटे उद्योगपतियों और मध्यवर्ग के लोगों की सहायता से देश के औद्योगीकरण के लिए प्रयत्नशील था। मुक्तिबोध ने इस घटनाक्रम को देखा और उस पर टिप्पणी की कि अर्जेंटीना के सामाजिक गर्भ में पूंजीवादी क्रांति परिपक्व हो रही है। यह क्रांति ऐतिहासिक-सामाजिक विकास की एक

अनिवार्य अवस्था है। यह संपूर्ण तथा सफल तब होगी, जब वह समाज के सामंती मूलाधार—बड़े-बड़े जमींदार और उनसे संगठित कैथोलिक गिरजाघर—की ताकत हमेशा के लिए समाप्त कर देगी। पूंजीवाद की यह प्रगतिशील भूमिका तब समाप्त होती है, जबकि वह एकाधिकारी पूंजीवाद का रूप धारण करता है, जैसा कि पश्चिम में हुआ। यह बात उन्होंने 'कामायनी' की आलोचना के क्रम में ही कही है। उनका ध्यान इस बात पर भी रहा है कि जब पूंजीवाद से जनता का अंतर्विरोध गहरा हुआ तो पश्चिम में क्रांति क्यों नहीं हुई। इस संबंध में उन्होंने लिखा है कि ऐसा इसलिए नहीं हुआ कि संगीनों के बल पर उपनिवेशों का पैसा लूटकर साम्राज्यवाद ने उसका अल्पांश जनता में भी वितरित किया था — विशेषतः ब्रिटिश साम्राज्यवाद ने। मुक्तिबोध के इन दोनों कथनों में दो बातें गौर करने लायक हैं। एक तो यह कि वे नहीं मानते कि फौजी हुकूमत हमेशा जन-विरोधी होती है और दूसरी यह कि वे सामाजिक विकास के नियमों को सरल रूप में नहीं, बल्कि उनकी जटिलता में समझने का प्रयास करते हैं। अर्जेंटीना के प्रसंग में उन्होंने लिखा है कि "आज पिछड़े देशों का राष्ट्रवाद अपनी औद्योगिक उन्नति के लिए तानाशाही संस्थाओं द्वारा कार्य कर रहा है।" स्पष्टतः उनकी दृष्टि में यह फौजी तानाशाही अमरीका द्वारा समर्थित उन तानाशाहियों से भिन्न थी, जो जनविरोधी थीं। जेनरल पैराँ ने अर्जेंटीना के प्रसिद्ध अमरीका-समर्थित अखबार *ला प्रेंजा* को इस कारण बंद कर दिया था कि वह कैथोलिक गिरजाघरों की शासन-विरोधी कार्रवाइयों का समर्थक था, तो अमरीका ने इसे जनतंत्र-विरोधी कदम बतलाकर उसका विरोध किया था। मुक्तिबोध ने जेनरल पैराँ के इस कदम को जनतांत्रिक कदम माना था और अमरीका के मिथ्या प्रचार का खंडन किया था।

इतिहास में पूंजीवाद की प्रगतिशील भूमिका स्वीकार करते हुए भी उन्होंने उस पर कठोर आक्रमण किए हैं और उसे ऐसी सामाजिक-आर्थिक व्यवस्था माना है, जो मुनाफे पर आधारित होती है और जिसके कारण उस व्यवस्था में रहनेवाली जनता की सुख-शांति नष्ट हो जाती है। 'कामायनी : एक पुनर्विचार' में ही वे कहते हैं, "पूंजीवाद अपने मुनाफे के लिए किसी की परवाह नहीं करता—नीति, संस्कार, संस्कृति, आदर्श इत्यादि सब हट जाते हैं। केवल मुनाफा उसका लक्ष्य है। यह मुनाफा बहुसंख्यक जनता के शोषण से ही प्राप्त हो सकता है, भले ही वह शोषण कानूनी शोषण हो या गैर-कानूनी बेईमानी से प्राप्त धन। इस धन से फिर कारोबार बढ़ाया जाता है, व्यवसाय बढ़ाए जाते हैं, उद्योग स्थापित किए जाते हैं (कम से कम पूंजीवादी यही सोचता है)। जनता के सुख-शांति-विनाश से प्राप्त धन फिर व्यावसायिक-औद्योगिक निर्माण में लगाया जाता है।" मुक्तिबोध ने यहां पूंजीवाद का सार-तत्व निकालकर रख दिया है। उन्होंने बहुत ही सरल शब्दों में हिंदीभाषी जनता को पूंजीवाद की मुनाफाखोरी की प्रवृत्ति, संस्कृति पर उसका घातक प्रभाव, पूंजीवाद में शोषण को कानूनी मान्यता प्राप्त होना, शोषण का चक्र, उससे होनेवाली पूंजी की वृद्धि द्वारा और व्यापक पैमाने पर शोषण का अवसर प्रस्तुत होना और पूंजीपति-वर्ग का यह खोखला दावा कि वह नए उद्योगों द्वारा राष्ट्र को विकसित और जनता के जीवन को उन्नत बना रहा है, इन

तमाम बातों के संबंध में समझा दिया है।

पूंजीवाद में स्वतंत्रता की बहुत दुहाई दी जाती है। पूंजीवादी संसार को 'स्वतंत्र संसार' कहा जाता है। लेकिन यह स्वतंत्र संसार भीतर से कैसा है? इसमें व्यवस्था द्वारा व्यक्ति को अपनी इच्छानुसार एक हद तक काम करने की स्वतंत्रता दी जाती है, पर उसके व्यक्तित्व के विकास का दायित्व वह व्यवस्था अपने ऊपर नहीं लेती। यह कार्य व्यक्ति का समझा जाता है, समाज का नहीं, और चूंकि साधारण व्यक्ति के पास सीमित अवसरवाले समाज में व्यक्तित्व-विकास के आर्थिक साधन नहीं होते, वह स्पर्धा में पीछे पड़ जाता है और जहां का तहां पड़ा रहता है। व्यक्तित्व के विकास का अधिकाधिक अवसर उन्हीं को मिलता है, जिनके पास आर्थिक क्षमता होती है। मुक्तिबोध ने उक्त पुस्तक में ही लिखा है कि आत्मश्रेयवाद और स्पर्धावाद पूंजीवादी समाज-व्यवस्था की दो मूलभूत प्रवृत्तियां हैं। इसमें व्यक्ति-व्यक्ति के बीच, व्यापारी-व्यापारी के बीच, इजारेदार-इजारेदार के बीच स्पर्धा चलती है। इस स्पर्धा में जो पक्ष विजयी होता है, वह दूसरे पक्ष को निर्बल कर देता है। बड़ी मछली छोटी मछली को खा जाती है। आत्मश्रेयवाद और स्पर्धात्मक संघर्ष का लक्ष्य प्राप्त करने के क्रम में सारे नीति-नियम तोड़ दिए जाते हैं, जान-बूझकर भ्रष्टाचार फैलाया जाता है, पैसों के जोर से काम कराया जाता है और सर्वत्र अनाचार और अराजकता के दृश्य उपस्थित होते रहते हैं।

पूंजीवाद की आलोचना विदेश में भी और अपने देश में भी दो दृष्टियों से की गई है—प्रतिक्रियावादी और समाजवादी। आचार्य शुक्ल ने अपने 'इतिहास' में लिखा था कि यूरोप में पूंजीवाद की प्रतिक्रिया दो रूपों में हुई। एक ओर तो यंत्र-सभ्यता के विरुद्ध तोलस्तोय की धर्मबुद्धि जगानेवाली वाणी सुनाई पड़ी, जिसका भारतीय अनुवाद महात्मा गांधी ने किया और दूसरी ओर घोर आर्थिक विषमता की घोर प्रतिक्रिया के रूप में साम्यवाद और समाजवाद नामक सिद्धांत चले, जिन्होंने रूस में अत्यंत उग्र रूप धारण कर भारी उलट-फेर कर दिया। मुक्तिबोध बिलकुल उन्हीं के स्वर में 'पुनर्विचार' में ही कहते हैं कि "यूरोप में सभ्यता-संबंधी प्रश्नों को लेकर दो प्रकार की प्रवृत्तियां काम कर रही थीं। एक तो मार्क्सवादी प्रवृत्ति जिसने आगे चलकर रूस में समाजवाद की स्थापना की, और एक आदर्शवादी प्रवृत्ति जिसने भाववादी रीति से पश्चिमी यूरोपीय पूंजीवादी सभ्यता की आलोचना की।" भारत में पूंजीवाद की आदर्शवादी प्रतिक्रिया उन्हें गांधीवाद के रूप में दिखलाई पड़ी। गांधीवाद पूंजीवाद की ऐसी प्रतिक्रिया था, जो सामंती प्रभाव से ग्रस्त था : "राजनीति, समाजनीति के क्षेत्र में इस प्रक्रिया ने गांधीवादी अर्थतंत्र की प्रवृत्ति को जन्म दिया। मशीनों के विरुद्ध, व्यापक औद्योगीकरण के विरुद्ध, राष्ट्र के केंद्रस्थ शासनतंत्र के विपरीत ग्राम प्रजातंत्र की स्थापना के पक्ष का समर्थन करनेवाली विचारधारा एक ऐसी विचारधारा थी, जो भारत की अविकसित आर्थिक अवस्था को कायम रखना चाहती थी, बढ़ते हुए पूंजीवाद के प्रति शंकालु थी, वैचारिक क्षेत्र में उसका विरोध करती थी, तथा भारत के पिछड़े हुए स्वरूप को समाप्त करने के बजाय उस स्वरूप में आदर्शवादी रंग मिलाना चाहती

थी। पूंजीवाद ने कुशलतापूर्वक इस विचारधारा का अपने लिए उपयोग कर लिया, और वह स्वयं आगे बढ़ता ही गया।" कहने की आवश्यकता नहीं कि आज भी भारत की पूंजीवादी सरकार गांधीवाद को एक पूज्य वस्तु मानती है और पूंजीवाद के हित में उसका उपयोग करती रहती है। मुक्तिबोध के अनुसार गांधीवाद के प्रतिक्रियावादी विचारों के पीछे एशियाई सामंतवाद की ग्राम-व्यवस्था का आकर्षण था, जो आदिम सामुदायिक व्यवस्था के भग्नावशेषों को लेकर चली थी। इस व्यवस्था के बारे में ऐसी कल्पना की जाती है कि उसमें मनुष्य सरल और स्वावलंबी जीवन बिताता था, लेकिन इसका कोई ऐतिहासिक प्रमाण उपलब्ध नहीं है। एशियाई सामंतवाद ने हजारों वर्षों तक हमारी सभ्यता को अपने शिकंजों में जकड़कर रखा, जिससे जनता का जीवन तबाह होता रहा, उसके ऊपर तरह-तरह के जुल्म ढाए जाते रहे, उसे लूटा जाता रहा, उसके गांव जलाए जाते रहे। मुक्तिबोध का निश्चित मत है कि किसी सामाजिक व्यवस्था की आलोचना उससे उच्चतर सामाजिक व्यवस्था की दृष्टि से होनी चाहिए। ऐसी स्थिति में पूंजीवादी व्यवस्था की आलोचना समाजवादी दृष्टि से ही हो सकती है, क्योंकि उसमें एक ऐसी व्यवस्था की कल्पना की गई है, जो वर्गीय शोषण से मुक्त एक ऐसी व्यवस्था होती है, जो भौतिक, आर्थिक, वैज्ञानिक और सांस्कृतिक दृष्टि से पूंजीवादी व्यवस्था से उच्चतर होती है।

स्वतंत्रता और समानता—ये मुक्तिबोध के सबसे बड़े मूल्य थे, जिन्हें स्थापित करने के लिए उन्होंने अपना संपूर्ण लेखकीय जीवन न्योछावर कर दिया। ये मूलतः जनतांत्रिक मूल्य हैं, जिन्हें वर्ग-विभाजित पूंजीवादी समाज में उपलब्ध नहीं किया जा सकता। अपने अनुभव और ज्ञान से स्वाभाविक रूप से वे समाजवाद की तरफ उन्मुख हो गए थे। जैसा कि कहा जा चुका है, 'कामायनी : एक पुनर्विचार' में 'प्रसाद' की विश्वदृष्टि की आलोचना स्वयं उनकी विश्वदृष्टि का इजहार है। इसी पुस्तक में वे कहते हैं : "सच्ची स्वाधीनता और समानता की स्थापना तो तभी होती है, जब हम उसे पूरे वर्गहीन समाज के सामाजिक लक्ष्यों से एकाकार करें। निश्चय ही, हमारी नैतिकता के नए मानदंड तो सच्ची मानव-मुक्ति के इन्हीं लक्ष्यों की प्राप्ति की दृष्टि से ही निर्णीत होंगे। *जब तक हम वर्गहीन समाज की सामूहिक शक्ति से उद्योगों और खेत-खलिहानों का समाजीकरण नहीं करते, तथा देश का औद्योगीकरण, सृष्टि तथा प्रकृति के वैभव को मानव-मात्र के समान उपयोग के लिए उपलब्ध नहीं करते, तब तक हम देश को, समाज को, जनता को सुखी तथा समृद्ध भी नहीं कर सकते। इस उद्देश्य की पूर्ति की पहली शर्त पूंजीवाद का अंत तथा समाजवादी समाज की स्थापना है।*" आज सोवियत समाजवाद की असफलता की प्रतिक्रिया में 'सामूहिकीकरण' के विरुद्ध एक आंदोलन चल पड़ा है। ऐसे लोग अमरीका-जैसे देशों में व्यक्तिगत उद्योगों की व्यापक असफलता पर दृष्टि नहीं डालते। यहां मुक्तिबोध द्वारा प्रयुक्त 'समाजीकरण' शब्द ध्यातव्य है, जो समाजवाद के पूंजीवाद-विरोधी सार-तत्व को ज्यादा सही ढंग से अभिव्यक्त करता है, साथ ही उनके सामाजिक उत्थान के अभिप्राय को भी। उन्होंने जान-बूझकर 'राष्ट्रीयकरण' अथवा 'सरकारीकरण' की जगह 'समाजीकरण' शब्द का

प्रयोग किया है। व्यक्ति उनके ध्यान में हमेशा रहा। वे ऐसे समाज की परिकल्पना से संचालित होते रहे, जिसमें व्यक्ति और समाज के हितों के बीच अंतर्विरोध न हों, व्यक्ति का विकास सामाजिक विकास को समृद्ध करे और सामाजिक विकास व्यक्ति के विकास को। उन्होंने उस समाज के आदर्श को कभी विस्मृत नहीं किया, जिसकी विशेषता 'कम्युनिस्ट घोषणापत्र' में यह बतलाई गई थी कि उसमें व्यक्ति की स्वतंत्र प्रगति समष्टि की स्वतंत्र प्रगति की शर्त होगी। लेखक के रूप में उनका लक्ष्य वह समाज था, जिसमें व्यक्ति अपने और अपने परिवार की अस्तित्व-रक्षा के आर्थिक संघर्ष में ही अपने को समाप्त न कर दे और उसकी सृजनात्मक क्षमता सामाजिक प्रगति में योग दे। उनका आदर्श वह समाज था, जिसमें किसी को न किसी का व्यक्ति-स्वातंत्र्य खरीदने का हक हो, न किसी को अपना व्यक्ति-स्वातंत्र्य बेचने की बाध्यता।

लेकिन मुक्तिबोध उस व्यक्ति-स्वातंत्र्य के विरोधी थे, जो समाजवाद के मार्ग में बाधक बनता है। उन्हें व्यक्ति-स्वातंत्र्य अथवा जनतंत्र अभीष्ट था, पर समाजवाद की कीमत पर नहीं। वे ऐसा समाज चाहते थे जिसमें समाजवाद और जनतंत्र का समन्वय हो, यानी उनका लक्ष्य था—समाजवादी जनतंत्र। 'अंतरात्मा और पक्षधरता' शीर्षक लेख में उनके शब्द ध्यातव्य हैं : "जो व्यक्ति-स्वातंत्र्य समाजवाद और जनतंत्र के समन्वय में बाधक हो, या इन दोनों में से किसी एक का भी उत्सर्ग करने के लिए उत्सुक हो, उस व्यक्ति-स्वातंत्र्य को पूरा समाज सार्वजनिक रूप से निंदित और तिरस्कृत करे।" वे समाजवाद को जनता की मुक्ति का राजपथ और इसीलिए उसकी मूल आत्मा को जनतांत्रिक मानते थे। उनका 'समन्वय' समाजवाद और पूंजीवादी जनतंत्र का समन्वय नहीं है, न ही उनके मस्तिष्क में काल्पनिक समाजवादियों के लोकतांत्रिक समाजवाद-जैसी कोई चीज थी। वे वस्तुतः समाजवाद और जनतंत्र के बीच कोई कृत्रिम समन्वय नहीं स्थापित करना चाहते थे, बल्कि इन दोनों के बीच जो अंतरंग संबंध है, उस पर बल दे रहे थे। 'नवीन समीक्षा का आधार' शीर्षक एक लेख में उन्होंने कहा है कि व्यक्ति-स्वातंत्र्य और व्यक्तित्व की संपूर्ण मानव-गरिमा तथा साम्यमूलक शोषणविहीन मानवोचित समाज की स्थापना एक ही सत्य के दो पहलू और दो तकाजे हैं, जो अपनी पूर्ति और विकास के लिए एक-दूसरे पर अवलंबित हैं। इस तरह उनके सामने जनतंत्र और समाजवाद का संबंध स्पष्ट था, लेकिन गौर करने पर पता चलता है कि वे स्वतंत्रता को 'अनिवार्यता की स्वीकृति' के द्वंद्वात्मक भौतिकवादी सूत्र तक सीमित न समझते थे। उनकी दृष्टि में स्वतंत्रता का क्षेत्र इससे विस्तृत था।

अक्तूबर क्रांति की सत्तरवीं जयंती के अवसर पर आयोजित समारोह में प्रस्तुत किए गए अपने प्रतिवेदन में सोवियत संघ की कम्युनिस्ट पार्टी के महासचिव गोर्बाचोव ने कहा था कि "जनतंत्र को राजनीतिक क्षेत्र तक सीमित नहीं रखा जाना चाहिए। इसे मानव-संबंधों के सभी क्षेत्रों में समाविष्ट हो जाना चाहिए। हम इस आधार पर आगे बढ़ते हैं कि समाजवाद लोगों की राय, संबंधों और कार्यकलाप में बढ़ती विविधता का समाज है। प्रत्येक व्यक्ति का अपना खास स्तर, घटती हुई घटनाओं के प्रति अपनी

खास दृष्टि होती है, इसलिए अनेक प्रकार के विचार, विश्वास और मूल्यांकन भी होते हैं, जिन पर स्वभावतः सावधानी से ध्यान देना तथा उन पर तुलनात्मक दृष्टि से गौर करना आवश्यक होता है। हम जनमत की विविधता, आत्मिक जीवन की समृद्धि के पक्ष में हैं। हमें खुलकर सामाजिक विकास की समस्याएं उठाने, आलोचना और तर्क करने से डरना नहीं चाहिए। ऐसी परिस्थितियों में ही सत्य का जन्म होता है और सही फैसले किए जाते हैं। ... सभी प्रतिभाएं और रंग-बिरंगे व्यक्तित्व समाज की मूल्यवान संपत्ति हैं, उनका ध्यान रखा ही जाना चाहिए और उनके जीवन तथा कृतित्व के लिए सभी आवश्यक परिस्थितियां सृजित की जानी चाहिए।" जनतांत्रिक स्वतंत्रता की इस धारणा से मुक्तिबोध की स्वतंत्रता की धारणा पूर्णतः मेल खाती है।

मार्क्सवाद के अनुसार राज्य जो वर्ग आर्थिक क्षेत्र में प्रभुत्वशाली होता है, उसका राजनीतिक संगठन होता है। इसका उद्देश्य होता है यथास्थिति को बरकरार रखना और दूसरे वर्गों के विरोध को दबाना। राज्य अस्तित्व में तब आया, जब समाज वर्गों में विभाजित हुआ। वर्ग-विभाजित समाज में राज्य शोषक-वर्ग के हाथ में शोषित आबादी को दबाकर रखने का औजार बना। मुक्तिबोध 'समाजवादी समाज या अमरीकी-ब्रिटिश पूंजी की बाढ़' शीर्षक अपनी महत्वपूर्ण टिप्पणी में न केवल राज्य के इस चरित्र को मानकर चलते हैं, बल्कि आधुनिक काल में पूंजीवादी राज्य जो पेचीदा तरीके काम में लाता है, उनसे भी अपनी अभिज्ञता प्रदर्शित करते हैं। इसमें उन्होंने पूंजीपति-वर्ग के वफादार चाकर मध्यवर्ग के ऊपरी तबके के बुद्धिजीवियों का भी चरित्र-निरूपण किया है। कहा है कि राजसत्ता का वैज्ञानिक अर्थ यह है कि वह प्रभावशाली शासक अथवा अनुशासक वर्गों के लिए समाज में उनकी दृष्टि से संतुलन स्थापित करने का एक अस्त्र होती है। सामंती समाज में सामंत-वर्ग और पूंजीवादी समाज में उच्च-मध्यवर्गीय तथा धनी लोग राजसत्ता के संचालक होते हैं। संसद में बहुमत से चुनकर चाहे जो आए, पूंजीवादी व्यवस्था में राजसत्ता के संचालन और आर्थिक संतुलन स्थापित करने का कार्य इसी उच्च-मध्यवर्ग को करना पड़ता है। यह वर्ग धनियों, उद्योगपतियों और व्यावसायिकों द्वारा पोषित होकर उनकी संस्थाओं और पत्रों द्वारा ख्याति प्राप्त करता है। यह राजसत्ता और अन्य केंद्रीय महत्वपूर्ण संस्थाओं के कल-पुर्जों के रूप में काम करता है, शासक और शासन पर नियंत्रण रखनेवाले वर्गों के हित में उनकी दृष्टि से समाज में संतुलन स्थापित करता है। यह संतुलन स्थापित करने के क्रम में इस वर्ग को देश की वस्तुस्थिति को ध्यान में रखते हुए काम करना पड़ता है, यानी जनता की प्रवृत्ति को देखते हुए उसे बहुत बार शासक-वर्ग पर भी नियंत्रण रखना पड़ता है, जिससे कि वह वर्ग जनता के क्षोभ का शिकार न हो, साथ ही उच्च-मध्यवर्ग अक्षुण्ण बना रहे। आजकल अमरीका, फ्रांस और ब्रिटेन के पूंजीपतियों पर भी वहां की सरकारों का नियंत्रण हो गया है। यदि यह नियंत्रण न हो, तो जनता क्रांति कर दे। वस्तुतः यह क्रांति को रोकनेवाला वर्ग होता है। उसे रोकने के लिए इसे बंदूक की गोलियों और रियायतों दोनों का प्रयोग करना होता है। किंतु, पूंजीपतियों के मुनाफे की दर न गिर जाए, इसके लिए यह पूरी व्यवस्था करता

है। मुक्तिबोध का यह पर्यवेक्षण हमें ग्राम्शी की याद दिलाता है, जिन्होंने दर्शन और अर्थशास्त्र के साथ राजनीतिक व्यवस्था के अनेक अदृश्य पहलुओं पर अपना गंभीर और सूक्ष्म चिंतन प्रस्तुत कर मार्क्सवाद का विकास किया है।

'कामायनी' की आलोचना में भी एक स्थान पर मुक्तिबोध ने राज्य के चरित्र की चर्चा की है और वहां भी पूंजीवादी राज्य के एक पेचीदा तरीके की तरफ इशारा किया है। राज्य का नियम-विधान शासक-वर्ग के लिए नहीं, शासित वर्ग के लिए होता है। जब वही नियम-विधान किसी विशेष ऐतिहासिक परिस्थिति में शासक-वर्ग के हितों के विरुद्ध चला जाता है, उसे बदलने का प्रयत्न किया जाता है, जिससे कि शोषक व्यवस्था कायम रहे। इस समय यदि जनता उस परिवर्तन के विरोध में उठ खड़ी होती है, तो बलपूर्वक उसका दमन किया जाता है। शोषक सत्ता का खात्मा कैसे होता है? वे कहते हैं, "अपने कष्टानुभवों की सामाजिकता से, अपनी वर्गीय विशेषता के फलस्वरूप, वे (गरीब वर्गों के लोग) तुरंत संघबद्ध होकर अपने दीर्घकालीन तथा सुविस्तृत संघर्षों को क्रांति के रूप में परिणत कर देते हैं। गरीब वर्गों के लिए क्रांति मनुष्यता का तकाजा है।" इस उद्धरण के ये सारे शब्द-समूह ध्यान देने के लायक हैं—कष्टानुभव की सामाजिकता, वर्गीय विशेषता, संघबद्धता, दीर्घकालीन तथा सुविस्तृत संघर्ष, क्रांति और गरीब वर्गों के लिए क्रांति का मनुष्यता का तकाजा होना। स्पष्टतः इन शब्द-समूहों से मुक्तिबोध का मार्क्सवादी क्रांति-दर्शन प्रकट हो रहा है। वे मानते हैं कि पूंजीवादी व्यवस्था में क्रांतिकारी वर्ग श्रमजीवी-वर्ग होता है। 'ओ काव्यात्मन् फणिधर' शीर्षक कविता में वे अपने काव्य-सर्प से कहते हैं कि वह लावारिस बच्चे को उठाकर वहां रख आए, जहां "साँवली सेवंती, श्याम गुलाब सो रहे हैं।" ये उपमान गहरी ममता से मुक्तिबोध ने क्रमशः मजदूरनी और मजदूर के लिए प्रयुक्त किए हैं। क्रांति मजदूरों के ही बीच पलती है : "श्रम-गरिमा का पी दूध / सत्य नवजात / विकसता जाएगा।" बदले हुए संदर्भ में यह समझ लेना जरूरी है कि वे 'गरीब वर्गों ' में सिर्फ औद्योगिक मजदूर-वर्ग को नहीं रखते, न उनका 'श्रमजीवी' सिर्फ 'औद्योगिक श्रमिक' है। मुक्ति संगठन से ही संभव है, अकेले नहीं, यह बात उन्होंने 'चंबल की घाटी में' शीर्षक अपनी प्रसिद्ध कविता की इन पंक्तियों में कही है : "कभी अकेले में मुक्ति न मिलती/, यदि वह है तो सबके ही साथ है।" क्रांति और संगठन का रूप बदल सकता है, लेकिन यह सामाजिक विकास का अटल नियम है कि महत्वपूर्ण परिवर्तन इन्हीं से संभव है, इनके बिना नहीं।

क्रांति में मुक्तिबोध की अखंड आस्था थी। इतिहास की गति के अवलोकन और इतिहास की भौतिकवादी व्याख्या से उन्होंने जान लिया था कि शोषक और शोषित वर्गों का अंतर्विरोध जब चरम बिंदु पर पहुंच जाएगा, तो शोषित वर्ग अपनी संगठित शक्ति और सही नेतृत्व से शोषण पर टिकी हुई सत्ता को उखाड़ फेंकेंगे। 'जिंदगी बुरादा तो बारूद बनेगी ही' शीर्षक कविता में उन्होंने अपनी कल्पना में क्रांति को आंखों के सामने घटित होते देखा है। यह क्रांति ऊंची-ऊंची इमारतों को भस्म कर देगी, लेकिन गरीबों की प्रतीक पक्षिणियां अधजले ठूंठ की कटी-पिटी डाल पर

अपने बच गए घोंसलों में अपने तन की गरमी से अपने बच्चों को सेती हुई उन्हें मन की गरमी पहुंचाती रहेंगी। एंगेल्स ने कहा था कि कम्युनिस्ट समाज़ की स्थापना के बाद राज्यरूपी यंत्र, जोकि समाज में पैदा होनेवाले वर्ग-भेद की देन है, अजायबघर में उठाकर रख दिया जाएगा। मुक्तिबोध भी कहते हैं कि क्रांति के बाद "ऐश्वर्य-सूर्य / धन की प्रभुसत्ता के ऐरावत चंड-शौर्य / अपने चालकदल सहित भूमि के गर्भों में / विच्छिन्नावस्था के सारे संदर्भों में / केवल पुरातत्वविद् के चित्ताकर्षण / बन जाएंगे।" मजे की बात यह है कि इस कविता में उन्होंने उन मध्यवर्गीय विद्वानों, कवियों और चिंतकों की भी क्रांतिकालीन भूमिका पर प्रकाश डाला है, जो अपनी स्वार्थ-सिद्धि के लिए शोषक-वर्ग का हर तरह से समर्थन करते हैं। जब क्रांति हो रही है, ये "साहित्य और संस्कृति के रजतशंखधर" घंटाघर की घड़ी के कांटों को पकड़कर लटके हुए हैं। ये नहीं चाहते कि इतिहास की घड़ी की सुइयां आगे खिसकें! 'अंधेरे में' शीर्षक कविता में मुक्तिबोध एक स्थल पर कहते हैं : "कविता में कहने की आदत नहीं, पर कह दूं / वर्तमान समाज चल नहीं सकता।" 'वर्तमान समाज' यानी पूंजीवादी समाज! क्रांति का यह विश्वास, यह अखंड आशावाद उन्हें इतिहास से प्राप्त हुआ था, उन वस्तुपरक नियमों की गहरी समझदारी से, जो सामाजिक विकास के भीतर सक्रिय होते हैं और जिन्हें व्यवहार में लाती हुई संघर्षरत जनता आगे बढ़ती है। स्वभावतः उन्होंने एक कविता में उच्च स्वरों में अपनी पक्षधरता की घोषणा की :

> धरती के विकासी द्वंद्व-क्रम में एक मेरा छटपटाता वक्ष,
> स्नेहाश्लेष या संगर कहीं भी हो
> कि धरती के विकासी द्वंद्व-क्रम में एक मेरा पक्ष,
> मेरा पक्ष, निःसंदेह!!

संसार में चलनेवाले विकासात्मक सामाजिक द्वंद्व में मुक्तिबोध तटस्थ न थे। वे न युद्ध में तटस्थ थे, न प्रेम में। सर्वत्र वे एक छटपटाहट के साथ द्वंद्व में सम्मिलित थे। उनका एक पक्ष था, निस्संदेह। कौन-सा पक्ष, भूमिपतियों का या किसानों का, पूंजीपतियों का या मजदूरों का, युद्धलिप्सु साम्राज्यवादियों का या विश्व की शांति और स्वतंत्रताकामी जनता का, यह बतलाने की आवश्यकता न होनी चाहिए।

मुक्तिबोध समाजवादी समाज में व्यक्ति-स्वातंत्र्य और विश्व समाजवादी व्यवस्था में राष्ट्रीय स्वातंत्र्य दोनों के समर्थक थे, बल्कि वे इस स्वातंत्र्य को समाजवाद की कसौटी मानते थे। 'समीक्षा की समस्याएं' शीर्षक अपने प्रसिद्ध निबंध में उन्होंने समाजवादी देशों में जिस 'रेजिमेंटेशन' की चर्चा की जाती थी, उस पर इन शब्दों में अपनी राय जाहिर की है : "हम इस प्रकार का रेजिमेंटेशन कभी नहीं चाहेंगे। इसका विरोध अत्यंत आवश्यक है। किंतु इसका यह अर्थ नहीं है कि पूंजीवाद के हम समर्थक होंगे। *किसी विशेष देश की विशेष ऐतिहासिक अवस्थाओं में जो गलतियां हुईं, उनके दुहराए जाने के हम समर्थक नहीं।* किंतु यह भी सही है कि धन द्वारा किसी को खरीद लेने की आजादी का नाम व्यक्ति-स्वातंत्र्य का सिद्धांत नहीं है। क्या यह सच नहीं है कि 'फ्री वर्ल्ड' के अंतर्गत न मालूम कितनी ही तानाशाहियां हैं?

'फ्रीडम' (स्वतंत्रता) का अर्थ जो लोग 'पूंजीवादी की स्वतंत्रता' लेते हैं, हम उसके विरुद्ध हैं।" इस उद्धरण में पूंजीवादी स्वतंत्रता के सामाजिक और आर्थिक सार-तत्व को तो दिखलाया गया ही है, बलयुक्त वाक्य में एक महत्वपूर्ण बात कही गई है। वे समाजवाद के विकृतीकरण को संभव मानते थे और उसका कारण समाजवादी देशों की 'द्वंद्व-स्थिति' को बतलाते थे। उनका कहना था कि द्वंद्व-स्थिति में एक विशेष पक्ष पर ही दृष्टि रहती है, इसलिए शेष पक्ष पर एक सामान्य दृष्टि ही डाली जाती है। लेकिन द्वंद्व-स्थिति बदलते ही सिद्धांतों में आवश्यक संशोधन करना चाहिए, वर्ना यथार्थ से संबंध टूट जाएगा। पूर्वोल्लिखित निबंध 'अंतरात्मा और पक्षधरता' में वे कहते हैं, "चूंकि यथार्थ गतिशील है, इसलिए उसके गति-नियमों का अनुशीलन करना आवश्यक है। नव-नवीन उन्मेषों में व्यक्त यथार्थ से विमुख रहकर, या उसकी उपेक्षा करते हुए, अथवा उसका निरादर करते हुए, पुराने सिद्धांतों की व्याख्या तथा पुनर्व्याख्या द्वारा उसे निंदित करना मुझे अवैज्ञानिक और अनुचित मालूम होता है।" यह जड़सूत्रवाद का विरोध है। इसी निबंध में मुक्तिबोध ने कहा है कि "जड़वाद कई तरह से प्रकट होता है। वह अध्यात्म का जामा पहनकर आता है *और भौतिकवाद का भी*।" यहां यह भी उल्लेखनीय है कि ज्ञान के क्षेत्र में प्रयोग और अनुसंधान के पक्षधर होते हुए भी इनके नाम पर वे अब तक मानव-जाति द्वारा प्राप्त किए गए ज्ञान, अर्थात सिद्धांत-व्यवस्था, को अस्वीकार करने के पक्ष में न थे। वे प्रयोग और अनुसंधान का एक ही मतलब समझते थे— "बदली हुई परिस्थिति में परिवर्तित यथार्थ के नए रूपों का, उनके पूरे अंतःसंबंधों के साथ, अनुशीलन किया जाए, उनको हृदयंगम किया जाए।" साफ है कि यह संशोधनवाद नहीं, वह सजीव और सृजनात्मक मार्क्सवाद है, जिसे 'कार्य का निर्देशक' कहा गया है और जिसका सर्वोत्कृष्ट उदाहरण कभी लेनिन ने अपने अनुभव और चिंतन से प्रस्तुत किया था।

इस प्रसंग में 'रचनावली' के छठे खंड में संकलित मुक्तिबोध की दो राजनीतिक टिप्पणियां विशेष महत्वपूर्ण हैं— 'कम्युनिज्म का संक्रमणकाल' और 'समाजवादी राष्ट्रों की नई समस्या'। इनमें उन्होंने उस समय के कुछ समाजवादी देशों की जनतांत्रिक स्वतंत्रता को अपना समर्थन दिया है और कहा है कि आगे इस स्वतंत्रता की प्रक्रिया तेज होगी। उनके अनुसार समाजवादी विश्व में जनतांत्रिक स्वतंत्रता के बाधक स्तालिन थे। "स्तालिन ने ऐसे प्रशासकीय यंत्र पैदा किए, सरकार के भीतर और पार्टी के भीतर, कि जिसके एक बटन को हिला देने मात्र से, सारी मशीनें चल पड़तीं और कार्य सफल हो जाता। एक विशेष अवधि के बाद, जबकि देश में कोई राजनैतिक विरोधी बचा नहीं, ये सब यंत्र निरुपयोगी हो जाना चाहिए थे। किंतु अपनी व्यक्तिगत तानाशाही के लोभ में वे कायम रखे गए, और स्वाभाविक रूप से काम के सिलसिले में ही जो मतभेद खड़े होते हैं, उन्हें भी दबाया गया। मतलब यह कि मूल दोष यह उत्पन्न हुआ कि पार्टी और सरकारी संगठन के कुछ महत्वपूर्ण यंत्र बगैर जरूरत के कायम रखे गए (एक जमाना था जब उनकी जरूरत थी)। इन यंत्रों के साथ समाज के विकास की बढ़ती हुई शक्तियों की मुठभेड़ स्वाभाविक थी। यंत्रों ने विकास को दबा डाला,

जिसमें रूस की हानि हुई और खूब बदनामी भी।" आगे उन्होंने स्पष्ट शब्दों में कहा है कि "मार्क्सवादी सिद्धांतों के अनुसार, कम्युनिस्ट पार्टी के भीतर तानाशाही नहीं चल सकती। पार्टी की तानाशाही की संगीन का मुंह उन तत्वों की तरफ होगा जो कम्युनिस्ट क्रांति को उलटने की कोशिश करेंगे, न कि साधारण जनता की तरफ।" इन बातों से निश्चय ही यह भ्रम न होना चाहिए कि मुक्तिबोध स्तालिन की देन से ही इनकार करते थे और वे सर्वहारा के अधिनायकवाद के खिलाफ थे। स्तालिन की देन के महत्व को वे किस तरह आंकते थे, इसका पता हमें उनकी 'बीमार स्तालिन' शीर्षक कविता से चलता है, जोकि एक दर्द से भरी हुई कविता है। इसमें वे कहते हैं : "बीमार हो तुम और मस्तक में रुधिर की धार/गहरी बह पड़ी है / यह खबर सुन दुःख की / मेरे हृदय में भी रुधिर की धार / गहरी बह पड़ी है।" कुछ लोग स्तालिन की गलतियों के चलते उन्हीं को नहीं, सोवियत संघ की पूरी कम्युनिस्ट पार्टी और पूरे देश को गलत मानते हैं। ऐसे लोगों को उत्तर देते हुए उक्त टिप्पणी में ही उन्होंने कहा है कि पूरा सोवियत संघ गलत होता तो उसकी सर्वतोमुखी उन्नति न हो पाती। एक व्यक्ति की संगीन से उन्नति संभव नहीं को सकती, उसमें करोड़हा जनता का स्वेच्छापूर्वक दिया गया योग शामिल होता है। सोवियत संध की सर्वतोमुखी उन्नति हुई थी या नहीं, आज यह विवादास्पद है, लेकिन इसमें कोई संदेह की बात नहीं है कि एक दौर में स्तालिन के नेतृत्व में प्राप्त की गई उसकी उपलब्धियां सारे संसार के लिए विस्मयकारी थीं। मुक्तिबोध उनके लिए वहां की जनता को भी श्रेय देते हैं। 'सर्वहारा के अधिनायकवाद' को उनके द्वारा दिया गया समर्थन उसके सैद्धांतिक रूप को दिया जानेवाला समर्थन था। व्यवहार में उसने पार्टी और उसमें भी उसके सर्वोच्च नेता के अधिनायकवाद का रूप ले लिया था, इसे उन्होंने न कभी समर्थन दिया, न दे सकते थे।

स्तालिन का युगोस्लाविया के साथ मतभेद उस देश में समाजवाद के निर्माण के अपने तरीके को लेकर था। इसी कारण उनका मतभेद चीन के साथ भी था। भिन्न-भिन्न देशों में उनकी निजी परिस्थितियों के कारण समाजवाद की प्राप्ति के भिन्न-भिन्न तरीके और उसके भिन्न-भिन्न रूप हो सकते हैं, इसे सिद्धांत में वे भी मानते थे, लेकिन यह चीज अमल में न थी। मुक्तिबोध के विचार इस मुद्दे पर बिलकुल स्पष्ट थे : "मार्क्सवाद के अनुसार समाजवाद की बुनियादी बातों में, खेती तथा उद्योगों का समाजीकरण, और राष्ट्र के विकास के लिए बहुत आर्थिक आयोजन का काम शामिल है। एक बार इस बुनियादी लक्ष्य के तथ्य को स्वीकार करने के बाद, देश-देश की अपनी परिस्थितियों तथा विकासावस्थाओं की आवश्यकताओं की पूर्ति के लिए स्थायी-अस्थायी अनेक प्रकार की संस्थाएं और कार्यक्रम चलाए जा सकते हैं। *यहां तक कि व्यक्तिगत उद्योग तथा व्यक्तिगत खेती तथा निजी सम्पत्ति तक को प्रश्रय दिया जा सकता है।*" स्वभावतः उन्होंने स्तालिनवाद का विरोध किया और यह माना कि दूसरे देशों की कम्युनिस्ट पार्टियों का सोवियत संघ की कम्युनिस्ट पार्टी के प्रभाव में रहना आवश्यक नहीं। लेकिन साथ ही उन्होंने यह भी कहा कि "इसका मतलब

यह नहीं है कि रूसी प्रभाव समाप्त करके कम्युनिस्ट देश कम्युनिज्म त्यागकर पूंजीवादी हो जाएंगे। इसका अर्थ केवल इतना है कि प्रोलितेरियन डिक्टेटरशिप का स्वरूप, मजदूर-वर्ग की तानाशाही का स्वरूप (जो मार्क्सवाद की बुनियादी धारणा है), परिवर्तन की प्रक्रिया से गुजरने की कोशिश करेगा। चीन ने इस संबंध में केवल इतना कहा है कि यह तानाशाही समाज को पीछे की ओर मोड़नेवाले काउंटर-रेवोल्यूशनरीज के खिलाफ है, जनता के खिलाफ नहीं। चीन एक कदम आगे बढ़कर यह भी कहता है कि सोचने, संस्था बनाने और विचार प्रकट करने की जनता को पूरी आजादी होनी चाहिए और उस आजादी का संगठन किया जाना चाहिए।" निश्चय ही चीन-संबंधी ये बातें उस जमाने की हैं, जब वहां माओत्से-तुङ के नेतृत्व में 'सांस्कृतिक क्रांति' नहीं शुरू हुई थी।

मुक्तिबोध ने स्वतंत्रता को लेकर सोवियत संघ पर कम्युनिस्टों द्वारा किए जानेवाले हमलों को सकारात्मक विकास माना और कहा कि "उनके द्वारा कम्युनिस्ट पार्टियों की आजादी और देश की आजादी अधिक विकसित और बलवान होगी।" उन्होंने कम्युनिज्म के अंदर मतभेदों की सक्रियता का लक्ष्य एक राय पर आना बतलाया और अभेद में भेद के महत्व को रेखांकित किया। विश्वशांति के कारण विश्व में एक नई प्रक्रिया शुरू हुई थी। एक ओर नवस्वाधीन भारत-जैसा जनतांत्रिक देश ब्रिटेन और अमरीका की परवाह न कर समाजवादी समाज-रचना का नारा बुलंद कर रहा था और दूसरी ओर पोलैंड और युगोस्लाविया-जैसे समाजवादी देश सोवियत संघ की परवाह न कर जनतंत्रीकरण की तरफ बढ़ रहे थे। मुक्तिबोध ने लिखा, "विश्वशांति ने सामाजिक परिवर्तनों का रास्ता साफ कर दिया है, तथा अभेद और एकता के स्थान पर, इकाइयों के भेद, भिन्नता, पृथकता के स्वाधीन विकास की प्रक्रिया तीव्र कर दी है—चाहे वह इकाई समाजवादी राष्ट्र हो या सामंती, या वह एक भारतीय प्रांत ही क्यों न हो। किंतु ध्यान में रखने की बात है कि यह भेद अभेद के विरुद्ध नहीं। यह भेद अभेद से उत्पन्न हुआ है। अभेद पिता है, जैसे, बीज। भेद पुत्र है, जैसे, शाखाएं, फल और फूल। भेद और अभेद के इस रिश्ते को न समझने के कारण, पूर्वी यूरोप के कम्युनिस्ट देश तथा रूस में मतभेद पैदा हो गए हैं!!" उन्होंने ठीक ही सोवियत संघ की सुरक्षा का असली आधार उसके साथ दूसरे समाजवादी देशों के एकता और भिन्नता के संबंध को माना, सैनिक संधियों को नहीं।

फरवरी, 1956 में सोवियत संघ की कम्युनिस्ट पार्टी की बीसवीं कांग्रेस संपन्न हुई, जिसमें शांतिपूर्ण सहअस्तित्व, विश्वशांति, भिन्न-भिन्न देशों के समाजवाद में संक्रमण के रूपों की विविधता, समाजवादी क्रांति के शांतिपूर्ण विकास की संभावना, समाजवाद में संक्रमण के संसदीय स्वरूप का उपयोग, सामूहिक नेतृत्व आदि मार्क्सवादी-लेनिनवादी प्रस्थापनाओं को विकसित किया गया और स्तालिन के कार्यकलाप के सकारात्मक पहलुओं के प्रति सम्मान प्रकट करते हुए उनकी व्यक्ति-पूजा और उनके द्वारा जनतंत्र पर अनुचित बंधन लगाए जाने की आलोचना की गई। अंतर्राष्ट्रीय कम्युनिस्ट आंदोलन में इसका व्यापक रूप में अनुमोदन किया गया। मुक्तिबोध की

पूर्वोक्त राजनीतिक टिप्पणियों पर सोवियत कम्युनिस्ट पार्टी की बीसवीं कांग्रेस के फैसलों का असर दिखलाई पड़ता है। उनकी ये दोनों टिप्पणियां सोवियत कम्युनिस्ट पार्टी की बीसवीं कांग्रेस संपन्न होने के बाद 'सारथी' के क्रमशः 1 जुलाई, 1956 और 28 अक्तूबर, 1956 के अंकों में प्रकाशित हुई थीं। सोवियत पार्टी की बीसवीं कांग्रेस के फैसलों से कम्युनिस्ट जगत में हलचल मच गई थी। पहली टिप्पणी के अंत में मुक्तिबोध ने लिखा कि "कम्युनिस्ट जगत में पैदा हुई यह हलचल कल्याणकारी है और ख़ुश्चेव को इस बात के लिए बधाई देनी चाहिए कि उसने बड़ी हिम्मत का काम किया।" इसी तरह दूसरी टिप्पणी के शुरू में उन्होंने लिखा कि "रूस के ख़ुश्चेव ने अ-स्तालिनीकरण की जो प्रक्रिया शुरू की, वह बीच ही में नहीं रोकी जा सकती।" एक लंबे अंतराल के बाद सोवियत संघ में यह प्रक्रिया गोर्बाचोव के नेतृत्व में आने के साथ फिर से शुरू हुई और सामाजिक विकास के नियमों के मुताबिक ही उसने अपनी तर्कसंगत परिणति प्राप्त की। यह परिणति संसार-भर के कम्युनिस्टों के लिए कितनी भी दुखद क्यों न हो, यह समाजवाद के लिए अनेक दृष्टियों से गुणकारी होगी, इसमें संदेह न होना चाहिए।

पूर्वोक्त प्रतिवेदन में ही स्तालिन का वस्तुपरक मूल्यांकन करते हुए गोर्बाचोव ने कहा था कि "हमारे इतिहास में स्तालिन की भूमिका के बारे में आज बहुत बहस हो रही है। उनका व्यक्तित्व अत्यधिक अंतर्विरोधपूर्ण था। ऐतिहासिक सच्चाई के प्रति निष्ठावान बने रहने के लिए हमें समाजवाद के लिए संघर्ष में, उसकी उपलब्धियों की हिफाजत में स्तालिन के निर्विवाद योगदान को, घोर राजनीतिक गलतियों को, तथा उनके द्वारा और उनके इर्द-गिर्द के लोगों द्वारा किए गए दमन को भी देखना होगा, जिनके लिए हमारी जनता ने भारी कीमत चुकाई और जिनके हमारे समाज के जीवन के लिए गंभीर दुष्परिणाम निकले।" लेनिन की मृत्यु के बाद स्तालिन के नेतृत्व में पार्टी के अग्रणी हिस्से ने लेनिनवाद की हिफाजत की और समाजवादी निर्माण के प्रारंभिक चरण की रणनीति और कर्मनीति परिभाषित की। औद्योगीकरण और सामूहिकीकरण उन्हीं नीतियों के परिणाम थे। लेकिन उनके कार्यान्वयन के लिए जो पद्धति अपनाई गई, उससे कुछ हानियां भी हुईं। "लोग कठोर केंद्रीयता की सर्वाधिक कारगरता में विश्वास करने लगे, इसमें विश्वास करने लगे कि आदेशात्मक विधियां किसी और सभी समस्याओं के समाधान का संक्षिप्ततम और सर्वोत्तम रास्ता हैं।'' उद्योग के क्षेत्र में उस समय की परिस्थिति देखते हुए वह पद्धति फलप्रद साबित हुई, लेकिन ग्रामीण जीवन के पुनर्निर्माण की समस्याओं के समाधान के लिए वह स्वीकार करने योग्य नहीं थी। स्पष्टतः वह किसान-समुदाय के प्रति लेनिन की उदार नीति से विचलन था। प्रशासनिक-आदेशात्मक पद्धति से देश का संपूर्ण सामाजिक-राजनीतिक जीवन प्रभावित हुआ और एक बार उसके अर्थतंत्र में जड़ जमा लेने के बाद वह अपनी अधिरचना तक फैल गई। उसका दुष्परिणाम यह हुआ कि समाजवाद की जनतांत्रिक क्षमता का विकास नियंत्रित हो गया और समाजवादी जनतंत्र की प्रगति रुक गई।

इससे भी दुखद बात यह हुई कि परिस्थिति के बिलकुल बदलने के बाद भी यानी शांतिपूर्ण समाजवादी निर्माण के दौर में भी उसी पद्धति को यांत्रिक ढंग से जारी रखा गया, जो शोषक-वर्गों के शत्रुतापूर्ण प्रतिरोध के विरुद्ध संघर्षवाले दौर का तकाजा थी : जैसे-जैसे समय गुजरता गया, इस राजनीतिक व्यवहार का दायरा बढ़ता गया और समाजवादी निर्माण के दौरान वर्गसंघर्ष के उग्र होने के गलत सिद्धांत द्वारा इसका समर्थन किया गया। इन बातों का देश के सामाजिक-राजनीतिक विकास पर गहरा असर पड़ा और उन्होंने भयंकर परिणाम उत्पन्न किए। सोवियत समाज में जनतंत्रीकरण के समुचित विकास के अभाव में ही व्यक्ति-पूजा, वैधता का उल्लंघन और चौथे दशक की बेलगाम दमनात्मक कार्रवाइयां संभव हुईं। मुक्तिबोध का स्तालिन का मूल्यांकन इस मूल्यांकन के आसपास ही है। गोर्बाचोव ने अपने प्रतिवेदन में यह मानते हुए कि संसार के सभी देशों की कम्युनिस्ट पार्टियां "पूरी तरह और अटल रूप से स्वतंत्र" हैं यह भी घोषित किया था कि "आज समाजवादी जगत अपनी संपूर्ण राष्ट्रीय एवं सामाजिक विविधता में हमारी आंखों के सामने है। यह अच्छा एवं उपयोगी है। हमें विश्वास हो गया है कि एकता का अर्थ साम्य और एकरूपता नहीं होता। हमें इसका भी विश्वास हो गया है कि समाजवाद का ऐसा कोई 'माडल' नहीं, जिसका हर कोई अनुकरण करे।" इससे भी मुक्तिबोध की समाजवादी स्वतंत्रता की धारणा का समर्थन होता है।

हिंदी के मार्क्सवाद-विरोधी लेखकों के लिए मुक्तिबोध एक समस्या हैं। उनके रचनाकार व्यक्तित्व और हिंदी पाठकों पर उनके प्रभाव को देखते हुए वे उन्हें अस्वीकार करने की स्थिति में नहीं हैं, लेकिन वे उन्हें उनके सही रूप में स्वीकार भी नहीं कर सकते। लिहाजा वे उनकी विश्वदृष्टि को विकृत करके पेश करने की कोशिश करते हैं। मुक्तिबोध ने लिखा भी है कि मनुष्य में एक बहुत बड़ी शक्ति है—विकृतीकरण की। इसकी एक बढ़िया मिसाल है 'कला का जोखिम' में संकलित उन पर लिखा गया निर्मल वर्मा का लेख। इसमें निर्मल वर्मा कहते हैं, "मुक्तिबोध जीवन-भर प्रश्नों से घिरे रहे, किंतु उनके साथ वह निरंतर एक ऐसे 'केंद्रीय दर्शन' की तलाश करते रहे, जो उनकी भटकन को कोई अर्थ, दिशा दे सके।" क्या वह दर्शन उन्हें मिला? वे पुनः कहते हैं, "अपने चिंतन-मनन में मुक्तिबोध किसी खास दर्शन या सिद्धांत का सहारा लेते हों, ऐसा कहीं नहीं दिखाई देता। किन्तु यह तो *निश्चित रूप से* कहा जा सकता है कि जीवन की विश्वदृष्टि की तलाश में मुक्तिबोध *शायद* मार्क्सवाद के सबसे निकट आए थे।" पहले वाक्य के असत्य-कथन के बाद दूसरे वाक्य के 'निश्चित' और 'शायद' ये परस्पर विरोधी शब्द निर्मल वर्मा के संकट को पूरी तरह से उजागर कर देते हैं। वे मुक्तिबोध को न उगल सकते हैं, न निगल सकते हैं, इसलिए उनके संबंध में एक भ्रांति खड़ी कर देते हैं। मुक्तिबोध जब मार्क्सवाद के सबसे निकट आए, तो फिर क्या हुआ? "मुक्तिबोध काफी दूर तक अपने इस बौद्धिक विश्वास को साथ लेकर चले थे—लेकिन इस तर्क के अंतिम छोर पर जाकर उनके सामने शंकाओं की अंधेरी खाइयां मुंह फाड़े खड़ी थीं।"

निर्मल वर्मा के अनुसार सबसे बड़ी खाई नैतिकता की थी और चूंकि मार्क्सवाद 'विज्ञान की नैतिकता' का समर्थक है, इसलिए आधुनिक सभ्यता की सब बीमारियों से आक्रांत मुक्तिबोध उसे देर तक स्वीकार किए नहीं रह सकते थे। क्या मुक्तिबोध को यह पता न था कि आधुनिक यांत्रिक सभ्यता ने मनुष्य पर जो कहर बरपा किया है, उसके लिए जिम्मेवार विज्ञान और यंत्र न होकर वह पूंजीवादी व्यवस्था है, जो मुनाफे को उद्देश्य बनाकर चलती है और उसके लिए मनुष्य को यंत्र ही नहीं बना देती है, उसका पूर्णतः अमानवीकरण कर उसका संहार भी कर देती है? 'सांस्कृतिक-आध्यात्मिक जीवन पर संकट' शीर्षक अपनी एक टिप्पणी में उन्होंने इस संकट के बारे में निर्णायक लहजे में कहा है, "यंत्रवाद नहीं, यह तो समाज-व्यवस्था का दोष है।" दोष निर्मल वर्मा का भी है कि उन्होंने न तो मुक्तिबोध की विश्वदृष्टि की पूरी छानबीन की है, न उनकी विश्वदृष्टि की अवधारणा को समझा है। जैसा कि हमने देखा है, मुक्तिबोध के लिए विश्वदृष्टि का अर्थ किसी विचारधारा को स्वीकार कर लेना-भर नहीं था। दूसरे, मार्क्सवाद उनके लिए कोई जड़सूत्र न होकर एक सृजनात्मक वस्तु था, जिसे उन्होंने 'पूर्ण दर्शन' कभी नहीं माना। निर्मल वर्मा ने इस बात को भी ध्यान में नहीं रखा है और वे उनमें मार्क्सवाद के उसी रूप की तलाश करते रहे हैं, जिसे लेकर कोई शंका, कोई प्रश्न नहीं किया जा सकता। समाजवादी व्यवस्था मुक्तिबोध के लिए अत्यधिक मानवीय व्यवस्था थी, लेकिन इस व्यवस्था को, जिस रूप में वह विभिन्न देशों में कायम हुई, वे त्रुटियों से परे नहीं मानते थे। इसी कारण उन्होंने स्तालिन की कठोर आलोचना की या सोवियत संघ में शुरू होनेवाली अ-स्तालिनीकरण की प्रक्रिया का समर्थन किया।

मुक्तिबोध की विश्वदृष्टि असंदिग्ध रूप से मार्क्सवादी थी, लेकिन यह मार्क्सवाद उनके लिए जितना पराया था, उतना ही उनका अपना था। वह उनके लिए कोई जड़सूत्र या रूढ़ विचार-प्रणाली तो कतई नहीं था, जो व्यक्ति की अनुभूति, कल्पना और चिंतन-शक्ति को मुक्त करने की जगह परतंत्र बना देती है। 'मार्क्सवादी साहित्य का सौंदर्य-पक्ष' शीर्षक लेख में उन्होंने लिखा भी है कि मार्क्सवाद मनुष्य को कृत्रिम रूप से बौद्धिक नहीं बनाता और वह उसकी अनुभूति को बाधित नहीं करता, बल्कि बोधयुक्त करते हुए उसे अधिक परिष्कृत और उच्चतर स्थिति में ला देता है। ग्राम्शी ने मार्क्सवाद को 'व्यवहार का दर्शन' कहा है, जिसका मतलब यह है कि वह सिर्फ एक बनी-बनाई चीज न होकर, राजनीतिक व्यवहार के गहन संपर्क से आलोचनात्मक बौद्धिक क्रियाकलाप का विस्तार भी है। मुक्तिबोध की मूल चिंता राजनीतिक थी, इसलिए वे देश-विदेश के राजनीतिक आंदोलनों से बहुत गहराई से जुड़े हुए थे। इसी के परिणामस्वरूप जहां वे सौंदर्यशास्त्रीय चिंतन करते थे या साहित्यिक रचनाओं में अपनी संवेदना की अभिव्यक्ति, वहां भी राजनीतिक परिप्रेक्ष्य उनकी दृष्टि से ओझल नहीं रहता था। उन्होंने संवेदना के साथ जिस ज्ञान पर बहुत ज्यादा बल दिया है, वह राजनीतिक और सामाजिक यथार्थ का ज्ञान ही है। इस तरह मार्क्सवाद को एक व्यवहार की वस्तु मानकर उन्होंने कई अज्ञात क्षेत्रों में भी विचरण किया और वहां जो कुछ उपलब्ध

किया उससे बहुत बार ज्ञात को भी नया बना दिया।

मार्क्सवाद यथार्थ को स्थिति में नहीं, प्रक्रिया में देखने की दृष्टि प्रदान करता है। इस दृष्टि से मुक्तिबोध को वर्तमान के बोध के साथ भविष्य का एक स्वप्न प्राप्त हो गया था, जो उनके अपने अनुभव और चिंतन से उनके लिए अधिकाधिक आत्मीय हो उठा था। उनका अपना जीवन बहुत कष्ट में बीता था। जीने के लिए उन्होंने अभावों से भयानक संघर्ष क़िया था। कर्ज में डूबे रहना तो रोजमर्रा की जिंदगी थी, सोने के जो एंक-दो जेवर और चांदी के जो एक-दो बर्तन उनके घर में थे, वे भी साहूकार के यहां बंधक रखे जा चुके थे। स्वतंत्र भारत में काफी दिनों तक अपनी बीमार पत्नी के साथ महीने में पांच-पांच दिन उन्हें सिर्फ चाय पर गुजर करना पड़ा था। ऐसी स्थिति में कई बार वे बहुत निराश हो उठते थे और उनके मन में आत्महत्या तक के खयाल आने लगते थे, लेकिन उनकी विश्वदृष्टि, जो यथार्थ के समग्र बोध से निर्मित थी, हर बार उन्हें संभाल लेती थी, बल्कि उनमें नए सिरे से जीवन का आकर्षण भर देती थी। ऐसे ही किन्हीं क्षणों में उन्होंने अपने मित्र वीरेंद्रकुमार जैन को लिखा था : "जिंदगी बड़ी तल्ख है, लेकिन मानव की मिठास का क्या कहना। जी होता है सारी जिंदगी एक घूंट में पी ली जाए।"

2

सौंदर्यशास्त्र

क्या मुक्तिबोध में उनकी विश्वदृष्टि के अनुरूप कला और साहित्य के सौंदर्य को नए ढंग से परिभाषित करने की, उसका एक नया प्रतिमान प्रस्तुत करने की और एक नया सौंदर्यशास्त्र रचने की कोई कोशिश मिलती है? उनकी मान्यता थी कि प्रत्येक रचनाकार के पास सौंदर्य की एक 'थियरी' जरूर होती है, जिससे वह रचना करते समय प्रायः अचेतन रूप में प्रभावित होता है। वह इसके लिए प्रयत्नशील रहता है कि उसकी कृति उसके मन में सौंदर्य का जो नमूना है, उसके समीपतर हो। यह 'थियरी' उसकी सृजन-प्रक्रिया में महत्वपूर्ण स्थान रखती है। ऐसी स्थिति में उनके लिए एक सौंदर्यशास्त्र, जिसका नया होना लाजिमी था, अनिवार्य प्रतीत होता है। 'रचनाकार का मानवतावाद' शीर्षक निबंध में वे जीवन-ज्ञान-व्यवस्था अथवा विश्वदृष्टि के संबंध में स्पष्ट रूप से कहते हैं कि "वह कलात्मक विवेक का रूप धारण कर, कला-संबंधी विचारधारा भी बन जाती है, और उसके प्रभाव से वह कलाकृति का अंतर्बाह्य संगठन भी करती है।"

'समाज और साहित्य' मुक्तिबोध के सौंदर्यशास्त्रीय विचारों को जानने की दृष्टि से उनका महत्वपूर्ण निबंध है। इसके आरंभ में ही उन्होंने भाववादी सौंदर्यशास्त्र की आलोचना इन शब्दों में की है : "आदर्शवादी-भाववादी सौंदर्यशास्त्र सौंदर्य की मनोवैज्ञानिक संवेदनाओं के ही रूप-रूपांतरों को मूलभूत तथा चरम मानकर चलता है। सौंदर्य को आत्म-प्रतीति तथा आत्म-साक्षात्कार का साधन मानकर चलनेवाले, साधारण रूप से, उसको किसी अतींद्रिय सत्ता का आत्म-प्रकाश भी मानते हैं। इन आदर्शवादी-भाववादियों में अनेक पंथोपपंथ हैं।" इन तीन वाक्यों में उन्होंने भाववादी सौंदर्यशास्त्र की विशेषताएं बहुत अच्छी तरह बतला दी हैं। भाववादी सौंदर्यशास्त्र मानव-मनोविज्ञान को मनुष्य के भौतिक परिवेश से विच्छिन्न मानता है और मनोवैज्ञानिक संवेदनाओं में ही सौंदर्य देखता है, भौतिक परिवेश अथवा उसकी किसी समस्या के चित्रण में नहीं। वह सौंदर्य का स्रोत आत्मा को मानता है, जिसका अर्थ यह है कि सौंदर्यानुभूति आत्म-प्रतीति और आत्म-साक्षात्कार का साधन है। स्वभावतः उसके अनुसार सौंदर्य अतींद्रिय अलौकिक सत्ता का प्रकाश है। भाववादी सौंदर्यशास्त्र की

अनेक शाखाएं हैं, प्लेटो, कांट और हेगेल से लेकर आधुनिक सौंदर्यशास्त्रियों तक फैली हुई, पर प्रायः सभी शाखाओं में ये विशेषताएं भिन्न अनुपात और बलाघात के साथ पाई जाती हैं। मुक्तिबोध ने आगे कहा है कि भाववादी सौंदर्यशास्त्री जगत और मानव-इतिहास दोनों की आध्यात्मिक व्याख्या करते हैं, जिससे वे समाज को सिर्फ मनुष्य का परिवेश मानते हैं, वह मूलभूत क्रियात्मक शक्ति नहीं, जो पाशव-स्तर से उठाकर मानव-स्तर तक तथा उससे आगे भी लगातार उसकी उन्नति करती आ रही है। वे इस समाजशास्त्रीय ऐतिहासिक विकास की प्रक्रिया को बिलकुल अस्वीकार करते हैं, जिसके बिना न सभ्यता का विकास संभव था, न किसी सौंदर्य-चेतना का।

सौंदर्य है क्या? वे इस प्रश्न पर नई कविता के दौर में विचार कर रहे थे। यह वह दौर था, जबकि हिंदी में एक खास काट की आत्मपरक कविता ही कविता मानी जा रही थी और सौंदर्य की सारी परिभाषाएं उसी को ध्यान में रखकर निश्चित की जा रही थीं। मुक्तिबोध की कोशिश यह थी कि सौंदर्य की परिभाषा करते समय न केवल नई कविता और समग्र हिंदी कविता को, बल्कि संसार की समग्र श्रेष्ठ कविता को ध्यान में रखा जाए, जिससे परिभाषा अव्याप्ति और अतिव्याप्ति दोनों दोषों से मुक्त हो। वे वस्तुतः नई कविता के समानांतर जीवन-सत्य का चित्रण करनेवाली यथार्थवादी कविता का सौंदर्यशास्त्र रचना चाहते थे। 'डायरी' में वे अपने मित्र केशव के माध्यम से कहते हैं कि मुझे गहरा संदेह है कि आजकल सौंदर्य की जो व्याख्याएं की जा रही हैं, उनका प्रत्यक्ष व अप्रत्यक्ष उद्देश्य प्रचलित काव्य-दृष्टि का डिफेंस है। ये व्याख्याएं कुछ इस ठाठ और शान से की जाती हैं, जैसे कि इनमें सार्वभौम सत्य का सार्वकालिक स्पंदन मौजूद हो। इस पोज और पोस्चर की जरूरत नहीं, यह अवैज्ञानिक दृष्टि है। इसी प्रसंग में वे आगे चलकर सौंदर्य की व्याख्या इस रूप में करते हैं : "असलियत यह है कि सौंदर्य तब उत्पन्न होता है जब सृजनशील कल्पना के सहारे, संवेदित अनुभव ही का विस्तार हो जाए। कलाकार का वास्तविक अनुभव और अनुभव की संवेदनाओं द्वारा प्रेरित फैंटेसी इन दोनों के बीच कल्पना का एक रोल होता है। वह रोल—वह भूमिका एक सृजनशील भूमिका है। वही कल्पना उसे वास्तविक अनुभव की *व्यक्तिबद्ध पीड़ाओं से हटाकर*, उस अनुभव ही को दृश्यवत् करके, उसी अनुभव को नए रूप में उपस्थित कर देती है।" एक तरफ कविता को व्यक्तिकेंद्रित बनाने की कोशिश, कवि की अनुभूति को ही प्रामाणिक मानने पर जोर और दूसरी तरफ कल्पना की सहायता से कवि के अनुभव और संवेदना के विस्तार की बात! मानना पड़ेगा कि नई कविता के समानांतर मुक्तिबोध यथार्थवादी कविता को ध्यान में रखकर सौंदर्य को नए ढंग से परिभाषित कर रहे थे, जिसमें कल्पना कवि के अनुभव को केवल मूर्त ही नहीं करती है, उसे 'व्यक्तिबद्ध पीड़ाओं से हटाकर' यानी उसका निर्वैयक्तीकरण करते हुए उसका विस्तार भी करती है।

सौंदर्य की जो शुद्धतावादी परिभाषा दी जाती है उसका कारण यह है कि कविता और जीवन, कवि-जीवन और वास्तविक जीवन, इन दोनों के बीच के जटिल संबंध को नहीं समझा जाता। कभी-कभी जितने सरल ढंग से और जितने जोरों से कविता

और जीवन के बीच संबंध बतलाया जाता है, उतने ही सरल ढंग से और उतने ही जोरों से इस संबंध को नकारा जाता है। मुक्तिबोध कवि-जीवन और वास्तविक जीवन के संबंध को तो मानते ही थे, इस संबंध की जटिलता को भी समझते थे। उनका कहना था कि वास्तविक जीवन ही अपने "विशिष्ट उद्भासपूर्ण क्षणों" में कवि-जीवन हो जाता है। यह उच्च मनोवैज्ञानिक स्तर पर वास्तविक जीवन का ही आविर्भाव है। यह ठीक है कि कवि-जीवन के मूल्यों की स्वतंत्र सत्ता भी है, लेकिन उसका आधार भी वास्तविक जीवन की सत्ता ही है। कवि-जीवन के मूल्य वास्तविक जीवन से ही निर्मित और नियंत्रित होते हैं, उससे स्वतंत्र नहीं होते।

'नई कविता की उपलब्धि और सीमा' शीर्षक 'डायरी' के एक अधूरे लेख में वे काव्य-सौंदर्य और जीवन के अंतरंग संबंध पर प्रकाश डालते हुए कहते हैं कि कवि-जीवन के मूल्य वास्तविक जीवन से स्वतंत्र होते तो साहित्य में सौंदर्य नामक जो प्रभावशाली गुण होता है, वह संभव नहीं था। यह गुण वास्तविक जीवन ही पैदा करता है और यह उस गुण से प्रभावित भी होता है। यदि सौंदर्य का प्रभाव वास्तविक जीवन पर न हो तो सौंदर्य का अस्तित्व न रह जाए। सौंदर्य की स्थिति और लय वास्तविक जीवन पर आधारित है। सौंदर्य का मूल अर्थ है, एक विशेष मनोवैज्ञानिक प्रकार का प्रभाव। इस तरह वास्तविक जीवन से उसका घनिष्ठ संबंध है। यह जरूर है कि कला और साहित्य में जीवन से आनेवाला सौंदर्य इतना सरल नहीं होता कि उनकी जगह जीवन को उठाकर यथावत् रख दिया जाए, तो अनिवार्यतः वह सौंदर्ययुक्त होगा। इसी तरह जीवन पर उसका प्रभाव भी सरल नहीं होता। उस प्रभाव में दूसरे बहुत सारे तत्व सक्रिय होते हैं, जिससे अलग-अलग व्यक्ति पर उसका अलग-अलग प्रभाव पड़ता है। लेकिन इससे सौंदर्य और वास्तविक जीवन के संबंध को झुठलाया नहीं जा सकता। यदि दोनों के बीच का यह संबंध टूट जाए, तो जैसा कि मुक्तिबोध ने कहा है, सौंदर्य की सत्ता तिरोहित हो जाएगी। ताज्जुब नहीं कि उन्होंने पूर्वोक्त 'समाज और साहित्य' शीर्षक निबंध में ही दृढ़ शब्दों में यह घोषणा की कि "शुद्ध साहित्यिक सौंदर्य, मात्र सौंदर्य, निरपेक्ष सौंदर्य की निरपेक्ष सत्ता स्वीकार करनेवाले लोग या तो स्वयं धोखे में हैं, अथवा धोखा देना चाहते हैं।"

जीवनानुभूति और रसानुभूति के संबंध पर आचार्य रामचंद्र शुक्ल ने बहुत बल दिया है। उनकी महत्वपूर्ण स्थापनाओं में से एक यह है कि "रसानुभूति प्रत्यक्ष या वास्तविक अनुभूति से सर्वथा पृथक कोई अंतर्वृत्ति नहीं है बल्कि उसी का एक उदात्त और अवदात स्वरूप है।" वास्तविक अनुभूति को उदात्त और अवदात रूप तब प्राप्त होता है, जब "अनुभूति-काल में अपने व्यक्तित्व के संबंध की भावना का परिहार" हो जाता है। इसके लिए भाव के विषय का सामान्य होना आवश्यक है। इस स्थापना के पीछे छायावादी कविता में प्रकट होनेवाले कथित कलावादी और सौंदर्यवादी रुझान के विरुद्ध छेड़ा गया उनका संघर्ष था। उनके बाद जीवनानुभूति और सौंदर्यानुभूति के संबंध पर मुक्तिबोध ने ही उस तरह से बल दिया है। इसके पीछे भी नई कविता में प्रकट होनेवाले कथित प्रबल सौंदर्यवादी रुझान के विरुद्ध छेड़ा गया उनका संघर्ष था।

'समीक्षा की समस्याएं' उनका दूसरा महत्वपूर्ण निबंध है। इसमें उन्होंने पहले हिंदी की मार्क्सवादी आलोचना की सीमाएं बतलाते हुए उसके विकास-पथ का संकेत किया है और उसके बाद नई कविता के सौंदर्य-सिद्धांत पर कड़ी चोटें की हैं। अपनी मान्यता को पुनः दुहराते हुए वे कहते हैं कि "सौंदर्यानुभूति उच्चतर स्तर पर, अधिक उदात्त स्तर पर, जीवनानुभूति का ही एक रूप है, जीवनानुभवों का ही वह एक कल्पनोद्भासित पुनः अनुभव है" और फिर यह कि "इस पूरे अनुभव में आत्मबद्ध दशा का परिहार होना अत्यंत आवश्यक है।" आचार्य शुक्ल द्वारा किए गए 'उदात्त' और 'परिहार'-जैसे शब्दों का प्रयोग यहां भी देखने को मिलता है, जो दोनों विचारकों के संबंध-सूत्र को स्पष्ट करता है।

लेकिन मुक्तिबोध ने आचार्य शुक्ल की स्थापना की पुष्टि ही नहीं की है, उसे विकसित भी किया है। आचार्य शुक्ल ने कहा था कि काव्य का विषय यदि सामान्य हो तो प्रत्यक्ष जीवन में भी हमें रसानुभूति हो सकती है। स्वदेश-प्रेम के गीत गाते हुए नवयुवकों के दल जिस साहस-भरी उमंग के साथ कोई कठिन या दुष्कर कार्य करने के लिए निकलते हैं, वह वीरत्व की रसात्मक अनुभूति है! मुक्तिबोध का कहना है कि मनुष्य अपनी व्यक्ति-सत्ता से ऊपर उठने की प्रवृत्ति चिरकाल से रखता आया है। आत्मदशा का परिहार अन्य कार्यों में भी होता है, लेकिन उनमें उसे वैसी रसात्मक अनुभूति नहीं होती, जैसी सौंदर्यानुभूति के क्षणों में होती है। उन्होंने 'कलात्मक अनुभव' शीर्षक निबंध में मन की तीन अवस्थाओं का जिक्र किया है। उसकी पहली अवस्था आत्मबद्ध होती है, जोकि स्पष्टतः कलात्मक नहीं होती। दूसरी अवस्था में मन अपने से तटस्थ हो जाता है, लेकिन उसमें तन्मयता नहीं आती। लेकिन यह अवस्था बहुत महत्वपूर्ण होती है, क्योंकि इसमें चिंतन-मनन चलता रहता है, जिससे अनुभव अधिकाधिक प्रांजल और उज्ज्वल होते जाते हैं। यदि किसी कलाकार को मन की यह अवस्था प्राप्त नहीं होती, तो उसके अनुभव अमार्जित रह जाते हैं और यदि यह उसे प्रचुरता से प्राप्त नहीं होती, तो उसमें अनुभवों का दारिद्र्य होता है। यह अवस्था वस्तुतः "कलात्मक चेतना का सिंहद्वार" होती है। इसी से गुजरकर कलाकार सौंदर्यानुभूति की तीसरी अवस्था में पहुंचता है।

सौंदर्यानुभूति के क्षण नितांत दुर्लभ नहीं होते। दिन में कई बार मनुष्य अपनी आत्मबद्ध दशा का परिहार कर रसात्मक अनुभूति की अवस्था में पहुंच जाता है। इसका विस्तार सहानुभूतिपूर्ण उदारता से लेकर विज्ञान तक है। यह प्रवृत्ति मनुष्य में मनुष्यता का विकास करनेवाली प्रवृत्ति है। यह मनुष्य की व्यक्ति-सत्ता का विलोपन कर उसे एक पूरा विश्व बना देती है। निश्चय ही यह प्रवृत्ति केवल कलाकारों की ही निधि नहीं है, यह राह चलनेवाले साधारण जनों में भी होती है, किसानों और मजदूरों में भी। मुक्तिबोध ने जनता को "एस्थेटिक इमोशन का भंडार" कहा है और बतलाया है कि ऐसा होते हुए भी साधारण जन क्यों कवि नहीं होते? साधारण जनों की बात का प्रभाव भी कभी-कभी रसात्मक होता है, उनकी अपनी शैली और अपनी शब्द-योजना होती है, लेकिन उनके पास प्रायः अभिव्यक्ति-क्षमता नहीं होती, जिससे

वे अपने सूक्ष्म भावों और आवेशों को ठीक-ठीक मूर्त नहीं कर पाते।

उन्होंने इस बात पर ज़ोर दिया है कि सौंदर्यानुभूति कलाकृति के रचना-काल में ही सतत रूप से कलाकार को हो, यह आवश्यक नहीं है। यह यदि रचना-काल से बाहर वास्तविक जीवन में अनुभव के गहरे स्तरों पर उसे नहीं होती रहती, तो रचना के तत्व पुष्ट नहीं होंगे और रचना-काल में रिक्तता बनी रहेगी। जिस कलाकार का जीवन सौंदर्यानुभूतियों से संपन्न नहीं, उसकी रचना भी निस्सार होगी। रचना-काल में भी कलाकार को सौंदर्यानुभूति होती है, लेकिन उसमें उसके हृदय में पहले से संचित सौंदर्यानुभूतियां भी उत्थित, तरंगित और प्रवाहित होकर एक विशेष दिशा में उमड़ पड़ती हैं। इस क्रम में वे नई-नई रूपाकृतियां प्राप्त करती हुई अपने को 'भावानुवादित' करने का प्रयास करती हैं। इससे यह भी संकेतित है कि कलाकार का रचना-कार्य रचना के क्षण-विशेष तक सीमित न होकर जीवनव्यापी होता है। अज्ञेय ने अपनी एक कविता में कहा था कि "आज के विविक्त अद्वितीय इस क्षण को / पूरा हम जी लें, पी लें, आत्मसात् कर लें।" मुक्तिबोध की 'सौंदर्यानुभूति' को इस क्षणवाद के विरुद्ध रखकर देखना चाहिए। अज्ञेय और अज्ञेय के अनुयायियों के संबंध में वे कहते हैं : "समग्र मानव-सत्ता के प्रति इन नए महोदयों का कोई अनुराग नहीं। केवल क्षण को ही—उसके विशिष्ट अनुभव को ही—वे महत्व प्रदान करते हैं।"

जैसा कि ऊपर कहा गया है, मुक्तिबोध साहित्य और जीवन के बीच घनिष्ठ संबंध मानते हैं, लेकिन वे जीवन के यथावत् चित्रण को साहित्य मानने के पक्ष में नहीं। उनकी मान्यता है कि कलाकार साहित्य में अपनी विधायक कल्पना के द्वारा जीवन की पुनर्रचना करता है। यह पुनर्रचना ही, जो सारतः उस जीवन का प्रतिनिधित्व करती है, जो कलाकार या अन्य लोगों द्वारा इस संसार में जिया या भोगा जाता है, कलाकृति होती है। यह वास्तविक व्यापक जीवन जितना आंतरिक है, उतना ही बाह्य। आंतरिक और बाह्य के बीच स्पष्ट रेखा खींचना मुश्किल है। यह भेद प्रकार-भेद नहीं और वस्तुतः सुविधा के लिए किया गया है। इस भेद से तो केवल यह सूचित होता है कि प्रकाश-क्षेपक यंत्र किस स्थान पर और किस कोण में रखा हुआ है। एक कोण से देखने पर जो आंतरिक है, वह दूसरे कोण से देखने पर बाह्य प्रतीत होगा! 'साहित्य में जीवन की पुनर्रचना' शीर्षक एक दूसरे अधूरे लेख में आगे उन्होंने यह स्पष्ट किया है कि पुनर्रचित जीवन वास्तविक जीवन से सारतः एक होते हुए भी स्वरूपतः भिन्न होता है। यह भिन्नता उसमें सामान्यीकरण और अमूर्तीकरण से संभव होती है। "जिया और भोगा जानेवाला जीवन विशिष्ट वस्तु है। इस विशिष्ट से (जीवन की पुनर्रचना में) सामान्य की ओर जाया जाता है। इसका फल यह होता है कि कला का प्रभाव सार्वकालिक, सार्वजनिक हो जाता है, कि न केवल एक देश की कलाकृति दूसरे देश में लोकप्रिय हो जाती है, वरन यह भी कि दूसरे देश के अतीत काल की कलाकृति एक देश के वर्तमान काल में भी लोकप्रिय हो जाती है। इस प्रकार, देशकालातीत स्थिति प्राप्त कर कलाकृति शाश्वत साहित्य का अंग बन जाती है।" निश्चय ही साहित्य की सामान्यता के निरूपण के क्रम में उन्होंने उसकी शाश्वतता या व्यापकता

की समस्या का भी बहुत ही सरल ढंग से, लेकिन सटीक समाधान प्रस्तुत कर दिया है।

इस प्रसंग में मुक्तिबोध ने और भी महत्वपूर्ण बातें कही हैं। एक तो यह कि सामान्यीकरण के कारण ही कला की स्वतंत्र सत्ता और उसके स्वतंत्र गति-नियम स्थापित हो जाते हैं। वह कला इतिवृत्तात्मक हो या रूपकात्मक, वह अनिवार्यतः स्वभाव तथा स्वगति के नियमों में बंधी होती है। दूसरी बात यह कि साहित्य में सामान्य के महत्व का यह अर्थ नहीं है कि उसमें विशिष्ट उपेक्षायोग्य होता है। वास्तविकता यह है कि विशिष्ट को जितनी गहराई से समझा जाता है, उसकी सामान्यता का उतना ही अधिक ज्ञान होता है। सामान्यता कला और साहित्य में हमेशा विशिष्ट के माध्यम से ही प्रकट होती है, उसे छोड़कर या उससे अलग होकर नहीं। उन्होंने इस बात पर खास तौर से बल देते हुए कहा है : 'जिए और भोगे जानेवाले जीवन से पुनर्रचित जीवन की जो सारभूत एकात्मकता है, उस सारभूत एकात्मकता के आधार पर ही, और उसके कारण ही और उसके द्वारा ही, विशिष्ट में सामान्य का तेज प्रोद्भासित होता है, अन्यथा नहीं। पुनर्रचित जीवन से वास्तविक जीवन का जो अलगाव है, उस अलगाव द्वारा सामान्य स्थापित नहीं होता, नहीं हो सकता। इसके विपरीत, वास्तविक जीवन से पुनर्रचित जीवन का जो सारभूत अभेद है, जो सारभूत एकात्मकता है, उससे सामान्य प्रस्तुत होता है।"

लूकाच ने भी प्रतीति (Appearance) और यथार्थ (Reality) पर विचार करते हुए कहा है कि सच्ची कला एक तरफ प्रतीति के पीछे स्थित यथार्थ की अधिक से अधिक गहराई में जाकर परीक्षा करती है और दूसरी तरफ उसे विशिष्ट घटनाओं से अलग करके और उसे उनके विरोध में रखकर अमूर्त ढंग से प्रस्तुत नहीं करती। उनके अनुसार उसमें प्रतीति और यथार्थ के बीच द्वंद्वात्मक संबंध होता है, जिसमें यथार्थ प्रतीति में रूपांतरित हो जाता है और प्रतीति यथार्थ में। मुक्तिबोध ने विशिष्ट और सामान्य के संबंध की जटिलता में और अधिक प्रवेश करते हुए कहा है कि "सारभूत एकात्मकता विलगीकरण की क्रिया के बिना असंभव है।" तात्पर्य यह कि जब तक विशिष्ट का ज्ञान सामान्यता के स्तर तक नहीं पहुंचता, विशिष्ट से विलगाव नहीं होता, तब तक विशिष्ट को अच्छी तरह से नहीं जाना जा सकता। व्यक्ति-विशेष को जानने के लिए उसके समाज को जानना बहुत जरूरी है। कला और साहित्य में पुनर्रचित जीवन वास्तविक जीवन से सारतः एकरूप हो, निःसारतः नहीं, इसके लिए जरूरी है कि वह उसकी सीमाओं से ऊपर उठकर सामान्यीकृत हो। 'आधुनिक कविता की दार्शनिक पार्श्वभूमि' शीर्षक लेख में उन्होंने विरोधी तत्वों की द्वंद्वात्मक एकता के बारे में कहा है : "विशिष्ट और सामान्य के द्वंद्वों की इस एकीभूत स्थिति के बिना सौंदर्यानुभव असंभव है। इसलिए, कवि मनस्पटल पर उपस्थित विशिष्ट का विशिष्ट चित्रण करते हुए, व्यापक सामान्य अर्थ उपस्थित करता है, और वह उस सामान्य में अपने जीवन का विशिष्ट देखता है। इसीलिए सौंदर्यानुभव जीवन के सार-स्वरूप का प्रगाढ़ मार्मिक अनुभव है।" जो कलाकार देश की उपेक्षा कर सार्वभौम और काल

की उपेक्षा कर शाश्वत बनना चाहते हैं, उनके लिए मुक्तिबोध की यह स्थापना ध्यान देने लायक है कि देश और काल के वैशिष्ट्य की गहराई में प्रवेश कर ही उनकी सीमाओं का अतिक्रमण किया जा सकता है।

'समाज और साहित्य' शीर्षक निबंध में ही उन्होंने सौंदर्य के प्रतिमान की शाश्वतता और अशाश्वतता का प्रश्न उठाया है, जोकि मार्क्सवादी सौंदर्यशास्त्र का एक सुपरिचित प्रश्न है। उन्होंने लिखा है कि सौंदर्य रूप-विधान तक ही सीमित नहीं होता। वह आंतरिक होता है और उसकी आंतरिकता अनुभूति के मूल में स्थित मानव-संबंधों, विश्वदृष्टि तथा जीवन-मूल्यों से बनती है, जोकि परिवर्तनशील होते हैं। स्वभावतः इनके परिवर्तित हो जाने पर कला और साहित्य का सौंदर्य भी महत्वहीन हो जाना चाहिए, लेकिन हमेशा ऐसा नहीं होता। अनेक प्राचीन कलात्मक और साहित्यिक कृतियां अपने सौंदर्य से आज भी हमें प्रभावित करती हैं। उनका आकर्षण शाश्वत है। ऐसा क्यों है? प्राचीन यूनानियों की कला और महाकाव्यों के शाश्वत आकर्षण की चर्चा करते हुए इस प्रसंग में मार्क्स ने जो कुछ कहा था, उससे मार्क्सवादी सौंदर्यशास्त्र की यह महत्वपूर्ण प्रस्थापना सामने आती है कि कलाकृतियों को मूलतः विशेष सामाजिक अवस्थाओं तथा संबंधों का प्रतिबिंब मानते समय उन लक्षणों को ध्यान में रखना आवश्यक है, जो उनके शाश्वत मूल्य होते हैं। मुक्तिबोध ने कलाकृतियों के किन लक्षणों को उनका शाश्वत मूल्य माना है? उन्होंने तुलसीदास के *रामचरितमानस* का हवाला दिया है और कहा है कि उसमें वर्णित सामाजिक नियम-विधान, आचार-विचार आदि आज त्याज्य हो गए हैं, लेकिन राम का व्यक्तित्व आज भी हमारे लिए आकर्षक है। तत्कालीन मानव-संबंधों के घेरे के भीतर मानवता की जितनी भी उच्चता संभव थी, वह उसमें समा गई। इसीलिए राम उस समाज के आदर्श चरित्र हैं। उनकी आदर्शमयी आंतरिकता के चित्र—उनकी भीतरी मानवता के शिखर—हमें आज भी द्रवित करते हैं। अर्न्स्ट फिशर ने ऐतिहासिक क्षण के भीतर 'मानवता के क्षण' की सृष्टि को कला की शाश्वतता का कारण बतलाया है। 'मानवता के शिखर' 'मानवता के क्षण' से बहुत दूर नहीं हैं!

सौंदर्य के प्रतिमान कालसापेक्ष हैं, मुक्तिबोध के अनुसार इसका मतलब सिर्फ यह है कि पहले की कला और साहित्य में जो कुछ भी सुंदर और मूल्यवान था, वह नष्ट नहीं हुआ, हमारी परंपरा में समाविष्ट हो गया। यह सही है कि मानव-समाज निरंतर प्रगति करता जा रहा है, प्रत्येक नई समाज-रचना पहले की समाज-रचना की तुलना में अधिक स्वतंत्रता प्राप्त करती जा रही है, लेकिन इसके साथ यह भी सही है कि नया समाज पहले के समाजों की सर्वोत्कृष्ट देन को स्वीकार करता रहा है। "हमारी सांस्कृतिक परंपरा में से हमें वही भाव आकर्षित करते हैं, जो हमारे वर्तमान जीवन के आदर्शों तथा मूल्यों को विकसित करने में योग देते हों, तथा वर्तमान जीवन-मूल्यों की स्थिति-रक्षा करते हों।" इस तरह यह प्रश्न उपस्थित होता है कि क्या कलात्मक सौंदर्य का कोई ऐसा प्रतिमान हो सकता है, जो शाश्वत हो? मुक्तिबोध कहते हैं कि यह प्रश्न स्वाभाविक होते हुए भी खतरे से खाली नहीं है। फिर भी इसे देखकर मन में

सहज रूप से यह भाव उठता है कि ऐसा कोई प्रतिमान जरूर है, जिसे हम खोजने पर पा सकते हैं। उस सार्वभौम-सार्वकालिक प्रतिमान की तुलना विज्ञान के उन सिद्धांतो से की जा सकती है, जो मनुष्य की सत्ता न रहने पर भी प्रकृति के नियम-रूप में सक्रिय रहते हैं। उन्होंने सौंदर्य को एक जीवन-मूल्य कहा है और उसका उद्‌गम मनुष्य के भीतर मनोवेगों के उदात्तीकरण से बतलाया है। उनके अनुसार इसी कारण वास्तविक जीवन में अपने मनोभावों का उदात्तीकरण हमें कलात्मक सौंदर्य से भी अधिक आनंद देता है। सौंदर्य का यह शाश्वत प्रतिमान सर्वथा स्वतंत्र और निरपेक्ष न मान लिया जाए, इसलिए उन्होंने स्पष्ट कर दिया है कि जैसे राम का व्यक्तित्व सामंती मानव-संबंधों के बिना संभव नहीं था, वैसे ही उदात्तीकरण अन्य प्रधान जीवन-मूल्यों के सहयोग से ही संभव है, अन्यथा नहीं। यह सामान्य और विशिष्ट का द्वंद्वात्मक संबंध ही है, जिसकी चर्चा ऊपर हो चुकी है।

सौंदर्य-चिंतन के क्षेत्र में वैयक्तिकता और सामाजिकता के प्रश्न को भी सरल ढंग से हल करने की कोशिश की जाती है, जिसका मतलब होता है इन दोनों के बीच विरोध की स्थिति मानना। एक पक्ष साहित्य को सामाजिक चेतना की अभिव्यक्ति मानता है, तो दूसरा पक्ष आत्माभिव्यक्ति में ही सौंदर्य देखता है। मुक्तिबोध प्रारंभ से ही इस विरोध को कृत्रिम विभाजन-बुद्धि की देन मानते आ रहे थे। 'साहित्य में व्यक्तिगत आदर्श' शीर्षक अपने एक पुराने लेख में वे कहते हैं कि "साहित्य वह समन्वय है जिसकी रूप-रचना का आकार व्यक्तिगत शक्ति से बना होकर भी जिसके तत्व सामाजिक हैं" और "जिसके तत्व समाज-प्राप्त होकर भी वैयक्तिक शक्ति से शरीर-प्राप्त हैं।" यहां उन्होंने साहित्य के रूप को रचनाकार-व्यक्ति से और उसकी अंतर्वस्तु को समाज से साफ-साफ जोड़ दिया है। यह एक सरलीकरण है, क्योंकि साहित्य का रूप ही नहीं, उसकी अंतर्वस्तु भी किन्हीं अंशों में व्यक्ति से संबद्ध हो सकती है और उसकी अंतर्वस्तु ही नहीं, उसका रूप भी किन्हीं अंशों में समाज से प्राप्त हो सकता है। वस्तुतः साहित्य में व्यक्ति और समाज का संश्लेष इतना जटिल होता है कि उनके बीच सूक्ष्म से सूक्ष्म विभाजक रेखा भी नहीं खींची जा सकती। महत्वपूर्ण यह है कि मुक्तिबोध दोनों में विरोध की स्थिति स्वीकार करने को तैयार नहीं और वे साहित्य में दोनों के संबंध की तलाश करने की कोशिश करते हैं। उक्त लेख में ही वे यह कहते हैं कि "साहित्य जितना भी ऊंचा होगा, उतनी ही व्यक्ति-विशेषता भी अपने संपूर्ण निजत्व के साथ प्रकट होगी" और फिर यह कि "अपने को इन्कार करके मनुष्य विश्व को इन्कार करता है जिसमें साहित्य भी शामिल है।" अपने एक दूसरे 'साहित्य में सामूहिक भावना' शीर्षक से दिए गए लेख में भी वे व्यक्ति और समाज का संबंध बतलाते हुए कहते हैं कि "सच्चा आत्मस्वातंत्र्य प्राप्त करने के लिए सामूहिकता आवश्यक है" और "सामूहिकता की विशाल उर्वर भूमि में ही व्यक्ति के वृक्ष और लताएं फूलती और फलती हैं।"

इन्हीं लेखों के क्रम में आगे चलकर उन्होंने 'सौंदर्य-प्रतीति और सामाजिक दृष्टि' शीर्षक एक छोटा ही, लेकिन चोखा लेख लिखा और उसमें इन दोनों के संबंध पर

बहुत गहराई से विचार किया। इस लेख में उन्होंने कहा है कि सौंदर्य-प्रतीति और सामाजिक दृष्टि न केवल विरोध नहीं है, बल्कि वस्तुस्थिति यह है कि सामाजिक दृष्टि के बिना सौंदर्य-प्रतीति संभव ही नहीं है। साहित्य-सृजन की प्रक्रिया में रचनाकार इतना तल्लीन नहीं हो जाता कि उसकी मूल्यांकनकारी शक्ति निष्क्रिय हो जाए। वह उसी शक्ति के सचेत प्रयोग से जीवन का मार्मिक अंश अपने साहित्य में चित्रित करता है। "इस मूल्यांकन के अंतर्गत, जिन मूल्यों से प्रेरित होकर हम जिसे मर्म कहने-समझने लगते हैं, और उसके यथायोग्य हार्दिक संकलन, संपादन तथा प्रस्तुतीकरण का योगाभ्यास करते हैं, वे मूल्य और वह मर्म बिना हमारी सामाजिक दृष्टि के असंभव हैं (चाहे वह रवीन्द्रनाथ की उर्वशी क्यों न हो)।" साहित्य में जब सामाजिक दृष्टि की चर्चा की जाती है, तो सौंदर्यवादी लेखक उसे एक ऊपर से थोपी हुई चीज मानकर उसका तिरस्कार करते हैं। मुक्तिबोध सामाजिक दृष्टि को कभी आरोपित वस्तु नहीं मानते। उनके अनुसार यदि वह दृष्टि है, तो कभी आरोपित नहीं हो सकती। वह अंतर का एक निज-चेतस् आलोक बनकर सामने आती है।

सौंदर्यवादी लेखक आत्मा की बहुत दुहाई देते हैं। निर्मल वर्मा इस बात से बहुत प्रसन्न हुए हैं कि मुक्तिबोध ने हिंदी कवियों में अपने लेखन में 'आत्मा' शब्द का सबसे अधिक प्रयोग किया है। इसे उन्होंने उनके अकेलेपन का प्रमाण माना है। यहां मुक्तिबोध ने 'आत्मा' के बारे में जो लिखा है, उसे देखना दिलचस्प होगा : "हमारी आत्मा में जो कुछ है वह समाज-प्रदत्त है—चाहे वह निष्कलुष अनिंद्य सौंदर्य का आदर्श ही क्यों न हो। *हमारा सामाजिक व्यक्तित्व हमारी आत्मा है।* आत्मा का सारा सार-तत्व प्राकृतिक रूप से सामाजिक है।" इसी कारण वे व्यक्ति और समाज के बीच के विरोध को बौद्धिक विक्षेप मानते हैं। ध्यान देने लायक बात उन्होंने यह लिखी है कि जिसे हम समाज और व्यक्ति के बीच का विरोध समझते हैं, वह वस्तुतः समाज के भीतर की ही दो प्रवृत्तियों के बीच का विरोध होता है। इस विरोध के मूल में समाज के विरुद्ध व्यक्ति या व्यक्ति के विरुद्ध समाज का विरोध नहीं, बल्कि समाज का अंतर्विरोध होता है। ऐसी स्थिति में सौंदर्य-प्रतीति और सामाजिक दृष्टि के बीच का विरोध पूर्णतः कृत्रिम है। यदि विरोध है, तो एक समाज के दो वर्गों की सौंदर्यात्मक प्रवृत्तियों के बीच और यदि प्रश्न है, तो यह कि लेखक अंतर्विरोधग्रस्त समाज की किस सौंदर्यात्मक प्रवृत्ति के साथ है?

नई कविता के दौर में ही अज्ञेय ने 'सौंदर्यबोध और शिवत्व-बोध' शीर्षक अपना लेख लिखा था। इसमें पहले उन्होंने शुद्ध कलावादी दृष्टि से सौंदर्य की व्याख्या की है और उसके बाद यह स्थापित किया है कि उच्च कोटि का नैतिक बोध और उच्च कोटि का सौंदर्य-बोध कृतिकार में प्रायः साथ-साथ चलते हैं। सौंदर्य की कलावादी व्याख्या क्या है? अज्ञेय कहते हैं कि सौंदर्य-बोध बुद्धि का व्यापार है और बुद्धि का आधार होता है अनुभव। हमें हृदय-गति की लयात्मकता, रेखा की वक्रता, अबोध शिशु के हाथ-पांव पटकने की मंडलाकार गति आदि के सौंदर्य का अनुभव अपने जीवन में होता रहता है। कला का सौंदर्य इसी अनुभव पर आधारित है। इसी अनुभव से बुद्धि

सौंदर्य के प्रतिमान प्राप्त करती है! यह ठीक है कि सौंदर्य का महत्वपूर्ण तत्व यह गोचर अनुभव है, लेकिन कला और साहित्य का सौंदर्य इसी अनुभव तक सीमित नहीं, यह हम आचार्य शुक्ल से लेकर मुक्तिबोध तक की व्याख्या में देख चुके हैं।

आचार्य शुक्ल ने काव्य को कला मानने का विरोध किया था और साहित्य-चर्चा में 'कला' शब्द का प्रयोग होते देखकर झल्लाकर कहा था कि इससे न जाने कब पीछा छूटेगा? मुक्तिबोध भी सौंदर्यवादियों को लक्ष्य कर कहते हैं : "ऐसे लोग सौंदर्य के मानों को उनके सामाजिक संबंधों से दूर करके तो देखते ही हैं, वे चित्रकला, संगीत, शिल्प, तथा स्थापत्य-कला के सौंदर्य-मानों के दृष्टिकोण से साहित्यिक सौंदर्य की व्याख्या करके उसके नित्य-आकर्षण की काल-निरपेक्षता सिद्ध किया करते हैं।" यह आकस्मिक नहीं है कि मुक्तिबोध को केंद्र में रखकर अपनी पुस्तक 'कविता के नए प्रतिमान' की रचना करनेवाले आलोचक डॉ. नामवर सिंह ने कई वर्ष पूर्व 'समकालीन आलोचना की समस्याएं' पर व्याख्यान देते हुए मध्यप्रदेश कला-परिषद की पत्रिका 'पूर्वग्रह' के कलावादी रुझान पर चोट की और इस प्रसंग में उन्होंने आचार्य शुक्ल का ही नहीं, संपूर्ण भारतीय साहित्य की उस महत् परंपरा का हवाला दिया, जो काव्य को ललित कला मानने के पक्ष में नहीं। ('उत्तरशती,' नवांक-2)

अज्ञेय ने उच्च कोटि के नैतिक बोध और उच्च कोटि के सौंदर्य-बोध को प्रायः साथ-साथ चलनेवाला कहा है, लेकिन उन्होंने यह नहीं बतलाया कि 'उच्च कोटि का' नैतिक बोध और 'उच्च कोटि का' सौंदर्य-बोध कैसा होता है? वह कौन-सी चीज है जो इन्हें उच्चता प्रदान करती है? आचार्य शुक्ल ने भी लिखा है कि काव्य में 'सुंदर' का ही महत्व है, लेकिन उनके आगे 'सुंदर' का अर्थ पूरी तरह से स्पष्ट था। 'कविता क्या है' शीर्षक अपने प्रसिद्ध निबंध में वे कहते हैं कि "जिसे धार्मिक शुभ या मंगल कहता है कवि उसके सौंदर्य-पक्ष पर आप ही मुग्ध रहता है और दूसरों को भी मुग्ध करता है।" मानना होगा कि गोचर अनुभव पर आधारित अज्ञेय के सौंदर्य-बोध और आचार्य शुक्ल के शुभ या मंगल के 'सौंदर्य-पक्ष' के बीच दुर्लंघ्य अंतराल है।

मुक्तिबोध की इस मान्यता का ऊपर संकेत दिया जा चुका है कि साहित्य विशिष्ट से सामान्य होने की प्रक्रिया में अपनी स्वतंत्र सत्ता स्थापित कर लेता है। उनके अनुसार साहित्य की यह स्वतंत्रता सापेक्ष होती है, निरपेक्ष नहीं। कारण यह कि स्वतंत्र होते हुए भी साहित्य अपने अस्तित्व के लिए जीवन और समाज पर निर्भर होता है, ठीक उसी प्रकार जिस प्रकार फूल अपनी स्वतंत्र सत्ता रखते हुए भी अपने अस्तित्व के लिए वृक्ष पर निर्भर है। कला एक आत्मपरक प्रयास है, वह यथार्थवादी ही क्यों न हो, जिससे वह स्वतंत्र है, पर चूंकि वह कलाबाह्य विस्तृत जगत के बिना संभव नहीं, इसलिए वह परतंत्र भी है। कहने की आवश्यकता न होनी चाहिए कि कलाकार को कला-रचना के लिए अपने मनोजगत में विशेष भाव-भूमि, विशेष दृष्टिकोण, जीवन-मूल्य, संस्कार और वह परिवेश, जिसके प्रति वह अनुकूल या प्रतिकूल प्रतिक्रियाएं करता है, इस वस्तुजगत से ही प्राप्त होता है यानी राष्ट्र, समाज, वर्ग और परिवार के भीतर की विशेष परिस्थितियों और वातावरण से। मुक्तिबोध को इस बात में कोई

संदेह नहीं कि कलात्मक सौंदर्य के प्रतिमान एक सीमा तक कलाकृति के भीतर ही होते हैं, पर एक सीमा तक ही, क्योंकि भीतर से प्राप्त किए जानेवाले वे प्रतिमान निश्चित, नियमित और नियंत्रित होते हैं सौंदर्यात्मक प्रतिमानों की उस सांस्कृतिक परंपरा से, जो देश-विदेश की परिस्थितियों, कलात्मक उपलब्धियों, मानवादर्शों और कला-चिंतन से निरंतर संशोधित और संपादित होती रही है। ऐसी स्थिति में उन्हें निरपेक्ष रूप से स्वतंत्र कैसे माना जा सकता है?

नई कविता में कला के सौंदर्यात्मक प्रतिमानों को निरपेक्ष रूप से स्वतंत्र बतलाया गया, जिससे कि कविता और जीवन का संबंध टूट जाए। यह संबंध बना रहे, तो यह खतरा मंडराता रहता है कि कविता में उपस्थित समस्याएं मानव-समस्याएं बनकर कहीं यह हालत न पैदा कर दें कि मनुष्य उस जीवन और समाज को बदल डालने की ओर प्रवृत्त हो जाए, जिसमें वे समस्याएं पाई जाती हैं। मुक्तिबोध ने यहां भी कला और साहित्य की सापेक्ष स्वतंत्रता के मार्क्सवादी सिद्धांत को सिर्फ दुहराया नहीं है, बल्कि 'सापेक्षता' के साथ 'स्वतंत्रता' को उचित महत्व देते हुए किंचित् विस्तार से उसकी व्याख्या की है। उनका कहना है कि कलाकार के अंतःकरण में उदित और उसके संवेदनों और अनुभवों से पोषित भाव-बीज की विकास-यात्रा और अभिव्यक्ति अपने आप में विभिन्न और अनुकूल एवं प्रतिकूल तत्वों का एक गतिशील, किंतु संगतिबद्ध और सामंजस्यबद्ध रूप बन जाती है। इस रूप के अपने नियम होते हैं, जो कलाकार द्वारा अपने अंतःकरण में अपने ढंग से अनुभूत तथा विकसित होते हैं। यही कारण है कि दो कलाकारों की कला आपस में नहीं मिलती और यही कारण है कि सौंदर्यशास्त्र के ग्रंथ पढ़कर उनमें बतलाए गए नियमों का अनुसरण करते हुए कलाकृति का निर्माण नहीं किया जा सकता।

'रचनाकार का मानवतावाद' शीर्षक निबंध में उन्होंने लिखा है कि "कला की स्वतंत्रता का अर्थ है कला-तत्वों की अंतःसंगठनशील, गतिशील संगति का, अर्थात कला की स्वाभाविकता का, निर्वाह। इस गतिशील संगति की स्थापना के कार्य में जो भी अंदर या बाहर के व्यवधान उत्पन्न होते हैं, वे कला-तत्व की (अभिव्यक्ति का रूप धारण करनेवाली) आत्म-विकसनशील गति में बाधा डालते हैं, अतएव वे कला की स्वतंत्रता की उपेक्षा करते हैं।" इस कथन के पहले वाक्य से किसी भी तरह कम महत्वपूर्ण उसका दूसरा वाक्य नहीं है। कला की स्वतंत्रता पर आघात तब होता है, जब कलाकार कला की स्वाभाविकता का निर्वाह नहीं करता और किन्हीं अन्य वस्तुओं के दबाव में आकर अपनी कला के अंतरंग तत्वों को भिन्न दिशा देना चाहता है। वे अन्य वस्तुएं बहुत अच्छी हो सकती हैं, पर इस तरह कला में उनका हस्तक्षेप उसकी स्वतंत्रता को बाधित करता है। वे कला के निर्माण को प्रभावित करें, इसके लिए जरूरी है कि वे कलाकार की जीवन-ज्ञान-व्यवस्था अर्थात उसकी विश्वदृष्टि का अंग बनें।

सौंदर्य के साथ-साथ मुक्तिबोध ने उसकी सृजन-प्रक्रिया पर भी प्रकाश डाला है। 'डायरी' के प्रसिद्ध लेख 'तीसरा क्षण' में वे केशव के माध्यम से ही कहते हैं, "सौंदर्य-प्रतीति का संबंध सृजन-प्रक्रिया से है। सृजन-प्रक्रिया से हटकर सौंदर्य-प्रतीति

असंभव हो जाती है।" संक्षेप में इसकी व्याख्या यह है : "प्राकृतिक सौंदर्य या नारी-सौंदर्य का अवलोकन व्यक्तिबद्ध होने से सही अर्थों में सौंदर्यानुभव नहीं कहा जा सकता।" इस तरह सौंदर्य आत्मबद्ध दशा से ऊपर उठकर सामान्य अनुभूति की दशा में पहुंचने में है। लेकिन सौंदर्य की यह सृजन-प्रक्रिया वैसी सरल नहीं, जैसी इस कथन में दिखलाई पड़ती है। मुक्तिबोध ने अपने अनेक लेखों में, कभी संक्षेप में और कभी विस्तार में, जोड़-घटाव करते हुए, इस प्रक्रिया का वर्णन किया है, जिसे सृजन-प्रक्रिया-संबंधी चिंतन को उनकी देन मानना चाहिए। इस संबंध में ज्ञातव्य यह है कि उन्होंने जिस सृजन-प्रक्रिया का बार-बार वर्णन किया है, वह सृजन की कोई सामान्य प्रक्रिया न होकर एक विशेष प्रक्रिया है। उनके अनुसार सृजन की कोई सामान्य प्रक्रिया नहीं हो सकती, क्योंकि कवि-स्वभाव, कवि-दृष्टि और विषयवस्तु यानी रचना के कथ्य के अनुसार वह बदलती रहती है। उदाहरण के लिए आत्मपरक गीतिकाव्य की सृजन-प्रक्रिया और यथार्थवादी काव्य की सृजन-प्रक्रिया एक नहीं होती। सृजन-प्रक्रिया का कोई सामान्य रूप स्वीकार कर लेने से आलोचना में कई तरह की गड़बड़ी पैदा हो सकती है। उससे आलोचक रचना की विशिष्टता को नहीं देख पाता। वह सृजन-प्रक्रिया के अंतर्गत प्राप्त समान तत्वों के आधार पर सौंदर्य का एक निकष तैयार कर लेता है और उसी पर हर तरह की रचना की परीक्षा करता है। जो रचना उस पर खरी उतरती है उसे वह सुंदर समझता है और शेष को वैसा कहने में उसे पीड़ा होती है। "पंडित रामचंद्र शुक्ल को छायावादी काव्य असुंदर और विद्रूप और अवांछनीय जान पड़ा था। डॉक्टर रामविलास शर्मा को प्रयोगवादी कविता या नई कविता भयानक विद्रूप और प्रतिक्रियावादी जान पड़ती है। उसी प्रकार, नई कविता के अंतर्गत जो कई शिविर बन गए हैं, उन्हें भी अन्य शिविरवालों की कृतियों में सौंदर्य-लक्षण नहीं दिखाई देते।" (मु. र. 5/79)

अज्ञेय ने 'आत्मनेपद' में संकलित अपनी टिप्पणी 'मैं क्यों लिखता हूं' में अपनी सृजन-प्रक्रिया की क्षणवादी व्याख्या की है ("क्षण में होनेवाला अनुभूति-प्रत्यक्ष"!) और टी.एस. इलियट की अवधारणा (भोक्ता और स्रष्टा और फिर भोक्ता से स्रष्टा का अलगाव!) को दुहरा दिया है। भारती ने 'मानव-मूल्य और साहित्य' के 'सृजन-प्रक्रिया का मानवीय धरातल' शीर्षक लेख में ज्याँ काक्त्यो नामक एक फ्रांसीसी कलाकार का उद्धरण देकर अपनी बात समाप्त कर दी है, जिसमें कहा गया है कि कलाकृति 'अवचेतना' द्वारा कलाकार के अंतर्जगत में सृजित होती है, जिसे उसकी 'सचेतन भावना' अभिव्यक्ति प्रदान करती है। मुक्तिबोध ने ठीक ही लिखा है कि "सौंदर्य-संबंधी परिकल्पना किसी न किसी सामान्यीकरण के आधार पर ही उपस्थित होती है, चाहे वह पश्चिमी ढंग की हो या प्राचीन भारतीय।" इस सामान्यीकरण की वेदी पर रचना की विशिष्टता, जो विशिष्ट सृजन-प्रक्रिया की देन होती है, बलि चढ़ जाती है।

सृजन-प्रक्रिया के वर्णन और विश्लेषण में मुक्तिबोध ने जो अतिरिक्त दिलचस्पी दिखलाई है, वह सिर्फ सिद्धांत-निरूपण के लिए नहीं, बल्कि अपने समय की एक सच्ची और सही सृजनशीलता को बल पहुंचाने और स्थापित करने के लिए। नई

कविता के दौर में छोटी कविता की रचना पर बल था और स्वभावतः 'अनुभूति के क्षण' की बात की जाती थी। अपनी बाद की एक टिप्पणी में अज्ञेय ने क्षणवाद का जो दर्शन प्रस्तुत किया है, वह पूरा देखने लायक है : "मैंने क्षण पर जो बल दिया है वह अनुभूति के प्रति सच्चाई के संदर्भ में ही, यानी रचना-प्रक्रिया के संदर्भ में। भोक्ता से द्रष्टा होने का परिवर्तन-क्षण अत्यंत महत्वपूर्ण क्षण है, वही स्रष्टा होने की पहली शर्त है। ऐसा ही क्षण साहित्य का असल 'वर्तमान' है। जो भोक्ता है और पहचानता नहीं कि मैं भोग रहा हूं, वह अभी केवल ग्रहीता है, संप्रेषक न वह है न हो सकता है। दूसरी ओर जब वह पूरी तरह अनुभूति को पहचान लेता है, आप्त कर लेता है, तब वह उससे अलग हो चुका होता है—यानी तब वह अनुभूति उसका वर्तमान नहीं, अतीत अनुभव होती है। सच्चा वर्तमान ऐसा क्षण है जिसके साथ न तो स्मृति का आभास है और न प्रत्याशा या अपेक्षा का—क्योंकि एक अतीत का क्षण है और दूसरा भविष्य का। दोनों प्रकार की छायाओं से मुक्त असंपृक्त क्षण ही वर्तमान है। गणित के बिंदु की तरह इसका कोई आयाम नहीं होता, केवल अस्तित्व होता है। कवि का काम इसी क्षण को पकड़ना याकि ऐसे क्षणों की शृंखला को पकड़ते चलना है। वास्तव में यह काम होता नहीं, लेकिन यथासंभव इसके निकटतर आते रहना, 'है' और 'था' के अंतराल को कम से कमतर करते चलना, कवि का इष्ट है। *'मैं सच लिखता हूं, लिख-लिखकर सब झूठा करता जाता हूं।'* इसमें व्यर्थता नहीं है कि कवि सच को पकड़ता रहे और उसे झूठ हो जाने देता रहे। कवि के लिए जोखिम इसमें है कि पकड़ में आए हुए सत्य को सनातन सत्य मान ले। आज के कवि को अपनी ही कृति के बारे में यह कह सकना चाहिए कि 'यह सच था जिसे मैंने पकड़ा. और पकड़ा इसलिए अब तक झूठ हो गया होगा'।" (आत्मपरक, पृ. 112-13)

निस्संदेह यहां अज्ञेय ने बड़ी सफाई से अपना दर्शन रखा है। उन्होंने रचना-प्रक्रिया को न केवल क्षण तक सीमित कर दिया है, बल्कि क्षण की भी विशेषता बतला दी है कि वह अतीत और भविष्य दोनों की छायाओं से मुक्त असंपृक्त वर्तमान होता है और यदि नहीं होता, तो उसे वैसा होना चाहिए! ताज्जुब नहीं कि ऐसे जिन क्षणों को कवि पकड़ता है, वे अगले ही क्षण में मिथ्या हो जाते हैं। अज्ञेय को गर्व है कि वे ऐसे क्षणों को पकड़ते हैं, जिनमें निहित सच्चाई क्षणांतर में ही झूठी पड़ जाती है। वे चाहते हैं कि दूसरे कवियों को भी गर्व करने का यह अवसर प्राप्त हो। जो कवि कविता की रचना-प्रक्रिया को 'क्षण' तक ही सीमित नहीं मानते और कविता में निहित सच्चाई को स्थायित्व और व्यापकता प्रदान करना चाहते हैं, उनका उपहास करते हुए उन्होंने 'सनातन सत्य' की बात की है, जबकि वास्तविकता यह है कि क्षण में पकड़ में आए सत्य को 'सनातन सत्य' मानने का आग्रह पिछले दो दशकों में अपनी कविताओं में सबसे ज्यादा वही करते रहे!

मुक्तिबोध के मत को भी उन्हीं के शब्दों में देखना चाहिए, जो अज्ञेय के कथन का स्पष्ट प्रत्याख्यान है : "कला का प्रसव सौंदर्यानुभूतियों के क्षण में ही होता है, यह एक अनिवार्य नियम नहीं है। यदि सचमुच वैसा होता तो महाकाव्य और खंडकाव्य

न लिखे जाते। तुलसीदासजी *रामायण* न लिख पाते। एजरा पाउंड अपने लंबे कांड न लिख पाता। आधुनिक प्रदीर्घ काव्य केवल मानसिक द्रवण के क्षण के उत्कर्ष-रूप नहीं लिखे गए हैं। आधुनिक अमरीकी कवियों ने भी बहुत लंबी कविताएं लिखी हैं, वे क्षण की अनुभूति के घेरे में नहीं बांधी जा सकतीं। सच बात तो यह है कि टी.एस. इलियट जिस दाँते को महान मानता है उसका काव्य भी क्षण का काव्य नहीं। क्यों नहीं है? इसलिए कि क्षण इतने दीर्घ, विस्तृत, सतत और क्रमागत नहीं होते। यह अनिवार्य नियम नहीं है कि कागज-कलम हाथ में लेते ही वे क्षण उपस्थित हों, अथवा वे क्षण उपस्थित होते ही कलाकृति का प्रादुर्भाव हो और वह बनती चली जाए, और जब तक वह न बने तब तक मानसिक द्रवणवाली सौंदर्यानुभूतियों के क्षणों का तांता बना रहे। संक्षेप में, कलाकृति के रचना-कार्य में सौंदर्यानुभूतियों की इतनी गतिमानता या बारंबारता या दीर्घकालिकता नहीं रहती जितनी बतायी जाती है।" (मु. र., 5/262) ऊपर दिखलाया जा चुका है कि मुक्तिबोध कैसे और क्यों यह मानते थे कि कलाकार का रचना-कार्य रचना के क्षण-विशेष तक सीमित न होकर जीवनव्यापी होता है। उनकी दृष्टि में रचना भी वही श्रेष्ठ थी, जिसमें क्षणिक मनोदशा का चित्रण न होकर अधिक से अधिक स्थायी और व्यापक जीवन-यथार्थ का चित्रण हो। नई कविता को वे संवेदनात्मक प्रतिक्रिया की कविता कहते थे और उसे संवेदनात्मक ज्ञान और ज्ञानात्मक संवेदना की कविता बनाने के लिए प्रयत्नशील थे। ऐसी बात नहीं है कि छोटी कविता यथार्थवादी कविता नहीं हो सकती, लेकिन उनका आग्रह ऐसी कविताओं पर था, जिनमें ऐतिहासिक शक्तियों के द्वंद्व और सामाजिक अंतर्विरोधों को व्यापक दृश्यपट पर चित्रित किया गया हो। उन्होंने स्वयं ज्यादातर लंबी कविताएं ही लिखी हैं और उनके द्वारा वर्णित सृजन-प्रक्रिया लंबी कविताओं की ही सृजन-प्रक्रिया है। स्वभावतः ऐसी कविताओं के रचना-काल में सौंदर्यानुभूति का अखंड और एकरस प्रवाह संभव नहीं होता, क्योंकि उसमें रचनाकार का मन अनेक स्तरों पर सक्रिय रहता है और संपूर्ण सक्रियता एक तरह की नहीं होती।

मुक्तिबोध ने जिस सृजन-प्रक्रिया का वर्णन किया है, वह उनकी अपनी सृजन-प्रक्रिया भी है, लेकिन उसे सिर्फ इसी रूप में देखना सत्य को अधूरा देखना होगा। उन्होंने सृजन-प्रक्रिया के संबंध में जो कुछ लिखा है वह अपनी कविता का औचित्य सिद्ध करने के लिए ही नहीं, बल्कि जैसा कि संकेत किया गया है, एक यथार्थवादी सृजनशीलता का मार्ग प्रशस्त करने के लिए। लेकिन इस बात को याद रखना जरूरी है कि उसमें विशिष्टता के बहुत ही प्रबल तत्व हैं। इसका ठोस सबूत यह है कि उसे सामान्य मानकर उनकी मृत्यु के बाद हिंदी में जो अनेक लंबी कविताएं लिखी गईं, उनमें से चर्चित तो कई हुईं, पर स्थायी महत्व की एकाध ही सिद्ध हुई। सृजन की कोई भी प्रक्रिया पूर्णतः सामान्य यानी यांत्रिक नहीं हो सकती। मुक्तिबोध ने सृजन-प्रक्रिया पर जो विस्तार से विचार किया, उसके पीछे उनका यह उद्देश्य भी था कि कविता में जीवन के विस्तृत क्षेत्र का प्रभावोत्पादक चित्र प्रस्तुत करने के लिए उसकी प्रभावोत्पादकता के रहस्य को समझा जाए और उसे स्वीकृत अथवा तिरस्कृत

करने के पहले उसका गहराई से विश्लेषण किया जाए। कविता के गहन विश्लेषण का अर्थ है उसकी सृजन-प्रक्रिया का विश्लेषण। कहा जा चुका है कि मुक्तिबोध के अनुसार छायावादी कविता की सृजन-प्रक्रिया को न समझने के कारण ही आचार्य शुक्ल ने उसके संबंध में प्रतिकूल विचार व्यक्त किए। डॉ. शर्मा ने भी नई कविता को उसकी सृजन-प्रक्रिया को न समझने के कारण ही खारिज किया है। इन आलोचकों ने यह देखने की कोशिश नहीं की कि आखिर कवि नई प्रणाली क्यों अपनाना चाहते हैं, या फिर यह कि वह उनके लिए क्यों स्वाभाविक हो उठती है। उन्होंने क्रमशः छायावादी कविता और नई कविता की सृजन-प्रक्रिया की विशिष्टता को नहीं समझा, जिससे वे "लेखक के हृदय में तड़पते हुए जीवनानुभव, जीवनानुभवों के सामान्यीकरण (ज्ञान) और भाव-दृष्टि" को न समझ सके। यहां मुक्तिबोध ने एक महत्वपूर्ण बात यह लिखी है कि "इसका अर्थ यह नहीं है कि उनके आग्रह, उनके अपने मान्यता-रूप में, स्वभावतः गलत हैं, नहीं, वे सही भी हो सकते हैं। किन्तु जब तक वे लादे जाएंगे, रचना-प्रक्रिया में सूक्ष्म दृष्टि के अभाव में, वे खोखले और निरुपयोगी ही साबित होंगे और अपने आप में उनके सहीपन के बावजूद, उनका विरोध होता ही रहेगा।" (उप., 5/221)

सृजन-प्रक्रिया-संबंधी मुक्तिबोध का पहला चिंतन 'डायरी' के लेख 'तीसरा क्षण' में ही मिलता है। बाद में उन्होंने 'नई कविता का आत्मसंघर्ष' तथा 'काव्य की रचना-प्रक्रिया' शीर्षक लेखों में भी उसका गहराई से विश्लेषण किया। 'कलात्मक अनुभव' शीर्षक अपने निबंध में उन्होंने मन की तीन अवस्थाओं का वर्णन किया है और अंतिम अवस्था को "कलात्मक चेतना का सिंहद्वार" कहा है, जिसका जिक्र हो चुका है। कलात्मक सृजन के तीन क्षण बाद की अवस्थाएं हैं।

सृजन का पहला क्षण जीवन का उत्कट और तीव्र अनुभव-क्षण है। यह इसी दृष्टि से महत्वपूर्ण नहीं होता कि सृजन का आरंभिक क्षण होता है, बल्कि इस दृष्टि से भी महत्वपूर्ण होता है कि उसके अगले क्षण का मूल भी इसी में होता है। सृजन के इस पहले क्षण के अनुभव में ही निर्वैयक्तिकता और फैंटेसी के तत्व निहित रहते हैं, जिनका विकास बाद के क्षणों में होता है। वस्तुतः सृजन-प्रक्रिया द्वंद्वात्मक होती है, जिसमें वैयक्तिकता और निर्वैयक्तिकता, यथार्थ और कल्पना एक-दूसरे पर क्रिया-प्रतिक्रिया करते हुए विकसित होते हैं। कला के इस पहले क्षण का अनुभव जीवन के अन्य साधारण अनुभवों से भिन्न होता है, क्योंकि उसमें बीज-रूप में भोक्तृत्व और दर्शकत्व की स्थितिबद्धता और स्थितिमुक्तता के परस्पर-विरोधी बिंदु रहते हैं।

कला के दूसरे क्षण में स्थितिबद्ध संवेदना और स्थितिमुक्त दृष्टि दोनों एक-दूसरे पर क्रिया-प्रतिक्रिया करती हुई फैंटेसी को एक उच्चतर बिंदु पर खड़ी कर देती हैं। इन दोनों की क्रिया-प्रतिक्रिया से परिष्कृत होकर कला का दूसरा क्षण आगे बढ़ता जाता है। जब यह क्षण बहुत आगे तक प्रवाहित हो जाता है, तब आत्मपरकता में भी एक निर्वैयक्तिकता और निर्वैयक्तिकता में भी एक आत्मपरकता उत्पन्न हो जाती है, मानो स्थितिबद्ध संवेदना ने स्थितिमुक्त दृष्टि को अपनी स्थितिबद्धता प्रदान कर उससे

अपने लिए स्थितिमुक्तता ले ली हो। मतलब यह कि वे अपने गुण-धर्म एक-दूसरे को प्रदान कर देते हैं।

'तीसरा क्षण' में मुक्तिबोध ने यह स्थापना रखी थी कि कल्पना दूसरे क्षण में सक्रिय होकर फैंटेसी खड़ी करती है। लेकिन 'नई कविता का आत्मसंघर्ष' शीर्षक लेख में उन्होंने उसमें संशोधन किया और कहा कि कल्पना का कार्य भी पहले क्षण से ही शुरू हो जाता है। दूसरे क्षण में कल्पना-शक्ति उद्दीप्त हो जाती है और संवेदना से आप्लुत मूल तत्व को समरूप अनुभवों और जीवन-मूल्यों से संश्लेषित करते हुए एक संश्लिष्ट जीवन-चित्रशाला उपस्थित कर देती है। पहले क्षण से ही एक और चीज सक्रिय होती है। वह है संवेदनात्मक उद्देश्य। संवेदना में आवेग होता है, जोकि एक व्यक्तिगत चीज है, जबकि उद्देश्य में दिशा होती है, जोकि एक सामाजिक चीज है। एक का संबंध कलाकार के भोक्ता-मन से है, जबकि दूसरे का संबंध उसके द्रष्टा-मन से। ये दोनों मिलकर ही सही ढंग से रचना को प्रभावित करते हैं, वर्ना आवेगयुक्त, लेकिन दिशाहीन रचना वैसे ही महत्वपूर्ण नहीं होगी, जैसे दिशायुक्त, लेकिन आवेगहीन रचना प्रभावशाली नहीं होगी। मुक्तिबोध के सशक्त शब्दों में, "संवेदनात्मक उद्देश्य मनोमय होते हुए भी जगन्मय हैं, इसीलिए विद्युन्मय हैं।" वे कलाकार की जीवन-ज्ञान-व्यवस्था अथवा विश्वदृष्टि की पीठिका पर स्थित होते हैं और उसी से संचालित और नियंत्रित होते हैं। 'काव्य की रचना-प्रक्रिया : दो' शीर्षक लेख में उन्होंने पहले दोनों क्षणों को एक में ही समन्वित करते हुए कहा है कि संवेदनात्मक उद्देश्य ही हृदय में स्थित जीवंत अनुभवों को संकलित कर उन्हें कल्पना की सहायता से उद्दीप्त और मूर्तिमान करते हुए एक ओर प्रवाहित कर देते हैं। उन्होंने तीसरे क्षण का मूल, जोकि शब्दाभिव्यक्ति का क्षण होता है, पहले क्षण में नहीं माना है, जोकि गलत है। फैंटेसी का उन्मेष पहले क्षण में होता है, तो शब्दाभिव्यक्ति की प्रक्रिया भी उसी क्षण में शुरू होनी चाहिए, भले वह निश्चित और अंतिम रूप तीसरे क्षण में प्राप्त करे। कारण यह कि काव्य-कल्पना, जो फैंटेसी को जन्म देती है, शब्दरहित नहीं हो सकती। कितने भी अविकसित रूप में क्यों न हो, शब्दाभिव्यक्ति शुरू से ही उसके साथ लगी रहती है। मुक्तिबोध ने इस बात पर खास तौर से बल दिया है कि अभिव्यक्ति की प्रक्रिया में फैंटेसी परिवर्तित हो जाती है, जिससे उसे स्वतंत्र व्यक्तित्व मिल सके। यह कला की सापेक्ष स्वतंत्रता की स्थापना है, यह पुनः स्मरणीय है।

फैंटेसी के शब्दबद्ध होने की प्रक्रिया के भीतर जो प्रवाह बहता रहता है वह समस्त व्यक्तित्व और जीवन का प्रवाह होता है, क्षणमात्र की अनुभूति का नहीं। उस प्रवाह में वह फैंटेसी अनवरत रूप से विकसित और परिवर्तित होती हुई आगे बढ़ती जाती है। इस प्रकार वह अपने मूल रूप को बहुत कुछ त्यागती हुई नवीन रूप धारण करती है। अंततः वह अपने मूल रूप से इतनी दूर चली जाती है कि यह कहना कठिन होता है कि उसका नया रूप अपने मूल रूप की प्रतिकृति है। वैयक्तिक से निर्वैयक्तिक होने के दौरान ही फैंटेसी कुछ ऐसे नवीन तत्व ग्रहण कर लेती है कि वह वास्तविक अनुभव से स्वतंत्र हो जाती है। वह अनुभव की कन्या है और उस कन्या का अपना

स्वतंत्र व्यक्तित्व है। उसका वह व्यक्तित्व विकासमान होता है। सृजन के तीसरे क्षण में वह पुनः बदल जाता है : शब्दबद्ध करने की प्रक्रिया के दौरान वह फैंटेसी पिघलकर उस प्रक्रिया के प्रवाह में बहने लगती है। उस प्रवाह में उसके सारे रंग घुलकर बहने लगते हैं, उनके साथ सारा व्यक्तित्व और उसकी समस्त चेतना बहने लगती है और शब्दबद्ध होने पर जो रचना तैयार होती है, वह कला के दूसरे क्षण की फैंटेसी की पुत्री होती है, उसकी प्रतिकृति नहीं। इसीलिए मूल फैंटेसी से भी उसका व्यक्तित्व स्वतंत्र, विचित्र और पृथक हो जाता है।

यहां मुक्तिबोध ने एक बात यह भी कही है कि कला के दूसरे क्षण में अनुभवप्रसूत फैंटेसी में जब तक आत्मा को नए-नए 'महत्व' और 'अर्थ' दिखाई नहीं देंगे, तब तक वह आतुर-आकुल भावना में बहकर उसे शब्दबद्ध करने की ओर प्रवृत्त नहीं होगी। इस दृष्टि से देखने पर कलाकार को कला के तीनों क्षणों में अलग-अलग प्रकार से सौंदर्य-प्रतीतियां होती रहती हैं। असल में ये सौंदर्य-प्रतीतियां 'महत्व-प्रतीतियां' हैं, भावनामय 'अर्थानुभव' हैं। उनके अनुसार सौंदर्य-प्रतीति कलाकार और पाठक या दर्शक दोनों के लिए एक सृजनात्मक प्रक्रिया है। जैसे कलाकार को फैंटेसी में नए-नए 'महत्व' और 'अर्थ' दिखलाई देते हैं, वैसे ही पाठक या दर्शक भी जब कोई काव्य अथवा उपन्यास पढ़ता, या नाटक देखता है, तो उसे नए-नए अर्थ-महत्व और अर्थ-संकेत प्राप्त होते जाते हैं, जिससे उसे सौंदर्य-प्रतीति होती है। निश्चय ही ये उसे अपनी उत्तेजित जीवन-संवेदनाओं से प्राप्त होते हैं, जोकि ज्ञानात्मक अर्थात सामान्यीकृत होती हैं। 'महत्व' और 'अर्थ' शब्दों का प्रयोग मुक्तिबोध ने सामान्यीकृत अथवा निर्वैयक्तिक ज्ञान के लिए ही किया है।

इलियट ने 'भोक्ता' और 'स्रष्टा' शब्दों का प्रयोग किया है और सृजन-प्रक्रिया में भोक्ता से स्रष्टा के पूर्ण अलगाव की बात कही है। उनके द्वारा दिया गया उदाहरण प्रसिद्ध है। ऑक्सीजन और सल्फर डायऑक्साइड से भरे हुए पात्र में यदि प्लैटिनम का एक खंड डाल दिया जाए, तो वे दोनों गैसें सल्फरस एसिड में बदल जाएंगी। उल्लेखनीय बात यह है कि यह परिवर्तन प्लैटिनम के कारण ही होता है, लेकिन सल्फरस एसिड में उसका कोई चिह्न नहीं होता। काव्य-सृजन की प्रक्रिया में कवि-व्यक्तित्व की भूमिका प्लैटिनम-जैसी होती है, यानी वह सिर्फ माध्यम होता है। इसी से इलियट ने अपना यह सिद्धांत निकाला कि कलाकार जितना पूर्ण होगा, उसमें भोक्ता और स्रष्टा के बीच अलगाव उतना ही ज्यादा होगा। उन्होंने साफ शब्दों में कहा है कि "कवि के पास अभिव्यक्त करने के लिए कोई 'व्यक्तित्व' नहीं, बल्कि एक खास माध्यम होता है, जोकि सिर्फ माध्यम होता है, कोई व्यक्तित्व नहीं, जिसमें मनःप्रभावों और अनुभवों का विचित्र और अप्रत्याशित रूपों में मिश्रण हुआ करता है" तथा "कला में अभिव्यक्त संवेग निर्वैयक्तिक होता है और कवि इस निर्वैयक्तिकता को तब तक प्राप्त नहीं कर सकता, जब तक वह रची जानेवाली रचना के आगे अपने आपको पूर्णतः समर्पित नहीं कर देता।" स्पष्टतः इलियट द्वारा प्रस्तुत किया गया उदाहरण यांत्रिक है, जिसे कला-सृष्टि पर पूरी तरह लागू नहीं किया जा सकता। कला एक ऐसी वस्तु

है, जिसकी सृष्टि में कलाकार का व्यक्तित्व माध्यम की भी भूमिका निभाता है और किसी न किसी अंश में अपने को अभिव्यक्त भी करता है। उसमें निश्चय ही निर्वैयक्तिकता और वैयक्तिकता के बीच एक द्वंद्वात्मक संबंध होता है। इलियट ने कहा है कि कविता में अभिव्यक्त संवेग तभी सार्थक होता है, जबकि उसका जीवन-स्रोत कविता होती है, कवि का इतिहास नहीं। कविता का कवि-व्यक्तित्व से यह विच्छेद आत्यंतिक है, जिसे मुक्तिबोध स्वीकार नहीं करते।

मुक्तिबोध ने 'भोक्ता' और 'स्रष्टा' की जगह 'भोक्ता' और 'दर्शक' अथवा 'द्रष्टा' शब्दों का प्रयोग किया है, जो अधिक सार्थक इस कारण हैं कि 'भोक्ता' कवि से संबंधित है और 'द्रष्टा' समाज से, और 'भोक्ता' का संबंध संवेदना से है और 'द्रष्टा' का ज्ञान से। एक वैयक्तिक है और दूसरा निर्वैयक्तिक। निश्चय ही इलियट की सरलीकृत सृजन-प्रक्रिया की तुलना में मुक्तिबोध की सृजन-प्रक्रिया जटिल, इसलिए सत्य के अधिक निकट है। क्या विडंबना है कि अज्ञेय एक ओर कविता में व्यक्तित्व की प्रतिष्ठा के लिए प्रयत्नशील थे, उसे 'व्यक्तित्व का घनीभूत रस' कह रहे थे और दूसरी ओर उसे व्यक्तित्व का निषेध बतला रहे थे, हिंदी में 'रूढ़ि और मौलिकता' शीर्षक से इलियट के निबंध को प्रस्तुत कर रहे थे, जिसमें उन्होंने कविता को 'व्यक्तित्व से मोक्ष' कहा है! क्या यह निरा संयोग है कि अज्ञेय इलियट की स्थापना को हिंदी में स्थापित कर रहे थे और मुक्तिबोध उसकी सीमाएं बतलाते हुए उससे अधिक पूर्णतर स्थापना सामने ला रहे थे? सृजन-प्रक्रिया के संबंध में अज्ञेय का यह परवर्ती चिंतन कहीं अधिक सार्थक है कि "अनुभव की अद्वितीयता और अर्थ की साधारणता—प्रतिभा के ये दो इष्ट हैं या कहा जाए कि इन दो ध्येयों का योग ही उसका इष्ट है। जिस प्रक्रिया से यह योग सिद्ध होता है, वही रचना-प्रक्रिया है।" (सृजना और संदर्भ, पृ. 167) इसमें न रचना को व्यक्तित्व की अभिव्यक्ति माना गया है, न उसमें व्यक्तित्व का निषेध किया गया है, बल्कि उसकी प्रक्रिया को वैयक्तिकता और साधारणता अथवा सामान्यता के द्वंद्व के रूप में परिभाषित किया गया है। यह भी आकस्मिक नहीं है कि 'रचना और प्रक्रिया' शीर्षक जिस लेख में अज्ञेय ने यह स्थापना रखी है उसमें उन्होंने रचना-प्रक्रिया को यांत्रिक मानने का विरोध किया है। हमें उनके इस मत-परिवर्तन के पीछे भी इलियट की ही प्रेरणा प्रतीत होती है। इलियट अपने 'निर्वैयक्तीकरण' के सिद्धांत को छोड़ने के लिए अंत-अंत तक तैयार नहीं हुए, तथापि बाद में उन्होंने उसकी सीमाओं को समझा और दो दशकों के बाद येट्स पर दिए गए अपने व्याख्यान में कहा कि कवि की एक निर्वैयक्तिकता वह भी होती है, जो उसके तीव्र एवं वैयक्तिक अनुभव से सामान्य सत्य की अभिव्यक्ति और उसके अनुभव की सभी विशिष्टताओं को बरकरार रखते हुए उससे सामान्य प्रतीक की रचना करती है।

"संवेदनात्मक ज्ञान और ज्ञानात्मक संवेदना" मुक्तिबोध की एक प्रसिद्ध अवधारणा है, जिसका अर्थ भी यहां स्पष्ट हो जाता है। यह केवल संवेदना और ज्ञान अथवा ज्ञान और संवेदना का परस्पर मिश्रण नहीं है, जिसे इलियट ने 'एकान्वित संवेदनशीलता' कहा है, बल्कि उससे कुछ अधिक है। 'संवेदना' और 'ज्ञान' का निश्चित अर्थ है :

संवेदना का संबंध व्यक्ति से होता है, ज्ञान का समाज से; संवेदना का संबंध भावना से होता है, ज्ञान का बुद्धि से; संवेदना का संबंध विशिष्ट से होता है, ज्ञान का सामान्य से और संवेदना का संबंध भोक्ता से होता है, ज्ञान का द्रष्टा से। निश्चय ही यह कथन आत्यंतिक नहीं है। 'संवेदनात्मक ज्ञान' में ज्ञान में संवेदना समाई होती है और 'ज्ञानात्मक संवेदना' में संवेदना में ज्ञान। इस तरह दोनों दोनों का जटिल सम्मिश्रण होते हैं। कविता में इनकी स्थिति तभी संभव होगी, जबकि वह किसी हद तक मुक्तिबोध-निरूपित सृजन-प्रक्रिया की देन हो, इलियट-निरूपित सृजन-प्रक्रिया की नहीं।

'तीसरा क्षण'—लेख के इस शीर्षक से स्पष्ट है कि मुक्तिबोध ने सृजन-प्रक्रिया में तीसरे क्षण को ही विशेष महत्व दिया है। कला का तीसरा क्षण कला का अत्यंत महत्वपूर्ण और पूर्ण क्षण है। यहां से फैंटेसी साहित्यिक अभिव्यक्ति का रूप धारण करने लगती है। शब्द-साधना शुरू होती है। शब्द के अपने ध्वनि-अनुषंग होते हैं, जिनमें चित्र और ध्वनि दोनों शामिल हैं। कलाकार अपने हृदय के तत्व के रंग, रूप और आकार के अनुसार अभिव्यक्ति का रंग, रूप और आकार तैयार करना चाहता है। इसलिए उसे अपने हृदय की भाव-ध्वनियों की शब्दों की अर्थ-ध्वनियों से अनवरत तुलना करनी पड़ती है। इसके दो परिणाम होते हैं। भाव-ध्वनियों को उपलब्ध शब्द-ध्वनियों के कटघरे में फंसाने के प्रयत्नस्वरूप काफी मनस्तत्व अपना मौलिक और मूल तेज त्यागकर एक नए संदर्भ से संबद्ध आकार में प्रकट होते हैं। कई कवि तो भाषा की चमक और सफाई के लिए अपने भाव-तत्वों का बलिदान भी कर देते हैं। इस प्रकार शब्दबद्ध होने की प्रक्रिया में फैंटेसी की ही काट-छांट होने लगती है। किंतु इसके विपरीत दूसरी महत्वपूर्ण बात यह है कि अभिव्यक्ति-साधना के दौरान स्वयं अभिव्यक्ति फैंटेसी को संपन्न और परिपूर्ण करने लगती है। भाषा एक जीवित परंपरा है। शब्दों में एक स्पंदन है। शब्दों में जो अर्थ-स्पंदन है, वह फैंटेसी द्वारा उद्‌बुद्ध होकर नई भाव-धाराएं बहा देता है। वे भाव-धाराएं फैंटेसी की समीपवर्ती भाव-धाराएं होती हैं। उनमें अनेक नए-पुराने अनुभव, अपने-पराए भाव, सब प्रवाहित होते रहते हैं। वे भाव-धाराएं फैंटेसी पर और फैंटेसी उन भाव-धाराओं पर क्रिया-प्रतिक्रिया करने लगती हैं, जिसके फलस्वरूप फैंटेसी का क्षेत्र और विस्तृत हो जाता है, साथ ही उसे एक नया परिप्रेक्ष्य प्राप्त हो जाता है। फैंटेसी के भीतर के मूल उद्देश्य और दिशा में विस्तार भर उठता है। नए परिप्रेक्ष्य से संयुक्त होकर फैंटेसी एक तेजोवलय में चमकने लगती है। वह अब पूर्णरूप से सार्वजनीन हो जाती है। इस प्रकार कला के तीसरे क्षण में मूल द्वंद्व भाषा और भाव के बीच होता है।

भाषा और भाव की परस्पर प्रतिक्रिया और संघर्ष बहुत उलझे हुए होते हैं और वे उन दोनों को बदलते रहते हैं। इन दोनों में संशोधन होता जाता है। यह द्वंद्व अत्यंत महत्वपूर्ण और सृजनशील है। यह बात मुक्तिबोध की अपनी सृजन-प्रक्रिया पर पूर्णतः चरितार्थ होती है। दूसरे यथार्थवादी कवियों के अभिव्यक्ति-संघर्ष में भी भाव और भाषा की क्रिया-प्रतिक्रिया किसी हद तक देखने को मिलती है, जिसके परिणामस्वरूप भाषा से भाव समृद्ध होते हैं, तो भाव भी भाषा को नई भंगिमाएं और वक्रता प्रदान

कर उसे नया बना देता है। जो कवि संवेदनहीन होते हैं, उनके लिए भाषा एक स्पंदनरहित वस्तु होती है। इस कारण न वह उनकी भाव-धारा को समृद्ध करती है, न वे उसे पुनर्रचित करते हैं। वे जिस रूप में भाषा सुलभ होती है, उसी रूप में उसका इस्तेमाल करते हैं। दूसरी ओर, जो कवि आत्मबद्ध होते हैं, सिर्फ भाषा में विपथन और विचलन लाते हैं। वे भाषा को इस तरह न बदलकर कि वह उनके भावों को चमका दे, इस तरह बदल देते हैं कि अतिविशिष्ट होकर वह असंप्रेषणीय हो जाती है। भाव और भाषा का द्वंद्व यथार्थवादी कवि की सृजन-प्रक्रिया की विशेषता है, जिसमें दोनों एक-दूसरे को समृद्ध करते हैं।

इलियट ने अपने एक अन्य व्याख्यान में ड्राइडन द्वारा निरूपित कवि-कल्पना के तीन स्तरों की चर्चा की है और उनकी किंचित् विस्तृत व्याख्या करते हुए जैसे ड्राइडन को अपना समर्थन भी दिया है। कवि-कल्पना के वे तीन स्तर हैं– अन्वेषण, फैंसी और वक्तृत्व। पहले स्तर पर कवि बीज-भाव को प्राप्त करता है, दूसरे स्तर पर वह उसे अपनी फैंसी से रूपाकृति प्रदान करता है और तीसरे स्तर पर वह उसे उपयुक्त शब्दों में अभिव्यक्त करता है। ड्राइडन के शब्दों में, "कल्पना की त्वरा अन्वेषण में, उर्वरता फैंसी में और उपयुक्तता अभिव्यक्ति में दिखलाई पड़ती है।" क्या मुक्तिबोध के तीन सृजन-क्षणों की कल्पना इसी की पुनरावृत्ति है? उन्होंने जितने गहन और विस्तृत रूप में अपने विशिष्ट अनुभवों का उपयोग करते हुए सृजन-प्रक्रिया की गतिमानता और विकासमानता का वर्णन किया है, उसे देखते हुए ऐसा नहीं माना जा सकता। लेकिन उनकी कल्पना के पीछे ड्राइडन का मत और उससे भी अधिक उसकी इलियटकृत व्याख्या की प्रेरणा थी, यह अनुमान निराधार नहीं। इलियट ने व्याख्या के क्रम में ड्राइडन द्वारा प्रयुक्त एक शब्द को पकड़कर संकेत किया है कि फैंसी के स्तर पर बीज-भाव में शाखा-विस्तार अथवा परिवर्तन भी हो सकते हैं। इससे उक्त अनुमान की पुष्टि होती है।

मुक्तिबोध की आभ्यंतरीकरण और बाह्यीकरण की अवधारणा लेनिन के प्रतिबिंबन-सिद्धांत से प्रभावित है।

'वस्तु और रूप' शीर्षक लेख के चौथे प्रारूप में वे कहते हैं कि अंतस्तत्व-व्यवस्था बाह्य जीवन-जगत का, अपनी वृत्तियों के अनुसार, आत्मसात्कृत रूप है, लेकिन वह बाह्य जीवन-जगत की प्रतिकृति नहीं है। हमारा मन ज्ञानात्मक संवेदना और संवेदनात्मक ज्ञान द्वारा न केवल बाह्य जीवन-जगत को ग्रहण करता है, बल्कि वह उन गृहीत तत्वों का, अपने अनुसार संशोधन-संपादन भी करता है। इसके साथ उनका कहना है कि जिस प्रकार हम संवेदनात्मक ज्ञान तथा ज्ञानात्मक संवेदना द्वारा बचपन से ही बाह्य जीवन-जगत को आत्मसात कर उसे मनोवैज्ञानिक रूप देते आए हैं, उसी प्रकार हम उस आत्मसात्कृत जीवन-जगत को बाह्य रूप भी देते हैं। बातचीत, बहस, भाषण, लेख, वक्तव्य, कला आदि द्वारा हम उसका बाह्यीकरण करते हैं। बाह्य जीवन-जगत का आभ्यंतरीकरण और आभ्यंतरीकृत का बाह्यीकरण एक सनातन मानव-प्रक्रिया है। "कला आत्म-जगत के बाह्यीकरण का ही एक मार्ग है—एक विशेष रूप है।"

प्रतिबिंबन-सिद्धांत के अनुसार प्रतिबिंबन भी बाह्य जगत की कोई निष्क्रिय प्रतिकृति नहीं है, बल्कि एक द्वंद्वात्मक प्रक्रिया है, जिसमें ऐंद्रिक और बौद्धिक तथा मानसिक और व्यावहारिक दोनों प्रकार के क्रियाकलापों का योग होता है। यह ऐसी प्रक्रिया है, जिसमें मनुष्य निष्क्रिय रूप से बाह्य जगत से अपना सामंजस्य नहीं स्थापित करता, बल्कि स्वयं भी उसे अपने उद्देश्यों के अनुसार बदलता और ढालता है। लेनिन के शब्दों में, "मनुष्य की चेतना वस्तु-जगत को सिर्फ प्रतिबिंबित नहीं करती, बल्कि उसे सृजित भी करती है।" मुक्तिबोध ने अपने आपको प्रकट करने की इच्छा को "आत्म-प्रस्थापना की वासना" कहा है। उनके अनुसार, इस आत्म-प्रस्थापना का उद्देश्य बाह्य जीवन-जगत के साथ स्वयं को एक विशेष सामंजस्य में अथवा एक विशेष द्वंद्व में अथवा दोनों के परस्पर मिश्रित रूप में उपस्थित करना है। तात्पर्य यह कि हम केवल बाह्य जगत को आत्मसात ही नहीं करते, बल्कि उसमें अपना विस्तार भी करते हैं, एक विशेष अर्थ में उस पर अपना अधिकार भी स्थापित करते हैं, और उसमें संशोधन-परिवर्तन भी करना चाहते हैं, जिसमें कभी सफल होते हैं और कभी असफल।

उन्होंने यहां यह भी कहा है कि आत्मसात्कृत जीवन-जगत के वे ही अंश कलाकार को अभिव्यक्ति के लिए बाह्य करते हैं, जो समाज अथवा वर्ग की मनःस्थिति से उत्पन्न तथा उसके द्वारा प्रदत्त जीवन-मूल्यों से हृदय में उत्पन्न हुई महत्व-भावना द्वारा अभिव्यक्ति के लिए संकलित किए जाते हैं। ऐसी स्थिति में कलाकार की स्वतंत्रता वस्तुतः अत्यंत सीमित और सापेक्ष है। उसकी अंतस्तत्व-व्यवस्था का बहुत थोड़ा भाग कला के वस्तु-तत्व के रूप में प्रकट होता है। बहुत-से महत्वपूर्ण अनुभव अप्रकट रह जाते हैं। यही कारण है कि युग-विशेष में कला के क्षेत्र में अभिव्यक्ति के लिए विशेष विषय ही चुने जाते हैं। कलाकार यह सोचता है कि वह विषय के चुनाव में स्वतंत्र है, लेकिन सच्चाई यह है कि उसकी स्वतंत्रता उसके अनजाने ही काट-छांट कर बहुत सीमित कर दी जाती है। चूंकि काट-छांट करनेवाली यह शक्ति प्रच्छन्न और परोक्ष रहकर, अदृश्य रूप से उसके अंतःकरण में प्रवेश कर, उसके अंतःकरण का भाग बनकर अपना काम करती है, इसलिए वह सोचता है कि वह स्वतंत्र है। वर्ग-समाज में संस्कृति का चरित्र वर्गीय होता है। उसमें मुख्यतः एक संस्कृति शासक-वर्ग की होती है और दूसरी संस्कृति शासित वर्ग की। शासक-वर्ग की संस्कृति चूंकि प्रभुत्वशाली होती है, इसलिए शासित वर्गों में उत्पन्न कलाकार भी उससे प्रभावित होते हैं और किसी हद तक उसी के अनुसार अपने आभ्यंतरीकृत जीवन-जगत का बाह्यीकरण करते हैं। मुक्तिबोध ने हिंदी साहित्य के सामंत-काल का उदाहरण दिया है और जानना चाहा है कि क्यों उसमें वीर, शृंगार और अध्यात्म—यही तीन विषय आवृत्त और पुनरावृत्त होते रहे हैं? उनके अनुसार यह संस्कृति के क्षेत्र में सक्रिय वर्ग का प्रभाव था कि निम्नवर्ग से उठे हुए कबीर हों, या शासक-वर्ग से उठे हुए रहीम, उन्होंने अध्यात्म और शृंगार को ही महत्व दिया।

लेकिन शासक-वर्ग की संस्कृति के साथ अपने वर्ग का प्रभाव भी कलाकार पर पड़ता है, जिसका उदाहरण भी हिंदी का भक्तिकाव्य ही है। मुक्तिबोध ने अर्जित

ज्ञान-परंपरा या भाव-परंपरा की चर्चा की है और कहा है कि मध्ययुग में निम्नवर्ग से आए संत और कवि इस परंपरा में ही कुछ फेरफार करके अपने को उद्‌बुद्ध और सचेत पाते हैं। इस परंपरा के ही भक्ति-तत्व को अपने वर्ग के लिए उपयुक्त समझकर वे उसके आधार पर अपनी स्थिति दृढ़ करते हैं और समाज की जो बातें उसके विरुद्ध जाती हैं, उनका खंडन करते हैं, या कहें, ऐसी जीवन-पद्धति या भाव-पद्धति का निर्माण करते हैं, जिससे उनका खंडन होता है। इस तरह एक ओर वे समाज के साथ सामंजस्य और दूसरी ओर उसके साथ द्वंद्व का निर्माण करते है। "समाज के साथ सामंजस्य और द्वंद्व की यह युगपत् प्रक्रिया हमें भक्ति-आंदोलन में परिलक्षित होती है।" दोनों स्थितियों में यह सही है कि कलाकार के बाह्यीकरण की सीमाएं अंततः समाज और वर्ग से निर्धारित होती हैं। जहां तक मुक्तिबोध की अपनी बात है, एक क्रांतिकारी कवि होने के नाते वे हमेशा अपने समाज के साथ द्वंद्व की स्थिति में रहे। अपनी एक कविता में वे कहते भी हैं :

> द्वंद्व-स्थिति में स्थापित यह
> मेरा वजनदार लोहा
> लाल-लाल
> उन भयंकर अग्नि-क्रियाओं में
> तेज ढकेला जाकर
> पिघलते हुए दमकते हुए
> तेजःपुंज गहन अनुभव का छोटा-सा दोहा बनता है।

'छोटा-सा दोहा' का मतलब है उनकी लंबी कविताएं!

कुछ मार्क्सवादी सौंदर्यशास्त्रियों ने प्रतिबिंबन-सिद्धांत को मूलतः मार्क्सवादी ज्ञान-मीमांसा के क्षेत्र का सिद्धांत मानते हुए उसे सौंदर्यशास्त्र के क्षेत्र में लागू करने का विरोध किया है और 'प्रतिबिंबन' के स्थान पर 'मध्यस्थता' (Mediation) शब्द के प्रयोग की सलाह दी है। उनका कहना है कि कला और साहित्य में प्रतिबिंबन नहीं होता, उनमें सामाजिक अनुभव कलात्मक अभिव्यक्ति में रूपांतरित हो जाते हैं, इसलिए 'प्रतिबिंबन' शब्द अनुपयुक्त है। इस शब्द से निष्क्रियता और यांत्रिकता की भी ध्वनि निकलती है, जबकि कला और साहित्य तथा सामाज के बीच का संबंध न निष्क्रिय है, न यांत्रिक। उनका यह भी कहना है कि कला केवल संज्ञान नहीं है, और वह यथार्थ को प्रतिबिंबित करते हुए कलाकार को भी प्रतिबिंबित करती है, इसलिए प्रतिबिंबन-सिद्धांत को मार्क्सवादी सौंदर्यशास्त्र के आधार के रूप में नहीं स्वीकार किया जा सकता। मुक्तिबोध ने अपनी आभ्यंतरीकरण और बाह्यीकरण की अवधारणा में इस सिद्धांत का यांत्रिक रूप में इस्तेमाल नहीं किया है, बल्कि स्वयं-आविष्कृत सिद्धांत की तरह उसे बहुत कुछ मौलिक रूप में प्रस्तुत किया है। समझदारी के साथ प्रतिबिंबन-सिद्धांत के इस्तेमाल पर उक्त सौंदर्यशास्त्रियों को भी विशेष आपत्ति नहीं हुई है।

आभ्यंतरीकृत जीवन-जगत के बाह्यीकरण के प्रसंग में मुक्तिबोध ने सौंदर्याभिरुचि

के सेंसर्स अथवा निषेधों का भी बार-बार उल्लेख किया है। ये निषेध कवि की आत्माभिव्यक्ति के मार्ग में बाधक होते हैं। खास वर्ग की सौंदर्याभिरुचि खास काल में प्रबल होकर अपनी रक्षा में ये निषेध विकसित करती है, जिसके परिणामस्वरूप काव्य-क्षेत्र में खास आकार, खास काट और खास रंग की कविता का प्रभुत्व स्थापित हो जाता है और जो कविता उन निषेधों को नहीं मानती, उसे अस्वीकृत कर दिया जाता है। नई कविता के दौर में मुक्तिबोध को स्वयं इस अस्वीकृति का सामना करना पड़ा था। इसी कारण वे जीवन-पर्यंत जाने तो जाते रहे, पर श्रेष्ठ क्या, एक उल्लेखनीय कवि के रूप में भी माने नहीं गए। उन्होंने नई कविता की विशिष्ट सौंदर्याभिरुचि को उच्च-मध्यवर्ग की सौंदर्याभिरुचि कहा और 'वस्तु और रूप' शीर्षक लेख के प्रथम प्रारूप में लिखा कि "उच्च-मध्यवर्गीय सौंदर्याभिरुचि के अधीन हो, निम्न-मध्यवर्गीय कविजन जाने-अनजाने (उस फ्रेम के कारण) सेंसर्स लगाते रहते हैं, और इस प्रकार अपने स्वयं के मानव-स्पंदन और मर्मानुभव काटते रहते हैं। निस्संदेह, सौंदर्याभिरुचि और उसके अधीनस्थ सेंसर्स के विश्लेषण के सिलसिले में हमें उस सौंदर्याभिरुचि और सेंसर्स की सामान्य भूमि अर्थात वर्गीय भूमि तक पहुंचना ही पड़ता है।" जब एक प्रकार की सौंदर्याभिरुचि के चौखटे के भीतर ही काव्य-रचना की जाती है तो वह सौंदर्याभिरुचि जड़ीभूत हो जाती है। मुक्तिबोध ने बलपूर्वक कहा है कि यदि हमें वैविध्यपूर्ण द्वंद्वमय मानव-जीवन के अपने अंतर में व्याप्त मार्मिक पक्षों का प्रभावशाली चित्रण करना है, तो जड़ीभूत सौंदर्याभिरुचि को त्यागना होगा तथा लगातार अपने चौखटों और ढांचों में संशोधन करते रहना होगा। जड़ीभूत सौंदर्याभिरुचि काव्य की एक विशेष शैली को दूसरी के विरुद्ध स्थापित करती है, जैसे नई कविता अपने को गीत के विरुद्ध स्थापित कर रही है। जरूरत इस बात की है कि गीत में नए तत्व आएं, न कि गीत-शैली की धारा को ही समाप्त कर दिया जाए। यही बात कवियों की अलग-अलग शैलियों के संबंध में है। नई कविता के विभिन्न कवियों की अपनी-अपनी शैलियां हैं। इन्हें प्रौढ़ता प्राप्त करने का अवसर मिलना चाहिए, न कि उसकी एक शैली को स्थापित कर शेष शैलियों को नष्ट कर देना चाहिए।

सौंदर्याभिरुचि के निषेधों के साथ मुक्तिबोध ने कुछ ऐसी रूढ़ियों की भी चर्चा की है, जिन्हें कवि स्वयं उत्पन्न करता है। रूसी मनोवैज्ञानिक पावलोव की अवधारणा का सौंदर्यशास्त्र में उपयोग करते हुए उन्होंने उन्हें साहित्यिक 'कंडीशंड रिफ्लेक्सेज' कहा है। कवि अपने भावों को प्रभावशाली ढंग से अभिव्यक्त करने के लिए निरंतर प्रयास और अभ्यास करते रहते हैं। इसके फलस्वरूप धीरे-धीरे एक अर्से के बाद उनके भाव और अभिव्यक्ति दोनों ही एक संगठित इकाई बनकर उक्त 'रिफ्लेक्सेज' का रूप धारण कर लेते हैं। मुक्तिबोध के अनुसार इन 'रिफ्लेक्सेज' का बनना स्वाभाविक है। लेकिन इसके साथ यह भी स्वाभाविक है कि कवि के अंतर्व्यक्तित्व में परिवर्तन होता जाए। ऐसा होगा, तो नई भाव-श्रेणियों का पुराने 'रिफ्लेक्सेज' से टकराना अनिवार्य है। कहने को तो कहा जाता है कि तत्व अपना रूप स्वयं विकसित करता है, लेकिन वास्तविकता यह है कि इसके लिए उसे अपेक्षित स्वतंत्रता नहीं दी

जाती। तत्व अपने उपयुक्त रूप प्राप्त करे, इसके लिए कवि को कठिन आत्मसंघर्ष करना पड़ता है। यदि यह आत्मसंघर्ष उसने निष्ठापूर्वक चलाया, तो वह अभिव्यक्ति का नया रास्ता खोजकर रहेगा। उसके हाथ में एक पीली मद्धिम लालटेन-भर होती है, जो पूरे रास्ते को उद्घाटित करने में असमर्थ होती है। लेकिन उसी के छोटे प्रकाशवृत्त में बढ़ता हुआ वह शनैः-शनैः पूरा रास्ता खोज लेता है।

'पूर्वग्रह' के 67वें अंक में परस्पर विरोधी कथनों से भरा हुआ एक लेख प्रकाशित हुआ था—'मार्क्सवाद से भिन्न पथ की तलाश में मुक्तिबोध', जिसमें मुक्तिबोध के सृजन-प्रक्रिया-संबंधी चिंतन पर लिखते हुए लेखक ने मुक्तिबोध की ऊपर कही गई बात को विकृत बनाकर पेश किया है। मुक्तिबोध ने लेखक के आत्मसंघर्ष और अभिव्यक्ति के रास्ते की खोज को अवचेतनवाद मानने का विरोध किया है, लेकिन उक्त लेख के लेखक ने उसे अवचेतनवाद मानकर मुक्तिबोध को मार्क्सवाद से भिन्न पथ का खोजी सिद्ध करने की कोशिश की है। यहां यह ज्ञातव्य है कि सृजन-प्रक्रिया में अवचेतन की भूमिका स्वीकार करना एक चीज है और अवचेतनवादी होना दूसरी चीज। मुक्तिबोध उसमें अवचेतन की भूमिका स्वीकार करते हैं, उनकी मान्यता है कि "चेतनमन की सृजनशीलता अवचेतन शक्ति की प्राकृत धारा के बिना असंभव है", लेकिन एक दृढ़ मार्क्सवादी के रूप में वे यह भी मानते हैं कि "चेतनमन की जो सृजनशील धारा होगी, उसके अनुकूल ही अवचेतन शक्तियां भी होंगी।" (मु. र., पेपरबैक, 5/33)

सौंदर्यवादी और कलावादी विचारक कला की सृजन-प्रक्रिया को बिलकुल निःसंग और स्वतंत्र वस्तु बतलाते हैं और उसमें किसी 'बाहरी हस्तक्षेप' को स्वीकार नहीं करते। सृजन-प्रक्रिया निश्चय ही अकेले में चलती है, लेकिन समाज वहां भी रहता है। सृजन-प्रक्रिया का परिणाम यानी कलाकृति समाज पर ही अच्छा या बुरा प्रभाव डालती है। उसकी स्वतंत्रता से भी इनकार नहीं किया जा सकता, उसके अपने नियम हैं और वहां जोर-जबर्दस्ती नहीं चल सकती। लेकिन वह स्वतंत्रता भी निरपेक्ष नहीं होती। 'समीक्षा की समस्याएं' में मुक्तिबोध ने लिखा है कि "यह सही है कि सृजन-प्रक्रिया की आंतरिक स्वाधीनता तथा उसके अंतर्नियम ही कला की स्वायत्त स्वतंत्र सत्ता के प्रधान लक्षण हैं, और उसमें किसी भी प्रकार के बाह्यानुरोधों का हस्तक्षेप नहीं होना चाहिए। ... किंतु बाह्यानुरोध जब लेखक द्वारा आभ्यंतरीकृत विश्व और उसके मानसिक जीवन का अंग बन जाते हैं, तब उन्हें हम क्या कहेंगे ? तब वे आंतरिक अनुरोध बन जाते हैं।" जाहिर है कि सृजन-प्रक्रिया में 'बाह्यानुरोध' के निषेध की बात बहुत जोरों से नई कविता के दौर में मार्क्सवादी सौंदर्यशास्त्र और प्रगतिशील कविता को ध्यान में रखकर कही गई थी। मुक्तिबोध के उक्त कथन से शोलोखोव का स्मरण आना स्वाभाविक है, जिन्होंने कहा था कि "हम अपने हृदय के आदेश पर लिखा करते हैं, और हमारे हृदय पर हमारी पार्टी और हमारी जनता का अधिकार है, जिनकी सेवा हम अपनी कला के माध्यम से करते हैं।" उनका यह कथन तो शोलोखोव की बात से बिलकुल मिलता है कि "पक्षधरता का प्रश्न हमारी आत्मा का, हमारी अंतरात्मा का

प्रश्न है।" यहां कोई चाहे तो कह सकता है कि उन्होंने अपनी पक्षधरता के पक्ष में अतिरिक्त उत्साह का परिचय दिया है, लेकिन रचना में कौन अनुरोध बाह्य है और कौन आंतरिक, इसका निर्णय तो रचना से ही हो सकता है, मात्र सिद्धांत-कथन से नहीं।

मुक्तिबोध कला की सृजन-प्रक्रिया में बाह्यानुरोधों के हस्तक्षेप के तो विरोधी हैं, लेकिन आंतरिक अनुरोधों के हस्तक्षेप के नहीं। ये आंतरिक अनुरोध हैं क्या? ये कलाकार का आत्मवैभव हैं। वह अपने वास्तविक जीवन में जो अनुभव, जीवन-विवेक, शास्त्रीय ज्ञान, दृष्टिकोण, विचारधारा और अन्यान्य बहुत-सी चीजें अर्जित करता है, वे उसके जाने-अनजाने एक अपने ढंग की मूल्य-व्यवस्था कायम कर लेती हैं। यही मूल्य-व्यवस्था वे आंतरिक अनुरोध हैं, जिनका हस्तक्षेप उसकी सृजन-प्रक्रिया में होता रहता है। वैसे तो ये अनुरोध कलाकार के संवेदनात्मक उद्देश्यों में घुले-मिले रहते हैं, लेकिन कभी-कभी वे आकस्मिक रूप से प्रकट होकर क्षण-भर के लिए उस प्रक्रिया को बाधित कर देते हैं। मुक्तिबोध ने इस बाधा को भी महत्व दिया है और कहा है कि उससे लेखक की रचना बीच में ही भंग हो जा सकती है, पर आकस्मिक रूप से उठ खड़ी हुई आंतरिक अनुरोधों की उन आंखों में समाए जीवन-सत्य और मूल्य-भावना को हृदयंगम कर लेखक अपने को समृद्ध करता है। "लेखक बाधित रचना-प्रक्रिया द्वारा भी अपना निर्माण करता है", उनके इस प्रकार के कथन उनकी तीक्ष्ण निरीक्षण-शक्ति का परिचय देते हैं। उनके अनुसार साहित्य-क्षेत्र के भीतर या बाहर की हलचलें और आंदोलन जब लेखक को बतलाते हैं कि वह या उसकी रचना इस या उस प्रकार की होनी चाहिए, तो वे वस्तुतः उसके हृदय में नए प्रकार के आंतरिक अनुरोध स्थापित करना चाहते हैं, उसे कोई निर्देश नहीं देना चाहते। इसे भी पक्षधरता की रक्षा में दिया गया उनका तर्क ही मानना चाहिए।

स्वभावतः मुक्तिबोध ने आलोचना की सौंदर्यवादी और मनोवैज्ञानिक पद्धतियों को अपर्याप्त माना और मार्क्सवादी आलोचना को आलोचना की सर्वाधिक पूर्ण पद्धति के रूप में स्थापित करने का प्रयास किया। उन्होंने सौंदर्यवादी और मनोवैज्ञानिक पद्धतियों का निषेध नहीं किया, बल्कि ऐतिहासिक समाजशास्त्रीय पद्धति के साथ वैज्ञानिक ढंग से उनके समन्वय पर बल दिया। 'समाज और साहित्य' शीर्षक निबंध में उन्होंने बेबुस्की का यह कथन उद्धृत किया है कि "समालोचना केवल एक ही होनी चाहिए, और उसके विविधपक्षीय मत एक ही सर्वसामान्य मूलस्रोत, एक ही व्यवस्था, एक ही कला-चिंतन से उद्‌गत होने चाहिए।" यह कला-चिंतन उनके अनुसार मार्क्सवादी सौंदर्यशास्त्र ही हो सकता है। वे साहित्य के अध्ययन को समग्र मानव-सत्ता का अध्ययन मानते थे, जिसमें उन्होंने मार्क्सवादी आलोचना को छोड़कर और किसी आलोचना-पद्धति की दिलचस्पी नहीं देखी।

मार्क्सवादी आलोचना से इलियट के द्वैतवाद का भी समाधान हो जाता है। उनकी यह मान्यता प्रसिद्ध है कि साहित्य की 'महानता' की जांच सिर्फ साहित्यिक प्रतिमानों से नहीं की जा सकती, जबकि उसकी साहित्यिकता की जांच सिर्फ साहित्यिक

प्रतिमानों से ही हो सकती है। स्पष्टतः यह मान्यता साहित्य के तत्व की परीक्षा के लिए साहित्येतर प्रतिमानों और उसके रूप की परीक्षा के लिए साहित्यिक प्रतिमानों के प्रयोग की सिफारिश करती है। मार्क्सवादी आलोचना तत्व और रूप में साहित्यिक और साहित्येतर अथवा बाहर और भीतर का फर्क नहीं करती, क्योंकि साहित्य में रूप अपनी स्थिति के लिए तत्व पर ही अवलंबित होता है और तत्व अपने प्रकट होने की प्रक्रिया में रूप को निर्धारित और विकसित करता है। यहां इस प्रकार की आपत्ति का कोई अर्थ नहीं है कि यह तत्व साहित्य के भीतर का तत्व होता है, बाहर का नहीं, जबकि आलोचना में तत्व की परीक्षा के लिए जो प्रतिमान लाया जाता है, वह बाहर का होता है। मुक्तिबोध का कहना है कि साहित्य का तत्व जीवन का तत्व होता है, इसलिए प्रतिमान के रूप में जीवन के तत्व का प्रयोग करना साहित्य से 'बाहर' जाना नहीं है। इलियट के द्वैतवाद के मूल में उनका रूपवाद था। जे.एम. हॉथॉर्न ने 'आइडेंटिटी एंड रिलेशनशिप' नामक अपनी पुस्तक में उनके रूपवाद का खंडन यह कहकर किया है कि किसी साहित्यिक कृति की एक पृथक और अद्वितीय अस्मिता होती है, इस तथ्य की संगति इस तथ्य से नहीं हो सकती कि वह अस्मिता उस कृति के बाहर के तत्वों के साथ उसके संबंधों से सृजित होती है। ऐसी स्थिति में आलोचनात्मक प्रतिमानों के साहित्यिक और साहित्येतर तथा भीतरी और बाहरी होने की बात करना वस्तुतः व्यर्थ है।

3

नई कविता बनाम प्रगतिशीलता

मुक्तिबोध ने अपने लेखों में यह बात एकाधिक बार कही है कि मैं नई कविता के आंदोलन का अंग हूं। वह कौन-सी नई कविता थी, जिससे वे अपने को संबद्ध मानते थे? निश्चय ही वह 1951 में 'दूसरा सप्तक' या 1954 में 'नई कविता' नामक पत्रिका के प्रकाशन से शुरू होनेवाली नई कविता नहीं थी। 'नई कविता' का मुक्तिबोध के लिए अर्थ था—'तार सप्तक' से शुरू होनेवाली कविता। इस कविता को बाद में 'प्रयोगवादी' कविता कहा गया और 'नई कविता' पत्रिका के साथ नई कविता का आंदोलन शुरू करनेवाले कवियों और आलोचकों ने उससे अपनी नई कविता को जोड़ने की कोशिश की। डॉ. रामविलास शर्मा का कहना है कि प्रयोगवाद की शुरुआत 1943 में 'तार सप्तक' के प्रकाशन से नहीं, बल्कि 1947 में 'प्रतीक' के प्रकाशन से होती है और नई कविता के आंदोलन का संबंध इसी प्रयोगवाद से है। मुक्तिबोध 'तार सप्तक' की कविता को प्रयोगवादी कविता मानने का निषेध नहीं करते, पर 'तार सप्तक' के प्रयोगवाद और परवर्ती प्रयोगवाद में फर्क करते हैं।

'समीक्षा की समस्याएं' शीर्षक अपने निबंध में वे कहते हैं : "यह सही है कि प्रारंभिक उत्थानकालीन प्रयोगवादी कविता में यदि हम उसे समग्र रूप में देखें, तो हमें मार्क्सवाद की छाया मिल जाएगी, जीवन-आलोचन की दुःखात्मक किंतु तीव्र ध्वनि सुनाई देगी। उस कविता में भाव-तत्वों का आंतरिक गठन, उसकी आंतरिक रचना-शैली, ऐसी थी कि जिससे यह ध्वन्यर्थ प्राप्त होता था कि वह इस ओर है या उस ओर।" परवर्ती प्रयोगवाद में क्या हुआ? "कुछ लोगों को भय यह हुआ कि ये मूल्य-संवेदनाएं किसी आध्यात्मिक आदर्श अथवा प्रगतिवादी आदर्श में विलीन न हों। दुःखात्मक मनःस्थितियों से प्राप्त मूल्य-भावनाएं या जीवन-व्याख्यान में सन्निहित मूल्य-भावनाएं कहीं प्रगतिवाद के छोर से पूर्णतः अपना गठबंधन न कर लें। इसलिए, आपसी फुसफुसाहटों में यह तर्क आविष्कृत किया गया कि जो कवि अपनी आकुल मूल्यात्मक संवेदनाओं द्वारा प्रगतिवाद में वट-वृक्ष की छाया में पहुंचना चाहता है, वहां उस प्रगतिवादी सिद्धांत-व्यवस्था द्वारा, अथवा प्रगतिवादी नेताओं के प्रभाव से, उसकी

काव्य-श्री फीकी पड़कर समाप्त हो जाती है।" इतना ही नहीं, मुक्तिबोध ने यह मानते हुए कि ये नए लोग प्रगतिवादियों की तुलना में असंदिग्ध रूप से अधिक कला-मर्मज्ञ थे, साफ-साफ कहा है कि ये साहित्यिक प्रवृत्तियों को एक भिन्न दिशा देना चाहते थे, साहित्यिक-सांस्कृतिक क्षेत्र में एक विशेष प्रेरणा से अपने प्रभाव का विस्तार करना चाहते थे और "वह प्रेरणा अपना एक राज-दर्शन, अपनी एक राजनीति रखती थी।" उनके शब्द हैं, "विश्व में चलते हुए शीतयुद्ध से और शीतयुद्ध की भावनाओं से वे प्रेरित थे। प्रगतिवादी भाव-धारा का हिंदी-साहित्य-क्षेत्र से उन्मूलन करना उनका प्रधान उद्देश्य था। साथ ही, एक ऐसी भाव-धारा का प्रचलन करना उनका उद्देश्य था, जो प्रगतिवाद का स्थान ग्रहण करे।" यह परवर्ती प्रयोगवाद वह नई कविता थी, जिसका आंदोलन 'नई कविता' पत्रिका से शुरू हुआ था और जिसे 'दूसरा सप्तक' के प्रकाशन से बल मिला था। 'वस्तु और रूप : तीन' शीर्षक लेख में मुक्तिबोध ने नई कविता की दो अवस्थाएं बतलाई हैं—स्वाधीनता-पूर्व की नई कविता और स्वाधीनता-काल की नई कविता। इनमें से पहली नई कविता जहां प्रगतिशील थी, वहां दूसरी नई कविता थी 'व्यक्ति-स्वातंत्र्यवादी'। स्वभावतः इस दूसरी नई कविता ने प्रगतिवाद को अपना निशाना बनाया।

मुक्तिबोध 'प्रयोगवाद' की तरह 'नई कविता' नाम का भी निषेध नहीं करते, लेकिन नई कविता के अंतर्विरोधों की तरफ, उसकी परस्पर विरोधी अंतर्धाराओं की तरफ, हमारा ध्यान बार-बार ले जाते हैं। इस प्रसंग में उनका यह उद्धरण द्रष्टव्य है : "नई कविता के क्षेत्र में प्रवृत्ति की एकता नहीं है। इस क्षेत्र में एक विशेष शैली को लेकर भिन्न-भिन्न भाव-धाराएं और उनके अनुषंग से विचार-धाराएं बह रही हैं। इसलिए विभिन्न भाव-धाराओं की एक दूसरे से अलग तत्व-संबंधी समस्याएं हैं। निश्चय ही, इन धाराओं में एक भाव-धारा प्रगतिशील है या उसके समीपतर है, अथवा उसमें विभिन्न प्रगतिशील तत्व पाए जाते हैं। प्रगतिशीलता से मेरा तात्पर्य परिवेश के प्रति उस सचेतनता से है, कि जो सचेतनता उसे वर्तमान व्यवस्था के विरुद्ध ले जाती है।" (मु. र., 5/121) स्पष्ट है कि उन्होंने 'नई कविता' संज्ञा का जिस रूप में प्रचलन हुआ, उससे समग्र रूप में अपने को तदात्म न किया था। वे नई कविता की प्रगतिशील धारा के साथ थे और उसकी पतनशील धारा के विरुद्ध। जब वे प्रगतिशीलता का पक्ष लेकर नई कविता की पतनशील धारा पर आक्रमण करते हैं, तो प्रायः अपने को प्रगतिवादी रूप में पेश करते हैं और 'नई कविता' तथा 'प्रयोगवाद' दोनों को पतनशील धारा की कविता की ही संज्ञा मान लेते हैं। 'नई कविता और आधुनिक भाव-बोध' 1956 में प्रकाशित उनका लेख है। इसमें उन्होंने नई कविता का आरंभ 1936-37 से माना है। कहते हैं, "बहुत दिनों से हिंदी में नई कविता होती चली आई है। विगत दो दशाब्दियों से हिंदी कविता ने जो नया रंग पकड़ा है, उससे घबड़ाकर बहुतों ने अलग-अलग कोणों से उसका विरोध भी किया। किंतु आज यह प्रकट सत्य है कि नई कविता को साहित्य के मैदान से कोई भी नहीं हटा सकता।" इसका मतलब यह है कि वे छायावादोत्तर हिंदी कविता के संपूर्ण विकास को 'नई कविता' में समेटते हैं

और जैसा कि कहा जा चुका है, उसमें पाए जानेवाले अंतर्विरोधों की ओर बार-बार संकेत करते हैं।

यहां यह प्रश्न उपस्थित होता है कि जब प्रगतिवाद का आंदोलन हिंदी में चल रहा था, तब मुक्तिबोध ने प्रयोगवाद या नई कविता के आंदोलन से अपने को क्यों संबद्ध किया और फिर यह कि 'तार सप्तक' का आयोजन प्रगतिवादी आंदोलन के विरुद्ध था, या एक भिन्न स्तर पर उसी की अभिव्यक्ति था? उन्होंने प्रयोगवाद या नई कविता से अपनी संबद्धता के कारणों पर कहीं प्रकाश नहीं डाला, पर प्रगतिवाद की आलोचना उन्होंने अनेक स्थलों पर की है, कहीं विस्तार से और कहीं संक्षेप में। उनकी इस आलोचना से यह अनुमान होता है कि वे प्रगतिवाद के तौर-तरीके से असंतुष्ट थे और हिंदी में उच्चतर स्तर पर प्रगतिवादी काव्य के सृजन के अभिलाषी थे। इसके लिए बंधी हुई लीक से हटना जरूरी था और उससे पैदा होनेवाले खतरों का सामना करना भी। कहने की आवश्यकता नहीं कि उन्होंने स्वयं नए रास्ते पर दृढ़ता से कदम बढ़ाया और अभिव्यक्ति के सारे खतरे उठाए। 'रचनाकार का मानवतावाद' शीर्षक निबंध में उन्होंने प्रगतिवाद की सीमाओं का उद्‌घाटन किया है। कहा है कि प्रगतिवादी रचनाकारों की कल्पनाएं अतिसरलीकरण पर आधारित हो गई थीं। उनकी दृष्टि जिंदगी की पेचीदगियों पर न जाकर सामान्य विशेषताओं पर टिक जाती थी। इस कारण उनका 'प्रगतिशील' मानव एक निष्ठावान क्रांतिकारी मानव था, जो प्रगतिशील मूल्यों की स्थापना के लिए जूझ पड़ता है। उसके हृदय में कहीं भी कोई शंका, अपने व्यक्तिगत सुख के संबंध में कोई चिंता अथवा अपनी परिस्थितियों से कोई घबड़ाहट न थी, यद्यपि वास्तविकता बराबर यह सूचित करती रहती थी कि वास्तविक 'प्रगतिशील' मनुष्य प्रगतिशील कविता में दिखाई दे रहे प्रगतिशील मानव से कहीं अधिक उलझाव-भरा, कमजोर और विविधपक्षीय रुझान रखनेवाला मनुष्य है। प्रगतिशील कविता में उसका एक ही पक्ष—सामाजिक-राजनीतिक—सामने आता था, दूसरे पक्ष नहीं। इसके परिणामस्वरूप वह एक सीमा तक ही प्रभावित करती थी। "उसमें सारे जीवन को, मन-वचन-कर्म को, —जीवन-पद्धति को;—हृदय, आत्मा और बुद्धि को, *एक केंद्र से अनुशासन और नियंत्रण करनेवाले प्रगतिवादी आदर्श और प्रगतिवादी जीवन-मूल्यों* और उनके कार्यात्मक तथा अनुभवात्मक रूपों का चित्रण हमें नहीं दिखाई देता था।" मुक्तिबोध का यह कथन उनके संपूर्ण रचनात्मक संघर्ष को हमारे सामने ला देता है। बलयुक्त शब्द इस बात का पक्का सबूत देते हैं कि प्रगतिवादी कविता की लीक छोड़कर वे उसे और प्रभावशाली बनाने के लिए चले थे : प्रगतिवाद से उनका विरोध रचना को लेकर था, वैचारिक नहीं। यह जरूर है कि प्रगतिवाद के चिंतन में यदि कहीं संकीर्णता थी, तो वे उसे दूर करने के लिए प्रयत्नशील थे। उन्होंने प्रगतिवादी आदर्शों और जीवन-मूल्यों से कुट्टी नहीं की। ऐसे ही मुकाम पर वे 'तार सप्तक' की योजना में सम्मिलित हुए, जो आगे चलकर प्रयोगवाद और नई कविता के आंदोलन का प्रस्थान-बिंदु बना।

'तार सप्तक' से संबंधित अनेक तथ्य उजागर हो चुके हैं। 'छायावाद और नई

कविता' शीर्षक लेख में स्वयं मुक्तिबोध ने लिखा है कि 'तार सप्तक' के चार कवि घोषित रूप से प्रगतिवादी और दो प्रगतिवाद से प्रभावित थे। उन्होंने इस तथ्य का उल्लेख भी आवश्यक समझा है कि कांग्रेस सोशलिस्ट पार्टी बनने के अनंतर 1942 तक वामपंथी विचारधाराएं युवकों में फैल चुकी थीं। 'तार सप्तक' के प्रगतिशील कवि थे नेमिचंद्र जैन, स्वयं मुक्तिबोध, भारतभूषण अग्रवाल और रामविलास शर्मा। गिरिजाकुमार माथुर और प्रभाकर माचवे घोषित रूप से प्रगतिवादी नहीं थे, पर उससे सहानुभूति रखते थे, मुक्तिबोध के शब्दों में, उससे 'प्रभावित' थे।

'तार सप्तक' में नेमिजी का जो वक्तव्य है, उसकी तीन बातों की ओर ध्यान जाता है। एक तो उन्होंने सौंदर्यानुभूति को हमेशा पलायन मानने से इनकार किया था और उसे जीवंतता तथा जीवन की स्वीकृति का महत्वपूर्ण चिह्न माना था; दूसरे, उन्होंने कहा था कि कला की सच्ची प्रगतिशीलता कलाकार के व्यक्तित्व की सामाजिकता में है, व्यक्तित्वहीनता में नहीं, और तीसरे, उन्होंने इसे रेखांकित किया था कि अगर कवि अपने मन की बेईमानी को भी ईमानदारी से देखकर दुनिया के आगे रख सके तो वह बहुत है, क्योंकि इस तरह से वह न केवल अपने व्यक्तित्व के विरोध को मिटाने के संघर्ष की ओर से सचेष्ट रहता है, बल्कि आनेवाली पीढ़ियों के लिए एक नई पगडंडी तैयार करता चलता है, जिसे खूंद-पीटकर किसी दिन शायद प्रशस्त राजमार्ग निर्मित हो सके। मुक्तिबोध ने अपने वक्तव्य में बल देकर कहा था कि "युगसंधि-काल में कार्यकर्ता उत्पन्न होते हैं, कलाकार नहीं, इस धारणा को वास्तविकता के द्वारा गलत साबित करना ही पड़ेगा।" भारतभूषण ने अपने वक्तव्य में कविता का उद्देश्य व्यक्ति की इकाई और समाज की व्यवस्था के बीच के संबंध को स्वर देना और उसको शुभ बनाने में सहायता करना बतलाया था। 'अपने कवि से' शीर्षक अपनी प्रसिद्ध कविता में उन्होंने छायावादी काव्य-भाषा के प्रति तीव्र असंतोष व्यक्त करते हुए जीवन-यथार्थ को अभिव्यक्त करने के लिए उपयुक्त माध्यम की तलाश की अपनी समस्या सामने रखी थी—"· · · सब बंधन से दुष्कर बंधन / है शब्दों का, जो नहीं निकट आने देता कवि एवं उसकी आत्मपूर्ति / को जग के भौतिक सत्यों के"। रामविलास शर्मा ने अपने वक्तव्य में अपने नए छंद-प्रयोग की चर्चा की थी।

गिरिजाकुमार ने 'तार सप्तक' के दूसरे संस्करण के अपने वक्तव्य में 'नई सामाजिक दृष्टि' और 'अप्रतिबद्ध सामाजिकता'-जैसे शब्दों का प्रयोग किया है। उनके अनुसार प्रगतिवाद ने 'सांप्रदायिक' रूप 'तार सप्तक' के प्रकाशन के बाद लिया। उसके पूर्ववर्ती स्वस्थ रूप से उनका कोई विरोध नहीं था, बल्कि वे स्वयं 'नई सामाजिक दृष्टि' और 'अप्रतिबद्ध सामाजिकता' के आग्रही थे। 'तार सप्तक' के पहले संस्करण के अपने वक्तव्य में उन्होंने साहसपूर्वक कहा था कि "कविता में विषय से अधिक टेकनीक पर ध्यान दिया है" और "विषय की मौलिकता का पक्षपाती होते हुए भी मेरा विश्वास है कि टेकनीक के अभाव में कविता अधूरी रह जाती है।" माचवे ने अपने वक्तव्य में प्रगतिवाद की तीखी आलोचना की थी और उसके दोष गिनाए थे, पर यह कहकर उसके प्रति आस्था भी प्रकट की थी कि "वे सब धीरे-धीरे मिट जाएंगे,

ऐसा मेरा दृढ़ विश्वास है।" बाद में उन्होंने कहा था कि "हिंदी कविता में अभी विषयों की विविधता, व्यंग्य का तीक्ष्ण और सुरुचिपूर्ण प्रयोग, प्रकृति के संबंध में अधिक वैज्ञानिक दृष्टि, जन-जीवन के निकटतम जाकर ग्राम-गीत, लोकगाथा और बाजारू कहलाई जाकर हेय मानी जानेवाली बहुत सशक्त और मुहावरेदार जबान से नए-नए शब्दरूपों और कल्पना-चित्रों को ग्रहण करना, और प्रयोगशील अभिव्यंजना के प्रति औदार्य आना चाहिए।"

'तार सप्तक' के प्रगतिवादी और प्रगतिवाद से प्रभावित इन कवियों के वक्तव्यों की इन बातों से स्पष्ट है कि प्रगतिशील काव्य-सृजन के क्षेत्र में उनके सामने कौन-सी समस्याएं उपस्थित थीं। इन्हीं समस्याओं ने उन्हें एक सूत्र में आबद्ध किया था। यहां मुक्तिबोध का यह कथन ध्यातव्य है कि "यद्यपि 'तार सप्तक' के कवि अलग-अलग जगह रहते थे, फिर भी वे, अदृश्य संवेदना के सूत्रों से परस्पर बंधे हुए थे।" (उप., 5/273) उन्होंने यह भी लिखा है कि 'तार सप्तक' के कवियों में सिर्फ अज्ञेय प्रगतिवादी न थे। लेकिन वस्तुस्थिति यह है कि 'तार सप्तक' के प्रकाशन-काल में अज्ञेय वैसे प्रगति-विरोधी न थे, जैसे वे 'प्रतीक' के प्रकाशन के बाद हो गए। स्वातंत्र्योत्तर काल में जितना ज्यादा उनमें व्यक्तिवाद और रहस्यवाद प्रबल होता गया, उतना ही ज्यादा वे प्रगति-विरोधी होते गए। 'तार सप्तक' के प्रकाशन-काल में उनकी सहानुभूति किसान-सम्मेलन से लेकर प्रगतिशील लेखक संघ द्वारा आयोजित लेखक-सम्मेलन तक में थी। चौथे दशक के अंतिम वर्षों में बागपत (मेरठ) में जो किसान-सम्मेलन हुआ था, उसके लिए उन्होंने घूम-घूमकर किसान-मार्च का संगठन किया था और किसानों के बीच इतना भाषण दिया था कि उससे "उनका गला भारी हो गया था।" मई, 1942 में उन्होंने दिल्ली में आयोजित फासिस्ट-विरोधी अखिल भारतीय लेखक सम्मेलन में भाग लिया था, जोकि प्रगतिशील लेखक संघ का तीसरा सम्मेलन था। इसी सम्मेलन में नेमिजी ने उनके सामने 'तार सप्तक' की योजना रखी थी। माचवे ने 'कल्पना', मई-जून, 1966 में प्रकाशित इंटरव्यू में कहा है कि 'तार सप्तक' के कवियों को मिलानेवाला एक तत्व था—फासिज्म-विरोध। उन्होंने यह भी कहा है कि अज्ञेय उस समय मानवेंद्रनाथ राय के मत को मानते थे। इस तरह 'तार सप्तक' में अज्ञेय का सम्मिलित होना या उनका सम्मिलित किया जाना नितांत आकस्मिक न था।

यहां 'तार-सप्तक' के आयोजन के बारे में भी संक्षेप में जान लेना जरूरी है, जिससे कि प्रगतिवादी आंदोलन से उसका संबंध स्पष्ट हो जाए। 'तार सप्तक' की मूल योजना मध्यप्रदेश के चार तरुण कवियों—माचवे, मुक्तिबोध, प्रभागचंद्र शर्मा और नेमिजी—की थी। इन्होंने वीरेन्द्रकुमार जैन और गिरिजाकुमार को सम्मिलित कर पहले छः कवियों की कविताओं का ही संकलन निकालने की कल्पना की थी, पर बाद में 'सप्तर्षि' या 'सप्तक' नाम के चलते एक और कवि को सम्मिलित करना जरूरी हो गया। पहले सोचा गया था कि सारे कवि मध्यप्रदेश के ही होंगे और ऐसे कवि, जिनका कोई संग्रह उस समय तक न निकला हो। लेकिन बाद में ये बंधन शिथिल कर दिए गए और कवियों के नामों में भी कुछ परिवर्तन हुआ। सातवें कवि के रूप

में अज्ञेय को रखने की बात तय हुई, क्योंकि वे संपादन और प्रकाशन का दायित्व वहन करनेवाले थे। फिर प्रभागचंद्र शर्मा की जगह रामविलास शर्मा को और वीरेन्द्रकुमार जैन की जगह भारतभूषण अग्रवाल को सम्मिलित किया गया। 'बदलते परिप्रेक्ष्य' में संकलित 'तार सप्तक प्रसंग' शीर्षक अपने वक्तव्य में नेमिजी ने लिखा है कि संकलन के नाम से लेकर कवियों का चुनाव तक 'तार सप्तक' में संकलित अन्य कवियों ने किया था, उसमें अज्ञेय का कोई हाथ न था। संपादन--कविताओं का चुनाव आदि—और प्रकाशन-क्रार्य भी अज्ञेय ने अकेले न किया था, नेमिजी उसमें भी उनके साथ थे। वह भी "कम से कम दो व्यक्तियों का संयुक्त प्रयास" था। लेकिन अज्ञेय ने उस कार्य को संभव बनाने के लिए इतना अधिक प्रयत्न और परिश्रम किया था कि नेमिजी वगैरह उसके लिए उनके प्रति बहुत कृतज्ञ थे। नेमिजी के अनुसार इस कृतज्ञता से यह निष्कर्ष नहीं निकलता कि 'तार सप्तक' की परिकल्पना या योजना अज्ञेय की थी, या वह उनके "किसी आत्मसंघर्ष का परिणाम" थी। प्रारंभ में उनका सहयोग केवल प्रकाशन के लिए ही चाहा गया था, पर बाद में परिस्थितिवश कवि के रूप में भी वे उसमें सम्मिलित हुए। 'तार सप्तक' की स्थिति 'दूसरा सप्तक' और 'तीसरा सप्तक' से सर्वथा भिन्न थी, क्योंकि इन दो संकलनों के कवियों को जहां संपादक ने चुना था, वहां 'तार सप्तक' के कवियों ने ही अपना संपादक, या कहें कि प्रकाशक, चुना था!

नेमिजी ने अपने वक्तव्य में अनेक बार यह कहा है कि 'तार सप्तक' में संगृहीत कवि किसी सामान्य साहित्यिक या अन्य मान्यताओं के कारण नहीं, बल्कि नितांत व्यक्तिगत कारणों से, विशुद्ध परिस्थिति और संयोगवश, एक साथ थे। 'तार सप्तक' किसी भी रूप या अर्थ में किसी साहित्यिक आंदोलन या प्रवृत्ति से प्रेरित न था और उसके कवियों में से कोई अज्ञेय अथवा किसी अन्य व्यक्ति के काव्य-संबंधी दृष्टिकोण का अनुयायी न था। तात्पर्य यह कि सारे कवि स्वतंत्र थे और स्वतंत्र रूप में ही अपने काव्य-पथ के निर्माण में लगे थे। नेमिजी की इस बात से उनकी इस बात का पूरा मेल नहीं बैठता है कि "उसका ('तार सप्तक' का) आधार गहरे व्यक्तिगत संबंधों के अतिरिक्त यह भी था कि ये सभी कवि एक ही बाह्य और किसी हद तक मानसिक परिवेश से संबद्ध थे।" मुक्तिबोध की 'अदृश्य संवेदना के सूत्रों' वाली बात ऊपर उद्धृत की जा चुकी है। नेमिजी की दूसरी बात का इससे पूरा मेल बैठ जाता है, जिससे यह निष्कर्ष निकलता है कि 'तार सप्तक' में संकलित प्रगतिवादी और प्रगतिवाद से प्रभावित कवियों में निश्चित रूप से एक संवेदनागत समानता थी। उसी ने उन्हें एकत्र होने और बेचैनी से नया रास्ता खोजने के लिए बाध्य किया था। वे प्रगतिवादी आंदोलन के अंग थे या उससे सहानुभूति रखते थे, इसलिए किसी संकलन द्वारा किसी नए काव्यांदोलन के आरंभ की बात सोचना उनके लिए बेमानी था। वे आंदोलनकारी या नारेबाज न थे, रूढ़ियों से हटकर पूरी ईमानदारी से प्रगतिवादी काव्य का सृजन उच्चतर स्तर पर करना चाहते थे। यह तो एक ऐतिहासिक दुश्चक्र था, जिसके कारण 'प्रतीक', 'दूसरा सप्तक' और 'नई कविता' (पत्रिका) के प्रकाशन के बाद 'तार सप्तक'

से जोड़कर प्रयोगवाद और नई कविता का आंदोलन चलाया गया और मुक्तिबोध-जैसे प्रतिबद्ध कवि को उसका अंग माना जाने लगा। मुक्तिबोध ने भी अपने को उससे अलग नहीं किया, क्योंकि वे प्रयोगवाद और नई कविता को समग्र रूप में देख रहे थे और इस आंदोलन के भीतर प्रगतिवाद के प्रतिनिधि के रूप में उसकी पतनशील धारा के विरुद्ध संघर्ष कर रहे थे। उनके अनुसार प्रगतिवाद का आंदोलन संघर्ष की नई अवस्था में पहुंच गया था। इस अवस्था में संघर्ष तीक्ष्णतर भी था और जटिलतर भी। उससे पलायन अपने दायित्व से चूकना होता। जो प्रगतिशील कवि बाहर थे, वे भी किसी न किसी अंश में नए काव्यांदोलन से संबद्ध माने जाने लगे थे, उदाहरण के लिए केदारनाथ अग्रवाल, नागार्जुन और त्रिलोचन। शमशेर और हरिनारायण व्यास 'दूसरा सप्तक' में संकलित हुए थे और जैसा कि 'फूल नहीं रंग बोलते हैं' की समीक्षा ('आलोचना', जुलाई-सितंबर, 1967) में शमशेर ने लिखा है, उसमें सहयोगी कवि बनने के लिए इन तीनों कवियों को भी आमंत्रित किया गया था।

नेमिजी ने एक तरफ 'तार सप्तक' के कवियों को 'स्वतंत्र' बतलाया है और दूसरी तरफ "तथाकथित 'प्रयोगवाद' और 'प्रयोगवादी' कविता की जड़ों और उसके स्वरूप के सामाजिक और काव्यगत, सामूहिक और वैयक्तिक स्रोतों के अधिक कल्पनाशील अध्ययन" की आवश्यकता पर बल देते हुए यह कहा है कि "जिस बदलती हुई काव्य-चेतना की एक अभिव्यक्ति 'तार सप्तक' के कवियों में मिलती है, वह उस दौर के अन्य बहुत-से तरुण कवियों में थी जिनमें निराला के अतिरिक्त शमशेरबहादुर सिंह, त्रिलोचन, भवानीप्रसाद मिश्र, राजेश्वर गुरु, केदारनाथ अग्रवाल और नरेंद्र शर्मा तक का उल्लेख किया जा सकता है।" वास्तविकता यह है कि 'तार सप्तक' कोई स्वतंत्र और सर्वथा नया प्रयास न होकर प्रगतिशील कविता के क्षेत्र में उस नई परंपरा की एक परिणति था, जिसका प्रवर्तन चौथे दशक के उत्तरार्ध में निराला, नरेंद्र शर्मा और केदारनाथ अग्रवाल-जैसे कवियों ने अपनी यथार्थवादी कविताओं से किया था। नेमिजी की ही बात दुहराएं, तो "कम से कम वात्स्यायनजी किसी भी अर्थ में इस परिवर्तन के अग्रणी या नेता न थे। बल्कि जिस समय उनका अधिकांश काव्य अभी भी 'थका हिय हारिल' और 'द्वितीया' की स्थितियों के आस-पास घूम रहा था उस समय कई अन्य कवि एक नए मुहावरे के अधिक समीप थे।" भारतभूषण ने भी अपने एक लेख में कहा है कि "नई कविता छायावादी अद्वैतवाद के विपरीत *समाजवादी मानववाद* से अनुप्राणित थी और उसका आरंभ प्रगतिशील आंदोलन के प्रवर्तन से ही हो गया था।" (प्रसंगवश, पृ. 63) स्पष्टतः 'नई कविता' से उनका मतलब 'तार सप्तक' से आरंभ होनेवाली कविता से है। यह भी निरा संयोग न था कि 'तार सप्तक' की पहली समीक्षा उसके प्रकाशन के तीन वर्षों बाद 1946 में भारतीय कम्युनिस्ट पार्टी की पत्रिका 'नया साहित्य' के पहले ही भाग में शमशेर ने की। उन्होंने भी समीक्षा के आरंभ में ही 'तार सप्तक' के प्रयोगों को मौलिक और नवीन मानने से इनकार किया और कहा कि वैसे प्रयोग पहले ही निराला, पंत और नरेंद्र शर्मा अपनी कविताओं में कर चुके थे।

'तार सप्तक' की प्रगतिशीलता की विशेषता उसकी रूढ़ि-मुक्तता और प्रामाणिकता है। मुक्तिबोध ने 'नई कविता की प्रकृति' शीर्षक लेख में 'तार सप्तक' की नई कविता का इन थोड़े शब्दों में बहुत अच्छा परिचय दिया है : "प्रथम उन्मेष-काल ('तार सप्तक'-काल) में उसके पास आदर्शवाद था, सामाजिक विषमताओं को दूर करने के कार्य में लगने के अतिरिक्त, विषमताहीन समाज-व्यवस्था का स्वप्न और व्यक्ति-विकास की अनंत संभावनाओं का स्वप्न भी उसके पास था। फलतः यदि उसके काव्य में समाज के (वर्तमान पूंजीवादी समाज के) प्रति क्षोभ और कष्ट-भावना थी, तो दूसरी ओर वैफल्य का भान भी था। किंतु यह वैफल्य उसका व्यक्तिगत था। एक विशेष समाज, वर्ग और परिवार में पाए जानेवाले व्यक्ति के मानस का चित्रण उसमें है, उसमें एक मनोवृत्तांत है। यदि कवि अपनी आत्मपरक कविता में अपनी व्यथा प्रकट नहीं करेगा तो फिर काहे में करेगा। उसकी उदासी और विफलता रोमैंटिक नहीं है, वरन् इसके विपरीत वह वास्तविक जीवन-समस्याओं से उत्पन्न है। उसके पास आदर्शवाद और आशावाद भी है। अतएव वह अपने व्यक्तिगत सुख-दुःख के परे जाकर, खतरा मोल लेते हुए, राजनैतिक-सामाजिक विषय की कविता लिखने के पहले उस क्षेत्र में स्वतः कार्य करता है, और उसके साथ राजनैतिक-सामाजिक काव्य-विषय भी चुनता है। संक्षेप में, काव्य-रचना उसके जीवन से संबद्ध है—ऐसे जीवन से जो उसके काव्य की मूलभूमि है।" निश्चय ही 'तार सप्तक' प्रगतिशील सृजनशीलता की दिशा में एक अगला कदम था। इसके कवियों ने जो सबसे महत्वपूर्ण काम किया, वह यह कि प्रगतिशील कविता को राजनीतिक विचारों के सरल रूपांतरण और नारेबाजी से हटाकर कवि-जीवन से जोड़ दिया, जिससे उसमें वैयक्तिकता अथवा विशिष्टता का समावेश हुआ। स्वभावतः कविता भीतर-बाहर से काफी बदल गई, वह बहुत कुछ नवीन हो उठी। स्वयं प्रगतिशील खेमे में इस कविता को संदेह की दृष्टि से देखा गया, जिसका कुपरिणाम सबसे ज्यादा मुक्तिबोध को ही भुगतना पड़ा। कारण यह कि सरलीकरण और सामान्यीकरण के सबसे ज्यादा विरुद्ध वही थे। लेकिन असली कहानी यह है कि 'तार सप्तक' की प्रगतिशीलता पर पर्दा डालकर हिंदी कविता को गलत मोड़ देने का प्रयास उसके संपादक अज्ञेय ने किया, जो सच में एक ऐतिहासिक दुश्चक्र से कम नहीं है।

'विवृति और पुनरावृत्ति' शीर्षक 'तार सप्तक' की भूमिका में अज्ञेय ने अपने को 'संकलनकर्ता' कहा और उसके प्रकाशन के इतिहास पर प्रकाश डाला, लेकिन उसमें उन्होंने इतना ही नहीं किया। उसमें उन्होंने दो ऐसी बातें कहीं, जो ऊपर से नितांत निर्दोष प्रतीत होते हुए भी भीतर से उनके उद्देश्य को सिद्ध करने में बहुत सहायक बनीं। पहली बात उन्होंने यह कही कि " 'तार सप्तक' में सात कवि संगृहीत हैं। सातों एक दूसरे के परिचित हैं—बिना इसके इस ढंग का सहयोग कैसे होता? किंतु इससे यह परिणाम न निकाला जाए कि वे कविता के किसी एक 'स्कूल' के कवि हैं, या कि साहित्य-जगत् के किसी गुट अथवा दल के सदस्य या समर्थक हैं। *बल्कि उनके तो एकत्र होने का कारण ही यही है कि वे किसी एक स्कूल के नहीं हैं,* किसी

मंजिल पर पहुंचे हुए नहीं हैं, अभी राही हैं—राही नहीं, राहों के अन्वेषी। उनमें मतैक्य नहीं है, सभी महत्वपूर्ण विषयों पर उनकी राय अलग-अलग है—जीवन के विषय में, समाज और धर्म और राजनीति के विषय में, काव्य-वस्तु और शैली के, छंद और तुक के, कवि के दायित्वों के— प्रत्येक विषय में उनका आपस में मतभेद है। यहां तक कि हमारे जगत् के ऐसे सर्वमान्य और स्वयंसिद्ध मौलिक सत्यों को भी वे समान रूप से स्वीकार नहीं करते जैसे लोकतंत्र की आवश्यकता, उद्योगों का समाजीकरण, यांत्रिक युद्ध की उपयोगिता, वनस्पति घी की बुराई अथवा काननबाला और सहगल के गानों की उत्कृष्टता, आदि। वे सब परस्पर एक दूसरे पर, एक दूसरे की रुचियों-कृतियों और आशाओं-विश्वासों पर, एक दूसरे की जीवन-परिपाटी पर, और यहां तक कि एक दूसरे के मित्रों और कुत्तों पर भी हंसते हैं!"

इसमें लक्ष्य करने योग्य बात यह है कि अज्ञेय ने हिंदी पाठकों को यह बतलाने से इनकार किया कि 'तार सप्तक' के कवियों में किसी प्रकार की कोई वैचारिक एकता है, या वे किसी प्रकार के 'अदृश्य संवेदना के सूत्रों' में बंधे हुए हैं। होंगे वे प्रगतिशील और उनमें से अनेक कम्युनिस्ट भी (नेमिजी और भारतभूषण ने अपने परिचय में अपने को स्पष्ट शब्दों में 'कम्युनिस्ट' घोषित किया था, मुक्तिबोध ने अपने वक्तव्य में अपने को मार्क्सवादी कहा था और रामविलास शर्मा ने अपने बारे में वैसा कुछ नहीं कहा था, पर उनके आलोचनात्मक लेखन से यह बात सामने आ चुकी थी कि वे मार्क्सवादी थे), लेकिन उन्होंने अपनी तरफ से इसे नहीं माना, बल्कि ठीक उल्टी बात कही। उन्होंने बार-बार यह बात दुहराई कि संगृहीत कवि विचार या संवेदना की दृष्टि से परस्पर भिन्नता रखते हैं। और तो और, उन्होंने यह तक कह डाला कि 'तार सप्तक' में उनके एकत्र होने का कारण ही यह है कि उनमें किसी प्रकार की वैचारिक समानता नहीं है। अपनी बात को स्पृहणीय बनाने के लिए उन्होंने वैचारिक समानता के आधार पर बने संगठन को भर्त्सना के भाव से 'स्कूल', 'गुट' और 'दल' के नामों से याद किया। वे सामान्य हिंदी पाठकों और लेखकों की 'स्वतंत्रता'-प्रिय मानसिकता से परिचित थे, उन्होंने अपनी बात को चतुराई से ग्राह्य बनाया। विवेकशील पाठक और लेखक सोचते ही रहे थे कि 'तार सप्तक' के प्रगतिशील, मार्क्सवादी और कम्युनिस्ट कवि कैसे हैं, जो मानव-जीवन, समाज, धर्म, राजनीति और कविता इन सभी महत्वपूर्ण विषयों पर अपनी अलग-अलग राय रखते हैं, पर अज्ञेय अपना काम कर चले। उन्होंने आगे बढ़कर यहां तक कह दिया कि लोकतंत्र की आवश्यकता और उद्योगों के समाजीकरण के प्रश्न पर भी वे कवि एकमत नहीं, और कहीं कोई पत्ता नहीं खड़का, स्वयं कवियों ने भी इस षड्यंत्रपूर्ण वक्तव्य का विरोध नहीं किया! एक तरफ लोकतंत्र और उद्योगों के समाजीकरण का प्रश्न तथा दूसरी तरफ वनस्पति घी और काननबाला एवं सहगल के गानों का प्रश्न! कितनी गंभीरता से लिया था अज्ञेय ने 'तार सप्तक' के कवियों के राजनीतिक-आर्थिक विचारों को! उनके अनुसार वे सारे कवि एक-दूसरे के विश्वासों पर उसी तरह हंसते थे, जिस तरह एक-दूसरे के कुत्तों पर! बात दिलचस्प ढंग से कही गई थी, लेकिन उसमें विचारधारा का जो अवमूल्यन किया गया था, उसका जो उपहास

किया गया था, वह अप्रकट नहीं था। इस तरह अज्ञेय ने अपनी संपादकीय भूमिका से 'तार सप्तक' के आयोजन को ही 'पंक्चर' करने का प्रयास किया, " 'तार सप्तक' के कवियों और उनके माध्यम से मोड़ लेती हुई नई काव्य-चेतना" को ढांके रखने का प्रयास किया।

अपनी भूमिका में जो दूसरी बात अज्ञेय ने कही, वह यह कि 'तार सप्तक' की योजना का एक मूल सिद्धांत यह था कि "संगृहीत कवि सभी ऐसे होंगे जो कविता को प्रयोग का विषय मानते हैं—जो यह दावा नहीं करते कि काव्य का सत्य उन्होंने पा लिया है, केवल अन्वेषी ही अपने को मानते हैं।" पहली और दूसरी दोनों बातों में संबंध है, क्योंकि दोनों ही में 'अन्वेषी' वाली बात कही गई है। जब कवियों में मतैक्य नहीं था, उन्हें काव्य का, या जीवन का सत्य नहीं मिला था, तो वे 'राहों के अन्वेषी' न होंगे, तो क्या होंगे? उस स्थिति में वे मंजिल पर पहुंचे हुए कैसे हो सकते हैं? स्वभावतः वे 'प्रयोगवादी' भले न हों, 'प्रयोगी' थे, कविता को प्रयोग का विषय माननेवाले। सच्चाई क्या थी? सच्चाई यह थी कि 'तार सप्तक' के कवि 'राहों के अन्वेषी' न थे, क्योंकि राह उन्हें दिख गई थी और जीवन के सत्य की झलक भी उन्हें मिल गई थी। कहा जा सकता है कि अज्ञेय ने बात कविता के प्रसंग में कही थी, लेकिन प्रगतिशील, मार्क्सवादी और कम्युनिस्ट कवि चूंकि कविता और जीवन तथा समाज में आत्यंतिक विच्छेद की स्थिति नहीं मानते, इसलिए उनके प्रसंग में यह कहना गलत था कि वे काव्य-सत्य के मात्र खोजी थे और उसे प्राप्त करने के लिए बस प्रयोग कर रहे थे। यदि मुक्तिबोध ने अपने वक्तव्य में यह कहा था कि उनकी कविताएं "अपना पथ ढूंढ़नेवाले बेचैन मन की ही अभिव्यक्ति" हैं, तो उन्होंने प्रगतिशील कवि के सम्मुख उपस्थित सृजनात्मक समस्या का जिक्र किया था, 'पथ ढूंढ़ने' की चर्चा उस रूप में नहीं की थी, जिस रूप में 'राह के अन्वेषण' की चर्चा अज्ञेय ने की थी। कारण यह कि मुक्तिबोध को पता था कि "उनका (उनकी कविताओं का) मूल्य और सत्य ··· जीवन-स्थिति में छिपा है।" बाद में अपने एक लेख में उन्होंने स्पष्ट शब्दों में कहा कि "नए कवियों ने केवल नम्रता प्रदर्शित करने के लिए अपनी कविताओं को प्रयोग कहा। वस्तुतः वे कविताएं प्रयोग न होकर साक्षात कविताएं थीं।" (मु. र., 5/319) अज्ञेय ने 'प्रयोग' और 'राहों के अन्वेषण' की बात कहकर निराला, नरेन्द्र शर्मा और केदारनाथ अग्रवाल द्वारा प्रवर्तित उस नवपरंपरा को कौशल से आंखों की ओट कर दिया, जिसकी एक परिणति ही 'तार सप्तक' था। 'तार सप्तक' को परंपरा से विच्छिन्न कर 'प्रयोग' की दुहाई देते हुए उन्होंने उसे एक दूसरा ही उद्देश्य प्रदान कर दिया, जोकि ऊपर से प्रगतिशीलता से तटस्थ-भर प्रतीत होता था, लेकिन भीतर से उसका विरोधी था।

'तार सप्तक प्रसंग' में नेमिजी ने भी अज्ञेय के षड्यंत्र अथवा उनके द्वारा चलाए गए दुश्चक्र की चर्चा की है। लिखा है कि "उसके ('तार सप्तक' के) कवि 'प्रयोगवादी' नहीं थे, शायद उस अर्थ में भी नहीं जो संपादक ने पहले अपनी भूमिका में उन पर आरोपित किया और जिसे फिर बाद में सैद्धांतिक आधार दे दिया गया। उनकी

अनुभूति और अभिव्यक्ति दोनों तत्कालीन सामाजिक और साहित्यिक परिस्थितियों की स्वाभाविक और लगभग अनिवार्य परिणति थीं।" इस कथन का दूसरा वाक्य खास तौर से ध्यातव्य है, क्योंकि यह वास्तविकता को सामने लाता है। अज्ञेय ने अपनी भूमिका में 'प्रयोग' की ऐसे चर्चा की थी, जैसे संकलित कवि 'नितांत मौलिक' हों, उनके काव्य-प्रयोग सिर्फ उनके नए सृजनात्मक व्यक्तित्व की देन हों, उसका समाज से प्रत्यक्ष वा परोक्ष संबंध हो तो हो, साहित्य वा किसी साहित्यिक परंपरा से कोई संबंध न था। नेमिजी ने 'तार सप्तक' के कवियों की *अनुभूति* और *अभिव्यक्ति* दोनों को समाज के साथ-साथ साहित्य की परिस्थितियों की *लगभग अनिवार्य परिणति* बतलाकर तथ्य की स्थापना की है। नेमिजी आगे कहते हैं, "स्वाधीनता के बाद जब 'तार सप्तक' की ओर पाठकों-आलोचकों का ध्यान आकर्षित हुआ और उसकी संभावनाओं को पहचानकर संपादक महोदय ने वैसे ही और भी संग्रह निकालने की योजना बनाई, तो स्थिति ने एक नया ही मोड़ ले लिया। 'दूसरा सप्तक' और 'तीसरा सप्तक' के प्रकाशन से आलोचकों का यह भ्रम पूरी तरह बाकायदा प्रतिष्ठित हो गया कि संपादक महोदय सचमुच 'प्रयोगवाद' नाम के किसी नए काव्य-आंदोलन के प्रवर्तक हैं।" उनका निश्चित मत है कि "इन्होंने (बाद के दोनों सप्तकों ने) न केवल उपलब्ध नवीन काव्य का प्रकाशन किया, बल्कि समकालीन काव्य के रूप को एक दिशा में मोड़ा। उनके कारण और परिणामस्वरूप बहुत-से तरुण कवि जाने-अनजाने एक सामान्य किंतु अस्पष्ट और अस्फुट काव्य-धारणा के इर्द-गिर्द एकत्र होकर *अन्य काव्याभिव्यक्तियों का विरोध अथवा उनसे अपनी भिन्नता प्रकट करने की दिशा में प्रवृत्त हुए।"* यह बिलकुल स्वाभाविक था कि 'दूसरा सप्तक' और 'तीसरा सप्तक' के प्रकाशन से, जिनकी भूमिकाओं में संपादक ने अपने को कवियों को सामने लानेवाला और 'एक नई प्रवृत्ति का पैरवीकार' कहा था, 'तार सप्तक' उस दुश्चक्र की पहली कड़ी प्रतीत हो।

कुछ विद्वानों का अनुमान है कि 'दूसरा सप्तक' में यदि केदार, नागार्जुन और त्रिलोचन भी सम्मिलत होते, तो मामला कुछ और होता, लेकिन उस समय हिंदी की जो स्थिति थी और अज्ञेय के व्यक्तित्व का जो प्रभाव था, उसमें कोई ज्यादा फर्क पड़नेवाला नहीं था। आलोचकों ने अपना और अपने माध्यम से हिंदी के पाठकों और लेखकों का सारा ध्यान संपादक की भूमिकाओं पर केंद्रित कर रखा था। 'तार सप्तक' की तरह 'दूसरा सप्तक' के भी कई कवि प्रगतिशील ही नहीं, मार्क्सवादी थे, लेकिन उनकी आवाज संपादक के गंभीर और उदात्त स्वर में डूब गई! शमशेर ने तो अपने वक्तव्य में प्रगतिशील कविता का सौंदर्यशास्त्र ही संक्षेप में उपस्थित कर दिया था, पर उसकी तरफ किसका ध्यान गया? 'कृति' के प्रवेशांक (अक्तूबर, 1958) में डॉ. नामवर सिंह ने शमशेर पर जो लेख लिखा था, उसमें उन्होंने उन्हें हिंदी में बिंबवाद के प्रवर्तकों में मुख्य कहा था! यानी शमशेर क्या नई कविता में दृश्यांतर उपस्थित करते, वे ही नई कविता की सौंदर्यवादी और रूपवादी दृष्टि से देखे गए। रघुवीर सहाय ने अपने वक्तव्य में कहा था : "कोशिश तो यही रही है कि सामाजिक यथार्थ

के प्रति अधिक से अधिक जागरूक रहा जाए और वैज्ञानिक तरीके से समाज को समझा जाए। वास्तविकताओं की ओर ऐसा ही दृष्टिकोण रहना चाहिए और यही जीवन को स्वस्थ बनाए रख सकता था। शमशेरबहादुर का यह कहना मुझे बराबर याद रहेगा कि जिंदगी में तीन चीजों की बड़ी जरूरत है : ऑक्सीजन, मार्क्सवाद और अपनी वह शक्ल जो हम जनता में देखते हैं। मगर मार्क्सवाद को कविता पर गिलाफ की तरह चढ़ाया नहीं जा सकता। उसके लिए मध्यवर्गीय, धोखा खाते रहनेवाले ढुलमुल-यकीन को अपनी बौद्धिक चेतना को जागरूक रखना पड़ेगा और बराबर जागरूक रहकर एक दृष्टिकोण बनाना होगा। यह दृष्टिकोण सामाजिक, वास्तविक, साम्यवादी और इसलिए सही और स्वस्थ होगा। तभी कविता में जान और माने पैदा होंगे।" कहने की जरूरत नहीं कि इतना क्रांतिकारी वक्तव्य भी अनदेखा चला गया।

'तार सप्तक' की धारा को गलत दिशा में मोड़ने में संपादकीय भूमिका के साथ कवि-रूप में अज्ञेय का वक्तव्य भी सहायक हुआ। संपादक के कथन के साथ कवि-रूप में उसके कथन पर ध्यान जाना भी स्वाभाविक था। हिंदी में इन दोनों कथनों को 'तार सप्तक' का नीति-वक्तव्य माना गया। कवि-रूप में अपने वक्तव्य में अज्ञेय ने कहा था कि "जो व्यक्ति का अनुभूत है, उसे समष्टि तक कैसे उसकी संपूर्णता में पहुंचाया जाए—यही पहली समस्या है जो प्रयोगशीलता को ललकारती है। इसके बाद इतर समस्याएं हैं—कि वह अनुभूत ही कितना बड़ा या छोटा, घटिया या बढ़िया, सामाजिक या असामाजिक, ऊर्ध्व या अधः — या अंतः — या बहिर्मुखी हैं, इत्यादि।" यह कथन भी ऊपर से निर्दोष प्रतीत होता है, पर विचार करने पर पता चलता है कि यह भी कम खतरनाक न था। अज्ञेय के लिए आधुनिक कवि की सबसे बड़ी समस्या संप्रेषण की समस्या थी। उन्होंने इस समस्या का काव्य की विषय-वस्तु से कोई संबंध नहीं माना और माना भी तो 'व्यक्ति-सत्य' से, जो 'व्यक्ति का अनुभूत' है, उससे। 'व्यक्ति-सत्य' को 'व्यापक सत्य' बनाने के दायित्व को ही उन्होंने कवि का 'सनातन उत्तरदायित्व' कहा, जबकि कवि का सनातन उत्तरदायित्व रहा है व्यापक सत्य को व्यक्ति-सत्य बनाना, अथवा व्यक्ति-सत्य को इस तरह उपस्थित करना कि उसमें निहित व्यापक सत्य उद्घाटित हो जाए। स्पष्टतः संप्रेषण की समस्या के आगे उन्होंने काव्य की विषय-वस्तु को गौण स्थान दिया। एक दूसरी बात उन्होंने यह कही कि "आधुनिक युग का साधारण व्यक्ति यौन वर्जनाओं का पुंज है।" वर्जनाओं का प्रसार उन्हें बहुत दूर तक दिखलाई पड़ा। उन्होंने उनका एक कारण वर्ग-चेतना को भी माना! यौन वर्जनाओं और कुंठावाला स्वर 'तार सप्तक' का मुख्य स्वर न था। नेमिजी ने उसमें संकलित अपनी पहली कविता में संक्रांतिकाल के मानवतावादी कवि पर व्यंग्य करते हुए कहा भी था : "रूप और यौवन की मदिरा में विभोर / कवि गाता है / अतृप्त यौवन के, लिप्सा के / गीले-गीले गलित गीत : / मृत्युशील!" पर यह संपादक का प्रभाव था कि जो मुख्य था, वह गौण बन गया और जो उपेक्षणीय था, वह 'तार सप्तक' की सबसे बड़ी विशेषता माना गया।

अज्ञेय को अपने उद्देश्य में पूरी सफलता 'दूसरा सप्तक' के प्रकाशन के बाद

प्राप्त हुई। इसकी संपादकीय भूमिका में वे प्रगति-विरोधी कविता का पूरा शास्त्र लेकर उपस्थित हुए और कवियों और कविताओं का चुनाव भी अपनी रुचि से, यानी अपने उद्देश्य को ध्यान में रखकर किया। केदारनाथ अग्रवाल ने अपने 30 अगस्त, 1986 के एक व्यक्तिगत पत्र में मुझे सूचित किया था कि उन्होंने अज्ञेय के निमंत्रण पर उन्हें 'दूसरा सप्तक' के लिए अपनी 'अभियुक्त 110' शीर्षक कविता भेजी थी, लेकिन उन्होंने उसे पसंद नहीं किया और दूसरी रचना मांगी। केदार ने वैसी रचना को ही अपनी प्रतिनिधि रचना बतलाकर दूसरी रचना भेजने से इनकार कर दिया और इस तरह वे 'दूसरा सप्तक' में शामिल होने से रह गए। 'दूसरा सप्तक' में भी अज्ञेय ने यह कहकर कि "इन सात कवियों का एकत्र होना किसी दल या गुट के संगठन का सूचक नहीं है", "विचार-साम्य या समान राजनीतिक या साहित्यिक मतवाद" और उस पर आधारित संगठन के प्रति अवज्ञा का भाव दरसाया। लेकिन इसमें अधिक गंभीर बातें दूसरी थीं। 'तार सप्तक' की भूमिका में उन्होंने 'काव्य का सत्य' का जिक्र किया था। इस भूमिका तक आकर वह सत्य 'आत्म-सत्य' में परिणत हो गया। 'राहों के अन्वेषी' अब 'आत्म-सत्य के अन्वेषी' हो गए! उन्होंने घोषित किया कि "हमारे प्रयोग का पाठक या सहृदय के लिए कोई महत्व नहीं है, महत्व उस सत्य का है जो प्रयोग द्वारा हमें प्राप्त होता हो", पर उस 'सत्य' को अंत-अंत तक गुप्त रखा, यह कहीं नहीं बतलाया कि वह जीवन या समाज का कौन-सा सत्य है। ऊपर से 'तथ्य' और 'सत्य' अथवा 'वस्तु-सत्य' और 'व्यक्ति-सत्य' में फर्क करते हुए, 'व्यक्ति-सत्य' को काव्योपयोगी मानते हुए, 'वस्तु-सत्य' की सत्ता से ही उन्होंने इनकार कर दिया। इस 'वस्तु-सत्य' और उसे आत्मसात करने को लेकर कोई चिंता 'दूसरा सप्तक' की भूमिका में नहीं प्रकट हुई। इसमें अज्ञेय की चिंता का विषय भाषा है, जिसके प्रसंग में उन्होंने कहा कि "कविता की भाषा निरंतर गद्य की भाषा होती जाती है। इस प्रकार कवि के सामने हमेशा चमत्कार की सृष्टि की समस्या बनी रहती है—वह शब्दों को निरंतर नया संस्कार देता चलता है और वे संस्कार क्रमशः सार्वजनिक मानस में बैठकर फिर ऐसे हो जाते हैं कि—उस रूप में—कवि के काम के नहीं रहते।" उन्होंने इस पर विचार करना कतई जरूरी नहीं समझा कि भाषा के 'नए संस्कार' का संबंध 'वस्तु-सत्य' से है।

ताज्जुब नहीं कि 'दूसरा सप्तक' के प्रकाशन के तुरत बाद 'आलोचना' (जनवरी, 1952) में प्रयोगवाद पर आयोजित एक परिसंवाद में भाग लेते हुए गिरिजाकुमार माथुर ने अज्ञेय की उक्त तथ्य-सत्यवाली परिभाषा पर आपत्ति की और कहा कि "प्रयोगों का लक्ष्य है व्यापक सामाजिक सत्य के खंड-अनुभवों का साधारणीकरण करने में कविता को नवानुकूल माध्यम देना, जिससे 'व्यक्ति' द्वारा इस 'व्यापक' सत्य का ('व्यक्ति-सत्य' को व्यापक करने का नहीं) सर्वबोधगम्य प्रेषण (Communication) संभव हो सके।" उन्होंने भाषा की किंचित् विस्तार से चर्चा की और इस बात पर बल दिया कि भाषा कृत्रिम ढंग से नहीं बनती। नई वास्तविकता ने समाज में नई भाषा को जन्म दिया है। "जनता इन नई परिस्थितियों से संबंध स्थापित करते हुए, उनसे संघर्ष करते हुए अपनी भाषा बनाती गई है, जिसको अंगीकृत करके साहित्यिक

भाषा को नई स्फूर्ति दी जा सकती है।"

'तार सप्तक' और 'दूसरा सप्तक' की कविताओं की तुलना की जाए, तो यह बात तुरत स्पष्ट हो जाती है कि पहले संकलन की कविताओं में जहां यथार्थ-चित्रण व्यापक पटल पर हुआ है और उसके काव्य-विषय में जहां बहुत अधिक विविधता है, वहां दूसरे संकलन की कविताओं का संसार अपेक्षाकृत सीमित और एकरस है। पहले संकलन में जहां वस्तु-सत्य की प्रधानता है, वहां दूसरे संकलन में आत्म-सत्य की। यह आकस्मिक नहीं है कि 'तार सप्तक' में गीतात्मकता दबी हुई है और 'दूसरा सप्तक' की वह मुख्य विशेषता है। लेकिन अज्ञेय ने उल्लास के साथ यह कहा कि " 'दूसरा सप्तक' नए हिंदी काव्य को निश्चित रूप से एक कदम आगे ले जाता है और कृतित्व की दृष्टि से लगभग सूने आज के हिंदी क्षेत्र में आशा की नई लौ जगाता है। ये कवि भी विरामस्थल पर नहीं पहुंचे हैं, लेकिन उनके आगे प्रशस्त पथ है और एक आलोकित क्षितिज-रेखा।" अब हम देखें कि मुक्तिबोध इस संबंध में क्या कहते हैं। 'छायावाद और नई कविता' शीर्षक लेख में ही, जिसका हवाला पहले दिया जा चुका है, उन्होंने कहा कि "जिन व्यक्तिगत और सामाजिक-राजनैतिक स्थिति-परिस्थितियों में *तार सप्तक* वालों को जूझना पड़ा, वे परिस्थितियां *दूसरा सप्तक* वालों के पास न थीं। जिन प्रश्नों को *तार सप्तक* में उठाया (गया) उनका विकास भी *दूसरा सप्तक* में न हो पाया। *तार सप्तक* के कवियों में, वर्तमान दु:स्थिति के भाव से ग्रस्त रहने की मनोदशा के कारण उत्पन्न नकारवादी नैराश्य-मूलक निवेदन, राजनैतिक विरोध, सामाजिक व्यंग्य, व्यक्ति के भीतर के वास्तविक अंतर्विरोध (जिनके स्पष्टीकरण का बहुत बड़ा सामाजिक महत्व है), व्यक्ति-चेतना का आभ्यंतर विकेंद्रीकरण (जो समाज में स्पष्ट लक्षित होता है), सामाजिक क्रांति के प्रति निष्ठा, मनुष्य की उन्नयनशीलता के प्रति विश्वास और आस्था दृष्टिगोचर होती है। *दूसरा सप्तक* में न इतना सामाजिक व्यंग्य है और न राजनैतिक विरोध और न इतनी निबिड़ आत्म-चेतना। इसके विपरीत, उसमें मनोहर प्राकृतिक दृश्यांकन, निसर्ग-सौंदर्य का अनेक रूपकों में चित्रण, वातावरण के सुघर रेखा-चित्र और काव्य-शिल्प की रमणीयता के दर्शन होते हैं। *दूसरा सप्तक* वालों का टेकनीक सधा हुआ है, और उनके काव्य-विषय भी अपेक्षाकृत सरल हैं। सामाजिक व्यंग्य, प्रगतिशील प्रवृत्ति और राजनैतिक स्वर क्षीण हैं, और वह भी सिर्फ गूंज-भर है। *तार सप्तक* वालों ने जितने मनोभावों को और मनुष्य-दशाओं को मथा है, उतना *दूसरा सप्तक* वालों ने नहीं।" यहीं से नई कविता अथवा उसकी एक धारा के विरुद्ध, जो स्वाधीनता-प्राप्ति के बाद समाज में पैदा होनेवाले 'अवसरवाद' का सहारा लेकर लगातार प्रसार पाती जा रही थी, मुक्तिबोध का संघर्ष शुरू होता है।

'दूसरा सप्तक' में भी अज्ञेय ने उसकी भूमिका में सप्तकीय कविता के लिए एक स्थान पर 'नई कविता' का प्रयोग किया था, लेकिन उसके लिए गंभीरता से इस नाम की प्रस्तावना उन्होंने अपनी एक वार्ता ('हिंदी साहित्य : एक आधुनिक परिदृश्य' में 'नई कविता' शीर्षक से संकलित) में की, जो 1952 में आकाशवाणी, पटना से प्रसारित हुई थी और उसके बाद इलाहाबाद से 'परिमल' के कुछ सदस्यों द्वारा निकाली

जानेवाली पत्रिका 'नए पत्ते' में प्रकाशित हुई थी। उसी से प्रेरणा लेकर 1954 में डॉ. जगदीश गुप्त और रामस्वरूप चतुर्वेदी ने 'नई कविता' नाम से पत्रिका निकालना शुरू किया, जिसने नई कविता को आंदोलन का रूप देने में महत्वपूर्ण भूमिका निभाई। वैसे मुक्तिबोध के नाम लिखे गए नेमिजी के एक पत्र से पता चलता है कि 'नई कविता' नाम से पत्रिका निकालने की योजना उनकी थी। यह 1953 की बात है और उस समय वे इलाहाबाद में थे। संभव है, परिमलवालों ने उनसे भी प्रेरणा पाई हो। 1959 में 'तीसरा सप्तक' का प्रकाशन हुआ, जो प्रायः 'दूसरा सप्तक' का बढ़ाव था। इसकी भूमिका में अज्ञेय ने "सप्तकों की योजना के आधारभूत विश्वास" की चर्चा के नाम पर पुनः इस बात को दुहराया कि "ये कवि ('तीसरा सप्तक' में संकलित) किसी एक *संप्रदाय* के नहीं हैं, न सबकी साहित्यिक मान्यताएं एक हैं, न सामाजिक, न राजनीतिक; न ही उनकी जीवन-दृष्टि में ऐसी एकरूपता है।" कहने की आवश्यकता नहीं होनी चाहिए कि 'तीसरा सप्तक' भी हिंदी कविता को वैचारिक आधार से च्युत करने के सुनियोजित प्रयास का एक अंग था। 'संप्रदाय' शब्द से वैचारिक समानता के प्रति अज्ञेय की घृणा प्रकट हो उठी थी। उन्हें न केवल किसी एक विचारधारा में कवियों का विश्वास करना मंजूर न था, बल्कि वे विचारधारा-मात्र को कविता के लिए अनुपयोगी ही नहीं, अहितकर समझते थे। आगे उन्होंने कहा कि काव्य के आस्वादन के लिए विचारधारा से ऊपर उठना चाहिए और "प्रयोजनीय यह है कि संकलित कवियों में अपने कवि-कर्म के प्रति गंभीर उत्तरदायित्व का भाव हो, अपने उद्देश्यों में निष्ठा और उन तक पहुंचने के साधनों के सदुपयोग की लगन हो।" उन्होंने 'काव्य-सत्य' की बात भी दुहराई और यह भी कहा कि वह "वस्तु-सत्य का रागाश्रित रूप" होता है, पर वह कौन-सा वस्तु-सत्य है, जिसे अधिकाधिक स्वायत्त और संप्रेषित करना आज कवि के लिए आवश्यक है, इस प्रश्न से वे बिलकुल कतराकर निकल गए। उनका विचारधारा-विरोध वस्तुतः प्रगतिवाद और मार्क्सवाद-विरोध था। 'तीसरा-सप्तक' की भूमिका में उनका यह विरोध खुलकर सामने आ गया, जब उन्होंने प्रगतिवाद पर न केवल आक्रमण वा प्रत्याक्रमण किया, बल्कि प्रगतिशील कवियों को 'शिल्पाग्रही वर्ग' के कवियों का अनुगामी तक कहा। इन परिस्थितियों ने मुक्तिबोध के नई कविता-विरोध को तीव्रतर और तीक्ष्णतर कर दिया।

'आधुनिक कविता की दार्शनिक पार्श्वभूमि' शीर्षक अपने लेख में मुक्तिबोध ने लिखा है : "स्वाधीनता-प्राप्ति के उपरांत भारत में अवसरवाद की बाढ़ आई। शिक्षित मध्यवर्ग में भी उसकी जोरदार लहरें पैदा हुईं। साहित्यिक लोग भी उसके प्रवाह में बहे और खूब बहे। इस भ्रष्टाचार, अवसरवाद, स्वार्थपरता की पार्श्वभूमि में, नई कविता के क्षेत्र में पुराने प्रगतिवाद पर जोरदार हमले किए गए, और कुछ सिद्धांतों की एक रूपरेखा प्रस्तुत की गई। ये सिद्धांत और हमले, वस्तुतः, उस शीत-युद्ध के अंग थे, जिसकी प्रेरणा लंदन और वाशिंगटन से ली गई थी। पश्चिम की परिपक्व मानववादी परंपरा से साहित्यिक प्रेरणा ग्रहण न करके, उन नए व्याख्याताओं ने उसकी अत्यंत प्रतिक्रियावादी साहित्यिक विचारधारा को अपनाया और फैलाया। नई कविता के

आस-पास लिपटे हुए बहुत-से साहित्यिक सिद्धांतों में शीत-युद्ध की छाप है। ध्यान में रखने की बात है कि एक कला-सिद्धांत के पीछे एक विशेष जीवन-दृष्टि हुआ करती है, उस जीवन-दृष्टि के पीछे एक जीवन-दर्शन होता है और उस जीवन-दर्शन के पीछे, आजकल के जमाने में, एक राजनैतिक दृष्टि भी रहती है।" इसमें नई कविता के राष्ट्रीय और अंतर्राष्ट्रीय दोनों संदर्भ संकेतित हैं। स्वतंत्रता-प्राप्ति के अवसर पर शमशेर ने 'भारत की आरती' शीर्षक कविता लिखी, जिसमें उन्होंने यह कामना की कि पूंजीवाद का नाश हो, सामाजिक वर्ग-भेद दूर हो और समाजवाद की जय का उद्घोष करनेवाली जनता अपना अधिकार प्राप्त कर अपने जीवन को उन्नत बनाए ("साम्राज्य पूंजी का क्षत होवे / ऊंच-नीच का विधान नत होवे / साधिकार जनता उन्नत होवे / जो समाजवाद जय पुकारती")। इसके विपरीत अज्ञेय ने 'जनवरी छब्बीस' शीर्षक अपनी कविता में बिलकुल अमूर्त ढंग से "उत्तरोत्तर लोक का कल्याण ही है साध्य" कहते हुए स्वस्ति-वाचन किया! यह दो विचारधाराओं और भाव-धाराओं का अंतर था। मुक्तिबोध ने नई कविता और उसके पीछे स्थित राजनीति की ओर बार-बार हमारा ध्यान दिलाया। इस राजनीति को ब्रिटेन और अमरीका से प्रेरणा मिल रही थी।

जून, 1950 में बर्लिन में 'कांग्रेस फॉर कल्चरल फ्रीडम' नामक संस्था का सम्मेलन हुआ, जिसका विवरण डॉ. रामविलास शर्मा ने अपनी पुस्तक 'मार्क्सवाद और प्रगतिशील साहित्य' के परिशिष्ट में दिया है। इसमें फासिस्टों के दोस्त जूलियन अमेरी, 'कम्युनिज्म की निकट पराजय' के लेखक जेम्स बर्नहम, सोवियत-विरोधी पुस्तकों के ख्यातनामा रचयिता केस्टलर, अमरीकी अणुशक्ति कमीशन के भूतपूर्व सभापति डैविड लिलिएंथाल और अमरीकी फेडरेशन ऑफ लेबर के प्रतिनिधि ब्राउन-जैसे बुद्धिजीवियों ने भाग लिया। सम्मेलन का एक संक्षिप्त विवरण अमरीकी सूचना-विभाग ने छापकर भारत में भी वितरित किया था। विवरण का शीर्षक था : 'फ्रीडम टेक्स दि ऑफेंसिव' ('स्वाधीनता का हमला शुरू')। यह हमला सोवियत संघ और दूसरे समाजवादी देशों के विरुद्ध था। स्वाधीनता का असली रूप वह है, जो अमरीका में पाया जाता है, समाजवादी देशों में जनता पराधीन है, उसे स्वाधीन करने के लिए यह हमला था।

बर्लिन में एकत्र विद्वानों ने एक घोषणापत्र प्रकाशित किया, जिसमें उन्होंने समाजवादी देशों को मानव-जाति के लिए सबसे बड़ा खतरा बतलाया और बुद्धिजीवियों को सचेत किया कि इस खतरे के प्रति उदासीन रहना मानव-जाति के बुनियादी मूल्यों के प्रति विश्वासघात करना होगा। हम इस खतरे का सामना किस तरह करते हैं, इसी पर यह निर्भर है कि मनुष्य स्वाधीन जीवन बिताएगा या कीड़े-मकोड़ों की तरह जिएगा। यह अमरीकी युद्ध-प्रचार और युद्ध की तैयारियों को औचित्य प्रदान करना और उनमें हिस्सा बंटाने को नैतिक दायित्व करार देना था। ऐसा न करने का मतलब था सांस्कृतिक स्वाधीनता और मानव-जाति के बुनियादी मूल्यों के प्रति विश्वासघात करना। इस सम्मेलन ने तय किया कि सांस्कृतिक स्वाधीनता की रक्षा के लिए एक अंतर्राष्ट्रीय समिति बनाई जाए और वह विभिन्न देशों में ऐसी स्वाधीनता के लिए लड़नेवालों की नैतिक और भौतिक सहायता करे। भारत में बंबई में 1955 में उसी की प्रेरणा से

अशोक मेहता और अज्ञेय के नेतृत्व में कांग्रेस फॉर कल्चरल फ्रीडम का सम्मेलन हुआ। मुक्तिबोध ने 'नया खून' में 'कल्चरल फ्रीडम' शीर्षक टिप्पणी लिखकर इसका विरोध किया और उसमें कहा कि "भारत में रूस तथा चीन के प्रति जो सहानुभूति बढ़ रही है और ब्रिटेन तथा अमरीका के प्रति जो हमदर्दी घट रही है—उसे देखकर इस कांग्रेस के छक्के छूट जाते हैं। उसके अनुसार कल्चर की वह व्याख्या सही है जो लंदन और वाशिंगटन में होती है।" बाद में 'नई कविता की प्रकृति' शीर्षक लेख में उन्होंने नई कविता के सिद्धांतकारों को लक्ष्य कर, जो "विश्व में चल रहे राजनैतिक शीत-युद्ध की साहित्यिक शाखा के रूप में" हिंदी में शीत-युद्ध चला रहे थे, कहा : "अमरीकी साहित्य की अधिकांश प्रेरणाएं प्रगतिशील हैं, यथार्थवादी हैं। ऐसी ही श्रेष्ठ परंपराएं पश्चिमी यूरोप में हैं। किंतु, शीत-युद्ध के नीति-नियामकों ने उनसे अपनी प्रेरणा ग्रहण नहीं की, वरन् साम्यवाद-विरोध को अपना प्रधान धर्म मानते हुए (उन दिनों डलेस का जोर था, भारत में भी डलेसवादियों की आज भी कमी नहीं है), वे नीति-नियामक ऐसे सिद्धांतों का प्रचार कर रहे थे, जो घोषित रूप से थे तो साहित्य-सौंदर्य, कला-सौंदर्य के संबंध में, किंतु उनका उद्देश्य अधिक व्यापक था।" यह थी वह राजनीति, जो सांस्कृतिक स्वाधीनता के नाम पर नई कविता में चलाई गई थी। मुक्तिबोध ने इस स्वाधीनतावादी राजनीति के परखचे उड़ा दिए।

नई कविता के सिद्धांतकार यूरोप-अमरीका के मार्क्सवाद-विरोधी अस्तित्ववाद-जैसे दर्शनों और पतनशील साहित्य की मदद से आधुनिक हिंदी कविता की प्रगतिशील धारा को समाप्त करना चाहते थे। मुक्तिबोध ने हमेशा भारत की विशेष स्थिति को ध्यान में रखकर उनका विरोध किया। 'समीक्षा की समस्याएं' शीर्षक निबंध में ही उन्होंने कहा कि भारत ब्रिटेन-अमरीका नहीं है। यह पृथ्वी के उस विशालतम क्षेत्र का प्रतिनिधित्व करता है, जो आज भी पिछड़ा हुआ है। इसमें औद्योगिक क्रांति अभी चल रही है, पूरी नहीं हुई। स्वभावतः मुक्तिकामी और प्रगतिकामी देशों की भाव-धाराएं उसके अधिक निकट हैं, बनिस्बत कामू या यास्पर्स के। चूंकि भारत ब्रिटेन-अमरीका की उन सामाजिक विकासावस्थाओं को अब तक पार नहीं कर सका है, जिन्हें संभवतः उन्होंने सौ साल पहले ही पार कर लिया था, इसलिए वहां की वर्तमान भावात्मक प्रवृत्तियां इस देश में उपजाऊ जमीन नहीं पा सकतीं, भले ही कुछ लोग और कुछ क्षेत्र उन्हें बड़े चाव के साथ ग्रहण कर लें।

1963 में मुक्तिबोध ने राजनांदगांव से अग्न्येश्का सोनी को एक लंबा पत्र लिखा था, जिसमें उन्होंने उससे कहा था कि "भारत में साम्यवाद-विरोधी प्रतिक्रियावादियों की संख्या कम नहीं है। साहित्यिक क्षेत्र में भी वे सक्रिय हैं। इलाहाबाद ऐसे कुछ लोगों का केंद्र है।" इलाहाबाद के वे साम्यवाद-विरोधी लोग कौन थे, जो साहित्यिक क्षेत्र में सक्रिय थे? वे थे धर्मवीर भारती, लक्ष्मीकांत वर्मा, जगदीश गुप्त, विजयदेव नारायण साही आदि, जो नई कविता के सिद्धांतकार थे। मुक्तिबोध ने उनके कम्युनिज्म-विरोधी चरित्र को अच्छी तरह समझ लिया था। उन्होंने उसे अपने लेखों

में उघारकर दिखला दिया।

भारती ने अनेक लेख लिखकर व्यक्ति-स्वातंत्र्य के सिद्धांत का प्रतिपादन किया। उनका मुख्य निशाना मार्क्सवाद था। उन्होंने कहा कि मार्क्सवाद वस्तुतः नियतिवाद है, क्योंकि वह इतिहास की द्वंद्वात्मक गति की अनिवार्यता स्थापित कर उसमें मनुष्य की भूमिका का निषेध करता है। मार्क्स ने इतिहास को मनुष्य का नियंता माना, जबकि मनुष्य इतिहास का नियंता है। उसने मनुष्य से चिंतन-स्वातंत्र्य छीनकर उसे बिलकुल विकल्पहीन बना दिया। भारती ने ये बातें उन मार्क्स के संबंध में कहीं, जिहोंने कहा था कि अब तक दार्शनिक इस संसार की व्याख्या करते रहे हैं, जबकि असली समस्या इसे बदलने की है, और जिन्होंने विचारों की तुलना भौतिक शक्ति से करते हुए दुनिया-भर के मजदूरों का संगठित होने के लिए आह्वान किया था! अस्तित्ववादी दार्शनिक कार्ल यास्पर्स से 'विवेक' शब्द उधार लेकर भारती ने उसी की दुहाई दी और कम्युनिज्म को उसका शत्रु बतलाया। विवेक को निर्णायक मानते हुए 'नई मर्यादा का उदय' शीर्षक लेख में उन्होंने कहा कि "यदि हमारा विवेक ही अंततोगत्वा प्रमुख निर्णय करता है तो संप्रदाय के अनुशासन की क्या सार्थकता? क्यों न हमारा विवेक ही प्रगति की मर्यादा निर्धारित करे? क्योंकि साहित्यकार का सहज विवेक निस्संदेह उसे संप्रदायगत संकीर्णताओं का अतिक्रमण कर व्यापक मानववादी मर्यादाभूमि पर लाकर खड़ा कर देता है।" (मानव-मूल्य और साहित्य, पृ. 107-8) स्पष्टतः यह 'विवेक' संगठन का नहीं, व्यक्ति का विवेक था, वह भी 'सहज'! इससे उसका भाववादी रूप अच्छी तरह प्रकट है। कहने की जरूरत नहीं होनी चाहिए कि जितना अनिश्चित और अमूर्त यह विवेक था, उतनी ही अमूर्त और अनिश्चित भारती की 'व्यापक मानववादी मर्यादाभूमि' थी। 'संप्रदायगत संकीर्णताओं के अतिक्रमण' से उनका मतलब कम्युनिस्ट पार्टी की नीतियों और कार्यक्रमों की मर्यादा के उल्लंघन से था। ये नीतियां और कार्यक्रम चूंकि ठोस होते हैं, इसलिए अनिवार्यतः 'संकीर्ण' होते हैं, जबकि साहित्यकार को 'व्यापक मानववादी मर्यादाभूमि' दरकार होती है! भारती को भी पूंजीवाद से होनेवाले मानवीय विघटन की कम चिंता नहीं थी। वे भी मानते थे कि मानवीय गरिमा की प्रतिष्ठा के लिए सामाजिक-आर्थिक समानता आवश्यक है, लेकिन उसके लिए वे गांधी-विनोबा तक गए, जहां स्वतंत्रता और दायित्व, स्वतंत्रता और मूल्य आंतरिक रूप से परस्पर समन्वित हैं! नई कविता को वे इसी दिशा में प्रेरित करना चाहते थे।

लक्ष्मीकांत वर्मा ने और आगे बढ़कर सर्वहारा के अधिनायकवाद और फासिस्ट अधिनायकवाद दोनों को बराबर कर दिया और चूंकि फासिस्ट अधिनायकवाद समाप्त हो चुका था (किसके हाथों, इसका जिक्र उन्होंने कहीं नहीं किया), उन्होंने मानवीय स्वतंत्रता का सबसे बड़ा शत्रु सर्वहारा के अधिनायकवादवाली व्यवस्था को बतलाया। उन्होंने पूंजीवादी व्यवस्था में पनपनेवाली अतिव्यक्तिवादी कुंठा और निराशा की प्रवृत्तियों को आदर्श मानने का भी विरोध किया और उसे पलायनवाद की संज्ञा दी। लेकिन दूसरी तरफ 'सिनिसिज्म' तक की उन्होंने वकालत की और व्यक्ति-स्वातंत्र्य का

पक्ष यहां तक लिया कि मनुष्य को "आत्म-हत्या तक की स्वतंत्रता" रहनी चाहिए! उनके शब्द हैं, "स्वतंत्रता का वास्तविक अर्थ और व्यक्ति-मर्यादा की पूर्णता इस अधिकार में ही व्यक्त होते हैं। मानव-जीवन की अंतिम परिणति अभिव्यक्ति है। किसी एक को यदि उस अभिव्यक्ति का माध्यम मृत्यु ही प्रतीत होता हो, तो उसे उस माध्यम को अर्थात् मृत्यु को वरण करने का पूर्ण अधिकार मिलना चाहिए।" (नए प्रतिमान : पुराने निकष, पृ. 47-48) इस उद्धरण में आत्महत्या करने के अधिकारवाली बात से अधिक ध्यान देने लायक यह कथन है कि स्वतंत्रता का वास्तविक अर्थ और व्यक्ति-मर्यादा की पूर्णता आत्महत्या के अधिकार में ही व्यक्त होते हैं। कामू ने मानव-अस्तित्व की व्यर्थता बतलाते हुए कहा था कि अब एक ही सही माने में गंभीर दार्शनिक समस्या रह गई है—आत्महत्या। नई कविता के सिद्धांतकार ने आत्महत्या को 'अभिव्यक्ति' कहकर गौरवान्वित किया, जोकि मानव-जीवन की सर्वोच्च उपलब्धि है! स्पष्ट है कि लक्ष्मीकांत वर्मा का मुख्य निशाना भी मार्क्सवाद ही था और अतिवैयक्तिकता के विरोध की उनकी बात वैसे ही निस्सार थी, जैसे भारती की दायित्वयुक्त स्वतंत्रता की बात। ये बातें वस्तुतः पूंजीवादी व्यवस्था को बरकारार रखने में सहायक थीं और हैं। लक्ष्मीकांत वर्मा ने मानव-विशिष्टता पर बहुत ज्यादा जोर दिया और मनुष्य को वर्गों में बांटकर देखने का विरोध किया। उन्होंने कहा कि मानव-विभिन्नता से ही जीवन की समग्रता का बोध होता है और उसी से जीवन का बाहुल्य भी व्यक्त होता है। जीवन की समग्रता का व्यावहारिक रूप एक-दूसरे को सहन करने में है, न कि विरोधों को नष्ट कर देने में। उन्होंने साफ शब्दों में घोषित किया कि प्रयोगवाद "मानवात्मा की मूल समस्या को अंकित करने के साथ एक वर्ग-विशेष की बात नहीं कर पाता। उसके लिए समस्त मानव-ज़ीवन ही अपना है।" (नई कविता के प्रतिमान, पृ. 188) उन्होंने सभी दर्शनों और विचारधाराओं का निषेध करते हुए अंततः अस्तित्ववाद में शरण ली और 'अपने अस्तित्व के प्रति आस्था' को सर्वाधिक मूल्यवान बतलाया।

'अपने अस्तित्व के प्रति आस्था' से ही क्षणवाद का जन्म हुआ। अज्ञेय ने कहा था : "एक क्षण। होने का / अस्तित्व का अजस्र अद्वितीय क्षण! / होने के सत्य का / सत्य के साक्षात् का / साक्षात् के क्षण का / क्षण के अखंड पारावार का / आज हम आचमन करते हैं।" लक्ष्मीकांत वर्मा ने इस 'क्षण' का पूरा दर्शन रच डाला। उन्होंने आधुनिकता को समसामयिकता में और फिर क्षण में परिणत कर दिया। उनका कहना था कि जिन स्थितियों और शंकाओं के बीच आज की समूची बौद्धिक चेतना उलझी हुई है उनसे मुक्ति मनुष्य अपने परिवेश में अपने क्षण-क्षण का भुक्तभोगी होकर ही प्राप्त कर सकता है। इसी के द्वारा उसके विवेक की प्रतिष्ठा होगी। उन्होंने मनुष्य के लिए सबसे बड़ी बाधा अतीत के बोध और भविष्य के स्वप्न को बतलाया। उनके अनुसार ये दोनों ही झूठ और फरेब हैं, जो मनुष्य के क्षण में लीन होने में बाधक बनते हैं। "कल हम क्या थे, अथवा कल हम क्या होंगे, ये दोनों वर्तमान स्थिति से च्युत करके अकर्मण्य बना देते हैं। वस्तुतः कल हम जो कुछ भी हों, आज

इस क्षण, इस देश-काल के संदर्भ में क्या हैं, इसका दायित्व समसामयिकता में व्यक्त होता है। उसके सामने व्यक्ति के सत्य, देश-काल के सत्य और क्षण के सत्य का विशेष महत्त्व है।" (उप., पृ. 271) अतीत के बोध से उनका मतलब था ऐतिहासिक विकास के वस्तुपरक नियमों के ज्ञान से और भविष्य के स्वप्न से उनका मतलब था समाजवादी व्यवस्था की परिकल्पना से। उन्होंने नई कविता के कवियों को इन दोनों से मुक्त होकर अपनी अनुभूति के क्षण में डूब जाने की सलाह दी और कविता को "मानव-अनुभूतियों के प्रति क्षण-क्षण के वेगमय घात-प्रतिघात" के रूप में परिभाषित किया। इसी क्षण में उन्हें सबकुछ दिखाई पड़ा—'इतिहास के विष' और 'भविष्य के स्वप्न-जाल' से मुक्ति, जोकि मानव-मुक्ति का द्वार है! लक्ष्मीकांत वर्मा ने 'नए प्रतिमान : पुराने निकष' में संकलित एक लेख में एक बड़ा सुंदर वाक्य लिखा—"जब क्षण ही युग के समान लगता है तब अनुभूति की गहराई का बोध दे पाता है।" उन्होंने गहराई को न केवल विस्तार से असंबद्ध करके देखा, बल्कि विस्तार को गहराई का विरोधी माना। इस तरह अज्ञेय की 'क्षण का अखंड पारावार' वाली बात सच निकली!

'अपने अस्तित्व के प्रति आस्था' ने जैसे क्षणवाद को जन्म दिया, वैसे ही क्षणवाद ने 'व्यक्ति-सत्य' को, जिसे नई कविता से संबंधित आलोचना में 'भोगा हुआ यथार्थ', 'अनुभूति की प्रामाणिकता' आदि कहा गया। 'ईमानदारी' की अवधारणा को भी इसी से संबद्ध करके देखना चाहिए। क्षण की अनुभूति व्यक्ति की ही अनुभूति हो सकती है, इसलिए सामाजिक नहीं, व्यक्तिगत अनुभूति ही सत्य हो सकती है। लक्ष्मीकांत वर्मा ने साफ शब्दों में कहा कि "कविता मूलतः कवि की व्यक्तिगत वस्तु है।" यदि वह व्यापक सत्य तक पहुंचता है, तो व्यक्ति-सत्य के माध्यम से ही। यहां उन्हें 'छायावाद का विचारहीन कवित्व' काम का लगा और उन्होंने अपने उदाहरण के रूप में महादेवीजी का यह गीत उद्धृत किया—"मेरे हंसते अधर नहीं—जग की आंसू-लड़ियां देखो, / मेरे गीले पलक छुओ मत—मुरझाई कलियां देखो।" बाद में तो 'निकष' के एक लेख में उन्होंने कहा कि "व्यक्ति-सत्य का ही साक्षात्कार वह व्यापक विश्व-स्तर पर भी करता है।" जगदीश गुप्त ने भी अपने लेखों में नई कविता के "व्यक्ति के माध्यम से ही लोकमंगल तक पहुंचने" की बात कही और इसे उसकी 'अपनी विधि' बतलाया। 'साधारण' की जगह उन्होंने 'विशेष' और 'साधारणीकरण' की जगह 'विशेषीकरण' को नई कविता की विशेषता के रूप में रेखांकित किया : "नई कविता के क्षेत्र में जिस सत्य पर बल दिया जाता है वह संवेदनशील व्यक्ति द्वारा प्रत्यक्षीकृत 'विशेष सत्य' होता है और उसी को विशेष प्रकार का यथार्थ भी कहा जा सकता है।··· विशेषीकरण के इस युग में अनुभूति और अभिव्यक्ति दोनों ही उत्तरोत्तर विशेषीकृत होती जा रही हैं और आज के कवि का ध्येय उनका 'साधारणीकरण' करना न होकर उन्हें कलात्मक रीति से इस प्रकार संप्रेषित कर देना होता है कि कवि द्वारा गृहीत सत्य की विशेषता अपने यथार्थ रूप में न केवल बनी रहे वरन् काव्य की उपकारक भी हो जाए।" (नई कविता : स्वरूप और समस्याएं,

पृ. 293-94) ऐसा था व्यक्ति-सत्य की प्रतिष्ठा और उसे 'काव्य का उपकारक' बनाने का नए कवि का प्रयास। स्पष्टतः इस व्यक्ति-सत्य ने कविता को फिर से पूर्णतः आत्मनिष्ठ बनाने का प्रयास किया। 'भोगा हुआ यथार्थ' की प्रतिष्ठा से कविता की विषय-वस्तु बहुत सीमित हो गई और 'अनुभूति की प्रामाणिकता' से वह कवि-मन में समाकर रह गई।

रघुवीर सहाय ने 1951 में 'प्रतीक' में 'ईमानदारी' का सवाल उठाया था और उसकी एक वस्तुपरक व्याख्या सामने रखी थी। उन्होंने हिंदी के व्यक्तिवादी लेखकों की ईमानदारी में शक नहीं किया, लेकिन उनकी सीमा यह बतलाई कि उन्होंने सत्य को अपने अंदर ही ढूंढ़ा, संपूर्ण जीवन से उसका संबंध नहीं समझा, जिसके परिणामस्वरूप वे अपने कष्ट का कारण नहीं, समाधान ही ढूंढ़ते रहे। दूसरी तरफ उन्होंने हिंदी के प्रगतिशील लेखकों के संबंध में यह धारणा व्यक्त की कि वे अपनी मौलिक ईमानदारी से प्रेरित होकर सच को खोजने निकले और नुक्कड़ पर ही जो दुकान मिल गई वहीं से उसे खरीद लिया! निश्चय ही ये वे प्रगतिशील लेखक थे, जिनका लेखन सरलीकृत और सामान्यीकृत था, वे हिंदी के सभी प्रगतिशील लेखकों का प्रतिनिधित्व नहीं कर रहे थे। लेकिन रघुवीर सहाय ने ईमानदारी को "वस्तुओं की वास्तविकता का सही अनुभव" करानेवाला मौलिक गुण कहकर उसकी सही परिभाषा की थी, जोकि लक्ष्मीकांत वर्मा के 'प्रतिमान' में आकर 'अनुभूति की प्रामाणिकता' में रूपांतरित हो गई। अस्वाभाविक नहीं कि 'तार सप्तक' के नए संस्करण के अपने वक्तव्य में अज्ञेय ने 'ईमानदारी' का अर्थ बतलाया—"अपने प्रति दायित्व"।

नई कविता को लक्ष्मीकांत वर्मा की सबसे बड़ी 'देन' 'लघुमानव' की अवधारणा है। अस्तित्व-बोध, व्यक्ति-सत्य और क्षण का दर्शन उसके सिद्धांतकारों को स्वाभाविक रूप से लघुमानव तक ले गया, जो एक ओर मार्क्सवाद के 'समूह-मानव' से अलग था और दूसरी ओर सुमित्रानंदन पंत-जैसे अध्यात्मवादी कवियों के 'स्वर्ण-मानव' से। 'समूह-मानव' इतिहास से दबा हुआ था और 'स्वर्ण-मानव' भविष्य के कल्पित आदर्शों से। इन दोनों के भार से मनुष्य का अपना व्यक्तित्व कुंठित हो गया था, या उसे विकसित होने का अवसर ही नहीं मिला था, जबकि वर्तमान परिस्थितियों में उसी का महत्व था, उसी के सहारे मनुष्य अपने अस्तित्व की रक्षा कर सकता था। लक्ष्मीकांत वर्मा ने अपने 'निकष' में 'समूह' या समाज को 'भीड़' की संज्ञा दी और निजी संवेदना का महत्व बतलाते हुए कहा कि जो भीड़ की संवेदना नहीं है, विवेक और आत्मसाक्षात्कार पर आधारित संवेदना है, वह चाहे कितनी नगण्य हो, चाहे कितनी अवहेलना के योग्य हो, उस समूहवाद से अधिक मूल्यवान है, जो केवल यंत्र द्वारा हमारी इंद्रियों को चालित करके अपना मंतव्य तो सिद्ध कर लेता है, लेकिन उस भीड़ की हर इकाई को खोखला, रिक्त, ठूंठ बनाकर छोड़ देता है। कहने की आवश्यकता न होनी चाहिए कि यह लघुमानव मार्क्सवाद को यंत्रवाद और व्यक्तित्व-विरोधी समूहवाद कल्पित करके उसके 'जन-मानव' के विरुद्ध खड़ा किया गया था। लक्ष्मीकांत वर्मा के अनुसार जन-मानव तो नितांत भीड़ में खोया हुआ व्यक्ति है, न तो उसकी अपनी कोई आस्था है न

अपना कोई विश्वास, वह तो अपना सारा स्वत्व उस भीड़ को समर्पित कर चुका है जो केवल आचरण करती है, अनुकरण करती है और आदेश मानती है या आदेश का खंडन करती है। यह सब वह आत्मविवेक से और प्रबुद्ध रूप में न करके केवल एक समूह-आचरण के अंतर्गत करती है। धर्मवीर भारती के शब्दों में, "भीड़ असंख्यों व्यक्ति-इकाइयों का संकलन नहीं रहती। उसमें मिलकर व्यक्ति खो जाता है और केवल भीड़ का एक विवेकहीन, आत्महीन व्यक्तित्व रह जाता है।" (पश्यंती, पृ. 151) 'भीड़' धीरे-धीरे रघुवीर सहाय में एक ग्रंथि बन गई और उनकी सारी कोशिश भीड़ से अलग रहकर अपने विवेक पर आधारित अपनी रचना-शक्ति को बचाने के लिए होने लगी। अपने एक लेख में उन्होंने कहा है कि मैं विराट् भीड़ों के समाज को बदलने के लिए सरकार के अधिक से अधिक सही इस्तेमाल के लिए लड़े बिना नहीं रह सकता, पर इसका मतलब यह नहीं कि मैं भीड़ का कायल हूं। "मैं बदमाशों, गधों, आधे पागलों और मक्कारों के लिए एक जिम्मेदारी महसूस करता हूं, पर जो कुछ मैं रचता हूं सिर्फ अपनी जिम्मेदारी पर रचता हूं—या फिर नहीं रचता, फिलहाल अपने को रचने योग्य बनाए रखता हूं।" (लिखने का कारण, पृ. 67)

"लघुमानव तो केवल क्षण के यथार्थ का पूर्ण और जागरूक भोगी है और उस भोग को सार्थक मानकर भोगता है—चाहे वह स्थिति अर्थहीनता की हो या उद्देश्यहीनता की हो, चाहे वह निरर्थकता की वह सीमा हो जहां हम केवल होते हैं और केवल अपनी संकल्प-शक्ति से उस 'होते हैं' को अनिवार्य मानते हैं।" ('निकष', पृ. 104) यह 'संकल्प-शक्ति' ध्यान देने लायक है। मनुष्य के पास संगठन की, समूह की और सामूहिक रूप में स्वीकृत नीतियों एवं कार्यक्रमों की जो शक्ति है, वह उसके व्यक्तित्व को रौंद डालती है, उसे निर्मित और विकसित होने का अवसर नहीं देती है। यह अवसर उसे संगठन और समूह से अलग अपनी लघुता में प्राप्त होता है। यह लघुता लघुतम का 'पोटेंशल' है। आज जीवन के विकास और उसके विनाश में इसी लघुतम का महत्व है—चाहे वह आणविक विस्फोट के रूप में हो, चाहे उस इकाई के रूप में हो, जो अपनी स्वतंत्रता के लिए आज भी संघर्षशील है। लघुमानव में निहित आणविक शक्ति का नाम है—'संकल्प-शक्ति'। लघुमानव की इसी व्यक्तिनिष्ठ संकल्प-शक्ति से अधिनायकवाद को खतरा हो सकता है, समूहनिष्ठ संकल्प-शक्ति से नहीं। इस कारण लघुमानव 'छोटा मानव' नहीं है, जैसा उसे हिंदी के मार्क्सवादी आलोचकों ने समझा था। इस तरह लक्ष्मीकांत वर्मा ने एक तरफ लघुमानव की लघुता को काफी गौरवान्वित किया, उसकी शक्ति को संगठन और समूह की शक्ति से भी बढ़कर बतलाया और दूसरी तरफ व्यक्ति की संकल्प-शक्ति की दुहाई देकर अपने सिद्धांत की भाववादिता का परिचय दिया। 'लघुमानव के बहाने हिंदी कविता पर एक बहस' शीर्षक अपने प्रसिद्ध निबंध में विजयदेव नारायण साही ने भी लघुमानव को 'सहज मानव' के रूप में परिभाषित कर उसकी लघुता को महत्व का विरोधी मानने का विरोध किया। लक्ष्मीकांत वर्मा के लघुमानव में संकल्प-शक्ति ही नहीं थी, विकल्प-शक्ति भी थी। वह ऐसा मनुष्य न था, जो इतिहास की अनिवार्यताओं को मानने को बाध्य

हो। उसके पास विकल्प भी थे। वह चुनने के लिए स्वतंत्र था। लक्ष्मीकांत वर्मा ने प्रगतिवाद और पंतजी के नवचेतनावाद को 'पैरासाइट' कहा था, क्योंकि वे दूसरे दर्शनों पर अवलंबित थे। उन्होंने स्वयं अपने दर्शन को आत्मनिर्भर ठहराया था, लेकिन वह भी अस्तित्ववाद पर दयनीय ढंग से निर्भर सिद्ध हुआ।

आधुनिकता पर नई कविता के दौर में बहुत चर्चा हुई, कारण यह कि नई कविता के सिद्धांतकारों ने उसे एक मूल्य मानकर नई कविता को उसी की धुरी पर प्रतिष्ठित करने का प्रयास किया। स्वभावतः उन्होंने संपूर्ण सिद्धांत-रचना उसी के इर्द-गिर्द की। लक्ष्मीकांत वर्मा का ही उदाहरण लें, तो उन्होंने 'आधुनिकता : कुछ विचार-सूत्र' शीर्षक लेख में आधुनिकता को परिभाषित करते हुए कहा कि उसकी मूलभूत भावना *सांप्रदायिक मानव-मूल्यों से पृथक निरपेक्ष एवं विशुद्ध मानव-मुक्ति* की कामना के साथ सक्रियता में है! 'सांप्रदायिक मानव-मूल्य'—ये सारे सिद्धांतकार मार्क्सवादी या समाजवादी मानव-मूल्यों को कहते थे! जिस मानव-मुक्ति की कल्पना उन्होंने की थी, वह उन मूल्यों से पृथक होने के कारण ही 'निरपेक्ष' और 'विशुद्ध' थी। लक्ष्मीकांत वर्मा ने आगे कहा कि विवेक, आत्म-निर्णय और विकल्प का संतुलन ही उस नई व्यवस्था को जन्म दे सकता है, जिसमें मानव का संपूर्ण व्यक्तित्व मुक्ति का अनुभव कर सके। 'आत्म-निर्णय' और 'विकल्प' को निरंकुशता की सीमा तक बढ़ाने की सलाह देते हुए उन्होंने उन्हें 'विवेक' की संगति में रखने की बात कही। कहना व्यर्थ है कि आधुनिकता की यह परिभाषा बिलकुल भाववादी थी। लक्ष्मीकांत वर्मा ने "परंपरा से हस्तगत हुई मानव-प्रतिभा, आचरण की स्वतंत्रता, दृष्टि की परिधिहीन सत्ता और क्षण-क्षण के विकसित यथार्थ की तथाकथित निर्जीव एकरूपता" का खंडन किया और उसकी विविधता को स्वीकार करने की विवशता प्रकट की! इस अवस्था में उन्हें अब तक की निर्धारित सारी सीमाएं टूटती हुई प्रतीत हुईं और उन्होंने कहा कि "यदि हम एक प्रकार की निरुद्देश्यता से काल की लघु से लघु इकाई की सापेक्षता में जीने को मूल्यवान् मानते हैं तो इसमें दोष क्या है? मुझे लगता है कि व्यक्ति-बंधन की अपेक्षा व्यक्ति-स्वातंत्र्य में विश्वास करना, मूर्त प्रतीकों की अपेक्षा अमूर्त को स्वीकार करना हमारी आज की विवशता और अनिवार्यता दोनों ही हैं।" निरुद्देश्यता, काल की लघु से लघु इकाई यानी क्षण की सापेक्षता में जीने और अबाध व्यक्ति-स्वातंत्र्य की बात से भी अधिक ध्यातव्य मूर्तता की अपेक्षा अमूर्तता को स्वीकार करनेवाली बात थी, जिसे नई कविता की 'आधुनिकता' का चरम बिंदु मानना चाहिए। इसे स्पष्ट करते हुए लक्ष्मीकांत वर्मा ने आगे कहा कि रूप या प्रारूप जब जीर्ण और समय की गतिशीलता के समक्ष ध्वस्त हो जाता है, तो हमारी दृष्टि तत्व-प्रधान हो जाती है। "यही कारण है कि आज आधुनिक कला, आधुनिक चिंतन और आधुनिक बोध रूप और प्रारूप (फार्म) की अनुपयुक्तता का अनुभव करके अमूर्त तत्व पर अधिक बल देते हैं। अमूर्तन और आधुनिकता दोनों का एक निश्चित संबंध है।" यह वस्तु और तत्व को एक-दूसरे से अलग करने की बात थी, जोकि असंभव है। भाववादी दर्शन वस्तु को हेय और क्षणस्थायी मानकर तत्व को उसके ऊपर स्थापित करता है, जबकि न वस्तु के बिना तत्व की कल्पना की

जा सकती है, न तत्व के बिना वस्तु की। दुनिया की तमाम चीजों का ज्ञान सिर्फ वस्तु और तत्व की एकता से ही प्राप्त किया जा सकता है, लेकिन लक्ष्मीकांत वर्मा-जैसे सिद्धांतकारों ने तत्व को वस्तु से अलग करने की कोशिश की। इसी का परिणाम थी अस्तित्ववादी स्वतंत्रता की वह धारणा, जिसमें उसे बिलकुल वैचारिक और नैतिक धरातल पर लिया गया, सामाजिक धरातल पर नहीं।

लक्ष्मीकांत वर्मा ने इस बात को अच्छी तरह से समझा था कि अज्ञेय ने प्रगतिशील कविताओं के संकलन 'तार सप्तक' को अपनी संपादकीय भूमिका से एक दूसरी दिशा दे दी थी। ऊपर इस तथ्य की ओर संकेत किया जा चुका है कि उन्होंने अपनी भूमिका में संकलित कवियों की वैचारिक एकता का जिक्र भी नहीं किया और इस बात पर विशेष बल दिया कि "उनमें मतैक्य नहीं है, सभी महत्वपूर्ण विषयों पर उनकी राय अलग-अलग है।" अब आप लक्ष्मीकांत वर्मा की मर्मग्राही दृष्टि देखें। उन्होंने टिप्पणी की कि "इस वक्तव्य में ही हमें उस उत्कट इच्छा की झलक मिलती है कि हिंदी कविता प्रगतिवाद के नियंत्रणों और उसकी सीमाओं से निकलकर अधिक व्यापक धरातल का अन्वेषण करना चाहती है।" (नई कविता के प्रतिमान, पृ. 139) 'अधिक व्यापक धरातल' यानी सामान्यता की जगह विशिष्टता और समानता की जगह विभिन्नता! यह भी कहा जा चुका है कि 'तीसरा सप्तक' की भूमिका में अज्ञेय का प्रगतिवाद-विरोध खुलकर सामने आ गया। लक्ष्मीकांत वर्मा ने यह समझते हुए भी कि 'तार सप्तक' में संकलित प्रगतिशील कवि "संपूर्ण प्रगतिवादी आंदोलन के साथ रहते हुए भी" प्रगतिशील कविता की सीमाओं और संकीर्णताओं के विरुद्ध संघर्षरत थे और उसके सृजनात्मक स्तर को उच्चतर बनाने के लिए बेचैनी के साथ नए रास्ते खोज रहे थे और उन पर चल रहे थे, उन्होंने इसके लिए उन्हें श्रेय नहीं दिया। उन्होंने इस घटना को प्रगतिशील कविता के विरुद्ध हिंदी कविता के एक उत्थान के रूप में पेश किया और उसके श्रेय का अधिकारी अज्ञेय को माना। जगदीश गुप्त ने भी बड़ी ईमानदारी से यह कबूल करते हुए कि "प्रयोगवाद का जन्म प्रगतिवाद की कुक्षि से हुआ है", यह कहा कि "उन्होंने (नई कविता के 'शलाका पुरुष' अज्ञेय ने) विदेशी प्रभावों को सजगतापूर्वक गंभीर चिंतन एवं अनुभूति के साथ आत्मसात् करते हुए, हिंदी कविता को एक निश्चित दिशा की ओर मोड़ने का यत्न किया।" ('स्वरूप और समस्याएं', पृ. 163) मृत्यु-पूर्व के कुछ वर्षों में अज्ञेय ने भारतीयता का जितना शोर उठाया हो, छठा दशक हिंदी कविता में वह काल था, जिसमें विदेशी प्रभाव उतने निषिद्ध न माने जाते थे, न स्वयं उनके द्वारा, न उनके अनुयायियों के द्वारा। यदि ये निषिद्ध थे, तो उनकी दृष्टि में प्रगतिशील कवियों के लिए, नई कविता के लिए हर्गिज नहीं, क्योंकि जगदीश गुप्त के शब्दों में ही, "नवलेखन का झुकाव अंतर्राष्ट्रीयता की ओर दिखाई देता है।"

उक्त सिद्धांतों की आड़ लेकर नई कविता के सिद्धांतकारों ने प्रगतिवाद, प्रगतिशील आंदोलन और प्रगतिशील कविता पर हमले शुरू किए। इसके लिए उन्होंने दो काम किए। एक तो प्रगतिवाद के सिद्धांतों को विकृत बनाकर पेश किया और दूसरे, उन्होंने

इस बात पर पर्दा डाला कि स्वयं कुछ प्रगतिशील कवि प्रगतिशील कविता को उसकी सीमाओं और संकीर्णताओं से मुक्त कर उसे विकसित करने के लिए सतत सचेष्ट थे। 'तार सप्तक' वैसे ही कवियों का आयोजन था, लेकिन इस तथ्य को जानते हुए भी उन्होंने उसे प्रगति-विरोधी प्रयोगवादी या नई कविता का परिप्रेक्ष्य प्रदान कर दिया। प्रगतिशील कविता के विकास के लिए सृजनात्मक संघर्ष करनेवाले कवि 'तार सप्तक' से बाहर भी थे, उदाहरण के लिए केदारनाथ अग्रवाल, नागार्जुन और त्रिलोचन, लेकिन इन सिद्धांतकारों ने उनको कोई महत्व नहीं दिया। नागार्जुन की चर्चा उन्होंने अवश्य की, पर उनकी राजनीतिक कविताओं को आधार बनाकर उनका विरोध करने के लिए। निश्चय ही प्रगतिवाद में संकीर्णतावादी रुझान था, जिसका फायदा उठाकर उन्होंने अपनी मुहिम तेज की, लेकिन यह ईमानदारी की बात न थी। यह वस्तुतः सत्य को स्वीकार करने के साहस के अभाव का सूचक था। राजनीतिक कविताएं प्रगतिशील कविता का एक खास रूप होती हैं, जिनकी साहित्य और समाज में अपनी भूमिका होती है और जिनकी अपनी कला होती है, लेकिन उन लोगों ने इस बात को तो नहीं ही देखा, प्रायः इस बात को भी देखने से इनकार किया कि स्वयं प्रगतिशील आलोचक प्रगतिशील कविता की सीमाओं और संकीर्णताओं पर लगातार चोट कर रहे थे। प्रमाण के लिए शिवदान सिंह चौहान और डॉ. रामविलास शर्मा के प्रगतिशील कविता-संबंधी विचार देखे जा सकते हैं।

1955 के आरंभ में शिवदान सिंह चौहान ने "कविता में 'प्रगति' और 'प्रयोग' की समस्या" शीर्षक एक लेख लिखा था, जिसमें उन्होंने प्रगतिवादी और प्रयोगवादी दोनों ही कविताओं की बहुत ही तीखी, लेकिन वस्तुपरक आलोचना की थी। नई कविता के सिद्धांतकारों ने उनकी प्रयोगवादी कविता की आलोचना को ध्यान में रखा, लेकिन उनकी प्रगतिवादी कविता की इस तरह की आलोचना को नजरअंदाज कर दिया : "किसी गहरी अनुभूति की कलात्मक अभिव्यंजना के बिना भी, कविता में यदि 'सही' मानववादी दृष्टिकोण या 'सही' वामपक्षीय राजनीतिक विचार पद्यबद्ध हैं तो उन हल्की-फुल्की तुकबंदियों को 'नए युग' की कविता घोषित करने में हमारे कतिपय प्रगतिवादी आलोचक संकोच नहीं करते, और समझते हैं कि कोरे साधारणीकृत विचारों, सिद्धांतों और वक्तव्यों में 'आगे बढ़ते जाने' या लड़ते जाने के गर्वोक्तिपूर्ण उद्‌गारों और 'अंधेरा-सबेरा' की टकसाली चित्र-कल्पनाओं को यांत्रिक ढंग से जोड़कर तुकों की बंदिश में बांध देने या मुक्त-छंद के रूप में लिख देने-भर से ही कविता में 'प्रगति-तत्व' पैदा हो जाता है। ऐसी स्थिति में काव्य की किसी भी सौंदर्यपरक कसौटी पर इन पद्यात्मक रचनाओं को परखने का प्रश्न नहीं रहा, क्योंकि अमूर्त विचार-वस्तु की शुष्क और यथातथ्य नीरस व्यंजना भी उनकी दृष्टि में स्पृहणीय दिखाई देती है। 'सही' सिद्धांत-कथन ही इन रचनाओं का जैसे औचित्य हो। गत पंद्रह वर्षों में प्रगतिवादी कवियों की अनेक कविताओं के अनेक संग्रह छपे हैं। उनमें कुछ श्रेष्ठ और सशक्त कविताएं भी हैं, किंतु अधिकतर ऐसी हैं, जिन्हें पढ़कर यह धारणा ही पक्की होती है कि इन कवियों ने काव्य के रूपाकार (फार्म) को विकृत और सतही बनाने मे जैसे

एक-दूसरे से होड़ लगा रखी है।" (साहित्य की समस्याएं, पृ. 77) इससे भी पहले मई, 1949, के 'हंस' में डॉ. शर्मा ने लिखा था : "यह बात आजमाकर देखी जा सकती है कि जो कवि किसानों-मजदूरों से जितना ही दूर होता है, उतना ही वह उन्हें जगाने के लिए हुंकार और धुआंधार की ध्वनि ज्यादा करता है। दरअसल किसान-मजदूर कबीर के खुदाय की तरह बहरे नहीं हैं कि उन्हें जगाने के लिए इतनी जोर से बांग देने की जरूरत पड़े। 'उधर चीन हुंकार उठा' और 'यह भारत फुंकार उठा'—इस तरह की पंक्तियों को हम प्रगतिशील कविता की अच्छी-खासी पैरोडी मान सकते हैं।"

जगदीश गुप्त ने अपने एक लेख में पं. पद्म सिंह शर्मा का यह कथन उद्धृत करने के बाद कि "छायावाद के नाम से हिंदी में जितनी कविताएं प्रकाशित हो रही हैं उनमें यदि एक भी अच्छी कविता है तो उसी एक कविता से हमें छायावाद की परीक्षा करनी चाहिए", लिखा कि "मैं पाठकों के आगे यही प्रस्ताव नई कविता के संबंध में करता हूं। जो अशक्त है उसकी चिंता करना व्यर्थ है। वह तो वैसे ही नहीं जिएगा, किंतु जो इतना शक्ति-संपन्न है कि युगों पुरानी रूढ़ियों को तोड़ डाले, उसको बिना सोचे-समझे उपेक्षित अथवा लांछित करना न केवल अन्याय है वरन् अपराध भी है।" ('स्वरूप और समस्याएं', पृ. 185) पूछा जा सकता है, यह सिद्धांत प्रगतिशील कविता पर क्यों नहीं लागू किया गया?

मुक्तिबोध ने इलाहाबाद के जिन लेखकों को साम्यवाद-विरोधी प्रतिक्रियावादी कहा था, उनकी संस्था 'परिमल' का गठन ही हिंदी में प्रगतिवाद के विरुद्ध शीत-युद्ध चलाने के लिए हुआ था। 1949 में 'प्रगतिवाद : एक समीक्षा' नामक पुस्तक लिखकर धर्मवीर भारती ने सोवियत साहित्य और उसके साथ किसी हद तक हिंदी के प्रगतिशील साहित्य की बहुत कुछ निष्पक्ष आलोचना की थी। उसके बाद लक्ष्मीकांत वर्मा ने हिंदी की प्रगतिशील कविता के विरुद्ध जिहाद छेड़ दिया और तोप का मुंह उसकी ओर करके धुआंधार गोलाबारी शुरू की। इसके लिए जरूरी था कि प्रगतिशील कविता का गलत चित्र प्रस्तुत किया जाए। उन्होंने न केवल पंत की 'ग्राम्या', नरेंद्र शर्मा के 'मिट्टी और फूल' और निराला के 'नए पत्ते' की कविताओं को भुला दिया, बल्कि केदारनाथ अग्रवाल की 'युग की गंगा' (1946), त्रिलोचन की 'धरती' (1946) और नागार्जुन की 'युगधारा' (1953)-जैसी कविता-पुस्तकों को भी ध्यान में नहीं रखा, जिनमें हिंदी की प्रगतिशील कविता ने यथार्थवादी कला की उच्चतर भूमि पर पांव रखा था। 'तार सप्तक' को तो उन्होंने प्रगतिशीलता के विरुद्ध नई कविता का प्रथम संकलन ही माना और 'दूसरा सप्तक' के शमशेर-जैसे प्रगतिशील कवि की कला-साधना को भी कोई महत्व नहीं दिया। आज केदार, नागार्जुन और त्रिलोचन का कृतित्व हमारे सामने है, जिसके आगे प्रगति-विरोधी नई कविता के कवियों का कृतित्व बहुत कुछ निष्प्रभ प्रतीत होता है। इस गौरवपूर्ण कृतित्व का प्रथम उन्मेष उक्त पुस्तकों में ही लक्षित हुआ था। आलोचकीय दायित्व और ईमानदारी का यह तकाजा था कि उनमें निहित नवीन सृजनात्मकता और कला-दृष्टि को पहचाना जाता, लेकिन यहां तो लक्ष्य ही दूसरा था—संघर्षशील भारतीय जनता की राजनीति को पराजित कर पूंजीवादी राजनीति के उद्देश्य

को सिद्ध करना, जिसकी प्रेरणा, मुक्तिबोध के शब्दों में, लंदन और वाशिंगटन से ली गई थी। लक्ष्मीकांत वर्मा ने शिवमंगल सिंह 'सुमन', नागार्जुन और अगिया बैताल एवं निरंजन नामों से लिखी गई रामविलास शर्मा की राजनीतिक कविताओं को संपूर्ण प्रगतिशील कविता कहकर पेश किया और यह प्रचारित किया कि प्रगतिशील कविता को कवि के सृजनात्मक व्यक्तित्व तथा कलात्मक सौंदर्य से कुछ लेना-देना नहीं है। वह केवल भारतीय कम्युनिस्ट पार्टी के मंतव्यों को कविता के रूप में उपस्थित करने का माध्यम है।

"मानव नियति को यदि छायावाद ने आकाश की शून्यता में भटकने के लिए छोड़ दिया तो प्रगतिवादियों ने उसे उस रसातल को पहुंचा दिया जहां अंधकार में मनुष्य के व्यक्तित्व को भेड़-बकरियों के समान समझा जाने लगा।" "प्रगतिवाद का सारा आंदोलन ... केवल उन विद्रोहियों का आंदोलन बनकर रह गया जो किसी प्रतिक्रिया में उबल तो पड़ते हैं किंतु जिनके पास न तो विद्रोह को बौद्धिक स्तर पर वहन करने की क्षमता ही थी और न उसकी दृष्टि।" "समकालीन साहित्य के संदर्भ में एक काल के बोध की अभिव्यक्ति होती है जिसे प्रगतिवादी तत्कालीन मंतव्यों (immediate motives) के कारण भुला देते हैं। ऐसा करने का एकमात्र कारण यह है कि वे संपूर्ण जीवन के संदर्भ को एक प्रवाह के रूप में न देखकर टुकड़ों में देखते हैं, वर्तमान या समकालीन को अतीत और भविष्य से पृथक् करके देखते हैं।" "प्रगतिवाद एक विशेष राजनीतिक मतवाद का लक्ष्यपूर्ण आंदोलन है जिसका संबंध साहित्यिक मानदंड से निर्धारित नहीं होता, वरन् राजनीतिक परिस्थितियों और आवश्यकताओं द्वारा संचालित होता है। इसका सामाजिक दायित्व भी उन्हीं राजनीतिक मंतव्यों से प्रशासित होता रहता है और इसीलिए उसके विधान का बहुत बड़ा अंश साहित्यकारों द्वारा निर्धारित न होकर दलगत राजनीतिक व्यक्तियों द्वारा संचालित होता है।" ये कुछ सूक्तियां हैं, जो लक्ष्मीकांत वर्मा के 'प्रतिमान' में बिखरी हुई हैं। प्रगतिशील कविता को उन्होंने अपने हमले का निशाना यह कहकर बनाया कि उसमें व्यक्ति के वैशिष्ट्य की अभिव्यक्ति नहीं हुई, उसके पास विद्रोह का बौद्धिक दर्शन न होकर सिर्फ उसका उबाल था और उसका कोई सौंदर्यशास्त्र नहीं। आज शमशेर, केदार, नागार्जुन, त्रिलोचन और मुक्तिबोध के कृतित्व पर कोई आंख मूंदकर ये आरोप नहीं लगा सकता। व्यक्ति-वैशिष्ट्य, बौद्धिकता अथवा दार्शनिकता और कला-चेतना को लेकर इन कवियों में आपस में फर्क है, लेकिन ये उनसे शून्य हैं, यह कहना आज अंध प्रगतिशीलता-विरोध की पराकाष्ठा होगी। इसे इतिहास का व्यंग्य ही कहेंगे कि जिनका सारा साहित्यिक कारोबार व्यक्तित्व और वैशिष्ट्य की दुहाई देने पर ही टिका था, उन्हीं के कृतित्व में उनकी वैसी अभिव्यक्ति नहीं मिलती, जैसी शमशेर और मुक्तिबोध-जैसे प्रगतिशील कवियों के कृतित्व में मिलती है! नई कविता में बौद्धिकता के आग्रह का ही परिणाम था कि आगे चलकर लक्ष्मीकांत वर्मा ने विद्रोह-मात्र को 'रोमांटिक भाव-स्थिति' कहकर, जोकि विवेक की शत्रु होती है, अर्थहीनता और सिनिसिज्म को मूल्यों के रूप में प्रतिष्ठित करने का प्रयास किया। ('निकष', पृ. 25-29) जहां

तक 'साहित्यिक मानदंड' की बात थी, कविता को नया सौंदर्यशास्त्र भी प्रगतिशील कवियों ने ही प्रदान किया है, प्रगति-विरोधियों ने तो प्रायः पश्चिमी कलावाद और आधुनिकतावाद को ही उदाहृत और उद्धृत किया है! दिलचस्प था लक्ष्मीकांत वर्मा का यह आरोप कि प्रगतिशील कवि तात्कालिकतावादी होने के कारण जीवन को प्रवाह के रूप में न देखकर उसे टुकड़ों में देखते हैं, वर्तमान को अतीत और भविष्य से पृथक करके देखते हैं! यह था क्षणवाद या 'हम नदी के द्वीप हैं, धारा नहीं हैं' के भाष्य का प्रगतिवाद तक विस्तार!

मुक्तिबोध अपने को नई कविता का अंग मानते थे, यह कहा जा चुका है। साथ ही यह भी कहा जा चुका है कि उनका लगाव संपूर्ण नई कविता से न था। नई कविता की कई अंतर्धाराएं थीं और उसमें वे प्रगतिशील धारा के प्रतिनिधि थे। स्वाधीनता-प्राप्ति के बाद जब प्रयोगवाद वा नई कविता का अंतर्विरोध तेज हुआ और नई कविता के पक्षधरों ने "साम्यवादी-प्रगतिवादी प्रभाव का मूलोच्छेद" करने के लिए सुनियोजित ढंग से हमले शुरू किए, तो वे उससे खिंच गए। उन्होंने लिखा है कि "ठीक यही कारण है कि बहुत-से ऐसे लेखक जो उनकी मूल जीवन-व्याख्याओं से और जीवन-दृष्टि से सहमत नहीं थे, वे उनसे कटकर अलग हो गए। उन्होंने इन महोदयों से कटकर अपना स्वतंत्र किंतु निःसंग और त्रासदायक जीवन-पथ अंगीकार करना ही उचित समझा।" (मु. र., 5/159) इस दौर में हिंदी के अनेक प्रगतिशील कवि, उदाहरण के लिए नेमिजी और भारतभूषण, प्रगतिशील आंदोलन से अपना संबंध तोड़कर नई कविता के आंदोलन में सम्मिलित हुए, यह तो हम जानते हैं, पर यह नहीं जानते कि 'बहुत-से लेखक' अपनी प्रगतिशीलता के कारण उससे अलग हो गए। ऐसे लेखक केवल एक थे—स्वयं मुक्तिबोध, जिन्होंने उक्त दृश्य देखकर नई कविता से अपना वैचारिक अलगाव स्पष्ट किया और उस पर जवाबी हमले किए। उपर्युक्त उद्धरण में उन्होंने वस्तुतः अपनी ही कथा कही है। "उन नीति-नियामकों (नई कविता के) का मुख्य उद्देश्य तो उन वामपंथी मनोवृत्तियों से युद्ध करना था। यही कारण था कि उन्हीं के काव्य-क्षेत्र के अंतर्गत बहुत-से रचनाकारों ने जब अपनी किन्हीं कृतियों में वामपंथी मनोवृत्तियां प्रकट कीं, तो उनकी वे कृतियां, उन नीति-नियामकों और उनके अनुसरणकर्ताओं के लेखे असुंदर हो गईं।" (उप., 5/333) यहां भी रचनाकार 'बहुत-से' न थे, मुक्तिबोध अकेले थे, जिन्हें 'जड़ीभूत सौंदर्याभिरुचि' की उपेक्षा का शिकार होना पड़ा था। भद्रवर्ग की बैठकों में सुनाई गई उन्हीं की कविताओं के प्रति प्रतिष्ठित महारथियों ने अविश्वास, अरुचि और वैराग्य प्रकट किया था!

नई कविता के पक्षधरों की सारी कोशिश यह थी कि कवियों को यथार्थ जीवन-संदर्भों के चित्रण से रोका जाए, जिससे वे वामपंथ की ओर न झुकें। उन्होंने भावनाओं से जीवन-स्थितियों को सूचित करनेवाले संकेतों तक को लुप्त कर देना चाहा। वे केवल भावनाओं के मानसिक वातावरण का और उस वातावरण के भीतर स्थित 'फुसफुसाहटों' का चित्रण चाहते थे, जिससे कि कवि वास्तविक जीवन से अधिक से अधिक दूर रहें। 'नई कविता' (5-6) में इलाहाबाद-केंद्र के ही नई कविता के एक

अन्य सिद्धांतकार डॉ. रघुवंश ने कवि-रूप में विपिन अग्रवाल को पेश करते हुए यह कहा था कि आधुनिक कवि के लिए वस्तुओं का अपने आप में कोई महत्व नहीं रह गया है, उनकी स्थितियों का आकर्षण समाप्त हो गया है। अतः उसके लिए 'अनुभव' सबसे अधिक महत्वपूर्ण है। यह 'अनुभव' भी एक विचित्र चीज था, क्योंकि यह वस्तु और स्थिति से स्वतंत्र था। यह और विचित्र इसलिए था कि यह 'वैज्ञानिक दृष्टि' की देन था। रघुवंशजी के शब्द हैं, "इसी वैज्ञानिक दृष्टि से आज का कवि अपने अनुभव की समस्या को हल करने में संलग्न है। वह अपने इस काव्यात्मक अनुभव को वस्तु, स्थिति अथवा चरित्र आदि की प्रतिक्रिया या भावशीलता के रूप में नहीं मानता। वह सीधे अनुभव को उसी स्तर पर ग्रहण करता है और इसी कारण उसके अनुभव तथा काव्य-रचना में कार्य-कारण का संबंध नहीं देखा जा सकता।" अनुभव को वस्तु, स्थिति और चरित्र से स्वतंत्र मानने की अनिवार्य फलश्रुति होगी अनुभव और कविता के बीच के कार्य-कारण-संबंध की समाप्ति। यह है वह अमूर्तन, जिसे मुक्तिबोध ने भावनाओं के मानसिक वातावरण के भीतर स्थित 'फुसफुसाहट' कहा था। इस तरह रघुवंशजी ने लक्ष्मीकांत वर्मा की इस प्रस्थापना की पुष्टि की कि अमूर्तन और आधुनिकता परस्पर संबद्ध हैं।

नई कविता में स्वतंत्रता का जो सवाल उठाया गया था और समाजवादी व्यवस्था को जो उसका सबसे बड़ा शत्रु घोषित किया गया था, उसका मुक्तिबोध ने तुर्की-ब-तुर्की जवाब दिया। उन्होंने कहा कि स्वतंत्रता की पूंजीवादी धारणा का अनथक प्रचार करनेवाले महानुभाव नहीं देखते कि अमरीका में कितने अलिखित सामाजिक प्रतिबंध सक्रिय हैं। वे वहां के समाज को स्वतंत्र मानते हैं, भले वहां नीग्रो जाति के लोगों को होटलों और रेस्तराओं से अलग रखा जाए। उनके लिए कलाकार की स्वतंत्रता की कसौटी है समाजवादी समाज-व्यवस्था को उलट देने या उसे निंदनीय ठहराने की गरज से रचा गया साहित्य और उसमें प्रकट होनेवाली भाव-दृष्टि। अमरीका में चार्ली चैपलिन के साथ क्या सलूक किया गया, इसकी तरफ वे नहीं देखते। क्या स्वतंत्रता समाजवाद के विरोध में ही है, पूंजीवाद-साम्राज्यवाद के विरोध में नहीं? मुक्तिबोध ने 'रचनाकार का मानवतावाद' पर लिखते हुए स्पष्ट शब्दों में घोषित किया कि "संपूर्ण स्वतंत्रता कहने-भर की बात है" और सामाजिक प्रतिबंध अवश्यंभावी हैं, देखने की बात यह है कि कौन-से प्रतिबंध सर्वोच्च मानव-मूल्यों और मानव-मुक्ति के लक्ष्यों के अनुकूल हैं और कौन उनके प्रतिकूल। ये महानुभाव कम्युनिज्म को विदेशी और प्रगतिशीलता को 'रूसी' कहकर उससे लोगों को आगाह करते थे, जबकि स्वयं पश्चिमी दार्शनिक विचारधारा और पतनशील साहित्य का प्रभाव लेकर उसे हिंदी में फैला रहे थे। 'नई कविता की प्रकृति' शीर्षक अपने लेख में मुक्तिबोध ने काफी व्यंग्यात्मक ढंग से उन्हें उत्तर दिया : "पश्चिमी प्रभाव भारतीय प्रभाव है, अमरीकी नीति-नियमन वस्तुतः भारतीय है! अंतर्राष्ट्रीय साम्यवाद भारत का शत्रु है, अंतर्राष्ट्रीय पूंजीवाद और साम्राज्यवाद भारत का अपना सगा भाई है!" स्वतंत्रता का अर्थ वस्तुतः इस बात में है कि समाज में उसका क्या उपयोग किया जाता है और जन-साधारण के कल्याण और उत्थान के

लिए उसे कौन-सी दिशा दी जाती है। 'दार्शनिक पार्श्वभूमि' वाले लेख में उन्होंने काफी झल्लाकर लिखा : "व्यक्ति-स्वातंत्र्य का झंडा ऊंचा कर स्वातंत्र्य के उपयोग और दिशा की समस्या से पल्ला झाड़ लिया गया। पूंजीवादी समाज के नाश की कल्पना को साम्यवादी बहक कहकर मोटे सेठों से नाता जोड़ा गया। सरकार के अच्छे कामों की आलोचना करते हुए, पश्चिमी पूंजी से जुड़े भारतीय करोड़पतियों के दरबारों में पहुंचने की दृश्यावली प्रस्तुत की गई।" वाकई जो नई कविता के झंडाबरदार थे, वे ठीक समय पर विवेक, दायित्व, मर्यादा, नैतिकता, आंतरिकता आदि की बात भूल गए और अपना साहित्यिक जीवन इजारेदारों के हित-साधन में समाप्त कर दिया। दूसरे अनेक स्वतंत्रतावादियों ने भी कमोबेश यही रास्ता अपनाया। राहों के असली अन्वेषियों को असली राह मिल गई थी। धर्मवीर भारती के ही शब्दों में कहें, तो "बिना आर्थिक सुविधा के व्यक्ति की राजनीतिक या आर्थिक स्वतंत्रता की बात करना एक बुर्जुआ भ्रम था, क्योंकि आर्थिक स्तर पर एक वर्ग का व्यक्ति अपना श्रम बेचने को 'विवश' है, दूसरा उसे खरीदने को 'स्वतंत्र', एक व्यक्ति पिसने को 'विवश' है और दूसरा पीसने को 'स्वतंत्र'।" ('मानव-मूल्य', पृ. 123) 'अंधेरे में' मुक्तिबोध की एक जटिल और बहुस्तरीय कविता है। उसके एक स्तर पर वे समकालीन कविता की आलोचना करते चलते हैं। एक स्थान पर उन्होंने कहा है, "स्वातंत्र्य व्यक्ति का वादी / छल नहीं सकता मुक्ति के मन को, / जन को।" इसका डॉ. रामविलास शर्मा-कृत भाष्य दिलचस्प है : "अर्थात् व्यक्ति-स्वातंत्र्य के वादी सच्चिदानंद हीरानंद वात्स्यायन गजानन माधव मुक्तिबोध के मन को छल नहीं सकते"!

व्यक्ति-स्वातंत्र्य की ही परिणति नई कविता में क्षणवाद में हुई। मुक्तिबोध ने इस क्षणवाद पर कड़ी चोटें कीं और कहा कि क्षण-चित्र अपने आप में अपूर्ण हैं। जीवन समग्र है और वह अपनी समष्टि में उलझा हुआ है। अतएव कोई भी क्षण-चित्र उस समग्र को, उसकी सारी पेचीदगियों में प्रतिबिंबित नहीं कर पाता। लक्ष्मीकांत वर्मा ने नई कविता को "मानव-अनुभूतियों के प्रति क्षण-क्षण का वेगमय घात-प्रतिघात" कहा था। मुक्तिबोध ने उसे बाह्य के प्रति केवल 'संवेदनाघात' या 'संवेदनात्मक प्रतिक्रिया' कहकर उसकी सीमा बतला दी। नई कविता के कवि संवेदनात्मक स्तर पर ही टिके रहने के कारण गहराई में उतरकर जीवन का विस्तृत चित्र देने में असमर्थ थे। मुक्तिबोध ने विशिष्ट चित्रण को अपर्याप्त बतलाया और नई कविता से परस्पर-संबंधित विशिष्टों के चित्रण और सामान्यीकरण इन दोनों की मांग की। चूंकि क्षण-चित्र उपस्थित करना अपेक्षाकृत आसान था, इसलिए नई कविता की प्रदर्शनी में 'क्षणिक' चित्रों की भरमार थी। उन्होंने लक्ष्य कर लिया कि उसमें वैसा इसलिए है कि जीवन का विश्लेषणात्मक चित्रण करने के लिए जिस बौद्धिकता और संकलित चित्रों के गठन के लिए जिस बौद्धिक शक्ति की आवश्यकता होती है, वह उसके कवियों में नहीं थी। नई कविता के पक्षधरों ने छायावाद और प्रगतिवाद की भावुकता का उपहास करते हुए नई कविता को बौद्धिकता से युक्त कहा था, लेकिन मुक्तिबोध का निष्कर्ष यह था कि नई कविता में बौद्धिकता नहीं। उसमें भावुकता के अभाव को बौद्धिकता समझ लिया गया था,

जबकि बौद्धिकता भावुकता के अभाव से अलग एक 'ज्ञान-दृष्टि' है, जिसमें तथ्य-बोध, विश्लेषण, सामान्यीकरण और मूल्यांकन की क्षमता होती है। वे चाहते थे कि नई कविता जीवन के विविध अनुभवों के सामान्यीकरणों से उत्पन्न निष्कर्ष-रूप दीप्ति से युक्त हो, वह जीवन-वहन की लालटेन हो, लेकिन वह वैसा होने में असमर्थ थी!

रघुवीर सहाय ने ईमानदारी का सवाल उठाया था, जो नई कविता के सिद्धांतकारों के हाथों 'अनुभूति की प्रामाणिकता' बनकर रह गया था। मुक्तिबोध ने 'कलाकार की व्यक्तिगत ईमानदारी' शीर्षक से डायरी-शैली में कई लेख लिखे, जिनमें से पहला लेख 'वसुधा' के मार्च, 1960 के अंक में प्रकाशित हुआ था। बाद में भी उन्होंने 'समीक्षा की समस्याएं' शीर्षक निबंध लिखा, तो उसमें 'ईमानदारी' की समस्या पर विचार किया और उसके कई जटिल स्तरों में प्रवेश करते हुए पूरी चर्चा को एक तर्कसंगत परिणति प्रदान की। 'वसुधा' वाली डायरी की किस्त में उन्होंने अपने मित्र यशराज के माध्यम से अपनी बात कही : " 'व्यक्तिगत ईमानदारी' का नारा देने-वाले लोग, असल में भाव, या विचार के सिर्फ 'सब्जेक्टिव' पहलू—केवल आत्मपक्ष—के चित्रण को ही महत्त्व देकर, उसे 'भाव-सत्य' या 'आत्म-सत्य' की उपाधि देते हैं। किंतु भाव या विचार का एक 'आब्जेक्टिव' पहलू अर्थात् वस्तुपरक पक्ष भी होता है। आजकल लेखन-कार्य में आत्मपरक पक्ष को प्रधानता दी जाती है, वस्तुपरक पक्ष को नहीं।" पुनः, "यदि हिंदी की नई कविता को साहित्य के इतिहास में, या यूं कहिए कि संस्कृति के इतिहास में, कोई महत्त्वपूर्ण पार्ट अदा करना है, तो उसे काव्य की प्रकृति तथा शिल्प में आत्मपक्ष और वस्तुपक्ष का समन्वय उपस्थित करना होगा।" आगे उन्होंने यह बात रखी कि मानसिक प्रतिक्रिया में सत्यत्व तभी उत्पन्न होगा, जबकि उसमें वस्तु-तत्व का वस्तुमूलक आविर्भाव हो और यह तभी संभव है, जबकि ज्ञान और बोध के आधार पर कवि की भावना की इमारत खड़ी हो। इस तरह उन्होंने कविता में कवि की विश्वदृष्टि का महत्व प्रतिपादित किया और कहा कि यदि विश्वदृष्टि गड़बड़ हुई, तो कवि की संवेदनात्मक प्रतिक्रिया कितनी भी 'प्रामाणिक' क्यों न हो, उसमें सत्यत्व न होगा। 'समीक्षा की समस्याएं' में मुक्तिबोध ने कहा कि हिंदी में 'ईमानदारी' शब्द अंग्रेजी के 'सिनसियरिटी' का अर्थ द्योतित करता आ रहा है। 'सिनसियरिटी' की कल्पना में 'ऑनेस्टी' की कल्पना का भी अंतर्भाव अपेक्षित है, क्योंकि सत्यत्व के संदर्भ बाह्य और अंतर इन दोनों लोकों में एक साथ और अविभाज्य रूप से स्थित हैं। इस प्रसंग में उन्होंने इस बात पर खास तौर से जोर दिया कि काव्य-रचना में सौंदर्यानुभूति के जो क्षण आते हैं, कवियों को उन्हीं तक सीमित न रहकर उनमें उद्‌बुद्ध और जाग्रत समस्त जीवन-चेतना को उसके सारे संदर्भों के साथ चित्रित करना चाहिए। इसी में कवि की ईमानदारी है, न कि उन्हें प्रवाह से उठाकर, संदर्भों से अलग कर, कविता में एक अमूर्तन लाने में। नई कवितावालों को लक्ष्य कर उन्होंने कहा कि "हमारे भाइयों ने ईमानदारी के वस्तुपरक रूप को कोई महत्त्व नहीं दिया, उसकी नितांत उपेक्षा की।"

'लघुमानव' को नई कविता के सिद्धांतकार अपनी एक नायाब खोज समझते

थे। जगदीश गुप्त कहते रहे कि 'लघुता' को मूल्य मानना ठीक नहीं है, लेकिन विजयदेव नारायण साही ने अपने पूर्वसंकेतित निबंध में बड़ा तूमार बांधा और लघुमानव को 'सहज मानव' का अविरोधी सिद्ध किया। इस लघुमानव के संबंध में मुक्तिबोध के क्या विचार थे? लक्ष्मीकांत वर्मा ने लघुमानव को 'जन-मानव' ही नहीं, उस जन-साधारण के भी विरुद्ध खड़ा किया था, जो संगठित होकर इतिहास की धारा को मोड़ सकता है। उन्होंने शक्ति का स्रोत व्यक्ति को बतलाया था, उसकी आत्मा को, संगठन को नहीं, क्योंकि उसमें व्यक्ति की स्वतंत्रता मारी जाती है, उसका व्यक्तित्व कुंठित हो जाता है, क्योंकि वह स्वतंत्र निर्णय नहीं ले सकता, विकल्प-हीन हो जाता है, उसके पास चुनने की स्वतंत्रता नहीं रह जाती। इस पर मुक्तिबोध ने 'नई कविता की प्रकृति' शीर्षक लेख में ही यह टिप्पणी की : "हम तो केवल 'लघुमानव' हैं, साधारण जनता नहीं। साधारण जनता में विश्व-परिवर्तन की अदम्य क्रांतिकारी शक्ति होती है। लेकिन उन नीति-नियामकों के लेखे, वह भीड़ की अंधी ताकत है। वास्तविक चेतना तो व्यक्ति के अपने अभ्यंतर की समृद्धि है। तो इसलिए व्यक्तित्व की इकाई महत्त्वपूर्ण है। यह इकाई 'लघु-मानव' है, क्योंकि अब यह इकाई महान आदर्शों के उच्चतर स्तर की प्राप्ति के पीड़ाजनक भीषण प्रयत्नों में संलग्न नहीं है, न हो सकती है। महान आत्माओं, महान प्रतिभाशालियों, महामानवों का युग गया। अब हम जन-साधारण भी नहीं, केवल लघु-मानव हैं। क्योंकि हम जन-साधारण हो जाएं तो वामपंथी मनोवृत्तियों के शिकार होकर, भीड़ की अंधी ताकत बनते हुए, अपनी व्यक्तिगत इयत्ता को खो देंगे। इसलिए हमें जन-साधारण से लघु-मानव बन जाना चाहिए।" नई कविता के सिद्धांतकारों ने टी.एस. इलियट से प्रेरणा लेकर जनता को 'भीड़' कहा था और उससे अलग रहने की सलाह दी थी। इस सिद्धांत का चरम विकास रघुवीर सहाय में हुआ, जिन्होंने 'भीड़' के प्रति जिम्मेदारी महसूस करते हुए भी उसे 'बदमाशों, गधों, आधे पागलों और मक्कारों' का समूह कहा। जनता के प्रति यह द्वंद्वात्मक रिश्ता अद्‌भुत था। मुक्तिबोध ने 'समीक्षा की समस्याएं' में व्यंग्य से कहा : "जनता? वह एक भीड़ है, भीड़ को कोई आत्मा नहीं होती। (इसीलिए, जनता ढोर है, जिधर हांको उधर हंकती है)। व्यक्ति, चेतन व्यक्ति—वह तो आत्मतंत्रवादी है। इसलिए उसका कर्तव्य है कि वह भीड़ का हिस्सा न बने। भीड़ में व्यक्तित्व का नाश होता है।" उन्होंने फिर कहा कि कोई इन महोदयों-महाशयों से पूछे कि क्या भारत की स्वतंत्रता केवल एक व्यक्ति, गांधी, ने दिलाई है? क्या उसमें अनगिनत लोगों ने अपनी प्रबुद्ध चेतना द्वारा योग नहीं दिया? क्या उसका सारा श्रेय नेता को ही है? और नेता कहां से पैदा होता है? आसमान से टपकता है? या राष्ट्र अथवा जनता के भीतर से पैदा होता है?

नई कविता के सिद्धांतकार एक तरफ कलाकार को सामाजिक-राजनीतिक प्रचार से बचने की सलाह दे रहे थे और दूसरी तरफ जन-विरोधी सामाजिक-राजनीतिक प्रचार में लगे हुए थे। मुक्तिबोध ने आगे फिर अपनी बात दुहराई : "इस सारी भाव-धारा का उद्देश्य, कि जो भाव-धारा सौंदर्य-संबंधी प्रश्नों से लेकर जनता की परिकल्पना तक

आ पहुंचती है, यह है कि लेखक को हर तरह से उन वात्याचक्रों से दूर रखा जाए, जो शहरों की गलियों और सड़कों में राजनैतिक और सामाजिक विक्षोभ बनकर प्रकट होते हैं। इसीलिए जरूरी समझा गया कि जनता के संगठित समूहों को 'भीड़' कहकर, और समूहों में आत्मा के अभाव की स्थिति घोषित कर, जनता को बदनाम करके, लेखक को जनता से अलग रखा जाए। क्योंकि जनता से लेखक के अलग असंपृक्त और दूर रहने की स्थिति में ही उसे (लेखक को) पश्चिमी जगत् की मुंडेरों पर से बहती आनेवाली हवाओं में से अच्छा-अच्छा 'ऑक्सीजन' निकालकर दिया जा सकता है!" यह ठीक है कि कवि के पास एक अपना व्यक्तित्व होता है। उस व्यक्तित्व के बिना वह अपने क्या, जनता के बारे में भी कोई शाब्दिक सृजन नहीं कर सकता। लेकिन सोचने की बात यह है कि उसके उस व्यक्तित्व के सृजन में भी जनता का भारी योगदान होता है। जनता ही कवि की सृजनात्मक क्षमता का उन्मेष कर उसे पूर्णतः विकसित होने का अवसर देती है। वह सृजनशीलता का अक्षय स्रोत है। उससे जुड़कर कवि की सृजनशीलता अदम्य हो जाती है। यह जनता का गुणानुवाद नहीं, सच्चाई है। जनता 'भीड़' नहीं है। "जन-जीवन में करुणा है, पर विद्रूप दयनीयता नहीं; उसमें कठोर संघर्ष-शक्ति है, त्याग की भावना है, विवेक है, कर्मण्यता है; उसी प्रकार युगानुयुग शोषण के कारण, अलावा गरीबी के, उसमें अज्ञान है तो ज्ञान भी है, कुसंस्कार है तो क्रांति-भावना भी है। सारांश में, जनजीवन की आत्मशक्ति, संघर्ष-शक्ति के ऐतिहासिक क्रांतिकारी अभिप्राय हैं। उनके दुख, कष्ट, वेदना में एक रफ्तार है—वह रफ्तार जो जमाने की रग में गुस्सैल खून की तरह बहती है। वह कष्ट-वेदना एक शमशीर है जो जन-शत्रुओं को खत्म कर देगी।" ये बातें मुक्तिबोध ने 1951 में 'आधुनिक काव्य की चिंताजनक स्थिति' शीर्षक अपने लेख में कही थीं। ये आज भी उन कवियों के लिए ध्यातव्य हैं, जो जनता को 'भीड़' समझते हैं, या बिना उसे जाने हुए उसके नाम की माला जपते रहते हैं।

नई कविता का यह सारा सिद्धांत-निर्माण उस आधुनिकतावाद का प्रभाव लेकर किया गया था, जिसे मुक्तिबोध ने 'आधुनिकता-बोध' कहा है। आधुनिकतावाद के केंद्र में व्यक्ति था, व्यक्ति के अस्तित्व का संकट। इसीलिए आधुनिकतावादियों ने व्यक्ति, व्यक्ति-सत्य, अस्तित्व-बोध आदि पर इतना ज्यादा जोर दिया। इस संकट का कारण था पश्चिमी यूरोपीय देशों और अमरीका में पूंजीवाद तथा औद्योगीकरण का उस बिंदु पर पहुंच जाना, जहां समाज में जोरों से अलगाव (Alienation) की भावना फैलने लगती है। आधुनिकतावादियों ने इसे समाजवादी देशों तक ही नहीं, संपूर्ण मानव-नियति तक विस्तृत कर दिया, इस अंतर के साथ कि पूंजीवादी विश्व में, जिसे पूंजीवादी लोग 'स्वतंत्र विश्व' कहते हैं, अलगाव के बावजूद व्यक्ति स्वतंत्र निर्णय ले सकता है, जबकि समाजवादी विश्व में उसका प्रश्न ही नहीं उठता। उन्होंने इस विचारधारा का प्रचार शुरू किया कि वर्तमान समाज-व्यवस्था में दुःख अवश्यंभावी है। उन्होंने दुःख को ही नहीं, मृत्यु तक को महिमान्वित किया। इसी विचारधारा की एक लहर अज्ञेय की 'दुःख सबको मांजता है' उक्ति है और इसी का विरोध प्रकारांतर

से मुक्तिबोध ने 'अंधेरे में' की इन पंक्तियों में किया है : "दुःखों के दागों को तमगों-सा पहना, / अपने ही खयालों में दिन-रात रहना, / असंग बुद्धि व अकेले में सहना, / जिंदगी निष्क्रिय बन गई तलघर, / अब तक क्या किया, / जीवन क्या जिया!!" आधुनिकतावादियों ने मानव-नियति को अपरिवर्तनीय माना, इसलिए दुःख, निराशा, विफलता, ग्लानि, विरक्ति, अगतिकता आदि भावों को ही साहित्य में अभिव्यक्तियोग्य ठहराया। उन्होंने असंतोष और विक्षोभ के भावों को प्रगतिशील दिशा देने की बात को असंगत बतलाया और उसे अयथार्थ और रूमानी स्वप्न कहकर उसका निषेध किया। मजे की बात यह है कि दायित्व, मर्यादा, आंतरिकता आदि-जैसी निरी आदर्शवादी अवधारणाओं की बेछूट दुहाई देने से उन्हें परहेज न था। मुक्तिबोध ने कहा : "यह है मनोभूमि आधुनिक भाव-बोध की। उसमें वास्तविक जीवन-संघर्ष का—ऐसा जीवन-संघर्ष, जो संगठित होकर संगठित विरोधियों से, शोषकों और उत्पीड़कों से, टकराता है, उसका कहीं भी स्थान नहीं है। अस्तित्व-संघर्ष में प्राप्त मानव-साम्य-स्वप्नों का भी उसमें कहीं स्थान नहीं है। दार्शनिक धरातल पर और कलात्मक धरातल पर, उस भाव-धारा में अच्छाई के बुराई से संघर्ष की भी कोई भी भावना नहीं है! असल में, संघर्ष से और तत्संबंधी शब्दावली ही से उसे घृणा है।" (मु. र., 5/177)

नई कविता के पुराने पाठकों को याद होगा कि छठे दशक में हिंदी में अर्थहीनता और 'सिनिसिज्म' को कैसे मूल्यों के रूप में प्रतिष्ठित किया जा रहा था और संघर्षहीनता का कैसा वातावरण था। संघर्ष की शब्दावली को वाकई कविता से निकाल देने की कोशिश चल रही थी। मुक्तिबोध ने 1956 में 'नई कविता और आधुनिक भाव-बोध' शीर्षक से एक लेख लिखा और उसमें असली और नकली आधुनिकता-बोध का फर्क बतलाया। उन्होंने कहा कि खेद की बात यह है कि आधुनिकता के आदर्शभूत देश यूरोप-अमरीका माने गए हैं। फलतः बहुत-से कवि यूरोपीय-अमरीकी भाव-तत्वों को भारतीय वेश में उपस्थित करते-से दिखाई देते हैं। यदि यूरोप-अमरीका का कवि उदास है और उसका जी काट खाने को होता है, तो हमारे यहां के कवि भी उदासी को फैशनेबुल समझकर कविता में उदासी का चित्रण करते हैं, जोकि गलत है। उन्होंने आगे कहा कि नई कविता में प्रचलित बहुतेरा निराशावाद और जनता और समाज से अलग रहकर जीने की यह प्रवृत्ति—अर्थात व्यक्तिवाद—दोनों एक दार्शनिक भूमिका में, दार्शनिक विचारधारा का रूप धारण कर, नई कविता के क्षेत्र में खूब प्रचलित हैं। भारतीय मध्यवर्गीय जीवन में आज जो खेदपूर्ण अवसन्न दुःखमय स्थिति है, उसकी प्रधान मनोदशाओं को आज यूरोप-अमरीका का यह वैचारिक प्रवाह प्राप्त हो गया है। इस प्रकार नए काव्य में स्वप्न-भंग, खेद, ग्लानि और निराशा के भावों को एक वैचारिक भूमिका और दर्शन मिल जाता है जिसमें व्यक्ति-समीक्षा, सभ्यता-परीक्षा और मानव-भाग्य-समीक्षा भी है। उन्होंने घोषित किया कि "मैं इस वैचारिक प्रवृत्ति का विरोध करता हूं।"

उनके उक्त लेख की अन्य जो बात ध्यान देने योग्य है, वह यह कि उन्होंने नई कविता के वर्ग-आधार की ओर संकेत किया और उसके प्रति नकारात्मक रुख

नहीं अपनाया। नई कविता मध्यवर्ग के दो स्तरों—उच्च और निम्न—के द्वारा रची जा रही थी, इसलिए उसमें अनिवार्यतः अंतर्विरोध थे। उन्होंने कहा कि नई कविता का एक ही हिस्सा पश्चिमी आधुनिकता-बोध से प्रभावित है, यद्यपि वह बहुत संगठित है और संगठित रूप से अपना प्रचार-कार्य चलाता है। उसका दूसरा हिस्सा भारतीय व्यक्तित्व की रक्षा चाहता है और उसे पश्चिमी जगत से नहीं, एशिया, अफ्रीका और दक्षिणी अमरीका से जोड़ना चाहता है। इन महादेशों में समाज-परिवर्तन, संघर्ष और निर्माण की प्रक्रिया जारी है। उसमें जनता और उसका नेतृत्व दोनों खूब भाग लेते हैं। वहां जिंदगी नए उभार पर है और वह साहित्य और अन्य कलात्मक माध्यमों में प्रकट हो रही है। नई कविता का यह हिस्सा मानसिक रूप से अपने को अल्जीरिया और इजिप्ट, कांगो और क्यूबा, सीलोन और जापान, इंडोनेशिया और अर्जेंटीना-जैसे उठते हुए देशों के निकट पाता है। दुनिया छोटी होती जा रही है। राष्ट्रीयता के भाव अंतर्राष्ट्रीयता से अलग नहीं किए जा सकते। नई कला, नई कविता, स्वयं एक अंतर्राष्ट्रीय वस्तु हो गई है, किंतु अपनी भूमि और अपने देश की मिट्टी में रंगकर ही विश्वात्मक हुआ जा सकता है, अन्यथा नहीं। स्पष्टतः जगदीश गुप्त के 'अंतर्राष्ट्रीय झुकाव' और मुक्तिबोध की अंतर्राष्ट्रीयता में बुनियादी फर्क था।

मुक्तिबोध ने इस बात पर बार-बार जोर दिया कि नई कविता में कई अंतर्धाराएं हैं और उसमें अंतर्विरोध हैं। उनके सामने उसका वर्ग-आधार स्पष्ट था। कुछ विद्वान साहित्य को हमेशा वर्गों से परे समझते हैं और कहते हैं कि कवि जो कहता है, उसे देखना चाहिए। मुक्तिबोध का निश्चित मत था कि "कविता में कवि का आत्मोद्घाटन उतना विश्वसनीय नहीं है, जितनी कि उसकी सामान्य भूमि।" और इस सामान्य का अर्थ था वर्गीय भूमि। नई कविता का वह हिस्सा, जो उच्च-मध्यवर्ग द्वारा रचा जा रहा था, जड़ीभूत सौंदर्याभिरुचि का शिकार था और उसके परिणामस्वरूप उसमें अंतर्निषेध सक्रिय थे। उन्होंने कहा कि "निस्संदेह सौंदर्याभिरुचि और उसके अधीनस्थ सेंसर के विश्लेषण के सिलसिले में हमें उस सौंदर्याभिरुचि और सेंसर की सामान्य भूमि, अर्थात् वर्गीय भूमि, तक पहुंचना ही पड़ता है।" यहां 'रचनाकार का मानवतावाद' शीर्षक निबंध में उनके द्वारा किया गया नई कविता का वर्ग-विश्लेषण द्रष्टव्य है : "मध्यवर्गीय क्षेत्र को, एक ओर वैभव-संपन्न उच्चवर्गीय प्रवृत्ति हथियाना चाहती है, तो दूसरी ओर, समाजवादी आदर्श का समर्थन करनेवाली शक्ति—सर्वहारा शक्ति—उसे अपने प्रभाव में लाना चाहती है। मध्यवर्गीय क्षेत्र में इन दोनों के प्रचार-प्रसार का क्षेत्र भी खूब है। उच्च-मध्यवर्गीय आभिजात्य-मानवतावादी आध्यात्मिकता, व्यक्ति-स्वातंत्र्यवादी प्रणाली के नाम पर, साहित्य-क्षेत्र से समाजवादी प्रभाव का उन्मूलन करना चाहती है। उसका मूल सामाजिक आधार है—उच्च-मध्यवर्गीय लोग और उनकी सौंदर्याभिरुचिपूर्ण जगमगाहट से मोहमुग्ध वे निम्न-मध्यवर्गीय लेखक, जो लोभग्रस्त और पिपासु होकर उनके आस-पास मंडराते हैं, या व्यक्तिगत आधार पर उनसे घृणा करते हुए भी उनके पद-चिह्नों पर चलने में अपनी कलात्मक प्रवृत्ति की सार्थकता समझते हैं। इसके विपरीत, इसी मध्यवर्ग में भिन्न-भिन्न स्थानों पर ऐसे लोग भी हैं, जो न अत्यंत दरिद्र

निम्न-मध्यवर्गीय हैं, न ऐसे जिन्हें हम आर्थिक दृष्टि से किसी भी हालत में सुखी कह सकते हैं। यह श्रेणी साहित्य तथा कला के क्षेत्र में भी काम करती है, तथा वह ज्ञान-भिक्षु है, यह कहा जा सकता है। इसकी मनोवृत्ति में प्रगतिवादी प्रवृत्तियों के प्रति समीपता, संभवतः पाई जा सकती है, और वह बहुत कुछ अंशों में अभी भी देखी जा सकती है। प्रगतिवादी जीवन-मूल्य भी इनमें देखे जा सकते हैं। यह है सामाजिक आधार, उस सर्वहारा आंदोलन के, मध्यवर्ग के ऊपर प्रभाव का।"

नई कविता के विरुद्ध मुक्तिबोध ने जो संघर्ष चलाया, उसकी विशेषता यह है कि उन्होंने निम्न-मध्यवर्गीय आधारवाली नई कविता को तो अपना समर्थन दिया ही, जो उच्च-मध्यवर्गीय आधारवाली नई कविता थी, उसे भी खारिज नहीं किया। उन्हें पता था कि उस कविता में भी एक सामाजिक यथार्थ प्रकट हो रहा है, यद्यपि बड़ी हद तक अतिरंजित और अनुकृत रूप में, व्यक्तिवादी दृष्टिकोण के साथ। स्वतंत्र्योत्तर भारत में सुशिक्षित मध्यवर्ग के लिए परिस्थिति अनुकूल नहीं रही थी। भ्रष्टाचार, अनाचार, तंगी, कलह, राग-द्वेष, दांव-पेच के दृश्य सर्वत्र दिखाई दे रहे थे। पैसे की कीमत बढ़ गई थी, आदमी की कीमत लगातार गिर रही थी। यह परिस्थिति आज और बिगड़ी है। ऐसी स्थिति में भारतीय कवि की कविता में उदासी और विफलता, ग्लानि और क्षोभ का चित्रण स्वाभाविक था। मुक्तिबोध ने उसे मात्र यूरोप-अमरीका का प्रभाव मानने से इनकार किया। उन्होंने यहां तक कहा कि "कवि अपनी स्वयं की मनःस्थिति और अपने स्वयं के रुझान और मनोदशाओं के अनुसार बाहर के प्रभाव ग्रहण करता है।" उन्होंने विरोध अतिरंजना और अनुकृति तथा व्यक्तिवादी दर्शन का किया, खास तौर से अस्तित्ववाद का, जिसका वैचारिक शीत-युद्ध के प्रबल अस्त्र के रूप में नई कविता में कभी छिपकर और कभी खुलकर इस्तेमाल किया गया था। यहीं हिंदी के मार्क्सवादी आलोचकों से उनका मतभेद था, क्योंकि वे संपूर्ण नई कविता को खारिज कर रहे थे। नई कविता ने कुछ सौंदर्यात्मक और दार्शनिक प्रश्न भी उठाए थे। उन्होंने उन्हें भी नजरअंदाज किया या बहुत ही सतही ढंग से उन पर विचार किया। इससे फायदा नई कविता को ही हुआ, क्योंकि यथार्थ को झुठलाने के कारण वे आलोचक अविश्वसनीय बन गए और उनकी सही बातों को भी लेखकों और पाठकों ने ग्रहण नहीं किया। प्रतिक्रियावादियों का आक्रमण तीव्र हुआ। चूंकि इस दौर में प्रगतिशील आंदोलन में बिखराव था, इसलिए संगठित रूप में नई कविता का प्रतिरोध नहीं किया जा सका। प्रगतिशील रचनाशीलता भी एक हद तक सरलीकरण और सामान्यीकरण की शिकार थी। उसमें संकीर्णतावादी रुझान थे। परिणाम यह हुआ कि हिंदी कविता के क्षेत्र में कुछ वर्षों के लिए अस्तित्ववाद की विजय-दुंदुभि बज उठी।

डॉ. रामविलास शर्मा तारसप्तकीय कविता के विरोधी नहीं थे, लेकिन 'प्रतीक' वा 'दूसरा सप्तक' से शुरू होनेवाली प्रयोगवादी वा नई कविता का उन्होंने समग्र रूप में विरोध किया। उन्होंने अनेक लेख लिखे, जो उनकी पुस्तक 'आस्था और सौंदर्य' में संकलित हैं। इन लेखों में उन्होंने नई कविता की जो त्रुटियां बतलाईं, वे प्रायः सही

थीं, लेकिन उसके प्रति उनका रुख जो पूर्णतः नकारात्मक था, वह सही नहीं था। उन्होंने घोषित किया कि "नई कविता का यथार्थ जीवन से कोई संबंध नहीं है।" 'तार सप्तक' में मुक्तिबोध और 'दूसरा सप्तक' में शमशेर-जैसे प्रगतिशील कवियों की कविताएं भी संकलित थीं। डॉ. शर्मा ने उन्हें भी नई कविता का ही कवि माना, अधिक से अधिक 'मार्क्सवाद से प्रभावित'। 'आधुनिक हिंदी कविता : विकास की दिशा' शीर्षक से उन्होंने जो लेख लिखा उसमें उन्होंने न मुक्तिबोध का जिक्र किया, न शमशेर का। इन कवियों की कविता में उन्हें हिंदी कविता के विकास का कोई संकेत नहीं मिला। करीब एक दशक बाद उन्हें नई कविता में "नया यथार्थवादी रुझान" दिखलाई पड़ा और उन्होंने कहा कि "पिछले बीस साल में लिखी हुई आधुनिकता-बोधवाली कविता को मैं सहानुभूति से देखता हूं। जो भी अपने को त्रस्त, पराजित या पीड़ित महसूस करता है, वह कहीं न कहीं पूंजीवाद को अस्वीकार और समाजवाद को स्वीकार करेगा।" ('आलोचना', अक्तूबर-दिसंबर, 1967) लेकिन अपनी इस समझदारी का परिचय उन्होंने छठे दशक में नहीं दिया, जबकि नई कविता की वस्तुपरक आलोचना करके लेखकों और पाठकों का विश्वास प्राप्त करते हुए प्रगतिशील कविता पर किए जानेवाले हमलों को नाकाम करने की जरूरत थी। सातवें दशक के अंत में 'आलोचना' में ही डॉ. शर्मा ने अपना प्रसिद्ध लेख लिखा—'अस्तित्ववाद और नई कविता'। उसके अंत में भी उन्होंने कहा कि "गनीमत यही है कि पिछले बीस साल में बहुत-सी कविता अस्तित्ववाद से हटकर भी लिखी गई है।" वह कौन-सी कविता है, यह उन्होंने ठिकाने से आज तक नहीं बतलाया।

नई कविता के प्रति दूसरे मार्क्सवादी आलोचकों, उदाहरण के लिए प्रो. चंद्रबली सिंह और डॉ. नामवर सिंह, का रुख भी वैसा ही नकारात्मक था, जैसा डॉ. शर्मा का। नई कविता से इन्हें इतना परहेज था कि सप्तकों में संकलित प्रगतिशील कवियों को भी ये प्रगतिशील कविता की मुख्य धारा में न गिनते थे। 'नया पथ' के प्रवेशांक (1986) में चंद्रबली सिंह ने लिखा है कि "शमशेर और मुक्तिबोध को प्रयोगवादियों के हवाले कर दिया गया।" वे कौन लोग थे, जिन्होंने अपनी संकीर्ण दृष्टि के कारण इन प्रगतिशील कवियों को बिरादरी-बाहर कर दिया था? उन आलोचकों में अन्यतम स्वयं चंद्रबली सिंह हैं, जो 1955 क्या, 1965 में भी मुक्तिबोध और केदारनाथ सिंह-जैसे कवियों का उल्लेख नई कविता के कवियों के रूप में करते हैं, भले ही उसकी 'दूसरी महत्वपूर्ण धारा' के कवियों के रूप में, और शमशेर को तो वे उस लायक भी नहीं मानते। प्रमाण है 'माया' ('भारत 1965' विशेषांक) में प्रकाशित उनका लेख—'नई कविता—परिवेश, बोध और नाम'। नामवरजी के 'प्रयोगवाद' शीर्षक लेख का जो पहला प्रारूप ('हिंदी काव्य की प्रवृत्तियां', सं. डॉ. रघुवंश) है, उसमें नई कविता के प्रति उनका रुख बिलकुल निषेधात्मक है। उस लेख के संशोधित और परिवर्तित प्रारूप ('आधुनिक साहित्य की प्रवृत्तियां', तृतीय संस्करण) में उसके प्रति उनका रुख थोड़ा बदला हुआ है, लेकिन उसका मूल्यांकन अभी भी अपर्याप्त है। खास बात यह है कि शमशेर और मुक्तिबोध की चर्चा इसी लेख में है, पुस्तक में संकलित 'प्रगतिवाद'

शीर्षक लेख में नहीं। मतलब साफ है कि ये दोनों कवि नामवरजी की दृष्टि में भी उस समय प्रगतिवादी न थे। बाद में उन्होंने नई कविता के प्रति सकारात्मक रुख अपनाया तो उनके आलोचनात्मक लेखन में नई कविता और प्रगतिशील कविता के बीच का फर्क अनेक बार मिटता नजर आया। मुक्तिबोध इस फर्क को मिटाने के पक्ष में न थे। वे नई कविता के प्रति निषेधवादी और उच्छेदवादी रवैया अपनाने के खिलाफ थे और चाहते थे कि उसका मूल्यांकन उसकी जटिलता में प्रवेश कर वस्तुपरक ढंग से किया जाए। स्वभावतः उन्होंने 'समीक्षा की समस्याएं' शीर्षक निबंध में अत्यंत विस्तार से और अन्य निबंधों में यथास्थान संक्षेप में हिंदी के मार्क्सवादी आलोचकों की संकीर्णतावादी प्रवृत्ति की तीव्र आलोचना की।

प्रगतिवादी वा मार्क्सवादी आलोचना से मुक्तिबोध की शिकायत यह थी कि उसका आग्रह था कि कविता एक खास ढांचे की ही होनी चाहिए। उसके पास जो ढांचा था, वह छायावादी था या प्रगतिवादी। उसने उसी कसौटी पर नई कविता की परीक्षा की और उसे रद्द कर दिया। मार्क्सवादी आलोचकों को हिंन्दी कविता का बांका-तिरछा प्रवाह पसंद न था। वे उसे खास मार्ग से बहाना चाहते थे। यह उनकी रूढ़िवादिता तो थी ही, यह उनका काव्य-सृजन की मानवीय भूमि से कटकर अपनी सिद्धांत-व्यवस्था में अटक जाना था। ऐसी बात नहीं थी कि वे जिन सिद्धांतों को दुहरा रहे थे, वे गलत थे, उनमें सच्चाई नहीं थी, लेकिन सच्चाई की भी एक घिसी-पिटी लीक हो जाती है, जिसे छोड़ने को वे तैयार नहीं थे। जब साहित्य-बोध का जीवन-बोध से संबंध नहीं रह जाता, तो सही सिद्धांतों की ताजगी भी समाप्त हो जाती है। उनमें वह नवीनता नहीं रह जाती, जो आकर्षण का कारण हो। मार्क्सवादी आलोचकों ने साहित्य की रचनात्मक प्रक्रियाओं में कोई दिलचस्पी नहीं ली, जिसका परिणाम यह हुआ कि वे कविता की पेचीदगियों को न समझ सके, उसमें अंतःप्रवेश कर, उसकी पर्तें उकेलते हुए, उसका वस्तुपरक विश्लेषण और मूल्यांकन न कर सके। बहुत ही सरल ढंग से उन्होंने उस पर दृष्टि डाली और उसे उठाकर खिड़की से बाहर फेंक दिया, या उसके संबंध में शोर मचाने लगे, जिस पर किसी ने ध्यान नहीं दिया। उन्होंने सोचा ही नहीं कि हिंदी में प्रगतिवादी विचारधारा का विकास भी हो सकता है। उन्होंने नई कविता की भावात्मक और वैचारिक विभिन्नताओं और विषमताओं पर दृष्टिपात ही नहीं किया और एक पूरी काव्य-प्रणाली को पूर्णतः विकृत और प्रतिक्रियावादी घोषित कर दिया।

मुक्तिबोध ने आज से करीब ढाई दशक पूर्व गहन आलोचनात्मक दृष्टि का परिचय देते हुए हिंदी की मार्क्सवादी आलोचना ने नई कविता का जो सरलीकृत मूल्यांकन किया था उसके प्रसंग में ये बातें कही थीं : "लेखक में जो भी जहां भी अवांछनीय है, उसका निषेध और विरोध आवश्यक है। लेकिन समीक्षक उसे अवांछनीय क्यों समझता है ? अवांछनीय क्या है, कहां है ? उसका उद्‌गम-स्रोत क्या है ? उसका स्वरूप क्या है ? उसका परिणाम क्या है ? और वह अवांछनीय यदि सचमुच अवांछनीय है तो उसे कुछ लोग वांछनीय क्यों समझते हैं ? उनकी दृष्टि क्या है, उनकी दृष्टि के

तत्त्व क्या हैं ? वे कौन लोग हैं, उनके अपने मूलाधार उनके लिए क्यों प्रिय हैं ? और क्या वे मूलाधार सही नहीं हैं ?'''क्या इन सारी बातों पर प्रकाश डाले बिना, उनकी पेचीदगियों और बारीकियों में फँसे बगैर, क्या वास्तविक साहित्य-समीक्षा, वास्तविक कला-समीक्षा हो सकती है ? वास्तविक कलात्मक और समीक्षात्मक विवेक संभव है ?'' (मु.र. 5/155) जाहिर है, नई कविता के प्रति मार्क्सवादी आलोचना के रवैए से मुक्तिबोध बहुत ज्यादा असंतुष्ट थे। मार्क्सवादी आलोचना के विकास के लिए उनकी बातों का आज भी उतना ही महत्त्व है। उन्होंने जो प्रश्न रखे हैं, उनसे टकराकर ही मार्क्सवादी आलोचना आगे जा सकती है, अन्यथा नहीं।

उन्होंने प्रगतिशील आलोचना पर चोटें करने के साथ-साथ रचनात्मक प्रगतिशील लेखन पर भी चोटें कीं। इससे उत्साहित होकर प्रगति-विरोधी कुछ विद्वानों ने उन्हें प्रगतिशील लेखन और आंदोलन के विरोध में खड़ा करने की कोशिश की है। यह कोशिश हास्यास्पद है, क्योंकि उनकी उक्त चोटें प्रगतिशील लेखन को नकारने के लिए नहीं, उसे और शक्तिशाली बनाने के लिए थीं। उनकी यह आलोचना इस बात का सबूत है कि प्रगतिशील आंदोलन में ऐसे भी लेखक थे, जिन्हें प्रगतिशील लेखन की सीमाओं का पूरा ज्ञान था और जो उसे उनसे मुक्त करने के लिए आंदोलन के भीतर तीखा संघर्ष चला सकते थे। यह प्रगतिशील आंदोलन की शक्ति का प्रमाण था, उसकी दुर्बलता का नहीं। मुक्तिबोध की चिंता के केंद्र में प्रगतिशील आंदोलन के फैलाव की समस्या थी। उन्होंने 'मेरी माँ ने मुझे प्रेमचंद का भक्त बनाया' शीर्षक अपने लेख में लिखा है कि मेरी माँ यह कभी न जान सकी कि वह प्रेमचंद के पात्रों का मर्म-विवेचन करके मेरे किशोर हृदय में किस क्रांति का बीज बो रही है। प्रेमचंद के सभापतित्व में प्रगतिशील लेखक संघ की स्थापना हुई। उनके बाद मुक्तिबोध ने अपने कृतित्व के रूप में साहित्य में प्रगतिशील चेतना के प्रसार के लिए सबसे जोरदार अस्त्र प्रदान किया। 'साहित्य में नए जनवादी मोर्चे की आवश्यकता' और 'जनवादी सांस्कृतिक गोष्ठियों की एक रूपरेखा' शीर्षक उनकी दो टिप्पणियाँ प्रगतिशील आंदोलन के प्रसार-संबंधी उनकी चिंता को अच्छी तरह हमारे सामने लाती हैं। बाद में उन्होंने नामवरजी और भारतीय कम्युनिस्ट पार्टी के नेता एस.ए. डांगे को लिखे गए पत्रों में क्रमशः प्रगतिशील आंदोलन को फिर से चलाने की अपनी इच्छा प्रकट की और आंदोलन चलाने के लिए एक पूरा कार्यक्रम प्रस्तुत किया। निश्चय ही इस बार वे आंदोलन को सांगठनिक और सैद्धांतिक दोनों ही स्तरों पर विगत अनुभवों से फायदा उठाते हुए किंचित् भिन्न रूप में चलाने के पक्ष में थे। मुक्तिबोध का संघर्ष विकट था—रचना के स्तर पर संघर्ष, नई कविता की प्रतिक्रियावादी मोर्चेबंदी के विरुद्ध संघर्ष और प्रगतिशील लेखन के भीतर संघर्ष। उनके जीवन-काल में वह संघर्ष फलीभूत न हुआ, लेकिन उनकी मृत्यु के साथ जब उनका साहित्य प्रकाश में आया, तो देखते-देखते नई कविता की कल्पित मान्यताओं का गढ़ भहराकर गिर पड़ा और प्रगतिशील लेखन भी वह न रह गया जो उससे पहले था।

4

पॉलिटिक्स

राजनीति से मुक्तिबोध के गहरे संबंध का ठोस सबूत उनकी वे राजनीतिक टिप्पणियाँ हैं, जो उन्होंने कभी अनाम और कभी छद्म नामों से छठे दशक में नागपुर से निकलनेवाले 'नया खून' और 'सारथी' नामक साप्ताहिक पत्रों में लिखी थीं और जिन्हें नेमिचंद्र जैन ने 'मुक्तिबोध रचनावली' के छठे खंड में संकलित कर एक महत्त्वपूर्ण कार्य किया है। ये टिप्पणियाँ 'हंस' में लिखी गई प्रेमचंद की और 'सुधा' में लिखी गईं निराला की राजनीतिक टिप्पणियों की याद ताजा कर देती हैं। इनमें मुक्तिबोध ने परतंत्र और नवस्वतंत्र देशों के एक प्रतिबद्ध लेखक की तरह तमाम राजनीतिक घटनांक्रम को देखते हुए उस पर टिप्पणी की है और साम्राज्यवाद को अपने प्रहार का मुख्य लक्ष्य बनाया है।

हिंदचीन की जनता फ्रांसीसी साम्राज्यवाद से मुक्ति के लिए संघर्ष कर रही थी। उसे दबाने के लिए भूमि-सेना की जरूरत थी, जिसे पूरा करने में फ्रांस असमर्थ था। वहाँ की जनता अनिवार्य फौजी भरती के विरुद्ध थी। मुक्तिबोध ने 'जेनेवा कान्फ्रेंस के नेपथ्य में मृत्यु-संगीत' शीर्षक टिप्पणी में लिखा कि एंग्लो-अमरीकी शक्तियाँ ज्यादा से ज्यादा युद्धास्त्र, हवाई जहाज, बम आदि की ही पूर्ति कर सकती हैं, इसलिए वे चाहती हैं कि फ्रांसीसी सिपाही एंग्लो-अमरीकी संगीनों से यह लड़ाई खुद लड़ता रहे। उन्हें इस बात की परवाह नहीं है कि फ्रांसीसी जनता की इस युद्ध के प्रति क्या भावनाएँ हैं। डलेस और आइजेनहॉवर के भाषणों से यह मालूम होता है कि वे लोग युद्ध के प्यासे हैं। डलेस ने अपने हाल ही के एक भाषण में कहा कि अपने राष्ट्रीय हितों की रक्षा करते हुए शांति का प्रयत्न करना बहुत मुश्किल है। उसने अमरीकी जनता से यह साफ-साफ कह डाला कि उसे अपने 'बलिदान' के लिए तैयार रहना चाहिए। केवल हिंदचीन के लिए अमरीका के पास भूमि-सेना मुश्किल से मिलेगी, लेकिन यदि युद्ध का 'अंतर्राष्ट्रीयकरण' हो जाए, यानी चीन पर अमरीका को हमले का मौका मिल सके, तो वह सुलभ होगी। डलेस और आइजेनहॉवर के वक्तव्यों को पढ़कर जेनेवा कान्फ्रेंस में बैठे हुए रूस, चीन और वियतमिन्ह के प्रतिनिधि बराबर यह अभियोग लगा रहे थे कि अमरीकी लोग हिंदचीन में लड़ाई के विस्तार, विदेशी हस्तक्षेप

और युद्ध के अंतर्राष्ट्रीयकरण के लिए कोशिशें कर रहे हैं। इस टिप्पणी में मुक्तिबोध ने फ्रांस-ब्रिटेन-अमरीका की साम्राज्यवादी धुरी के विरुद्ध रूस-चीन की समाजवादी धुरी के दृष्टिकोण का फर्क भी यह कहकर स्पष्ट कर दिया कि रूस और चीन अच्छी तरह जानते हैं कि हिंदचीन का युद्ध साधारण युद्ध नहीं, वह सशस्त्र जन-क्रांति है, जिसका उद्देश्य है जनता की पूर्ण स्वाधीनता और साथ ही विदेशी सरकार के देशी गुलामों की गुलामी से मुक्ति। यह क्रांति पूर्ण होनी चाहिए। उनकी इच्छा है कि वह शांतिपूर्ण हो, इसीलिए उन्होंने जेनेवा कान्फ्रेंस में भाग लेना स्वीकार किया है।

स्वेज नहर-कांड के बाद मुक्तिबोध ने 'सुएज समस्या की नकेल' शीर्षक टिप्पणी लिखी और उसमें कहा कि इजिप्ट की समस्या ने दुनिया के सामने यह उद्‌घाटित कर दिया है कि न केवल पिछड़े राष्ट्र औद्योगिक विकास के लिए बड़े राष्ट्रों पर निर्भर हैं, बल्कि बड़े राष्ट्र भी उन पर दयनीय रूप से अवलंबित हैं। यदि ये पिछड़े राष्ट्र उनके यहां साम्राज्यवादी राष्ट्रों की जो पूंजी और संपदा है, उसे नष्ट-भ्रष्ट कर देते हैं और एक गहरी और व्यापक प्रतिक्रिया के अंगभूत होकर उनसे सामूहिक मोर्चा लेते हैं, तो साम्राज्यवादी ताकत धूल चाटने लगती है। इस टिप्पणी में उन्होंने यह कहकर अपनी राजनीतिक अंतर्दृष्टि का परिचय दिया कि अंतर्राष्ट्रीय जगत में मुख्य अंतर्विरोध कम्युनिस्ट देशों और साम्राज्यवादियों के बीच न होकर पिछड़े देशों और साम्राज्यवादियों के बीच है। साम्राज्यवादी देश पिछड़े हुए देशों की ताकत से परिचित रहे हैं। वे जानते रहे हैं कि समाजवाद या साम्राज्यवाद के पक्ष में शक्ति-संतुलन इन देशों के समर्थन पर ही निर्भर है। इन देशों को जितने दिनों तक दबाकर रखा जाएगा, उनके औद्योगिक विकास को रोका जाएगा, वे उन पर निर्भर बने रहेंगे और साम्राज्यवादी देश उनसे स्वार्थ-सिद्धि करते रहेंगे। जहां वे स्वतंत्र हुए, उन्होंने औद्योगिक विकास किया, उन पर उनकी निर्भरता कम हो जाएगी और वे समाजवादी देशों के समर्थक हो जाएंगे, जिससे शक्ति-संतुलन साम्राज्यवाद के बदले समाजवाद के पक्ष में चला जाएगा। दक्षिण अफ्रीका में रंग-भेद पर आधारित सरकार को खत्म करने का सवाल हो, या नमीबिया की स्वाधीनता का सवाल, या नई अंतर्राष्ट्रीय विश्व अर्थ-व्यवस्था कायम करने का सवाल, दुनिया के पिछड़े हुए और विकासशील देशों ने संयुक्त राष्ट्रसंघ और राष्ट्रकुल से लेकर गुटनिरपेक्ष आंदोलन तक में साम्राज्यवादी देशों को बिलकुल अलग-थलग करके उपनिवेशवाद और नवउपनिवेशवाद-विरोधी राजनीति को बल प्रदान किया है। इससे उनकी आशंका की पुष्टि होती है। स्वभावतः उनका जितना ध्यान कम्युनिस्ट देशों को खत्म करने पर नहीं रहा है, उससे ज्यादा पिछड़े हुए देशों को दबाकर रखने पर, जिससे कि साम्राज्यवाद पर उनकी निर्भरता बनी रहे और वे अपने पांवों पर खड़े होकर साम्राज्यवाद-विरोधी संघर्ष को निर्णायक दौर में न पहुंचा दें।

हिंदेशिया के प्रधानमंत्री डॉ. अली शास्त्रमिद जोजो और उनकी सरकार डच और अमरीकी साम्राज्यवाद से संघर्ष कर रहे थे। जोजो ने अफ्रीकी-एशियाई कान्फ्रेंस बुलाने की प्रस्तावना की। मुक्तिबोध ने 'एशियाई-अफ्रीकी राष्ट्रवाद का संयुक्त मोर्चा' शीर्षक से एक टिप्पणी लिखी और उसमें कहा कि अफ्रीकी-एशियाई कान्फ्रेंस वस्तुतः

इस बात की द्योतक है कि एशियाई राष्ट्रवाद अब अपने को अफ्रीकी राष्ट्रवाद से जोड़ने जा रहा है। आज अफ्रीकी राष्ट्रवाद का दमन हो चुका हो, या हो रहा हो, वह एक विशाल ज्वालामुखी है, जो पश्चिमी साम्राज्यवादियों की तानाशाही, रंगभेद-नीति और उनकी आर्थिक गुलामी की नीति को समाप्त करने की ओर प्रवृत्त है। कम्युनिस्ट देश भी कई सवालों को लेकर आपस में बंटे हुए थे, जबकि साम्राज्यवादी देश अपनी सारी भीतरी दरारों के बावजूद उपनिवेशों के दमन के मामले में एकमत थे। मुक्तिबोध ने उपनिवेशों के राष्ट्रवादी आंदोलनों की ओर आशा भरी दृष्टि से देखा, क्योंकि वे आपस में संघर्षरत न थे। वे चाहते थे कि परतंत्र और नवस्वतंत्र देश न साम्राज्यवादी कूटनीति के शिकार हों, न कम्युनिस्ट कूटनीति के। वे प्रत्येक क्षेत्र में उनके स्वतंत्र विकास के पक्ष में थे, जिसका निश्चय ही यह मतलब नहीं था कि वे उनसे यह अपेक्षा करते थे कि जहां कम्युनिस्ट देशों की नीति सही हो, वहां भी वे उनका विरोध करें, या सही और गलत के बीच से एक तीसरा रास्ता निकालें।

कम्युनिस्ट देशों ने भी कई बार गलत नीति अपनाई है और दुनिया के कई देशों की स्वतंत्रता में ही हस्तक्षेप नहीं किया है, उन पर आक्रमण तक किया है। उदाहरण के लिए चीन के राष्ट्रवाद और विस्तारवाद को लिया जा सकता है। वियतनाम पर चीनी आक्रमण की घटना मुक्तिबोध की मृत्यु के बाद की है। हम भारत पर चीनी आक्रमण की घटना को देखें।

विष्णुचंद्र शर्मा ने हजारीप्रसाद द्विवेदी के उपन्यास 'बाणभट्ट की आत्मकथा' के अनुकरण पर 'मुक्तिबोध की आत्मकथा' लिखी है, जिसमें उन्होंने मुक्तिबोध को माओ त्से-तुंङ का चेला बनाकर पेश किया है। 'आत्मकथा' में माओ की भाषा में मुक्तिबोध का चिंतन है : "काफी लंबे अरसे के अनुभव के आधार पर हमने दुश्मन के खिलाफ संघर्ष करने के लिए यह धारणा बना ली है : रणनीति की दृष्टि से हमें सभी दुश्मनों को नाचीज समझना चाहिए, और युद्धकला की दृष्टि से हमें सभी दुश्मनों का पूरा-पूरा ब्यौरा नजर में रखना चाहिए।" (पृ. 405) मुक्तिबोध को अक्सर सपने आते थे। सपने में उन्हें मार्क्स के साथ स्तालिन और माओ की भी मूर्ति दिखलाई पड़ती थी, बल्कि मार्क्स की मूर्ति ही कभी स्तालिन और कभी माओ की मूर्ति में रूपांतरित हो जाती थी! इस तरह उनके लिए इन तीनों में कोई फर्क न था! उन्हीं की जुबानी : "मैं सपने में इधर अक्सर जिस मूर्ति को देखा करता हूं, वह कभी मार्क्स, कभी स्टालिन, कभी माओ त्से-तुंग में रूपांतरित हो जाती है।" (पृ. 467) माओ के नेतृत्व-काल में भारत के साथ सीमा-विवाद में चीन ने जो तरीका अपनाया, जिज्ञासा की जा सकती है कि उस पर मुक्तिबोध की क्या प्रतिक्रिया थी? चीन को वे आक्रमणकारी मानते थे या नहीं और एक कथित समाजवादी देश के इस आचरण ने उन पर कैसा प्रभाव छोड़ा था?

शर्माजी के मुक्तिबोध चार-पांच वाक्यों में इस पूरे प्रसंग को चलता करते हुए 'आत्मकथा' में कहते हैं : "युद्ध का यह माहौल है। मैं भय, आतंक, विचित्र आशंका में हूं। तनाव के बीच बीस दिन मेरी बेचैनी बढ़ती ही गई। 20 अक्तूबर को सीमा-क्षेत्र

में तनाव की वारदात। अचानक चीन-भारत युद्ध। देश युद्ध-क्षेत्र में बदल गया। 7 नवंबर, 1962 को युद्ध समाप्त हुआ। दो महान पड़ोसियों का मोहभंग। केवल इससे देश के भीतर-भीतर, अंधराष्ट्रवाद पनप रहा है।" (पृ. 464-65) इसका विश्लेषण बहुत ही दिलचस्प होगा। लेखक ने मुक्तिबोध के तनाव का जिक्र किया है, पर यह नहीं बतलाया कि वे क्यों तनाव में थे? वे चीन के व्यवहार से स्तब्ध थे, या भारत ने जो आक्रमण का प्रतिरोध किया, उससे? हिंदी-चीनी भाई-भाई थे। ऐसी स्थिति में यदि एक भाई के घर में दूसरा भाई घुस आता है, तो उसे उसका स्वागत करना चाहिए था, या जंगखाई बंदूकें लेकर ही सही, उसे उससे लड़ बैठना चाहिए था? लेखक ने पूरी सावधानी बरती है कि चीन को आक्रमणकारी न कहा जाए। उसने चीनी आक्रमण को 'चीन-भारत-युद्ध' कहा है। फिर यह टिप्पणी की है कि 'दो महान पड़ोसियों का मोहभंग'। भारत का चीन से इसलिए मोहभंग हुआ कि उसने एक बंधु राष्ट्र के साथ सीमा-विवाद बातचीत के जरिए हल न कर शक्ति के प्रयोग से हल करना चाहा। एक समाजवादी देश से इसकी अपेक्षा न थी, क्योंकि स्वयं मार्क्स ने कहा था कि सीमा-विवाद का स्थायी हल बातचीत से ही निकल सकता है, शक्ति के प्रयोग से नहीं। प्रश्न यह है कि चीन का भारत से मोहभंग क्यों हुआ? क्या इसलिए कि एक बंधु राष्ट्र के आक्रमण का प्रतिरोध करने के लिए सारा देश संगठित होकर खड़ा हो गया? इतना ही नहीं, शर्माजी मुक्तिबोध को पात्र बनाकर उनसे कहलवाते हैं कि भारत में चीनी आक्रमण की जो उग्र प्रतिक्रिया हुई, उसमें राष्ट्रीय भावना का जो ज्वार आया, वह 'अंधराष्ट्रवाद' था। क्या यही जीवनीकार की वस्तुनिष्ठ दृष्टि है?

सच्चाई यह है कि चीनी आक्रमण से मुक्तिबोध विचलित हो उठे थे। उनके राजनांदगांव के शरद कोठारी और रमेश याज्ञिक-जैसे मित्र बतलाते हैं कि उन्हें उस दौर में जैसा उद्विग्न देखा गया, वैसा उसके पहले और बाद कभी नहीं। 'पहल 21' में प्रकाशित 'मुक्तिबोध ने दोबारा कामरेड कब कहा?' शीर्षक अपने लेख में रमेश याज्ञिक ने इस तथ्य को उजागर किया है कि उन्होंने चीनी आक्रमण के विरोध में 'मजदूर संघर्ष' नामक चार पृष्ठों का एक अखबार निकाला था और तत्परता से कन्हैयालाल अग्रवाल के भारती प्रेस में उसकी पंद्रह हजार प्रतियां छपाकर वितरित कराई थीं। अखबार के पहले अंक में उन्होंने खास तौर से एस. ए. डांगे के एक वक्तव्य का अनुवाद दिया था, जो 19 अक्तूबर, 1962 के 'टाइम्स ऑफ इंडिया' में छपा था। इसमें डांगे ने चीन की सैनिक कार्रवाई की तीखी आलोचना करते हुए उसका विरोध किया था और पार्टी-सदस्यों का आह्वान किया था कि वे देश की सुरक्षा के लिए अवाम को जागरूक और गोलबंद करने में पहल करें। आज 'मजदूर संघर्ष' का वह अंक सुलभ नहीं है, पर उक्त व्यक्तियों के साक्ष्य से यह कहा जा सकता है कि मुक्तिबोध ने माओ के इस आचरण को समाजवाद-विरोधी माना था और चीनी आक्रमण का प्रतिरोध संगठित करने में छोटी ही सही, लेकिन स्वयं भी एक भूमिका अदा की थी। 'लक्षित मुक्तिबोध' के साक्षात्कार में मेघनाथ कनोजे ने, जो मुक्तिबोध के घनिष्ठ मित्र और उनके सेवा-काल में दिग्विजय महाविद्यालय (राजनांदगांव) के

उपप्राचार्य थे, उनके बारे में बिलकुल ठीक कहा है : "मार्क्सवाद के प्रति आस्था रखने के कारण साम्यवादी राष्ट्रों की प्रगति उन्हें उत्साहित किए रखती थी। रूसी स्पुतनिक की अंतरिक्ष उड़ान से वह अत्यधिक प्रसन्न हुए थे। किंतु उनकी आस्था अंधविश्वास या अंधश्रद्धा की द्योतक नहीं थी। चीनी आक्रमण की उन्होंने कड़े शब्दों में भर्त्सना की थी। कहते थे : *'चीन ने यह सबसे बड़ी गलती की है, इससे विश्वव्यापी कम्युनिस्ट शक्ति लंबे समय के लिए छिन्न-भिन्न हो. गई है!'* " इस पुस्तक से शर्माजी ने 'आत्मकथा' में अनेक अंश उद्धृत किए हैं, लेकिन उक्त पंक्तियों पर उन्होंने दृष्टिपात नहीं किया, या जान-बूझकर उन्हें अदृष्ट रहने दिया। अपनी 'भारत : इतिहास और संस्कृति' नामक पुस्तक में मुक्तिबोध ने स्पष्ट शब्दों में पाकिस्तान के साथ चीन को दूसरे देश का भूभाग हड़प लेनेवाला कहा है। लिखा है, "कश्मीर का एक भाग जो पाकिस्तान ने हथिया लिया, और कश्मीर का उत्तरी सीमांत का कुछ हिस्सा जो चीन ने ले लिया—ये समस्याएं अभी बची हुई हैं।" (मु. र., पेपरबैक, 6/573) शर्माजी ने इस पर भी ध्यान नहीं दिया। कारण स्पष्ट है, उनकी कल्पना के नायक मुक्तिबोध और असली मुक्तिबोध में ऐसा फर्क था, जो उन्हें गवारा नहीं।

ऊपर 'एशियाई-अफ्रीकी राष्ट्रवाद का संयुक्त मोर्चा' शीर्षक जिस टिप्पणी का हवाला दिया गया है, उसी में मुक्तिबोध ने आगे कहा कि यदि इस प्रकार भारत, बर्मा, हिंदेशिया आदि देशों की स्थिति वैदेशिक क्षेत्र में मजबूत होती है, तो उसका एक विशिष्ट परिणाम निश्चित रूप से यह होगा कि न केवल विश्वशांति की संभावनाएं अधिक बढ़ेंगी, बल्कि उस विश्वशांति और अपनी सक्रिय तटस्थता के जरिए वे देश अपने घर की व्यापारिक और औद्योगिक उन्नति के राजपथ को प्रशस्त कर सकेंगे। जब तक भारत, बर्मा, हिंदेशिया-जैसे देश औद्योगिक दृष्टि से संपन्न नहीं होते, राष्ट्र का औद्योगिक पुनर्निर्माण नहीं करते, तब तक वे वस्तुतः मजबूत नहीं हो सकते। सक्रिय तटस्थतावादी नीति का सीधा संबंध देश के औद्योगिक-व्यावसायिक विकास से है, यह कभी भी न भूलना चाहिए। यह कथन इस बात का प्रमाण है कि मुक्तिबोध एशियाई-अफ्रीकी राष्ट्रों के मोर्चे को एक व्यापक संदर्भ में देखते थे और ऐसे संयुक्त मोर्चे, विश्वशांति, सक्रिय तटस्थता, औद्योगीकरण तथा साम्राज्यवाद-विरोध का अंतस्संबंध उनके सामने बिलकुल स्पष्ट था।

आज जिसे गुटनिरपेक्ष आंदोलन कहते हैं, उसकी शुरुआत 'तटस्थता की नीति' से हुई थी, जिसे डलेस ने 'अनैतिक' कहा था। पं. नेहरू ने उसे 'गुटनिरपेक्षता' कहते हुए उसकी व्याख्या 'सक्रिय तटस्थता' के रूप में की थी। यह ताज्जुब की बात है कि उस समय सोवियत संघ और चीन दोनों ही इस 'गुटनिरपेक्षता' के महत्व को समझने में असमर्थ थे। चीन ने तो साफ कहा था कि "दो में से एक पक्ष चुनना ही होगा। तीसरा मार्ग-जैसी कोई चीज नहीं होती है।" मुक्तिबोध ने गुटनिरपेक्ष आंदोलन के प्रथम सम्मेलन (1961) के चार-पांच वर्ष पूर्व ही इस आंदोलन के साम्राज्यवाद-विरोधी सार-तत्व को समझ लिया था और 'इतिहास का अननुमानित' शीर्षक टिप्पणी में लिखा था : "कुछ वर्षों पहले इस बात का अनुमान लगाना कठिन था कि तटस्थ देश अपनी

तटस्थता के जरिए रस और शक्ति ग्रहण करेंगे, आलोक और अर्थ प्राप्त करेंगे, तथा इस रास्ते पर चलते हुए वे विश्वराजनीति में एक निर्णयकारी आवाज बन जाएंगे। कुछ हद तक, इन तटस्थ राष्ट्रों ने यह महत्व और महानता, प्राप्त की है। और यदि पिछले कुछ वर्षों की प्रतिक्रिया पर ध्यान दिया जाए तो यह कहा जा सकता है कि भवितव्य यदि उन्हें कुछ और शांतिकाल देगा, तो वे और भी बलशाली होकर अपने आसपास की साम्राज्यवादी भूमि को भीतर से इतनी पोली कर देंगे कि बाद में हल्की-सी हरकत से एक के बाद एक सब शिलाखंड दूर किए जा सकते हैं। ठीक यही बात अमरीका और ब्रिटेन की चिंता का कारण है। तटस्थ देश शांतिपिपासा, राजनय और कूटनीति के द्वारा ऐसी सफलताएं प्राप्त कर रहे हैं, जो तलवार के जोर पर प्राप्त नहीं की जा सकती थीं।" भारत पर तटस्थता की नीति और तटस्थ राष्ट्रों का नेतृत्व छोड़ने के लिए साम्राज्यवादी देश तरह-तरह से दबाव डालते आ रहे थे। यह दबाव वे काफी दिनों तक कश्मीर के मामले के जरिए डालते रहे। बगदाद-संधि का एक देश पाकिस्तान भी था। अमरीका-ब्रिटेन कश्मीर के मामले को बगदाद-संधि से जोड़कर भारत पर दबाव डाल रहे थे कि वह पश्चिमी एशिया के देशों को समर्थन देना बंद करे। मुक्तिबोध ने 'बगदादी राजनीति का चक्कर' शीर्षक टिप्पणी में दो-टूक शब्दों में कहा कि पाकिस्तानी संगीन से डरकर भारत पश्चिमी एशिया के अपने मित्रों को वैचारिक सहायता देना बंद नहीं कर सकता, क्योंकि सक्रिय तटस्थता की सच्ची परीक्षा भारत में नहीं, पश्चिमी एशिया में हो रही है। एक बार तो भारतीय विदेश-नीति की सच्ची परीक्षा सीरिया और इजिप्ट में हो गई। उससे हमने भी अपने लिए नतीजे निकाले। उन नतीजों से हमारी नीति और दृढ़ हो गई। हमें उसे बदलने की जरूरत नहीं।

'मिस्र के विरुद्ध इतना रोष क्यों?' शीर्षक टिप्पणी में मुक्तिबोध ने साम्राज्यवादी देशों के राजनीतिक षड्यंत्र का उल्लेख किया। लिखा कि आज तक जिन छोटे या बड़े राष्ट्रों ने दूसरे विश्वयुद्ध के उपरांत सिर उठाया, उन्हें मार खानी पड़ी। ईरान में ब्रिटिश एंग्लो-ईरानियन तेल कंपनी के राष्ट्रीयकरण की शर्तों के बारे में ईरान के प्रधानमंत्री डॉ. मुसद्दिक और ब्रिटेन में जो तनातनी चली, उसका परिणाम एक बड़ा भारी अंतर्राष्ट्रीय कुचक्र था, जिसमें डॉ. मुसद्दिक की सरकार पिस गई और उसके समर्थक गोली से उड़ा दिए गए। ग्वाटेमाला में अमरीकी फ्रूट कंपनी की जमींदारी के विरुद्ध सरकारी कदमों की प्रतिक्रिया हुई एक फौजी षड्यंत्र के रूप में, जिसके फलस्वरूप गृहयुद्ध हुआ और प्रेसिडेंट आर्वेंज को देश त्याग करना पड़ा। थाईलैंड में एक मोटर-दुर्घटना के शिकार हुए अमरीकी राजदूत ग्वाटेमाला के फौजी षड्यंत्र के प्रधान सूत्र-संचालक थे। उनके कारनामों की प्रशंसा में अमरीका के 'न्यूयार्क टाइम्स' और 'टाइम' मैगजीन पढ़िए। आपको पता लगेगा कि ब्रिटेन और अमरीका अब षड्यंत्रों के द्वारा उन देशों में हस्तक्षेप करने लग गए हैं, जिनकी उन्नति और विकास उन साम्राज्यवादियों के हितों के आड़े आता है। ग्वाटेमाला में अमरीकी फ्रूट कंपनी के सबसे बड़े समर्थक स्थानीय रोमन कैथोलिक पुरोहित थे, जिन्होंने ग्वाटेमाला की

राजनीतिक कार्रवाइयों को रोकना चाहा था। अर्जेंटीना ग्वाटेमाला से कहीं ताकतवर था। दुनिया के बाजार में अर्जेंटीना के गेहूं, कपास और मांस ने अमरीकी माल का दम घोंट दिया था। पैराँ सरकार ने औद्योगिक विकास के लिए चेकोस्लोवाकिया, हंगरी, सोवियत संघ आदि देशों से व्यापारिक समझौते किए थे। अर्जेंटीना में कम्युनिज्म गैरकानूनी था। किंतु अमरीका-समर्थक जमींदरों, फौजी अधिकारियों और रोमन कैथोलिक पुरोहितों की मदद से वाशिंगटन ने फौजी षड्यंत्र के द्वारा सरकार पलट दी। पैराँ सरकार तानाशाही सरकार थी, फिर भी उसें साधारण जनता का समर्थन प्राप्त था। "सारांश यह कि प्रगति-विरोधी तत्वों की सहायता से, साम्राज्यवादी राष्ट्र उन देशों में, जहां उनके हित खतरे में पड़ जाते हैं, राजनैतिक षड्यंत्र रचकर हस्तक्षेप करते हैं। उनकी सहायता और प्रोत्साहन द्वारा राजनैतिक नेताओं का कत्ल किया जाता है और सरकारें पलट दी जाती हैं। इजिप्ट में इस प्रकार के षड्यंत्र नहीं होंगे, इसकी क्या गैरंटी है?" साम्राज्यवादी शक्तियां कर्नल नासिर की हत्या तो न करा सकीं, लेकिन कांगो के नेता पैट्रिस लुमुंबा और उनके साथियों की हत्या अवश्य करा दी और कर्नल नासिर की मृत्यु के बाद इजिप्ट में जो सादात की सरकार आई, उसे उन्होंने धीरे-धीरे कर्नल नासिर की सारी राष्ट्रवादी एवं जनतांत्रिक नीतियों को छोड़ने को बाध्य किया और अंततः उसे एक कठपुतली सरकार बना दिया।

यह हिंदी पत्रकारिता का एक गौरवपूर्ण पक्ष है कि वह आरंभ से ही रूसी क्रांति, रूस में होनेवाले समाजवादी निर्माण, सोवियत-व्यवस्था और अंतर्राष्ट्रीय राजनीति में सोवियत सरकार की साम्राज्यवाद-विरोधी भूमिका में गहरी दिलचस्पी लेती आ रही थी। सोवियत संघ भले अंततः हिंदी पत्रकारों की आशाओं के अनुरूप न उतरा हो, लेकिन उन्होंने तो उसका पक्ष ही नहीं लिया, उसके संबंध में साम्राज्यवादी प्रचार-एजेंसियों और पूंजीवादी प्रेस द्वारा जो कथित दुष्प्रचार किया जा रहा था, उसका खंडन भी किया। प्रेमचंद ने 28 नवंबर, 1932 के 'हंस' में 'सोवियट रूस की उन्नति' शीर्षक टिप्पणी में लिखा था : "सोवियट रूस के पंचसाला कार्यक्रम का फल आशातीत हो रहा है। एक अंग्रेज पत्रकार ने वहां की वर्तमान दशा की पांच साल पहले की हालत से तुलना करते हुए लिखा है कि रूस में नए-नए नगरों और कस्बों की बाढ़-सी आ गई है। कितने ही ऐसे गांव, जहां सौ-दो सौ आदमी रहते थे वहां अब जनसंख्या पचासगुनी से ज्यादा बढ़ गई है। झोपड़ों के जरा-जरा से पुरवे विशाल नगर बन गए हैं। व्यावसायिक उन्नति की यह रफ्तार संसार के इतिहास में विस्मयजनक है। जहां जनता पर जनता के हित के लिए शासन किया जाता है, वहां ऐसी ही सफलता प्राप्त होती है। साम्राज्यवादी योरोप अभी तक यही नहीं तय कर पाया कि फौजी सामान घटाया जाय या नहीं। उधर रूस एकाग्र भाव से उन्नति के मार्ग पर बढ़ता चला जा रहा है। न वहां बेकारी है, न मंदी।" उससे पहले सितंबर, 1932 की 'सुधा' में 'रूस' शीर्षक टिप्पणी में निराला ने लिखा था : "गरीबों का आदर्श आज रूस ही है। रूस में जिस तरह एक दिन धनाधिकार प्रबल था, अनेकों पर एक की हुकूमत चलती थी, उसी तरह आज अनेक एक हो गए हैं। किसानों के सुख का स्वर्ग आज रूस ही है।

महाकवि रवीन्द्रनाथ ने रूस-भ्रमण के अपने जो संस्मरण लिखे हैं, उनसे अच्छी तरह समझ में आ जाता है कि रूस आज सभी दलित देशों का आदर्श है। वहां बड़प्पन के संस्कार ही अब नहीं रह गए। जातीय शिक्षा और अंतर्राष्ट्रीय व्यवहारों में रूस सबसे अधिक सभ्य है। दमन के दिनों में जिस साहित्य का निर्माण रूस में हुआ है, वह प्राण-शक्ति आज संसार-साहित्य में चेतना का संचार कर रही है। हमारे युवक-सम्राट वीर जवाहरलालजी को भी रूस के किसानों का आदर्श पसंद है। हमारे देश में अन्न के सस्तेपन का प्रधान कारण भी रूस की पैदावार ही है। पर साम्राज्यवादी लोग रूस की तरफ से जनता को बरगलाने की पूरी चेष्टाएं करते जा रहे हैं। उसके संबंध में तरह-तरह की विकृत बातों का प्रचार किया जा रहा है, जिससे रूस की तरफ से जनता के हृदय में घृणा के भाव उत्पन्न हो जाएं। पर रूस चुपचाप यह सब देखता और सुनता हुआ अपनी उन्नति के मार्ग में दत्तचित्त है।" हिंदी पत्रकारिता की इसी प्रगतिशील परंपरा में मुक्तिबोध ने अपनी राजनीतिक टिप्पणियों में अंतर्राष्ट्रीय राजनीति में सोवियत संघ की जनतंत्रपक्षी और साम्राज्यवाद-विरोधी भूमिका स्पष्ट की।

'जमाने के बदलते हुए तेवर' शीर्षक टिप्पणी में उन्होंने कहा कि "उसका (ब्रिटेन का) यह भ्रम निराधार था कि रूस पश्चिमी एशिया में तेल के उसके कुएं हथियाना चाहता है। रूस इस बात से कुछ और भयंकर कर चुका है और कर रहा है। यह भयंकर कृत्य है, लेबनान और यमन, सीरिया और इजिप्ट-जैसे देशों को अपने पैरों पर खड़ा करने के लिए प्रोत्साहित करना। एक बार मजबूत हो जाने पर, कोई अनुकूल अवसर देख ये राष्ट्र खुद ही अपनी संपत्ति विदेशी हाथों से छीन लेंगे। ध्यान में रखिए कि बड़े राष्ट्रों में रूस ही पहला राष्ट्र था, जिसने बांडुंग सम्मेलन की दुहाई दी। रूस की इस तिकड़म को सभी पहचानने लगे हैं। किंतु रूस कहता है कि ये तिकड़म वे खुद क्यों नहीं करते। बुलगानिन-ख्रुश्चेव ने भारत में पश्चिमी राष्ट्रों को कहा था कि वे मैत्री में प्रतियोगिता करें। इस प्रकार, हम देखते हैं कि दुनिया का दृश्य यह है कि दो गुटों के बीच के फैसले की शक्ति क्रमशः तटस्थ राष्ट्रों की तरफ आती जा रही है।" कहा जा चुका है कि मुक्तिबोध ने तटस्थता वा गुटनिरपेक्षता की नीति में निहित महान संभावनाओं को काफी पहले समझ लिया था। इसी टिप्पणी में वे आगे कहते हैं : "सक्रिय तटस्थता के प्रचंड रूप से सफल तीन राजनीतिज्ञ (नेहरू-नासिर-टीटो) यह खूब पहचानते हैं कि दुनिया का शक्ति-संतुलन भंग करके नया शक्ति-संतुलन स्थापित करने की क्षमता केवल सक्रिय तटस्थ देशों के पास ही है। तटस्थ देश यह बात खूब पहचानते हैं कि उनके विकास की प्रक्रिया साम्राज्यवाद के अस्त की प्रक्रिया है। उनकी शक्ति, संपदा और श्री की वृद्धि से ही अन्य गुलाम, आधे-गुलाम, या भाड़े-के-टट्टू देशों की जनता सच्ची राजनैतिक और आर्थिक आजादी प्राप्त कर सकेगी। मतलब यह कि इस राजनैतिक प्रक्रिया की तीव्रता और प्रसार का क्षेत्र बढ़ता और फैलता जाएगा। रूस इन राष्ट्रों के इस महत्त्व को देखकर उन्हें बढ़ावा देता जा रहा है।"

मुक्तिबोध जिस दौर में राजनीतिक टिप्पणियां लिख रहे थे या सृजनरत थे, वह

विश्वराजनीति का रफ्तार से भरा हुआ संक्रमणकालीन दौर था। एशिया और अफ्रीका के उपनिवेशों में स्वतंत्रता की लहर उठी हुई थी, लैटिन अमरीकी और नवस्वतंत्र देश साम्राज्यवादी शिकंजे से छूटकर राष्ट्रीय हितों के पथ पर कदम बढ़ाने के लिए बेचैन थे, कथित समाजवादी देशों में भी कम्युनिस्ट शासन के जनतंत्रीकरण की प्रक्रिया और नई परिस्थितियों के साथ सामंजस्य स्थापित करने का प्रयास शुरू हो गया था, तटस्थता वा गुटनिरपेक्षता का महत्व सोवियत संघ ही नहीं, साम्राज्यवादी देशों की दृष्टि में भी बढ़ता जा रहा था और निःशस्त्रीकरण की भावना पश्चिमी यूरोप के देशों में भी फैल रही थी। पश्चिमी यूरोप के ये देश अपनी आर्थिक शक्ति-समृद्धि के लिए न अमरीका पर अवलंबित रहना चाहते थे, न पश्चिमी एशिया पर, जो उनके पंजे से छूटता जा रहा था। मुक्तिबोध के लिए यह स्वाभाविक था कि वे अंतर्राष्ट्रीय राजनीति की साम्राज्यवाद-विरोधी इस राष्ट्रवादी और जनतांत्रिक प्रगतिशील धारा को उसकी तमाम विशेषताओं के साथ पहचानते और यथासंभव अपनी लेखनी से उसे बल प्रदान करने की कोशिश करते।

पं. नेहरू ने 1938 में ही कहा था कि "भारत की समस्या तत्वतः विश्व की समस्या से जुड़ी हुई है।" मुक्तिबोध ने भारत को कभी शेष विश्व से अलग करके नहीं देखा और जैसा कि कहा जा चुका है, उन्होंने तीसरी दुनिया के एक प्रतिबद्ध लेखक की तरह तमाम राजनीतिक घटना-चक्र पर टिप्पणी की। भारत उनके लिहाज से एक पिछड़ा हुआ देश था, जो शताब्दियों तक ब्रिटिश उपनिवेशवाद द्वारा 'इतिहास से बाहर' रखे जाने के बाद अब स्वतंत्रता प्राप्त कर विश्वराजनीति में अपनी सक्रिय भूमिका निभा रहा था और स्वतंत्र विकास के मार्ग पर चल पड़ा था। उन्होंने उसकी वैदेशिक नीति की बहुत अधिक प्रशंसा की और 'नेहरू की जर्मनी यात्रा का महत्त्व' शीर्षक टिप्पणी में नेहरू ने पश्चिमी जर्मनी में अमरीका पर चोट करते हुए जो व्याख्यान दिया था, उससे प्रसन्न होकर लिखा कि "वस्तुतः, पंडित नेहरू की स्वतंत्र, सक्रिय तटस्थता-नीति ने यूरोप पर हमला बोल दिया।" वे जानते थे कि वैदेशिक नीति और घरेलू आर्थिक नीति के बीच गहरा संबंध होता है, भारत अंतर्राष्ट्रीय राजनीति में स्वतंत्र वैदेशिक नीति का अनुसरण तभी कर सकेगा, जबकि आर्थिक दृष्टि से वह अपने पांवों पर खड़ा होगा, इसलिए उन्होंने आर्थिक क्षेत्र में भारत द्वारा अपनाए गए स्वतंत्र विकास के मार्ग को न केवल बहुत ज्यादा पसंद किया, बल्कि उससे उन्होंने बहुत ज्यादा उम्मीद लगा ली। उन्होंने यहां तक सोच लिया कि स्वतंत्र आर्थिक विकास का यह मार्ग समाजवाद में संक्रमित होगा। शिक्षकों की एक सभा में भाषण देते हुए उन्होंने कहा कि "पंडित जवाहरलाल नेहरू के नेतृत्व में देश समाजवादी निर्माण की ओर चल पड़ा है। जो लोग यह सोचते हैं कि हम उस प्रवृत्ति को खत्म कर सकते हैं वे बड़े भारी भ्रम में हैं।"

भारतीय जनतंत्र में मुक्तिबोध की पूर्ण निष्ठा थी, जिसका सबूत उनका यह कथन है कि "भारत में जनतंत्र है, और आपेक्षिक रूप से तथा विशेष स्तर पर यहां व्यक्ति-स्वातंत्र्य अवश्य ही है।" (मु. र., 5/175) नेहरू के प्रति उनकी ममता 'दून

घाटी में नेहरू' शीर्षक टिप्पणी में छलकी पड़ती है। यह लिखने के बाद कि पंडित नेहरू का दिल पृथ्वी-जैसा बड़ा और गंगा-जैसा गंभीर एवं चपल है, इसमें उन्होंने लिखा कि "तीसरे विश्वयुद्ध के दृश्य, लोहा और इस्पात के विशाल नए कारखानों का धुआं, नए उठते हुए शहरों की मीनारें, पृथ्वी पर लहराते, कई देशों को जोड़ते अथाह नीले समुद्र, कूटनैतिक चर्चाओं में उठाए गए तर्क और दलीलें, आदि-आदि के बिंब देखते हुए उनकी आंख लग जाती होगी। शायद हां, शायद नहीं।" जाहिर है, नेहरू के प्रति यह ममता व्यक्ति-विशेष के प्रति उनकी ममता नहीं, बल्कि विश्वशांति के योद्धा और नए भारत के निर्माता के प्रति उनकी ममता थी। अपने देश में औद्योगीकरण का जो दौर शुरू हुआ था और समाजवादी समाज-रचना को जो लक्ष्य के रूप में घोषित किया गया था, उसे मुक्तिबोध हसरत से देख रहे थे।

लेकिन इसका यह मतलब नहीं है कि उनके मन में किसी प्रकार का संदेह न था और आर्थिक क्षेत्र में स्वतंत्र विकास की सीमाओं और समाजवादी समाज-रचना के लक्ष्य की असलियत से वे सोलहों आना अनजान थे। उनकी 'अंग्रेज गए, परंतु इतनी अंग्रेजी पूंजी क्यों?' और 'समाजवादी समाज या अमरीकी-ब्रिटिश पूंजी की बाढ़' शीर्षक दो ज्वलंत टिप्पणियां हैं, एक साल के अंतर से क्रमशः 1954 और 1955 में लिखी गई, जो अर्थशास्त्र के उनके ज्ञान का तो परिचय देती ही हैं, स्वातंत्र्योत्तर भारत के संपूर्ण आर्थिक विकास को वे किस आलोचनात्मक दृष्टि से देख रहे थे, हमें उससे भी अवगत कराती हैं।

पहली टिप्पणी में मुक्तिबोध ने कहा कि चले गए वे दिन, जब हम और आप अखबारों से, राजनीतिक मंचों से तथा संगठनों के द्वारा विदेशी माल के खिलाफ, विदेशी पूंजी के खिलाफ, स्वदेशी उद्योग और व्यवसाय की हिमायत में कार्य करते थे। आज विदेशी पूंजी के आमंत्रण को राष्ट्रीय आवश्यकता बतलाया जाता है। यह सहज ही भुला दिया जाता है कि पिछड़े हुए मध्यपूर्वी राष्ट्रों में स्वदेश में लगी हुई विदेशी पूंजी के राष्ट्रीकरण का सुविस्तृत आंदोलन चला हुआ है—वह संपूर्णतः सफल हुआ है या असफल, यह अलग बात है। वह आंदोलन केवल इसलिए है कि राष्ट्र आर्थिक दृष्टि से सार्वभौम प्रभुत्वसंपन्न हो, स्वदेशी जनता का शोषण विदेशी पूंजी न कर पाए, स्वदेश का पैसा विदेश न पहुंचे। किंतु जब ईरान में एंग्लो-ईरानियन ऑइल कंपनी के राष्ट्रीयकरण का तूफान था, तब भारतीय सरकार ने एक अंग्रेज तथा एक अमरीकी कंपनी को 60 करोड़ रुपयों की पूंजी से मिट्टी के तेल से पेट्रोल बनाने के दो कारखाने खोलने के लिए विशेष सहूलियतें दीं, और यह वचन दिया कि आगामी 25 वर्ष तक उक्त कंपनियों का राष्ट्रीयकरण नहीं किया जाएगा और अगर किया गया तो उन्हें मुआवजा दिया जाएगा। इसके बाद उन्होंने लिखा कि आपको यह जानकर आश्चर्य होगा कि पं. नहेरू की पंचवर्षीय योजना में भी प्रति वर्ष 100 करोड़ रुपयों की विदेशी पूंजी निमंत्रित की गई है। पंचर्षीय योजना के नाम पर औद्योगिक क्षेत्र में भारतीय पूंजीपति विदेशी पूजीपतियों (अंग्रेज और अमरीकी) से सांठगांठ किए हुए हैं। फिर उन्होंने कई उदाहरण देकर उक्त तथ्य की पुष्टि की। मुक्तिबोध अपने देश

में लगी हुई विदेशी पूंजी की मात्रा से चिंतित थे। रिजर्व बैंक द्वारा प्रकाशित आंकड़ों के अनुसार स्वतंत्रता-प्राप्ति के बाद भारत की कुल व्यापारिक-औद्योगिक पूंजी का 44 प्रतिशत विदेशी था। उसमें सबसे बड़ा हिस्सा ब्रिटिश पूंजी का था, यानी 70 प्रतिशत, और उसके बाद अमरीकी पूंजी का स्थान था, जोकि 6 प्रतिशत से भी कम थी। विदेशी पूंजीपतियों ने भारत में अपनी अधिकतर पूंजी प्रत्यक्ष पूंजी के रूप में लगाई थी, जिसका मतलब होता है मुनाफा ही नहीं, उद्योग की पूरी व्यवस्था पर अधिकार। "इस विदेशी पूंजी का हित इसमें है कि भारत को हमेशा उनके द्वारा तैयार माल का बाजार बनाकर रखा जाए। इसीलिए उन्होंने अपनी सारी पूंजी हमें आत्मनिर्भर राष्ट्र बनानेवाले उद्योगों में न लगाकर, केवल कच्चा माल तैयार करनेवाले उद्योगों में ही लगाई है। इस विदेशी पूंजी की दूसरी विशेषता यह है कि वह पूंजी ऐसे उद्योग में लगाई गई है जो हमारे आर्थिक जीवन में महत्त्वपूर्ण स्थान रखते हैं और जिन पर हमारी राष्ट्रीय संपत्ति और उत्कर्ष अवलंबित है।"

उद्योग-धंधों के अलावा विदेशी पूंजी ने आयात-निर्यात-व्यापार पर भी अपना एकाधिकार कायम कर रखा था। मैनेजिंग एजेंसी की पद्धति के द्वारा, जिसमें कारखाने की पूरी व्यवस्था इकरारनामे के अनुसार निश्चित संख्या के शेयर रखनेवाले व्यक्ति के हाथ में दे दी जाती है, 13 करोड़ की ब्रिटिश पूंजी 70 करोड़ की भारतीय पूंजी पर अनुशासन कर रही थी। इस पद्धति से 18 विदेशी कंपनियों ने भारत की 601 कंपनियों पर अपना कब्जा जमा रखा था। ऐसी स्थिति में भारतीय पूंजी का पनपना कभी संभव नहीं था। उद्योग-धंधों पर कब्जा जमाने का दूसरा तरीका भी था—आधे से अधिक शेयर खरीद लेना। इस तरीके से 28 करोड़ रुपए की विदेशी पूंजी ने भारत की कुल 44 करोड़ रुपयों की लागत की 210 कंपनियों पर अपना वर्चस्व स्थापित कर रखा था। एक तरीका यह भी था कि विदेशी पूंजी भारतीय धोती पहनकर सामने आती थी। नाम भारतीय रख दिया जाता था, एकाध भारतीय पूंजीपति को डाइरेक्टर बना दिया जाता था, लेकिन अधिकांश पूंजी विदेशी होती थी और नियंत्रण भी विदेशी कंपनियों के हाथ में रहता था। इस तरीके से 150 कंपनियां चलाई जा रही थीं, जिनमें लगी हुई कुल 47 करोड़ की पूंजी में 45 करोड़ की पूंजी विदेशी थी। निष्कर्ष यह कि विदेशी पूंजी ने भारत में लगी कुल औद्योगिक - व्यापारिक पूंजी से मात्रा में कम होते हुए भी उसे अपने शिकंजे में कस रखा था। यही हाल भारत में चलनेवाले विदेशी बैंकों का भी था।

मुक्तिबोध ने टिप्पणी की कि भारत में इतनी विदेशी पूंजी के दृश्य को देखकर स्वभावतः यह अपेक्षा होती है कि भारतीय पूंजीपति इस विदेशी शिकंजे का आर्थिक विरोध करेंगे। किंतु यह अपेक्षा व्यर्थ-सी है। अपवादस्वरूप ऑल इंडिया मैन्यूफैकचरर्स एसोसिएशन ने कुछ दिनों पहले यह आवाज लगाई थी कि भारत में विदेशी पूंजी का आना बंद हो, किंतु उसकी आवाज निर्बल है, भारतीय सरकार पर उसका विशेष प्रभाव नहीं है। बिड़ला और टाटा विदेशी पूंजी के आमंत्रण को भारत के लिए (यानी स्वयं के लिए) हितकर समझते हैं। बिड़ला महोदय स्वयं अनेक ब्रिटिश पूंजीपतियों से

पूंजीबद्ध हैं, तो टाटा महोदय अमरीकी पूंजीपतियों से। अपने मुनाफे की वृद्धि के लिए, भारतीय शासन पर निर्णायक प्रभाव रखते हुए, वे साम्राज्यवादी पूंजी को बुलाते हैं, उस पूंजी के जूनियर पार्टनर की हैसियत से काम करते हैं और उससे पूंजीबद्ध हो जाते हैं। पंचवर्षीय योजना ने उनको इस कार्य में अधिक उत्साहित किया है। स्पष्ट बात यह है कि ये कल के राष्ट्रवादी पूंजीपति आज भारत को केवल औपनिवेशिक क्षेत्र बनाए रखने की ओर ही कदम बढ़ा रहे हैं, न कि उसके वास्तविक औद्योगीकरण की ओर। मुक्तिबोध ने विदेशी पूंजी में साम्राज्यवादी देशों के पूंजी-निवेश और समाजवादी देशों के पूंजी-निवेश का अंतर पाठकों को बतलाया और इस तरह कहा कि हमें देश का औद्योगीकरण समाजवादी देशों की मदद से करना चाहिए : "प्रथम इस्पात कारखाने की मिल्कियत, वह भारत में स्थापित होने के बावजूद जर्मन कंपनी क्रुप्स की ही रहेगी, किंतु रूसी प्रस्ताव के अनुसार कारखाना 18 महीनों में खड़ा करके उसका संपूर्ण स्वामित्व भारत सरकार को सौंप दिया जाएगा, तथा जो रूसी पूंजी लगी है उसको पंद्रह किस्तों में अदा किया जाएगा, तथा सूद की दर अंतर्राष्ट्रीय बैंक की आधी यानी केवल ढाई प्रतिशत रहेगी।" भारतीय व्यवस्था के समाजवाद में संक्रमण का स्वप्न देखनेवाले कवि ने उक्त टिप्पणी के अंत में दृढ़ शब्दों में घोषणा की : "जब तक हमारे यहां विदेशी पूंजी का राष्ट्रीयकरण नहीं होता, और बुनियादी कारखाने नहीं खुलते, तब तक यह कहना कि हम देश की पुनर्रचना कर रहे हैं, बिलकुल असंगत है। कहना न होगा कि भारतीय आर्थिक स्थिति, सच्ची आर्थिक स्वाधीनता, और साम्राज्यवाद से मुक्ति हमें तभी प्राप्त हो सकती है जब हम भारतीय बाजार का विदेशी शोषण बंद कर दें।"

आज विदेशी पूंजी स्वतंत्रता-प्राप्ति के बाद से बहुत ज्यादा बढ़ गई है, बहुदेशीय कंपनियों के लिए देश का दरवाजा पूरा खोल दिया गया है, इजारेदारों को अधिक से अधिक रियायतें दी जा रही हैं और जो उद्योग सार्वजनिक क्षेत्र के लिए सुरक्षित थे, उनमें निजी क्षेत्र के प्रवेश की अनुमति देकर इजारेदारी पर नियंत्रण को कमजोर बनाया जा रहा है। जिस अनुपात में ये चीजें बढ़ी हैं, उसी अनुपात में हम समाजवादी समाज-रचना के स्वप्न से दूर हटे हैं और पूंजीवाद के विकास तथा साम्राज्यवादी देशों पर निर्भरता की दिशा में आगे बढ़े हैं। पं. नेहरू ने अपनी आत्मकथा में पूर्ण स्वाधीनता के लक्ष्य की व्याख्या करते हुए कहा था कि भारत ब्रिटिश साम्राज्य यानी कामनवेल्थ में न रहेगा और उसके साथ अपने यहां ब्रिटिश पूंजी का प्रभुत्व समाप्त करेगा। वह लक्ष्य हमने कितना प्राप्त किया है, आज स्पष्ट है।

दूसरी टिप्पणी में मुक्तिबोध ने उन लोगों का भ्रम दूर करने की कोशिश की, जो समाजवादी समाज-रचना के नारे से यह समझते थे कि देश में पूंजीवाद समाप्त होने जा रहा है और समाज-रचना में तब्दीली होने जा रही है। उन्होंने पूछा कि यदि ऐसा ही है, तो देश के गरीब वर्ग अधिकाधिक गरीब और श्रीमान वर्ग अधिकाधिक श्रीमान क्यों होते जा रहे हैं? शहरी मध्यवर्ग से लेकर देहाती किसान-वर्ग तक में उच्च और निम्न-मध्यवर्ग तथा धनी और गरीब किसान-वर्ग के बीच की खाई चौड़ी

होती जा रही थी। मध्यप्रदेश में तीन सौ सैंतीस ऐसे काश्तकार थे, जिनके पास एक हजार एकड़ से अधिक जमीन थी। बिना इस जमीन के बंटवारे के समाजवाद कैसा? "किसान पहले साहूकार का कर्जदार था, अब वह सरकार का कर्जदार और सरकारी कर्ज चुकाने के लिए सहकारी बैंकों का कर्जदार और सहकारी बैंकों का कर्ज चुकाने के लिए सरकार का कर्जदार हो रहा है। यानी जब कर्ज चुकाना बिलकुल असंभव हो जाता है तब उसकी जमीन छिन जाना बिलकुल स्वाभाविक हो उठता है।" इस तरह खाद्यान्न-उत्पादक के रूप में किसानों की आर्थिक स्थिति पहले जैसी ही दयनीय थी और उनका किसान से खेत-मजदूर बनने का सिलसिला जारी था। जनता पर कर का बोझ बढ़ता जाता था और पूंजीपति सरकार को करोड़ों का कर्ज देकर मुनाफा कमाते थे। मुक्तिबोध ने कहा, "भारत में पूंजी तीनों ढंग से लगाई जा रही है। अगर भारत में रूसी इस्पात कारखाना सरकारी औद्योगिक क्षेत्र में खुल रहा है, तो अमरीकी सहायता से टाटा अपने इस्पात कारखाने का बहुत बड़ा विस्तार कर रहा है। और बिड़ला ब्रिटिश सहायता से नया इस्पात कारखाना खोल रहा है। तीसरे, प्रत्यक्षतः विदेशी पूंजी भी भारत में आ रही है और आएगी। हाल ही की खबर है कि भारत सरकार ने अमरीकी पूंजी की 'प्राइवेट-ट्रीटमेंट-गैरंटी-स्कीम' मंजूर कर ली है, यानी वह आगामी पच्चीस वर्ष तक अमरीकी पूंजी का राष्ट्रीयकरण न करने की गैरंटी देगी। ये गैरंटी देने पर, अरबों रुपयों की अमरीकी पूंजी निजी तौर पर भारत में लगेगी।" अंत में उन्होंने कहा, "समाजवादी ढंग की समाज-रचना करने का तरीका यह नहीं है कि भारत में अमरीकी पूंजी को पच्चीस वर्ष की गैरंटी दी जाए और ब्रिटिश पूंजी के बारे में चूं तक न किया जाए। इससे एक बात तो सिद्ध होती ही है। वह यह कि आगामी पच्चीस-तीस वर्षों तक के लिए समाजवादी ढंग टाल दिया गया है।" ताज्जुब नहीं, उन्होंने भारतीय राष्ट्रीय कांग्रेस को "पूंजीपतियों की जातीय भ्रष्टाचारी संस्था" कहकर याद किया।

टॉमस मान का यह कथन प्रसिद्ध है कि वर्तमान युग में मानव-नियति को राजनीति की परिभाषाओं में ही समझा जा सकता है। लूकाच से असहमति प्रकट करते हुए ब्रेख्त ने भी इस बात पर बल दिया है कि यथार्थवाद की धारणा व्यापक होने के साथ-साथ राजनीतिक भी होनी चाहिए। ऐसी स्थिति में रचनाकार के रूप में राजनीति से अलग रहना मुक्तिबोध के लिए कहां तक संभव था? हमें उनकी कविताओं में उनके पत्रकार और रचनाकार रूप में घनिष्ठ संबंध दिखलाई पड़ता है। कविताओं में भी एक तीसरी दुनिया के प्रतिबद्ध कवि के रूप में ही वे सामने आते हैं। यह जरूर है कि यहां उनकी राजनीति अधिक मर्मभेदी है। 'जब प्रश्नचिह्न बौखला उठे' शीर्षक अपनी कविता में उन्होंने कहा भी है :

ईमानदार संस्कारमयी
संतुलित नई गहरी विवेक-चेतना
        अभय होकर अपने
वास्तविक मूलगामी निष्कर्षों तक पहुंची

ऐसे निष्कर्ष कि जिनके अनुभव-अस्त्रों से
वैज्ञानिक मानव-शस्त्रों से
मेरे सहचर हैं ढहा रहे
वीरान विरोधी दुर्गों की अखंड सत्ता।
उनके अभ्यंतर के प्रकाश की कीर्तिकथा
जब मेरे भीतर मंडराई
मेरी अखबारनवीसी ने भीतर सौ-सौ आंखें पाईं।

मुक्तिबोध राजनीति की अहमियत को भी समझते थे और उससे साहित्य का जो संबंध है, उससे भी अवगत थे। उनकी स्पष्ट धारणा थी कि "संपूर्ण मनुष्य-सत्ता का निर्माण करने का एकमात्र मार्ग राजनीति है, जिसका सहायक साहित्य है।" इस तरह उन्होंने साहित्य को कोई सर्वथा स्वायत्त वस्तु नहीं माना और स्पष्ट शब्दों में कहा कि "साहित्य पर आवश्यकता से अधिक भरोसा रखना मूर्खता है।" वे यथार्थवादी रचनाकार थे। उन्होंने देश-भक्ति का अर्थ 'जन-भक्ति' बतलाया और राजनीति और साहित्य दोनों का स्रोत एक ही माना—जन-जीवन का यथार्थ। उनकी दृष्टि में ये दोनों मूलतः एक हैं, इनमें फर्क सिर्फ अभिव्यक्ति की प्रणाली को लेकर है। निश्चय ही इससे यह भ्रम न होना चाहिए कि उन्होंने राजनीति और साहित्य के संबंध का किसी तरह से सरलीकरण किया है। उन्होंने साहित्य को जो राजनीति का सहायक माना, इसका भी यह अर्थ नहीं कि साहित्य के प्रति उनका दृष्टिकोण उपयोगितावादी था। वे रचना और रचनाकार की स्वतंत्रता के कायल थे और गहन मानववादी भूमि पर राजनीतिक काव्य-रचना के पक्षधर थे। स्वभावतः उन्होंने कभी प्रचारात्मक कविता नहीं लिखी, या कहें कि 'हथियार' के रूप में कविता का इस्तेमाल करने की कोशिश नहीं की।

वे कलाकार की प्रकृति को मूलतः राजनीतिक वा दार्शनिक नहीं मानते, लेकिन उन लोगों से सहमत नहीं, जो यह कहते हैं कि राजनीतिक प्रेरणा कलात्मक नहीं हो सकती। 'कलात्मक अनुभव' शीर्षक अपने लेख में उन्होंने कहा है कि कलाकार राजनीतिक क्षेत्र में जिन आदर्शों को लेकर जाता है, वे उसके हृदय के अपरिमित विस्तार के आवेश से संबद्ध होने के कारण उसके लिए कलात्मक ही होते हैं। वह उस क्षेत्र में कोई राजनीतिक कौशल प्राप्त करने नहीं, बल्कि मानव-जीवन के एक महत्वपूर्ण क्षेत्र में "भीगने, रस लेने, ज्ञान-दीप्ति प्राप्त करने, और उसे उत्तमतर बनाने और उचित दिशा में परिवर्तित करने" के लिए जाता है। यह भीगने, रस लेने और ज्ञान-दीप्ति प्राप्त करनेवाली बात राजनीति के प्रति कविरूप में उनके दृष्टिकोण को अच्छी तरह से स्पष्ट कर देती है। यही चीज शेष प्रगतिशील कवियों से उन्हें अलग भी करती है। वस्तुतः राजनीति के प्रति उन-जैसा सृजनात्मक दृष्टिकोण और उससे उन-जैसा सरस और आत्मीय संबंध हिंदी के किसी प्रगतिशील कवि का नहीं रहा।

नई कविता के दौर में प्रगतिशील कविता को निशाना बनाकर चलनेवाले लेखकों और कवियों ने मार्क्सवादी राजनीति का कविता में भरसक निषेध करने की कोशिश

की थी। सिद्धांत-रूप में अज्ञेय का यह कहना सही था कि "कवि राजनीति को भी अनुभूति के घेरे में ले आए तो यह उसकी जीवन-दृष्टि के विस्तार का ही लक्षण होगा, लेकिन राजनीति की बात में उलझकर और सबकुछ भूल जाए तो यह एक नया संकुचन होगा", लेकिन व्यवहार में उन्होंने मार्क्सवादी राजनीति से प्रेरित अच्छी से अच्छी कविता को खारिज किया। कारण यह कि वे कवि की 'राजनीतिक चेतना' और 'राजनीतिक मतवाद' में फर्क करते थे और कविता में पहले को ग्राह्य और दूसरे को अग्राह्य बतलाते थे। उनकी यह बात भी किसी हद तक सही थी ('किसी हद तक' इसलिए कि अनेक बार 'मतवाद' चेतना में रूपांतरित हो जाता है, या चेतना 'मतवाद' के रूप में प्रकट होती है और तब दोनों का फर्क मिटता हुआ नजर आता है), लेकिन वे यहीं नहीं रुके और कविता में पक्षधरतामात्र का विरोध किया। उन्होंने समर्थन भी दिया तो एक ऐसी अमूर्त मानवतावादी राजनीति को, जो अंततः पूंजीवाद के पक्ष में चली जाती थी। मुक्तिबोध का कहना था कि अज्ञेय और उनके अनुयायियों ने कविता में मार्क्सवादी राजनीति का विरोध कर बड़े कौशल से व्यक्ति-स्वातंत्र्य के नाम पर एक दूसरी राजनीति चलाने की कोशिश की, जो अपने मूल में पूंजीवादी थी। उन्होंने पुरानी प्रगतिशील कविता के एकक्षेत्रीय यानी मात्र राजनीतिक होने का विरोध किया, लेकिन नई कविता से जब एक राजनीति के तहत राजनीति को बिलकुल काटकर फेंक देने की कोशिश की जाने लगी, तो उन्होंने उसका भी विरोध किया। वे हिंदी में "मानव-मुक्ति की राजनीति की महान् मनुष्यता का विश्वदर्शी काव्य" देखना चाहते थे। इस तरह के काव्य की रचना कविता से राजनीति को बहिष्कृत करके नहीं, बल्कि उसे गंभीर और उदात्त स्तर पर कवि द्वारा ग्रहण करने से ही संभव थी। ऐसी स्थिति में उनका राजनीति को महत्व देना स्वाभाविक था। यह अकारण नहीं था कि कोई नया लेखक उनसे मिलने जाता था, तो वे शुरू में ही उससे पूछते थे, "पार्टनर, तुम्हारी पॉलिटिक्स क्या है?", फिर वे उसी बिंदु से अपनी बातचीत को आगे बढ़ाते थे।

मुक्तिबोध ने श्रीकांत वर्मा को एक पत्र में लिखा था, "राजनैतिक स्वर, जो मेरे काव्य में प्रच्छन्न रूप से विराजमान रहता है, आपने पहचाना। *वह स्वर, वस्तुतः एक महत्त्वपूर्ण किंतु गोपन विशेषता है, जो मेरे काव्य को रूप देती है।*" अन्यत्र भी उन्होंने संकेत से अपने काव्य को 'राजनैतिक भावावेश से संपन्न' कहा है। राजनीति निश्चय ही उनके काव्य का एक अत्यंत प्रमुख रचनात्मक तत्व है। वह उसका चिंतन भी है, भाव या 'भावावेश' भी और उसे रूप प्रदान करनेवाला तत्व भी। वह सर्वत्र उसमें कलात्मक रूप में प्रकट हुआ है, लेकिन ऐसा नहीं है कि वह सर्वत्र 'प्रच्छन्न' या 'गोपन' है। डॉ. नामवर सिंह ने एक पत्र में उन्हें सलाह दी थी कि वे अपने लेखन में 'मार्क्सवादी जार्गन' का प्रयोग न करें। वे उनसे सहमत भी हुए और उन्हें आश्वस्त किया कि भविष्य में वे यथासंभव उसे छोड़कर चलेंगे, लेकिन जहां वे मार्क्सवाद के पारिभाषिक शब्दों का प्रयोग करने के लिए विवश थे, वहां उन्होंने बेहिचक उनका प्रयोग किया, अपने आलोचनात्मक लेखन में ही नहीं, कविताओं में भी। नई कविता के पक्षधरों को सर्वहारा, पूंजीवाद, शोषण, वर्गसंघर्ष आदि शब्द सुनना तक गवारा न

था, लेखन में इन शब्दों के प्रयोग की तो बात ही क्या! मुक्तिबोध ने 'कामायनी : एक पुनर्विचार' में ऐसे लोगों को लक्ष्य कर लिखा : " 'पूंजीवाद' शब्द के प्रयोग से न केवल उन्हें परहेज है, वरन् भय भी है, क्योंकि यह शब्द उनकी साहित्यिक अभिरुचि पर आघात करता है। इस मनोवृत्ति के पीछे वर्गीय हित काम कर रहे हैं, क्योंकि यदि पूंजीवाद शब्द के बारंबार प्रयोग से संलग्न और संयुक्त जो भावधाराएं विद्रोहपूर्ण होकर गरीब मध्यवर्ग और मजदूर-वर्ग को आंदोलित करती हैं, वे भावधाराएं यदि साहित्य में स्थायी रूप से प्रतिष्ठित हुईं, तो उनके वर्ग-हितों को आघात पहुंचने की संभावना बढ़ जाएगी। फलतः 'राष्ट्रीयता', 'भारतीय संस्कृति', 'जातीयता', 'मानवीयता', आदि शब्दों का ही प्रयोग किया जाना चाहिए, जिससे कि अन्यों की चेतना धुंधली हो उठे।" इससे राजनीतिक कवि के रूप में उनके मिजाज का अंदाजा लगाया जा सकता है।

वे द्वितीय विश्वयुद्ध के उस दौर में कम्युनिस्ट पार्टी में शामिल हुए थे, जिसमें सोवियत संघ में फासिस्ट सेना और लाल सेना के बीच युद्ध छिड़ा हुआ था और संसार की शांति और स्वाधीनता-प्रेमी जनता पर यह भय छाया हुआ था कि यदि इस युद्ध में सोवियत संघ की पराजय हुई, तो संसार से स्वतंत्रता की आशा और संभावना ही समाप्त हो जाएगी। कम्युनिस्ट पार्टी ने इस युद्ध को 'जनयुद्ध' का नाम दिया था और कहा था कि भारतीय स्वतंत्रता-संग्राम की प्रगति और सफलता के लिए भी उसे विश्वव्यापी फासिस्ट-विरोधी युद्ध का, जिसमें सोवियत संघ निर्णायक और नेतृत्वकारी भूमिका निभा रहा था, अंग बना देना जरूरी है। इसी नीति के परिणामस्वरूप कम्युनिस्टों ने अगस्त, 1942 में छेड़े गए 'भारत छोड़ो आंदोलन' में भाग नहीं लिया, क्योंकि वे समझते थे कि युद्ध-विरोधी प्रचार के साथ अभी इस तरह का आंदोलन चलाने से फासिस्ट-विरोधी मोर्चा कमजोर होगा और फासिज्म की विजय का मार्ग प्रशस्त होगा। यह कम्युनिस्टों का 'अंतर्राष्ट्रीयतावाद' था, जिसे कम्युनिस्ट-विरोधी शक्तियों ने राष्ट्रीयता-विरोधी बतलाकर उन्हें राष्ट्रद्रोही और गद्दार कहकर सारे देश में बदनाम किया, बावजूद इसके कि 8 अगस्त, 1942 की ऑल इंडिया कांग्रेस कमिटी की बैठक में स्वयं महात्मा गांधी ने कम्युनिस्ट प्रवक्ताओं की उनकी ईमानदारी और विश्वयुद्ध के प्रश्न पर अलोकप्रिय, किंतु सिद्धांतसम्मत रुख अख्तियार करने के लिए तारीफ की थी। यह मुक्तिबोध की समझदारी थी, जिसने उन्हें इस दौर में न केवल कम्युनिस्ट पार्टी से दूर नहीं हटाया, बल्कि उन्हें उसके इतना करीब ला दिया कि वे बाजाप्ता उसके सदस्य हो गए। सदस्य भी ऐसे, जिसके लिए कभी आवश्यक हो जाने पर भी पार्टी-सदस्यता छोड़ने की बात असह्य हो! ऐसी स्थिति में डॉ. रामविलास शर्मा का यह कथन कितना उचित हो सकता है कि "कांग्रेसी नेताओं ने जिस समय कम्युनिस्ट-विरोधी अभियान चलाया था, उस समय मुक्तिबोध के पांव उखड़ गए थे, प्रयोगवादियों की ओर वह उसी समय बढ़े थे"? (प्रगतिशील काव्यधारा और केदारनाथ अग्रवाल, पृ. 85)

जून, 1944 में बंबई में 'फ्रेंड्स ऑफ द सोवियत यूनियन' नामक संगठन का

पहला अधिवेशन संपन्न हुआ। मुक्तिबोध उसमें भाग लेने के लिए उज्जैन से वहां पहुंचे और उस अवसर पर लाल सेना का अभिनंदन करते हुए 'लाल सलाम' शीर्षक एक कविता लिखी, जो कम्युनिस्ट पार्टी के साप्ताहिक 'लोकयुद्ध' के 11 जून, 1944 के अंक में प्रकाशित हुई। 1927 में पं. नेहरू अपने पिता पं. मोतीलाल नेहरू के साथ पहली बार सोवियत संघ गए थे। उन्होंने अपने प्रत्यक्ष अनुभव के आधार पर यह निष्कर्ष निकाला था कि "सोवियत इन्कलाब ने हमारे समाज को बल्लियों आगे बढ़ाया है और एक ऐसी चमकीली ज्योति पैदा की है, जिसे दबाकर बुझाया नहीं जा सकता · · · इसने एक 'नई तहजीब' की, जिसकी तरफ दुनिया का तरक्की करना लाजिमी है, बुनियाद डाली है।" (हिंदुस्तान की कहानी, पृ. 36) 1936 में मृत्यु के एक महीना पहले 'महाजनी सभ्यता' शीर्षक अपने लेख में, जिसे अमृत राय ने आनेवाली पीढ़ी को उनकी अंतिम वसीयत कहा है, प्रेमचंद ने सोवियत संघ को लक्ष्य कर कहा था कि "अब एक नई सभ्यता का सूर्य सुदूर पश्चिम से उदय हो रहा है, जिसने इस नाटकीय महाजनवाद या पूंजीवाद की जड़ खोदकर फेंक दी है।" 1944 में मुक्तिबोध ने उक्त कविता में सोवियत सभ्यता का यह भव्य चित्र उपस्थित किया :

> कोई नई सभ्यता है, वह सौ सूर्यों का प्रात,
> अब तो सौ समुद्र, सौ नदियां, सौ चंद्रों की रात।

उन्होंने इस बात पर हर्ष प्रकट किया कि सोवियत संघ में समता पर आधारित मजदूरों का राज है और फिर इस विश्वास की अभिव्यक्ति की कि किसानों और मजदूरों के पुत्रों से बनी लाल सेना फासिज्म पर विजय प्राप्त करके रहेगी। कुछ दिनों के बाद उन्होंने पुनः 'एक नीली आग' शीर्षक एक लाजवाब कविता लिखी, जिसमें उन्होंने लाल सेना को "क्षितिज-रेखा पर चमकती एक नीली आग की तलवार" कहा। फासिस्ट सेना से आक्रांत दुनिया त्रस्त थी। उन्होंने इस युद्ध को निर्णायक माना और पुनः यह विश्वास प्रकट करते हुए कि इसमें लाल सेना विजयी होगी, यह घोषित किया कि फासिज्म की पराजय के साथ पुरानी दुनिया नष्ट हो जाएगी। 'तार सप्तक' में मुक्तिबोध की 1942 तक की कविताएं संकलित हैं। 'लाल सलाम' उसके करीब दो वर्षों के बाद लिखी गई उनकी पहली कविता थी, जिसे उनकी नई काव्य-यात्रा का प्रस्थान-बिंदु मानना चाहिए। अब जैसे उन्हें सृजनात्मकता का अक्षय स्रोत उपलब्ध हो गया हो, वे नई राजनीतिक चेतना से लैस होकर एक के बाद एक कविता की रचना करने लगे। आगे चलकर एक कविता में उन्होंने कहा भी कि "अजी ! एक जन-साधाराण का / अविरत फाउंटेनपेन चल रहा · · ·"

देश में मजदूर-शक्ति का उदय हो चुका था और वह कार्यवाही में भी उतर चुकी थी। उन्होंने एक कविता में श्रमजीवी जनगण को 'युगारंभ का प्रथम छंद' यानी नए युग का आरंभकर्ता कहा, साथ ही उस मुक्ति-संघर्ष की सूचना दी, जिसमें व्यक्ति भी अपने भीतर जूझ रहा है और समाज में भी संघर्ष छिड़ा हुआ है। व्यक्ति का आत्मसंघर्ष सामाजिक संघर्ष की ही छाया थी। वह संघर्ष साहित्य में भी अभिव्यक्त हो रहा था—शब्द और भाव, भाव और रूप तथा कला और उसके लक्ष्य के संघर्ष

के रूप में। यह संघर्ष किसी हद तक मुक्तिबोध के आत्मसंघर्ष को भी प्रतिबिंबित कर रहा था, क्योंकि काव्य-रचना का यह काल उनके लिए संक्रांति-काल था। वे पुराने भाव-लोक और शब्द-लोक से निकलकर नए भाव-लोक में प्रवेश करने के लिए प्रयत्नशील थे। 'आ-आकर कोमल समीर' शीर्षक कविता में उन्होंने नई दृष्टि से सामाजिक यथार्थ का साक्षात्कार किया। 'तार सप्तक' के वक्तव्य में उन्होंने मार्क्सवाद के ज्ञान से अपना पुराना जड़त्व निकालने की बात कही थी। इस कविता में उन्होंने 'वर्षों के काले जड़ीभूत अभिशाप' से छुटकारा पाकर देखा कि यदि समाज में एक तरफ जीवन ध्वस्त हो रहा है और चिता-धूम-सी घृणित विषैली वायु खंडहर के गीत गाती घूम रही है, तो दूसरी तरफ कोटि-काटि जनों का क्लांतिहीन सृजन-अभियान भी जारी है। मार्क्स और एंगेल्स ने पूंजीवाद को एक अंतर्राष्ट्रीय शक्ति बतलाकर उसे पराजित करने के लिए मजदूरों की अंतर्राष्ट्रीय एकजुटता का नारा दिया था : 'दुनिया के मजदूरो, एक हो।' मुक्तिबोध ने 'जन-जन का चेहरा एक' शीर्षक एक कविता में सारे संसार की जनता के सुख-दुःख और संघर्ष को एक बतलाया, साथ ही यह भी संकेत कर दिया कि अभी जनता का शत्रु भी एक ही है—फासिज्म, और मित्र भी एक ही है—सोवियत संघ।

इस दौर की मुक्तिबोध की दो कविताएं 'दमकती दामिनी' और 'क्रांति' प्रायः क्रांति पर ही लिखी गई हैं। पहली कविता में उन्होंने युद्धोत्तर काल में भारत में ही नहीं, अंतर्राष्ट्रीय स्तर पर जो क्रांति की लहर उठी थी, उसके प्रभाव में आकर कहा कि "हो चुका हूं / विश्व की उन्मेष-ज्वाला-जाल का मैं नम्र बंदी" और फिर क्रांति को संबोधित करते हुए यह शपथ ली कि जैसे वह बिजली की शमशीर की तरह गंभीर मेघों के भयानक दानवों-से व्यूह को चीरती चलती है, "मैं भी काटता चलता चलूंगा अंध-मेघ-समूह / मानव-देश के / संपूर्ण तन की शक्ति से, / जलती हुई दृढ़ भक्ति से"। इसके लिए प्रमाण की आवश्यकता न होनी चाहिए कि उन्होंने अपना परवर्ती जीवन संपूर्णतः एक क्रांतिकारी कवि के रूप में बिताया। अपने विचारों और आचरण में उन्होंने कभी कोई समझौता नहीं किया और वे निरंतर अपनी लेखनी से क्रांतिकारी चेतना का निर्माण और प्रसार करते रहे। उनके सामने क्रांति का अर्थ बिलकुल स्पष्ट था—"लोक-मन की प्राकृतिक अनिवार सर्जन-शक्ति"। अब उन्होंने क्रांति को 'नाश-देवता' या 'ध्वंस-महाप्रभु' न कहकर उसे 'जनता की सृजनात्मक शक्ति' बतलाया। दूसरी कविता में कवि पहले बाहर क्रांति का रेगिस्तानी तूफान देखता है, फिर अपने मन के चित्र-पट पर वह आंधी, जिसकी आंखों से शोषित और पीड़ित जनों के अश्रु झरते हैं। मुक्तिबोध ने करुणा के इस दृश्य को "बाह्य रूप का अंतर्बिंबित चित्र" कहा और इस तरह क्रांति और मानव-करुणा में संबंध परिलक्षित किया। जैसा कि संकेत किया जा चुका है, यह दौर उनके लिए संक्रांति का दौर था। उन्होंने महसूस किया कि क्रांतिकारी चेतना ने उन्हें आमूल परिवर्तित कर दिया है, जैसे किसी शापग्रस्त पक्षी ने पुनः मानव-रूप प्राप्त कर लिया हो!

इसी समय उन्होंने अपनी पहली लंबी कविता लिखी—'ओ विराट् स्वप्नो'।

लेनिन ने कहा था कि "हमें स्वप्न देखना चाहिए", निश्चय ही ऐसा स्वप्न, जो स्वाभाविक घटना-क्रम से आगे चलता जाए। ऐसे स्वप्न से श्रमजीवियों की कार्य-शक्ति को सहायता मिल सकती है और उसमें वृद्धि की भी संभावना होती है। उन्होंने उन मार्क्सवादियों को आड़े हाथों लिया था, जो इस प्रकार के स्वप्न देखने के विरुद्ध थे और अपने संजीदा विचारों तथा "ठोस वास्तविकता के समीप" होने के बारे में डींगें मारा करते थे। मुक्तिबोध ने उक्त कविता लिखकर मानव-भविष्य के स्वप्न की शक्ति उजागर की। 'विराट् स्वप्नों' को संबोधित कर उन्होंने कहा कि :

केवल एक तुम्हारे कारण
मानव-मुक्ति
अदूर, पास है, बहुत पास वह।
एक कूल विश्वास,
दूसरा कूल मुक्ति है,
और बीच में बहती गंगा-धारा
ज्वारभरी घहराती
हहराती जाती जल-राशि अपारा
मानव-अग्नि-परीक्षाओं की।

फिर उन्होंने क्रांति के गर्भ से मानव-भविष्य के सूर्योदय का स्वप्न देखा, जिसका प्रकाश भारत पर भी पड़ रहा था। इस स्वप्न ने उनके काव्य में बहुत महत्वपूर्ण भूमिका निभाई है। 'मुक्तिकामी पैरों की मोच की चीख' शीर्षक कविता में भी वे कहते हैं :

सपने-से आते हैं कि किसी दिन
पुराने महल्ले सब होंगे साफ
भाफ होकर काले दाग धरती के सब मिट जाएंगे
मानवधुकधुकी में
सुनहले दिवस का रक्त खिलखिलाएगा।

क्रांति में उनका विश्वास और उसके प्रति उनका समर्पण अखंड था :

प्रेम, राग-रागिनी, युद्ध
सब, एक साथ एक ओर पंक्तिबद्ध चलेंगे औ' गूंजेंगे · · ·
कदाचित् मेरी भी अस्थि कभी किसी काम आ जाए
जनों के हाथों में खिलाफ जानवरों के।

'मानवता का चेहरा' कविता में भी भविष्य का स्वप्न मौजूद है। इसमें कवि ने जन-साधारण के जाग्रत और संगठित होने की बात कही है, जो शोषण के दुर्गों को ढहा देगा। यह "मानवता का अंतिम संग्राम" है, यानी इसके बाद विभिन्न देशों को पराधीन बनाकर उनका शोषण करनेवाला साम्राज्यवाद समाप्त हो जाएगा। कवि के जनतंत्र के स्वप्नों में उसके समाजवाद के स्वप्न घुले-मिले हैं।

कुछ वर्षों के बाद मुक्तिबोध ने एक अद्‌भुत कविता लिखी—'पीत ढलती हुई

सांझ'। इसमें उन्होंने एक पात्र का वर्णन किया, जिसकी निराशा अपनी गली के निवासियों को देखकर दूर होती है। वह पाता है कि उनमें एक गजब का सह-भाव है। उसके कारण उनका हर्ष-विषाद, संकल्प-संघर्ष एक है। वे क्षुद्र स्वार्थ से ऊपर उठे हुए हैं। इस सबसे गली की आत्मा सशक्त है, जबकि उसकी आत्मा आत्मबद्ध होने के कारण अशक्त। क्रांति के दौर में व्यक्ति को अपने सीमित घेरे से बाहर आकर समाज से जुड़ना चाहिए। गली को सामाजिक व्यवस्था के सत्य का पता है। उससे वह सत्य वह भी प्राप्त करता है, जिससे उसके घर का वातावरण बदल जाता है। इस तरह क्रांति-भावना का प्रसार होता है। गली की शक्ति बढ़ जाती है। इसके बाद कविता में एक स्वप्न का वर्णन है :

उस रात गहरी गली को दिखा स्वप्न सुविशाल
उतरा घने वृक्ष पर नील
ज्वाला-रुचिर भव्य स्वर्णिम विहग एक
जलते दमकते हुए पंख फैला
कि बोला विषम शब्द विकराल
भावी किसी रक्त-गंभीर घटनावली का
किया तीव्र संकेत

गली के निवासियों ने भावी क्रांति का स्वप्न देखा, जिसके परिणामस्वरूप "पृथ्वी हुई युद्ध के बाद रूपांतरित धन्य / गहरी गली हो गई राजपथ, लोग सुप्रसन्न / जन-जन सुखी, भव्य अनुरक्ति का काल ···।"

मुक्तिबोध की ये कविताएं प्रायः युद्ध-काल और युद्धोत्तर काल में रची गई हैं। इनकी पृष्ठभूमि अंतर्राष्ट्रीय भी है और राष्ट्रीय भी—फासिस्ट सेना और लाल सेना के बीच का युद्ध, युद्ध में सोवियत संघ की विजय के साथ पूर्वी यूरोप के देशों में कथित समाजवादी शासन की स्थापना, एशिया और अफ्रीका के औपनिवेशिक देशों में उठनेवाली स्वाधीनता की लहर, चीन का मुक्ति-संग्राम और वहां क्रांति की विजय तथा भारत का सामंत और उपनिवेश-विरोधी जन-उभार, जो तेभागा और तेलंगाना के किसान-आंदोलन, आजाद हिन्द फौज के बंदियों की रिहाई के लिए किए गए राष्ट्रीय आंदोलन, डाक-तार-विभाग के कर्मचारियों और दक्षिण भारतीय रेलवे के मजदूरों की हड़ताल तथा बंबई के नाविक-विद्रोह के रूप में दिखलाई पड़ा था। बिना इस पृष्ठभूमि के ये कविताएं नहीं रची जा सकती थीं। डॉ. रामविलास शर्मा मुक्तिबोध को इस पृष्ठभूमि से अलग करके देखते हैं, साथ ही यह भी देखते हैं कि उनकी यह बहुत बड़ी कमजोरी है कि वे किसान-जनता से अपरिचित हैं। मुक्तिबोध के काव्य से परिचय स्थापित करने पर यह स्पष्ट हो जाता है कि वे किसानों से उतने दूर न थे, जितना डॉ. शर्मा बतलाते हैं। उनके मन में भी शुरू से ही एक गांव बसा था, जो उनकी कविताओं में रह-रहकर उभर आता था। 'बबूल' शीर्षक उनकी 1945 की कविता में भी यह गांव है :

एक चित्र आता आंखों के सम्मुख कोमल
तैर-तैरकर।
एक गांव है, वहां नदी है,
नदी कूल से दूर दिशा तक खेत बिछे हैं
हरे-हरे वे श्यामल-श्यामल,
जिनमें छिपी-छिपी फिरती है लाल ओढ़नी,
मुंह की श्यामल चमक सुरीली

यह चित्र कोमल ही नहीं, कठोर भी है, क्योंकि उन खेतों में आज भी होरी और धनिया काम कर रहे हैं, जिनकी "श्वेत अस्थियों से इस युग का वज्र बनेगा भयकर।" इस कविता में बिवाइयों-भरे रुधिर-आप्लुत चरणोंवाले किसानों का जुलूस भी है, जो कवि के प्राणों को वैसे जकड़ लेता है, जैसे चंदन की डाली को काला नाग। 1951 में रची गई 'मानवता का चेहरा' शीर्षक कविता तक आते-आते होरी की आत्मा के आंसू 'क्रांति के वज्र' बन जाते हैं ! तेभागा और देश के दूसरे हिस्सों में चलनेवाला किसान-आंदोलन तेलंगाना में किसान-क्रांति बन गया था। यहां मुक्तिबोध की 'ओ चीन के किसानो !' शीर्षक गीतात्मक कविता का भी हवाला दिया जा सकता है, जिसमें गेहूं की फसल का जो कवित्वपूर्ण वर्णन किया गया है, वह गांव से दूर रहनेवाले कवि से संभव न था :

सूरज की स्वर्ण किरणें
घुसकर जमीन में अत्र
कुछ गुनगुना रही हैं
कुछ फुसफुसा रही हैं
पाकर जमीन का सत
लेकर जमीन का रँग
गेहूं ही बन गई हैं
गेहूं में सूर्य-किरणें
किरणों में गेहूंआपन
आकाश का धरा पर
अब पूर्णतः समापन !!

गेहूं के ये खेत मुक्तिबोध ने शहर में नहीं, गांव में ही देखे होंगे।

इन कविताओं की सीमा यह है कि इनमें राजनीति और क्रांति की चेतना प्रायः भावना के स्तर पर है। इसीलिए उसकी अभिव्यक्ति भी प्रायः भावनात्मक ढंग से ही हुई है। स्वभावतः अभिव्यक्ति के अधिकांश उपादान वही हैं, जो छायावादी कविता में काम में लाए जाते थे—बादल, बिजली, तूफान आदि। इन उपादानों का उपयोग भी कवि ने छायावादी ढंग से ही किया है, यानी अप्रस्तुतों के रूप में। यह जरूर है कि उनके संयोजन में कुछ ऐसी विशेषता है, जिससे पुराने उपादानों से भी अनेक बार नई आभा से युक्त चित्रों की सृष्टि हुई है, जैसे क्रांति के उपमान 'बिजली' के लिए

यह कथन—"लावण्य की अपराजिता असि-धार"। शब्द पुराने हैं, लेकिन नई भावना से दीपित, लौ-से बलते हुए। जहां मुक्तिबोध श्रमजीवी जनता के प्रति गहरा प्रेम प्रकट करते हैं, वहां उनके शब्द अनाज के दूधभरे कच्चे दानों-जैसे प्रतीत होते हैं। वे चूंकि वैचारिक दृष्टि से बहुत सजग थे, इसलिए उनका क्रांतिकारी भावावेग उनके वैचारिक अनुशासन को कभी भंग नहीं करता। उसमें अराजकता या विस्फोटकता नहीं है, इसलिए उनकी ये कविताएं सिर्फ राजनीतिक 'तराने' बनकर नहीं रह गई हैं। लेकिन यह सही है कि यथार्थवादिता की जगह एक सशक्त रूमानीपन है। 'आ-आकर कोमल समीर', 'ओ विराट् स्वप्नो' और 'पीत ढलती हुई सांझ'-जैसी कविताओं में धीरे-धीरे यथार्थवादी भूमि उभरने लगती है। इनमें मुक्तिबोध कथाकार की तरह जीवन और परिवेश के यथार्थ का चित्रण करने का प्रयास करते हैं। अब उनकी कविता क्रांतिकारी भावावेग की अभिव्यक्ति से हटकर सामाजिक अंतर्विरोधों के चित्रण का माध्यम बनने की ओर अग्रसर होती है। उसमें सामान्यीकरण का स्थान विशिष्टीकरण लेता जाता है। इसी अनुपात में उनकी कविताओं की लंबाई बढ़ती जाती है और उनकी संरचना जटिल होती जाती है। यह आकस्मिक नहीं है कि उक्त कविताएं इस दौर की उनकी सबसे लंबी राजनीतिक कविताएं हैं।

मोटे तौर पर मुक्तिबोध की कविता को दो भागों में बांटा जा सकता है—स्वाधीनता-प्राप्ति के पहले की कविता और स्वाधीनता-प्राप्ति के बाद की कविता। स्वाधीनता-प्राप्ति के बाद उन्होंने अपनी संपूर्ण अग्नि फासिज्म, साम्राज्यवाद और पूंजीवाद के विरुद्ध केंद्रित की। 'जमाने का चेहरा' शीर्षक अपनी कविता में उन्होंने कहा भी है :

> फल-पुष्प-भारमय
>   वृक्षों की हरी-भरी
> शाखाओं पर बैठे हैं
>   वानर व वन-बिलाव—
> साम्राज्यवादियों का पाशविक ताव वह
> भविष्य को बढ़ने ही नहीं देगा जब तक—
> कि उसका न नाश हो !!
>   इसी सोच-सोच में
>   लिखता जाता हूं
>   कविता की पंक्तियां।

तात्पर्य यह कि चूंकि मानव-भविष्य का सबसे बड़ा शत्रु साम्राज्यवाद है, इसलिए मुक्तिबोध की काव्य-रचना का उद्देश्य है—साम्राज्यवाद का नाश। इतिहास का यह दौर भी उथल-पुथल से भरा हुआ था। द्वितीय विश्वयुद्ध में सोवियत संघ के हाथों फासिज्म के पराजित होने के बाद भी कुछ पूंजीवादी देशों में फासिस्ट हुकूमत बरकरार थी। शीत-युद्ध के काल में कम्युनिस्ट-विरोधी प्रवृत्ति ने फासिस्ट तत्वों को पुनर्जीवन प्रदान

कर दिया था। आज भी अनेक पूंजीवादी देशों में अतिदक्षिणपंथी संगठन और आंदोलन सक्रिय हैं, जो फासिस्ट या अर्ध-फासिस्ट मूल के हैं। कथित विश्व-समाजवादी व्यवस्था के अस्तित्व में आने और औपनिवेशिक व्यवस्था के तेजी से विघटित होने के साथ साम्राज्यवाद ने अपनी कार्यनीति बदल ली थी। अब वह पुराने उपनिवेशवाद की जगह नवउपनिवेशवाद के जरिए नवस्वतंत्र देशों पर अपना प्रभुत्व बनाए रखने और विश्व-क्रांतिकारी प्रक्रिया को रोकने की कोशिश कर रहा था। इसमें उसका सबसे बड़ा सहायक उन देशों का पूंजीवाद था।

'जमाने का चेहरा' 'अंधेरे में' के बाद मुक्तिबोध की एक उल्लेखनीय कविता है। यद्यपि यह एक वर्णनात्मक कविता है और इसमें 'अंधेरे में'-जैसी जटिलता नहीं, तथापि यह अपने वर्णन की ओजस्विता और उदात्तता से पाठकों पर महाकाव्यात्मक प्रभाव डालती है। 'रचनावली' में इसके अपूर्ण होने की संभावना व्यक्त की गई है, लेकिन यह अपूर्ण नहीं, एक पूर्ण कविता है, जिसमें मुक्तिबोध ने अंतर्राष्ट्रीय राजनीति की अपने काल की दो सर्वाधिक महत्वपूर्ण घटनाओं का बहुत ही विस्तार से वर्णन किया है। इसी हिसाब से यह कविता भीतर से दो खंडों में बंटी हुई है। पहले खंड में द्वितीय विश्वयुद्ध, पश्चिमी यूरोप की स्थिति, पराजित पूर्वी यूरोप में चलनेवाले गुरिल्ला-युद्ध, स्तालिनग्राद के युद्ध, उस युद्ध में लाल सेना की विजय और फिर उसके मुक्ति-अभियान का वर्णन है। जब सुमित्रानंदन पंत अपनी कविताओं में धुआंधार कल्पित रंगीन किरणों की वर्षा कर रहे थे, मुक्तिबोध ने युद्ध का यह यथार्थ और भयावना वर्णन प्रस्तुत किया :

> नीले लाल पीले तडित्-
> अग्नि-खंड जामुनी
> अंतरिक्ष-पवन में तैरकर
> जंगलों में उतरते व
> जलते हैं गांव सौ

फ्रांस की पराजय और बाल्कन देशों पर कब्जे के बाद ब्रिटेन को छोड़कर लगभग सारा पश्चिमी यूरोप हिटलर के पैरों के तले आ गया था। अब उसने सोवियत संघ पर आक्रमण किया, जिसने साम्राज्यवादी देश फ्रांस की तरह शर्मनाक ढंग से आत्मसमर्पण करने के बदले उसे उपयुक्त उत्तर देने का फैसला किया। जिस समय सोवियत संघ में युद्ध चल रहा था, भारत में 'भारत छोड़ो आंदोलन' छिड़ा हुआ था। मुक्तिबोध ने सोवियत संघ के फासिस्ट-विरोधी युद्ध को भारतीय ही नहीं, निजी संदर्भ से भी जोड़कर देखा। महात्मा गांधी गिरफ्तार थे, अंग्रेजों का दमन-चक्र तेजी पर था और अखबारों में देश के भावी विभाजन के समाचार आ रहे थे। देश और संसार की स्वतंत्रता और शांतिप्रिय जनता का ध्यान स्तालिनग्राद के युद्ध पर टिका था। क्रेमलिन की मीनार से जीवन की एक गंभीर गुहार उठी। मुक्तिबोध ने उस गुहार के बारे में लिखा कि वह 'जीवन का सत्य' था, जो पूरा भारतीय था। उन्होंने निश्चय किया कि अब वे उस सत्य को भारतीय आंखों से देखकर और भारतीय रंगों में घोलकर एक विश्व-दृश्य में परिणत

करने का प्रयास करेंगे। इस तरह उन्होंने फासिस्ट-विरोधी युद्ध में सोवियत संघ की विजय और भारतीय स्वाधीनता-आंदोलन की सफलता के बीच के सँबंध को देखा और अपने अंतर्राष्ट्रीयतावाद का ही नहीं, अपने राष्ट्रीय कर्तव्य का भी निर्वाह किया। सोवियत सैनिकों का हृदय अपनी शक्ति के विश्वास और स्वतंत्रता की रक्षा की चेतना से गुंजायमान था। वह स्वर सारे संसार की स्वतंत्रताकामी जनता को एक सूत्र में आबद्ध कर रहा था। मुक्तिबोध ने कहा कि :

उसी की आवाज
भीतर से उठती हुई
वोल्गा के सैनिक ने सुनी थी
अफ्रीकी जंगलों में
नीग्रो ने सुनी वह
मलाया के जंगल के योद्धा ने सुनी थी
मैंने भी सुना उसे।

द्वितीय विश्वयुद्ध में फासिज्म की पराजय और अंतर्राष्ट्रीय राजनीति में सोवियत संघ के महाशक्ति के रूप में उदय के बाद एशिया और अफ्रीका के उपनिवेशों में स्वतंत्रता की निर्णायक लहर उठी। उसके साथ ही एक तरफ साम्राज्यवादी देशों ने अपना दमन-चक्र तेज किया और दूसरी तरफ अपनी कार्य-नीति बदलकर नवउपनिवेशवाद को अमल में लाना शुरू किया। इस ऐतिहासिक घटना का वर्णन मुक्तिबोध ने 'जमाने का चेहरा' कविता के दूसरे खंड में किया है। स्वाधीनता-संग्राम में एशिया और अफ्रीका के देशों को संपूर्ण विश्व की स्वाधीनताप्रेमी जनता का समर्थन प्राप्त था, जिससे साम्राज्यवादी देशों का घबराना और संघर्षरत जनता पर जोर-जुल्म बढ़ाना तथा उसके अभियान के विरुद्ध अनेक प्रकार के राजनीतिक और आर्थिक षड्यंत्र करना स्वाभाविक था। अपनी स्वाधीनता के लिए लड़नेवाले देशों से भारत की एकजुटता इसके अपने स्वाधीनता-संग्राम के दिनों से थी। भारत जब स्वाधीन हुआ, तो उन देशों के समर्थन में और उपनिवेशवाद के विरोध में उसने अपनी आवाज और जोरों से उठाई। अरब राष्ट्रों के स्वाधीनता-संग्राम का और उसे दिए जानेवाले भारत के समर्थन का इस कविता में मुक्तिबोधकृत वर्णन द्रष्टव्य है :

रेगिस्तानी धूप में
चिलकती बालू के बीचोबीच उठे हुए
काले स्याह टीले की पीठ पर
पूंछ उठाए एक
चमकीला श्याम-वर्ण अरब अश्व।
अरब अश्वारोही वीर—
देखता है गगन का घंटाघर
कि उसमें कितने बजे हैं

कितना समय शेष है कि निर्णायक घड़ी में
कि हो सके प्रत्याघात !
अकस्मात्
एक नई संज्ञा के
धक्के में जागकर
कंधे पर करता वह अनुभूत
सात समुंदर पार करते हुए हाथ का
सहलाता उष्ण स्पर्श
भाई की भीगी हुई हमदर्दी का-सा दाह।

भ्रातृभाव की उष्णता से युक्त वह हाथ भारत का था, किसी और देश का नहीं। मुक्तिबोध आरंभ से ही कविता में सामान्यीकृत वर्णनों के विरुद्ध थे। इस कविता में भी उन्होंने स्तालिनग्राद के युद्ध, फासिज्म की पराजय, औपनिवेशिक देशों के स्वाधीनता-संग्राम या साम्राज्यवादी देशों के दमन-चक्र का सामान्यीकृत वर्णन नहीं किया है। सारा वर्णन आंखों के सामने घटनेवाली विशिष्ट घटनाओं या दृश्यों के रूप में उपस्थित होता है। एक ही उदाहरण पर्याप्त होगा। अरब अश्वारोही सैनिक की आंखों में फ्रांसीसी जमींदारों के खेतों में उठे हुए दो हाथ तैर रहे हैं। ये हाथ एक दीन अरब बालक के हैं, जो उन खेतों में कुली का काम कर रहा है। उसके हाथ पुकार-पुकारकर उससे कहते हैं कि अभी-अभी फ्रांसीसी सैनिक मेरे बड़े भाई और मां को पकड़कर पता नहीं कहां ले गए हैं ! पता नहीं उनका क्या हुआ !!

आज ब्रिटिश और फ्रांसीसी साम्राज्यवाद कमजोर पड़े हैं, लेकिन छठे दशक तक वे इतने कमजोर न थे, जिसका सबूत स्वेज नहर के राष्ट्रीयकरण के विरोध में मिस्र पर उनके द्वारा किया गया आक्रमण है। मुक्तिबोध साम्राज्यवादी आक्रमणों के साथ साम्राज्यवाद-विरोध की लहर को भी देख रहे थे। वे यह भी समझ रहे थे कि साम्राज्यवादी आक्रमण, फौजी संधियां, नवउपनिवेशवाद आदि सभी पूंजीवादी व्यवस्था के दिन-प्रतिदिन गहराते जाते संकट का इजहार हैं, जिससे साम्राज्यवाद का उबरना असंभव है। आज सबसे खूंखार अमरीकी साम्राज्यवाद है। वह कूटनीतिक बुद्धि और वैज्ञानिक शक्ति की मदद से डालर की गुलामी के स्याह घरौंदों में इंसानी आसमान को कैद कर लेना चाहता है ! नाटो और सीटो-जैसी फौजी संधियां उसके साधन हैं, जिनसे वह प्रशांत, अतलांत और हिंद महासागर को अपने स्याह जटा-जूट में धारण करने को तत्पर है ! लेकिन अफ्रीकी मुक्ति-संग्राम से साम्राज्यवादियों का युद्ध-तंत्र कांप उठता है। जैसा कि संकेत किया जा चुका है, इस मुक्ति-संग्राम को एशिया ही नहीं, यूरोप और अमरीका की भी स्वतंत्रताप्रेमी जनता का समर्थन प्राप्त था। एशियाई समर्थन यूरोपीय और अमरीकी जनता के समर्थन से और जोरदार हो गया था। इसकी प्रतिक्रियास्वरूप साम्राज्यवादी शक्तियां और बौखला उठी थीं। मुक्तिबोध ने इस प्रसंग में भारतीय पूंजीपतियों और पूंजीवादी बुद्धिजीवियों को भी याद किया। पूंजीपति

घबराए हुए थे कि साम्राज्यवादी तृतीय विश्वयुद्ध छेड़ने को उतावले थे, जो उनके सारे कारोबार को चौपट कर देता। उनकी तुलना में पूंजीवादी बुद्धिजीवी ज्यादा वफादारी के साथ साम्राज्यवाद का हित-साधन कर रहे थे। कविता के अंत में मुक्तिबोध ने साम्राज्यवाद-विरोधी संग्राम के बारे में कहा :

> भीषण बहुत है वह अंधड़ और बवंडर
> आसमानी नीले रेगिस्तान में
> बहा रहा है या कि उड़ा रहा है जोकि
> अस्तप्राय साम्राज्यवादी पशु-सूर्य की
> अधकटी
> किंतु फिर भी लड़ती हुई
>   आधी देह !!

निश्चय ही यह उनका भावोच्छ्वास-मात्र न था, बल्कि यह युद्धोत्तर काल की अंतर्राष्ट्रीय राजनीति का वस्तुपरक मूल्यांकन था, जिसके प्रमाण के लिए इस एक तथ्य का ही उल्लेख काफी है कि 1945 से लेकर 1978 तक की अविध में संसार के लगभग एक सौ देशों ने औपनिवेशिक दासता के जुए को फेंककर राष्ट्रीय स्वाधीनता प्राप्त की।

'बारह बजे रात के' मुक्तिबोध की एक अन्य अपेक्षाकृत छोटी कविता है। इसमें उन्होंने नाटो और सीटो-जैसी फौजी संधियोंवाले साम्राज्यवादी देशों के बीच इंग्लैंड के एक होटल में चलनेवाली युद्ध-मंत्रणा का बहुत ही बीभत्स और भयानक चित्र खींचा है :

> विलायती टीमटाम लिए हुए चमकते रेस्तरां में
> कैप्टन के गरबीले बैजों से बटनों से
> खेलते हुए सुकुमार रंगे हुए नाखून !
> किराए पर मुसकराती
> कामिनी स्त्रियों के
> यूरोपियन पैंटों के बटन चमकते-से लगते थे
> कामुक इशारों-से।

इसके बाद वे कहते हैं कि भवन के सातवें तल्ले पर कुछ लोग दुनिया की आत्मा की चीड़फाड़ करने के बाद टेबुल पर बहती हुई लोहू की धारा में उंगलियां डुबोकर खून की लकीरों से देशों की नई-नई सरहदें बनाते जा रहे हैं। हवाई अड्डों के प्रस्तावित स्थानों पर खूनी क्रास लगाकर वे फौजी घेरे और मोर्चे अंकित कर रहे हैं। लेकिन इस कविता का अंत भी वे साम्राज्यवाद की पराजय से ही करते हैं। अंधेरा फट गया है और जनता के शत्रुओं ने पागल होकर अपने ही नाखूनों से अपने सुरक्षित वक्ष को चीर डाला है !

अपनी अधिकांश कविताओं में मुक्तिबोध ने पूंजीवाद पर कठोर प्रहार किया है, निश्चय ही अनेक बार बेमालूम तरीके से। इनमें उन्होंने पूंजीवाद के अमानवीय

रूप को उजागर किया है, उससे समाज में फैलनेवाली अलगाव की भावना का चित्रण किया है और उसे खत्म करनेवाली सामाजिक शक्ति की ओर भी संकेत किया है।

'पूंजीवादी समाज के प्रति' 'तार सप्तक' में संकलित उनकी आरंभिक कविताओं में से है, जिसमें उन्होंने पूंजीवादी व्यवस्था के सारे तामझाम को उसके शोषणकारी रूप को छिपाने का साधन कहा था और यह आकांक्षा प्रकट की थी कि उनका आक्रोश जनता के आक्रोश से मिलकर उसे नष्ट कर दे। 'मुझे याद आते हैं' शीर्षक कविता में काम की तलाश में अपना दिन गुजारकर कवि निराशमन शाम को घर लौटता है। उसकी निराशा रास्ते में दिखलाई पड़नेवाली "विशाल श्रमशीलता की जीवंत मूर्तियों" को देखकर दूर हो जाती है। उनमें एक मूर्ति "लौह-कर्म-रत मजूर-लोहार" की है, जो अपने प्रचंड हथौड़े की चोट से छिटकनेवाली लाल-लाल तारिकाओं के प्रकाश में उसे 'क्रांति-शक्ति' के रूप में दिखलाई पड़ता है। यह चित्र केदारनाथ अग्रवाल द्वारा अंकित लुहार के इस चित्र से बहुत-कुछ मिलता है : "मार हथौड़ा / कर कर चोट / लाल हुए काले लोहे को / जैसा चाहे वैसा मोड़।" लक्ष्य करने की बात यह है कि दोनों ही श्रमिक देहाती हैं, औद्योगिक नहीं। मुक्तिबोध को अभी देहाती श्रमिक में ही पूंजीवादी व्यवस्था को खत्म करनेवाली क्रांतिकारी शक्ति दिखलाई पड़ती है। लेकिन औद्योगिक श्रमिक उनकी कविता में जल्दी ही उपस्थित हो जाता है।

'सूखे कठोर नंगे पहाड़' उनकी एक जोरदार कविता है, जो 'कष्टजीवियों के प्रतिनिधि' यानी मजदूर-नेता को संबोधित कर लिखी गई है। मुक्तिबोध ने मजदूर-नेता को 'महाश्रमिक' और 'जन-क्रांति-रूप' कहा है। 'सूखे कठोर नंगे पहाड़' पूंजीवादी व्यवस्था के प्रतीक हैं। कवि ने मजदूर-नेता से आग्रह किया है कि वह उन पहाड़ों को अपने बाहु-बल से उठाकर इतिहास के समुद्र में फेंक दे। कविता में पूंजीवादी व्यवस्था के मायावी रूप का यह वर्णन देखने लायक है

> मार्ग तिलिस्मी, है जादुई देस ···!!
> निज अंध गुहा की छत में तांत्रिक ने, असंख्य
> आत्माएं लटका दीं चिमगादड़ के समूह-सी उलटी ···!
> लटका नीचे सिर, ऊपर करके घृणित पैर
> ढीले फैलाकर रात्रि-श्याम
> असगुनी पंख
> उलटी लटकी हैं पराजिता दयनीया आत्माएं असंख्य !!
> भूखे स्यारों की मलिन देह
> में अगिन मानवात्माएं कर दीं, हाय ! कैद
> जो इधर-उधर पशु रहे घूम
> मुख को नत कर, वे श्वान और
> अति वृद्ध सिंह
> (सरकस के पशु)

भूखे शृगाल इत्यादि जीव—
थे एक जमाने में ये भी मनुष्य,
पर थोड़े-से आराम हेतु,
अपनी आत्माएं बेच, हाय !
हो गए आज
काले तांत्रिक की महादुष्ट जागीर घोर
के क्षुद्र जंतु।
आज भी अरे स्वप्रद्धाधिकार
के हेतु (किंतु)
दिन-रात परस्पर रहते ये संघर्षशील !
पर तांत्रिक के आज्ञा-अधीन
ये रहते हैं दयनीय जीव !
थे एक जामने में ये भी मनुष्य !!

मुक्तिबोध की काव्य-सामग्री के स्रोत अनेक हैं। यहां सामग्री उन्होंने तंत्रविद्या से ली है और उसका प्रभावशाली उपयोग पूंजीवादी व्यवस्था में समाज में व्यक्तिगत लाभ और अलगाव की भावना का जो प्रसार होता है, उसके वर्णन के लिए किया है। तांत्रिक का मतलब है—पूंजीवादी व्यवस्था का संचालक। इस कविता में मजदूर-नेता को मध्यवर्गीय भव्य पुरुषों से भी सावधान रहने के लिए और क्रांति के बाद उनके प्रभुत्व को भी नष्ट करने के लिए कहा गया है, क्योंकि "ये शून्य बिंदु हैं गोल-गोल / पर चलता इनके ही द्वारा / दुःशासन तांत्रिक का खगोल !!" ये शोषण पर आधारित पूंजीवादी व्यवस्था के कल-पुर्जे ही नहीं होते हैं, शोषक वर्ग के स्वार्थों की औचित्य-स्थापना के लिए तर्क भी ढूंढ़-ढूंढ़कर देते हैं।

'जिंदगी का रास्ता' मुक्तिबोध की एक आत्म-कथात्मक कविता है—लंबी और उनकी अन्य लंबी कविताओं की तरह ही सारपूर्ण तथा मार्मिक। इसका नायक रामू कवि का प्रतिरूप है, जो शाम को अपने काम पर से घर लौटता है, 'पीत ढलती हुई सांझ' के नायक की तरह, लेकिन उस कविता से इसमें फर्क यह है कि इसका नायक निराश नहीं है, शुरू से ही आशा और विश्वास से भरा हुआ है। बीसवीं सदी के पचासवें चरण में और पूंजीवादी झूठ के विराट् अत्याचारों के बीच उसे आशा और विश्वास कहां से मिलता है, यह कविता में अंकित इस प्रकार के चित्रों से स्पष्ट हो जाता है, जो युद्धोत्तर विश्व के दृश्य को हमारे सामने उपस्थित करते हैं :

आधुनिक सहस्रमुख रावण से द्रोह कर
विद्रोही भूमि के संगर-रत पुत्रों ने
धुएं के उभरते हुए बादलों के ठीक बीच
भागती हुई कौंधती-सी ज्वाला-सी
प्रलंबित धारा को

आंखों से देखा—
अपने ही हाथों से छूटी हुई
(स्टेनगन की ही) वह आग थी।
शोषण-व्यवस्था को भंग करती हुई
आग की लकीर वह
पृथ्वी पर घूमती।

सर्वहारा शक्तियां शोषकों की दर्पोन्नत सभ्यता को ध्वस्त करती हुई बढ़ती ही जाती हैं, बावजूद इसके कि भीतिग्रस्त होकर भी अपने को मृत्युंजय समझने का स्वांग रचती हुई पूंजीवादी शक्तियां जनता को दमन की फासिस्टी भट्टी में झोंककर उनकी अस्थियों से आराम का श्वेत फर्नीचर बनाना चाहती हैं! मध्यवर्ग यहां भी उनकी सेवा में रत है। कविता के अंत में मुक्तिबोध ने मजदूरों की ओर संकेत करते हुए कहा है :

जिंदगी का रास्ता
पूंजीवादी दानवों औ' मध्यवर्गी नपुंसक मानवों
की वंचना-नगरी से छिटककर
टूटे-फूटे घरोंवाली सील-खाई
गलियों के अंधेरे में
रहनेवाले आगामी युगों के स्रष्टाओं
के चौराहों पर मिलता है।

'सांझ-रंगी ऊंची लहरों में' शीर्षक कविता में एक उलूक है, जो ह्रासोन्मुख पूंजीवादी सभ्यता का परम दयनीय प्राण-पुत्र है। कारण यह कि वह पूंजीवादी व्यवस्था के अमानवीय रूप से परिचित है, लेकिन अपने में सिमटा हुआ और निष्क्रिय है। वह वस्तुतः मध्यवर्गीय बुद्धिजीवी है, जो एक ओर युद्धोत्तर विश्व के जन-संघर्षों की रक्तिम घाटी में खिले हुए कालांतर उपस्थित करनेवाले सत्य के प्रतीकरूप अंगार-चंद्र को देखता है और दूसरी ओर पूंजीवादी व्यवस्था के खंडहर को, लेकिन कुछ करता नहीं, सिर्फ सोचता है कि कोई उस खंडहर में रहनेवाली जनता को पूंजीवादी सभ्यता के विषम और विकृत रूप से परिचित कराकर उसकी मूर्च्छा तोड़ देता! उसमें तीखा आत्मचिंतन चलता है, जनता का मुक्ति-अभियान उसके मस्तिष्क में तड़ित्-नृत्य करने लगता है, जिसके परिणामस्वरूप अंततः वह पूंजीवादी व्यवस्था से निकल भागता है। वह व्यवस्था इस निकल भागने को 'भीषण देश-द्रोह' की संज्ञा देती है, लेकिन मध्यवर्गीय बुद्धिजीवियों के साथ छोड़ने की घटना से वह यह भी सोचने लगती है कि उसका अंत निकट है। जनता का मुक्ति-अभियान निर्णायक दौर में पहुंच जाता है, धरती अपनी कील पर तिगुनी गति से घूमने लगती है और युग-परिवर्तन घटित हो जाता है। युद्धोत्तर विश्व के संदर्भ से अलग करके देखने पर यह कविता कवि का इच्छित विश्वास मालूम पड़ेगी, लेकिन उससे संबद्ध करके देखने पर यह ऐतिहासिक घटना-प्रवाह को यथार्थ रूप में उपस्थित करनेवाली प्रतीत होगी।

'उलट-पुलट शब्द' एक छोटी, लेकिन बहुत ही सार्थक कविता है, जिसमें मुक्तिबोध ने पूंजीवादी कारखाने में माल का उत्पादन करनेवाले मजदूरों के स्वयं माल बन जाने का वर्णन किया है। इस कविता में भी कवि मौजूद है, जो माल बनने से इनकार करता है और कारखाने से भाग खड़ा होता है। भागता हुआ वह सड़क पर खड़ी कैलटेक्स-स्टेनवाक कंपनी की विकराल पेट्रोल-टंकी में उसके मैनहोल से कूद पड़ता है। अथाह अंधेरे की तहों को पार करता हुआ वह न्यूयार्क और वाशिंगटन पहुंचता है। वहां भयभीत अवस्था में वह घूमता रहता है कि उसकी मुलाकात एक कवि से होती है, जो उसे कविताएं सुनाता है। "कविता उसकी है / देश-देश फैले हुए / नीले आसमान की / हर गांव नगर में सुनहली / भरती हुई / रश्मियों के विहंग-गान की / कविता के शब्दों में कोयल की आवाज / छंदों में झरने की गूंज और / कहन में मनोरम दृश्यों की पांतियां"। फैंटेसी से निर्मित इस कविता का आशय स्पष्ट है। भारतीय कवि को अमरीकी कवि मानव-मुक्ति की कविताएं सुनाता है। अमरीकी सरकार और अमरीकी साहित्यकार, अमरीकी पूंजीपति और अमरीकी जनता एक नहीं। संसार-भर के मुक्ति-योद्धाओं की अमरीकी साहित्यकारों और अमरीकी जनता से एकता हो सकती है। अमरीकी सरकार और पूंजीपति दक्षिण अफ्रीका की 'स्वतंत्रता' के विरुद्ध रहे हैं, लेकिन अमरीकी साहित्यकार और जनता उसके पक्ष में रही है। अमरीकी सरकार और पूंजीपति शांति के विरुद्ध रहे हैं, लेकिन अमरीकी साहित्यकार और जनता उसके पक्ष में रही है। अमरीकी कवि ने भारतीय कवि को मानव-मुक्ति की जो कविताएं सुनाईं, उनका संबंध अफ्रीकी मुक्ति-संग्राम से था। मुक्तिबोध ने लिखा है, "मुझे कितना सुख है कि उस युवा कवि को / अमरीकी होकर भी अफ्रीकी फिकर है"! इस तरह उनकी राजनीतिक चेतना देश-विदेश के छोर मिलाती चलती है।

'भविष्य-धारा' उनकी एक लंबी और उल्लेखनीय कविता है। इसका विषय भी पूंजीवाद ही है। इसमें एक वैज्ञानिक है, जो कवि भी है। वह पूंजीवादी व्यवस्था के उच्छेद के लिए समीकरण के कुछ सूत्र आविष्कृत करता है, जिन्हें पूंजीपति-वर्ग चुराकर जला देता है। मुक्तिबोध कहते हैं कि वह कब तक ऐसा करता रहेगा? इतिहास की गति रुकती नहीं है, वे सूत्र पुनः आविष्कृत होंगे। इतिहास के नियमों का गहरा ज्ञान रखनेवाले और विश्व-राजनीति की गति को अपनी नाड़ियों में महसूस करनेवाले कवि को पूरा विश्वास है कि पूंजीवाद का नाश होकर रहेगा। वे पूंजीपति-वर्ग के आश्रयान्वेषी मध्यवर्ग को विस्तार से उसकी असलियत का ज्ञान कराते हैं, और निम्न-मध्यवर्ग को 'दुर्जय भविष्य-धारा' बतलाते हैं, क्योंकि उसमें क्रांतिकारिता होती है और वह श्रमिक-वर्ग से अपनी एकता स्थापित कर देश के भविष्य का निर्माण करता है। 'अंतःकरण का आयतन' शीर्षक प्रसिद्ध कविता की समस्या भी राजनीतिक ही है। इसमें कवि को वर्तमान पूंजीवादी विश्व में दोनों प्रकार के दृश्य दिखलाई पड़ते हैं—ध्वंस के भी और निर्माण के भी, और निराश होने की जगह वह इस निष्कर्ष पर पहुंचता है कि इन परस्पर विरोधी शक्तियों के संघर्ष की प्रक्रिया में ही विश्व का क्रांतिकारी रूपांतरण

होता है :

> गगन में, भूमि पर, सर्वत्र दिखते हैं
> तड़प मरते हुए प्रतिबिंब
> जग उठते हुए द्युति-बिंब
> दोनों की परस्पर-गुँथन
> या उलझाव लहरीला
> व उस उलझाव में गहरे,
> बदलते जगत का चेहरा !!

पूंजीवादी समाज में अमानवीकरण की जो प्रक्रिया चलती रहती है, उसका बहुत ही सशक्त वर्णन मुक्तिबोध की 'ओ अप्रस्तुत श्रोता' शीर्षक एक अन्य छोटी कविता में देखने को मिलता है। इसमें उन्होंने पूंजीवादी व्यवस्था को एक अंधेर-कारखाने के रूप में चित्रित किया है और कहा है, "हां अंधेर कारखाना यह / जिसकी लाल भड़क बेताब धमनभट्टी में / झोंक, खुद ही को रोज / आत्महत्या करता है व्यक्ति / किंतु वह मरता नहीं/ वरन् वह पुनर्जन्म पा / विकसित करता नया एकदम नया / पेट, धड़, सींग, पूंछ और पंख / और फिर उड़ता फिरता चरता फिरता / खूब बोलता फिरता"। इस व्यवस्था के शिकार लोग उस काले लंबे हाथ को नहीं देख पाते, जो स्विच दबाकर पूरे कारखाने को चलाता है। अपनी सीमाओं में कैद ये लोग यह कतई नहीं समझ पाते कि उनके भाव और विचार भी उसी व्यवस्था की देन होते हैं! पूंजीवाद के इस कारखाने में ही वे सारे धारदार औजार तैयार होते हैं, जो मस्तिष्क और हृदय के आर-पार हो जाते हैं। इनकी नई-नई किस्में 'अंतर्राष्ट्रीय ऊंची पूंजी' से तैयार होती रहती हैं! 'विक्षुब्ध बुद्धि के मारक स्वर' भी एक छोटी ही कविता है, जिसमें पूंजीवादी व्यवस्था में "आदमी के बदल जाने की भयानक प्रक्रिया" का वर्णन किया गया है। इस व्यवस्था में लोग अपने स्वार्थ और अपने आप से प्रेम करने के अलावा किसी चीज को महत्व नहीं देते। वे जैसे जन्मोपरांत ही एक मर्कट द्वारा चुरा लिए जाते हैं और मानव-जगत से दूर जंगल में विकृत रूप में उसी के द्वारा पाल-पोसकर बड़े किए जाते हैं!

'हर चीज, जब अपनी' शीर्षक कविता में व्यक्ति और समाज पर पड़नेवाले पूंजीवाद के प्रभाव का चित्रण और गहराई से किया गया है :

> हां, बहैसियत सिर्फ आदमी के,
> सीधे-सीधे बिलकुल,
> कतई
> हम दिल के सुनहले तीर
> बाहर क्यों नहीं फेंक पाते
> तेज-तेज
> और बाहर की चीज
> उसी तेजी से वापस क्यों नहीं फेंकती

अपने पूरे लहरीले रंग

यह समाज में सौहार्द और खुलेपन के निरंतर नष्ट होते जाने का प्रमाण है। हमारे संबंधों में प्रवेश कर एक औपचारिकता और यांत्रिकता उन्हें विघटित करती चली जा रही है। स्वभावतः हम किसी से न अपने दिल की बात कह पाते हैं, न कोई और हम तक अपने दिल की बात पहुंचा पाता है।

पहचानें जरा-सी छूती हैं
उड़ जाती हैं
दिल में बस नहीं पातीं।
यही कारण है कि रेत की ढेर-सी दिखती है
तो किसी को यह दुनिया
पके हुए बेर-सी दिखती है
कि जिसको वह तोड़े और खा जाय,
तो किसी को वह लहंगे के घेर-सी
कि जिसमें वह पैठे और समा जाय,
तो किसी को वह रीछ-सी, भालू-सी,
किसी को कद्दू-सी, आलू-सी · · ·

मानना पड़ेगा कि विकृति से भरे हुए पूंजीवादी समाज का यह बहुत ही सटीक और सशक्त वर्णन है। यह समाज होता है, जो लोगों में नाना प्रकार के विकृत भावों और विश्वदृष्टियों को जन्म देता है। पूंजीवादी व्यवस्था में चूंकि रोजगार और तरक्की के अवसर सीमित होते हैं, इसलिए समाज में बहुत ही तेज प्रतियोगिता होती है। अपने लाभ की भावना से प्रेरित लोग एक-दूसरे को धकियाते हुए आगे निकलने के लिए परेशान रहते हैं। इस कोशिश में वे 'अलगाव' के इस कदर शिकार होते हैं कि साधन ही उनके लिए साध्य बन जाता है। लोगों में अलगाव बाहर ही नहीं, भीतर भी पैदा हो जाता है। उनका व्यक्तित्व विभाजित हो जाता है। मुक्तिबोध के शब्दों में :

इस सल्तनत में
हर आदमी उचककर चढ़ जाना चाहता है,
धक्का देते हुए बढ़ जाना चाहता है,
हर एक को अपनी-अपनी
पड़ी हुई है।
चढ़ने की सीढ़ियां
सिर पर चढ़ी हुई हैं।
निसैनी-सोपानों का क्रम
ऊपर, हाथों में उठा हुआ
सिर पर पल रहा है
हरएक अपना-अपना स्वर्ग, सेतु,

बुलडोजर, क्रेन, उठाए चल रहा है
और, वही—हरएक—
लाल-लाल आंखों से घूरते हुए
दूसरे बुलडोजर और लोहे के जीनेवाले को
मन ही मन कहता है—
मारो स्साले को !
लिहाजा, यह सूरत पैदा हुई
कि फूट-फूट, दुई-दुई,
        बाहर भी
                दिल के भीतर भी।

इस वर्णन को 'कामायनी' में प्रसाद ने पूंजीवादी समाज का जो वर्णन किया है उसकी अगली कड़ी समझना चाहिए। 'कामायनी' के इड़ा सर्ग में काम मनु के 'प्रजा-तंत्र' का, जिसकी रचना में वे इड़ा के साथ लगे हुए हैं, जो चित्र खींचता है, वह बहुत ही भयानक है। मनु के उस प्रजातंत्र में वर्ग-भेद, व्यक्तिवाद और स्वार्थपरता ही नहीं है, आत्मविभाजन और अलगाव भी है !

विकृत भावों और विचारोंवाले पूंजीवादी समाज में मुक्तिबोध को ऐसे श्रमजीवी भी मिलते हैं :

जो सिर्फ इंसान होने की हैसियत रखते हैं
जैसे आसमान, या पेड़, या मैदान
अपनी-अपनी
एक खास शान और शख्सियत रखते हैं
वैसे ही और ठीक उसी ठोस
और पक्की बुनियाद पर
जो अपने लिए इज्जत तलब करते हैं
बराबरी का हक, बराबरी का दावा
नहीं तो मुठभेड़ और धावा
अब आप चाहे सरकार हों
या साहूकार हों

उन्होंने लिखा है कि उन्हीं श्रमजीवियों से उनकी आत्मीयता है। पूंजीवादी सत्ता पर जनता के धावा बोलने का एक सरल अथवा सरलीकृत चित्र मुक्तिबोध की 'लकड़ी का बना रावण' शीर्षक कविता में मिलता है। इसमें 'जनतंत्री वानरों' के समूह को अपने सुरक्षित स्थान की तरफ बढ़ते हुए देखकर लकड़ी का बना रावण, जोकि ह्रासोन्मुख पूंजीवादी सत्ता का प्रतीक है, लड़खड़ा उठता है !

मुक्तिबोध ने अपनी कविताओं में भी भारत को शेष विश्व से अलग करके नहीं देखा। 'जन-जन का चेहरा एक' शीर्षक कविता में वे कहते हैं :

एशिया के, यूरोप के, अमरीका के
भिन्न-भिन्न वासस्थान;
भौगोलिक, ऐतिहासिक बंधनों के बावजूद,
सभी ओर हिंदुस्तान, सभी ओर हिंदुस्तान।

'मेरे मित्र, सहचर' शीर्षक कविता में भी उन्होंने कहा है :

कृष्णा के कूलों, तुंगभद्रा के तटों पर
ब्रह्मपुत्र नदी के नील शैल-वनों में
गंगा के अंचलों में,
चंबल के किनारे पर
थरथराती गूंज गई
यांगटीज की क्रांतिकारी तरंगों की नई लय!!
मलाया के जंगलों की मुक्ति-युद्ध-सेनाएं दुर्विजेय
डालती हैं घनी-घनी छायाएं क्षिप्रा के कगारों पर।

एक देश में चलनेवाला मुक्ति-संग्राम दूसरे देश के मुक्ति-संग्राम को प्रभावित करता है; एक देश में क्रांति की विजय दूसरे देश के क्रांतिकारी आंदोलन को बल पहुंचाती है; एशिया, अफ्रीका और लैटिन अमरीका के देशों की परिस्थितियों में बहुत कुछ समानता रही है, आज भी है, लेकिन इसका यह मतलब नहीं है कि इन देशों की अपनी विशेषताएं नहीं, अपनी परिस्थितियां नहीं और उनकी क्रांति की अपनी अवस्थाएं नहीं। भारत की भी अपनी विशेष स्थिति है, जिसे मुक्तिबोध ने हमेशा ध्यान में रखा है। भारत जब गुलाम था, उन्होंने 'गुलामी की जंजीरें टूट जाएंगी' शीर्षक कविता में कहा था :

तेरे साथ घूमूंगा गलियों में राहों पर
फटे चिथड़ों में भी रहूंगा मैं बादशाह
अपने मन का नहीं, मैं हूं तेरे स्नेह का भिक्षुक
तेरा साथी यह चिथड़ों का फरजंद
दिल जिधर जाएगा
उधर तू भी रहेगा
उधर मैं भी रहूंगा
ऐ हिंदुस्तानी फटेहाल जिंदादिल जिंदगी
तेरे साथ तेरा यह बंदा नित रहेगा।

भारत के आजाद होने के करीब एक दशक बाद कांग्रेसी शासन से निराश होकर 'चकमक की चिनगारियां' शीर्षक कविता में उन्होंने भारतीय क्रांति के स्वरूप और परिणाम को लेकर यह चिंता व्यक्त की :

मेरे सामने हैं प्रश्न,
क्या होगा कहां किस भांति,
मेरे देश भारत में,

पुरानी हाय में से
किस तरह से आग भभकेगी,
उड़ेंगी किस तरह से भक् से
हमारे वक्ष पर लेटी हुई
विकराल चट्टानें
व इस पूरी क्रिया में से
उभरकर भव्य होंगे, कौन मानव-गुण ?

स्पष्ट है कि उनके पास क्रांति का कोई सार्वभौम फार्मूला न था और वे इसके प्रति उत्सुक थे कि वह भारतीय जनता के जीवन और समाज को उच्चतर सांस्कृतिक स्तर पर पहुंचानेवाली राजनीतिक कार्यवाही होगी। भारतीय जनता उनके लिए 'फटेहाल' भी थी और 'जिंदादिल' भी, यह उन्होंने 'सूरज के वंशधर' शीर्षक कविता में बहुत ही सशक्त ढंग से कहा :

सूखी हुई जांघों की लंबी-लंबी अस्थियां
हिलता हुआ चलता है
लंगोटधारी यह दुबला मेरा हिंदुस्तान
रास्ते पर बिखरे हुए
चावल के दानों को बीनता है लपककर
मेरा यह सांवला इकहरा हिंदुस्तान
सटर-पटर सामान को धरे हुए शीर्ष पर
रोते हुए बच्चों को कंधे पर बिठाए हुए
जिंदगी को ढोता है बहादुर हिंदुस्तान
अपने ही पुत्र के प्रेत को उठाए हुए सांवले हाथों में
श्मशान की ओर जाता
दिल में बिलखता हुआ
विचारों का भावों का तूफानी समुंदर हिंदुस्तान
बेहद के मैदानों में दर्द-भरे कंठ से गाता है
मानव की पुकार का वह वेदना में
बल खाता अभिप्राय हिंदुस्तान
सांवली त्वचा से ढंकी हुई छाती की
अस्थियों के पंजर में पाले हुए
प्रकाश का शतदल
कि भावी के स्वप्नों की ज्योति को संभाले हुए
मारता है हथौड़ा
यह क्रांति का कारीगर कि वज्रकाय हिंदुस्तान।

यह आजादी के बाद के भारत की बहुत सही तसवीर है। इससे भारतीय जनता की

आर्थिक स्थिति का भी पता चलता है, उसके स्वभाव का भी, उसके जीवन-संघर्ष का भी और उसकी क्रांतिकारिता का भी। उसकी क्रांतिकारिता आजादी की लड़ाई के दौरान भी सिद्ध हुई थी, आजादी के बाद भी अनेक जनसंघर्षों और जनतांत्रिक आंदोलनों से सिद्ध हुई है। आजादी के बाद उसकी हालत लगातार बिगड़ती गई है।

इसी कविता में मुक्तिबोध ने और भी बहुत कुछ कहा है, जो आज ज्यादा प्रासंगिक मालूम पड़ता है, जब हरिजनों की बस्तियां ही नहीं, उन्हें भी जिंदा जलाया जा रहा है। दूसरी तरफ देश की पूंजीवादी सरकार धर्म को प्रोत्साहन देकर और देश-विदेश में उत्सवों का आयोजन कर भारतीय संस्कृति के विकास में लगी है! यह वर्णन द्रष्टव्य है :

देख ले कि बस्ती के झोपड़ों में लगा आग,
नभचुंबी ज्वालाओं के गंधकी प्रकाश में
पढ़ी जा रही हैं आज
अध्यात्म की संहिताएं
राजनीति-ग्रंथ और रोमांस के उपन्यास
गांवों को जलाती हुई
नभचुंबी ज्वाला के प्रकाश में
भारतीय संस्कृति-विकास किया जा रहा।

'इस नगरी में' शीर्षक कविता में उन्होंने कांग्रेसी नेताओं की बहुत सही तसवीर खींची है :

इस नगरी में अच्छे-अच्छे
लोग हुए जाते हैं देखो
शैतानों के झबरे बच्चे
(एक जमाने में जनता के आंगन में नंगे खेले थे
जन-जन की पगडंडी पर वे जन-मन के थे
किंतु आज उनके चेहरे पर
विद्युत-वज्र गिरानेवाले
बादल की कठोर छाया है · · ·)
अपने स्वार्थी मालिक की-सी सूरत लेकर
लंबे-लंबे बालोंवाले एक बने हैं श्वान भयंकर
आधी आंखें मूंदे बैठे
या चबूतरे पर जा लेटे
खूब उन्होंने रखवाली की
कइयों के घर-बार उजाड़े
आंतें फाड़ीं।
एक रीछ बन और दूसरे शूकर बनकर

स्वामी के घर के पिछवाड़े नाच रहे हैं
और दूसरे बने हुए पिंजरे के तोते
स्वामी द्वारा रटी हुई
सिद्धांतावलियां बांच रहे हैं।

जब देश में स्वाधीनता-संग्राम चल रहा था, ये नेता भी जनता से दूर नहीं थे। ये जनता के हितों का प्रतिनिधित्व करते थे और जनता बदले में उन्हें अपना प्यार देती थी। लेकिन स्वाधीनता-प्राप्ति के बाद के वर्षों में कांग्रेसी नेता जनता से अलग होकर सत्ता का उपभोग करने लगे और उसके प्रति उनके मन में न केवल प्रेम नहीं रहा, बल्कि उसकी जगह प्रताड़ना और आक्रोश के भाव ने ले ली। जनता के रक्षक वे कहां तक बनते, उसके भक्षक बन गए। वे अब बस अपनी स्वार्थ-सिद्धि के लिए स्वामिभक्ति में लगे हैं। मुक्तिबोध ने इन कांग्रेसी नेताओं के स्वामी को "खद्दर वर्दी पहने जनरल डायर" कहा है। कांग्रेसी नेताओं का सबसे बड़ा सहारा है गांधीवाद :

इस नगरी के प्रहरी पहने हैं धुएं के लंबे चोगे
साजिश के कुहरे में डूबी
ब्रह्मराक्षसों की छायाएं
गांधीजी की चप्पल पहने घूम रही हैं।

इस गांधीवाद की बहुत ही तीखी आलोचना उन्होंने 'चांद का मुंह टेढ़ा है' शीर्षक कविता में की है, जो मजदूरों की हड़ताल को विषय बनाकर लिखी गई है। इसमें गांधी की मूर्ति पर बैठा हुआ उलूक तिलक के पुतले पर बैठे हुए उलूक से कहता है कि मैंने श्मशान में प्राप्त की गई सिद्धि से मूठ मारकर भारतीय जनता को वश में किया! तिलक के पुतले पर बैठा हुआ उलूक काले आसमान में तैरती भयानक लाल मूठ को देखता है और बहुत प्रभावित होकर उससे कहता है कि आज जो संस्कृति के मुख पर मनुष्यों की अस्थियों की राख और जमाने के चेहरे पर गरीबों की छातियों की खाक मली हुई है, वह तुम्हारा ही चमत्कार है! महात्मा गांधी ने तांत्रिकों की तरह भारतीय जनता पर अपना मंत्र चलाया था। आज उसकी जो यह दशा है, उसके लिए वही जिम्मेवार हैं। मजदूर जब अपनी जायज मांगों को लेकर संघर्ष में उतरते हैं, उन्हें संयम और स्वतंत्रता का उपदेश दिया जाता है, कम्युनिज्म के बहकावे में न आकर भूखे रहकर भी श्रम करने के लिए कहा जाता है और अमरीकी पूंजीवाद को भारतीय मानने के लिए प्रेरित किया जाता है। अपनी एक खंडित कविता में मुक्तिबोध कहते हैं :

भूखो ओ, प्यासो ओ
इंद्रियजित संत बनो
बिरला को टाटा को
अस्थि-मांस दान दो
केवल स्वतंत्र बनो
धूल फांक श्रम करो

साम्य-स्वप्न-भ्रम हरो
परमपूर्ण अंत बनो
अमरीकी सेठवाद
भारतीय मान लो

लेकिन श्रमिक जनता माननेवाली नहीं है। उसके भीतर विद्रोह की ज्वाला सुलग रही है, जो पूंजीपति-वर्ग को भस्म कर देगी। पूंजीपति-वर्ग भी इस बात को जानता है। 'डूबता चांद कब डूबेगा' शीर्षक कविता में मुक्तिबोध ने कहा है :

उसको मालूम कि कौन व किनकी कोखों से
जीवन से जनमे सत्य करेंगे उसका वध
उसको मालूम कि किनकी आत्मा से उपजे
ये सत्य ढहाएंगे भीतें जन-शोकप्रद
उसको मालूम कि उसकी मौत कहां होगी
किनके हाथों होगी कैसे क्योंकर होगी
किन शामों में किस घाटी में किन अश्वों की टापों नीचे
उसको मरना होगा अपनी आंखें मींचे · · ·

मुक्तिबोध की सर्वाधिक उल्लेखनीय राजनीतिक कविता 'अंधेरे में' है, जो फासिज्म की आशंका से ग्रस्त होकर रची गई है। पूंजीवाद का संकट जब बहुत गहरा हो जाता है और पूंजीपति-वर्ग के शासन का तख्ता पलट देने के लिए जनता क्रांतिकारी कार्यवाही में उतर आती है, तो वह वर्ग जनतांत्रिक संस्थाओं को खत्म कर अपनी रक्षा के लिए फासिस्ट हुकूमत कायम करता है। यदि देश में पहले से फासिस्ट विचारधारा और संगठन मौजूद होते हैं, तो शासक-वर्ग को बहुत सहूलियत होती है। वह अपने हक में उनका भरपूर इस्तेमाल करता है। मुक्तिबोध देख रहे थे कि भारत की आर्थिक स्थिति भी लगातार बिगड़ती जा रही है और फासिस्ट विचारधारा और संगठन का भी जोर बढ़ता जा रहा है। इस तरह उनकी आशंका निराधार नहीं थी।

फासिस्ट हुकूमत में न केवल जनता के सारे जनतांत्रिक अधिकार छीन लिए जाते हैं, बल्कि और बड़े पैमाने पर उसका क्रूरतापूर्ण शोषण और दमन आरंभ हो जाता है। 'अंधेरे में' में जो यह हुकूमत कायम हुई है और उसकी तरफ से मार्शल लॉ लगाया गया है, उसकी वजह मुक्तिबोध ने पूंजीवाद-विरोधी क्रांति की शुरुआत बतलाई है : "किसी जन-क्रांति के दमन-निमित्त यह / मार्शल लॉ है!" इस मार्शल लॉ में चारों ओर आतंक का वातावरण है। रात में एक जुलूस दिखलाई पड़ता है, जो प्रकारांतर से शासक-वर्ग की खूंखार फौजी ताकत का तो प्रदर्शन करता ही है, वस्तुतः यह दिखलाता है कि उसके साथ अपराधकर्मियों से लेकर मध्यवर्गीय बुद्धिजीवी तक हैं। ये सब उसकी रक्षा में पंक्तिबद्ध हैं। लेकिन इस सबसे अंततः जन-क्रांति दबती नहीं है और वह फूट पड़ती है : "यह कथा नहीं है, यह सब सच है, हां भई!! / कहीं आग लग गई, कहीं गोली चल गई!!"

यह कविता मुक्तिबोध की सर्वाधिक जटिल कविता है, इसलिए इसमें राजनीति सपाट रूप में नहीं आई, जबकि उपर्युक्त विवरण से उसके सपाट होने का भ्रम हो सकता है। इस कविता को जटिल बनानेवाले इसके दो चरित्र हैं, जो इसमें फासिस्ट हुकूमत के संदर्भ में उपस्थित होते हैं। उनमें से पहला चरित्र है वह व्यक्ति, जिसके आत्मसंघर्ष से कविता शुरू होती है और जो कविता को आगे ले चलता है। आलोचकों ने उचित ही उसे 'अंधेरे में' का काव्य-नायक कहा है। वह एक प्रगतिशील मध्यवर्गीय बुद्धिजीवी है, जो देश में कायम हुई फासिस्ट हुकूमत के कारणों और परिणामों से परिचित है। यह चीज उसे बेचैन बना देती है और उसके भीतर गहन दायित्व-बोध जाग्रत कर देती है। उसे महसूस होता है कि इस राजनीतिक दुर्घटना के लिए कहीं न कहीं अपनी निष्क्रियता के कारण वह भी जिम्मेवार है : "मानो मेरे ही कारण लग गया / मार्शल लॉ वह, / मानो मेरी निष्क्रिय संज्ञा ने संकट बुलाया, / मानो मेरे कारण ही दुर्घट / हुई यह घटना।" भयानक आत्मसंघर्ष से गुजरते हुए और सैनिकों द्वारा दी गई यातना बर्दाश्त करते हुए वह जन-क्रांति में शामिल होता है और इस तरह देश के प्रति अपने कर्तव्य का निर्वाह करता है। इस प्रक्रिया में उसका व्यक्तित्व रूपांतरित होता जाता है। जनता से तादात्म्य उसे मध्यवर्गीय संस्कारों और सीमाओं से मुक्त कर देता है, यद्यपि इसमें उसे कल्पित किस्म की कोई पूर्णता नहीं प्राप्त होती।

दूसरा चरित्र एक 'रक्तालोकस्नात पुरुष' है, जो रहस्यमय ढंग से कविता में प्रकट होकर काव्य-नायक को प्रेरित करता है कि वह अपने मध्यवर्गीय घेरे से निकलकर सारे खतरे उठाते हुए जन-साधारण और उसकी क्रांतिकारी कार्यवाहियों से अपने को जोड़े। यह रक्तालोकस्नात पुरुष और कोई नहीं, सर्वहारा की संगठित शक्ति का प्रतीक है, उस सर्वहारा की, जिसने पूंजीवाद-विरोधी क्रांति शुरू की थी और जिसे फासिस्ट हुकूमत में सबसे अधिक शोषण और दमन का शिकार होना पड़ा है। सर्वहारा होने के कारण ही उक्त पुरुष एक तरफ फटेहाल है, उसके सीने पर बड़ा जख्म है, वह जेल में बंद है और दूसरी तरफ उसके होंठों पर मुसकुराहट है, वह प्रचंड शक्तिमान है! जब वह कविता के अंत में प्रकट होता है, तो मुक्तिबोध कहते हैं :

> विद्युल्लहरिल वही गतिमयता,
> उद्विग्न ज्ञान-तनाव वह
> सकर्मक प्रेम की वह अतिशयता
> वही फटे-हाल रूप!!

इस तरह 'अंधेरे में' फासिज्म-विरोध और सर्वहारा-वर्ग से एकता-स्थापन के द्वारा मध्यवर्गीय बुद्धिजीवी के व्यक्तित्व-परिवर्तन की कविता है, जो अपने उद्देश्य में पूर्णतः राजनीतिक है। यह फासिज्म के आतंक को भी बहुत ही सशक्त रूप में उपस्थित करती है और जनता की क्रांतिकारी कार्यवाही से उसे खत्म भी कर देती है।

मुक्तिबोध की राजनीतिक कविताओं की विशेषता यह है कि उनकी राजनीति इतिहास और अर्थ-व्यवस्था के ज्ञान से असंपृक्त नहीं है। इस ज्ञान ने ही उनकी राजनीति को गहनता प्रदान की है और इसी की बदौलत उनमें वे साधारण पत्रकार न

रहकर "वास्तविकता के मूलगामी निष्कर्षों" से परिचित "सौ-सौ भीतरी आंखोंवाले अखबारनवीस" नजर आते हैं। इस चर्चा को समाप्त करते हुए उन्हीं की एक बात याद आती है कि "मुझसे कहा जायगा कि यह राजनीति हुई, साहित्य नहीं रहा।" लेकिन आंरभ में ही उनकी इस मान्यता का उल्लेख किया जा चुका है कि जनता की राजनीति और जनोन्मुख साहित्य का स्रोत एक है। ऐसी स्थिति में यह असंभव है कि कोई जनता के साहित्य की रचना करे और उसमें जनता की राजनीति न आए। चूंकि दोनों का स्रोत जन-जीवन का यथार्थ है, इसलिए दोनों में संबंध अनिवार्य है। मुक्तिबोध की कविता राजनीतिक है, क्योंकि "गहन गंभीर छाया आगमिष्यत् की / लिए, वह जन-चरित्री है।" जहां तक राजनीति के साहित्य होने की बात है, उन्होंने अपनी कविताओं में इन दोनों का फर्क मिटा दिया है। उनमें ये दोनों परस्पर मिले हुए हैं। श्रीकांत वर्मा ने 'आलोचना' (जुलाई-सितंबर, 1968) में लिखा था कि "राजनीतिक कविता का आधार अनुभव नहीं, विचार होता है। वह या तो किसी विचार को प्रतिष्ठित करती है या किसी प्रतिष्ठित विचार का विचार के स्तर पर विरोध करती है। दोनों ही सूरतों में वह विचार का समर्थन करती है और विचार के समर्थन के जरिए अनुभव को झुठलाती है। जिस कविता में, जैसे कि मुक्तिबोध की कविता में, विचार और अनुभव का अंतर्विरोध हो उसे राजनीतिक कविता नहीं कहा जा सकता।" विचार और अनुभव में अनिवार्य विरोध नहीं। मुक्तिबोध में वह विरोध देखना शुद्ध कल्पना है। उनकी राजनीतिक कविताओं की सफलता इसी बात में है कि उन्होंने विचारों को अनुभव में और अनुभव को विचारों में रूपांतरित कर दिया है और इसी क्रम में वैसी राजनीतिक कविता लिखी है, जैसी हिंदी के किसी दूसरे कवि ने नहीं लिखी। कविता में उन्होंने नारे नहीं लगाए, तराने नहीं लिखे। राजनीतिक क्षेत्र में वे वस्तुतः भींगे, रस लिया। राजनीति से उन्होंने ज्ञान-दीप्ति प्राप्त की और उसे मानव-जीवन को उत्तमतर बनाने और सही दिशा में परिवर्तित करने का साधन माना। आज की तेजी से बदलती दुनिया में संभव है उनकी राजनीतिक कविताओं में वर्णित कुछ घटनाएं और उनमें अभिव्यक्त उनकी कुछ अवधारणाएं अप्रासंगिक हो गई हों, लेकिन उनकी गहन और ज्वलंत मानवीय अंतर्वस्तु आज भी उतनी ही प्रासंगिक है।

राजनीतिक कवि के रूप में मुक्तिबोध को केवल भारतीय जनता की नहीं, बल्कि विश्व की सभी शोषित-पीड़ित जनता की चिंता थी। वे वस्तुतः एशिया, अफ्रीका और लैटिन अमरीका के पिछड़े हुए, नवस्वतंत्र और अपनी स्वतंत्रता के लिए लड़ते हुए देशों के कवि थे। स्वभावतः उनकी राजनीतिक कविताओं में एक पूरा युग प्रतिबिंबित है, जिसमें मानवता संघर्ष करते हुए स्वतंत्रता और समानता की दिशा में अग्रसर है। भारत उनके लिए जैसे विश्व का अविभाज्य अंग है, वैसे ही विश्व भी उनके लिए भारत के बिना पूरा नहीं होता। गहन मानवीय संवेदना और इस व्यापक दृष्टि ने ही उनकी राजनीतिक कविताओं को क्लासिकी गरिमा और उदात्तता प्रदान कर दी है।

5

अस्तित्ववाद की छाया !

डॉ. रामविलास शर्मा ने 'नई कविता और अस्तित्ववाद' नामक अपनी पुस्तक में बहुत जोर देकर यह बात कही है कि मुक्तिबोध अस्तित्ववाद से प्रभावित थे। अस्तित्ववाद के केंद्र में व्यक्ति है। व्यक्ति के निजत्व पर अत्यधिक बल, यह अस्तित्ववादी चिंतन की विशेषता है। मुक्तिबोध के चिंतन का केंद्र भी वे स्वयं हैं, इसलिए उनका अस्तित्ववादी होना असंदिग्ध है !

'समीक्षा की समस्याएं' शीर्षक अपने निबंध में मुक्तिबोध ने बहुत विस्तार से और तीखेपन के साथ प्रगतिशील आलोचना की सीमाएं और कमजोरियां बतलाई हैं। वे वस्तुतः डॉ. शर्मा की आलोचना की सीमाएं और कमजोरियां हैं। डॉ. शर्मा से उनका वैचारिक मतभेद बहुत दिनों से चला आ रहा था। 26 जून, 1948 को उन्होंने नेमिचंद्र जैन को जबलपुर से पत्र में लिखा था : "अमृत यहीं हैं। मेरी 'विचार-धारा' के प्रति उनकी पूरी सहानुभूति है। मैंने उन्हें रामविलास जी के साथ अपने बहुत तीखे मतभेदों के बारे में बतलाया था। उन्होंने कहा, उनका दृष्टिकोण लेखन-विरोधी है। मेरा कहना था कि वह दृष्टिकोण जीवन-विरोधी है। जो भी हो, आक्रमण होने ही वाला है। हम उसका मुकाबला करेंगे।" यह आक्रमण डॉ. शर्मा ने मुक्तिबोध की मृत्यु के बाद उनके कृतित्व का 'मूल्यांकन' और 'पुनर्मूल्यांकन' करके किया, जिसमें उन्होंने उन्हें अस्तित्ववादी और रहस्यवादी सिद्ध किया। मुक्तिबोध उसका मुकाबला करने के लिए नहीं रहे, लेकिन उनका रचनात्मक और आलोचनात्मक लेखन स्वयं वह अस्त्र है, जिससे उन पर किए गए किसी भी गलत आक्रमण को व्यर्थ किया जा सकता है।

'रचनाकार का मानवतावाद' शीर्षक निबंध में अस्तित्ववाद का सारांश प्रस्तुत करने के बाद मुक्तिबोध ने यह बतलाया है कि हिंदी कविता में उसकी भाव-धारा का प्रसार क्योंकर हुआ। वे यह मानने को तैयार नहीं कि उसका कारण केवल बाहरी था, यानी स्वातंत्र्योत्तर भारत में पनपनेवाला भ्रष्टाचार, उसके फलस्वरूप जनता में फैले आशाहीनता और भविष्यहीनता के भाव, व्यक्तिवादी महत्वाकांक्षा तथा जनतांत्रिक और समाजवादी विचारधारा के विरुद्ध छेड़ा गया अमरीकी शीत-युद्ध। उनके अनुसार उसका

कारण भीतरी भी था। इस भीतरी कारण का मतलब है आरंभ से ही प्रगतिशील साहित्य में की गई 'व्यक्ति' की उपेक्षा। इसने अस्तित्ववाद का प्रभाव ग्रहण करने के लिए मिट्टी तैयार कर रखी थी।

मुक्तिबोध ने अपने कृतित्व में 'व्यक्ति' को प्रतिष्ठित करने का प्रयास किया। अपनी एक खंडित गद्य-रचना में वे कहते हैं, "अपने व्यक्ति से पलायन की प्रवृत्ति, हिंदी साहित्य के शीर्षस्थों से लेकर तो अतिसाधारण जनों तक विद्यमान है। इस पलायन की टांग को पकड़कर उसे फिर से व्यक्ति के भीतर खींच ले जाने के काम को करने का मैंने प्रयत्न किया है।" ('पहल', जनवरी, 1987) अस्तित्ववाद के प्रभाव को रोकने का यही सही तरीका था, न कि 'व्यक्ति' को देखते ही शुद्ध सामाजिकता की दुहाई देते हुए उसके विरुद्ध जिहाद छेड़ देना। डॉ. शर्मा ने अस्तित्ववादियों के 'व्यक्ति' और मुक्तिबोध-जैसे मार्क्सवादियों के 'व्यक्ति' में कोई फर्क न देखा और कविता में वैयक्तिकता-मात्र के विरुद्ध अपना संघर्ष जारी रखा। उनकी मुक्तिबोध-संबंधी आलोचना उनके उस संघर्ष की सबसे दुखद परिणति है।

प्रथम विश्वयुद्ध ने जो कहर बरपा किया उसने उन्नीसवीं शताब्दी के पूंजीवादी उदारतावाद द्वारा उत्पन्न किए गए इस भ्रम को तोड़ दिया कि ऐतिहासिक प्रगति की प्रक्रिया बुद्धिसम्मत और सामंजस्यपूर्ण ढंग से निरंतर चलती रहेगी। इस भ्रम का स्थान इस प्रकार के विचार ने ले लिया कि मानव-अस्तित्व अर्थहीन है, ऐतिहासिक प्रक्रिया का कोई भविष्य नहीं और उसमें किसी का कोई दखल नहीं हो सकता। द्वितीय विश्वयुद्ध के दौर में इस विचार ने और जोर पकड़ा। समकालीन पूंजीवादी दर्शनों में अस्तित्ववाद ने सबसे अच्छे ढंग से न केवल इस विचार का उपस्थापन किया है, बल्कि इसे उचित भी ठहराया है। फ्रांसीसी अस्तित्ववादी दार्शनिक मार्सेल के अनुसार, आदमी उत्तरोत्तर अपने को इस हद तक निर्वासित और अपने अस्तित्व से अजनबी महसूस करता जा रहा है कि उसने अपने अस्तित्व को लेकर ही प्रश्न करना शुरू कर दिया है। लूकाच ने लिखा है कि अस्तित्ववाद पूंजीवादी विचारकों द्वारा भौतिकवाद और दिवालिया भाववाद से परे एक तीसरा रास्ता निकालने का अंतिम व्यर्थ प्रयास था। आज समाजवाद एक ठोस वास्तविकता बन चुका है। अस्तित्ववादियों ने अतिलौकिक विचारों और आदर्शों की दुनिया में ही बने रहने का प्रयास किया, जिससे कि वे समाजवाद को स्वीकार करने से बच सकें। मुक्तिबोध अस्तित्ववाद के इस पूंजीवादी रूप से अच्छी तरह परिचित थे। 'एक लंबी कविता का अंत' शीर्षक 'डायरी' के अपने लेख में वे अस्तित्ववाद की तरफ ही संकेत करते हुए कहते हैं कि यह विचारधारा भारत के लिए नई है। हमारे विश्वविद्यालयों के कुछ केंद्र ह्रासग्रस्त साम्राज्यवादी देशों की विचारधाराओं को हिंदी में प्रचलित करते हैं। साहित्य में ये अधिक सूक्ष्म और अधिक युक्ति-युक्त होकर औचित्य और संगति का जामा पहनते हुए उपस्थित होती हैं। ऐसी विचारधाराएं जन-भय और जन-घृणा पर आधारित हैं।

जर्मन अस्तित्ववादी दार्शनिक यास्पर्स ने कहा था कि पूर्ण रूप से जाग्रत आत्मचेतना का मतलब है मेरे अकेलेपन और मेरी स्वतंत्रता की चेतना। यह वस्तुजगत मुझे मुझसे

छिपाता है। हमें अपने शरीर, समाज में अपनी भूमिका, अपने क्रियाकलाप, यहां तक कि अपने चरित्र में भी पूरी तरह से निःशेष नहीं कर दिया जा सकता या उनसे अभिन्न नहीं माना जा सकता। मूल में मेरी स्वतंत्रता है, जोकि मेरी संपूर्ण संभावनाओं और मेरे संपूर्ण कर्मों का स्रोत है। यदि मैं इस स्वतंत्रता का उपयोग नहीं करता, तो इस वस्तुजगत में एक वस्तु की तरह हूं। दूसरे जर्मन अस्तित्ववादी दार्शनिक हाइडेगर ने 'अप्रामाणिक' और 'प्रामाणिक' अस्तित्व की चर्चा की और सामाजिक अस्तित्व को अप्रामाणिक अस्तित्व घोषित करते हुए कहा कि प्रामाणिक अस्तित्व की शुरुआत तभी हो सकती है, जबकि हमने अनुभव कर लिया हो और पूरी तरह से समझ लिया हो कि हम क्या हैं। एक बार यदि हमने इस बात को ग्रहण कर लिया कि मानव-यथार्थ की विशेषता यह है कि प्रत्येक मनुष्य अद्वितीय रूप से वह स्वयं है, कोई और नहीं, और हममें से प्रत्येक की अपनी संभावनाएं हैं, जिन्हें उसे चरितार्थ करना है, तो दुनिया के साथ हमारा सरोकार 'प्रामाणिक' हो जाएगा। किर्केगार्ड ने 'अंतर्मुखता' और 'आत्मपरकता' की अवधारणा प्रस्तुत की थी। हाइडेगर की 'प्रामाणिकता' की अवधारणा बहुत कुछ उसी तरह की है।

प्रत्येक व्यक्ति की वैयक्तिकता पर बल और सामान्य वस्तु से, जिससे किसी को भी सरोकार हो सकता है, उसके संतुष्ट होने की असंभाव्यता — यह अस्तित्ववाद की चारित्रिक विशेषता थी। अस्तित्ववाद में 'वैयक्तिकता' को जो अतिरिक्त महत्व दिया गया, उसका कारण यह था कि उद्योगप्रधान पूंजीवादी सभ्यता में उसका लगातार अवमूल्यन और विघटन होता जा रहा था। अस्तित्ववादी दार्शनिकों ने वस्तुस्थिति को समझने के बजाय मनुष्य के सामाजिक परिवेश को ही उसका शत्रु घोषित कर दिया। 'नई कविता और आधुनिक भाव-बोध' शीर्षक अपने लेख में मुक्तिबोध ने अस्तित्ववाद की मान्यता इस रूप में प्रस्तुत की है : "कहा गया है कि वर्तमान सभ्यता औद्योगिक सभ्यता है। औद्योगिक सभ्यता यांत्रिक सभ्यता है, जिसमें मनुष्य सिर्फ एक पुर्जा है, इससे ज्यादा कुछ नहीं। यह सभ्यता मानव-व्यक्तित्व का हनन करती है, उसका नाश करती है। मानव-आत्मा का और मानव-व्यक्तित्व का उद्भास और विकास उसमें नहीं होता। समाजवादी और पूंजीवादी दुनिया में अंतर केवल यह है कि पूंजीवादी दुनिया में व्यक्ति को चीखने-चिल्लाने का अधिकार है। किंतु परिस्थितियां ऐसी हैं कि वह अपना विकास नहीं कर सकता, यद्यपि साम्यवादी दुनिया में तानाशाही के कारण, वहां व्यक्ति-स्वातंत्र्य के अभाव में, व्यक्ति-विकास का प्रश्न ही नहीं उठता।"

उनके पहले उपस्थित किए गए कथन में 'जन-भय' और 'जन-घृणा' शब्द आए हैं। आगे वे अस्तित्ववाद की यह मान्यता रखते हैं : "जनता क्या है, एक भीड़ है। भीड़ की अपनी कोई आत्मा नहीं होती। भीड़ सामूहिक उत्तेजना में—अनजानी उत्तेजनाओं में—कार्य करती है। संतुलित बुद्धि से खूब सोच-विचार करके, एकांत चिंतन के द्वारा, वह किसी निष्कर्ष पर नहीं पहुंचती। उसमें आत्मा नहीं होती। ये जुलूस, ये नारे, ये सामूहिक प्रदर्शन, ये सामूहिक कार्य, व्यक्ति के अपने आत्मतंत्र के लोप के प्रमाण हैं। व्यक्ति मूलतः आत्मतंत्री होता है, व्यक्ति मूलतः अद्वितीय होता

है। अपनी अद्वितीयता की रक्षा के द्वारा ही मनुष्य सृजनशील हो सकता है, वस्तुतः आत्मतंत्री हो सकता है। दूसरे शब्दों में, जो व्यक्ति अपनी अद्वितीयता की रक्षा करता है, सृजनशील होना चाहता है, वह समाज में अपने को खो न दे, भीड़ का अंग न बने, जमता में विलीन न हो जाए। दूसरे शब्दों में, व्यक्ति, अद्वितीय व्यक्ति, सृजनशील व्यक्ति, समाज और जनता से अलग रहकर मौलिक साहित्य दे सकने की स्थिति में हो सकता है। नहीं तो नहीं। और इस प्रकार सृजन-कार्य ही में मानव की सच्ची मुक्ति है, या उसकी आत्मपूर्ति है।" 'मानवतावाद' वाले लेख में वे इस पर टिप्पणी करते हैं : "यह भाव-धारा नितांत प्रतिक्रियावादी है। इसके सारे आघात का मुख्य लक्ष्य कवि-कलाकार-लेखक को समाज से, सामाजिक-मानवीय भावनाओं से, सामाजिक-मानवीय लक्ष्यों से, सामाजिक-मानवीय सत्ता के उच्चतर रूपांतर के स्वप्न-लक्ष्य और प्रयत्न से पृथक्, निःसंग और विरोधात्मक रूप में स्थापित करना है।" उनकी यह स्पष्ट धारणा थी कि "भारत फ्रांस, पश्चिमी जर्मनी, ब्रिटेन और संयुक्त राज्य अमरीका नहीं है। और बड़े-बड़े नगरों के साहित्य-केंद्र भारत का प्रतिनिधित्व करते हों, यह भी आवश्यक नहीं है। भारत पृथ्वी के उस विशालतम क्षेत्र का प्रतिनिधित्व करता है जो आज भी पिछड़ा हुआ है। इन मुक्तिकामी और प्रगतिकामी विशाल क्षेत्रों में चलती हुई भावोत्तेजनाएं उसके अधिक निकट हैं — बनिस्बत कि कामू के, यैस्पर्स के।" (मु. र., 5/148)

यास्पर्स ने यह भी कहा था कि अपने अस्तित्व के प्रति चेतन होने का मतलब है अपने 'स्व' के प्रति चेतन होना, जोकि इस दुनिया में ऐसी स्थिति में बद्ध है, जिसे सिर्फ भीतर से जाना जा सकता है, बदला नहीं जा सकता। मृत्यु, यातना, संघर्ष और अपराध को उन्होंने मनुष्य की स्थिति की अनिवार्य सीमाएं बतलाया और कहा कि इनसे मुक्ति का एक ही उपाय है कि अत्यधिक तीव्रता से इनका अनुभव किया जाए। उस अवस्था में हम देखेंगे कि वे आखिरी मंजिल नहीं हैं, बल्कि वे तो वह सरहद हैं, जहां से अपरलोक शुरू होता है। उन्होंने मनुष्य-जीवन को सुखी बनानेवाले सामाजिक आदर्शों में संदेह व्यक्त किया। सार्त्र ने भी कहा कि मनुष्य अपने उद्देश्यों और मूल्यों को नहीं प्राप्त कर सकता। उनकी प्राप्ति के मार्ग में वास्तविक खतरे हैं और निराशा अनिवार्य है। उनकी यह उक्ति प्रसिद्ध है कि "मनुष्य एक बेकार का मनोविकार है।"

अस्तित्ववाद के पीछे उन्नीसवीं शताब्दी के डैनिश दार्शनिक किर्केगार्ड और जर्मन दार्शनिक नीत्शे के दर्शनों की प्रेरणा थी। नीत्शे ने 'आकांक्षा' को सर्वाधिक महत्व दिया था और कहा था कि मनुष्य में यदि आकांक्षा नहीं, तो वह मनुष्य नहीं। यदि उसमें आकांक्षा हुई, तो वह दुनिया को अपने अनुकूल बनाने के लिए अनिवार्यतः बदलने का प्रयास करेगा। यह आकांक्षा 'सत्ता की आकांक्षा' थी, जिसे उन्होंने एकमात्र शक्ति माना और उसे सब कुछ के आधार में विद्यमान बतलाया। उन्होंने सत्ता-प्राप्ति के मार्ग में नैतिक मूल्यों को कोई बाधा नहीं माना और कहा कि आदिकाल से यही होता आया है और भविष्य में भी यही होगा। स्वभावतः उन्होंने इतिहास को विकास और प्रगति मानने से इनकार किया और उसकी रैखिक धारणा की जगह चक्रीय धारणा

प्रस्तुत की। उन्होंने महत्व मनुष्य-जाति को न देकर अधिक प्रबल मनुष्यों को दिया, जिनके लिए मनुष्य-जाति सिर्फ साधन होती है। उनकी 'अतिमानव' की अवधारणा उनकी इन्हीं मान्यताओं का परिणाम थी। उन्होंने संपूर्ण सामाजिक-राजनीतिक इतिहास को सत्ता के लिए दो आकांक्षाओं—बलवानों की आकांक्षा और निर्बलों की आकांक्षा—के संघर्ष की संज्ञा दी। उनकी दृष्टि में बलवान का अर्थ था उच्चतर जातियां और अभिजात स्वामी तथा निर्बल का अर्थ था जन-साधारण, जिसे उन्होंने दास, भीड़ और झुंड कहा। उच्च संस्कृति अभिजातवर्गीय होती है, जबकि भीड़ का प्रभुत्व संस्कृति के क्षय की ओर ले जाता है। इस दर्शन की अनिवार्य परिणति इस रूप में हुई कि उन्होंने जनतंत्र और समाजवाद का जोरदार विरोध किया, क्योंकि तब "भीड़ मालिक बन जाएगी।"

मुक्तिबोध ने अस्तित्ववाद की चर्चा प्रायः आधुनिकता-बोध के प्रसंग में की है। अपने पूर्वोक्त लेख 'नई कविता और आधुनिक भाव-बोध' में अस्तित्ववाद-समेत आधुनिकता-बोध का सारांश वे इन शब्दों में प्रस्तुत करते हैं : "पश्चिमी जगत् में प्रचलित सभ्यता-समीक्षा की एक विशेषता यह है कि उसमें मानव की उन्नतिपरक शक्तियों में आस्था का अभाव है। कहा गया है कि मानव स्वभावतः क्षुद्र है, तुच्छ है, वह स्वभावतः स्वार्थ-प्रेरित है। उसका मूल लक्ष्य स्वार्थ-पूर्ति है। हां, यह सही है कि कभी-कभी, किन्हीं अवसरों पर, वह महापुरुषों और वीरपुरुषों के रूप में भी सामने आता है, किंतु यह भी एक धोखा है। मनुष्य विभिन्न मनोवैज्ञानिक स्वार्थों से प्रेरित होकर महान बनता है। आत्म-प्रदर्शन-प्रवृत्ति, निम्नता-भाव के विपर्यय से उत्पन्न उच्चता-भाव, अधिकार-प्राप्ति की भावना, इत्यादि-इत्यादि, न मालूम कितनी ही सूक्ष्म किन्तु निम्न प्रवृत्तियों से परिचालित होकर, मनुष्य वीरपुरुष और महापुरुष बनने का प्रयास करता है। सहकारिता, सद्भावना, और सदाचार—ये सब ऊपरी-ऊपरी व्यावहारिक बातें हैं, व्यावहारिक सुविधा से उत्पन्न हैं। संक्षेप में, मनुष्य मूलतः क्षुद्र है। अतएव दुःख सनातन है। दुःख से उबरने का कोई उपाय नहीं है।" अस्तित्ववादी दार्शनिक अपनी मूल मान्यताओं में परस्पर सहमत होते हुए भी अनेक मान्यताओं में परस्पर असहमत थे। ऐसी स्थिति में यदि उनमें कहीं भिन्नता दिखलाई पड़ती है और अस्तित्ववाद पूर्णतः सुसंगत दर्शन नहीं मालूम पड़ता, तो वह स्वाभाविक है। महत्वपूर्ण बात यह है कि मुक्तिबोध ने आधुनिकता-बोध के अंतर्गत यास्पर्स, सार्त्र और नीत्शे इन सबकी मान्यताओं का उल्लेख किया है और यह उल्लेख उनके समर्थन के लिए नहीं, बल्कि उनका विरोध करने के लिए है।

इसी लेख में उन्होंने आगे कहा कि "नई कविता का मूल प्राण है आधुनिक भाव-बोध। यह आधुनिक भाव-बोध पश्चिमी जगत् के व्यक्तिवादी-निराशावादी दर्शन से अनुप्राणित हो अथवा भारत के अपने भविष्य-स्वप्न से। भारत के अपने भविष्य-स्वप्न से जो प्रेरित हैं, वे तथाकथित पिछड़े देशों के संघर्षों और निर्माणों को प्रस्तुत करनेवाली प्रेरणाओं के अधिक निकट पाते हैं स्वयं को। भविष्य भी इन्हीं के साथ है, क्योंकि वे मानव की उन्नतिपरक शक्तियों में, मानव की उद्धार-क्षमता में, समाजवाद और जनतंत्र में, भारतीय संस्कृति की विकास-शक्तियों में, प्रगाढ़ विश्वास रखते हैं।"

निस्संदेह पूरी समझदारी के साथ यह प्रगाढ़ विश्वास अपनी पीढ़ी के प्रगतिशील कवियों में सबसे ज्यादा मुक्तिबोध में था।

अस्तित्ववाद में आत्मपरकता और वैयक्तिकता को तो महत्व प्राप्त है ही, सबसे ज्यादा उसमें 'स्वतंत्रता' को महत्व प्राप्त है। पूंजीवादी साहित्य में उसे 'स्वतंत्रता का दर्शन' कहा गया है। यह स्वतंत्रता विभिन्न अस्तित्ववादी दार्शनिकों के चिंतन की सामान्य विशेषता है। किर्केगार्ड के अनुसार मनुष्य स्वतंत्र है, क्योंकि वह अपने बारे में सोचने में समर्थ है। उसे कानून और नियम का अनुसरण करने की जरूरत नहीं, न ही उसे इतिहास और विज्ञान के प्रतिमानों को स्वीकार कर चलने की जरूरत है। यदि वह स्वीकृत मूल्यों, संहिताओं और नियमों के मलबे के पीछे घिसटता है, तो वह नैतिक मनुष्य नहीं है। उसकी नैतिकता इस बात में है कि वह अपने लिए सत्य की, अंतर्मुखता में, स्वयं खोज कर रहा है। नीत्शे ने भी किर्केगार्ड की तरह मनुष्य को भ्रांति की बेड़ियों से मुक्त करने की इच्छा व्यक्त की थी। उनकी दृष्टि में 'भ्रांति' का मतलब था पहले विज्ञान और उसके बाद नैतिकता के अपरिवर्तनीय नियम। उन्होंने साफ शब्दों में हर तरह की नैतिकता को प्रकृति पर ही नहीं, ज्ञान पर भी जुल्म बतलाया। उन्होंने घोषणा की कि यदि मैं अपने लिए सही हूं, तो सारी दुनिया के लिए सही हूं। यदि मैं इस बात को नहीं समझता, तो मैं पूरी तरह से नैतिक नहीं, क्योंकि तब मैं अपनी आकांक्षा के अनुसार नहीं चलता।

अस्तित्ववादी दार्शनिकों में सार्त्र की स्वतंत्रता-संबंधी धारणा सर्वाधिक प्रचारित हुई। उन्होंने स्वतंत्रता को इस रूप में परिभाषित किया कि वह जो कुछ 'वास्तविक' है उसे अस्वीकृत करना और जो कुछ संभावित है, उसे प्रक्षेपित करना है। जो अपनी निजी योजनाओं को कार्यान्वित कर सकता है, वही सही मानी में स्वतंत्र है। यह महत् अर्थ में स्वयं अपने जीवन-पथ का चुनाव करना और स्वयं अपने जीवन-लक्ष्यों का निर्धारण करना है। जब तक मनुष्य अपने प्रदत्त परिवेश से अपने को अलग नहीं कर लेता, उसके स्वतंत्र होने का प्रश्न ही नहीं उठता है। जब वह अपनी निजी योजनाओं को कार्यान्वित कर अपनी परिस्थिति का स्वयं सृजन करता है, वह स्वयं उसके लिए जिम्मेवार होता है और उसी हालत में वह स्वतंत्र हो सकता है। सार्त्र ने यह भी कहा कि स्वतंत्रता का संबंध उत्तरदायित्व से है। जब मैंने स्वयं अपने लक्ष्यों का चुनाव किया है और वही मेरी परिस्थिति का निर्धारण करते हैं, तब मैं उत्तरदायित्व से भाग नहीं सकता । जब मैंने अपने युग को चुना है, तब मेरे समय में जो युद्ध होते हैं, मैं उनके लिए भी उत्तरदायी हूं, जैसे मैंने स्वयं उनकी घोषणा की हो ! मैं अपने कंधों पर सारे विश्व का भार लिए हूं और कोई दूसरी चीज या दूसरा व्यक्ति इस भार को हल्का करने में समर्थ नहीं है। यास्पर्स ने भी स्वतंत्रता की विशेषता बतलाते हुए कहा था कि मेरी स्वतंत्रता दूसरों की स्वतंत्रता की अपेक्षा रखती है। मैं चाहूंगा कि मैं स्वयं जो होने के लिए प्रयासरत हूं, दूसरे भी वही हों। स्वतंत्रता में व्यक्ति 'मैं' हो जाता है और दूसरे के आगे अपने को उद्घाटित करते हुए उसे भी उसके 'मैं' तक ले जाता है।

मार्क्सवाद के अनुसार वास्तविक स्वतंत्रता के लिए साधनों की आवश्यकता होती है। यदि साधन सुलभ नहीं, तो स्वतंत्रता नहीं हो सकती। तात्पर्य यह कि उस हालत में स्वतंत्रता के लिए संघर्ष करने की आवश्यकता बनी रहती है। अस्तित्ववाद ने इस स्वतंत्रता को, जोकि एक ठोस चीज है, मात्र भावना का विषय बना दिया। यह ऐसी चीज हो गई, जिसमें कोई वस्तुगत सार नहीं। सार्त्र ने कहा कि कोई व्यक्ति अपनी इच्छा से कुछ करता है, तो वह स्वतंत्र है, चाहे उसका काम कितना ही निरर्थक और मनमानेपन से भरा हुआ क्यों न प्रतीत हो! मार्क्सवाद स्वतंत्रता को 'मनमानापन' नहीं मानता। सार्त्र ने जिस उत्तरदायित्व को स्वतंत्रता से अभिन्न माना, वह भी एक निहायत अमूर्त वस्तु है। कारण यह कि उसमें वास्तविक उत्तरदायित्व 'पूर्ण उत्तरदायित्व' बन जाता है, जिसकी परिणति 'पूर्ण उत्तरदायित्वहीनता' में होती है। उन्होंने उत्तरदायित्व की कोई वस्तुगत कसौटी नहीं मानी, जिसके आधार पर सही और गलत काम का फैसला किया जा सके। स्वभावतः इस सबके परिणामस्वरूप उनकी स्वतंत्रता की धारणा अंततः एक निरर्थक अमूर्तन में तब्दील होकर रह गई।

मुक्तिबोध स्वतंत्रता की अस्तित्ववादी धारणा के खोखलेपन से अच्छी तरह परिचित थे। इसका सबूत यह है कि उन्होंने इस धारणा की असलियत उजागर कर पूरी शक्ति से उसका विरोध किया। उनके लिए स्वतंत्रता मानव-गरिमा का पर्याय थी और वे उसे अमूर्त रूप में न देखकर ठोस रूप में देखते थे। इसीलिए उन्होंने साफ शब्दों में यह कहना जरूरी समझा कि वह स्वतंत्रता शोषणरहित साम्यवादी समाज में ही उपलब्ध हो सकती है। 'कामायनी' की आलोचना के प्रसंग में जैसे वे इसकी व्याख्या करते हुए कहते हैं, "पूंजीवादी समाज में व्यक्ति की स्वाधीनता का सिद्धांत माना गया है। गरीब जनता के लिए वह रिक्त स्वाधीनता है—इस अर्थ में कि व्यक्तित्व के सर्वपक्षीय विकास की परिस्थितिगत संभावनाओं को अत्यंत संक्षिप्त और सीमित कर दिया गया है। व्यक्तित्व के बहुमुखी विकास के लिए समाज में वास्तविक समानता की मूर्त स्थापना की आवश्यकता है। जब तक यह न होगा, तब तक व्यक्तित्व का विकास सबके लिए असंभव है। अपने व्यक्तित्व का विकास तो उन्हीं लोगों के लिए संभव है, जिन्हें जीवन में अपनी आर्थिक, सांस्कृतिक, कलात्मक उन्नति के लिए अवसर मिलता रहे। जिस देश में शोषण होता है, वहां शोषक-वर्गों अथवा उनके मित्र-वर्गों को शोषण की स्वाधीनता होती है, तथा शोषित वर्गों को शोषित होते रहने की स्वाधीनता।"

अस्तित्ववादी 'अस्तित्व', 'व्यक्ति की निजी सत्ता', 'स्व', 'अंतरात्मा' आदि की बहुत दुहाई देते थे। 'समीक्षा की समस्याएं' शीर्षक निबंध में मुक्तिबोध ने उन सबों का संबंध व्यक्ति की सामाजिक-आर्थिक परिस्थितियों से जोड़ते हुए कहा कि "जिस समाज में हर चीज खरीदी और बेची जाती है, जहां बुद्धि बिकती है, और बुद्धिजीवी-वर्ग बुद्धि बेचता है अपने शारीरिक अस्तित्व के लिए, जहां उदारवादी की जगह उदरवादी हुआ जाता है, जहां स्त्री बिकती है, श्रम बिकता है, वहां अंतरात्मा भी बिकती है।... जहां व्यक्ति-स्वातंत्र्य सिमिटकर, केवल अपने घेरे में सिमिटकर, अपनी स्वयं की

मनोलीन विचारणा बन जाता है, ` ` ` वहां हम लोगों के लिए वास्तविक व्यक्ति-स्वातंत्र्य-रक्षा का युद्ध, अपनी अंतरात्मा की रक्षा का युद्ध, अपने भौतिक-जैविक अस्तित्व—अपने पारिवारिक अस्तित्व—की रक्षा के युद्ध में परिणत हो जाता है।"

यूरोपीय अस्तित्ववादियों ने निश्चय ही पूंजीवादी समाज में व्यक्तित्व और व्यक्ति-स्वातंत्र्य को समाप्त होते देखकर इन दोनों के महत्व पर बल दिया था, बल्कि इन दोनों को केंद्र में रखकर एक दर्शन की ही रचना कर डाली थी, लेकिन उन्हें जहां इन दोनों को समाप्त करनेवाले हेतुओं की खोज करनी चाहिए थी, वहां उन्होंने हेतुवाद का ही विरोध किया और उसे एक ऊपरी चीज बतलाते हुए 'स्वतंत्रता' को एक 'मनोलीन विचारणा'—एक आत्मगत धारणा—बना दिया! मुक्तिबोध ने आगे लिखा है कि व्यक्ति-स्वातंत्र्य का प्रश्न जनता के जीवन से, उसकी मानवोचित आकांक्षाओं से, सीधे-सीधे संबंधित है, किंतु व्यावहारिक रूप से देखा जाए तो समाज में ऐसी आर्थिक और सामाजिक स्थिति पैदा हो गई है कि उसके कारण व्यक्ति-स्वातंत्र्य केवल 'व्यक्ति-केंद्रिता' का दूसरा नाम बन गया है। अंत में उन्होंने अस्तित्ववादियों के नियतिवाद की भी चर्चा की और कहा कि वे अगतिकता को मनुष्य का मूलभूत भाग्य मानते हुए उसके विक्षोभ और असंतोष को क्रांतिकारी रूप देने का विरोध करते हैं, क्योंकि वह उनकी दृष्टि में असंगत है। उनके अनुसार सामाजिक दायित्व, सहानुभूति, नैतिक मान आदि द्वारा उसकी विभीषिका कम की जा सकती है। स्पष्टतः मुक्तिबोध विक्षोभ और असंतोष के क्रांतिकारी रूपांतरण को स्वीकार करते हैं और उसकी धार भोथरी करनेवाले 'सामाजिक दायित्व', 'सहानुभूति', 'नैतिक मान' आदि चीजों को खारिज करते हैं, जैसे मार्क्सवाद ने सार्त्र के 'उत्तरदायित्व' के सिद्धांत को खारिज कर दिया है।

मार्क्सवादी विचारकों ने ठीक ही अस्तित्ववाद को अबुद्धिवाद कहा है।

किर्केगार्ड ने वस्तुपरकता और वैज्ञानिकता का विरोध करते हुए उन्हें 'मिथक' कहा था तथा आत्मपरकता और अंतर्मुखता की स्थापना की थी। आत्मपरक ज्ञान को उन्होंने 'विश्वास' से अभिन्न माना था और विश्वास की अवस्था को इस वस्तुजगत के अतिक्रमण की अवस्था की चेतना कहकर परिभाषित किया था। नीत्शे का भी यही हाल था। उन्होंने वस्तुपरकता को समझदारी का मुख्य शत्रु कहा और घोषित किया कि विचार के लिए 'अस्तित्व' को समझना असंभव है। उनके अनुसार विचार के साथ यह गड़बड़ी है कि वह अस्तित्व को कुत्सित कर देता है, क्योंकि उसका काम है वैयक्तिक यथार्थ को औसतपन में निःशेष कर देना। वह औसत लोगों के विचार, अर्थात विज्ञान के प्रभुत्व को औसत लोगों की व्यवस्था, अर्थात जनतंत्र के प्रभुत्व से जोड़ देता है। विज्ञान कभी मूल्यों का सृजन नहीं कर सकता। मूल्यों का अन्वेषण दर्शन करता है, लेकिन व्यक्ति की चेतना से नहीं, उसकी चेतना से परे के लोक से!

यास्पर्स ने विज्ञान को वस्तुपरक ज्ञान और दर्शन को आत्मपरक ज्ञान कहा और महत्व विज्ञान की निश्चितता को नहीं, बल्कि दर्शन की अनिश्चितता को दिया। उनके अनुसार स्वतंत्रता और चुनने की इच्छा में ज्ञान की अपूर्णता यानी अनिश्चितता सन्निहित

है। उन्होंने इतिहास को विज्ञान का एक अंग बतलाते हुए सभी विज्ञानों को अर्थहीन, असंबद्ध तथ्यों की धूल, कहा। विज्ञान चूंकि अनुभवाश्रित होता है, इसलिए वह वस्तुगत ज्ञान की स्पष्टता और सार्वभौमता को प्राप्त कर सकता है, लेकिन उस एकता और समग्रता को नहीं, जो बुद्धि को अपेक्षित होती है। विज्ञान निश्चित सत्ता से संबद्ध है, जबकि दार्शनिक उससे शुरू करके उसकी सीमाओं के विरुद्ध खड़ा हो जाता है और इस बात को महसूस करता है कि विज्ञान जिस एकता और समग्रता को प्राप्त करना चाहता है, उसे सिर्फ उस लोक में प्राप्त किया जा सकता है, जिसमें अनुभवाश्रित जगत का अतिक्रमण करके ही पहुंचना संभव है।

मार्सेल ने कहा कि उस दुनिया के रहस्य, जो वस्तु और व्यक्ति के सक्रिय संबंध की देन होते हुए भी उनसे परे हैं, सार्वभौम ज्ञान का विषय और सार्वजनिक बौद्धिक संपत्ति का हिस्सा नहीं बनाए जा सकते। उन्होंने भी दार्शनिक और वैज्ञानिक विचारों की चर्चा की और बतलाया कि दार्शनिक विचारों में सामान्य वस्तुओं से संबंध रखनेवाले वैज्ञानिक विचारों-जैसी स्पष्टता संभव नहीं है, लेकिन दार्शनिक विचार व्यक्ति को यह सोचने के लिए शक्ति देते हैं कि एक ऐसी भी वास्तविकता है, जिस पर सोचा नहीं जा सकता। उस स्थिति में अस्तित्व का केवल अनुभव किया जा सकता है और उसका केवल संकेत दिया जा सकता है, उस पर प्रभुत्व नहीं स्थापित किया जा सकता। वह वास्तविकता एक अतिलौकिक वास्तविकता होती है, अगम्य और रहस्यात्मक। वह कोई ऐसी समस्या नहीं होती, जिसे अनुभवाश्रित साधनों से इस तरह या उस तरह हल कर लेना संभव हो। हाइडेगर ने दूसरे जीवों से मानवीय अस्तित्व की भिन्नता ही यह बतलाई कि इसमें इस भौतिक जगत का अतिक्रमण करने की संभावना निहित है। सार्त्र ने ज्ञान को अनिवार्य रूप से 'सहज बोध' माना।

मुक्तिबोध अस्तित्ववाद के अबुद्धिवादी स्वरूप से ही परिचित नहीं थे, वे यूरोपीय दर्शन की उस भाववादी परंपरा से भी परिचित थे, जिसका वह अंग था। 'कामायनी : एक पुनर्विचार' में एक स्थान पर वे कहते हैं, "यूरोप में हेगेल के अनंतर उसका विशुद्ध द्वंद्वात्मक-भौतिकवादी रूप मार्क्स-एंगेल्स ने प्रतिष्ठापित किया। किंतु व्यक्तिवादी-आत्मवादी विचारों ने सत्य के ज्ञान की प्रक्रिया में बुद्धि को मार गिराया। बुद्धि से हम अंतिम सत्य नहीं जान सकते यह निश्चित किया गया, और दार्शनिक धरातल पर अबुद्धिवाद को स्थापित किया गया। इस अबुद्धिवाद (इर्रेशनलिज्म) का सर्वप्रथम समर्थक-प्रचारक शॉपनहॉर था। यह आकस्मिक बात नहीं है कि हाइडेगर से लगाकर आधुनिक अस्तित्ववादी फ्रेंच विचारक उपन्यासकार ज्याँ पाल सार्त्र तक अबुद्धिवादी 'अनुभूति' के प्रचारक रहे।" इसी पुस्तक में एक स्थान पर उन्होंने पाठकों की सुविधा के लिए बुद्धिवाद का अर्थ भी स्पष्ट कर दिया है कि बुद्धिवाद वह धारणा है, जो यह मानती है कि जगत-सृष्टि तथा मानवता, यानी कि समस्त अस्तित्व के मूलभूत और अंतिम सत्यों को बुद्धि द्वारा समझा जा सकता है। अबुद्धिवाद से ही रहस्यवाद का प्रदेश शुरू होता है। 'पुनर्विचार' के अंतिम अध्याय में उन्होंने यह भी कह दिया है कि "दूसरे विश्वयुद्ध के पूर्व से लेकर आज तक, तरह-तरह के अस्तित्ववादी

लोग, तथा आजकल फ्रांस और पश्चिम जर्मनी में पनपनेवाले 'नियोटॉमिस्ट्स'—सब एक न एक प्रकार के दार्शनिक रहस्यवाद में अपनी तथा अपनी सभ्यता की अगतिक स्थिति को विलीन कर रहे हैं।"

इस अस्तित्ववाद-विरोध से अलग मुक्तिबोध ने और जो बातें कही हैं, उनसे भी इसकी पुष्टि होती है कि उनकी चिंतन-प्रणाली में अस्तित्ववाद के लिए कोई जगह न थी। उनकी पूरी 'डायरी', जिसके लेख अस्तित्ववाद के घनघोर प्रभाव में लिखी जानेवाली नई कविता के उत्कर्ष-काल में लिखे गए थे, इस बात का सबूत है कि वे न केवल अस्तित्ववाद के प्रभाव में न थे, बल्कि उसके विरोध में खड़े थे और कभी प्रत्यक्ष और कभी परोक्ष रूप में लगातार उस पर चोट कर रहे थे। जैसा कि हमने देखा, अस्तित्ववाद विज्ञान-विरोधी था। ठीक उसके विपरीत 'नए की जन्मकुंडली : एक' में लेखक का प्रबुद्ध मित्र उसके सम्मुख इस बात पर चिंता प्रकट करता है कि वैज्ञानिक बुद्धि ने धर्म का स्थान नहीं लिया : "धर्म-भावना गई, लेकिन वैज्ञानिक बुद्धि नहीं आई। धर्म ने हमारे जीवन के प्रत्येक पक्ष को अनुशासित किया था। वैज्ञानिक मानवीय दर्शन ने, वैज्ञानिक मानवीय दृष्टि ने, धर्म का स्थान नहीं लिया। इसलिए केवल हम अपनी अंतःप्रवृत्तियों के यंत्र से चालित हो उठे।" इस कथन में अंतिम वाक्य ध्यान देने लायक है। अस्तित्ववादियों का अस्तित्व-बोध और स्व-स्थापन अंतःप्रवृत्तियों के यंत्र से चालित होने के आसपास की ही चीज है, क्योंकि उसमें अपनी इच्छा और स्वतंत्रता ही सबसे बड़े मूल्य हैं!

अस्तित्ववाद ने विज्ञान के साथ-साथ ज्ञान को भी अपूर्ण बतलाकर उसके अतिक्रमण की बात कही थी। 'सौंदर्य-प्रतीति की प्रक्रिया' शीर्षक लेख में लेखक का दूसरा मित्र उससे काफी संवेदनशील भाषा में जिस ज्ञान के बारे में कहता है, वह रहस्यवादियों का 'परम ज्ञान' न होकर भौतिकवादियों का ज्ञान है : "होना यह चाहिए कि ज्ञान आंखों में सुनहला अंजन लगा दे, दृश्य को निःसीम और अत्यंत मनोहर कर दे, पैरों में चलने के नए आवेग भर दे, नया रोमांस विस्तृत कर उठे। अगर ज्ञान जीवन को एक रोमांस का रूप न दे तो क्या वह ज्ञान और क्या वे ज्ञानी लोग! ज्ञानरूपी दांत जिंदगीरूपी नाशपाती में गड़ना चाहिए, जिससे कि संपूर्ण आत्मा जीवन का रसास्वाद कर सके।" अस्तित्ववादी जहां इस दांत को उखाड़ फेंकना चाहते थे, वहां मुक्तिबोध ने उसी से जीवन का रसास्वाद प्राप्त करने की बात कही है!

'नए की जन्मकुंडली : दो' का मित्र भी अस्तित्ववाद की 'अंतरात्मा', 'मानवता' (सार्त्र ने अपने एक प्रसिद्ध निबंध में कहा था कि "अस्तित्ववाद मानवतावाद है!") और 'दायित्व' पर ही चोट करते हुए कहता है : "अंतरात्मावाला रुख प्रवृत्तिमूलक और, अंततः, किसी भी प्रकार के विश्वास और श्रद्धा का विरोधी है। कहने के लिए भले ही हम 'विश्व-कल्याण' की बात करें, या 'मानवता' या 'दायित्व' की बात करें—ये सब बातें अरूप हैं। इनका कोई आकार नहीं है। अथवा, दूसरे शब्दों में, जिसको जो समझ में आए, वही उसकी 'समझ' में आया है, इसलिए वह उचित भी है! प्रश्न के अंदर ही जो लोग उत्तर देखते हैं, वे उत्तर को अपनी इच्छा पर निर्भर रखते हैं। इसमें

कोई शोध-बुद्धि या वैज्ञानिक आग्रह नहीं है।" यह अस्तित्ववाद की आत्मपरकता, अमूर्तता और अबुद्धिवादिता की एक साथ आलोचना है।

अस्तित्ववादियों ने हेतुवाद को 'भ्रांति' कहा था। मुक्तिबोध सर्वत्र इस बात पर बल देते हैं कि जो स्थिति है, उसके कारणों की तलाश की जाए। नई कविता के जमाने में 'कुंठा' का बड़ा जोर था और हिंदी के अस्तित्ववादी उसे एक साहित्यिक मूल्य के रूप में प्रतिष्ठित करने में लगे थे। सार्त्र ने तो उससे बहुत आगे बढ़कर 'उबकाई' को सबसे बड़े साहित्यिक मूल्य के रूप में प्रतिष्ठित किया था। 'डबरे पर सूरज का बिंब' का 'लेखक' कुंठा से इनकार नहीं करता। वह उसे एक सामाजिक यथार्थ मानता है। कहता है कि हर जमाने में गरीबों की मुश्किल रही है, हर जमाने में एक श्रेणी का दिल नहीं खुला है—बहुत विशाल श्रेणी का, भारतीय जनता का, मेहनतकश का। पिछला कौन-सा युग था, जिसमें कुंठा न रही हो? लेकिन वह कुंठा के 'आधिपत्य' की जगह उसके 'बुनियादी कारणों' को दूर करने की बेसब्री और विक्षोभ की बात करता है। 'पुनर्विचार' में मुक्तिबोध ने लिखा है कि "प्रसादजी इस बात को जानते थे कि शोषण-प्रधान पूंजीवादी ह्रासग्रस्त सभ्यता की व्यक्तिवादी मनोवृत्तियां व्यक्ति के भीतर विघटन, एकांगी विकास, अर्थात् असामंजस्य और विकेंद्रीकरण को जन्म देती और बढ़ाती हैं।" 'प्रसाद' के सामने यह बात जितनी भी स्पष्ट रही हो, मुक्तिबोध के सामने वह पूरी तरह से स्पष्ट थी। इसी कारण उन्होंने अस्तित्ववादियों की तरह केवल दुनिया में शिरकत करने की नहीं, बल्कि उसे बदलने की बात की।

'डायरी' के 'अकेलापन और पार्थक्य' शीर्षक लेख में मुक्तिबोध कहते हैं, "आधुनिकतावादियों को मैंने देख लिया है। उनमें दम नहीं है, वे पोचे हैं। वे समस्या को बड़ा करके बताते हैं, आदमी को छोटा करके नचाते हैं।" अस्तित्ववाद में अकेलेपन का बहुत महत्व था। हाइडेगर ने कहा था कि अस्तित्व-बोध के क्षणों में व्यक्ति अकेला होता है; आम लोग उसके जीवन (जो कि सिर्फ उसका हो) की सार्थकता का स्रोत नहीं हो सकते। अपने अकेलेपन में वह चीजों को जो भी मूल्य चाहे प्रदान कर सकता है। मुक्तिबोध ने इसी लेख में उस अकेलेपन को, जो कला-साधना के लिए आवश्यक होता है, स्वीकार करते हुए 'पार्थक्य' यानी जन-सामान्य से अलगाव का विरोध किया, जिसे अस्तित्ववाद में 'अकेला' होने के लिए आवश्यक बतलाया गया था। उन्होंने पार्थक्य का विरोध ही नहीं किया, बल्कि उसे दूर करने पर बल दिया : "बड़ी और बहुत बड़ी जिंदगी जीना (इम्मेंस लीविंग) तभी हो सकता है, जब हम मानव की केंद्रीय प्रक्रियाओं के अविभाज्य और अनिवार्य अंग बनकर जिएं।" आगे जैसे उन्होंने अस्तित्ववादियों को ही उत्तर देते हुए यह लिखा है कि "यह बिलकुल सही खयाल है कि सच्चा जीना तो वह है जिसमें प्रत्येक क्षण आलोकपूर्ण और विद्युन्मय रहे, जिसमें मनुष्य की ऊष्मा को बोध प्राप्त हो। किंतु यह तभी संभव है जब हम अपने विशिष्टों और सुविशिष्टों को किसी व्यापक से संबद्ध करें। विशिष्ट को व्याप्ति प्रदान करना केवल बौद्धिक कार्य नहीं है, वह मूर्त, वास्तविक, जीवन-जगत्-संबंधी

कार्य है।"

'विशिष्ट और अद्वितीय' उनका एक बहुत ही मस्ती में लिखा गया लेख है, जिसमें उन्होंने नई कविता के 'अद्वितीय' कवियों के बारे में कहा है कि वे अपने असंग संवेदनशील प्रतिभाशालित्व को अद्वितीयता कहते हैं, जबकि समय पर विवाह न होने से उनके सुकोमल तंतुओं का विस्तार नहीं हुआ है और वे समाज की विभिन्न संस्थाओं से, समाज के विविध रूपों से, घनिष्ठ रूप से जुड़ नहीं पाए हैं। इस कारण समाज का वास्तविक प्रत्यक्ष संवेदनात्मक बोध और समाज के भीतर व्यक्त मानवता का हार्दिक परिचय उन्हें नहीं है। परिणाभतः वे मुक्त-हृदय भी नहीं हैं। जीवन में अत्यंत सारभूत सुकोमल अनुभवों से वे बच गए हैं। उनके लिए समाज केवल आत्म-प्रक्षेप है। वह रेत का ढेर है, भीड़भाड़ है, ढोरों की खड़खड़ करती हुई भीड़ है!

नई कविता में जैसे कुंठा का जोर था, वैसे ही दर्द का भी। यह दर्द अस्तित्ववादी 'पीड़ा' थी। सार्त्र ने कहा था कि व्यक्ति जिस समय यह अनुभव करता है कि वह जो चाहे वह सोचने और करने के लिए स्वतंत्र है, वह 'पीड़ा' से भर उठता है, क्योंकि वह अपनी असीम स्वतंत्रता के विचार का वहन करने में असमर्थ होता है। मुक्तिबोध का 'दर्द' इस पीड़ा से बहुत भिन्न था, यह हम उनके 'व्यक्तिगत ईमानदारी और कला' शीर्षक एक अधूरे लेख के इस कथन में देख सकते हैं : "अगर हमने अपने दर्द से ही मुठभेड़ की तो हमारे ही सामने दर्द की तसवीर नहीं, वरन् दर्द पैदा करनेवाली स्थिति का मानचित्र खिंच जाता है, नक्शा खिंच जाता है, खाका खिंच जाता है। हम उन विशेष-विशेष शक्तियों की सूरत देख लेते हैं जिनके दर्शन ही से हम एक अबूझ दर्द में डूब जाते हैं, लेकिन दर्द की तसवीर नहीं खिंचती। तसवीर खिंचती है—वास्तविक स्थिति की, जिसने हमें कष्ट के समुद्र में डुबो दिया। मतलब यह कि काव्य नष्ट हो जाता है। हम आत्मपरक—सब्जेक्टिव—न बनकर बहिर्मुख वस्तुपरक हो जाते-से दिखाई देते हैं।" फिर वे व्यंग्य में कहते हैं,"ऐसा दर्द भी किस काम का, जो हमें वस्तुपरक बना दे, वास्तविकता के प्रति उन्मुख करता जाए, गद्यात्मक बना दे, परुष पीड़ा की संड़ासी से दिल के गरम लोथड़े को पकड़ ले, हमें विक्षोभ और चिंता के खारे कुएं में बोर दे! ऐसी वेदना क्या काम की, जो हमसे क्लास-एनेलिसिस करवाए! ऐसा क्षोभ क्या काम का, जो हमें अनजाने ही वस्तुवादी बनाते हुए मार्क्सवादी-कम्युनिस्ट बना दे! हर! हर!"

अस्तित्ववादियों ने 'तथ्यात्मकता' के निषेध और अतिक्रमण पर बल दिया था। किर्केगार्ड इसके लिए बहुत दुखी रहते थे कि कोई भी विशिष्ट मानव-प्राणी बनना नहीं चाहता, सभी एक जादुई सम्मोहन में पड़कर अपने को वस्तुजगत और विश्व-इतिहास में खो देने पर आमादा हैं। ऐसे दर्शन में आस्था रखनेवाले लेखकों को उक्त लेख में ही मुक्तिबोध स्पष्ट उत्तर देते हैं कि "जीवन के कलात्मक चित्रण के लिए जीवन में वस्तु-सत्य की यथातथ्य ग्राहिका-शक्ति आवश्यक है; केवल भाव-सत्य या आत्म-सत्य तब तक अधूरा और लूला है, जब तक कि उसकी स्थिति और गति, जीवन के वास्तविक सत्यों पर आधारित नहीं है।"फिर वे कहते हैं कि " 'जीवन के वास्तविक सत्य'—इस

शब्द-समुदाय पर बहस छिड़ जाएगी। मैं इन शब्दों का व्यापक-से-व्यापक किंतु विशिष्ट-से-विशिष्ट अर्थ ले रहा हूं। मेरा मतलब उस तथ्यात्मक जीवन और उसके सत्यों से है, जो हमारी, समाज की, दुनिया की, जिंदगी को ढालते हैं।" मुक्तिबोध इसके लिए काफी सावधान रहे हैं कि उनका मंतव्य साफ हो, जिससे उनकी बात का कोई गलत अर्थ न लगाए, लेकिन ऐसा लगता है कि इतिहास की तरह आलोचना के भी कुछ अपने नियम होते हैं, जिससे वह अपनी ही राह चलती है!

डॉ. रामविलास शर्मा ने मुक्तिबोध की कविता 'ब्रह्मराक्षस' के ब्रह्मराक्षस से मुक्तिबोध को अभिन्न मानते हुए लिखा है, "मुक्तिबोध का ब्रह्मराक्षस वेदमंत्रों से लेकर मार्क्स, एंगेल्स, रसेल, टोएन्बी, हाइडेगर, स्पेंग्लर, सार्त्र और गांधी तक का अध्ययन कर चुका है। इस नामावली में जयशंकर प्रसाद और बर्गसाँ, ये दो नाम छूट गए हैं। बर्गसाँ भाववादी विचारक थे और उनका चिंतन रहस्यवादियों से मिलता-जुलता है।" (नई कविता और अस्तित्ववाद, पृ. 155) मुक्तिबोध एक समय बर्गसाँ के प्रभाव में थे, यह बात उन्होंने 'तार सप्तक' के ववतव्य में स्वयं स्वीकार की है : "1938 से 1942 तक के पांच साल मानसिक संघर्ष और बर्गसोनीय व्यक्तिवाद के वर्ष थे। आंतरिक विनष्ट शांति के और शारीरिक ध्वंस के इस समय में मेरा व्यक्तिवाद कवच की भांति काम करता था। बर्गसाँ की स्वतंत्र क्रियमाण 'जीवन-शक्ति' (Elan Vital) के प्रति मेरी आस्था बढ़ गई थी। परिणामतः काव्य और कहानी नए रूप प्राप्त करते हुए भी अपने ही आसपास घूमते थे, उनकी गति ऊर्ध्वमुखी न थी।" डॉ. शर्मा ने मुक्तिबोध के इस कथन को महत्व न देकर संकेत से यह जतलाना चाहा है कि उन पर बर्गसाँ का प्रभाव व्यापक था और वह उन पर अंत-अंत तक बना रहा।

शुजालपुर मंडी के शारदा शिक्षा-सदन के प्रधानाध्यापक डॉ. नारायण विष्णु जोशी 'बर्गसाँ के अध्येता' थे। संभवतः उन्हीं के संपर्क से मुक्तिबोध इस दार्शनिक के सिद्धांतों से परिचित हुए और पांच वर्षों तक उसके असर में रहे। डॉ. जोशी की रुचि बर्गसाँ में ही नहीं, दूसरे भाववादी दार्शनिकों में भी थी। मुक्तिबोध अमरीकी भाववादी दार्शनिक इमर्सन से भी उन्हीं के माध्यम से परिचित हुए होंगे। उनकी 'आधुनिक समाज का धर्म' ('कर्मवीर', 1 अप्रैल, 1939)-जैसी आरंभिक टिप्पणियों में इमर्सन का ही दर्शन रखा गया है। इसमें उन्होंने उनके नाम के साथ उनका एक उद्धरण भी दिया है। भाववादी दार्शनिकों में बर्गसाँ विशेष उल्लेखनीय हैं, क्योंकि अस्तित्ववाद के पीछे उनके दर्शन की भी प्रेरणा मानी गई है। बर्गसाँ और इमर्सन इन दोनों का असर मुक्तिबोध की 'तार सप्तक' में संकलित कविताओं में दिखलाई पड़ता है। वैसे उसमें ऐसी कविताएं भी हैं, जिनमें भाववाद से हटकर मार्क्सवाद की तरफ आने के संकेत हैं।

भाववादी दर्शन में व्यक्ति और उसकी आत्मा को अत्यधिक महत्व प्राप्त है। 'आत्मा के मित्र मेरे' शीर्षक कविता में मुक्तिबोध का मित्र 'आत्मशाली पुरुष' है। वे कहते हैं :

अपनी व्यक्तिमत्ता के सहारे जो चले हैं प्राण,

उनको कौन देता है
अचल विश्वास का वरदान!
उनको कौन देता है प्रखर आलोक
खुद ही जल
कि जैसे सूर्य!
··· ऐसी जिस मनस्वी की मनीषा,
वह हमारा मित्र है

इमर्सन ने कहा था कि इतिहास में निर्णायक भूमिका महान पुरुषों की होती है। वे नैतिक दृष्टि से पूर्ण व्यक्ति होते हैं और सामाजिक प्रगति उनकी नैतिक पूर्णता पर ही निर्भर होती है। मुक्तिबोध का मित्र भी सबकुछ को पीछे छोड़ता हुआ आगे बढ़ता जा रहा है :

माता-पिता-पत्नी-सुहृद् पीछे रहे हैं छूट
उन सबके अकेले अग्र में जो चल रहा है
ज्वलत् तारक-सा,
वही तो आत्मा का मित्र है।
मेरे हृदय का चित्र है।

अंतिम पंक्ति ध्यान देने योग्य इसलिए है कि मुक्तिबोध ने उसमें ऐसे मित्र को अपना आदर्श बतलाया है।

'तारक' के प्रतीक को उन्होंने 'दूर तारा' शीर्षक कविता में विकसित किया है, जिसमें उन्होंने कहा है :

मुझे लगता कि ऐसा ही अकेला नील तारा,
तीव्र-गति,
जो शून्य में निस्संग,
जिसका पथ विराट्
वह छिपा प्रत्येक उर में,
प्रति हृदय के कल्मषों के बाद,
जैसे बादलों के बाद भी है शून्य नीलाकाश।

कविता के अंत में वे कहते हैं कि "इसलिए प्रत्येक मनु के पुत्र पर विश्वास करना चाहता हूं।" यह कोई वैज्ञानिक मानववाद न होकर घोर अवैज्ञानिक बर्गसाँ का जीवनवाद है, जो उन्हें जीव-विज्ञान के क्षेत्र में प्रचलित एक सिद्धांत से प्राप्त हुआ था। उस सिद्धांत के अनुसार जीवन किसी यांत्रिक भौतिक प्रक्रिया की देन न होकर उन विशिष्ट अभौतिक तत्वों की देन है, जो प्रत्येक सजीव वस्तु में निहित होते हैं। यह जीवन सतत गतिशील और क्रियाशील है। इसके मार्ग में भौतिक बाधाएं आती हैं, लेकिन यह उनको पराजित करता हुआ ऊंचे से ऊंचा उठता जाता है। यह विविध रूपों में प्रकट होनेवाला और निरंतर सृजनशील है। इस जीवन को तर्क और बुद्धि से नहीं, बल्कि 'सहज बोध' से

ही समझा जा सकता है। 'कर्मवीर' के 4 मई, 1940 के अंक में प्रकाशित अपने लेख 'आधुनिक हिंदी साहित्य और नवयुग की समस्याएं' में साहित्य का राजनीतिक और सामाजिक जीवन से संबंध जोड़ने की बात पर बल देने के बाद मुक्तिबोध कहते हैं, "यहां मैंने 'जीवन' का अर्थ उसके व्यक्तिगत और सामाजिक या राजनैतिक अर्थ से ऊपर उस असीम सृजनशील सत्ता से लिया है, जो भिन्न-भिन्न रूपों में प्रकट है, और एक रूप को छोड़ दूसरे को ग्रहण करना, उसका स्वभाव है। क्योंकि वह गतिमय (डायनेमिक) है, अतएव राजनैतिक, सामाजिक और व्यक्तिगत आदि, उसी की सृजन-धाराएं हैं।" यही बर्गसाँ का elan vital अथवा 'जीवन-संवेग' है, जो मुनष्य में विकास की सर्वोच्च अवस्था प्राप्त करता है, उसकी स्वतंत्रता, रूढ़ि-मुक्तता और वैचारिक खतरे उठाने की बहादुरी में। प्रत्येक मनु के पुत्र पर विश्वास करने का यह कारण है!

जीवन-संवेग का सिद्धांत मृत्यु का निषेध करता है, बल्कि वह मृत्यु को जीतने की बात कहता है। 'तार सप्तक' में मृत्यु से संबंधित मुक्तिबोध की दो कविताएं हैं— 'मृत्यु और कवि' और 'अतंर्दर्शन'। इन दोनों ही कविताओं में उन्होंने मृत्यु का निषेध किया है। पहली कविता में वे कवि से कहते हैं कि—

> अंतर्दीपक के प्रकाश में विनत-प्रणत आत्मस्थ रहो तुम,
> जीवन के इस गहन अतल के लिए मृत्यु का अर्थ कहो तुम।

'मृत्यु का अर्थ' यानी यह कि जीवन-धारा अनंत है, मृत्यु उसे अवरुद्ध नहीं कर सकती। आगे ये पंक्तियां आती हैं :

> इसी अमर धारा के आगे बहने के हित यह सब नश्वर,
> सृजनशील जीवन के स्वर में गाओ मरण-गीत तुम सुंदर।

'अंतर्दर्शन' 'मृत्यु-चिंतना' के विरोध में लिखी गई कविता है। जो अहंवादी होते हैं, वही आत्महनन करते हैं। उनके लिए जीवन-दाह से शांति पाने का एक ही तरीका होता है—मृत्यु-स्वीकार। इस कविता में निराश और पराजित कवि स्वप्न में उज्ज्वल मृत्यु का साक्षात दर्शन करता है, फिर कहता है— "मैंने यह जब कहा किसी से तो कहलाया अपना खूनी!" यह आत्महनन कवि को बर्दाश्त नहीं है। इस कविता पर इमर्सन के दर्शन का भी प्रभाव मालूम पड़ता है, जिसमें अपने अहं के घेरे का अतिक्रमण कर विस्तृत जीवन का भागीदर बनने की बात कही गई है। 'आधुनिक समाज का धर्म' शीर्षक पूर्वसंकेतित टिप्पणी में मुक्तिबोध ने उनका यह वाक्य उद्धृत किया है कि "एक आत्मा वह द्वार है जिससे हम दूसरी आत्माओं तक पहुंचते हैं।" 'भारत : इतिहास और संस्कृति' नामक अपनी पुस्तक में उन्होंने इमर्सन और शॉपनहॉर का उल्लेख उन दार्शनिकों के रूप में किया है, जो वेदांत से बहुत प्रभावित हुए थे। 'नूतन अहं' शीर्षक कविता में वे आत्मभर्त्सना के स्वर में कहते हैं :

> अहंभाव उत्तुंग हुआ है तेरे मन में
> जैसे घूरे पर उट्ठा है
> धृष्ट कुकुरमुत्ता उन्मत्त।

स्पष्टतः यह अहं-विरोध इमर्सन-प्रेरित है।

'मेरे अंतर' भी बर्गसाँ के जीवन-संवेग को लेकर ही लिखी गई कविता है :

वह सहज उठा ले चला सुदृढ़ तपते जीवन का महा ज्वार,
उसके द्रुत-गति प्रति पदक्षेप से झंकृत हो उठ रहा गान,
जो नव्य तेज का भव्य भान।

यह जीवन-संवेग मनुष्य के भीतर से उत्पन्न होता है, किसी भौतिक क्रिया अथवा किसी ईश्वर से नहीं। बर्गसाँ ने जीवन को ही ईश्वर मानते हुए कहा था कि दोनों एक हैं। लेकिन इस ईश्वर और परंपरागत ईश्वर में फर्क यह है कि यह उसकी तरह बना-बनाया माल नहीं। यह अनवरुद्ध जीवन है, क्रिया है, स्वतंत्रता है। इस कविता में आगे मुक्तिबोध कहते हैं :

उसने ईश्वर संहार किया, पर निज ईश्वर पर स्नेह किया।
स्फुरणा के लिए स्वयं को ही नव-स्फूर्ति-स्रोत का ध्येय किया।

बर्गसाँ ने जीवन-ईश्वर के संबंध में यह भी कहा था कि यह परंपरागत ईश्वर की तरह सर्वज्ञ नहीं, लेकिन निरंतर ज्ञान, चेतना और अधिक प्रकाश की ओर गतिशील है। 'खोल आंखें' शीर्षक कविता में मुक्तिबोध अपनी आत्मा को उसी ईश्वर के देश में आंखें खोलने के लिए कहते हैं।

बर्गसाँ का एक सिद्धांत काल अथवा 'अवधि' (Duration) का सिद्धांत था। उनकी मान्यता थी कि जीवन का सार काल में निहित है, देश में नहीं। काल एक अखंड प्रवाह है और 'सहज बोध' का विषय है, जबकि देश खंडित है और यांत्रिक विज्ञान का विषय है। काल सतत परिवर्तनशील है, जबकि देश स्थिर है। एक चेतन व्यक्ति के लिए अस्तित्व में बने रहने का मतलब है परिवर्तित होना, परिवर्तित होने का मतलब है परिपक्व होना और परिपक्व होने का मतलब है निरंतर अपने स्व का सृजन करते जाना। यह सारी चीजों के लिए सही है। यथार्थ काल और 'अवधि' ही है : निरंतर अस्तित्व और निरंतर परिवर्तनशीलता। 'मृत्यु और कवि' शीर्षक कविता में मुक्तिबोध बर्गसाँ की काल-धारणा के प्रभाव में ही कहते हैं :

"यह सब क्षणिक, क्षणिक जीवन है, मानव-जीवन है क्षणभंगुर"
ऐसा मत कह मेरे कवि, इस क्षण संवेदन से हो आतुर

'अशक्त' शीर्षक कविता में उन्होंने बाह्य ज्ञान को कोई महत्व नहीं दिया है और 'अंदर' को मजबूत करने पर बल दिया है :

जबकि शंकाकुल तृषित मन खोजता
बाहरी मरु में अमल जल-स्रोत है,
क्यों न विद्रोही बनें ये प्राण जो
सतत अन्वेषी सदा प्रद्योत हैं!

और

जबकि अंदर खोखलापन कीट-सा

है सतत घर कर रहा आराम से,
क्यों न जीवन का वृहद अश्वत्थ यह
डर चले तूफान के ही नाम से!

'तार सप्तक' में ही 'विहार' शीर्षक कविता है, जिसमें उन्होंने 'अंतर्मनुष्य' की रिक्तता, दीनता और यांत्रिकता पर अपना क्षोभ व्यक्त किया है :

दिन के बुखार
रात्रि की मृत्यु
के बाद हृदय पुंसत्वहीन,
अंतर्मनुष्य
रिक्त-सा गेह
दो लालटेन-से नयन दीन;
निष्प्राण स्तंभ
दो खड़े पांव
लकड़ी का खोखा वक्ष रिक्त;
मस्तिष्क तेल
की है मशीन
संसार-क्षेत्र है तैल-सिक्त।

बर्गसाँ का दर्शन यांत्रिक भौतिकवाद की प्रतिक्रिया में उत्पन्न हुआ था, लेकिन उसमें भौतिकता-मात्र को नकार दिया गया। उन्होंने 'सहज बोध' को ही महत्व दिया और उसके आगे विज्ञान से प्राप्त होनेवाले ज्ञान को बौद्धिक विभ्रम कहा। इमर्सन ने समाज की आलोचना यह कहकर की थी कि वह व्यक्ति के भीतरी गुणों को कुंठित कर उसे यंत्र-मानव में बदल देता है। मुक्तिबोध की ऊपर उद्धृत की गई पंक्तियों में इन दार्शनिक मान्यताओं का प्रभाव देखा जा सकता है।

'तार सप्तक' में संकलित मुक्तिबोध की एक चर्चित कविता है 'व्यक्तित्व और खंडहर'। यह कविता भी बर्गसाँ के दर्शन के प्रभाव में ही रची गई है। कविता के नीचे कवि ने जो टिप्पणी दी है, उसका यह वाक्य ध्यातव्य है : "वह समग्रता की ओर, मनस्संगठन की ओर का प्रयत्न (अर्थात व्यक्तित्व-निर्माण का प्रयत्न—ले.) केवल बुद्धिगत ही नहीं, शुद्ध जीवनगत है।" बर्गसाँ ने डार्विन और स्पेंसर के विकासवाद को यांत्रिक कहकर ठुकरा दिया था और उसके स्थान में सृज्ञनात्मक विकास-सिद्धांत की कल्पना की थी। उनका कहना था कि जीवन यांत्रिक नहीं। वह मनुष्य की स्वतंत्र आकांक्षा से सृजनात्मक ढंग से स्वयं अपना विकास करता है, किसी पूर्व-निर्धारित सरणि में बंधकर नहीं चलता। उसे कोई बाहरी शक्ति नहीं चलाती, वह अपनी शक्ति से चलता है। यदि उसके विकास की कोई रूपरेखा है, तो वह मुनष्य के ही भीतर है, उसके बाहर नहीं। मनस्संगठन अथवा व्यक्तित्व-निर्माण के 'शुद्ध जीवनगत' होने का यही मतलब है। मुक्तिबोध टिप्पणी में आगे कहते हैं कि व्यक्तित्व का "विकेंद्रीकरण

अंतर्बाह्य-विरोध, परिस्थिति-विरोध, आत्म-विरोधों के द्वारा शुरू होता है" और कविता में वे एक विकेंद्रित व्यक्तित्व का 'कल्पनात्मक' चित्रण करते हैं। कविता की ये पंक्तियां द्रष्टव्य हैं :

दब चुकी जो मर चुकी है आत्मा,
खत्म हो ही गई जो आकांक्षा,
व्यक्ति में व्यक्तित्व के खंडहर।

इस कविता में उलटी व्याख्या से बचने के लिए मुक्तिबोध के एक आरंभिक लेख 'मानव जीवन-स्रोत की वैज्ञानिक तह में' ('आगामी कल', फरवरी, 1942) के इस अंतिम अंश को ध्यान में रखना जरूरी है : "एक जीवन का कलाकार अपने आसपास, व्यक्तियों के खंडहरों को देखकर स्वयं को अति-मानव देख पड़ता है। अपने राक्षसीय दीर्घ पैरों से उन खंडहरों को लांघता हुआ एक नवीन मूल्य-स्थापना, एक नूतन व्यक्ति-प्रतिष्ठा की टोह में निकल पड़ता है, अपार आकाश के नीचे, सुदीर्घ फैली हुई पृथ्वी के बृहद् वक्ष पर ! जीवन की प्रवहमान दुर्दम आकांक्षा से प्रेरित यह मानव-मन उत्कट हो पड़ता है, तन्मय हो जाता है, आत्मविस्मृत हो जाता है, अपने ही युद्ध के, नाश के, प्रेम के, आवेशमय अत्युच्च बिन्दु पर। यह जड़-चेतन का युद्ध हमारी सारी नीति की मूल धारणा, और जीवन का तल्लीन सृजन-क्षण हमारे सारे अध्यात्म का मूल आधार है।"

भाववादी दर्शन के प्रभाव के इस दौर ने मुक्तिबोध के भीतर आदर्श भावना और यथार्थ-बोध के बीच एक संघर्ष को जन्म दिया, जिसकी अभिव्यक्ति उनकी नाटकीय शैली में लिखी गई 'आत्म-संवाद' शीर्षक कविता में हुई है। इसमें कवि आदर्श-भावना से प्रेरित होकर कहता है :

सत्य का मैं ईश औ' मैं स्वप्न का हूं परम स्रष्टा
... उग्र-द्रष्टा मैं स्वयं हूं जबकि दुनिया मार्ग-भ्रष्टा।

इसे काटनेवाला यथार्थ-बोध का स्वर है :

किन्तु सपने? प्राण की है बुरी हालत
और जर्जर देह, यह है खरी हालत

यह आत्मसंघर्ष और आत्मसंवाद उसमें अपना रूप बदलता हुआ और अपना विस्तार करता हुआ किसी न किसी रूप में अंत तक चलता रहता है।

सप्तकीय वक्तव्य में मुक्तिबोध ने यह भी कहा है कि "सन् 1942 के प्रथम और अंतिम चरण में मैं एक ऐसी विरोधी शक्ति के सम्मुख आया, जिसकी प्रतिकूल आलोचना से मुझे बहुत कुछ सीखना था। शुजालपुर की अर्द्ध-नागरिक रम्य एकस्वरता के वातावरण में मेरा वातावरण भी—जो मेरी आंतरिक चीज है—पनपता था। यहां लगभग एक साल में मैंने पांच साल का पुराना जड़त्व निकालने की सफल-असफल कोशिश की। इस उद्योग के लिए प्रेरणा, विवेक और शांति मैंने एक ऐसी जगह से पाई, जिसे पहले मैं विरोधी शक्ति मानता था।" 'विरोधी शक्ति' से मतलब है भौतिकवाद से और 'प्रतिकूल आलोचना' से मतलब है उसकी तरफ से की जानेवाली

मुक्तिबोध की पूर्व दार्शनिक मान्यताओं की आलोचना से। आगे उन्होंने स्पष्ट शब्दों में मार्क्सवाद का उल्लेख किया है : "क्रमशः मेरा झुकाव मार्क्सवाद की ओर हुआ। अधिक वैज्ञानिक, अधिक मूर्त और अधिक तेजस्वी दृष्टिकोण मुझे प्राप्त हुआ।" 1938 के नवंबर में मुक्तिबोध शुजालपुर मंडी पहुंचे थे और डॉ. जोशी के संपर्क में आए थे। बीच में करीब दो वर्ष उज्जैन में रहने के बाद वे पुनः 1941 के अक्तूबर में एक वर्ष के लिए शुजालपुर मंडी आए। इस बार यहां उनकी मुलाकात नेमिचंद्र जैन से हुई, जिन्होंने उन्हें मार्क्सवाद से परिचित कराकर डॉ. जोशी से मिले बर्गसाँ-इमर्सन के भाववादी दर्शन के प्रभाव से मुक्त किया।

अपने 'छायावाद और नई कविता' शीर्षक लेख में मुक्तिबोध ने सूचित किया है कि 'तार सप्तक' में संगृहीत कविताएं प्रायः 1942 के उत्तरार्ध के पूर्व तक की कविताएं हैं। ऐसी स्थिति में उनमें से कुछ का मार्क्सवाद के प्रभाव में लिखा जाना स्वाभाविक है। यह प्रभाव निश्चय ही अभी शुद्ध भावुकता के स्तर पर है और कहीं-कहीं भाववादी दर्शन से मिला-जुला है। उक्त लेख में ही उन्होंने स्वयं भी कहा है कि "उन कविताओं में पूंजीवाद के विरुद्ध क्षोभ के बावजूद व्यक्ति-चेतना का ही प्राधान्य है।" 'नाश-देवता' शीर्षक कविता मार्क्सवाद से प्रभावित है, लेकिन आठ बंदों की इस कविता में मुक्तिबोध ने छः बार 'जीवन' शब्द का प्रयोग किया है। इतना ही नहीं, इसमें 'आत्म-ज्योति', 'चेतन' और 'सृजन' शब्दों का भी प्रयोग किया गया है। वैचारिक संक्रमण की अवस्था में यह भी स्वाभाविक है।

महत्वपूर्ण यह है कि भाववादी दर्शन में आस्था रखते हुए भी मुक्तिबोध उससे संतुष्ट नहीं थे। इसका पता हमें उनके दो आरंभिक लेखों से चलता है, जो क्रमशः 'कर्मवीर' के 30 सितंबर और 25 नवंबर, 1939 के अंकों में 'मैं फिलॉसफर नहीं हूं' और 'भारतीय जीवन के कुछ विशेष पहलू' शीर्षकों से प्रकाशित हुए थे। ऊपर 'आत्म-संवाद' शीर्षक कविता के प्रसंग में उनमें आदर्श-भावना और यथार्थ-बोध के बीच चलनेवाले संघर्ष की बात कही गई है। पहले लेख के अंत में वे कहते हैं : "मैं अपने विद्यार्थियों को मेटाफिजिक्स पढ़ाया करता हूं। लोग मेरी बहुत तारीफ करते हैं। प्रांत-भर में मैं प्रसिद्ध हूं। लेकिन, जनाब, मैं आपसे सच कहता हूं कि पढ़ाते-पढ़ाते ऐसा जी होता है कि कप-भर चाय पी लूं और उनसे साफ-साफ कह दूं कि 'मुझे कुछ नहीं आता है। मुझ पर विश्वास मत करो। मेरी विद्वत्ता इंद्रजाल है। इसके साथ फंसोगे तो जीवन-भर धोखा खाओगे, और मुझे नहीं भूलोगे।' तब मुझे ऐसा लगता है मानों मेरे दिल में खून बह रहा है।" दूसरे लेख में उन्होंने साफ शब्दों में कहा है कि "सबसे अधिक जरूरी बात यह है कि हम अपना दर्शन सामाजिक धरातल पर ले जाएं, यानी अपने सांचे में हम जगत् को ढालने का प्रयत्न छोड़ दें।" ऐसे बेचैन और अन्वेषी व्यक्ति का मार्क्सवाद तक पहुंचकर दम लेना एक तर्कसंगत बात थी।

मुक्तिबोध की कविता में निर्णायक मोड़ तो 'तार सप्तक' वाला दौर समाप्त हो जाने के बाद 1944 में 'लाल सलाम' शीर्षक कविता से आया, पर जैसा कि कहा गया है, भावुकता के स्तर पर मार्क्सवाद का प्रभाव उनमें उक्त दौर की कविताओं में

ही प्रकट होने लगा था। 'पूंजीवादी समाज के प्रति' इसी समय की कविता है, जोकि एक भावात्मक विस्फोट है। 'सृजन-क्षण' शीर्षक कविता में वे जनता के बारे में कहते हैं :

जबकि स्वयं मैं सुज्ञ बना हूं
अज्ञों का अंतर पाकर ही,
सदा रहूं उनका चाकर ही
वे कि जिन्होंने आत्मरक्त से मुझको सींचा।
कैसे हँस सकता हूं मैं उन पर ही।

'मैं उनका ही होता' शीर्षक छोटी कविता की इन पंक्तियों में भी उन्होंने लगभग यही भाव दुहराया है :

मैं ऊंचा होता चलता हूं
उनके ओछेपन से गिर-गिर,
उनके छिछलेपन से खुद-खुद,
मैं गहरा होता चलता हूं।

'हे महान् !' कविता भी जनता को ही संबोधित है, जिसमें उन्होंने उससे कहा है :

हे महान् ! तव विस्तृत उर से
दृढ़ परिरंभण की क्षमता दो,
तव स्नेहोष्ण हृदय का स्पंदन
सुन पाने की आकुलता दो।

भावुकता का यह दौर कुछ दिन और चलता है, लेकिन धीरे-धीरे चीजें आकार लेने लगती हैं और मुक्तिबोध का काव्य मार्क्सवाद के सुदृढ़ आधार पर अपने को टिकाता हुआ यथार्थवाद की बुलंदियों को छूने लगता है।

'नई कविता और अस्तित्ववाद' में डॉ. शर्मा ने 'तार सप्तक' में संकलित मुक्तिबोध की कविताओं की इस तरह से व्याख्या की है कि उससे वे उनके संबंध में मनोवांछित निष्कर्षों तक पहुंच सकें। 'आत्मसंवाद' शीर्षक कविता को ध्यान में रखकर वे कहते हैं कि "अंतर्विरोध हर व्यक्तित्व में होता है किन्तु मुक्तिबोध में यह अंतर्विरोध इतना तीव्र हो गया था कि उसने विघटन का रूप ले लिया था। मुक्तिबोध का आत्मसंघर्ष एक विभाजित व्यक्तित्व का आंतरिक संघर्ष था।" (पृ. 22) इस संबंध में निवेदन है कि अंतर्विरोध के साथ आत्मसंघर्ष की स्थिति विभाजित नहीं, बल्कि अविभाजित व्यक्तित्व का लक्षण है। विभाजित व्यक्तित्व के दो पक्षों में संघर्ष और संवाद नहीं चलता, शांतिपूर्ण सहअस्तित्व होता है। मुक्तिबोध में संघर्ष और संवाद की स्थिति है, बहुत ही गहरे और तीखे रूप में, जो इस बात का सूचक है कि उनका व्यक्तित्व विभाजित और विघटित न होकर अविभाजित और सुगठित था। उनकी बेचैनी इसी का इजहार है। 'अंतर्दर्शन' शीर्षक कविता की अंतर्वस्तु को ध्यान में न रखकर डॉ. शर्मा उसकी एक पंक्ति "मेरा जग से द्रोह हुआ पर मैं अपने से ही विद्रोही"

को लेते हैं और यह फैसला दे देते हैं कि "वह समाज-व्यवस्था से विद्रोह करने के साथ अपने से भी विद्रोह कर उठे थे।" (पृ. 23) 'पुनर्मूल्यांकन' के क्रम में उन्होंने इस कविता की आरंभिक चार पंक्तियां उद्धृत की हैं और उन्हें 'आत्मकेंद्रित व्यक्तित्व' वाला कवि ठहरा दिया है। पुनः वे कहते हैं, "मुक्तिबोध की कविता में वेदना का मुख्य स्रोत यह है। उनकी ज्ञान-प्रक्रिया में बाह्य सामाजिक जीवन की भूमिका गौण है। मुख्य भूमिका उनके अपने मन की है जो अपना मार्ग स्वयं निकालता है। मेरा ज्ञान उठा निजं में से — इस सूत्र का भाष्य उनकी बाद की अनेक कविताओं में है।" (पृ. 190-91) यहां यह दुहराने की आवश्यकता न होनी चाहिए कि जैसे मुक्तिबोध का व्यक्तित्व विभाजित नहीं था, उनमें भीतर और बाहर, आत्म और विश्व तथा व्यक्ति और समाज के बीच भी वैसा विभाजन न था। 'अंधेरे में' की ये पंक्तियां स्मरणीय हैं :

> चक्र से चक्र लगा हुआ है . . .
> जितना ही तीव्र है द्वंद्व क्रियाओं घटनाओं का
> बाहरी दुनिया में,
> उतनी ही तेजी से भीतरी दुनिया में
> चलता है द्वंद्व कि
> फिक्र से फिक्र लगी हुई है।

ऐसी स्थिति में डॉ. शर्मा की टिप्पणी को, जिसमें मुक्तिबोध के 'व्यक्ति' को उसकी जटिलता में समझने से इनकार किया गया है, सरलीकरण ही कहेंगे।

आगे भी उन्होंने 'अंतर्दर्शन' को विभाजित व्यक्तित्व के लक्षण की सूचक कविता मानकर मुक्तिबोध को 'असामान्य मानसिक स्थिति' का कवि कहा है। (पृ. 201) 'मेरे अंतर' शीर्षक कविता की यह व्याख्या भी सरलीकृत है : "मुक्तिबोध के मन में कहीं यह संस्कार था कि ईश्वर है और इस संस्कार से वह लड़ते थे। 'उसने ईश्वर-संहार किया, पर निज ईश्वर पर स्नेह किया'—ऐसे वाक्य संशयपीड़ित ईश्वरवादी ही लिखता है।" मुक्तिबोध ईश्वरवादी न थे, न शुरू में, न बाद में। उद्धृत पंक्ति में उन्होंने जिस ईश्वर पर स्नेह करने की बात कही है, वह डॉ. शर्मा की कल्पना का ईश्वर न होकर, बर्गसाँ की कल्पना का ईश्वर है! उन्होंने 'सृजन-क्षण' शीर्षक कविता से भी दो पंक्तियां— 'क्योंकि प्रकृति से सूर्य-सत्य हूं' और 'मैं अखंड, खंडित प्रतिभा पर'—उद्धृत की हैं और उनके साक्ष्य से मुक्तिबोध के संबंध में कहा है कि "उनके मन में ललक थी कि पूर्ण सत्य प्राप्त हो।" (पृ. 23) जैसा कि कहा जा चुका है, यह कविता जन-साधारण को विषय बनाकर लिखी गई मुक्तिबोध की एक भावुकतापूर्ण कविता है। इसमें वे जन-साधारण को संबोधित कर कहते हैं, "ओ रे, भग्न नग्न मलिनों के / खंडित उग्र विकल के सागर, / ओ कुरूप बीभत्स सनातन— / की प्रतिनिधि प्रतिभा के आगर", और अपने को 'सूर्य' तथा 'अखंड' बतलाते हैं। क्यों? इसका उत्तर वे इसी कविता में यह कहकर देते हैं कि "गर्वशील मुझको मत समझो, / किंतु भार पाकर मैं भी / निज नयनों में हुआ भव्य हूं, उत्साहित हूं।" 'भार' सामाजिक

दायित्व का है! इस तरह मुक्तिबोध की यह कविता रहस्यवाद का प्रस्थान-बिंदु नहीं बल्कि वह बिंदु है, जहां से वे मार्क्सवाद की दिशा में मुड़ते हैं।

डॉ. शर्मा ने 'व्यक्तित्व और खंडहर' कविता की व्याख्या भी गलत ढंग से की है, क्योंकि इसमें उनका ध्यान कविता की अंतर्वस्तु से हटकर उसके साथ दी गई टिप्पणी में प्रयुक्त 'अवचेतन' शब्द पर टिका रहा है। उन्होंने मान लिया है कि इसमें जिस 'विभाजित व्यक्तित्व' का चित्रण किया गया है, वह स्वयं मुक्तिबोध का है! (पृ. 195-96)

मुक्तिबोध की अस्तित्ववाद-विरोधी विचारधारा और भाव-धारा उनके सप्तकोत्तर काव्य में बड़े वेग से प्रवाहित है। उनमें विचारधारा और भाव-धारा अथवा ज्ञान और संवेदना के बीच कोई विरोध नहीं है। ऐसा नहीं है कि उनके सिद्धांत उन्हें एक तरफ ले जाते हों और उनका जीवन-यथार्थ उन्हें दूसरी तरफ खींचता हो और वे दोनों परस्पर विरोधी स्थितियों में समन्वय स्थापित करने के लिए प्रयत्नशील हों। उनमें आत्मसंघर्ष है, लेकिन वह व्यक्तित्वांतर के लिए है, जोकि मार्क्सवाद के लिए कोई अवांतर वस्तु नहीं। 'व्यक्तित्वांतर' का अर्थ व्यक्तित्व का संहार नहीं, बल्कि उसका उन्नयन और विकास है। यही मार्क्सवाद का लक्ष्य है। इस तरह मुक्तिबोध में जो आत्मसंघर्ष और व्यक्तित्वांतर की बात है, वह मार्क्सवाद के ढांचे के भीतर की चीज है। यह जरूर है कि यह ढांचा जैसे उदारतावादी नहीं, वैसे ही संकीर्णतावादी नहीं है। डॉ. शर्मा उन्हें व्यक्ति को महत्व देते देखकर उनमें अस्तित्ववाद ढूंढ़ते हैं और फिर उन्हें समाज को महत्व देते देखकर उनमें मार्क्सवाद पाते हैं और दोनों के बीच एक अनिवार्य विरोध की कल्पना कर उनकी मुख्य समस्या को समन्वय की चेष्टा से जोड़ देते हैं।

'मेरे सहचर मित्र' शीर्षक कविता में मुक्तिबोध ने मार्क्सवाद की शिक्षा देने-वाले अपने मित्र को संबोधित कर कहा है : "खूंखार, सिनिक, संशयवादी / शायद मैं कहीं न हो जाऊं, / इसलिए, बुद्धि के हाथों-पैरों की बेड़ी- / जंजीरें खनकाकर तोड़ीं / तुमने, निर्दय औजारों से, / टूटती बेड़ियों की नोकों / से जख्म हुआ औ' खून बहा / यह जान तुरत / अपने अनुभव के गंधक का / चुपड़ा मरहम मेरे व्रण पर तुमने सहसा।" इस उद्धरण में 'खूंखार', 'सिनिक' और 'संशयवादी' तीनों ही शब्द महत्वपूर्ण हैं, क्योंकि इनका संबंध आधुनिकतावाद और अस्तित्ववाद से है। अस्तित्ववादियों में सबसे ज्यादा खूंखार यानी मानव-विरोधी दर्शन नीत्शे का था, ज़िन्होंने अभिजातवर्गीय संस्कृति के विकास के लिए दासता को ही आवश्यक नहीं बतलाया था, हिंसा और युद्ध का भी समर्थन किया था। ताज्जुब नहीं कि फासिज्म और नाजीवाद के विचारकों ने उन्हें अपना गुरु घोषित किया और उनके सिद्धांतों की व्याख्या के माध्यम से नाजीवाद का प्रचार किया। मुक्तिबोध बर्गसाँ के जिस जीवनवाद से प्रभावित थे, उसके निर्माण में नीत्शे का खास योगदान था। नीत्शे, हाइडेगर तथा अन्य अस्तित्ववादी दार्शनिकों ने भी सामाजिक-नैतिक मूल्यों को अस्वीकार करने पर बल दिया था। इस चीज का अनिवार्य परिणाम था 'सिनिसिज्म'। संशयवाद का मतलब है वस्तुगत यथार्थ के ज्ञान की संभावना में संदेह। यह चीज अनिवार्य रूप

से निषेधवाद और अस्तित्ववाद की ओर ले जाती है, जिसमें आत्मगत ज्ञान को ही सत्य माना गया है। मुक्तिबोध अपनी पुरानी मान्यताओं के ध्वंस की पीड़ा झेलते हुए मार्क्सवाद के ज्ञान से अपने को खूंखार, सिनिक और संशयवादी होने से बचा सके।

'विक्षुब्ध बुद्धि के मारक स्वर' कविता इस निराशा और निषेध-विरोधी स्वर के साथ समाप्त होती है :

> ओ घोर निराशा के अघोरपंथी
> तुम स्वयं स्व-कल्पित एक किंवदंती
> या लावारिस लाशों की काली मोटर-ट्रक
> जो स्वयं घोर-दृश्यों का सार-दृश्य बनती।
> जो हारा हुआ जिंदगी से उसका दिमाग
> हो उठे अरे, जब कभी खराब
> एक खयाली स्याह झाग
> उसका हो उठे जब कभी खौफनाक
> तुम वही, तुम वही हो
> नित खुली-खुली पर कुछ न देखती हुई आंख
> गहरी निषेधवादी जहरीली तुम सलाख
> रात में उठे खंजर की तेज खुदकुशी हो
> जिस व्यक्ति-मूल सभ्यता-क्षेत्र में रहते हो
> उसकी आसन्न-मृत्यु
> का एक इशारा तुम
> कारावासी तुम स्वयं जगत् की कारा तुम।

इसकी अंतिम पंक्तियां खास तौर से ध्यान देने योग्य हैं, क्योंकि उनमें निराशावाद और निषेधवाद को संकटग्रस्त व्यक्तिप्रधान पूंजीवादी सभ्यता की देन ही नहीं, उसके विनाश का सूचक भी बतलाया गया है। जो निराशा और निषेध-भावना के बंदी हैं, वे सारी दुनिया के लिए बंदी-गृह हैं!

'घर की तुलसी' मुक्तिबोध की निर्वासन के विरुद्ध लिखी गई एक कविता है, जिसका यह सरल अर्थ न लेना चाहिए कि कवि स्वयं निर्वासित है। इसमें वह कहता है : "दूर देश में मैं निर्वासित हूं / क़िसी विदेशी दंड-विधानाबद्ध / कांटेदार अहातों के उस पार / भाग-भाग जाता है मन सन्नद्ध"। पूंजीवादी व्यवस्था की देन इस निर्वासन ने व्यक्तित्व को विकृत बनाया है, उसने व्यक्ति-मन को कई खंडों में विभाजित कर दिया है! इस निर्वासन से छुटकारा पाने का क्या उपाय है? इसकी प्रतिक्रिया इस रूप में भी होती है कि व्यक्ति दुनिया से सामंजस्य न बिठा पाने के कारण उसका निषेध करने लगता है। मुक्तिबोध विश्व के निषेध के स्थान में उससे सामंजस्य कायम करने की बात कहते हैं, क्योंकि निर्वासन इसी से खत्म होगा। उनके अनुसार 'अपरा विद्या' कृच्छ्र साधना से नहीं, जन-साधारण के अंतःस्फुरण से, सहज बोध से प्राप्त

होगी :

तू आत्मधर्म से विश्वधर्म के सब संभव
मार्गों व पुलों पर जा रुक जा
उस पुल पर से सब विश्व-दृश्य-विस्तार निरख
उनके रंग-रूप में अपना रूप परख
ये बड़े-बड़े हैं भाव, न पर इनसे घबरा
अनायास है सहज-बोध विद्या अपरा
तू आस-पास ही खोज विवेकी
जन-जीवन-अंतःस्फुरणों की किरणों में

'हर चीज, जब अपनी' शीर्षक कविता में उन्होंने पूंजीवादजनित अलगाव की भावना का बहुत सशक्त चित्रण किया है और अंत में व्यंजित किया है कि वे उसके शिकार नहीं, क्योंकि वे "बराबरी का हक, बराबरी का दावा / नहीं तो मुठभेड़ और धावा" के उसूल में विश्वास करनेवाले श्रमजीवियों से मिले हुए हैं : "उनके साथ मेरी पटरी बैठती है / उनके साथ / हां, उन्हीं के साथ / मेरी यह बिजलीभरी ठठरी लेटती है।" 'चुप रहो मुझे सब कहने दो' अपेक्षाकृत एक लंबी कविता है, जिसमें उन्होंने 'लाभ-लक्ष्य की अर्थवादिनी सत्ता' ने समाज में जो तरह-तरह की समस्याएं पैदा की हैं, उनका वर्णन किया है। उन समस्याओं में एक समस्या आत्मनिर्वासन और व्यक्तित्व-विभाजन की भी है : "अपने से जुदा हुए / निज की छाया दो भागों में बंट गई / अपना सिर अलग-अलग दो एंगल में तन गया।" फिर उन्होंने कहा है कि व्यक्ति में आत्मग्लानि, आत्मव्यर्थता, भय, दुश्चिंता आदि के जो भाव हैं, वे उक्त सत्ता में अस्तित्व-रक्षा की उलझन से पैदा हुए हैं :

अस्तित्व-मात्र की रक्षा की इस उलझन पर
तब आत्मग्लानि की लहर न क्योंकर फूट पड़े।
फिर आत्म-व्यर्थता भाव नहीं क्योंकर उमड़े
फिर क्यों न रहे अस्तित्व
भीति से ग्रस्त
और फिर क्यों न बने जिंदगी
दुश्चिंता की फैंटेसी
तब क्यों न यहां जिंदापन
अनसधा अनफला थका इरादा हो
दिलभरे खयालों का बारीक बुरादा हो।

आसानी से समझा जा सकता है कि हेतुवाद को खारिज करनेवाले अस्तित्ववाद से यह कितनी दूर की चीज है।

अस्तित्ववाद में अकेलेपन का भी बड़ा जोर था। उसे अस्तित्व-ओध का पर्याय कहा गया था। मुक्तिबोध 'एक टीले और डाकू की कहानी' में स्पष्ट शब्दों में कहते

हैं : "अकेलापन विभ्रम है / असंगत, वस्तुतः, पूर्णोन्मुख कार्य का अभाव है", अर्थात अस्तित्ववाद में जिस अकेलेपन को सत्य कहा गया है, वह भ्रम है। अकेला अपने को वही महसूस करता है, जो निष्क्रिय है, यानी जिसके पास ऐसे काम का अभाव है, जिसे पूरा करना उसका दायित्व हो। अस्तित्ववाद में इस बात पर भी बल दिया गया था कि व्यक्ति अपने को वस्तुओं की दुनिया में और विश्व-इतिहास में न खो दे। मुक्तिबोध 'विपात्र' नामक अपने लघु उपन्यास के दूसरे प्रारूप का अंत इन शब्दों में करते हैं : "आई वांट टु बी इन दि थिक ऑफ थिंग्स"।

अस्तित्ववादी दार्शनिक इतिहास-विरोधी थे, जबकि मुक्तिबोध इतिहास की भौतिकवादी धारणा को दृढ़तापूर्वक स्वीकार कर चलनेवाले कवि हैं। चूंकि वे नीत्शे के ठीक विपरीत इतिहास को मानव-सभ्यता के विकास और प्रगति के रूप में देखते थे, वे कहीं से निराश नहीं थे। निराशा के स्थान में उनके भीतर आशा और विश्वास की लहरें ठाठें मारती रहती थीं। 'जमाने का चेहरा' शीर्षक कविता में उन्होंने फासिस्ट और साम्राज्यवादी शक्तियों की पाशविक युद्ध-लिप्सा का वर्णन किया है। यास्पर्स ने युद्ध के लिए जर्मन साम्राज्यवाद को नहीं, 'मानव-अस्तित्व' को उत्तरदायी ठहराया था, 'अपराध' जिसकी सार्वभौम विशेषता है! और यह 'मानव-अस्तित्व' ऐसा है, जिसे न जाना जा सकता है, न नियंत्रित किया जा सकता है और न जिसे बदला जा सकता है। उसके आगे मनुष्य असहाय है! मुक्तिबोध युद्ध के लिए फासिज्म और साम्राज्यवाद को अपराधी ठहराते हैं और यह विश्वास रखते हैं कि जनता की संगठित शक्ति एक दिन युद्ध-लिप्सु साम्राज्यवादी शक्ति को परास्त कर मुक्ति प्राप्त करेगी :

> साम्राज्यवादियों का कांपता है युद्ध-तंत्र
> संघर्ष-समुद्रों की
> शैलेय लहरों को
> चूमता है हंसता हुआ चंद्रमा
> मानवी मुक्ति की पूनों का चांद वह!
> रेगिस्तानी जिंदगी के पहाड़ों पर फैली है
> मुक्ति की पूनों की चांदनी
> व पहाड़ों के मंत्रमुग्ध मुख पर
> लहराता चंद्र-स्वप्न
> मधुर अकूल वह
> शांति का पक्षी तब
> प्रगति का पाखी तब
> सृजन का नीलकंठ
> प्यार की चिरैया एक
> मंडराती पहाड़ों के कंधों के आस-पास!!
> आंखों से बरसती है स्वप्न-ज्योति!!

नीत्शे की तरह उनके लिए जनता 'भीड़' या 'झुंड' नहीं थी। 'लकड़ी का बना रावण' कविता में पूंजीवादी सत्ता का प्रतीक रावण जिस जनता को 'समुदाय', 'भीड़', 'डार्क मासेज' और 'मॉब' कहता है, वही उसकी सत्ता को समाप्त करनेवाली शक्ति बन जाती है।

डॉ. शर्मा ने मुक्तिबोध के काव्य को व्यक्ति-केंद्रित अथवा आत्मकेंद्रित कहा है, जबकि सच्चाई यह है कि मुक्तिबोध ने अस्तित्ववाद-प्रभावित नई कविता के जमाने में ऐसे काव्य का बहुत ही तीखेपन के साथ विरोध किया। अज्ञेय तथा अन्य कई कवियों ने दुःख का एक दर्शन रच लिया था और वे दुःख को व्यक्तित्व का परिष्कारक तथा मुक्ति-प्रदाता मानते थे। मुक्तिबोध ने 'एक फोड़ा दुखा' शीर्षक अपनी कविता में इस कल्पित दुःख अथवा दर्द और उसको महिमान्वित करनेवाले दर्शन पर कड़ी चोट की और कहा कि उसके मूल में वस्तुगत सत्य के साथ व्यभिचार करनेवाला व्यक्तिवाद है : "और वह केंद्रीय फोड़ा भी कहां था / उसका अनस्तित्व ही प्रधान था / स्वयं की वृत्तियों की / सुख-भोग और प्रतिष्ठा-भोग / और सत्य-संभोग / लालसा की ईजाद / फोड़ा था!!" वास्तविक दुःख के बारे में, उसे महिमान्वित करने का निषेध करते हुए, उन्होंने 'विपात्र' के दूसरे प्रारूप के ही आरंभ में कहा : "वेदना बुरी होती है। वह व्यक्ति को व्यक्तिबद्ध कर देती है। कहा जाता है, वेदना सब को एक कर देती है। लेकिन यह गलत है। वेदना से प्रताड़ित और दमनग्रस्त आतंकित व्यक्ति की गतियां शिथिल हो जाया करती हैं। इसलिए विद्रोहियों का दमन किया जाता है। ··· वेदना आत्मा को कुचल देती है। मनुष्य अपने को हीन और अक्षम अनुभव करने लगता है। किन्तु जिनकी वेदना आत्मा (को) कुचल नहीं पाती, उनमें तेजस्विता रहती है। वे लोग भी दुनिया में कुछ कर सकते हैं। वेदना आदमी को ढीला करती है। तेजस्विता उन्हें कस देती है।" 'अंधेरे में' में भी पागल की आत्मभर्त्सना में नई कविता के दुःखवाद और आत्मकेंद्रिकता के विरोध का यह स्वर है : "दुःखों के दागों को तमगों-सा पहना, / अपने ही खयालों में दिन-रात रहना, / असंग बुद्धि व अकेले में सहना, / जिंदगी निष्क्रिय बन गई तलघर, / अब तक क्या किया, / जीवन क्या जिया!!" 'ओ काव्यात्मन् फणिधर' शीर्षक कविता में मुक्तिबोध ने उस आध्यात्मिकता पर प्रहार किया है, जो व्यक्ति को शेष विश्व से पृथक कर उसे आत्मरति सिखलाती है। मजदूरों की हड़ताल पर लिखी गई कविता 'चांद का मुंह टेढ़ा है' में एक अंधेरे तालाब पर चमगादड़ों के दल को उड़ते देखकर उन्हें आत्मबद्ध व्यक्ति की चिंताएं याद आती हैं :

उसी वक्त
अंधियाले ताल पर
काले घिने पंखों की बार-बार
लहरों के मंडारते विस्तार।
मानो अहं के अवरुद्ध
अपावन अशुद्ध घेरे में घिरे हुए

नपुंसक चिंताओं की स्वार्थभरी रफ्तार!!
वह चिमगादड़-दल
भटकता है प्यासा-सा।
बुद्धि की आंखों में
स्वार्थों का सीसा-सा।

यह निश्चित रूप से कहा जा सकता है कि मुक्तिबोध सामान्य मध्यवर्गीय बुद्धिजीवियों की तरह 'सत्य के बहाने स्वयं को' और 'तथ्य के बहाने अहं को' प्रस्थापित करने के बिलकुल विरुद्ध थे।

जब वे अस्तित्ववाद के ढांचे में नहीं समाते, तो स्वभावतः डॉ. शर्मा उन पर उसका प्रभाव दिखलाने के लिए अपनी पुस्तक में उन्हें तोड़-मरोड़कर पेश करते हैं। उन्होंने अपनी कविता और गद्य में अनेक स्थलों पर 'पाप' शब्द का प्रयोग किया है। डॉ. शर्मा ने इस शब्द को नौसिखुए शोधकर्ता की तरह पकड़ लिया है और उसे उसमें निहित सामाजिक अर्थ से अलग कर किर्केगार्ड के 'पाप' से अभिन्न कर दिया है। मुक्तिबोध की कविताओं का गलत अर्थ करने के पहले आधार के रूप में वे किर्केगार्ड के दर्शन का सारांश प्रस्तुत करते हैं : "अस्तित्ववाद के पितामह कीर्केगार्ड ने मनुष्य की भूलों, अपराध-भावना, पाप-संबंधी चेतना, आत्मपरिष्कार की तड़प, आत्मसंघर्ष द्वारा मुक्ति और ईश्वर-प्राप्ति की संभावना पर बल दिया था। मनुष्य सांसारिकता में फंसा हुआ है, रोटी-रोजी और सुख-सुविधा के लिए ईमान बेचकर कदम-कदम पर समझौते करता है, भूल और पाप-भावना से आंखें चुराता है, आत्मपरिष्कार के जोखिम से बचता है। आदम ने ईश्वर की आज्ञा न मानकर ज्ञान का फल चखा था, तब से दुनिया में मृत्यु और दुख का साम्राज्य स्थापित हो गया। ईश्वर और शैतान–इन दो में से मनुष्य को एक चुनना है। सच्चे मन से अपने पाप के लिए दुखी होकर वह वेदना के अनमोल क्षणों में ईश्वर का साक्षात्कार कर सकता है।" ('अस्तित्ववाद', पृ. 125) अब हम देखें कि मुक्तिबोध 'पाप' शब्द का प्रयोग किस अर्थ में करते हैं।

'अंधेरे में' शीर्षक कहानी में : "एक विस्तृत, शांत खुलापन युवक को ढंक रहा था और उसे सिर्फ अपनी आवाज सुनाई दे रही थी—पाप, हमारा पाप, हम ढीले-ढाले, सुस्त, मध्यवर्गीय आत्म-संतोषियों का घोर पाप! बंगाल की भूख हमारे चरित्र-विनाश का सबसे बड़ा सबूत। उसकी याद आते ही, जिसको भुलाने की तीव्र चेष्टा कर रहा था, उसका हृदय कांप जाता था, और विवेक-भावना हांफने लगती थी।" यहां मुक्तिबोध ने 'पाप' का संबंध स्वयं मध्यवर्ग से जोड़कर उसे व्यक्तिगत नैतिकता के संदर्भ से अलग कर दिया है। युवक का पाप-बोध इस सोच के कारण है कि मध्यवर्ग की निष्क्रियता से ही समाज की ऐसी हालत हुई है। 'क्लॉड ईथरली' शीर्षक कहानी में : "व्यापक अन्याय का अनुभव करनेवाले किंतु उसका विरोध न करनेवाले लोगों के अंतःकरण में व्यक्तिगत पाप-भावना रहती है, रहनी चाहिए" और "अचेतन के अंधेरे तहखाने में पड़ी हुई आत्मा विद्रोह करती है। समस्त आत्मा पापाचारों के लिए, अपने आपको जिम्मेदार समझती है। हाय रे! यह मेरा भी तो रोग रहा है।" यहां भी 'पाप'

का संदर्भ व्यक्तिगत नहीं, सामाजिक है। 'पापाचार' का मतलब सामाजिक शोषण! 'विपात्र' शीर्षक लघु उपन्यास के दूसरे प्रारूप में : "हजारों पीढ़ियों से जो पुण्य एकत्र हुआ है, हमारे समाज में (पाप भी इकट्ठा हुआ है), उसका कुछ-न-कुछ प्रभाव पढ़े-लिखों पर भी मिलेगा। वे उस मानवीय सहानुभूति से इतने रिक्त नहीं हैं, जितना तुम समझते हो। हां, यह संभव है कि ऊपर-ऊपर से वैसा दिखता हो, मानो वे बिलकुल रिक्त हों। लेकिन जरा टटोलकर, भीतर घुसकर देखो तो तुम्हें पता चलेगा कि इस मझोली श्रेणी में सामाजिक न्याय की भावना पहले ही से कम या अधिक मात्रा में वर्तमान है।" इस उद्धरण में भी पुण्य और पाप दोनों ही सामाजिक भावनाएं हैं। पुण्य सामाजिक न्याय की भावना और पाप सामाजिक अन्याय की भावना!

'नई कविता की प्रकृति' शीर्षक अपने लेख में तो मुक्तिबोध ने एक उपशीर्षक ही दिया है 'आंतरिक निषेध और पिछले पाप' और उसके अंतर्गत उन्होंने शीत-युद्ध और प्रगतिवाद की अपरिपक्वता पर विचार किया है। अपनी कविता में भी उन्होंने 'पाप' शब्द का प्रयोग किसी नैतिक अर्थ में नहीं, बल्कि सामाजिक अर्थ में ही किया है। शब्द नीतिशास्त्र का है, लेकिन उसमें भरा गया अर्थ सामाजिक है। वे कदाचित् जानते थे कि इस शब्द के प्रयोग को लेकर शुद्धतावादी आलोचक झंझट खड़ा करेंगे, इसलिए अपनी तरफ से स्थिति को स्पष्ट कर देने के लिए 'चुप रहो मुझे सब कहने दो' शीर्षक कविता में वे कहते हैं :

> नैतिक शब्दावलि?
> मंदिर-अंतराल में भी श्वानों का सम्मेलन
> तो आत्मा के संगम का प्रश्न नहीं उठता
> यह है यथार्थ की चित्रावलि।

तात्पर्य यह कि वे नीतिशास्त्र के शब्दों का इस्तेमाल भले कर रहे हों, लेकिन उनमें जो आशय है, वह सामाजिक है। नैतिक शब्दावली में वे सामाजिक यथार्थ की चित्रावली प्रस्तुत कर रहे हैं! आज जब मंदिरों में भी श्वानों का सम्मेलन हो रहा है, तो वहां आत्माओं के सम्मेलन या संगम का प्रश्न ही नहीं उठता है। इस तरह धार्मिक नैतिकता समाप्त है। ऐसी स्थिति में नैतिक शब्दों के प्रयोग से 'नैतिकता' का भ्रम नहीं होना चाहिए। स्पष्टतः मुक्तिबोध के 'पाप' को किर्केगार्ड का 'पाप' नहीं माना जा सकता।

'भूल-गलती' 'चांद का मुंह टेढ़ा है' की पहली कविता है। डॉ. शर्मा ने इसके 'भूल' और 'ईमान' शब्दों को पकड़ लिया है और उन्हें किर्केगार्ड की 'भूल' और 'ईमान' बना दिया है, जबकि इस कविता में 'भूल' मध्यवर्गीय व्यक्ति की समझौतापरस्ती है, जिस पर मुक्तिबोध लगातार चोट करते रहे हैं, और 'ईमान' उसकी विरोध-भावना, जिसे वे हमेशा सबल बनाने की कोशिश करते रहे हैं। कविता में इस बात के प्रमाण मौजूद हैं :

> भूल (आलमगीर)
> मेरी आपकी कमजोरियों के स्याह

लोहे का जिरहबख्तर पहन, खूंख्वार
हां, खूंख्वार आलीजाह;
· · · हम सब कैद हैं उसके चमकते तामझाम में,
शाही मुकाम में ! !

यहां जिन 'कमजोरियों' का जिक्र है, वे वही 'कमजोरियां' हैं, जो 'अंधेरे में' की इन पंक्तियों में हैं : "यह भी तो सही है कि / कमजोरियों से ही मोह है मुझको।" इसी तरह 'ईमान' वह है, जो स्वतंत्र है और सुविधाओं के लिए बिकने को तैयार नहीं ! जब ईमान समझौतापरस्ती से विद्रोह कर आगे बढ़ेगा, दृढ़ संकल्प के साथ, उसका रूप विराट् होता जाएगा और 'भूल-गलती' की सत्ता समाप्त हो जाएगी। इस कविता में निश्चय ही एक गहरा नैतिक बोध है, लेकिन स्पष्टतः वह धार्मिक न होकर सामाजिक है।

'एक अरूप शून्य के प्रति' शीर्षक कविता में मुक्तिबोध ने धार्मिक नैतिकता का काफी उपहास किया है, ईश्वर से यह कहते हुए कि तुमने काल्पनिक योग्यता की पूंछ के बालों को काटकर होंठों पर मूंछ लगा रखी है और उस मूंछ के हवाई बाल जब हमारे चेहरों पर मंडराते हैं, तो उनसे लाल-लाल खरोंच उभरती है और हम कहते हैं कि नैतिक अनुभूति हमें कष्ट देती है ! 'शून्य' उनकी एक दूसरी कविता है, जिसका डॉ. शर्मा ने बिलकुल गलत अर्थ लगाया है। वे कहते हैं, "भूल और गलती यहां भी है। · · · ये भूलें हथियार-बंद क्यों हैं? इसलिए कि ये भूलें सांसारिक जीवन की भूलें नहीं हैं। ईश्वर को छोड़कर जब मनुष्य शैतान के चंगुल में फंसता है, तभी वह ऐसी भूलें करता है। भीतर जो शून्य है, उसके एक जबड़ा है, जबड़े में मांस काट खाने के दांत हैं। अर्थात् शैतान का दूसरा नाम है शून्य। यह शून्य हर जगह करवत, कटार और दरांत उगाता है, मांस काट खाने के दांत बढ़ाता है।" (उप., पृ. 126) वास्तविकता यह है कि इस कविता में 'शून्य' का अर्थ है अभाव, जो कभी दूर होने का नाम नहीं लेता। निरंतर अभाव महसूस करते रहना और उसे दूर करने के लिए कुछ भी करने को तैयार रहना एक पूंजीवादी मनोवृत्ति है, जो पूंजीवादी समाज में निम्न-मध्यवर्ग में ही नहीं पाई जाती, मजदूर-वर्ग भी उससे अछूता नहीं रहता। यह मनोवृत्ति जल्दी खत्म नहीं होती और यह नाना प्रकार की क्रूरताओं और हिंसाओं को जन्म देती है। इसका प्रभाव बहुत ही व्यापक है। इसी के चलते दो व्यक्तियों की लड़ाई से लेकर विश्वयुद्ध तक छिड़ते हैं। मुक्तिबोध की पंक्तियां हैं :

बहुत टिकाऊ है,
शून्य उपजाऊ है।
जगह-जगह करवत, कटार और दरांत,
उगाता-बढ़ाता है
मांस काट खाने के दांत।
इसलिए जहां देखो वहां

खूब मच रही है, खूब ठन रही है
मौत अब नए-नए बच्चे जन रही है।

भूल और गलती दांतदार और हथियारबंद हैं, क्योंकि पूंजीवादी समाज में व्यक्तिगत लाभ की भावना बहुत ही आक्रामक होती है। स्वार्थ-सिद्धि के लिए आदमी कितनी भी क्रूर और हिंसक 'भूल' और 'गलती' कर सकता है। इस तरह जो कविता एक सामाजिक मनोवृत्ति पर ज्वलंत टिप्पणी है, उसे डॉ. शर्मा ने किर्केगार्ड की ईसाइयत के रंग में रंगकर बिलकुल 'असांसारिक' बना दिया है।

'भूल' शब्द उन्हें 'चंबल की घाटी में' कविता में भी मिल गया है ("सदियों की खूनरंगी भूलों के / किस्सों का किस्सा, / मेरी अंतरात्मा का अंश / मेरी जिंदगी का हिस्सा ! !"), जिससे उन्होंने इस कविता की व्याख्या भी किर्केगार्ड के ईसाई दर्शन के ही आलोक में कर दी है। इसमें एक 'महाकाय दस्यु' भी है, जिससे उन्हें बहुत सहूलियत हुई है, क्योंकि 'शैतान' को ढूंढ़ने के लिए उन्हें दूर नहीं जाना पड़ा है। "चंबल की घाटी के टीले पर एक महाकाय दस्यु बैठा है—काला, मोटा, नाटा, जंगली। टीला है मनुष्य का मन और उस पर बैठा हुआ डाकू है शैतान। हवा टीले को यह ज्ञान देती है कि उसकी छाती पर जो डाकू की चट्टानी सूरत बनी हुई है, वह 'तुम्हारी ही आकृति' है।" (उप.) 'चंबल की घाटी में' मुक्तिबोध की एक ऐसी कविता है जिसका विषय है आत्मसंघर्ष। यह आत्मसंघर्ष एक निम्न-मध्यवर्गीय व्यक्ति कर रहा है, जो अपने व्यक्तिगत हितों की सिद्धि के लिए सच्चाई से हटकर समझौते और सामंजस्य करता रहा है। उसका संबंध किसी शाश्वत मानवनियति से नहीं, बल्कि उस मनुष्य से है, जो पूंजीवादी व्यवस्था में पैदा हुआ है और उसी की परिस्थितियों से प्रभावित है। वह अपने समझौतों और सामंजस्य से मुक्ति पाकर मजदूर-वर्ग से एकता स्थापित करने के लिए अपने भीतर संघर्ष करता है। महाकाय दस्यु उसकी समझौतावादी प्रवृत्ति का प्रतीक है। हवा "दूर देश-देशों का दहत् जीवनानुभव" या "विश्व के क्रांतिकारी अनुभवों का एक खजाना" है। इस तरह यह कविता भी एक सामाजिक संदर्भ की कविता है, पाप-पुण्य के नैतिक द्वंद्व की कविता नहीं।

हंसी तब आती है, जब डॉ. शर्मा कहते हैं कि "चंबल की घाटी का टीला आधा अस्तित्ववादी है, आधा रहस्यवादी। खामोश सिसकियां भरनेवाला मन—वह है अस्तित्ववादी। वह मन आंतरिक रहस्यमय प्रकाश से दीप्त भी हो उठता है। ... देदीप्यमान होने और सिसकियां भरने की क्रियाएं आगे-पीछे संपन्न होती हैं, एक साथ नहीं। अर्थात् मुक्तिबोध का मन बारी-बारी से रहस्यवादी और अस्तित्ववादी भूमिकाएं पूरी करता है। टीले को आंतरिक प्रकाश से जगमगाते देखकर मुक्तिबोध का मार्क्सवादी मन टोकता है।" (उप., पृ. 127-28) अस्तित्ववाद, रहस्यवाद और मार्क्सवाद ! आलोचक जब कविता की अंतर्वस्तु से हटकर चलता है और अपने पूर्वग्रहों के अनुसार उसकी व्याख्या करता है, तो इसी तरह की उलझन में पड़ता है। आगे डॉ. शर्मा ने 'चांद का मुंह टेढ़ा है' से 'चंबल की घाटी में' की अंतिम पंक्तियां उद्धृत की हैं, जिनका पाठ अशुद्ध है। 'रचनावली' में उनका शुद्ध पाठ दिया गया है,

लेकिन डॉ. शर्मा ने अपनी पुस्तक 'अस्तित्ववाद' के दूसरे संस्करण में भी इस 'सांसारिक भूल' को दुरुस्त करने का कष्ट नहीं किया है। स्वभावतः अशुद्ध पाठ की वजह से भी वे उन पंक्तियों के ठीक अर्थ तक नहीं पहुंच सके हैं। मजेदार बात यह है कि 'पुनर्मूल्यांकन' में उन्होंने इस कविता की अस्तित्ववादी नहीं, बल्कि अवचेतनवादी व्याख्या की है! "यह टीला प्रस्तर-रूप है। जो कुछ मूल्यवान है, वह पत्थरी ढांचे में कैद है। इस ढांचे के टूटने से ही मुक्ति मिल सकती है। यह ढांचा पूंजीवादी सभ्यता का है, वर्ग-संस्कारों का है, उन निषेध-भावनाओं का है, जो वांछनीय संस्कारों और विचारों का दमन करती हैं। ऐतिहासिक दृष्टि से इस ढांचे के अस्तित्व का कोई औचित्य नहीं है। ... आत्मग्रस्त मध्यवर्गीय व्यक्तित्व के सांचे के टूटने पर ही नया व्यक्तित्व प्राप्त होगा। जैसे 'अंधेरे में' कविता में व्यक्तित्व-परिवर्तन मूल समस्या है, वैसे ही 'चंबल की घाटी में' नाम की कविता में। मुक्तिबोध ने आत्मग्रस्तता की आलोचना जैसे 'अंधेरे में' कविता में की है, वैसे ही यहां।" (उप., पृ. 198-99) कहने के लिए यह व्याख्या अवचेतनवादी हो, लेकिन यह कविता की अंतर्वस्तु के अधिक निकट है। यहां न देश-कालनिरपेक्ष मनुष्य है, न शैतान और न पाप से मुक्ति! यहां है एक मध्यवर्गीय व्यक्ति, पूंजीवाद और व्यक्तित्व-परिवर्तन!

'एक स्वप्नकथा' शीर्षक कविता में एक काला सागर है, जिसमें काव्य-नायक डूबता-उतराता रहता है। काले सागर के पक्षी उड़-उड़कर उसके कंधों और सिर पर बैठते हैं और उससे कहते हैं कि सहस्रों वर्षों से यह सागर उफनता आया है, तुम उसका भाष्य करो! काव्य-नायक सोचता है कि उसके एक ज्ञानी पूर्वज ने नदी में गोता लगाकर एक तेजस्वी शिलाखंड निकाला था, जिसे बाद में उसने देवता बनाकर पूजा। संभव है, उसी तरह काले सागर से वह पत्थर प्राप्त किया जा सके, जो मेरी ही नहीं, वरन पूरे ब्रह्मांड की केंद्र-क्रियाओं का तेजस्वी अंश हो! संभव है, उसमें से सभी कुछ दिखता हो, दूर-दूर देशों में क्या हुआ, क्यों हुआ, किस तरह कहां हुआ! लेकिन वह काले सागर में गोता लगाने का साहस कर नहीं पाता, जिसका फल यह होता है कि उसकी 'स्फूर्तियां' अर्थात उसके 'अंतःस्थित संवेदन' गुस्से में उसे उसमें ढकेल देते हैं। फिर तो वह काले सागर की सतहों पर छटपटाकर गिर पड़ता है, उसके माथे पर जो चोट लगती है, लहरों पर उसके रुधिर के रेशे तैरने लगते हैं और वह मूर्च्छित हो जाता है। अंततः काव्य-नायक को उस सागर में एक जहाज आता हुआ दिखलाई पड़ता है, जिससे निकलकर एक हाथ उसकी तरफ बढ़ता है। उसे थामकर वह उससे उबरता है। कविता फैंटेसी में लिखी गई है, लेकिन इसका अर्थ समझने में कोई कठिनाई नहीं होती। काला सागर शोषण पर आधारित समाज-व्यवस्था है, भारतीय संदर्भ में पूंजीवादी व्यवस्था, जो विश्व-पूंजीवाद से जुड़ी हुई है ("इस काले सागर का / सुदूर-स्थित पश्चिम किनारे से / जरूर कुछ नाता है"), और उसमें डूबने-उतरानेवाला व्यक्ति एक मध्यवर्गीय बुद्धिजीवी। इस सागर का भाष्य करने का अर्थ है उस व्यवस्था का विश्लेषण करके महत्वपूर्ण निष्कर्ष प्राप्त करना। दीप्तिमान पत्थर इतिहास की भौतिकवादी व्याख्या है, जिससे समाज के अतीत को ठीक-ठीक जाना जा

सकता है। काव्य-नायक चूंकि मध्यवर्गीय बुद्धिजीवी है, इसलिए उसमें सत्य का पता लगाने और उसका साक्षात्कार करने का साहस नहीं, जबकि वह उसी के लिए बेचैन रहता है। स्वभावतः वह शोषण पर आधारित समाज-व्यवस्था की चोटें खाता है, उससे लहूलुहान होता है। अंत में उसे अपने व्यक्तिवाद से छुटकारा क्रांतिकारी शक्तियों की मदद से मिलता है। जहाज के बारे में मुक्तिबोध ने स्वयं स्पष्ट कर दिया है कि वह "क्षोभ-विद्रोहभरे संगठित विरोध का साहसी समाज है।"

अब इस कविता की डॉ. शर्माकृत व्याख्या द्रष्टव्य है : " 'एक स्वप्नकथा' में मुक्तिबोध फिर मनोविश्लेषणशास्त्र, रहस्यवाद, अस्तित्ववाद और मार्क्सवाद में सामंजस्य स्थापित करने का प्रयत्न करते हैं। स्याह समुंदर के पाखी कहते हैं : सहस्रों वर्षों से जो सागर उफनता आया है, उसका भाष्य करो, सागर के अतल का निरीक्षण करो। मुक्तिबोध को यह सीख मनोविश्लेषणशास्त्र से मिली है। सागर में पैठकर वह उस पत्थर को खोजते हैं जो 'पूरे ब्रह्मांड की केंद्र-क्रियाओं का तेजस्वी अंश हो।' यह हुआ रहस्यवाद। "ग्लानिकर समुद्र में मुझे गश आता है", उनके अंतःस्थित संवेदन उन्हीं पर कड़क उठते हैं, सतहों पर छटपटाकर गिरना, माथे पर चोट लगना, लहरों द्वारा रक्त का चूसा जाना—यह सब अस्तित्ववादी भाव-जगत् का कार्यक्रम है।" (उप., पृ. 128-29) हमारा खयाल है, इस पर कोई भी टिप्पणी बेकार है। आगे डॉ. शर्मा कहते हैं, "कविता के अंत में समुद्र पर सर्चलाइट से एक रोशनी फेंकता हुआ एक जहाज आता है : 'वह जहाज / क्षोभ-विद्रोहभरे संगठित विरोध का / साहसी समाज है!!/ भीतर व बाहर के पूरे दलिद्दर से / मुक्ति की तलाश में / आगामी कल नहीं, आगत वह आज है!!" बाह्य शोषण और आंतरिक पाप से एक साथ मुक्ति। अस्तित्ववाद और मार्क्सवाद का समन्वय।" (उप., पृ. 129) 'भीतर के दलिद्दर' का अर्थ 'सांस्कृतिक दारिद्र्य' की जगह उन्होंने अस्तित्ववाद का प्रभाव सिद्ध करने के लिए 'आंतरिक पाप' लगाया है। अस्तित्ववाद का प्रभाव मुक्तिबोध पर था, या उससे डॉ. शर्मा आतंकित हैं, जो उन्हें वहां भी उसकी छाया दिखलाई पड़ती है, जहां उसका जोरदार विरोध है? इसका एक उदाहरण 'अंधेरे में' के संबंध में कही गई उनकी ये बातें भी हैं : "जैसी दशा मुक्तिबोध की होनेवाली थी, उसकी कल्पना मानो वे तिलक की मूर्ति में करते हैं। मस्तक-कोष फूट जाता है और नाक से खून बह चलता है। पत्थर की मूर्ति अपने क्षोभ का इससे बड़ा प्रमाण और क्या दे सकती थी? और कवि अपने अपराधभाव, उस महान् राजनीतिज्ञ के प्रति अपनी श्रद्धा का इससे बड़ा प्रमाण और क्या दे सकता था कि मन की तहों के नीचे छिपी मृत्यु की गुप्त आशंका वह प्रस्तर-मूर्ति पर आरोपित कर देता है? पिता, पिता, चिंता न करो, हम अभी जिंदा हैं, कहता हुआ वह मूर्ति के ठंढे पैरों से लिपट जाता है। उसे लगता है, स्वयं उसके हृदय में रक्त टपकता है, 'आत्मा में बहता-सा लगता / खून का तालाब।' परंपरा और देश के प्रति अपने दायित्व का जितना गहरा बोध है, उतना ही विकट मुक्तिबोध का हठ है। मन में कोई भयानक जिद जाग उठती है। यह जिद अपने दायित्व से हटने, एकांत में, समाज से अलग रहकर रहस्यवादी अथवा अस्तित्ववादी चिंतन करने की

जिद है।" (उप., पृ. 129-30) डॉ. शर्मा को अस्तित्ववाद और मृत्यु का संबंध मालूम है। उन्होंने तिलक के मस्तक-कोष फूटने में मृत्यु देख ली और उसे मुक्तिबोध की मृत्यु का आरोपण बतलाकर अस्तित्ववादी सिद्ध कर दिया! उनके पास जो शीशा है, उसमें मुक्तिबोध का हर चित्र उलटा नजर आता है!

'पुनर्मूल्यांकन' में डॉ. शर्मा ने सार्त्र की पुस्तक 'अस्तित्ववाद और मानवतावाद' से उनका उत्तरदायित्व-संबंधी सिद्धांत स्पष्ट करने के लिए उनका यह कथन उद्धृत किया है कि "मैं अपने लिए उत्तरदायी हूं और सभी पुरुषों के लिए हूं, और मैं मनुष्य की ऐसी मूर्ति गढ़ रहा हूं जैसी कि मैं चाहता हूं कि मनुष्य की हो। स्वयं को गढ़ने में मैं मनुष्य को गढ़ता हूं।" फिर उन्होंने कहा है कि "इसी दायित्व-बोध से गहरी वेदना और निराशा का जन्म होता है।" हम अपनी जो मूर्ति गढ़ते हैं वह सभी के लिए और हमारे संपूर्ण युग के लिए उपयुक्त होनी चाहिए, यह बहुत बड़ा दायित्व है, क्योंकि इसका संबंध संपूर्ण मनुष्य-जाति से है।' वेदना और निराशा इसका स्वाभाविक परिणाम होगा। डॉ. शर्मा इस सिद्धांत को पूरी तरह से मुक्तिबोध पर लागू करते हुए कहते हैं, "जब अस्तित्ववादी लेखक किसी कायर का चित्रण करता है तो वह दिखलाता है कि अपनी कायरता के लिए वह कायर ही जिम्मेदार है। कोई आश्चर्य नहीं कि 'अंधेरे में' कविता का नायक अपनी कायरता के लिए न केवल स्वयं को धिक्कारता है वरन् शहर में मार्शल लॉ लगने के लिए स्वयं को जिम्मेदार ठहराता है; सोचता है 'मानो मेरे कारण ही लग गया /मार्शल लॉ वह, /मानो मेरी निष्क्रिय संज्ञा ने संकट बुलाया, /मानो मेरे कारण ही दुर्घट /हुई यह घटना।' अतिशय दायित्व-बोध का ही यह दूसरा पहलू है अतिशय अपराध-बोध।" (उप., पृ. 181) सार्त्र के दायित्व-बोध और मुक्तिबोध के दायित्व-बोध में जो फर्क है, वह उपर्युक्त उद्धरण में तीन बार प्रयुक्त 'मानो' शब्द से अच्छी तरह सूचित है, जिस पर मुक्तिबोध पर अस्तित्ववाद का प्रभाव सिद्ध करने की धुन में डॉ. शर्मा का ध्यान नहीं गया। 'अंधेरे में' का काव्य-नायक देश में जो फासिस्ट हुकूमत कायम है उसके लिए अपने को भी दोषी ठहराता है, अपनी निष्क्रियता को। वह इस बात को बहुत तीव्रता से महसूस करता है, जिसका पता इस बात से चलता है कि उसे लगता है कि जैसे उसी की वजह से यह दुर्घट घटना घटी है। यह अस्तित्ववादी अतिशय दायित्व-बोध से उत्पन्न अतिशय अपराध-बोध नहीं, बल्कि जगत-समीक्षा के साथ आत्म-समीक्षा है, जो मुक्तिबोध के काव्य की विशेषता है। ऐसा प्रसंग 'चंबल की घाटी में' कविता में भी आता है : "शोषण पाप का परंपराक्रम/ वक्षासीन है,/ जिसके कि होने में गहन अंशदान / स्वयं तुम्हारा!!" फासिस्ट हुकूमत न सही, वक्षासीन शोषण-पाप का परंपरा-क्रम सही, इस स्थिति के बने रहने में व्यक्ति का भी 'गहन अंशदान' है। हमारा ध्यान 'गहन' और 'अंशदान' दोनों शब्दों पर जाना चाहिए। मुक्तिबोध समाज में जो कुछ गलत चल रहा है, उसके लिए निश्चित रूप से एक हद तक व्यक्ति को दोषी मानते हैं। और कहने की आवश्यकता न होनी चाहिए कि यह व्यक्ति मध्यवर्गीय बुद्धिजीवी है। 'क्लॉड ईथरली' कहानी से भी यह उद्धरण दिया जा चुका है कि "व्यापक अन्याय का अनुभव करनेवाले किंतु उसका

विरोध न करनेवाले लोगों के अंतःकरण में व्यक्तिगत पाप-भावना रहती ही है, रहनी चाहिए।" इससे भी बात स्पष्ट होती है।

अपराध-बोध का उदाहरण प्रस्तुत करने के लिए डॉ. शर्मा ने मुक्तिबोध की एक पूरी कविता चुनी है 'अपने कवि से' और उसे 'पुनर्मूल्यांकन' का एक पूरा खंड समर्पित किया है—'टूटे हुए मनुष्य का अपराध-बोध'। यह कविता बंगाल के अकाल से शुरू होती है और द्वितीय विश्वयुद्ध में सोवियत संघ की विजय के बाद विश्व के उपनिवेशों में स्वतंत्रता की जो लहर उठी थी उससे प्राप्त दृढ़ आशा और विश्वास के स्वर के साथ समाप्त होती है, लेकिन डॉ. शर्मा ने इसे मुक्तिबोध के अस्तित्ववादी अपराध-बोध की कविता कहा है। यह विकृतीकरण का चरम रूप है।

"रुक गई क्यों आज इतनी देर / तेरी लेखनी?" से शुरू होनेवाली कविता में आगे ये पंक्तियां आती हैं :

> अब तक विकृत दुर्गंध शव-समुदाय की
> बंगाल के कंकाल विगलित काय की,
> वातावरण में
> पाप-स्मृति-दुःस्वप्न के भय-सी सहज
> (वह घृणित लैंगिक व्यंग्य-सी नंगी निलज)
> है घूमती चहुं ओर।

कोई भी मानेगा कि दुर्गंध के लिए मुक्तिबोध ने जिस उपमान का प्रयोग किया है—पाप-स्मृति के दुःस्वप्नों का भय—वह सटीक है, खास तौर से तब, जबकि 'पाप' और 'दुःस्वप्न' दोनों ही उनकी कविता में खास महत्व रखते हैं। वह दुर्गंध एक व्यंग्य की तरह है, लैंगिक निर्घृणता, नग्नता और निर्लज्जता से युक्त! यह उपमान भी बहुत उपयुक्त है, वर्ण्यविषय का तीव्रता से बोध करानेवाला। चार पंक्तियों के बाद इस तरह की पंक्तियां आती हैं :

> या वह किसी अपराध का
> हो भूत,
> सपने में किसी के
> मुख अधर को चूम ले विद्रूप होठों से,
> चरण आघात से
> रक्ताक्त कर दे भाल फिर।

यह उपमान हमारे सामने किसी युवती के साथ की जानेवाली जबर्दस्ती और हिंसक व्यवहार के अपराध का दृश्य उपस्थित कर देता है। यह दृश्य इन पंक्तियों को लेकर पूरा होता है :

> उस भीति के हिमपात से
> पाए निकल ही नहीं घुटती चीख,
> यों वह घूम ले।

मतलब यह कि वह दुर्गंध उस युवती की घुटती हुई चीख की तरह वातावरण में घूम रही है।

जब 'पाप' के साथ 'अपराध' शब्द भी साक्षात उपस्थित हो, तो डॉ. शर्मा को अस्तित्ववाद का निश्चय क्यों न हो? वे उपर्युक्त पंक्तियों की व्याख्या इस रूप में करते हैं : "बंगाल के अकाल पर कविता लिखने में देर हुई, इस अपराध-बोध से पूर्व-संचित पाप-स्मृति जुड़ जाती है। दरअसल अपराध-बोध की अतिशयता उस व्यक्ति में उत्पन्न हुई है जो पाप-स्मृति के दुःस्वप्नों से त्रस्त होता रहा है। इस पाप-स्मृति का संबंध यौन-क्रियाओं से है, इसका संकेत दो अन्य पंक्तियों में है—वह घृणित लैंगिक व्यंग्य-सी नंगी निलज; और, सपने में किसी के मुख-अधर को चूम ले विद्रूप होठों से।" (उप., पृ. 182) आगे की कुछ और पंक्तियां हैं :

> अब तक विकृत दुर्गंध शव-समुदाय की
> वातावरण में
> आधुनिक अपराध-गाथा-सी
> बराबर छा रही :
> फिर रुक गई क्यों आज इतनी देर तेरी लेखनी?

इन सशक्त पंक्तियों पर की गई टिप्पणी और लाजवाब है : "जो पहले किसी अपराध का बोध हो, वह विस्तार पाकर आधुनिक अपराध-गाथा बन जाता है।" (उप.) यानी बंगाल के अकाल में मरे लोगों की लाशों से उठनेवाली दुर्गंध 'आधुनिक अपराध-गाथा'-सी वातावरण में लगातार छाई हुई नहीं है, कवि का अपना अपराध-बोध विस्तार पाकर 'अपराध-गाथा' बन गया है! आलोचक जब अपने पूर्वग्रहों में बंधकर चलता है, तो वह कविता की ऐसी ही दुर्गति करता है।

बंगाल के अकाल में करीब तीस लाख लोग मरे थे। यह भारतीय जनता की असहाय और करुण स्थिति का एक खंड-दृश्य था। मुक्तिबोध ने कविता में निरंतर होनेवाली मानव-प्रगति का भव्य चित्र अंकित करने के बाद कहा :

> कवि, आज भी मानव
> यहां पर मरे चूहे-सा उपेक्षित है।
> है बैलगाड़ी के अचानक राह में
> दो भग्न पहियों-सा पराजित,
> युद्ध में टूटे हुए, उद्ध्वस्त पुल-सा
> है विदारित।
> भग्न ईश्वर-मूर्ति-सा वह है विखंडित प्राण।
> है फाड़ी हुई चिट्ठी-सरीखा
> घोर अपमानित सहज अनजान।
> जर्जर मलिन अंचल-सा अनाहत दीन
> बूढ़े, करुण, धुंधले लोचनों-सा

मलिन तेज-विहीन।
वह अंधेरी श्याम गलियों-सा उलझता व्यर्थ,
वंचित, वह प्रवंचित याचना असमर्थ।
फेंके प्याज के छिलकों-सरीखा धूल खाता राह
यह पंजाब, यह बंगाल, यह है मालवे का दाह,
हिन्दुस्तान की यह एकमात्र कराह।

डॉ. शर्मा इसके बारे में कहते हैं कि "मानव के टूटने और पराजित होने का यह अतिरंजित चित्र है।" (उप., पृ. 184) जिस देश में जनता की स्थिति इतनी भयानक हो कि एक अकाल में करीब तीस लाख लोग मर जाएं, उस देश के 'मानव' का यह अतिरंजित चित्र है, इसे कोई न मानेगा। वस्तुस्थिति यह है कि मानव-गरिमा का जो विनाश अपने देश में हुआ, या हो रहा है, उसका एक छोटा-सा अंश ही मुक्तिबोध-जैसे सशक्त कवि की इन पंक्तियों में समा सका है। आगे डॉ. शर्मा कहते हैं, "जैसे पराजय में मुक्तिबोध मनुष्य को टूटे हुए पहिए-सा बेकार बना देते हैं, वैसे ही जब उसे विजय प्राप्त होती है, तब वह उसे सहस्त्रशीर्ष विराट् पुरुष बना देते हैं।" (उप.) मुक्तिबोध का ध्यान वस्तुतः दोनों पक्षों पर है—जनता की दुःस्थिति और उसका विजय-अभियान। इन दोनों बातों में कोई विरोध नहीं है, क्योंकि जनता की दुःस्थिति से न तो वे निराश होते हैं, न जनता को वैसा होने की सलाह देते हैं। यही कारण है कि ऊपर की पंक्तियां लिखने के बाद वे लिखते हैं :

···किन्तु
वह आत्मा
हिमशून्य की घन-कुहर मूर्च्छा में अकेली ऊष्मा··· !!
···औ' यह "किंतु" है नंगा चमकता तीर
जो जन-प्राण के आग्नेय धनु पर है चढ़ा गंभीर
यह प्रतिशोध का दुर्वार आकुल तर्क।
यह बलिदान, हत्या, रक्त, गुरु संघर्ष की तसवीर
मानव-प्राण में अविराम शब्दित युद्ध-दुंदुभि आज
कवि वाल्मीकि
ऐसे ही क्षणों में लिख रहे थे
मुग्ध लंकाकांड के सब सैन्य संगर साज
शिथिलित लेखनी अब हो गई
है दामिनी की नोक!
रक्तिम पंक्तियां द्रुत लहर-सी बह ही रहीं बेरोक
है बेरोक
मानव की विशाल विराट्
सत्ता आज।

उसके प्राण के अंदर बने गहरे अनेक दराज
उनमें से निकलते हैं रिवॉल्वर
लक्ष्य-उत्सुक क्षुब्ध
देशी औ' विदेशी शत्रुओं के मस्तकों पर लुब्ध।
जीवन के असीमित
शीत श्यामल सिंधु पर विकराल
घृणा के अति भव्य दीपस्तंभ की
है फैलती संतप्त नीली ज्वाल
बढ़ते जा रहे हैं श्रमिक-कृषकों के
सुसज्जित युद्धपोत विशाल
दारुण क्रांति की अनिवार्यता
के भावमुग्ध प्रतीक।

मुक्तिबोध द्वारा अंकित न जनता की दुःस्थिति का चित्र अतिरंजित है, न उसकी जय-यात्रा का यह चित्र। डॉ. शर्मा के अनुसार, "एक ओर अस्तित्ववाद का लघुमानव है, दूसरी ओर रहस्यवाद का विराट् पुरुष।" (उप., पृ. 185) यह गलत है। सही यह है कि एक ओर जनता है और दूसरी ओर उसकी संगठित शक्ति। यहां न अस्तित्ववाद है, न रहस्यवाद, जो है, वह यथार्थवाद है।

डॉ. शर्मा मुक्तिबोध के चिंतन के 'मूल सूत्र' को 'दोहराते' हुए उनका एक वाक्य उद्धृत करते हैं, "निर्द्वंद्व और मुक्त भाव से यदि हम अपने आपको प्रकट करेंगे, तो हम गरीब मध्यवर्ग के साहित्यकार उन्हीं मनःस्थितियों, भावस्थितियों, आदर्शों और मूल्यों को करेंगे, जिनसे हम जिस हद तक और जिस प्रकार तदाकार हैं", और चूंकि इस वाक्य से उनके उद्देश्य की सिद्धि नहीं होती, वे आगे कहते हैं : "यद्यपि यहां वर्ग की बात कही गई है और हम शब्द का प्रयोग किया गया है किन्तु मुक्तिबोध का ध्यान साहित्यकार के व्यक्तिगत अनुभवों पर है।" (उप., पृ. 180) यहां पूछा जा सकता है कि हम क्यों मान लें कि मुक्तिबोध द्वारा 'वर्ग' और 'हम' शब्दों का प्रयोग महत्वहीन है? दूसरे, यदि उनका ध्यान साहित्यकार के 'व्यक्तिगत अनुभवों' पर है, तो इसमें बुरा क्या है? क्या उनके बिना किसी महत्वपूर्ण कलाकृति की रचना संभव है? लेकिन मुक्तिबोध के कथन का आशय ठीक-ठीक ग्रहण करने के लिए उन्हीं को प्रमाण मानना बेहतर होगा। वे डॉ. शर्मा की तरह समाज और व्यक्ति में अनिवार्य विरोध नहीं मानते, बशर्ते कि साहित्यकार 'प्राकृत' हों।

उनकी पूरी बात यह है : "हम साहित्यकार जो पीड़ित मध्यवर्गीय श्रेणी से आए हैं, अपना विकल्प सामाजिक प्रगति और मानव-मुक्ति ही चुनते हैं, और इस पक्ष में कलाकार के मानव-व्यक्तित्व का हनन, सौंदर्य की उपेक्षा तथा व्यक्ति की अवहेलना नहीं दिखाई देती, क्योंकि उसी राह पर हमें सौंदर्य का साक्षात्कार होता है। हां, यह सही है कि यदि हम अपने साहित्य के द्वारा अपना पूरा प्रभाव उत्पन्न नहीं कर सके,

तो इसका अर्थ केवल यही है कि हमारी राह तो बिलकुल सही है, किन्तु उस पर जो चलनेवाले हम लोग हैं, उनमें कुछ खामी है। मेरे खयाल से, यह खामी, 'व्यक्तिविरुद्ध समाज' की खामखयाली से संबंधित है। यदि हम काल्पनिक विरोध करना छोड़ दें और अपने आपकी संपूर्ण ज्ञान-संवेदनाओं और संवेदन-ज्ञान को ईमानदारी से बरतते हुए अपने जीवनपक्षों को प्रबुद्ध रूप से प्रकट करने लगें तो हम वास्तविक जीवन को ही प्रकट करने लगेंगे।" (नई कविता का आत्मसंघर्ष तथा अन्य निबंध, पृ. 59) स्पष्ट है कि यदि प्रगतिशील साहित्य उतना प्रभावशाली नहीं, तो उसका कारण प्रगतिशील साहित्यकारों द्वारा समाज और व्यक्ति के बीच एक काल्पनिक विरोध देखकर साहित्य-रचना से 'व्यक्ति' को अलग रखना है। मुक्तिबोध कहते हैं कि यदि व्यक्ति ईमानदरी से अपने को प्रकट करे, तो वह 'वास्तविक जीवन' यानी समाज को ही प्रकट करेगा। लेकिन ईमानदार होना—'प्राकृत' होना — कठिन है। यदि साहित्यकार ईमानदार अथवा 'प्राकृत' न हुए, तो उनके लक्ष्य, वे सही ही क्यों न हों, उन पर आरोपित प्रतीत होंगे और उनका साहित्य कृत्रिम होगा।

उनके आगे के शब्द हैं : "आवश्यकता है, वस्तुतः प्राकृत होने की, क्योंकि हमारे संघर्ष भी प्राकृत हैं, करुणा और क्षोभ भी और हमारे लक्ष्य भी—वे लक्ष्य और क्षोभ, जो हमें समस्त पीड़ित मानवता से एकाकार होने की तरफ प्रवृत्त करते हैं और उसके उद्धार का रास्ता ढूंढ़ते हैं। लेकिन, जहां हम प्राकृत नहीं हो पाते तो वहां हमारे अपने लक्ष्य भी, उनके सही होने के बावजूद, ऊपर से थोपे हुए मालूम होते हैं, और हमारा साहित्य रिक्त या कृत्रिम मालूम होता है।" इसके साथ उन्होंने यह भी कहा है कि "जो हम हैं और जैसा, वस्तुतः, हमारा जीवन है—उससे प्रबुद्ध साक्षात्कार करना खेल नहीं। आज के जमाने में प्राकृत होना ही सबसे ज्यादा मुश्किल है। किन्तु, जो इस वास्तविक सत्य और यथार्थ के अधिकाधिक समीप पहुंचेगा, जो इसका जितना मार्मिक आकलन और उद्घाटन करेगा, वही साहित्यकार समाज की और जनता की अधिकाधिक सेवा करेगा, और, उसके लिए अनंत सौंदर्य की सृष्टि करेगा।"

डॉ. शर्मा साहित्य-रचना में समाज और व्यक्ति के इस संबंध को, जोकि निश्चय ही द्वंद्वात्मक है, समझने से इनकार करते हैं, जिसका प्रमाण मुक्तिबोध के संबंध में उनका आगे का यह कथन है : " 'तार सप्तक' के दूसरे संस्करण में जब वह कहते हैं कि जीवन और परिवेश की विषमता से आभ्यंतर लोक में दुःस्थिति उत्पन्न होती है, 'यह मेरा अपना भी सत्य है', तब वह व्यक्ति को केंद्र में रखकर दुनिया को देखने की प्रक्रिया संपन्न करते हैं।" ('अस्तित्ववाद', पृ. 180) 'यह मेरा अपना भी सत्य है' यह मुक्तिबोध की वह ईमानदारी अथवा उनका 'प्राकृत' होना है, साहित्य-रचना के लिए जिसकी अनिवार्यता उन्होंने उपर्युक्त उद्धरणों में बतलाई है। उनके कथन के आशय को इस तरह भी रखा जा सकता है कि उनका आत्म-सत्य ही समाज-सत्य है, क्योंकि वे ईमानदार या 'प्राकृत' हैं। लेकिन डॉ. शर्मा 'आत्म-सत्य' को व्यक्तिवाद मानते हैं। मुक्तिबोध ने यह कहकर कि "इस आत्मग्रस्तता के बावजूद और शायद उसको साथ लिए हुए मेरा आत्मसंवेदन समाज के व्यापकतर छोर छूने लगा", व्यक्ति

और समाज के द्वंद्वात्मक संबंध का ही उदाहरण प्रस्तुत किया है, लेकिन डॉ. शर्मा कहते हैं कि वे जब ऐसा कहते हैं, "तब वे परस्पर विरोधी क्रियाओं का उल्लेख नहीं कर रहे।" (उप.) उनके अनुसार वे उस अवस्था में भी अस्तित्ववाद के प्रभाव में होते हैं, सार्त्र के 'उत्तरदायित्व' के प्रभाव में!

6

रहस्यवाद का आलोक !!

हिंदी में आचार्य रामचंद्र शुक्ल का रहस्यवाद-विरोध प्रसिद्ध है। उनके बाद रहस्यवाद पर वैसा कठोर आक्रमण सिर्फ मुक्तिबोध ने किया है। लेकिन डा. रामविलास शर्मा उन्हें अस्तित्ववाद से ही नहीं, रहस्यवाद से भी प्रभावित बतलाते हैं। उनका कहना है कि उनके काव्य में अस्तित्ववाद की छाया ही नहीं है, रहस्यवाद का आलोक भी है! वस्तुस्थिति क्या है?

मुक्तिबोध इस बात से अच्छी तरह परिचित थे कि आधुनिक रहस्यवाद का उत्थान किन परिस्थितियों में हुआ है। 'कामायनी : एक पुनर्विचार' में उन्होंने लिखा है : "पूंजीवादी समाज-रचना की ह्रासावस्था में, जब उस समाज-रचना की स्थिति अगतिक हो उठती है तब, वह धर्म का या रहस्यवाद का, अथवा किसी-न-किसी प्रकार के वायवीय आदर्शवाद का पल्ला पकड़ता ही है। उसका प्रधान आकर्षण, वस्तुतः, धर्म या रहस्य के प्रति ही होता है। जिस पूंजीवाद ने अपने उत्थान-काल में धर्म के मजबूत पंजों से जनता के मन को छुटकारा दिलाया, वही पूंजीवाद आगे चलकर अपने चरमराते ढांचे को थामने के लिए, धर्म या किसी-न-किसी दार्शनिक रहस्यवाद का सहारा लेता ही है। यह प्रक्रिया बहुत पहले से चालू है। यह आश्चर्य की बात नहीं है कि आज पश्चिमी साम्राज्य [-वाद] रोमन कैथोलिक चर्च तथा अन्य गिरजाघरों की सक्रिय सहायता ले रहा है, विशेषकर साम्यवाद के विरुद्ध अपने संघर्ष में तो चर्च आगे बढ़कर काम कर रहा है।" मध्ययुगीन रहस्यवाद की समाज में एक प्रगतिशील भूमिका भी थी, लेकिन आधुनिक रहस्यवाद पूरी तरह से प्रतिक्रियावादी है। हिंदी से ही उदाहरण लें, तो कबीर-जायसी के रहस्यवाद और अज्ञेय-निर्मल वर्मा के रहस्यवाद का फर्क स्पष्ट है। लेकिन मुक्तिबोध मध्ययुगीन रहस्यवाद को भी आज जीवित करने के पक्ष में न थे। 'समाज और साहित्य' शीर्षक अपने निबंध में वे कहते हैं, "वर्तमान युग में ऐसे पुराने साहित्य के प्रति व्यापक आकर्षण नहीं रह गया है, जिसमें संकुचित (अथवा कह लीजिए सांप्रदायिक) धार्मिक भाव हों, चाहे वे कबीर के हों वा किसी दूसरे के। इड़ा, पिंगला, सुषुम्ना, अनहद नाद आदि पारिभाषिक शब्दावली मन में

विशेष भावोत्तेजन नहीं करती। जन-मानस की व्यापक दृष्टि से देखने पर यह पता चलता है कि बहुत-सी धार्मिक कल्पनाएं भी आज मृतवत् हैं, तथा अभिरुचि भी बदल गई है।" 'मध्ययुगीन भक्ति-आंदोलन का एक पहलू' उनका एक महत्वपूर्ण लेख है। इसमें उन्होंने स्पष्ट शब्दों में कहा है कि "जब हम कबीर आदि महान् जनोन्मुख कवियों क़ा संदेश देखते हैं तो हम उनके रहस्यवाद से भी मुंह मोड़ना चाहते हैं। हम उस रहस्यवाद के समाजशास्त्रीय अध्ययन में दिलचस्पी रखते हैं, और यह कहना चाहते हैं कि निर्गुण मत की सीमाएं तत्कालीन विचारधारा की सीमाएं थीं, जनता का पक्ष लेकर जहां तक जाया जा सकता था, वहां तक जाना हुआ।"

मुक्तिबोध कविता में रहस्यवाद के ही नहीं, आध्यात्मिकता-मात्र के विरोधी थे। यही कारण है कि जब पं. द्वारिका प्रसाद मिश्र के 'कृष्णायन' का प्रकाशन हुआ और उनके शब्दों में "मिश्रजी के उपकार के बोझ से लदे हुए उनके रखैल कवियों और आलोचकों" ने उसकी तारीफ में लंबे-लंबे लेख लिखे, तो उन्होंने 'साहित्य में नए जनवादी मोर्चे की आवश्यकता' शीर्षक टिप्पणी में उन्हें आड़े हाथों लिया और कहा कि "जब हिन्दुस्तान जन-विरोधी प्रतिक्रियावाद का अड्डा बन रहा है, तो दूसरी ओर, भुखमरी और अत्याचार की परछाइयों में संवलाए मध्यवर्ग की आध्यात्मिकता उधार किए हुए भावों के छायावादी मरुस्थल में पथभ्रष्ट हो गई है।" ताज्जुब नहीं कि 'वस्तु और रूप' शीर्षक लेख के चौथे प्रारूप में उन्होंने थोड़े ही शब्दों में अज्ञेय के रहस्यवाद की बहुत ही सटीक आलोचना की : "जिन महारथियों का जीवन स्थित्यात्मक है, वे ही यह कह सकते हैं कि 'तुम नहीं व्याप सकते, तुममें जो व्यापा है, उसी को निबाहो।' इसका उत्तर यह है कि हम मनुष्य को बंद संदूक, क्लोज्ड सिस्टम, नहीं मानते। वे कहते हैं, 'दीठ से टोहकर नहीं, मन के उन्मेष से उसे जानो।' किंतु, हमारा खयाल है कि दीठ से टोहना भी नितांत आवश्यक है। मतलब यह है कि जीवन के विस्तृत क्षेत्र में फैलाव आवश्यक है, तभी हम अपने को विकसित और समृद्ध कर सकेंगे।" जीवन देश और काल के साथ गतिशील है, वह नाना प्रकार के विचारों और ऐतिहासिक परिस्थितियों का प्रभाव ग्रहण करने के लिए खुला हुआ है, उसका विकास बुद्धि से ही संभव है, सहजबोध से नहीं – ये तमाम बातें कहकर मुक्तिबोध ने इन पंक्तियों में रहस्यवाद की जड़ पर कुठाराघात किया है, यह कहने की आवश्यकता न होनी चाहिए। आचार्य शुक्ल ने कहा था कि इंद्रियातीत ब्रह्म धर्म-साधना का विषय भले हो, काव्य-साधना का विषय तो यह ऐंद्रिय भौतिक जगत ही है। लगभग यही बात मुक्तिबोध 'विपात्र' के दूसरे प्रारूप के अंत में कहते हैं : "बाहर से जब तक संवेदनाएं या प्रेरणाएं प्राप्त नहीं होतीं तब तक जिंदगी में जान नहीं आती। संपूर्णतः आत्म-निर्भर व्यक्ति संपूर्ण शून्य होता है। आध्यात्मिक साधना का ध्येय भले ही संपूर्ण शून्य की प्राप्ति हो, कला का ध्येय तो यह नहीं है, न उसका यह स्वभाव ही। अंतर और बाह्य की क्रिया से जनित जो भी जीवन है, वह कला का इष्ट है। इसके बिना वह शून्य है। मैं शून्यता की साधना से इनकार करता हूं।"

यहां स्वाभाविक रूप से हमें उनकी कविता 'एक अरूप शून्य के प्रति' याद हो

आती है, जिसमें उन्होंने कहा है : "मात्र अनस्तित्व का इतना बड़ा अस्तित्व / ऐसे घुप्प अंधेरे का इतना तेज उजाला" ! कविता के अंत में उन्होंने स्पष्ट कर दिया है कि उनकी चिंता का विषय जनता है, उसका त्रास, उसका जख्म, उसकी पीड़ा, उसका अभाव, उसकी चिंता और उसका 'लाल-लाल सुनहला आवेश' यानी उसकी क्रांतिकारी भावनाएं। उनके लिए महत्वपूर्ण उनका देश है, वही उन्हें प्रिय है, उससे परे का कोई कल्पित लोक नहीं। उनके पास जिंदगी के दलदल-कीचड़ में धंसकर और वक्ष तक पानी में फंसकर प्राप्त किया हुआ विवेक का ज्वलंत सरसिज है, वे किसी मिथ्या अनुभूति के चक्कर में नहीं पड़ सकते। स्वभावतः कविता के अंत में उन्होंने परमात्मा को साफ-साफ बतला दिया है कि "मुझे तेरी बिलकुल जरूरत नहीं है।" डॉ. शर्मा ने इस कविता पर यह विचित्र टिप्पणी की है : "जिसका अस्तित्व नहीं है, उसे इतना कोसने की क्या जरूरत है? कारण यह है कि उसके अस्तित्व पर विश्वास है पर मन चाहता है कि उसका अस्तित्व न होता।" (नई कविता और अस्तित्ववाद, पृ. 168) सच्चाई यह है कि मुक्तिबोध का ईश्वर के अस्तित्व पर विश्वास नहीं, लेकिन डॉ. शर्मा चाहते हैं कि उनका उस पर विश्वास होता, जिससे उन्हें उन पर लगाए गए अपने आरोपों को सिद्ध करने में सुविधा होती।

अपनी दूसरी कविताओं में भी मुक्तिबोध ने रहस्यवाद-विरोधी भावनाओं और विचारों की अभिव्यक्ति की है। 'मनमीत' शीर्षक एक काफी पहले की कविता में वे विपरीत परिस्थितियों से भयभीत क्षणों में अपना ही भरोसा करने के लिए कहते हैं, किसी अलौकिक शक्ति का नहीं :

अपने उन आक्रांत क्षणों में तू न बुला—
मत किसी मनोहर ज्योतिर्मय
देवता-स्वप्न को
पलकों पर ठहरा।
मत पकड़ अलौकिक अंचल को
अपने मन की आसक्त भुजाओं में कस ले
अपनी धक-धक करती छाती
हो समाहार गहरा!

'ओ मसीहा' शीर्षक कविता में बदरंग यथार्थ को ढंकनेवाले 'विश्व-स्वप्न' का विरोध है। वे कहते हैं, "पूर्णता के स्वप्न की विशालतम मिथ्या ने / अपूर्ण को, फटे को व जीर्ण को / अपमानित भी खूब किया है।" वे अपूर्ण और जीर्ण-शीर्ण जीवन को ही सत्य मानते हैं। किसी कल्पित पूर्णता के नाम पर उसे झुठलाना उनकी दृष्टि में जीवन का अपमान है। 'घर की तुलसी' शीर्षक कविता में वे कहते हैं, "मैं निज से कहने लगा रहस्यात्मक न बन / न बन प्रतीकात्मक, उपमात्मक जहां विमन / अनबन अपने से बाहर से।" रहस्यवाद प्रतीकों और उपमानों के सहारे ही चलता है। कवि रहस्यात्मक बनने से मना करता है, क्योंकि रहस्यवादी बाह्य जगत से सामंजस्य न कर उसका

अतिक्रमण या निषेध करता है। आगे वह कहता है :

न बन प्रतीकात्मक रहस्य-भावानुभूति
बन चल मानव-पथ-विपथों की
चित्रात्मक गहन समीक्षा-सी
हो जो समीक्षिता मानव-वीथी का अनुभव

उसके लिए महत्व अलौकिक रहस्यानुभूति का नहीं, बल्कि जिंदगी में भटके हुए लोगों के आलोचनात्मक अनुभवों का है। रहस्य के विरुद्ध जीवन-यथार्थ से मुक्तिबोध की प्रतिबद्धता और उनकी बौद्धिक सन्नद्धता देखकर दंग रह जाना पड़ता है। रहस्यानुभूति नहीं, मानव-पथ-विपथों की चित्रात्मक गहन समीक्षा और समीक्षिता मानव-वीथी का अनुभव! निश्चय ही मानव-जीवन से ऐसा गहन संबंध क्रांतिकारी कवियों में भी दुर्लभ है।

ऊपर मुक्तिबोध का यह कथन उद्धृत किया गया है कि "इड़ा, पिंगला, सुषुम्ना, अनहद नाद आदि पारिभाषिक शब्दावली मन में विशेष भावोत्तेजन नहीं करती।" लेकिन उनकी कविताओं में योग और रहस्य के पारिभाषिक शब्दों का प्रयोग यत्र-तत्र मिलता है। वे उनका अर्थ बदलकर प्रयोग करते हैं, जिससे वे मन में विशेष प्रकार के भाव उत्पन्न करने में सफल होते हैं। संस्कृत की एक उक्ति के अनुसार वक्ता के तात्पर्य से सभी शब्दों का प्रयोग सभी अर्थों के लिए किया जा सकता है। उन्होंने योग और रहस्य के पारिभाषिक शब्दों का प्रयोग सर्वथा भिन्न, बल्कि विपरीत अर्थों में किया है। इस बात को समझे बगैर उनकी कविताओं में रहस्यात्मक पदावली देखकर उन्हें रहस्यवादी कवि घोषित कर देना हद दर्जे की जल्दबाजी का काम होगा।

'भविष्य-धारा' शीर्षक कविता में वे क्रांतिकारी जनता को संबोधित कर कहते हैं :

तुम बाजार में खड़े
स्वयं जलती मशाल
औ' पुकारते
जिसे फूंकना हो अपना घर
चले हमारे साथ!!
शक्तिशाली छाया के बंटाढाल
निंदित नित्य रहोगे जग में प्रतिपल लांछित भाल
ब्रह्म-रंध्र में गूंजेगा फिर द्रोही अनहद नाद

यहां कबीर की प्रसिद्ध साखी में भी नया क्रांतिकारी अर्थ भरा गया है और 'ब्रह्म-रंध्र' तथा 'अनहद नाद' का भी नया जोरदार इस्तेमाल किया गया है। 'ब्रह्म-रंध्र में गूंजेगा फिर द्रोही अनहद नाद' का केंद्रीय शब्द 'द्रोही' है, जिसे अर्थ कविता की मूल वस्तु से प्राप्त होता है, न 'ब्रह्म-रंध्र' से, न 'अनहद नाद' से। लेकिन योग के इन दोनों शब्दों से जुड़कर 'द्रोही' शब्द उदात्तता ही नहीं प्राप्त करता, जैसे भक्ति-आंदोलन की विद्रोहपूर्ण

परंपरा से जुड़ जाता है। भक्ति-आंदोलन के प्रति मुक्तिबोध के मन में बहुत ही आदर का भाव था। वे उसे मूलतः सामंती संस्कृति और व्यवस्था के विरुद्ध उठ खड़ा हुआ एक आंदोलन मानते थे। भक्ति-आंदोलन के अगुआ संत कवि थे। उनके प्रति उनके मन में और अधिक आदर था। 'अंधेरे में' शीर्षक कविता में एक स्थल पर 'भक्ति' भी है और 'अनहद नाद' भी। जनता में क्रांतिकारी भावना के प्रसार का वर्णन है :

राह के पत्थर-ढोकों के अंदर
पहाड़ों के झरने
तड़पने लग गए।
मिट्टी के लोंदे के भीतर
भक्ति की अग्नि का उद्रेक
भड़कने लग गया।
धूल के कण में
अनहद नाद का कंपन
खतरनाक!!

'विक्षुब्ध बुद्धि के मारक स्वर' शीर्षक कविता में दो आवाजें हैं। पहली आवाज पूंजीवाद का चित्र 'निःसंग विराट्' के रूप में खींचती है और वर्तमान पूंजीवादी व्यवस्था के शोरगुल को 'अनहद नाद' कहती है :

काले सूने उस अंतरिक्ष बिस्तर
पर लेटा है बेफिक्र,
अरे, कोई विचित्र!!
वह कौन,
कौन वह
—हां, निःसंग विराट्
ले रहा भीषण खर्राटे
हम सन्नाकर सुन रहे भयानक सन्नाटा
यह वही शून्य का जोर
हमारी वर्तमानता का वह अद्‌भुत शोर
अनहद नाद
कि जिससे खीझे चिढ़े-चिढ़े
अपने भीतर ही धंसी नोक से हमीं गड़े
अंदर है एक भयद अटकाव
कहां हम जायं!

इसमें 'सन्नाटा' और 'शोर' के विरोध से प्रकट होनेवाला पूंजीवादी समाज का सत्य देखने लायक है। इसके लिए 'अनहद' अर्थात अनाहत नाद से अधिक उपयुक्त उपमान क्या हो सकता था? और उपमान भी कैसा, जो संपूर्ण योग-साधना की विडंबना को

उजागर कर दे ! वह आवाज आगे की पंक्तियों में पूंजीवाद का वर्णन ब्रह्म के रूप में करती है :

> थर्राता रहता विराट् हिम का जाड़ा
> तन कण-कण में
> वह दुष्ट ब्रह्म कर रहा जबर्दस्ती वसूल
> हमसे तुमसे
> यह रक्त-किराया, अस्थि-मांस-भाड़ा
> धरती पर रहने का।

यहां ब्रह्म किराए और भाड़े के रूप में जबर्दस्ती रक्त, अस्थि और मांस वसूल करनेवाला क्रूर मकान-मालिक या टैक्स-इंस्पेक्टर है ! 'डूबता चांद कब डूबेगा' शीर्षक कविता में मुक्तिबोध ने कबीर के 'बेहद' शब्द का प्रयोग किया है : "बुन रहे मस्तमौला कबीर / जन-जन के हित नूतन चादर / इन बेहद के मैदानों में"। यहां कबीर ब्रह्म-साधक न होकर जन-साधक हैं और 'बेहद के मैदान' वे विस्तृत क्षेत्र हैं, नगर और गांव, जिनमें साधारण जन निवास करते हैं।

'भग गई जीप' उनकी एक छोटी कविता है, जिसमें उन्होंने पूंजीवादी समाज में अवसर की अपर्याप्तता से उत्पन्न भयानक प्रतियोगिता का चित्रण किया है। अंत में वे अवसरवंचित जन-साधारण से कहते हैं : "प्राणों में हमारे / समासीन पूर्ण तुम"। स्पष्टतः यहां 'पूर्ण' शब्द रहस्यवाद का शब्द है, लेकिन उन्होंने उसका सर्वथा भिन्न अर्थ में प्रयोग किया है। इस प्रयोग का कारण ईश्वर की जगह जन-साधारण को प्रतिष्ठित करना नहीं, जन-साधारण के प्रति वैसा लगाव सूचित करना है, जैसा ईश्वर के प्रति आस्तिकों के मन में होता है। 'कल्पना की दीप्ति' शीर्षक से छपी एक अधूरी कविता की आरंभिक पंक्तियों में तो उन्होंने रहस्यवाद के 'परमपूर्ण अंत' का मजाक उड़ाया है : "साम्य-स्वप्न-भ्रम हरो / परमपूर्ण अंत बनो / अमरीकी सेठवाद / भारतीय मान लो / हमारे मत प्राण लो / मानवीय जंतु बनो ! !" 'एक रग का राग' शीर्षक कविता में 'खंड' और 'अखंड' की चर्चा है, लेकिन आत्मा और परमात्मा के लिए नहीं, मूल्यवान सामाजिक अनुभवों और उनसे बननेवाले पूरे सामाजिक सत्य के लिए :

> खेद है कि गलती सिर्फ एक हुई हमसे
> कि जिंदगी की रेती में किरचे मिले कांच के
> तो मन में भी पूरा शीशा हम नहीं बना पाए सांच का
> रत्न का टुकड़ा मिला किंतु हाय
> पूरा रत्न (अंश का पूर्ण रूप)
> कल्पना में भी हम, ला नहीं पाए थे कि
> खो दिए किरचे वे कांच के
> जरा-जरा दर्द हुआ

किन्तु उस खंड का
पूर्ण अखंड, न मिल सका
कि इतने में खो गया दर्द भी!!

कोई चाहे तो आसानी से इन पंक्तियों की रहस्यवादी व्याख्या कर सकता है, लेकिन तब उसे शेष कविता से इन्हें अलग कर स्वतंत्र रूप में देखना होगा। कविता का अंश कविता से तो क्या, कवि से स्वतंत्र नहीं होता। किसी भी कविता या काव्यांश पर ठीक ढंग से विचार कवि के संपूर्ण कृतित्व से उसे संबद्ध कर ही हो सकता है। इसी अर्थ में टी.एस. इलियट ने बड़े कवि की विशेषता यह बतलाई है कि उसकी किसी कविता को बेहतर ढंग से समझने के लिए प्रायः उसके संपूर्ण कृतित्व को समझना आवश्यक होता है।

डॉ. शर्मा ने मुक्तिबोध पर जयशंकर 'प्रसाद' का भी प्रभाव बतलाया है : "प्रसाद के भाव-जगत्, उनकी चिंतन-पद्धति, काव्य-रचना-प्रक्रिया को मुक्तिबोध ने इस प्रकार आत्मसात् किया था कि उसका विवरण मुक्तिबोध के अपने कवि-व्यक्तित्व का विवरण बन जाता है।" (उप., पृ. 170) उनके अनुसार मुक्तिबोध ने प्रसाद से तादात्म्य स्थापित कर लिया था। इस तादात्म्य-स्थापन का लंबा विवरण देने के बाद वे कहते हैं, "यह तादात्म्य शत-प्रतिशत नहीं है।" (उप.,पृ. 171) क्यों नहीं है? प्रसाद की दार्शनिक ज्ञान-व्यवस्था ऐसी थी "जो वर्तमान सभ्यता-स्थिति की विषमताएं कम करने का उपाय तो बताती थी किन्तु क्रांतिकारी परिवर्तन का ध्येय नहीं रख सकती थी।" (उप.) मुक्तिबोध की दार्शनिक ज्ञान-व्यवस्था का ध्येय था—'आमूल क्रांतिकारी परिवर्तन'। यही चीज उन्हें 'प्रसाद' से अलग करती थी। जब इतनी बड़ी बात को लेकर 'प्रसाद' से उनका अलगाव था, तो उनसे उनका तादात्म्य कैसा? निश्चय ही यह अलगाव कोई मामूली अलगाव नहीं है, जिसे नजरअंदाज कर दिया जाए। इन दोनों कवियों की भिन्नता सबसे ज्यादा मुक्तिबोध द्वारा की गई 'कामायनी' के समाधान की आलोचना के प्रसंग में सामने आई है। उससे यह अच्छी तरह प्रमाणित हो जाता है कि मुक्तिबोध रहस्यवाद से प्रभावित थे या उसके उग्र विरोधी थे।

'कामायनी' का समाधान रहस्यवादी है। उस रहस्यवाद को मुक्तिबोध ने श्रद्धावाद नाम दिया है और 'पुनर्विचार' में कहा है : "श्रद्धावाद, श्रद्धा के चरित्र से उभरकर, यह उद्घाटित करता है कि हमारा तथाकथित भाववाद-आदर्शवाद, अंततः किस प्रकार प्रस्तुत पूंजीवादी विषमताओं के लिए क्षमाप्रार्थी होकर पूंजीवादी व्यक्तिवादियों को सिर्फ नसीहत देता है, और बाद में उन्हीं से समझौता कर लेता है। वह रहस्यात्मक आदर्शवाद, वस्तुतः, आत्म-विरोधों से ग्रस्त पूंजीवाद तथा व्यक्तिवाद का दार्शनिक डिफेंस है, और कुछ नहीं।" इतना ही नहीं, वे आगे कहते हैं, "श्रद्धावाद के भीतर नारी के सौकुमार्य, सहज सरलता-कोमलता, मानवोचित सौहार्द का सन्निवेश कर प्रसादजी ने वास्तविक प्रतिक्रियावाद को ढांक दिया है, तथा पात्र-रूप में उपस्थित श्रद्धा को श्रद्धावाद का प्रतीक बनाकर उन्होंने अपने जन-विरोधी मंतव्यों पर भावात्मक तथा रहस्यवादी वायवीयता

की कुहरीली रंगीन चादर बिछा दी है।" इसके बाद उनका विरोध उग्र रूप धारण कर लेता है : "चोरी के माल को छोटी संदूक में बंद कर, उस पर सुंदर चादर बिछवा, उसे देव-सिंहासन का रूप देते हुए, उस पर अपने मनोहर-भव्य इष्टदेव की सुशिल्पित प्रतिमा की स्थापना करना, चोरी के अस्तित्व को समाप्त नहीं करता। ठीक यही बात प्रसादजी के संबंध में भी है। अपनी विचारधारा पर वे चाहे श्रद्धा की मूर्ति स्थापित करें या अश्रद्धा की, उसका मूलबद्ध प्रतिक्रियावादी रूप छिप नहीं सकता।"

पश्चिम में स्पेंगलर-जैसे दार्शनिकों ने पूंजीवादी व्यवस्था की आलोचना की थी, जो न केवल अवैज्ञानिक थी, बल्कि जन-विरोधी भी थी। वह आलोचना व्यक्तिवादी दृष्टि से की गई थी और वह निराशावादी थी। वे दार्शनिक आदर्श समाज का कोई चित्र प्रस्तुत न कर सके थे। मुक्तिबोध ने लिखा है कि चूंकि भारत में उपनिवेशवाद के विरुद्ध मुक्ति-संघर्ष छिड़ा हुआ था, इसलिए प्रसाद ने उस आलोचना से निराशा का तत्व ग्रहण न किया, लेकिन पूंजीवाद की उनकी आलोचना उक्त दार्शनिकों की आलोचना से तत्वतः भिन्न नहीं है। "उसमें पाश्चात्य ह्रासकालीन पूंजीवादी सभ्यता के निराशावादी विचारकों की भ्रामक आलोचनात्मक धारणाओं की छाप तो है ही, उस पाश्चात्य प्रतिक्रियावाद का भारतीय प्रतिक्रियावाद से यह योग बहुत ही चमत्कारपूर्ण है।" डॉ. शर्मा ने मुक्तिबोध द्वारा किए गए मनु के चरित्र-विश्लेषण पर विचार करते हुए कहा है कि "ऐसा लगता है कि प्रसादजी के समय तक सामंतवाद खत्म हो गया था और पूंजीवाद को विकसित होने का मौका मिल गया था।" (उप., पृ. 165) इस प्रसंग में मुक्तिबोध का यह कथन स्मरणीय है : "यह सोचना गलत है कि प्रसादजी यहां केवल भारतीय पूंजीवाद को ही लक्ष्य में रख रहे हैं। वे तो उस पूंजीवादी राष्ट्रवाद पर भी आक्रमण कर रहे हैं, जिसका नमूना उनके सामने जापान से लेकर अमरीकी तथा ब्रिटिश साम्राज्यवाद तक था, और वे यह भी जानते थे कि भारतीय पूंजीवादी राष्ट्रवाद का भीतरी ढांचा भी इसी प्रवृत्ति पर खड़ा हुआ है (जोकि हमारी ठीक आज की वास्तविकता भी है)।" इस प्रकार 'कामायनी' के रहस्यवाद के प्रतिक्रियात्मक स्वरूप से वे बहुत अच्छी तरह परिचित थे और 'पुनर्विचार' में उसे उन्होंने बहुत सशक्त ढंग से अनावृत किया है।

'कामायनी' की 'असफलता' के मूल में उसका रहस्यवाद है, इसे लेकर आचार्य शुक्ल और मुक्तिबोध में पूर्ण सहमति है। आचार्य शुक्ल ने अपने 'इतिहास' में 'कामायनी' के बारे में कहा था कि "जिस समन्वय का पक्ष कवि ने अंत में सामने रखा है उसका निर्वाह रहस्यवाद की प्रकृति के कारण काव्य के भीतर नहीं होने पाया है" और "यदि मधुचर्य्या का अतिरेक और रहस्य की प्रवृत्ति बाधक न होती तो इस काव्य के भीतर मानवता की योजना शायद अधिक पूर्ण और सुव्यवस्थित रूप में चित्रित होती।" मुक्तिबोध का यह कथन जैसे आचार्य शुक्ल के कथनों का ही नवीन भाष्य है : "चूंकि प्रसादजी अपने कालखंड की विशाल वास्तविकता के प्रति कोई यथार्थवादी विशाल वैज्ञानिक दृष्टिकोण प्राप्त न कर सके, इसलिए उस वास्तविकता की चित्रात्सक व्याख्या भी वैज्ञानिक न हो पाई, साथ ही उसने प्रसादजी के दृष्टि-क्षेत्र

को भी सीमित कर दिया। इसका फल यह हुआ कि हम प्रसादजी को विश्व के उन महान् उन्नायक कलाकारों के बीच नहीं खड़ा कर सकते, जिन्होंने मानवता के उद्धार के रास्ते पर जनता को अपने साहित्य का संबल प्रदान किया। ... अगर प्रसादजी चाहते तो 'कामायनी' को यह बल प्रदान कर सकते थे, किन्तु वे वास्तविकताओं से अधिक अपनी अमूर्त रहस्यवादी भावधारा के दर्शन में बिंधे रहे। यही 'कामायनी' की सबसे बड़ी ट्रैजेडी है।" सामरस्यवाद के बारे में उन्होंने कहा है : "सामरस्यवाद एक प्रकार का रहस्यवादी अध्यात्म है, जिसके सहारे मनु-पुत्र समाज की विषमताओं को दूर करेगा। स्पष्ट है कि किसी भी प्रकार के अध्यात्मवाद से वास्तविक सामाजिक ढांचे में परिवर्तन नहीं होता—जब तक कि एक ढांचा दूर कर, उसके स्थान पर दूसरा ढांचा फिट न किया जाए। यह सामरस्य सिद्धांत, भारत में प्राचीन काल से चली आई सामंती समाज-व्यवस्था का एक बौद्धिक कलश है।" उनका स्पष्ट मत था कि विषमताग्रस्त समाज में सामरस्य का सिद्धांत लागू ही नहीं हो सकता। सामरस्य के सिद्धांत को तब व्यावहारिक रूप दिया जा सकता है, जब समाज-रचना बदल दी जाए और पूंजीवादी सभ्यता पूर्णतः नष्ट हो। श्रद्धा के दिमाग में यह खयाल पैदा ही नहीं होता! वह अभेदानुभूतिवादी है, रहस्यवादी है। उसके अनुसार शायद समाज की मूल विषमताएं तब नष्ट होंगी, जब संपूर्ण मानवात्माएं, अभेदानुभूति का अनुभव करते हुए, कण-कण में आध्यात्मिक सौंदर्य देखने लगेंगी। वर्तमान वास्तविकताएं इस तरह मिट नहीं सकतीं। अभेदानुभूतिमय सामरस्य से गुणात्मक ऐतिहासिक परिवर्तन नहीं हो सकता, अधिक से अधिक विषमताग्रस्त स्थिति की उग्रता कुछ कम हो सकती है, अथवा उस पर कुछ काल के लिए आवरण-भर चढ़ाया जा सकता है।

अंत में हम मुक्तिबोध का यह कथन उद्धृत करना चाहते हैं, जिससे 'प्रसाद' और उनके बीच का अंतर और स्पष्टता से उजागर हो जाता है : "प्रसादजी अपने वर्ग और युग की वैचारिक सीमा में जकड़े हुए थे। हिन्दी के कुछ कवि, जैसे पंत, अथवा रवीन्द्र को, अथवा यूरोप में रोम्याँ रोलाँ और टॉमस मान को, साम्यवाद ने मानव-भविष्य के उज्ज्वल ऐतिहासिक स्वप्न प्रदान किए। कम-से-कम इनमें से कुछ के हृदय में भविष्य का आलोक प्रसारित हुआ। प्रसादजी के साथ ऐसा न हो सका। प्रसादजी के लिए यही बड़ी ट्रैजेडी थी, क्योंकि उन्होंने मानव-समाज तथा आधुनिक (पूंजीवादी) सभ्यता-संबंधी गहन प्रश्नों को तीव्रतापूर्वक अनुभूत किया था।" लक्ष्य करने योग्य बात है कि मुक्तिबोध गोर्की या शोलोखोव-जैसे लेखकों का नहीं, पंत, रवीन्द्र, रोम्याँ रोलाँ और टॉमसन मान-जैसे लेखकों का जिक्र करते हैं, जो मार्क्सवादी नहीं थे, लेकिन जिन्हें साम्यवाद ने "मानव-भविष्य के उज्ज्वल स्वप्न प्रदान किए थे!" 'प्रसाद' ने चूंकि मानव-समाज तथा आधुनिक पूंजीवादी सभ्यता-संबंधी गहन प्रश्नों को तीव्रतापूर्वक अनुभूत किया था, इसलिए उनसे उक्त 'उज्ज्वल स्वप्न' की उनकी अपेक्षा गैरवाजिब नहीं कही जा सकती।

आचार्य शुक्ल ने 'कामायनी' के बारे में यह भी लिखा है कि उसमें "वर्गहीन समाज की साम्यवादी पुकार की भी दबी-सी गूंज दो-तीन जगह है।" इस गूंज को

किस चीज ने उभरने नहीं दिया? निश्चय ही 'प्रसाद' के सामरस्यवाद ने, जोकि उनका रहस्यवाद है। मजे की बात यह है कि डॉ. शर्मा 'कामायनी' के सामरस्यवाद को बुद्धिवाद-विरोधी नहीं मानते। कारण यह कि कर्म और इच्छा के साथ उसका एक घटक 'ज्ञान' भी है। 'साहित्य में लोक-जीवन की प्रतिष्ठा और जयशंकर प्रसाद' शीर्षक अपने निबंध में वे कहते हैं, "कामायनी ज्ञान, कर्म और इच्छा के तीनों लोकों को संबद्ध कर देती है। इसलिए प्रसाद का दर्शन बुद्धिवाद विरोधी नहीं है वरन् वह ज्ञान को मानव की सहृदयता से संबद्ध करता है।" (परंपरा का मूल्यांकन, पृ. 139) प्रसाद का दर्शन बुद्धिवाद-विरोधी इसलिए नहीं है कि उसमें बुद्धि का पूर्ण निषेध है, बल्कि इसलिए है कि उसमें यह अस्वीकार किया गया है कि "समस्त अस्तित्व के अंतिम सत्यों को बुद्धि द्वारा समझा जा सकता है।" इसी के अनुरूप उसमें सामरस्य की प्राप्ति व्यवहार-क्षेत्र से दूर भाव-लोक में कराई गई है।

योग का ज्ञान मुक्तिबोध को सर्वप्रथम अपने केशव नामक मित्र से हुआ था। इसका वर्णन उन्होंने अपनी 'डायरी' के 'तीसरा क्षण' शीर्षक लेख में किया है।

"केशव ने ही बहुत-बहुत पहले मुझे बताया कि इड़ा, पिंगला और सुषुम्ना किसे कहते हैं। कुंडलिनी-चक्र से मुझे बड़ा डर लगता। उसने हठयोगियों की बहुत-सी बातें बड़े ही विस्तार के साथ वर्णन कीं। · · · मैंने केशव को कभी भी योगाभ्यास करते हुए नहीं देखा, न उसने कभी सचमुच ऐसी साधना की। फिर भी वह मुझसे योग की बातें करता। सुषुम्ना नाड़ी के केंद्रीय महत्त्व की बात उसने मुझे समझाई। षट्चक्र की व्यवस्था पर भी उसने पूर्ण प्रकाश डाला। मेरे मन के अंधेरे को उसके प्रकाश ने विच्छिन्न नहीं किया। किन्तु मुझे उसके योग की बातें रहस्य के मर्मभेदी डरावने अंधेरे की भांति आकर्षित करती रहतीं, मानो मैं किन्हीं गुफाओं के अंधेरे में चला जा रहा हूं, और कहीं से (किसी स्त्री की) कोई मर्मभेदी पुकार सुनाई दे रही है।" इसके बाद उन्होंने लिखा है : "· · · धीरे-धीरे मैं उसके अत्यंत निकट आ गया। उसकी सलाह के बिना काम करना अब मेरे लिए असंभव हो गया था। साधारण रूप से, मेरे मन में उठनेवाली भाव-तरंगें मैं उसे कह सुनाता—चाहे वे भावनाएं अच्छी हों, चाहे बुरी, चाहे वे खुली करने लायक हों, चाहे ढांकने लायक। हम दोनों के बीच एक ऐसा विश्वास हो गया था कि तथ्य का अनादर करना, छुपाना, उससे परहेज करके दिमागी तलघर में डाल देना, न केवल गलत है, वरन् उससे कई मानसिक उलझनें होती हैं। एक बात कह दूं। अपने खयाल या भाव कहते समय मैं बहुत उच्छ्वसित हो उठता। मुझे लगता कि मन एक रहस्यमय लोक है। उसमें अंधेरा है, अंधेरे में सीढ़ियां हैं। सीढ़ियां गीली हैं। सबसे निचली सीढ़ी पानी में डूबी हुई है। वहां अथाह काला जल है। उस अथाह जल से स्वयं को ही डर लगता है। इस अथाह काले जल में कोई बैठा है। वह शायद मैं ही हूं। अथाह और एकदम स्याह-अंधेरे पानी की सतह पर चांदनी का एक चमकदार पट्टा फैला हुआ है, जिसमें मेरी ही आंखें चमक रही हैं, मानो दो नीले मूंगिया पत्थर भीतर उद्दीप्त हो उठे हों।"

दूसरे उद्धरण से स्पष्ट है कि केशव और लेखक के बीच सिर्फ योग की बातें

न होती थीं। लेखक केशव पर अपना कोई भी खयाल या भाव प्रकट करता, तो "बहुत उच्छ्वसित हो उठता।" ये बातें उस समय की हैं, जब मुक्तिबोध की उम्र बांस वर्ष से भी कम थी। वे हिंदी के सर्वाधिक कल्पनाशील कवि हैं। ऐसी स्थिति में चर्चा योग की हो, या समाज और राजनीति की, यदि उससे उनकी कल्पना-शक्ति उत्तेजित हो उठती थी और उनके मानस में उस तरह के चित्र आने लगते थे, जिस तरह के चित्रों से बाद में उनकी कविताएं निर्मित हुई, तो इसमें आश्चर्य की क्या बात है? मुक्तिबोध के ये संस्मरण हमें उनके किशोर मनोलोक की झांकी दिखलाते हैं, जिससे उनके परवर्ती काव्य-संसार का संबंध अनिवार्य है। केशव के साथ सिर्फ योग की बातें न होती थीं, इसका स्पष्ट प्रमाण ठीक आगे की ये पंक्तियां हैं : "मेरे मन के तहखाने में उठी हुई ध्वनियां उसे आकर्षित करतीं। धीरे-धीरे वह मुझमें ज्यादा दिलचस्पी लेने लगा। मैं जब उसे अपने मन की बातें कह सुनाता, तो वह क्षण-भर अपनी घनी भौंहोंवाली प्रशांत-स्थिर आंखों से मेरी तरफ देखता रहता। साधारण बातें, जोकि हमारे समाज की विशेषताएं थीं, हमारी चर्चा का विषय बनतीं। यद्यपि उसकी ज्ञान-संपत्ति अल्प ही थी, हमारी चर्चाएं विविध विषयों पर होतीं। मुझे अभी तक याद है कि उसने मुझे पहली बार कहा था कि गांधीवाद ने भावुक कर्म की प्रवृत्ति पर कुछ इस ढंग से जोर दिया है कि सप्रश्न बौद्धिक प्रवृत्ति दबा दी गई है। असल में यह गांधीवादी प्रवृत्ति प्रश्न, विश्लेषण और निष्कर्ष की बौद्धिक क्रियाओं का अनादर करती है। यह बात उसने मुझे तब कही थी जब सन् तीस-इकतीस का सत्याग्रह खत्म हो चुका था और विधान-सभाओं में घुसने की प्रवृत्ति जोर पकड़ रही थी। तब हम स्थानीय इंटरमीडिएट कालेज के फर्स्ट ईयर में पढ़ते थे। तभी हमने रूस के पंचवर्षीय आयोजन का नाम सुना था।"

'पुनर्मूल्यांकन' के 'योग और गुरु-मित्र का योगदान' शीर्षक खंड में डॉ. शर्मा ने केशव और लेखक के बीच के योगेतर प्रसंग को बिलकुल छोड़ दिया है और कुछ और बातों का जिक्र करते हुए शेष सभी बातों का संबंध योग और मनोविश्लेषण से जोड़ दिया है। कहते हैं, मुक्तिबोध को "योग की बातें आकर्षित करती हैं", पर "न पूरी तरह स्वीकृत हैं, न अस्वीकृत।" इस तरह यहां भी उन्होंने उनके 'आत्मसंघर्ष' के लिए जगह निकाल ली है! उनका कहना है कि योग-चर्चा मुक्तिबोध ने इसलिए की है कि अपनी रचना-प्रक्रिया का विवरण प्रस्तुत कर सकें। "यह जिस कवि की रचना-प्रक्रिया है, उसकी मनोरचना की छवि दिखाना उनका उद्देश्य है।" तात्पर्य यह कि योग से मुक्तिबोध का संबंध था और वह इतना घनिष्ठ था कि उसने उनकी मनोरचना में हिस्सा लेकर उनकी रचना-प्रक्रिया को प्रभावित किया था। मनोरचना एक जटिल चीज है, वैसे ही रचना-प्रक्रिया भी एक जटिल चीज है। इनमें कौन-कौन-सी चीजें हिस्सा लेती हैं और हिस्सा लेनेवाली चीजें अंततः कौन-सा रूप प्राप्त करती हैं, इसके संबंध में निश्चित रूप से कुछ नहीं कहा जा सकता। लेकिन इसका यह मतलब नहीं है कि मुक्तिबोध की मनोरचना और रचना-प्रक्रिया में योग के कुछ तत्व हों, तो उन्हें योग से प्रभावित मान लिया जाए। देखने की बात यह है कि उन्होंने उन तत्वों

का अपनी रचना में किस प्रकार का उपयोग किया है। उनकी कविताओं में यत्र-तत्र पौराणिक संदर्भ भी मिलते हैं। इससे क्या वे पुरा-चेतना के कवि कहे जाएंगे?

सच्चाई यह है कि डॉ. शर्मा ने जिस रचना-प्रक्रिया की बात कही है, उसका विस्तृत विवरण तो मुक्तिबोध ने लेख में आगे दिया है, कला के तीन क्षणों की चर्चा करते हुए। इस विवरण का योग से कोई संबंध नहीं है। योग की चर्चा तो उन्होंने केशव का परिचय देने के क्रम में शुरू में प्रसंगवश की है। "मुझे लगता कि मन एक रहस्यमय लोक है" से लेकर "वह शायद मैं ही हूं" तक का अंश डॉ. शर्मा ने उद्धृत किया है और "मैंने साइकोऐनेलिसिस की बात छेड़ दी थी" मुक्तिबोध की इस बात को उक्त अंश के ठीक बाद कहा बताया है, और इस तरह उन्होंने दोनों में संबंध जोड़कर उन पर फ्रायड के मनोविश्लेषण का प्रभाव सिद्ध करने की कोशिश की है। मुक्तिबोध की जिन दो बातों को डॉ. शर्मा एक साथ रखते हैं, उनमें कम से कम दो वर्षों का फासला है। पहली बात उस समय की है, जब "हम स्थानीय इंटरमीडिएट कॉलेज के फर्स्ट ईयर में पढ़ते थे" और दूसरी बात उस समय की है, "जब हम दोनों फोर्थ ईयर में पढ़ रहे थे"। यह सिर्फ यह दिखलाने के लिए है कि डॉ. शर्मा अपनी बात सिद्ध करने के लिए कहीं की बात कहीं लगा देते हैं। "मुझे लगता कि मन एक रहस्यमय लोक है" वाले उद्धरण में वे मनोविश्लेषण का प्रभाव दिखलाते, कोई हर्ज न था, लेकिन उस उद्धरण के बाद "इसके आगे (मुक्तिबोध) कहते हैं" की सूचना के साथ उन्होंने "मैंने साइकोऐनेलिसिस की बात छेड़ दी थी" मुक्तिबोध की यह दो वर्ष बाद कही गई बात रख दी है। इन दो बातों में बिलकुल सीधा और गलत संबंध उन्होंने यहां जोड़ा है।

उसके बाद डॉ. शर्मा यह स्थापना करते हैं : "मुक्तिबोध की मनोरचना ऐसी है कि उसमें *विवेक और तर्कबुद्धि उनके भावों और संवेदनों से टकराती है।* इसीलिए विवेक का रंदा चलता है, व्यक्तित्व छीला जाता है। भावों और संवेदनों का संसार उन्हें अत्यंत प्रिय है। *ये भाव और संवेदन अधिकतर स्वतःस्फूर्त और तर्क से परे जान पड़ते हैं।* केशव की योग की बातें रहस्य के मर्मभेदी डरावने अंधेरे की भांति उन्हें आकर्षित करती हैं, उन्हें लगता है कि वह गुहाओं के अंधेरे में चले जा रहे हैं और वहां किसी स्त्री की मर्मभेदी पुकार सुनाई देती है। *इस सबका कोई तर्कसंगत कारण नहीं है।* मन एक अथाह काले जल से भरा हुआ रहस्यमय लोक है। *इसकी थाह लेने के लिए तर्कबुद्धि काम नहीं आती। सहज बोध, मन की स्वतःस्फूर्त क्रियाओं और सूक्ष्म संवेदनों का सहारा लेना ही पड़ता है।* कभी-कभी सहारा देने के लिए एक बाहर का व्यक्ति होता है। कवि उसके सामने अपने को हीन पाता है पर उसकी ओर तेजी से आकर्षित होता है। मुक्तिबोध के व्यक्तित्व में किसी का सहारा पाने की प्रबल आकांक्षा है पर यह साधारण कोटि की परनिर्भरता नहीं है। यह निर्भरता वैसी ही है *जैसी पूर्ण ज्ञान की तलाश करनेवाले शिष्य की गुरु के प्रति होती है।"* बलयुक्त पंक्तियों पर ध्यान देने से स्पष्ट हो जाता है कि यह स्थापना कितनी खतरनाक है। डॉ. शर्मा मुक्तिबोध में मध्यवर्गीय संस्कारों और सर्वहारा आदर्शों, आत्मचेतना और

विश्वचेतना अथवा भीतर और बाहर के बीच जो टकराव है, उसे विवेक और तर्कबुद्धि तथा भावों और संवेदनों के बीच का टकराव बना देते हैं, यानी बुद्धि और 'अबुद्धि' के बीच टकराव! उनकी सारी कोशिश यह प्रतिपादित करने के लिए है कि मुक्तिबोध रहस्यवाद की अतर्क्य भाव-धारा में बहनेवाले कवि थे। 'स्वतःस्फूर्त', 'तर्क से परे', 'कोई तर्कसंगत कारण नहीं', 'तर्कबुद्धि काम नहीं आती', 'सहजबोध', 'मन की स्वतःस्फूर्त क्रियाओं' और 'सूक्ष्म संवेदनों' का एक ही मतलब है कि उनकी मनोरचना ऐसी थी, जिसमें रहस्यवादियों के 'इंट्यूशन' के लिए जितनी जगह थी, उतनी वैज्ञानिक बुद्धि के लिए नहीं। अंत में उन्होंने मुक्तिबोध में उस गुरु का भी अस्तित्व बतला दिया है, जो योग-साधना के लिए अनिवार्य होता है। स्वभावतः गुरु का अस्तित्व सिद्ध करने के लिए भी उन्हें बहुत तोड़-मरोड़ से काम लेना पड़ा है।

'आत्मा के मित्र मेरे' मुक्तिबोध की 'तार सप्तक' में संकलित अपने किसी अत्यंत आत्मीय मित्र के प्रति लिखी गई कविता है। इसमें उन्होंने अपने मित्र को अपने आदर्शों के मूर्त रूप में रखा है। उसे वे इन शब्दों में भी संबोधित करते हैं : "बुद्धि की मेरी शलाका के अरुणतम नग्न जलते तेज / कर्म के चिर-वेग में उर-वेग के उन्मेष"। लेकिन इस कविता की इन पंक्तियों से पता चलता है कि यह बर्गसाँ के प्रभाव में लिखी गई है :

> अपनी व्यक्तिमत्ता के सहारे जो चले हैं प्राण,
> उनको कौन देता है
> अचल विश्वास का वरदान!
> उनको कौन देता है प्रखर आलोक
> खुद ही जल
> कि जैसे सूर्य।

डॉ. शर्मा इस कविता के मित्र का सामान्यीकरण करते हैं और कहते हैं : " 'तार सप्तक' में मुक्तिबोध की एक कविता है 'आत्मा के मित्र मेरे'। इस कविता के आरंभ में उन्होंने मित्र के मुख में अपनी आत्मा को देखने की जो बात लिखी है, उसे देखने से 'अंधेरे में' कविता के गुरु को समझने में सुविधा होगी।" इस कविता में तो 'मित्र' शब्द का ही प्रयोग हुआ है, भले 'आत्मा का मित्र', लेकिन 'अंधेरे में' में तो 'गुरु' ही नहीं, 'शिष्य' शब्द का भी प्रयोग है :

> वह तेरी पूर्णतम परम अभिव्यक्ति,
> उसका तू शिष्य है (यद्यपि पलातक ⋯)
> वह तेरी गुरु है
> गुरु है ⋯

जाहिर है कि यह डॉ. शर्मा के लिए बहुत ही अनुकूल बात है। उन्होंने इस 'गुरु' को 'योग-गुरु' और इस शिष्य को 'योग-साधक' बना दिया है। ऊपर से वह गुरु 'दिव्य' और 'भव्य आजानुभुज' भी है : "गौरवर्ण, दीप्त-दृग, सौम्यमुख / ⋯ भव्य

आजानुभुज ` ` ` "! इससे रहा-सहा संदेह भी दूर हो जाता है। कहते हैं, " 'अंधेरे में' कविता का गुरु दिव्य पुरुष है, भव्य आजानुभुज है। ` ` ` वह रहस्यमय व्यक्ति उसकी पूर्ण अवस्था है, वह 'अब तक न पाई गई मेरी अभिव्यक्ति है।' " यदि इन पंक्तियों का अर्थ लगाया जाए, तो वह यह होगा कि वह दिव्य पुरुष गुरु भी है और गोविंद भी, क्योंकि वह स्वयं 'उसकी पूर्ण अवस्था' और 'अब तक न पाई गई मेरी अभिव्यक्ति' है!

डॉ. शर्मा का ध्यान पुस्तक के दूसरे संस्करण में भी उक्त 'दिव्य पुरुष' से संबंधित इन पंक्तियों पर नहीं गया, जो उसके यथार्थ स्वरूप पर अधिक प्रकाश डालती हैं :

> किन्तु, वह फटे हुए वस्त्र क्यों पहने है?
> उसका स्वर्ण-वर्ण मुख मैला क्यों?
> वक्ष पर इतना बड़ा घाव कैसे हो गया?
> उसने कारावास-दुःख झेला क्यों?
> उसकी इतनी भयानक स्थिति क्यों है?
> रोटी उसे कौन पहुंचाता है?
> कौन पानी देता है?
> फिर भी, उसके मुख पर स्मित क्यों है?
> प्रचंड शक्तिमान क्यों दिखाई देता है?

वह पुरुष एक साथ दिव्य और फटेहाल है। वह जख्मी है, जेल के भीतर है, उसके आगे रोटी और पानी की भी समस्या है, पर उसके मुख पर मुस्कुराहट भी है और वह प्रचंड शक्तिशाली भी है। यह है श्रमजीवी जनता का जीवन-यथार्थ और उसका संगठित रूप! लेकिन डॉ. शर्मा सर्वत्र रहस्यवाद के चश्मे से रहस्य-साधना के गुरु और ब्रह्म को ढूंढ़ते हैं। रहस्यवाद मुक्तिबोध में नहीं है, रहस्यीकरण वे करते हैं, जिसका प्रमाण नेमिचंद्र जैन को लिखे गए उनके पत्रों से उद्धरण एकत्र कर इस खंड में उन पर उनके द्वारा की गई यह टिप्पणी है : "जो बौद्धिक और हार्दिक सहचर है, वह गुरु के समान है, वह ज्ञाननेत्र खोल देता है। *वह स्वप्न में तो दिखाई देता है पर यथार्थ जीवन में दूर रहता है।* बात करता है तो पूरी तरह खुलता नहीं है, रहस्य बना रहता है। उसकी स्मृति मात्र से लोकोत्तर आनंद प्राप्त होता है। उससे मुक्तिबोध तादात्म्य स्थापित करते हैं, उस पर अपनी भव्य कल्पना का रंग चढ़ाते हैं, पर *वह व्यक्ति यथार्थ जीवन में उनसे भिन्न है।*" बलयुक्त पंक्तियों से स्पष्ट है कि नेमिजी का रहस्यीकरण डॉ. शर्मा ने किया है, मुक्तिबोध ने नहीं, क्योंकि जिन पत्रों का उन्होंने हवाला दिया है, उनमें ऐसी कोई बात नहीं है। विकृतीकरण का एक उदाहरण यह है कि इस खंड के अंत में 'आत्मा के मित्र मेरे' कविता की जिस पंक्ति ("माता पिता पत्नी सुहृद पीछे रहे हैं छूट") का संबंध उन्होंने मुक्तिबोध से जोड़ा है, उसका संबंध वस्तुतः उनसे न होकर 'मित्र' से है।

डॉ. शर्मा ने मुक्तिबोध की कई कविताओं का हवाला देकर उन पर रहस्यवाद

का प्रभाव दिखलाने की कोशिश की है। 'मुझे पुकारती हुई पुकार' शीर्षक उनकी कविता 'प्रतीक' के जुलाई-अगस्त, 1947 के अंक में प्रकाशित हुई थी। इसके बारे में डॉ. शर्मा का कहना है : "प्रतीक (संख्या 2) में मुक्तिबोध की कविता छपी—'मुझे पुकारती हुई पुकार'। कवि ने जो सत्य पाया है, वह अपूर्ण है, जीवन की अनुभूति से जो प्राणमूर्ति गढ़ी है, वह खंडित है। इसी अपूर्णता के बोझ से मन में पुकार उठती है—पूर्णता की तलाश कर। पुकार सुनकर तिमिर-विवर में पड़ी हुई अशांत नागिनी जाग उठती है। मृत्युगीत के छंद नष्ट हो जाते हैं, 'दबी हुई अनंत ज्योति' जाग उठती है। यह जो तिमिर-विवर में नागिनी उठती है, वह कुंडलिनी है।" ('अस्तित्ववाद', पृ. 121) 'पुनर्मूल्यांकन' में भी वे इस कविता की चर्चा करते हुए कहते हैं : " 'मुझे पुकारती हुई पुकार' खो जाती है पर वह नवीन प्रेरणा दे जाती है। घने अंधकार को घेरकर प्राण-ज्योति के लाल बिंब उद्भासित हो उठते हैं। राख में दबी हुई ज्योति प्रकट हो जाती है और यह साधारण ज्योति नहीं है, 'सफेद राख के अचेत शीत / सर्व ओर रेंगते प्रसार में / दबी हुई अनंत ज्योति जग उठी।' " क्या इस कविता की पुकार सचमुच रहस्यात्मक, रहस्यात्मक पूर्णता की, पुकार है? क्या इसमें तिमिर-विवर में अशांत पड़ी हुई नागिनी सचमुच कुंडलिनी है? क्या इसकी 'अनंत ज्योति' सचमुच रहस्यवादी साधकों और कवियोंवाली 'अनंत ज्योति' है?

इस कविता की चर्चा स्वयं मुक्तिबोध ने अपने उस वक्तव्य में की है, जो 'तार सप्तक' के दूसरे संस्करण के लिए तैयार किया गया था, लेकिन जो उसमें प्रकाशित न हो सका। उस वक्तव्य के इस अंश को देखना उपयोगी होगा : " 'तार सप्तक' की कविताओं के अनंतर, मनुष्य-संबंधों की गिरावट के भीषण दृश्यों के बीच भी, मुझे कोई ध्रुव-सा प्राप्त हो गया था। तत्कालीन कविताओं में, जो *नया साहित्य, प्रतीक* तथा *हंस* में प्रकाशित हुईं, इस तथ्य का स्पष्ट इंगित है। राजनैतिक-सामाजिक क्षेत्र के अधःपतन-संबंधी कविता, जो मैंने बंगाल के अकाल पर लिखी, *नया साहित्य* में प्रकाशित हुई। इसी संबंध में एक कविता *हंस* में भी निकली, जो तीन-तीन पंक्तियों की है। इसी भीषण परिवेश में, इस स्याह परिपार्श्व में, मेरे मन के भीतर ग्लानि, दुःख, और व्यक्तिगत जीवन के संबंध में निराशा का भाव रहना स्वाभाविक ही था। ऐसी ही किसी भीषण मनःस्थिति में, इलाहाबाद के *प्रतीक* में मेरी एक कविता प्रकाशित हुई, जो मुझे अभी भी अत्यंत प्रिय है। वह है, 'मुझे पुकारती हुई पुकार खो गई कहीं'।" मुक्तिबोध के इस कथन में दो बातें ध्यातव्य हैं। एक तो यह कि उन्होंने जिन तीन कविताओं का जिक्र किया है, वे तीनों ही कविताएं सामाजिक और वैयक्तिक निराशा की कविताएं हैं और दूसरी यह कि इन तीनों ही कविताओं में "इस तथ्य का स्पष्ट इंगित है" कि "मनुष्य-संबंधों की गिरावट के भीषण दृश्यों के बीच भी, मुझे कोई ध्रुव-सा प्राप्त हो गया था।" यदि इस 'ध्रुव तारे' का पता चल जाए, यानी यह मालूम हो जाए कि वह अलौकिक है वा लौकिक, तो 'मुझे पुकारती हुई पुकार' की अंतर्वस्तु पर प्रकाश पड़ सकता है।

'बंगाल के अकाल पर लिखी' और 'नया साहित्य' के जून, 1946 के अंक में

प्रकाशित 'अपने कवि से' शीर्षक कविता का 'ध्रुव तारा' है :

जीवन के असीमित
शीत श्यामल सिंधु पर विकराल
घृणा के अति भव्य दीपस्तंभ की
है फैलती संतप्त नीली ज्वाल
बढ़ते जा रहे हैं श्रमिक-कृषकों के
सुसज्जित युद्धपोत विशाल
दारुण क्रांति की अनिवार्यता
के भावमुग्ध प्रतीक।

'तीन-तीन पंक्तियों की' और 'हंस' के जुलाई, 1947 के अंक में मुक्तिबोध की 'मध्य-वित्त' शीर्षक कविता प्रकाशित हुई थी। इस कविता में उन्होंने मध्यवर्ग की सामाजिक और आर्थिक स्थिति का वर्णन करते हुए उसके 'आत्म-विरोध' और 'द्वित्व' के लिए उसे कोसा था और अंत में अपने को मध्यवर्ग का ऐसा कवि मानते हुए, जो 'मानव-मुक्ति-व्यथा के आलोकों' से अपनी निराशा को धो चुका है, कहा था :

दक्षिण-ध्रुवी समुद्रों का ठंडा अंधियारा
चीर रही हैं लंबी बांहें नील अनल की,
भिदी निराशा, घुसी शलाका मेरे बल की।

यह इस कविता का 'ध्रुव तारा' है! 'मुझे पुकारती हुई पुकार' घोर निराशा की कविता है, जिसमें "अपूर्त सत्य की क्षुधित / अपूर्ण यत्न की तृषित / अपूर्त जीवनानुभूति-प्राणमूर्ति की समस्त भग्नता" दिखलाई पड़ती है। लेकिन इस कविता में भी एक 'ध्रुव तारा' है, जिसका प्रकाश इन पंक्तियों से फूट रहा है :

आज भी नवीन प्रेरणा यहां न मर सकी,
न जी सकी, परंतु वह न डर सकी।
घनांधकार के कठोर वक्ष
दंश-चिह्न-से
गभीर लाल बिंब प्राण-ज्योति के
गभीर लाल इंदु-से
सगर्व भीम शांति में उठे अयास मुसकरा
घनांधकार की भिदी परंपरा।
सफेद राख के अचेतन शीत
सर्व ओर रेंगते प्रसार में
दबी हुई अनंत ज्योति जग उठी
मलीन मृत्यु-गीत के उदास छंद बावरे
घनांधकार के भुजंग-बंध दीर्घ साँवरे
विनष्ट हो गए प्रबुद्ध ज्वाल में हताश हो।

विशाल भव्य वक्ष से
बही अनंत स्नेह की महान् कृतिमयी व्यथा
बही अशांत प्राण से महान् मानवी कथा।

आश्चर्य होता है यह देखकर कि डॉ. शर्मा का ध्यान 'अनंत ज्योति' पर जाता है, लेकिन 'महान् मानवी कथा' पर नहीं। वे एक 'अनंत' शब्द को पकड़कर इस कविता की रहस्यवादी व्याख्या करने की कोशिश करते हैं और इस पूरे अंश के इस आशय पर ध्यान नहीं देते कि अब निराशा का सघन अंधकार नष्ट हो गया है और कवि 'महान् मानवी कथा' से अनुप्राणित होकर नवीन आस्था से उठ खड़ा हुआ है। कविता की अंतिम पंक्तियां हैं : "सँवारती हुई मुझे / उठी सहास प्रेरणा। / प्रभात भैरवी जगी अभी, अभी।" मानवी कथा के आख्यान के साथ समाप्त होनेवाली यह कविता क्या रहस्यवादी है? क्या जो भी सत्य को पूरा प्राप्त करना चाहता है, अपने प्रयत्न को पूर्णता प्रदान करना चाहता है और अपनी प्राणमूर्ति को पूरा गढ़ना चाहता है, वह रहस्यवादी है? 'अनंत' और 'पूर्णता' शब्दों पर क्या रहस्यवाद का ही एकाधिपत्य है? मुक्तिबोध अपने अंतिम दौर की 'एक आत्म वक्तव्य' शीर्षक कविता में भी यह कहते हैं कि मेरी मूर्ति अभी तक अधबनी है! इसका संबंध व्यक्तित्व के रूपांतरण की प्रक्रिया से है, या रहस्यवाद से?

डॉ. शर्मा ने जिस तिमिर-विवरवाली नागिनी को 'कुंडलिनी' कहा है, वह रूपक-मात्र है। यह पूरे प्रसंग से स्पष्ट है :

तिमिर-विवर में पड़ी अशांत नागिनी—
छिपी हुई तृषा
अपूर्त स्वप्न-लालसा
तुरत दिखी
कि भूल-चूक ध्वंसिनी अनावृता हुई।

तिमिर-विवर में पड़ी अशांत नागिनी यानी छिपी हुई तृषा, अपूर्ण स्वप्न-लालसा और ध्वंसिनी भूल-चूक! यह भूल-चूक वही है, जिसे एक अन्य कविता में मुक्तिबोध ने 'भूल-गलती' कहा है। यह तथ्य वाकई बहुत दिलचस्प है कि कवि ने जिस 'नागिनी' शब्द का बहुत ही सशक्त प्रयोग मनुष्य को सत्य के मार्ग से हटानेवाली तृषा, लालसा और भूल-चूक के लिए किया है, उसे डॉ. शर्मा ने योग-साधकों की सहस्रार तक पहुंचनेवाली कुंडलिनी बना दिया है! इस प्रयास में उन्होंने मुक्तिबोध द्वारा प्रयुक्त उपमान की सटीकता और सशक्तता को भी नहीं देखा।

'चांद का मुंह टेढ़ा है' में संकलित मुक्तिबोध की कविता 'कल जो हमने चर्चा की थी' पर डॉ. शर्मा की टिप्पणी है : "इसमें मुक्तिबोध किसी मित्र के साथ ज्वालामुखियों के भीतर पैठने और लावा के उद्गम तक पहुंचने का वर्णन करते हैं। वहां देखते हैं—धरती की महानाड़ियां 'इड़ा-पिंगला फड़क रही थीं।' पास ही सुषुम्ना भी है जिसके 'अंगारी प्राणपथों पर' वे घूमते हैं। आगे कुंडलिनी का उल्लेख है : 'निर्णय-निश्चय—/

जीवन-संचय की कुंडलिनी,/ पृथ्वी के भीतर की ज्वालामयी कमलिनी की / विवेकमय पंखुरियों पर / हम जा लेटे!!' यहां कवि ने ज्ञान-सरोवर का जल पिया, आस्था का अक्षयवट देखा और सूर्यकन्या देखी, जिसके अंतर में विवेक का रस बहता है और जो कवि को सूचित करती है कि 'आत्मा का प्रतीक है सूरज'।" (उप., पृ. 121) इड़ा, पिंगला, सुषुम्ना, कुंडलिनी, कमल और आत्मा—जब रहस्यवाद की पूरी सामग्री मौजूद हो, तो वहां रहस्यवाद कैसे नहीं होगा? डॉ. शर्मा ने 'सूर्यकन्या' में विशेष रुचि ली है। कहते हैं, "कबीर से लेकर प्रसाद तक रहस्यवादियों ने इड़ा, पिंगला, सुषुम्ना, कुंडलिनी और कमल का वर्णन किया था पर यह सूर्यकन्या कौन है?" फिर वे इस तरह जिज्ञासा का समाधान करते हैं, "प्रभाकर माचवे ने लिखा है, 'अग्नेश्का से मैंने कहा था मुक्तिबोध की कविता 'लावा' है। वह उनसे मिलने गई। इसके दो कविताओं में इंगित हैं : 'कल जो हमने बातें की थीं' (पृ. 110 से 115) और पृ. 154 पर 'अकेली एक छायामूर्ति'। (राष्ट्रवाणी, फरवरी, 1965)। (दिल्ली विश्वविद्यालय के उर्दू विभाग में अपने कोश निमार्ण कक्ष की आलमारी से अग्नेश्का की डिब्बी से—उनकी अनुपस्थिति में— मुझे सिगरेट देते हुए शमशेर बहादुर सिंह ने कहा था—पोलिश महिला हैं, कविता-प्रेमी हैं, हिन्दी-उर्दू बहुत अच्छी जानती हैं।) अग्नेश्का नाम सूर्यकन्या के रूप में सार्थक है। वैसे वह कर्मनिष्ठा जनकन्या भी है। सूर्यकन्या—इड़ा, पिंगला, कुंडलिनी और कमल के साथ–मुक्तिबोध के रहस्यवादी स्वप्न में घुल-मिल गई।" (उप.)

जो लेखक कविता का हवाला देते हुए उसका शीर्षक भी ठीक-ठीक नहीं लिख सकता (कविता का शीर्षक है 'कल जो हमने चर्चा की थी', 'कल जो हमने बातें की थीं' नहीं, जैसा कि डॉ. माचवे ने लिखा है), उसकी बात का भरोसा करके डॉ. शर्मा ने पोलिश महिला अग्न्येश्का को 'सूर्यकन्या' बना दिया है! 'कल जो हमने चर्चा की थी' कविता 'हंस' के अक्तूबर, 1957 के अंक में प्रकाशित हुई थी, जबकि स्वयं अग्न्येश्का के मुताबिक मुक्तिबोध से उसकी पहली मुलाकात 1962 में राजनांदगांव में हुई थी। 'लक्षित मुक्तिबोध' में संकलित अपने साक्षात्कार में वह कहती है : "पहली बार मैं उनसे राजनांदगांव जाकर मिली थी। ... 1961-62 में, अपने शोधकार्य के सिलसिले में पुरानी पत्रिकाओं का अध्ययन करते समय, बनारस से निकलनेवाली 'कवि' (अप्रैल, 1957) में मुक्तिबोध की कविता 'ब्रह्म-राक्षस' को पढ़कर मैं बहुत प्रभावित हुई थी। ... मुक्तिबोध के संबंध में जिज्ञासा के साथ, सन् 1962 में अपनी मध्यप्रदेश की यात्रा के दौरान, मैंने उनसे मिलने का इरादा बनाया ... मुक्तिबोध को लेकर मन में जो झिझक थी, उनसे मिलते ही वह अनायास दूर हो गई ... ।" यह पुस्तक सन् 1976 में प्रकाशित हुई और 'नई कविता और अस्तित्ववाद' का प्रथम संस्करण 1978 में निकला, लेकिन डॉ. शर्मा ने इस भूल को दुरुस्त करने का कष्ट नहीं उठाया। 1987 में प्रकाशित होनेवाले पुस्तक के द्वितीय संस्करण में भी वह भूल ज्यों की त्यों है।

डॉ. नामवर सिंह ने 'कविता के नए प्रतिमान' (द्वितीय संस्करण) के 'पुनश्च' में 'सूर्यकन्या' को अग्न्येश्का मानने से इनकार करते हुए लिखा है कि "निःसंदेह इस

कविता में एक बातचीत के तीव्र अनुभव का भावावेगपूर्ण वर्णन है, किंतु जरूरी नहीं कि यह बातचीत सचमुच किसी और से—किसी समानधर्मा से ही हुई हो। मुक्तिबोध की अन्य कृतियों की तरह यह बातचीत अपने आप से भी हो सकती है।" लेकिन कविता में इस बात के प्रमाण मौजूद हैं कि कवि की जिससे बातचीत होती है, वह एक युवती है, वह स्वयं कवि या उसके व्यक्तित्व का अंश नहीं है। इसमें कवि उस युवती को प्रेमी की तरह अपने प्राण देता है और उसका आलिंगन करता है! 'पुनर्मूल्यांकन' में इसी आधार पर डॉ. शर्मा ने नामवरजी के सुझाव को रद्द कर दिया है। लेकिन यह 'सूर्यकन्या' कौन है? इस पर हम बाद में विचार करेंगे, अभी इस पर विचार कर लें कि वह युवती यदि अग्न्येश्का नहीं, तो कौन है? हमारा अनुमान है कि वह काशी हिन्दू विश्वविद्यालय में हिंदी पर शोध करनेवाली सोवियत युवती नातालिया है, जो संभवतः 1957 की गर्मियों में मुक्तिबोध से नागपुर जाकर मिली थी। विष्णुचंद्र शर्मा 'मुक्तिबोध की आत्मकथा' के कथा-प्रसंग में लिखते हैं, "नातालिया गोवा गई थी। वहां से महाराष्ट्र की नगरी पूना और नागपुर में ठहरी थी। मैंने उसे मुक्तिबोध का पता दिया था। वह रेडियो स्टेशन गई थी। फिर कई दिन वह नागपुर में उनके साथ लंबी सड़कों पर घूमी थी। उसने लिखा था, " 'कवि' में जो कुछ तुमने छापा है, वह बहुत कम है। मुक्तिबोध का बाहर भी बड़ा-सा दिल है, भीतर भी दिल के भीतर कई दिल हैं।"

'आत्मकथा' के बयालीसवें परिच्छेद में उन्होंने मुक्तिबोध और नातालिया के संबंधों का जिस रूप में वर्णन किया है, उससे लगता है कि उनमें एक-दूसरे के प्रति प्रेम-भाव उत्पन्न हो गया था। "बातचीत की गर्मी में मैंने नातालिया का हाथ अपने हाथों में लिया। कल्पना में मैं, युद्ध (द्वितीय विश्वयुद्ध—ले.) के दौरान, हर परिवार में—एक रिपोर्टर की हैसियत से घूमता रहा। मैंने नातालिया की ऊष्म सांसों और आत्मीय स्पर्श का दबाव महसूस किया। कल्पना में और ठोस सांसों की गर्मी में फर्क होता है। हम दोनों ने उस फर्क को महसूस किया।" "अचानक मैं और नातालिया एक साथ ठठाकर हंसे पड़े। मैंने उसे बांहों में बांध लिया।" "नातालिया को आज ही गाड़ी से जाना है। हम देर तक कानपुर में घूमते रहे। स्टेशन पर उसने विदा का चुंबन दिया।" ये कुछ उद्धरण हैं 'आत्मकथा' से, जिनसे उक्त प्रेम-भाव की पुष्टि होती है। ऐसी स्थिति में उस युवती का नातालिया होना संभव है।

"कल जो हमने चर्चा की थी" कविता रहस्यवादी नहीं, एक तरफ राजनीतिक कविता है और दूसरी तरफ प्रेम-कविता। इन दोनों बिंदुओं को मिलानेवाली रेखा है उक्त युवती।

जैसा कि विष्णुचंद्र शर्मा ने 'आत्मकथा' में लिखा है, नातालिया कम्युनिस्ट थी और राजनीतिक दृष्टि से बहुत ही प्रबुद्ध थी। द्वितीय विश्वयुद्ध में सोवियत संघ पर जर्मनी के हमले के समय वह छोटी थी, लेकिन मां से सुनी हुई स्तालिनग्राद के युद्ध की कहानी वह विस्तार से सुनाया करती थी। मुक्तिबोध के साथ उसकी बातचीत उस युद्ध से लेकर समकालीन देश-विदेश की राजनीति तक पर होती थी। संभवतः

'जमाने का चेहरा' शीर्षक मुक्तिबोध की लंबी कविता नातालिया की बातचीत से ही प्रेरित है, जिसमें स्तालिनग्राद के युद्ध का बहुत ही विस्तार से वर्णन हुआ है। उसके साथ राजनीतिक बातचीत से प्रेरित उनकी दूसरी कविता यह 'कल जो हमने चर्चा की थी' है। इसमें बातचीत करते हुए मुक्तिबोध किस तरह गहराई में उतरकर जीवन के पीड़ादायक और क्रांतिकारी सत्यों का साक्षात्कार करते गए, इसका भव्य वर्णन उन्हीं के शब्दों में देखने योग्य है :

> कल जो हमने चर्चा की थी,
> हिय की ऊष्मा के उफान से निकल रहे थे
> सही-सही बातों के उत्तर।
> हम ज्वालामुखियों के मुंह में उतर रहे थे।
> जीवन की सच्चाई के स्तर,
> सही बात के चौड़े पत्थर,
> तीव्र वेदना में कैसे गड़गड़ा रहे थे,
> इन ज्वालामुखियों के भीतर!!

आगे की ये पंक्तियां भी ध्यातव्य हैं :

> दैनिक जीवन की अपूर्णता के मैदानों
> की जमीन के नीचे, ऊंचे-ऊंचे कोने
> भीतर-भीतर धंसे पहाड़ों के कंधों के,
> पहले कभी नहीं दिख पाए!!
> ज्ञात नहीं था हमें कि दृढ़ता
> की टेकड़ी उठी है भीतर
> शीश उठाए।
> जबर्दस्त ईमान-शिखर वे दाएं-बाएं
> भीतर की गर्मी के अंगारों से पिघले;
> दुर्निवार हो उठे कि
> ज्ञान-संवेदन बनकर
> यों अकुलाए,
> हमको हर घर में ले निकले,
> हमको हर घर में दे आए।
> उनकी ज्वलंत धारा में हम
> अपनी विवेक-यात्रा करते!!

इन पंक्तियों में 'दृढ़ता', 'ईमान', 'ज्ञान-संवेदन' और 'विवेक' शब्दों का जो प्रयोग हुआ है, वह किसी रहस्यवादी अर्थ में, या उस अर्थ में, जिसमें मुक्तिबोध उनका प्रयोग करते रहे हैं? उनके अर्थ की निश्चित दिशा का पता ये दोनों पंक्तियां देती हैं : "हमको हर घर में ले निकले, / हमको हर घर में दे आए।" ज्ञान-संवेदन की ज्वलंत धारा में

विवेक-यात्रा करते हुए कवि प्रत्येक जनसाधारण तक, प्रत्येक घर तक, पहुंच जाता है! यह वह ज्ञान-संवेदन है, जो उसे जन-साधारण से जोड़ देता है।

बाद की पंक्तियों में मुक्तिबोध कहते हैं :

कहता कौन कि फॉस्फोरस या
गंधक, कार्बन, यूरेनियम वह
द्रवीभूत हो जहरीला है—
जब तक जन-मानव के घर में
पावन दीप-प्रकाश
पाप-क्षालन करता हो,
तब तक उस पावन दीपक का
गहरे से भी गहरा धूआं सुरभीला है।

धरती के नीचे से फूटनेवाली द्रवीभूत फॉस्फोरस, गंधक, कार्बन और यूरेनियम का प्रवाह, यानी क्रांतिकारी विचारधारा! मुक्तिबोध कहते हैं कि क्रांतिकारी विचार 'जहरीले' नहीं हो सकते, क्योंकि वे 'जन-मानव' को गलत विचारों से मुक्त करते हैं, उन्हें सही विचारों का मार्ग दिखलाते हैं। यहां 'जन-मानव' शब्द ध्यातव्य है। इसी के बाद मुक्तिबोध का वह रूपकात्मक कथन है, जिसमें प्रयुक्त योग-साधना की शब्दावली देखकर डॉ. शर्मा ने इस कविता को रहस्यवादी बतलाया है :

जबकि पहाड़ों की चोटी से ज्वाला फूटी,
हम ज्वालामुखियों के जीवन के उद्‌गम में
पहुंच चुके थे।
तब धरती की महानाड़ियां
इड़ा-पिंगला फड़क रही थीं,
और सुषुम्ना के अभ्यंतर
उन अंगारी प्राण-पथों पर
हम भी घूम रहे थे मानी,
निर्णय-निश्चय—
जीवन-संचय की कुंडलिनी,
पृथ्वी के भीतर की ज्वालामयी कमलिनी की
विवेकमय पंखुरियों पर
हम जा लेटे।

बातचीत करते हुए मुक्तिबोध अपने लक्ष्य पर पहुंचे, जैसे सुषुम्ना से होती हुई उनकी कुंडलिनी सहस्रार तक पहुंच गई! कुंडलिनी निर्णय-निश्चय और जीवन-संचय का उपमान है और 'कमलिनी' अथवा सहस्रार विवेक का। अब समझा जा सकता है कि यह कविता रहस्यवादी है, या गैर-रहस्यवादी।

उक्त प्रसंग के बाद कविता में उपस्थित होता है 'ज्ञान-सरोवर का जल' और

'आस्थाओं का अक्षयवट'। डॉ. शर्मा इन दोनों को रहस्यवादी वस्तु के रूप में देखते हैं। सच्चाई जानने के लिए कविता की पंक्तियों पर गौर करना जरूरी है :

अभ्यंतर के प्रबोधकारी अग्निसरोवर
हमने देखे।
अंगारी झीलें जन-मन के अंतस्तल की
अपनी आंखों, हमने देखीं।
अंजुलि भर-भर
ज्ञान-सरोवर का जल पीकर,
हम उठने को थे कि सामने
हमने देखा—
युगांतकारी आस्थाओं का
एक विशाल भव्य अक्षयवट,
उसके संचित-अनुभव-छाया तले खड़ी है
स्वनामधन्या
वेगवान् पीड़ा की कन्या—
भव्य कर्म-निष्ठा जन-जन्या।

बातचीत के सिलसिले में मुक्तिबोध को अनेक बातों का पता चला। उन्होंने अपने क्रांतिकारी विचारों का भी साक्षात्कार किया और जनता की क्रांतिकारी भावना का भी। डॉ. शर्मा 'ज्ञान-सरोवर' और 'आस्था के अक्षयवट' का उल्लेख करते हैं, क्योंकि प्रसंग से अलग कर देने पर इनकी रहस्यवादी व्याख्या संभव है, लेकिन वे "जन-मन के अंतस्तल की अंगारी झीलों" का उल्लेख नहीं करते, क्योंकि उन्हें डर है कि वह उनकी रहस्यवादी व्याख्या को उड़ा देगा। स्पष्टतः 'ज्ञान' न संत कवियोंवाला 'परम ज्ञान' है, न 'सरोवर' अज्ञेयवाली वापिका ("कितनी गहरी वापिका तुम्हारी / कितनी लघु अंजली हमारी!")। यहां 'ज्ञान' क्रांतिकारी ज्ञान है। "युगांतकारी आस्थाओं का विशाल भव्य अक्षयवट" क्रांतिकारी आस्थाओं का प्रतीक है, जिसकी छाया तले खड़ी युवती अग्न्येश्का या नातालिया नहीं, बल्कि स्वयं क्रांति है। क्रांतिकारी आस्थाएं अबोध नहीं हैं, ऐतिहासिक अनुभवों से निर्मित हैं, इसलिए अक्षयवट की छाया 'संचित अनुभवों की छाया' है। मुक्तिबोध ने उसे 'स्वनामधन्या' कहकर एक तरफ उसका महत्व बतलाया है और दूसरी तरफ उसके प्रति अपना गहरा लगाव सूचित किया है। वह युवती 'वेगवान् पीड़ा की कन्या' और 'भव्य कर्मनिष्ठा जन-जन्या' है, क्योंकि शोषण और उत्पीड़नजनित पीड़ा ही जनता में क्रांति-भावना को जन्म देती है और क्रांतिकारी कार्यवाही जन-सक्रियता का चरम रूप है।

यही युवती आगे अपना परिचय 'सूर्य-कन्या' के रूप में देती है :

हमने पूछा— (यद्यपि था मालूम)
"कौन हो तुम, उत्तर दो।"

उसने कहा– "सूर्य-कन्या मैं,
पृथ्वी के भीतर रहती हूं,
उसके अंतर में विवेक बहता है रस,
आत्मा का प्रतीक है सूरज ! !"...

यह वही पृथ्वी और उसका भीतरी भाग है, जिसका शुरू से कविता में जिक्र होता आ रहा है। यह क्रांतिकारी विचार-लोक है। इस विचार-लोक में विवेक का रस बहता है और आत्मा का सूरज चमकता है। इसी सूरज की कन्या है वह युवती। 'सूर्य-कन्या' का अर्थ स्पष्ट करने के लिए ही मुक्तिबोध ने यह भाष्य किया है कि "आत्मा का प्रतीक है सूरज ! !" आगे की पंक्तियां इस बात की पुष्टि करती हैं कि इस कविता का रहस्यवाद से दूर का भी संबंध नहीं है। सूर्य-कन्या कहना जारी रखती है :

इस पृथ्वी के भीतर की रज
धातु बन गई जन-अनुभव की।
कष्ट बन गए युगांतकारी
संकल्पों के ज्वलंत सरसिज ! !

क्रांतिकारी विचारों के प्रभावस्वरूप ही रज धातु की तरह कठोर हो जाती है (धातु जन-अनुभव की है) और कष्ट युगांतकारी संकल्प बन जाते हैं। और भी :

जन-जन के आंसू के द्रव का
मूल ओसजन, मूल उद्जन,
यहां ज्वलंत रश्मि-पुंजों में
प्रक्षोभित जाज्वल्यमान है।
इस पृथ्वी की पीड़ाओं में
घुले सूर्य का छोटा-सा कण
रवि-अंतर के साक्षात्कारी क्षोभ-केंद्र से संबंधित है।
यहां हृदय-आलंब भाव सब
तीव्र ज्ञान-संवेदन के ही पूर्ण बिंब हैं।
ठीक सूर्य के मूल केंद्र से उनका उद्गम।

जनता के आंसुओं को 'ज्वलंत रश्मि-पुंजों' में कौन बदलता है ? क्रांतिकारी विचारधारा। उससे जुड़कर वाकई सूर्य का छोटा-सा कण भी "रवि-अंतर के साक्षात्कारी क्षोभ-केंद्र से संबंधित" हो जाता है। यह किसी स्फुट क्रांतिकारी विचार का क्रांतिकारी विचारधारा में न्यस्त होकर व्यापक और स्थायी क्रांतिकारी परिप्रेक्ष्य से युक्त होना है। क्रांतिकारी विचारधारा प्राप्त कर लेने के बाद हृदय के सारे भाव "तीव्र ज्ञान-संवेदन के पूर्ण बिंब" बन जाते हैं, यानी प्रत्येक भाव में पूर्ण क्रांतिकारी विचारधारा झलक मारने लगती है ! इस क्रांतिकारी विचारधारा के बारे में अंत में 'सूर्य-कन्या' कहती है : "वह भवितव्य अटल है, उसको / अंधियारे में झोंक न सकते।"

कवि उक्त युवती से बातें करता हुआ जिस क्रांतिकारी विचार-लोक में उतरा,

उसमें उसने 'विविध सूर्य-झीलें' देखीं। कविता के अंत में उसने इस संबंध में जो कुछ कहा है उसे उद्धृत कर देना ही काफी है, उस पर कोई टिप्पणी दरकार नहीं :

इन झीलों में मुग्ध खिली हैं
लाल पंखुरियां—
        जन-अनुभव की कमल-श्रेणियां ! !
उन्हें देख मेरे अंतर में
जाग रहीं पावन त्रिवेणियां
आकांक्षामय भूत-भविष्यत्-वर्तमान की।
इन कांक्षाओं की देहली पर,
भीतर के भैरवी-राग को सुनते हुए
        काल का चरण रुका है ! !
अपने पथ पर लाख-लाख पीड़ाएं लेकर,
पृथ्वी घूम रही है नूतन-रश्मि-जाल में ! !

यह कविता प्रेम-कविता इस तरह है कि—

इन्हीं ज्वलंत रश्मियों के सुविशाल
शामियाने में हमने
तुमको अपने प्राण दिए औ' गले लगाया,
तुमसे आलिंगन कर
हमने जो-जो कहा
सभी वह रहा
अनंतर सही,
तुमने भी तब उन तथ्यों की बांह गही,
की खूब प्रशंसा।

'क्रांति' और 'प्रेम' दोनों ही इस कविता में मिले हुए हैं। कुछ लोग इन दोनों में विरोध देख सकते हैं, लेकिन इनमें विरोध है नहीं। ये दोनों ही मित्र-रस हैं !

मुक्तिबोध ने अपने लेख 'सुमित्रानंदन पंत : एक विश्लेषण' में कहा है : "ऐतिहासिक अनुभूति वह कीमिया है जो मनुष्य का संबंध सूर्य के विस्फोटकारी केंद्र से स्थापित कर देती है। यह वह जादू है जो मनुष्य को महसूस कराता है कि विश्वपरिवर्तन की मूलभूत प्रक्रियाओं का वह सारभूत अंग है। ऐतिहासिक अनुभूति के द्वारा मनुष्य के अपने आयाम असीम हो जाते हैं—उसका दिक् और काल अनंत हो जाता है। ऐतिहासिक अनुभूति के कारण ही, पंतजी विश्वपरिवर्तन के वर्तमान क्षणों को 'ब्रह्म अहम्' ('ब्रह्म अहन्') की संज्ञा दे सके।" डॉ. शर्मा मुक्तिबोध का यह कथन उद्धृत करने के बाद कहते हैं : "अर्थात् पंत के नवरहस्यवाद का नाम है ऐतिहासिक अनुभूति। मुक्तिबोध की बड़ी इच्छा थी कि ऐसा जीवनदर्शन मिले जिससे समाज ही नहीं, विश्व के सृजन-प्रलय के रहस्य भी एक साथ उद्‌भासित हो उठें। मार्क्सवाद

पूर्ण ज्ञान का दावा नहीं करता। मुक्तिबोध उस ज्ञान से उकता उठे थे, जो सतत विकासमान हो। विकासमान होगा तो ज्ञान अपूर्ण भी होगा। उन्हें चाहिए था पूर्ण ज्ञान; ऐसा ज्ञान रहस्यवाद ही दे सकता था। मनुष्य को अपने आयाम असीम करने हैं, अपने दिक् और काल को असीम बना लेना है। यह सब किसी जादू से ही संभव है जो मनुष्य का संबंध सूर्य के विस्फोटकारी केंद्र से स्थापित कर दे। पंत अपनी ऐतिहासिक अनुभूति से ऐसा कर सके हैं, मुक्तिबोध भी वैसा कर सकते हैं।" (उप., पृ. 122)

मार्क्सवाद पूर्ण ज्ञान का दावा नहीं करता, यह सही है, लेकिन यह सही नहीं है कि मुक्तिबोध उसकी अपूर्णता के कारण उससे उकता उठे थे और रहस्यवाद से प्राप्त होनेवाले पूर्ण ज्ञान की तलाश में थे। डॉ. शर्मा ने उनकी जिस 'ऐतिहासिक अनुभूति' की व्याख्या पंतजी के हवाले से 'रहस्यवाद' के रूप में की है, वह मार्क्सवाद-सम्मत 'ऐतिहासिक अनुभूति' या इतिहास-बोध ही है, रहस्यवाद नहीं। 'कीमिया', 'सूर्य का विस्फोटकारी केंद्र', 'जादू' और 'ब्रह्म अहन्' ये सभी कविसुलभ आलंकारिक उक्तियां हैं, जिन्हें डॉ. शर्मा ने पूर्वग्रहग्रस्त रहने के कारण रहस्यवादी अर्थ में ग्रहण किया है। वस्तुतः इतिहास-बोध ही वह वस्तु है, जिसके द्वारा मनुष्य यह जान पाता है कि वह कोई स्वयंसंपूर्ण सत्ता न होकर "विश्वपरिवर्तन की मूलभूत क्रियाओं का सारभूत अंग" है। यही मनुष्य का संबंध 'सूर्य के विस्फेटकारी केंद्र' से स्थापित होना है। इस ज्ञान के बाद मनुष्य कतई अपने तक सीमित नहीं रह जाता, उसके आयाम असीम हो जाते हैं, उसका दिक् और काल अनंत हो जाता है। दिक् और काल का अनंत हो जाना देश-कालातीत हो जाना नहीं है, जैसा कि डॉ. शर्मा ने 'पुनर्मूल्यांकन' में समझा और समझाना चाहा है। इसमें वे कहते हैं, "एक मित्र की पत्नी का प्रश्न-चिह्न' कथा (?) में मुक्तिबोध कहते हैं कि अपने अनुभव को सत्य की कसौटी मानने में कठिनाई है क्योंकि वह उनके प्रकृत स्वभाव से उत्पन्न हुआ है। यदि वह अनुभव सार्वजनिक हो तो सत्यता की मात्रा बढ़ जाएगी, 'फिर भी अनुभव को अंतिम कसौटी नहीं कहा जा सकता, क्योंकि वह देश-कालनिर्मित है।' (एक साहित्यिक की डायरी, पृ. 69) आवश्यकता ऐसे सत्य की है जो देश-कालनिर्मित न हो। वैसा सत्य पंतजी की कॉस्मिक प्रक्रिया द्वारा सूर्य के विस्फोटकारी केंद्र से मनुष्य का संबंध स्थापित करके ही प्राप्त हो सकता है। तभी मनुष्य के आयाम असीम हो सकते हैं।" (उप. पृ. 188) व्यक्तिगत अनुभव 'देश-कालनिर्मित' होता है, यह कहकर मुक्तिबोध उसकी एकदेशीयता और एककालिकता का और उसके द्वारा उसकी सीमा का संकेत करते हैं। वह अनुभव जितना अधिक सार्वदेशिक और सार्वकालिक होगा, उतनी ही उसमें 'सत्यता' होगी, यह मानने में कोई कठिनाई न होनी चहिए, लेकिन डॉ. शर्मा एकदेशीयता और एककालिकता से मुक्त होने का मतलब देश-काल से परे जाना लगाते हैं, जोकि स्पष्टतः तोड़-मरोड़ है।

मार्क्स ने कहा था कि इतिहास में कभी-कभी एक दिन सौ वर्षों के बराबर होता है और सौ वर्ष एक दिन के बराबर। ऐसी स्थिति में यदि मुक्तिबोध कहते हैं

कि "ऐतिहासिक अनुभूति के कारण ही, पंतजी विश्वपरिवर्तन के वर्तमान क्षणों को 'ब्रह्म अहन्' की संज्ञा दे सके", तो क्या गलत कहते हैं? वर्तमान युग में जिस तेजी से दुनिया में परिवर्तन हो रहा है, उसे देखते हुए 'क्षणों' की उपमा 'ब्रह्मा के दिन' से देना बिलकुल ठीक है। पूंजीवाद का साम्राज्यवाद के रूप में विकास और उसके अंत की शुरुआत, रूसी क्रांति, फासिज्म का उत्थान और पतन, पृथ्वी की एक-तिहाई से अधिक आबादी का 'समाजवादी' हो जाना, एशिया, अफ्रीका और लैटिन अमरीका के देशों से उपनिवेशवाद का खात्मा, विकासशील देशों का एक शक्ति के रूप में उभरना, अंतरिक्ष में मनुष्य का पहुंचना, शीत-युद्ध की समाप्ति और अब पूर्वी यूरोप के देशों तथा सोवियत संघ में उसके विघटन के साथ पूंजीवाद का पुनरागमन—वर्तमान शताब्दी में जिस तेजी से ऐसी महान घटनाएं घटी हैं, पिछली किस शताब्दी में घटी थीं? उसी लेख में मुक्तिबोध ने आगे 'ऐतिहासिक अनुभूति' को और स्पष्ट किया है : "ऐतिहासिक अनुभूति बदलते हुए जगत् के विकास-क्रम तथा उसकी दिशा की अनुभूति है, जनता के पक्ष-समर्थन की अनुभूति है। पुस्तकों के अध्ययन के कारण पंतजी में यह ऐतिहासिक अनुभूति उत्पन्न नहीं हुई, वरन् इस ऐतिहासिक अनुभूति के कारण उन्होंने मार्क्सवाद के निकट रहना पसंद किया। उनकी ऐतिहासिक अनुभूति उनकी सहानुभूति का ही विस्तार है, जो विश्व-घटनाओं के आकलन और मनन के फलस्वरूप और भी विशद हुई।" डॉ. शर्मा ने नामवरजी के बारे में लिखा है कि "कोई भी लेख वह ध्यान से अब पढ़ सकते होंगे, इसमें संदेह है।" (उप., पृ. 220) क्या यह बात खुद उन पर लागू नहीं होती है?

हैरत तब होती है, जब हम यह पाते हैं कि वे मुक्तिबोध की 'ऐतिहासिक अनुभूति' का मतलब खूब समझते हैं, लेकिन अपनी इस समझ का परिचय वे तभी देते हैं, जब उन्हें मुक्तिबोध का इस्तेमाल अपने विरोधी के विरुद्ध करना होता है। नामवरजी के छायावाद-संबंधी प्रतिकूल विचारों की आलोचना करते हुए उन्होंने मुक्तिबोध के छायावाद-संबंधी अनुकूल विचारों को अपने पक्ष में उद्धृत किया है। 'पुनर्मूल्यांकन' में ही वे कहते हैं : "देखना चाहिए कि छायावादी कवियों के बारे में मुक्तिबोध की राय क्या है। छायावाद के एक प्रतिनिधि कवि सुमित्रानंदन पंत हैं। इनके बारे में मुक्तिबोध ने लिखा था : 'यद्यपि पंतजी आज हिन्दी के ज्येष्ठतम कवियों में से हैं, मुझे प्रतीत होता है कि वे अभी भी तरुण हैं। तरुण व्यक्तित्व में कृतित्व का जो साहस होता है और अपने को सतत विकासमान बनाए रखने के लिए जो संवेदनशील जागरूकता रहती है, वह पंतजी में भरपूर है। इसका मुख्य कारण यह है कि पंतजी में *ऐतिहासिक अनुभूति है*—जो हिंदी के वर्तमान काव्यक्षेत्र में कम दिखाई देती है ··· पंतजी में अद्भुत सहानुभूति क्षमता है। जनगण के प्रति उनकी सहानुभूति बौद्धिक नहीं है, छिछली नहीं है, सतही नहीं है, वह बहुत गहरी है। उसी की यह शक्ति थी कि उसने पंतजी को नए मार्ग पर लाकर खड़ा कर दिया ··· वे भविष्य के स्वप्नद्रष्टा हैं, इसलिए कि पंतजी तरुण हैं, अपनी आयु के बावजूद।' " (उप., पृ. 164) यहां जनगण के प्रति गहरी सहानुभूति है, नया मार्ग है, भविष्य का स्वप्न है!

इन तारों के साथ 'ऐतिहासिक अनुभूति' चंद्रमा के समान शोभायमान है, किसी रहस्यवादी अर्थ में नहीं, बिलकुल उसी भौतिकवादी अर्थ में, जिसमें मुक्तिबोध ने उसका प्रयोग किया है! डॉ. शर्मा अपनी आलोचना में दांव-पेंच से क्यों पेश आते हैं? क्या आलोचना कूटनीति है? यह बहुत ही दुखद है कि जहां उन्हें रचना की जटिलता में प्रवेश करना चाहिए, वहां वे जटिल कूटनीति का वितान तानते हैं।

'कल जो हमने चर्चा की थी' कविता की आलोचना डॉ. शर्मा इन शब्दों में समाप्त करते हैं : "ज्वालामुखी के भीतर धरती की महानाड़ियां इड़ा-पिंगला फड़कती हैं। यह ज्वालामुखी मुक्तिबोध का मन है। उनकी आत्मा 'घुले सूर्य का छोटा-सा कण' है। यह कण 'रवि-अंतर के साक्षात्कारी क्षोभ-केंद्र से संबंधित है।' गद्य में जिसे वह विस्फोटकारी केंद्र कहते हैं, कविता में वही क्षोभ-केंद्र है। मनुष्य के ज्ञान-संवेदनों का मूल केंद्र है सूर्य। 'यहां हृदय-आलंब भाव सब / तीव्र ज्ञान-संवेदन के ही पूर्ण बिंब हैं। / ठीक सूर्य के मूलकेंद्र से उनका उद्‌गम।' मनुष्य के ज्ञान की धारा सूर्य के मूलकेंद्र से फूटती है, इसलिए यह ज्ञान सामाजिक सत्य का ज्ञान ही नहीं, ब्रह्मांड के रहस्य का ज्ञान भी हो जाता है। पंतजी ने आधुनिक कवि-सीरीजवाले अपने कविता-संग्रह की भूमिका में लिखा था कि भारत के ऋषि-मुनि अपने 'सूक्ष्म नाड़ी मनोविज्ञान' के कारण 'सापेक्षता के उस पार' पूर्ण सत्य की प्रतिष्ठा कर सके थे। मुक्तिबोध भी महानाड़ियों में कंपन पैदा करके कुंडलिनी को सहस्रार तक पहुंचा देते हैं।" (उप., पृ. 122) कहने की आवश्यकता न होनी चाहिए कि यह कविता की बिलकुल उलटी व्याख्या है। कविता का अर्थ-संदर्भ अलग पड़ा है, डॉ. शर्मा उसके कुछ शब्दों को पकड़ते हैं और उनका सतही अर्थ ग्रहण कर उस पर मनचाहा फैसला दे देते हैं!

'एक स्वप्न-कथा' शीर्षक कविता को डॉ. शर्मा ने उसके जिस अंश के आधार पर रहस्यवादी सिद्ध करने का प्रयास किया है, उसे पूरा उद्धृत करना जरूरी है। वह अंश इस प्रकार है :

रह-रहकर यह खयाल आता है—
ज्ञानी एक पूर्वज ने
किसी रात नदी का पानी काट,
मंत्र पढ़ते हुए,
गहन जल-धारा में
गोता लगया था कि
अंधकार-जल-तल का स्पर्श कर
इधर ढूंढ़, उधर खोज
एक स्निग्ध, गोल-गोल
मनोहर तेजस्वी शिला-खंड
तमोमय जल में से सहज निकाला था;

देव बना, पूजा की।
उसी तरह, संभव है—
सियाह समुंदर के
अतल-तले पड़ा हुआ
किरणीला एक दीप्त
प्रस्तर—युगानुयुग
तिमिर-श्याम सागर के विरुद्ध निज आभा की
महत्त्वपूर्ण सत्ता का
प्रतिनिधित्व करता हो, आज भी
संभव है, वह पत्थर
मेरा ही नहीं वरन्
पूरे ब्रह्मांड की
केंद्र-क्रियाओं का तेजस्वी अंश हो।
संभव है, सभी कुछ दिखता हो उसमें से,
दूर-दूर देशों में क्या हुआ,
क्यों हुआ, किस तरह, कहां हुआ!!
इतने में कोई आ कानों में कहता है—
ऐसा यह ज्ञान-मणि
मरने से मिलता है,
जीवन के जंगल में
अनुभव के नए-नए गिरियों के ढालों पर
वेदना-झरने के,
पहली बार देखे-से, जल-तल में
आत्मा मिलती है
(कहीं-कहीं, कभी-कभी)
अरे, राह-गलियों में
पड़ा नहीं मिलता है ज्ञान-मणि।

इसमें शुरू में 'नदी' का जिक्र है और बाद में 'सियाह समुंदर' का। डॉ. शर्मा की मनोविश्लेषणवादी व्याख्या के अनुसार 'सियाह समुंदर' कवि का उपचेतन है, जबकि नामवरजी के अनुसार वह "एक गतिशील प्रतीक की तरह हर नए स्वप्न-चित्र में अपना रूप बदलता जाता है।" 'सियाह समुंदर' का खुलासा किया जाए, तो वह शोषण पर आधारित समाज-व्यवस्था है, जो आदिम साम्यवाद की अवस्था के बाद अस्तित्व में आई और अभी तक पूंजीवाद और साम्राज्यवाद के रूप में बनी हुई है। ऐसी स्थिति में नामवरजी का यह कहना सही है कि वह प्रतीक गतिशील है। चूंकि मुक्तिबोध का काल पूंजीवाद-साम्राज्यवाद का काल था, इसलिए स्वभावतः उन्होंने 'एक स्वप्न-कथा'

में अपने काल का जिक्र करते हुए जिस शोषण पर आधारित समाज-व्यवस्था का हवाला दिया है वह पूंजीवादी है और उसका पश्चिमी साम्राज्यवाद से निश्चित संबंध है। इस कविता की इन पंक्तियों में यही बात कही गई है : "इस काले सागर का / सुदूर-स्थित पश्चिम-किनारे से / जरूर कुछ नाता है / इसीलिए, हमारे पास सुख नहीं आता है।" नामवरजी ने 'प्रतिमान' के 'पुनश्च' में 'सियाह समुंदर' का प्रतीकार्थ स्पष्ट करने के लिए इन पंक्तियों को उद्धृत किया है, लेकिन 'साम्राज्यवाद' शब्द का प्रयोग नहीं किया। आगे 'गतिशील प्रतीक' वाली बात कहकर उन्होंने अलग से सावधानी बरती है, लेकिन डॉ. शर्मा ने यह कहकर कि उन्होंने 'सियाह समुंदर' को शुरू से लेकर अंत तक साम्राज्यवाद का प्रतीक माना है, उनका भरपूर उपहास किया है, जिसे पाठक चाहें तो आलोचना नहीं, ललित निबंध का अंश मानकर अलग से उसका मजा ले सकते हैं। (उप., पृ. 217-18)

नामवरजी जब यह कहते हैं कि "स्पष्टतः मुक्तिबोध की दृष्टि में जिस तरह 'सहस्रों वर्षों से' यह सागर उफनता आया है, उसी तरह 'सहस्रों वर्षों से' उसे थाहकर पत्थर निकालने का भी प्रयास होता आया है" और इस 'पत्थर' से उनका मतलब ज्ञानी पूर्वज द्वारा नदी से निकाले गए 'शिलाखंड' से होता है, तो वे 'नदी' और 'सागर' के बीच का फर्क भूल जाते हैं। इस तरफ डॉ. शर्मा ने जो संकेत किया है, वह सही है, लेकिन स्वयं उन्होंने इससे बहुत आगे जाकर नदी से निकाले गए 'शिलाखंड' और 'सियाह समुंदर' के अतल-तले पड़े हुए 'पत्थर' जोकि "पूरे ब्रह्मांड की केंद्र-क्रियाओं का तेजस्वी अंश" हो सकता है, इन दोनों को मिलाकर एक कर दिया है। प्रमाणस्वरूप उनका यह कथन द्रष्टव्य है : "उन्हें (मुक्तिबोध को) भी विश्वास है कि ज्ञानी पूर्वजों ने एक मंत्र पढ़ते हुए नदी में गोता लगाकर 'एक तेजस्वी शिलाखंड' प्राप्त कर लिया था जो 'पूरे ब्रह्मांड की केंद्र-क्रियाओं का तेजस्वी अंश था' और 'संभव है, सभी कुछ दिखता हो उसमें से, / दूर-दूर देशों में क्या हुआ, / क्यों हुआ, किस तरह कहां हुआ!!' " (उप., पृ. 122-23) उनका ऐसा करना सोद्देश्य है। वे ज्ञानी पूर्वज के धार्मिक ज्ञान और आधुनिक युग के ऐतिहासिक भौतिकवाद के वैज्ञानिक ज्ञान, दोनों के फर्क को मिटाकर मुक्तिबोध को रहस्यवादी सिद्ध करना चाहते हैं। ज्ञानी पूर्वज ने जहां नदी से प्राप्त 'शिलाखंड' को देवता बनाकर पूजा था, वहां वर्तमान शोषण पर आधारित पूंजीवादी-साम्राज्यवादी व्यवस्था के काले सागर से प्राप्त ऐतिहासिक भौतिकवाद का ज्ञान वह 'किरणीला एक दीप्त प्रस्तर' है, जिससे देश-विदेश के इतिहास की वैज्ञानिक व्याख्या संभव है। उक्त 'शिलाखंड' से जहां नदी की सत्ता को कोई खतरा न था, वहां वह 'दीप्त पत्थर' *"तिमिर-श्याम सागर के विरुद्ध निज आभा की महत्त्वपूर्ण सत्ता* का प्रतिनिधित्व" करता है! यह कहने की आवश्यकता न होनी चाहिए कि मार्क्सवाद पूंजीवादी व्यवस्था के गहन विश्लेषण का ही परिणाम है। यही काले सागर में गोता लगाकर 'दीप्त प्रस्तर' प्राप्त करना है। जिस तरह यह एक आलंकारिक उक्ति है, उसी तरह "पूरे ब्रह्मांड की केंद्र-क्रियाओं का तेजस्वी अंश" भी। 'ब्रह्मांड' देखकर 'ब्रह्म' की याद आना स्वाभाविक हो सकता है, लेकिन आवश्यक नहीं।

डॉ. शर्मा बलपूर्वक पुनः कहते हैं, "उन्हें (मुक्तिबोध को) वह ज्ञानी पूर्वज याद आता है जिसने अंधकार-जल-तल का स्पर्श करके तेजस्वी शिलाखंड निकाला था। कवि भी ऐसा ही पत्थर निकालना चाहता है जो 'मेरा ही नहीं वरन् पूरे ब्रह्मांड की / केंद्र-क्रियाओं का तेजस्वी अंश' हो। ब्रह्मांड और इस पृथ्वी पर रहनेवाले मनुष्य की क्रियाओं का एक जगह संबद्ध होना रहस्यवाद ही है, भले ही मुक्तिबोध विकासमान ज्ञान का समर्थन करते रहे हों।" (उप., पृ. 187) यह रहस्यवाद नहीं, बल्कि ऐतिहासिक भौतिकवाद के ज्ञान की तेजस्विता का कवित्वपूर्ण आख्यान है। वह ज्ञान प्राप्तिकर्ता की ही नहीं, जैसे "पूरे ब्रह्मांड की केंद्र-क्रियाओं का तेजस्वी अंश" होता है। डॉ. शर्मा ने इस पत्थर के लिए जो बात व्यंग्य में कही है, वह अभिधा में सही है : "यह पत्थर वही काम करता है जो पंतजी की ऐतिहासिक अनुभूति करती है। उसमें यही नहीं दिखाई देता कि दूर देशों में क्या हुआ, उससे यह भी मालूम हो जाता है कि वह सब क्यों हुआ।" (उप., पृ. 123) यहां 'पंतजी की ऐतिहासिक अनुभूति' को हमें उनके 'नवरहस्यवाद' के अर्थ में नहीं, बल्कि उस अर्थ में लेना चाहिए, जिस अर्थ में छायावाद के समर्थन के क्रम में डॉ. शर्मा ने मुक्तिबोध के हवाले से उसे लिया है।

आचार्य शुक्ल ने एक जगह कहा है कि शब्द तोड़ना कवियों का स्वभाव होता है। डॉ. शर्मा-जैसे आलोचक शब्द नहीं तोड़ते हैं, कथन में तोड़-मरोड़ करते हैं। उन्होंने मुक्तिबोध के कथनों को ही नहीं तोड़ा-मरोड़ा है, उनके समर्थन में किए गए कथनों को भी तोड़ा-मरोड़ा है। नामवरजी ने कहा है : "कभी उस पत्थर का रूप धार्मिक था, लेकिन आज भी उसका धार्मिक होना आवश्यक नहीं है।" डॉ. शर्मा ने इस वाक्य में 'रूप' शब्द को पकड़ लिया है और रूप और अंतर्वस्तु की श्रेणी को ध्यान में रखकर इन शब्दों में पुनः उनका उपहास किया है : "रूप बदलते रहते हैं, मूल ज्ञान-तत्त्व अपनी जगह अटल, अपरिवर्तित बना रहता है। आत्मा अविनश्वर है, केवल शरीर बदलता रहता है। पत्थर का रूप धार्मिक था, आंतरिक तत्त्व नहीं। पहले यह रूप धार्मिक था, अब धर्म का रूप उतारकर वह अधिक उद्भासित हो उठा है।" (उप., पृ. 219) यह किसी लेखक के साथ अन्याय ही नहीं, अपने ज्ञान का दुरुपयोग भी है। हम नहीं मानते कि नामवरजी के कथन में 'रूप' शब्द का गलत प्रयोग हुआ है, पर यदि वह हो भी तो क्या लेखक के तात्पर्य का कोई महत्व नहीं है? क्या हमें उसे ध्यान में नहीं रखना चाहिए और क्या उसे छोड़कर चलने से साहित्य का कारोबार चल सकता है?

डॉ. शर्मा कहते हैं, "मुक्तिबोध बाहर की दुनिया में जितना ही मार खाते हैं, उतना ही उनका जादूप्रेमी, भावुक और भोला मन रहस्यवाद की तरफ तेजी से दौड़ता है, कोई ऐसा पत्थर या मणि हाथ आ जाए जिससे अपने और संसार के सब दुःख एक साथ दूर हो जाएं, समाज और ब्रह्मांड के तमाम रहस्य जो विश्ववैज्ञानिकों के सामने गुप्त हैं, मुक्तिबोध के सामने अचानक स्पष्ट हो जाएं। तब जीवन की सारी सफलताओं का क्षोभ दूर हो जाए, संघर्ष में फंसकर उन्होंने जो कुछ सहा, वह सब सार्थक हो जाए।

इतने में कोई आ कानों में कहता है—
ऐसा यह ज्ञानमणि
मरने से मिलता है।"(उप., पृ. 123)

वे यहीं आकर रुक जाते हैं और आगे की पंक्तियां उद्धृत नहीं करते, जिनमें मुक्तिबोध कहते हैं कि "जीवन के जंगल में अनुभव के नए-नए / गिरियों के ढालों पर / वेदना-झरने के पहली बार देखे-से / जल-तल में आत्मा मिलती है, / वह भी कहीं-कहीं और कभी-कभी / अरे, राह-गलियों में पड़ा नहीं मिलता है ज्ञान-मणि।" जीवन के अत्यंत कठिन और पीड़ादायक अनुभवों से ही ज्ञान की प्राप्ति होती है, यों नहीं। यह ज्ञान क्या चमत्कारी रहस्यवादी ज्ञान है? जो मार्क्सवाद के ज्ञान तक कष्टकर जीवनानुभव से होकर नहीं, सीधे किताबों के माध्यम से पहुंचे हैं, संभव है, उनकी समझ में मुक्तिबोध की बात न आए। वैसे उन्होंने 'आत्मा' शब्द का भी प्रयोग किया है, जो डॉ. शर्मा-जैसे आलोचकों को इन पंक्तियों में भी रहस्यवाद सिद्ध करने का एक और अवसर दे सकता है। "वेदना-झरने के पहली बार देखे-से / जल-तल में आत्मा मिलती है" यानी साधक माया का पर्दा फटने की अव्याख्येय पीड़ा झेलता हुआ अपनी चेतना की गहराई में आत्मा का दर्शन करता है! 'मरने से मिलता है' को समझने के लिए मुक्तिबोध की इन पंक्तियों को देखना चाहिए :

सहस्रों वर्षों से यह सागर
उफनता आया है
उसका तुम भाष्य करो
उसका व्याख्यान करो
चाहो तो उसमें तुम डूब मरो।
अतल निरीक्षण को,
मरकर तुम पूर्ण करो।

डॉ. शर्मा को इस कविता में कुंडलिनी तो नहीं मिली, लेकिन एक जगह 'सहस्रदल' कमल मिल गया है। स्वभावतः उन्होंने अपने समर्थन में वे पंक्तियां उद्धृत की हैं : "जिस सहस्रार तक कुंडलिनी पहुंचती है वह काला है, काले खून में डूबा हुआ है। "जल-खोहों से ऊपर उठ / लहरों से ऊपर चढ़ / बनकर बृहद् एक / काला सहस्रदल सम्मुख उपस्थित है, / उसमें है कृष्ण रक्त!' " (उप., पृ. 124) 'काला सहस्रदल' और 'कृष्ण रक्त' को उन्होंने 'रहस्यवाद की उलटवांसी' कहा है, क्योंकि वहां तो प्रकाश होना चाहिए, अंधकार नहीं। इस प्रकार का उलटा-सीधा अर्थ लगाने की जरूरत उन्हें इसलिए पड़ी है कि वे न तो कविता की पूरी संरचना को ध्यान में रखते हैं, न उसके संदर्भों को। मुक्तिबोध ने इस कविता में अपने 'अंतःस्थित संवेदन' को 'स्फूर्तियां' कहा है, जो उन्हें काले सागर के मूल सत्य का पता लगाने के लिए उसमें ढकेल देती हैं। कवि सागर की लहरों पर छटपटाता गिरता है, उसके सिर पर चोट लगती है, लहरें उसका रक्त चूस लेती हैं।

भागती लहरों के कंधों के साथ-साथ
आगे कुछ बढ़ता हूं कि
नाभि-नाल छूता हूं अकस्मात्।
मृणाल, हां मृणाल
जल-खोहों से ऊपर उठ
लहरों के ऊपर चढ़
बनकर बृहद् एक
काला सहस्रदल सम्मुख उपस्थित है,
उसमें है कृष्ण रक्त।

इसके बाद मुक्तिबोध कहते हैं :

गोता लगाऊं और
नाभि-नाल-रेखा की समांतर राह से
नीचे जल-खोहों तक पहुंचूं तो
संभव है सागर का मूल सत्य
मुझे मिल जायगा।

एक तो यह सहस्रदल कमल सहस्रार न होकर नाभि-कमल है, जो काला इसलिए है कि वह ब्रह्मावाला नाभि-कमल न होकर कोई और नाभि-कमल है, दूसरे, योग-साधना में जहां कुंडलिनी चक्र-भेदन करती हुई नीचे से ऊपर चढ़ती है, वहां इन पंक्तियों में कवि सहस्रदल कमल से विमुख होकर नाभि-नाल-रेखा की समानांतर राह से नीचे जल-खोह तक पहुंचकर सागर का मूल सत्य पाना चाहता है। डॉ. शर्मा कहेंगे कि नीचे से ऊपर के बदले ऊपर से नीचे जाना भी 'रहस्यवाद की उलटवांसी' है! वे अपने निष्कर्ष की स्थापना के लिए मनमानी व्याख्या का सहारा लेते हैं। बात रहस्यवाद के रास्ते आगे बढ़ रही है, तो रहस्यवाद, और उससे उलटी दिशा में जा रही है, तो रहस्यवाद की उलटवांसी! यह आलोचना नहीं, आलोचनात्मक स्वैराचार है।

'रहस्यवाद की उलटवांसी' का एक और उदाहरण डॉ. शर्मा ने दिया है। कहते हैं, "रहस्यवाद के अनेक परंपरागत प्रतीक जिनका संबंध प्रकाश और आनंद से है, मुक्तिबोध की कविता में भी हैं किंतु पंत और अज्ञेय से भिन्न मुक्तिबोध का मन अंधेरे से घिरा रहता है, वह अंधेरे में प्रकाश की खोज में भटकता है, आनंद से अधिक उसे अनुभूति होती है दुख की। पुराने कुएं, बावड़ी, खंडहर, वीरान, पठार, खड्ड, अंधेरी तंग गलियां, घने बरगद, फूटा हुआ भैरो का मंदिर—ये सब उनकी आत्मा के निवास हैं अथवा उनके अशांत मन के भटकने की जगहें हैं, सहस्रार तक पहुंचनेवाली कुंडलिनी से अधिक उनके मन की क्रियाएं व्यक्त करता है वह सर्प जो धरती के झाड़-झंखाड़ों और अंधे कुओं में घूमता है, 'नीचे उतरो, खुरदुरा अंधेरा सभी ओर ˙ ˙ ˙ / यह है अंधियारा कुंआ ˙ ˙ ˙ / चुपचाप अंधेरे में उतरो!!' (ओ काव्यात्मन् फणिधर) रहस्यवाद की यह उलटवांसी है। चढ़ने से अधिक उतरने का क्रम है, प्रकाश से अधिक अंधेरा

है, आनंद से अधिक वेदना है।" (उप., पृ. 123-24) अव्वल तो जिस सर्प को उन्होंने मुक्तिबोध की आत्मा या मन कहा है, वह और कुछ न होकर उनके काव्य का प्रतीक है। यह कविता के शीर्षक से भी सूचित है। दूसरे, उन्होंने जिस 'अंधियारे कुएं' को रहस्यवाद की सामग्री माना है, वह भी और कुछ न होकर सिर्फ एक अंधियारा कुआं है, जिसमें "किसी ने आत्मज सद्योजात / वहां लाकर रक्खा, छोड़ा-त्यागा, / शिशु रोता है वह जोर-शोर के साथ!!" मुक्तिबोध ने इस शिशु को 'आत्मोत्पन्न सत्य' कहा है, जिसे सामाजिक भय से कोई मध्यवर्गीय व्यक्ति इस कुएं में डाल गया है। "शायद, सज्जन था व्यक्ति कि जिसके अंतर में / एक और आत्मा प्रकट हुई / प्रज्वलनमयी। / पर उसको वह सह नहीं सका, / इसलिए कि कोरा और निरा वह सज्जन था!! / निज बालक को तम-कूप-विवर में डाल गया!!" वह शिशु चूंकि पूंजीवादी समाज में एक सजग बुद्धिजीवी का समझौतों और सामंजस्य से हटकर अपने अनुभवों से पाया गया क्रांतिकारी निष्कर्ष है, इसलिए—

> उस शिशु-स्वर से, अर्गला टूटती है,
> दरवाजे खुलते हैं,
> मन मिलते-जुलते हैं।
> अंतर-आनंद मुक्ति बन बाहर आता है,
> पल-पल भविष्य उच्छृंखल होता जाता है,
> आगामी कई भविष्यों के संकेत असाधारण
> उसके स्वर में।

इस शिशु को पाल-पोसकर कौन बड़ा करेगा? मुक्तिबोध अपने काव्य-सर्प से कहते हैं कि वह अंधियारे कुएं में उतरे और "उस ऊष्म नवल आत्मा से संपर्कान्वित हो" मानव-रूप धारण कर उस शिशु को अपने वक्ष पर रखकर उस मजदूरिनी के पास पहुंचा दे, जो एक गूलर के पेड़ के नीचे सो रही है। वही मजदूरिनी श्रम-गरिमा का दुग्धपान कराकर उसे बड़ा करेगी! यह मार्क्सवाद है, या रहस्यवाद?

'ओ काव्यात्मन् फणिंधर' के माध्यम से मुक्तिबोध ने अपनी कविता का आदर्श सामने रखा है। वे काव्य-सर्प से कहते हैं कि वह उन रत्नों को इकट्ठा करे, "जो मूल्यसत्य हैं इस जग के परिवर्तन के!" ये रत्न मन के और जन के वे रत्न हैं, जिन्हें "विविध असुविधाओं के कारक होने से" आंगन के पीछे कचरे के ढेरों के नीचे दबा दिया जाता है, उपेक्षित भूमि में फेंक दिया जाता है! इन रत्नों की क्या उपयोगिता है? इनसे रहस्यवाद का आलोक फैलेगा या समाज में क्रांतिकारी भौतिकवादी चेतना का प्रसार होगा? काव्य-सर्प के विवर से दूर रहने पर जब कुछ लोग आकर उसके द्वारा इकट्ठा किए गए रत्नों को ले जाते हैं, तब वे उससे कहते हैं कि तुम दुखी मत होओ, उन रत्नों को वही लोग ले गए हैं, जिनकी प्रतीक्षा थी। अब उन रत्नों का अर्थ प्रकाशित होगा और घर-घर उससे प्रभावित होगा। उन रत्नों के प्रकाश में लोग उस ब्रह्मदेव का भयावना चेहरा देख सकेंगे, जो स्वयं प्रच्छन्न रहकर बुद्धि के द्वारा उद्दाम स्वार्थ या सूक्ष्म आत्मरति का प्रचार करता है और उसके द्वारा व्यक्ति के मन को शेष

विश्व से विच्छिन्न कर आत्मकेंद्रित बना देता है! 'सूक्ष्म आत्मरति' का प्रचार करनेवाले धर्म पर कठोर घृणा के साथ, जो 'अंकशायिनी दुहिता-पत्नी' से छलकी पड़ती है, किया गया यह प्रहार भी क्या रहस्यवाद है? आगे की पंक्तियों में तो मुक्तिबोध ने यह भी कहा है कि उक्त रत्नों के प्रकाश में सभी उस ब्रह्मदेव का दर्शन कर सकेंगे, "जिसकी छत्रछाया में रह / अधिकाधिक दीप्तिमान होते / धन के श्रीमुख, / पर, निर्धन एक-एक सीढ़ी नीचे गिरते जाते"। महत्वपूर्ण बात यह है कि उन्होंने अपनी कविता का एक प्रमुख लक्ष्य रखा था धर्म का असली चेहरा दिखलाना। ऐसा जो धर्म-विरोधी कवि था, उसकी कविताओं की कुछ पंक्तियां इधर-उधर से नोचकर, उनकी भी गलत व्याख्या करते हुए, डॉ. शर्मा ने उसे रहस्यवादी कवि के रूप में पेश किया है। यह हिंदी की मार्क्सवादी आलोचना की सबसे बड़ी विडंबना है।

डॉ. शर्मा जब मुक्तिबोध की कविता की सुसंगत ढंग से रहस्यवादी व्याख्या नहीं कर पाते, तो कहते हैं कि यह 'रहस्यवाद की उलटवांसी' है और उसका एक कारण मनोविश्लेषणशास्त्र के प्रभाव को बतला बैठते हैं। उनका यह कथन द्रष्टव्य है : "रहस्यवाद की इस उलटवांसी का एक कारण मुक्तिबोध का यह विश्वास था कि समाज और ब्रह्मांड के रहस्य मनुष्य के उपचेतन में छिपे हुए हैं। सन् 47 के बाद उनके मन पर फ्रायड और युंग के मनोविश्लेषणशास्त्र का असर गहरा होता है; फलस्वरूप 'अंतरमुख दशाएं और दीर्घ और गहन होती गईं।' उपचेतन का संसार अंधकारमय है। अंधे कुएं, बावड़ी, समुद्र की तलहटी, पठारों के गड्ढे—वे तमाम बाह्य दृश्य जिन्हें आत्मसात् करके मुक्तिबोध वस्तु-सत्य बनाते हैं—उसी उपचेतन के प्रतीक हैं।" (उप., पृ. 124) अंतरमुख दशाएं और भी दीर्घ और गहन क्यों होती गईं, इसका कारण 'तार सप्तक' के द्वितीय संस्करण के 'पुनश्च' शीर्षक वक्तव्य में मुक्तिबोध ने स्वयं बतलाया है। "साधारण श्रेणी में रहनेवाले हमलोगों को अस्तित्व-संघर्ष के प्रयासों में ही समाप्त होना है", "व्यक्ति-स्वातंत्र्य की वास्तविक स्थिति केवल उनके लिए है जो उस स्वातंत्र्य का प्रयोग करने के लिए सुपुष्ट आर्थिक आधर रखते हों" और "अपने जीवन के आर्थिक आधार को दृढ़ और सुपुष्ट करने के लिए व्यक्ति के व्यवसायीकरण का मार्ग भी सामने आता है"—वक्तव्य में इन अनुभवों को रखने के बाद वे कहते हैं : "जीवन और परिवेश की विषमता की यह स्थिति आभ्यंतर लोक में भी दुःस्थिति उत्पन्न करती है, यह एक दारुण सत्य है। मैं कहूं कि यह मेरा अपना भी सत्य है। परिणामतः स्वाधीनता के इस युग में मेरी कविता सघन बिंब-मालाओं में अधिकाधिक प्रकट होने लगी। अचानक अंतरमुख दशाएं और भी दीर्घ और गहन होती गईं। किंतु यह भी एक तथ्य है कि इस आत्मग्रस्तता के बावजूद और शायद उसको साथ लिए-लिए मेरा आत्म-संवेदन समाज के व्यापकतर छोर छूने लगा।" मुक्तिबोध का यह कथन जैसे उनकी कविता की कुंजी है। अंतर्मुखता के उन्होंने जो कारण बतलाए हैं, वे पूरी तरह सामाजिक हैं, न कि मनोविश्लेषणशास्त्रसम्मत, जैसा डॉ. शर्मा ने कहा है। अद्यावधि असंकलित अपने एक खंडित लेख में भी मुक्तिबोध ने इस अंतर्मुखता की चर्चा की है : "यह अंतर्मुखता, प्राचीन सांस्कृतिक अंतर्मुखता के बिलकुल विरुद्ध, एक

लादी गई अप्राकृतिक स्थिति है—जिसके अंतर्गत मन अनेकों फैंटेसियों द्वारा बाह्य विश्व से अपने अंतःसंबंधों के विविध रूपदृश्य प्रस्तुत करता है। यह अंतर्मुखता एक भयानक चीज है, उसमें अपार कष्ट है। इस कष्ट की कालिख से मेरी कविताएं रंगी हुई हैं। इस कविता के मर्म को समझने के लिए, विद्वान अथवा साहित्यिक अथवा मार्क्सवादी होने की जरूरत नहीं। ... निम्न-मध्यवर्गीय जन जिसे थोड़ी भी शिक्षा प्राप्त है, इसी प्रकार की अंतर्मुखता रखता है।" ('पहल', जनवरी, 1987)

डॉ. शर्मा आगे कहते हैं, "मुक्तिबोध का काव्यात्मक फणिधर 'विश्लेषण करते हुए', 'स्वप्न देखते हुए' अपना पथ खोजता है। मनोविश्लेषणशास्त्रियों के अनुसार मनुष्य का उपचेतन दमित इच्छाओं और अस्वीकृत, निषिद्ध भावनाओं का आगार है, तभी वहां ओरांग उटांग रहता है, जो मानव-सभ्यता का शत्रु है।" ('अस्तित्ववाद', पृ. 124) 'काव्यात्मक फणिधर' के बारे में कहा जा चुका है, "दिमागी गुहांधकार का ओरांग-उटांग!" कविता का ओरांग-उटांग "दमित इच्छाओं और अस्वीकृत, निषिद्ध भावनाओं" का प्रतीक न होकर मध्यवर्गीय संस्कारों अथवा "असत्य शक्ति का प्रतिरूप" है। मार्क्सवादी आलोचक डॉ. शर्मा मुक्तिबोध की कविता के विकृतीकरण के लिए और आगे जाते हैं और जब उनकी सामाजिकता उनके आड़े आने लगती है तो वे युंग के सामूहिक अवचेतन-सिद्धांत की सहायता लेते हैं : "मुक्तिबोध के अनुसार यह उपचेतन सब मनुष्यों में बहुत कुछ एक-सा है। इसकी गुफाओं में जो रत्न मिलते हैं, वे मुक्तिबोध के ही नहीं, जन-साधारण के मानस के रत्न हैं। वह उपचेतन का साधारणीकरण करते हैं। 'चुपचाप धंसाए गए, छिपाए गए रत्न मन के, जन के, / जो मूल्य सत्य हैं इस जग के परिवर्तन के!' (ओ काव्यात्मन् फणिधर)" (उप.) इन पंक्तियों को उद्धृत करते समय उनका जितना ध्यान पहली पंक्ति पर रहा है, उतना दूसरी पंक्ति पर रहता, तो गड़बड़ी कम होती। इस जग में परिवर्तन (वह भी मुक्तिबोध का आकांक्षित !) उपस्थित करनेवाले मूल्य-सत्य उपचेतन में दबे हुए हैं— कोई भी स्वीकार न करेगा कि यह मुक्तिबोध की मान्यता है। लेकिन मनोविश्लेषण-सिद्धांत से डॉ. शर्मा इस कदर प्रभावित हैं कि उन्हें मुक्तिबोध में चतुर्दिक उपचेतन से प्राप्त रत्न ही दिखलाई पड़ते हैं। "जिधर देखिए, श्याम विराजे!" द्रष्टव्य है उनके कथन का यह अंश : "मुक्तिबोध का उपचेतन जब समाज के उपचेतन से मूलतः भिन्न नहीं है, तब वहां जो रत्न प्राप्त होते हैं, वे अपनी तुष्टि के लिए ही नहीं, लोकहित के लिए भी हैं। ज्वालामुखियों के भीतर से जो ज्ञान-संवेदन अकुलाते हैं, वे 'हमको हर घर में ले निकले / हमको हर घर में दे आए।' काव्यात्मक फणिधर के रत्नों का प्रकाश 'घर-घर में पहुंचेगा फिर से।' क्रांतिकारियों का जुलूस निकलता है, स्वभावतः उनकी मुट्ठियों में मुक्तिबोध के रत्न हैं : 'मेरे ही विक्षोभ-मणियों को लिए वे, / मेरे ही विवेक-रत्नों को लेकर, / बढ़ रहे लोग अंधेरे में सोत्साह।' (अंधेरे में)" (उप., पृ. 125) रहस्यवाद की 'उलटवांसी' को सीधा करने के लिए डॉ. शर्मा ने मुक्तिबोध की पंक्तियों की जो मनोविश्लेषणवादी व्याख्या की है, स्पष्टतः वह अपव्याख्या ही नहीं, उसकी पराकाष्ठा है। यदि उनकी व्याख्या को मानें तो क्रांति में मुक्तिबोध के अनुसार सबसे बड़ी

भूमिका होगी दमित इच्छाओं से आक्रांत उपचेतन से पाए गए मणियों और रत्नों की, सचेत क्रांतिकारी विचारधारा की नहीं!

कभी डॉ. शर्मा को मुक्तिबोध की कविता में चारों ओर अंधेरा दिखलाई पड़ता है, कभी रत्नों का प्रकाश। उनका आलोचकीय नैपुण्य इस बात में है कि वे दोनों को ही रहस्यवाद से जोड़ देते हैं, भले उसे 'उलटवांसी' नाम देते हों। 'ओ काव्यात्मन् फणिधर' के 'अंधियारे कुएं' की चर्चा के बाद वे कहते हैं : "आत्मा धुले सूर्य का कण है? होगी किंतु 'आत्मा के स्याह घेरे' (अंतःकरण का आयतन) के उल्लेख से लगता है कि श्यामता पूरी तरह धुल नहीं पाई। सूर्य के भीतर भी स्याही है जिसका 'आत्मा के स्याह घेरे' से गहरा संबंध है। उन्हें (मुक्तिबोध को) दिखाई देते हैं 'स्याह धब्बे सूर्य के भीतर बहुत विकराल' और इन धब्बों के विवर-तल से दल बांधकर गिद्ध पृथ्वी पर (मुक्तिबोध के मन पर) झपटते हैं।" (उप., पृ. 124) यहां स्पष्टतः 'अंतःकरण का आयतन' शीर्षक कविता का हवाला है। इस कविता में मुक्तिबोध ने अंतःकरण के आयतन के विस्तार के लिए द्वंद्वग्रस्त अपनी संवेदना की बेचैनी का बहुत सशक्त वर्णन किया है। वह संवेदना यानी कवि की छाया सर्वगामी है। वह सोए हुए लोगों के दरवाजे की सांकल बजाकर उन्हें जगाती है। जब वे जग जाते हैं :

तुरत ही, गहन चिंताक्रांत होकर सोचने लगते
कि बेबीलोन सचमुच नष्ट होगा क्या?
प्रतिष्ठित राज्य-संस्कृति के प्रभावी दृश्य
सुंदर सभ्यता के तुंग स्वर्ण-कलश
सब आदर्श
उनके भाष्यकर्ता ज्ञानवान् महर्षि
ज्योतिर्विद, गणितशास्त्री, विचारक, कवि,
सभी वे याद आते हैं।
प्रतापी सूर्य हैं वे सब प्रखर जाज्वल्य
पर, यह क्या
अंधेरे स्याह धब्बे सूर्य के भीतर बहुत विकराल
धब्बों के अंधेरे विवर-तल में से
उभरकर उमड़कर दल बांध
उड़ते आ रहे हैं गिद्ध
पृथ्वी पर झपटते हैं!
निकालेंगे नुकीली चोंच से आंखें,
कि खाएंगे हमारी दृष्टियां ही वे!

जाहिर है कि इन पंक्तियों में विश्व के विनाश की चिंता की अभिव्यक्ति हुई है। इस चिंता की अभिव्यक्ति के साथ इनमें पूंजीवादी सभ्यता, संस्कृति और आदर्शों के पक्षधर व्याख्याकारों पर भी टिप्पणी है। मुक्तिबोध कहते हैं कि वे व्याख्याकार सूर्य की तरह

प्रतापी हस्तियां हैं, लेकिन विचित्र बात यह है कि उस सूर्य के भीतर अत्यंत विकराल स्याह धब्बे हैं। उन धब्बों के विवरों से गिद्धों के झुंड पृथ्वी पर झपट रहे हैं। वे गिद्ध हम लोगों की आंखें निकालकर खा जाएंगे और इस तरह हमें दृष्टिविहीन कर देंगे। महान पूंजीवादी व्याख्याकार, विचारक और सिद्धांतकार आखिर क्या करते हैं? अपने विचारों के द्वारा वे साधारण लोगों को अंधा ही तो बनाते हैं। उनके विवेक को सुलाकर वे उनके मस्तिष्क में पूंजीवादी विचारधारा को जमा देने के लिए प्रयत्नशील रहते हैं। डॉ. शर्मा ने सूर्य के भीतर के विकराल स्याह धब्बों को मुक्तिबोध की 'आत्मा के स्याह घेरे' से जोड़ दिया है और पृथ्वी को उनका मन बनाकर इन पंक्तियों की रहस्यवादी व्याख्या करने की कोशिश की है। यह सब देखकर डॉ. शर्मा की यह आलोचना द्वेष-प्रेरित लगती है, वर्ना यह कैसे संभव है कि वे इतनी स्पष्ट उक्तियों का भी गलत अर्थ लगाएं? मुक्तिबोध की काव्य-संवेदना दुनिया में चक्कर लगाती हुई सोते हुओं को जगाती है और उनके भीतर विश्व के विनाश की चिंता उत्पन्न करती है। साथ ही वह उन्हें पूंजीवाद के महान व्याख्याकारों से भी आगाह करती है, जो अपनी व्याख्या के प्रचार से लोगों को दृष्टिविहीन बनाने का धंधा करते हैं।

हम 'आत्मा के स्याह घेरे' का भी रहस्य जान लें। मुक्तिबोध की काव्य-संवेदना—

> हिलगकर, सौ लगावों से भरी,
> मृदु झाइयों की थरथरी
> उतरती है खदानों के अंधेरे में
> वह और अगले स्वप्न का विस्तार बनती है।
> कि वह तो भटकती रहती
> व ज्यादा स्याह होती है
> हृदय में वह किसी के सुलगती रहती
> उलझकर, मुक्तिकामी श्याम गहरी भीड़ में चलती
> उतरकर, *आत्मा के स्याह घेरे* में
> अचानक दृप्त हस्तक्षेप करती है
> सिखाती सीखती रहती,
> परखती, बहस करती और ढोती बोझ
> मेहनत से,
> जमीनें साफ करती है,
> दिवालों की दरारें पूरती-भरती,
> व सीती फटे कपड़े, दिल रफू करती,
> किन्हीं प्राणांचलों पर वह कसीदा काढ़ती रहती
> स्वयं की आत्मा की फूल-पत्ती के नमूने का!!

कवि की संवेदना खदानों में उतरकर उनमें काम करनेवाले मजदूरों से आत्मीयता स्थापित

करती है और इस तरह अपना विस्तार करती है। मजदूरों के बीच में भटकने से, मुक्तिकामी काले लोगों के जुलूस में उनके साथ चलने से वह और स्याह हो जाती है, लेकिन इसका यह मतलब नहीं है कि कवि की आत्मा में स्याह घेरे बन जाते हैं। 'आत्मा के स्याह घेरे' तो निराश लोगों के हैं। कवि की संवेदना तो उनमें उतरकर 'दृप्त हस्तक्षेप' करती है, यानी उनमें दर्प-भाव जाग्रत कर, उन्हें उनकी शक्ति का एहसास कराकर, उनके मन से निराशा को निकाल फेंकने की कोशिश करती है। कवि की आत्मा तो फूल-पत्तीवाली है, जिसके नमूने की कसीदाकारी उसकी कविता लोगों के प्राणांचलों पर करती चलती है। यहां डॉ. शर्मा ने कवि के कथन को एकदम उलट दिया है। यह आलोचना नहीं है, और कुछ हो तो हो।

'मूल्यांकन' की तरह 'पुनर्मूल्यांकन' में भी डॉ. शर्मा ने मुक्तिबोध की कई कविताओं की रहस्यवादी व्याख्या करने की कोशिश की है। जहां उन्हें 'पूर्णता' शब्द का प्रयोग देखने को मिला है, उन्होंने मान लिया है कि यह रहस्यवाद है। जैसे ब्रह्म पूर्ण है, तो बाकी जितनी चीजें पूर्ण होंगी, या पूर्ण होना चाहेंगी, वे सब रहस्यवाद की कोटि में आ जाएंगी। ऐसा है 'पूर्ण' और 'पूर्णता' शब्द पर रहस्यवाद का इजारा। ईर्ष्यायोग्य दो-टूकपन के साथ उन्होंने कहा है : "मुक्तिबोध जिस मानव-मुक्ति का स्वप्न देखते हैं, वह सामान्य वर्ग-शोषण से मुक्ति नहीं है, वह मनुष्य की साधारण संभावनाओं और क्षमता का विकास भी नहीं है। उन्हें चाहिए मानव-आत्मा की पूर्ण सत्ता।" (उप., पृ. 186) मानव-आत्मा की पूर्ण सत्ता, जो परमात्मा से मिलन या उसकी अनुभूति से प्राप्त होती है! प्रमाण के लिए उन्होंने 'अपने कवि से' शीर्षक कविता की ये पंक्तियां उद्धृत की हैं : "मटमैली झुकी दीवाल भी / अब देखती है खोज / मानव-मूल्य की, / उसकी प्रतिष्ठा की / कि मानव-आत्मा की पूर्ण सत्ता की।" पूरा प्रसंग यह है :

तेरी लेखनी की नोक भी अब हो गई विकराल
टेबल पर अथक
एकाग्र
पीली टिमटिमाती लौ तपे कंदील की
भी अब भभक
विकराल होना चाहती।
औ' भीत पर बैठी हुई छाया तुम्हारी देह की
भी फैल जाना चाहती,
हैं फैलते विस्तीर्ण मेघल पंख
ज्यों गंभीर गाढ़ विचार विहगों के,
दबाकर प्राण में
उठता हुआ उद्‌गार-आकुल ओज
मटमैली झुकी दीवाल भी

अब देखती है खोज
मानव-मूल्य की,
उसकी प्रतिष्ठा की
कि मानव-आत्मा की पूर्ण सत्ता की
औ' धुएं से विद्रूप इन काली छतों में
तैरते हैं स्वप्न
नीचे भूमि पर लेटे हुए बेचैन प्राणों के
कि चंचल दामिनी के क्षुब्ध
मृदु लावण्य
की नीली छटा में दीप्त
नूतन विश्व की उद्‌भावना के स्वप्न . . .

कवि जब देखता है कि "है बेरोक मानव की विशाल विराट् सत्ता आज" और "बढ़ते जा रहे हैं श्रमिक-कृषकों के सुसज्जित युद्धपोत विशाल", तो उसके भीतर अदम्य आस्था और विश्वास उत्पन्न होता है। कमरे का वर्णन है। वह उसमें जलती मोमबत्ती, दीवार पर पड़ती हुई अपनी छाया, दीवारों, धुएं से विद्रूप हुई काली छतों इन तमाम चीजों का बदले हुए रूप में चित्रण करता है। जैसे दीवारें मानव-मूल्य और मानव-आत्मा की पूर्ण सत्ता की प्रतिष्ठा के लिए किए जानेवाले प्रयत्नों से आश्वस्त हैं, काली छतों में जमीन पर सोए हुए लोगों के नूतन विश्व की उद्‌भावना के विद्युद्दीप्त स्वप्न तैर रहे हैं! स्पष्टतः "मानव-आत्मा की पूर्ण सत्ता" मानव की ही पूर्ण सत्ता है, उसकी रहस्यवादी आत्मा की पूर्ण सत्ता नहीं, और 'मानव-मुक्ति' से मुक्तिबोध का आशय वर्ग-शोषण से मुक्ति ही है, माया के बंधनों से मुक्ति नहीं।

आकस्मिक नहीं है कि यह कविता "मानव-विश्व के बेचैन रंगोंभरे आकाश" के वर्णन के साथ समाप्त हुई है,

जिसमें
प्रखर जलते हुए रक्ताभ पथ-सा
बिछ गया है मुक्ति का मृदु लेख
मानव-मुक्ति की इतिहास-गाथा-सा।

मुक्तिबोध अपनी कविता में मिथकों का निर्माण करते हैं, लेकिन उनकी कविता 'इतिहास-गाथा' है, पुरागाथा नहीं। 'नक्षत्र-खंड' शीर्षक कविता में भी डॉ. शर्मा को "दीप-स्तंभ के नीचे गंभीर-तन्मय ध्यानमग्ना पूर्ण मानव-मूर्ति" मिल गई है, जिसे देखकर उन्हें गौतम बुद्ध की ध्यानमग्न मूर्ति याद आ गई है! (उप.) यह कविता भावना से आगे बढ़कर अपने मित्र के साथ एक वैज्ञानिक मानववादी विचारधारा प्राप्त करने की कविता है। मुक्तिबोध कहते हैं कि उन्हें ऐसी व्याख्याओं की तलाश थी, जो—

बनें सोपान
झिलमिल सत्य-बिंबित रत्न-प्रस्तर की

व ऐसी संगठित सीढ़ी-व्यवस्थाएं
शिखर तक चढ़
वहां पर भव्य दीप-स्तंभ तक पहुंचें
कि जिस उद्दीप्त दीप-स्तंभ के नीचे
रहे गंभीर-तन्मय ध्यानमग्ना
पूर्ण-मानव-मूर्ति
जीवन-लक्ष्य की दुर्दांत।

यह एक रूपक है तपस्वी का, लेकिन मानव-मूर्ति की पूर्णता दुर्दांत जीवन-लक्ष्यों की है, जीवन का अतिक्रमण करनेवाले कल्पित रहस्यवादी लक्ष्यों की नहीं। आखिर मार्क्सवाद का उद्देश्य भी तो मानवीय पूर्णता को अधिक से अधिक उपलब्ध करना ही है! मुक्तिबोध बहुत सावधान कवि थे। वे सोपान के जिन रत्न-प्रस्तरों का जिक्र करते हैं, वे 'झिलमिल सत्य-बिंबित' हैं! यह सत्य भौतिक ही है, आध्यात्मिक नहीं। इस कविता में उन्होंने 'पूर्ण-मानव-मूर्ति' का ही नहीं, 'ब्रह्म' का भी जिक्र किया है, लेकिन बतला दिया है कि यह वेदांतवाला ब्रह्म न होकर 'मानव-ब्रह्म' है, जिससे आलोचकों को गलतफहमी न हो : 'अनुभव-दीप्त मानव-ब्रह्म की संवेदना'।

'मैं तुमलोगों से दूर हूं' शीर्षक अपनी कविता में मुक्तिबोध ने कहा है कि जो है उससे बेहतर चाहिए! 'ब्रह्मराक्षस' में वे कहते हैं : "बुरे-अच्छे-बीच के संघर्ष / से भी उग्रतर / अच्छे व उससे अधिक अच्छे बीच का संगर / गहन किंचित् सफलता, / अति भव्य असफलता!!" यहां जिस संघर्ष की बात है, वह सामंतवाद और पूंजीवाद के बीच का संघर्ष न होकर पूंजीवाद और समाजवाद के बीच का संघर्ष है, जिसमें फिलहाल सफलता कम मिल रही है, असफलता ज्यादा। यह संघर्ष आखिर क्यों चलाया जा रहा है? कवि का कहना है कि 'अतिरेकवादी पूर्णता' की प्राप्ति के लिए। मार्क्सवाद ने अपने सामने बहुत ऊंचा लक्ष्य रखा है—ऐसी व्यवस्था कायम करना, जो अतिरिक्त रूप से पूर्ण हो। ऐसी पूर्ण व्यवस्था कायम करने का मार्ग अत्यंत पीड़ादायक हो, यह स्वाभाविक है। लेकिन यह पीड़ा क्या वांछनीय नहीं? मार्क्सवाद जिन नैतिक मानों की कल्पना करता है, वे ज्यामिति और गणित की तरह सही होंगे, कल्पित नहीं। उक्त पूर्ण व्यवस्था की उपलब्धि करना आसान नहीं। मुक्तिबोध की मार्क्सवाद-सम्मत मान्यता थी कि मनुष्य को आंतरिक पूर्णता समाजवाद / कम्युनिज्म में ही प्राप्त होगी। वे यह भी कहते हैं कि आंतरिक पूर्णता प्राप्त करने की उसकी यह कथा बहुत ही दिलचस्प है। निम्नलिखित पंक्तियों का यही आशय है :

... अतिरेकवादी पूर्णता
की ये व्यवस्थाएं बहुत प्यारी हैं ...
ज्यामितिक संगति-गणित
की दृष्टि के कृत
भव्य नैतिक मान

आत्मचेतन सूक्ष्म नैतिक मान . . .
. . . अतिरेकवादी पूर्णता की तुष्टि करना
कब रहा आसान
मानवी अंतर्कथाएं बहुत प्यारी हैं ! !

डॉ. शर्मा ने 'पूर्णता' शब्द देखकर इन पंक्तियों का भी रहस्यवादी अर्थ लगाया है। (उप.)

'अंधेरे में' कविता के 'रक्तालोकस्नात पुरुष' की भी उन्होंने रहस्यवादी व्याख्या ही की है। द्रष्टव्य है उनका यह कथन : " 'अंधेरे में' कविता में जिस रहस्यमय व्यक्ति को मुक्तिबोध खोज रहे हैं, वह उनकी संभावनाओं, निहित प्रभावों (प्रभाओं), प्रतिमाओं (प्रतिभाओं) की 'पूर्ण अवस्था' है, 'मेरे परिपूर्ण का अविर्भाव' है। रात का पक्षी उन्हें बताता है, 'वह तेरी पूर्णतम परम अभिव्यक्ति' है। इसीलिए कविता के अंत में यह अभिव्यक्ति प्राप्त नहीं होती। यदि केवल सर्वहारा वर्ग से तदाकार होने का प्रश्न होता तो मजदूरों के जलूस और संघर्ष में साथ रहने पर वह प्रक्रिया पूरी हो जाती।" (उप., पृ. 187) इस कथन का खंडन उनके पहले निबंध की इस स्थापना से स्वयं हो जाता है : "जो अभिव्यक्त हो चुका है, उसे ढूंढ़ना क्या ? मुक्तिबोध का आशय यह है कि जिसे वह ढूंढ़ रहे हैं, वह पूरी तरह अभिव्यक्त नहीं हुआ, अर्द्ध अभिव्यक्त होकर अस्फुट-सा आंखों से ओझल हो गया है। नया व्यक्तित्व गढ़ने की क्रिया एक दिन में संपन्न नहीं होती, गढ़नें की क्रिया में विघ्न पड़ता है, जिस कल्पना-चित्र को देखकर वह मूर्ति गढ़ते हैं, वह कल्पना-चित्र ही आंखों से ओझल हो जाता है। इसीलिए उनकी अभिव्यक्ति 'खोई हुई' है, 'आत्मसंभवा' भी है। उसे वह गलियों, सड़कों पर देखते हैं, 'अत्यंत उद्विग्न ज्ञान-तनाव वह / सकर्मक प्रेम की वह अतिशयता / वही फटेहाल रूप ! !' यही मुक्तिबोध के व्यक्तित्व का आदर्श रूप है जिसमें ज्ञान का तनाव ही नहीं, प्रेम की अतिशयता भी है—और वह सकर्मक है।" (उप., पृ. 133) यह स्थापना निश्चय ही सत्य के बहुत करीब है। लक्ष्य करने योग्य बात यह है कि इसमें 'रक्तालोकस्नात पुरुष' की रहस्यवादी व्याख्या का प्रयास बिलकुल नहीं किया गया है।

'अंधेरे में' का 'रक्तालोकस्नात पुरुष' किसी न किसी रूप में मुक्तिबोध की और कई कविताओं में मौजूद है। 'पता नहीं' उनकी एक प्रगीतात्मक कविता है। इसमें वह 'शक्ति-पुरुष' के रूप में प्रकट होता है। डॉ. शर्मा इस कविता की भी रहस्यवादी व्याख्या करते हैं : " 'पता नहीं' कविता में सबके मन के अंतस्तल में एक अग्निव्यूह बना है। उस पर प्रस्तर सतहें छाई हुई हैं। वे सहसा कांपती, तड़कती और टूटती हैं। भीतर से ज्वलत् कोश निकल पड़ता है, प्रज्वलित कमल उत्कलित होता है, और 'उस कमल-कोष के पराग-स्तर / पर खड़ा हुआ / सहसा होता है प्रकट एक / वह शक्ति-पुरुष / जो दोनों हाथों आसमान थामता हुआ / आता समीप अत्यंत निकट / आतुर उत्कट / तुमको कंधे पर बिठला ले जाने किस ओर / न जाने कहां व कितनी दूर ! !' इस शक्ति-पुरुष को किसी ने बाहर से ठेलकर वहां बंद न कर दिया था।

वह वहां पहले से विद्यमान था। अवसर आने पर शिलाएं टूट जाती हैं और वह दिव्य-पुरुष प्रकट हो जाता है।" (उप., पृ. 188) मुक्तिबोध की कई कविताएं सीधे अपने मित्र को संबोधित कर लिखी गई हैं। यह कविता मित्र को नहीं, एक तरह से अपने आपको संबोधित है, पर मित्र इसमें भी है। इस मित्र की आलोकभरी और गहरी आंखें कवि के मन की गहराइयों में हलचल पैदा कर देती हैं। वह जैसे चोरी करता हुआ पकड़ा जाता है। चोरी क्या है? 'निज में बसने' यानी आत्मकेंद्रित होने की कोशिश। मित्र कवि को आत्मकेंद्रिकता से मुक्त करता है। वह उसके भीतर जो सामाजिकता की आग है उस पर जमी ठंढी प्रस्तर-सतहें तोड़ देता है, जिससे उसके भीतर से ज्वलत् कोष निकल पड़ता है। कवि को यह घटना स्वप्न की तरह विस्मयजनक लगती है। इसी ज्वलत् कोष के पराग-स्तर पर खड़ा, दोनों हाथों में आसमान थामे हुए, शक्ति-पुरुष प्रकट होता है, जो उसे अपने कंधों पर बिठाकर न जाने कहां व कितनी दूर ले जाने के लिए आतुर है! उसके बाद कवि कहता है :

फिर वही यात्रा सुदूर की,
फिर वही भटकती हुई खोज भरपूर की,
कि वही आत्मचेतस् अंतःसंभावना,
... जाने किन खतरों में जूझे जिंदगी!!

यह वही पूर्णता की तलाश है, व्यक्तित्व को रूपांतरित कर पूर्ण बनाने की, जो 'अंधेरे में' दिखलाई पड़ती है। 'आत्मचेतस् अंतःसंभावना' और 'निज समृद्धि' का परम उत्कर्ष दोनों एक ही चीज हैं। इसी तरह यहां जिन खतरों का जिक्र है, वे सामाजिक और क्रांतिकारी जीवन के वे खतरे हैं, जिनमें 'अंधेरे में' का 'रक्तालोकस्नात पुरुष' उसके काव्य-नायक को डालना चाहता है : "वह बिठा देता है तुंग शिखर के / खतरनाक, खुरदुरे कगार-तट पर, / शोचनीय स्थिति में ही छोड़ देता मुझको। / कहता है— "पार करो पर्वत-संधि के गह्वर, / रस्सी के पुल पर चलकर / दूर उस शिखर-कगार पर स्वयं ही पहुंचो।"

रहस्यवाद भी काल्पनिक चित्रों में ही प्रकट होता है, पर उसे डॉ. शर्मा समझ लेते हैं, बल्कि जहां वह नहीं होता, वहां भी उसे देख लेते हैं, लेकिन काल्पनिक चित्रों में प्रकट होनेवाली मुक्तिबोध की सामाजिक और क्रांतिकारी भावना को वे नहीं समझ पाते, या जान-बूझकर उसे समझने से इनकार करते हैं। 'पता नहीं' की अंतिम पंक्तियां इस कविता की सामाजिक अंतर्वस्तु का निश्चित रूप से पता देती हैं—

अपनी धकधक
में दर्दीले फैले-फैलेपन की मिठास,
या निःस्वात्मक विकास का युग
जिसकी मानव-गति को सुनकर
तुम दौड़ोगे प्रत्येक व्यक्ति के
चरण-तले जनपथ बनकर!!

वे आस्थाएं तुमको दरिद्र करवाएंगी
कि दैन्य ही भोगोगे,
पर, तुम अनन्य होगे,
प्रसन्न होगे !!
आत्मीय एक छवि तुम्हें नित्य भटकाएगी . . .

'अपनी धकधक में दर्दीले फैले-फैलेपन की मिठास' यानी अपने हृदय के स्पंदनों में होनेवाली सामाजिक अनुभूति, जो एक तरफ दर्दीली है, तो दूसरी तरफ मधुर भी! 'निःस्वात्मक विकास का युग' यानी वर्तमान समाजवादी युग, जिसकी विशेषता है जनता का विजय-अभियान ! कवि का कहना है कि ये उसे प्रेरित करेंगे कि वह जन-जन के पांवों के नीचे जनपथ बनकर बिछ जाए। ये आस्थाएं दरिद्र और दीन बना डालेंगी, लेकिन व्यक्तित्व को विशिष्टता प्रदान करेंगी। इसीलिए 'आत्मीय छवि' 'रक्तालोकस्नात पुरुष' या 'शक्ति-पुरुष' की है, जोकि श्रमजीवी जनता की संगठित शक्ति का प्रतीक है, रहस्यवादी 'दिव्यपुरुष' की नहीं। लेकिन डॉ. शर्मा मुक्तिबोध की अपेक्षाकृत स्पष्ट और सरल उक्तियों को भी समझने के लिए तैयार नहीं।

'मेरे सहचर मित्र' कविता के तो शीर्षक से ही स्पष्ट है कि वह मित्र को संबोधित करके लिखी गई है। यह वह मित्र है, जिससे कवि को मार्क्सवाद की शिक्षा मिली थी। लेकिन यह शिक्षा ऐसी नहीं थी, जो कवि को दी गई और उसने चुपचाप उसे स्वीकार कर लिया। उसके मन में अनेक प्रश्न थे। मित्र ने उन प्रश्नों के उत्तर दिए। उन उत्तरों ने सीधे कवि की शंकाओं का समाधान नहीं किया। उन्होंने उसके भीतर एक हलचल मचा दी। उसके भीतर एक बहस छिड़ गई। एक तरफ मित्र से प्राप्त उत्तर, दूसरी तरफ देश-विदेश के क्रांतिकारी अनुभवों को लेकर लिखे गए ग्रंथों को पढ़ता हुआ एक तेजस्वी और उद्दंड क्रांतिकारी व्यक्ति, आजानुबाहु, पत्थर की कुर्सी पर बैठा हुआ, जो और कोई नहीं, स्वयं कवि है। मुक्तिबोध के शब्दों में—

औ' अकस्मात्, जबरन, धक्के से
शिला-द्वार
वह गुहा-द्वार आत्मा का धड़ से
खुलता है।
औ' अंतर के उस गुहा-तिमिर में
एक सुदृढ़
पत्थर के टेबुल पर रक्खे
रक्ताभ दीप की लौ
कुछ हिलती-डुलती है
अंधियाले में प्रस्फुटिता
ज्ञान-वलय-शाली
अंगार-ज्योति के नीचे

पीड़ा की पुस्तक
के पन्ने स्वयं पलट जाते।
कालांतर-अनुभव ग्रंथ देश-देशांतर के,
जो पढ़ता हुआ जातवेदस् उद्दंड
क्रांतिदर्शी कोई
बैठा है पत्थर-कुरसी पर आजानुबाहु,
वह सहसा उठ
आंधी-बिजली-पानी के क्रुद्ध देवता-से
घुस पड़े भव्य उत्तर का अभिवादन प्रचंड
उससे विशाल आलिंगन कर
सहसा वह बहस छेड़ देता
मानव-समाज-रूपांतर-विधि
की धाराओं में मग्न
मानवी प्राणों के
मर्मों की व्यथा-कथा ... अंगार-तपस्या पर
मानव-स्वभाव के प्रश्नों पर,
मानव-सभ्यता-समस्या पर।

बहस का विषय स्पष्ट है—क्रांतिकारी कार्यवाही में लगे हुए लोगों की पीड़ा, उनकी कठिन साधना, मानव-प्रकृति और मानव-सभ्यता की समस्याएं। बहस कवि के भीतर ही चलती है, लेकिन उसका एक मन बहस से तटस्थ रहकर सिर्फ ध्यानपूर्वक उसे सुनता है। उससे उसके सामने स्पष्ट हो जाता है कि उसके मित्र ने उसे क्यों मार्क्सवाद की शिक्षा दी। यह शिक्षा उसे उसके भीतर क्रांतिकारी दायित्व-बोध जगाने के लिए दी गई थी। मित्र की विशेषता यह थी कि उसका मार्क्सवाद 'किताबी' न होकर अनुभव-प्रसूत था। पुनः मुक्तिबोध के शब्दों में—

उस गुहा-भीत से कान लगा मैं सुनता हूं
जो बहस कि उससे ज्ञान हुआ—
यह भान कि तुमने कंधों पर
सहसा मुझको
क्यों खड़ा किया नभ को छूने
अपने से दुगुना बड़ा किया
जिससे पैरों की उंगली पर
तनकर ऊंची गरदन कर दोनों हाथों से
मैं स्याहचंद्र का फ्यूज-बल्ब
जल्दी निकाल
पावन प्रकाश का प्राण-बल्ब

वह लगा सकूं . . .

इस कविता में डॉ. शर्मा का ध्यान 'आजानुबाहु क्रांतिदर्शी पुरुष' और कवि के 'नभ को छूने' वाले आकार पर भी गया है, लेकिन चर्चा उन्होंने खास तौर से 'रक्ताभ दीप की लौ' और 'आत्मा' की की है। दीपक भी उनके लिए जैसे आत्मा का ही प्रतीक है। कहते हैं, "यहां इस दीपक को बाहर से उठाकर किसी ने शिलाद्वार के पीछे गुफा में छिपा नहीं दिया।" (उप., पृ. 189) 'मानव-समाज-रूपांतर-विधि' पर उनकी टिप्पणी है : "मानव-समाज का रूपांतर आवश्यक है किंतु इसकी विधि का ज्ञान तब होता है जब अकस्मात् आत्मा की गुफा का शिलाद्वार खुल जाता है।" (उप.) नागार्जुन के शब्द लेकर कहें तो यह 'आत्मा नानी' वाकई बहुत प्रबल है। यह डॉ. शर्मा-जैसे मार्क्सवादी आलोचक को भी चक्कर में डाल देती है और वे उसके प्रभाव से रहस्यवाद-विरोधी कविता को भी रहस्यवादी कविता मान बैठते हैं।

'एक अंतर्कथा' में सूखी टहनियां क्या हैं, यह मुक्तिबोध ने मां की जुबानी खुद बतलाया है :

आधुनिक सभ्यता के वन में
व्यक्तित्व-वृक्ष सुविधावादी।
कोमल-कोमल टहनियां मर गईं अनुभव-मर्मों की
यह निरुपयोग के फलस्वरूप हो गया।
अंतर्जीवन के मूल्यवान् जो संवेदन
उनका विवेकसंगत प्रयोग हो सका नहीं
कल्याणमयी करुणाएं फेंकी गईं
रास्ते पर कचरे-जैसी,
मैं चीन्ह रही उनको।
जो गहन अग्नि के अधिष्ठान
हैं प्राणवान्
मैं बीन रही उनको
देख तो
उन्हें सभ्यताभिरुचिवश छोड़ा जाता है
उनसे मुंह मोड़ा जाता है
दम नहीं किसी में
उनको दुर्दम करे
अनलोपम स्वर्णिम करे।
घर के बाहर आंगन में मैं सुलगाऊंगी
दुनिया-भर को उनका प्रकाश दिखलाऊंगी।

जो 'अंतर्जीवन के मूल्यवान् संवेदन' हैं, उन्हें डॉ. शर्मा 'अनंत ज्योति का अंश' कहते हैं : " 'एक अंतर्कथा' में मां कहती है कि सूखी टहनी में जो आग बंद है वह ख़ुलने

को है। यह साधारण अग्नि नहीं है। ... वह अनंत ज्योति का अंश है ... ।" (उप.) पूंजीवादी समाज-व्यवस्था में अवसरवाद, आत्मोत्थानवाद, सुविधावाद आदि का पनपना स्वाभाविक बात है। इसके फलस्वरूप समाज में अलगाव की भावना फैलती है, व्यक्ति अपनी ही मानवीय संवेदनाओं को तिरस्कृत करके निर्विघ्न और सुखी जीवन जीना चाहता है। इस स्थिति का वर्णन मुक्तिबोध ने अपनी अन्य कई कविताओं में भी किया है। यहां भी उसी का वर्णन है, सूखी टहनियों में निहित अग्नि के माध्यम से किसी अलौकिक शक्ति का नहीं। सिर पर टोकड़ी में सूखी टहनियां ढोनेवाले पुत्र को जब उसकी मां बतलाती है कि टहनियों में बंद आग अब खुलनेवाली है, तो वह "साश्रु नयन, रोमांचित तन, प्रकाशमय मन" हो उठता है और भावी विश्व के स्वप्न में खो जाता है :

दरवाजे दुनिया के सारे खुल जाते हैं
प्यार के साँवले किस्सों की उदास गलियां
गंभीर-करुण मुसकाहट में
अपना उर का सब भेद खोलती हैं।
अनजाने हाथ मित्रता के
मेरे हाथों में पहुंच ऊष्मा भरते हैं
मैं अपनों से घिर उठता हूं
मैं विचरण करता-सा हूं एक फैंटेसी में
यह निश्चित है कि फैंटेसी कल वास्तव होगी।
मेरा तो सिर फिर जाता है
औ' मस्तक में
ब्रह्मांड-दीप्ति-सी घिर उठती
रवि-किरण-बिंदु आंखों में स्थिर हो जाता है।

डॉ. शर्मा 'ब्रह्मांड' शब्द की उपस्थिति देखकर इस कविता को अंतिम रूप से रहस्यवादी समझ लेते हैं। उनके अनुसार पुत्र का जो स्वप्न है, वह अग्नि के ज्ञान से कवि के भीतर उत्पन्न रहस्यवादी आनंदजनित 'उन्माद' की देन है। मुक्तिबोध के 'डबरे में सूरज' के बिंब से भी उन्हें 'घट में ब्रह्म' की याद आ गई है, जबकि यह व्यक्ति में प्रतिबिंबित पूरे समाज के लिए प्रयुक्त बिंब है। 'घट में ब्रह्म' की याद करके ही उन्होंने पुनः यह लिखते हुए कि "सूरज के इस प्रतिबिंब का संबंध सूर्य के विस्फोटकारी केंद्र से है", व्यंग्य में कहा है कि "जिसके पास ऐतिहासिक अनुभूति होती है, वह केंद्र से संबंध स्थापित करके अपने आयाम असीम कर लेता है।" (उप. पृ. 190)

1945 में, जब मुक्तिबोध अपने कविता-संग्रह की भूमिका डॉ. शर्मा से लिखवाना चाहते थे, नेमिचंद्र जैन ने उन्हें पत्र में लिखा था, "आपकी कविता की भूमिका लिखने के लिए रामविलास से अधिक अयोग्य व्यक्ति दूसरा कोई नहीं हो सकता। वैसे ही उनकी कविता की परख शून्यप्राय है, फिर आपकी कविता के साथ उनकी sympathy

कभी हो ही नहीं सकती। यह सचमुच आपकी कविता का बड़ा अपमान होगा कि रामविलास को उसकी भूमिका लिखने के लिए कहें।" मुक्तिबोध के 'जीवनकाल' में उनका कविता-संग्रह न निकला, इसलिए उनके डॉ. शर्मा से उसकी भूमिका लिखवाने का प्रश्न नहीं उठा। लेकिन उनकी मृत्यु के बाद विस्तार से उनके काव्य का 'मूल्यांकन' और 'पुनर्मूल्यांकन' कर डॉ. शर्मा ने नेमिजी के उक्त विचारों को सही साबित किया।

2

1

दो कठिन पाटों बीच

भारत एक विकासशील देश है, लेकिन इसकी विशेषता यह है कि यहां स्वाधीनता-प्राप्ति के पूर्व ही पूंजीपति-वर्ग में प्रभावशाली इजारेदार-समूह प्रकट हो चुके थे। स्वाधीनता-प्राप्ति के बाद देशी और विदेशी इजारेदारियों का तेजी से विकास हुआ है, जिसके परिणामस्वरूप मध्यवर्गीय बुद्धिजीवियों और दफ्तर के कर्मचारियों की संख्या बढ़ती गई है। जिस अनुपात में उनकी संख्या बढ़ी है, उसी अनुपात में समाज में और सामाजिक संघर्ष में उनका महत्व भी बढ़ा है। मजदूर-वर्ग अभी तक निर्णायक सामाजिक शक्ति के रूप में उभरकर सामने नहीं आया। साथ ही उसके चरित्र में भी परिवर्तन हुआ है। स्वभावतः वह सामाजिक संघर्ष में नेतृत्वकारी भूमिका निभा पाने में असमर्थ है। ऐसी स्थिति में मध्यवर्गीय बुद्धिजीवियों और दफ्तर के कर्मचारियों का महत्व और दायित्व बहुत ज्यादा है। मुक्तिबोध ने इसे समझा था, इसलिए उन्होंने मध्यवर्ग को अपेक्षित महत्व दिया और उसे उसके दायित्व का बोध कराने का भरसक प्रयास किया। यह मध्यवर्ग उनकी प्रमुख चिंताओं में से एक है। इस संबंध में जानकारी की बात यह है कि उन्होंने अपना ध्यान संपूर्ण मध्यवर्ग—शहरी और देहाती निम्नपूंजीपति-वर्ग समेत—पर केंद्रित न कर सिर्फ उसके बुद्धिजीवी तबके पर केंद्रित किया है, यानी उस तबके पर, जो अपने शारीरिक श्रम से नहीं, बल्कि अपने मानसिक श्रम से अपनी रोटी कमाता है। यह सुपरिचित तथ्य है कि मानसिक श्रम से अपनी रोटी कमानेवाले लोग भी अधिकतर शहरी या देहाती निम्नपूंजीपति-वर्ग से ही आते हैं। इस कारण उनकी जीवन-स्थितियां और मानसिकता निम्नपूंजीवादी ही होती है, जिससे वे पूंजीपति-वर्ग की तरफ भी जाते हैं और मजदूर-वर्ग की तरफ भी, और राजनीतिक दृष्टि से उनमें एक अस्थिरता होती है।

'डबरे पर सूरज का बिंब' शीर्षक 'डायरी' के अपने लेख में मुक्तिबोध ने दफ्तर के एक कर्मचारी का चित्र खींचा है और उसके प्रति गहरी सहानुभूति प्रदर्शित करते हुए उसे एक 'श्रमजीवी' के रूप में प्रस्तुत किया है : "आजकल सच्चा श्रम, जिससे चेहरा सूख जाता है, पसीना आता है, कपड़ों की इस्तिरी बिगड़ जाती है, ओंछे हुए

बाल अस्त-व्यस्त हो जाते हैं, उंगलियों को स्याही लग जाती है, आंखें कमजोर हो जाती हैं, अपने से बड़े पदाधिकारियों के मारे दिल धक-धक करता है—मतलब यह कि कम-से-कम मानवोचित सुविधाओं में अधिक-से-अधिक श्रम की मनुष्य-मूर्ति—दुनिया को तो छोड़ ही दीजिए, अपने भाइयों की, उनकी आंखों में भी हजार सहानुभूतियों के बावजूद—सूक्ष्म और स्थूल अनादर की पात्र है, असम्मान की पात्र है। ट्रैजेडी तो यह है कि ऐसी मनुष्य-मूर्ति अपने स्वयं की आंखों में भी अनादर और असम्मान की ही प्रात्र होती है। इस विश्वव्यापी और अंतर्यामी अनादर और असम्मान की धूल धारण कर, हृदय में बासी कड़ुवा जहर लिए हुए, थके, क्लांत और श्रमित व्यक्ति जब अपने दफ्तरों से बाहर दो मील दूर अपने घर की तरफ लुढ़कते-पुढ़कते निकलते हैं, तो उनके मन में और हमारे मन में श्रम का कितना महान् आध्यात्मिक मूल्य अवतरित होता है, वह वर्णनातीत है!" सामाजिक शोषण के शिकार, मानवीय गरिमा और आत्म-सम्मान से वंचित मध्यवर्गीय श्रमिक की यह 'मनुष्य-मूर्ति' मुक्तिबोध की कविताओं में अनेक रूपों में मिलती है। यह वस्तुतः उनका एक केंद्रीय बिंब है, जिससे हमारा साक्षात्कार हम उनकी कविता में जिस दिशा में बढ़ते हैं, उसी दिशा में हो जाता है।

उन्होंने नई कविता पर विचार करने के क्रम में मध्यवर्ग, उसकी समस्याओं, उसके अंतर्विरोधों और असंगतियों तथा उसकी चारित्रिक विशेषताओं की बार-बार चर्चा की है और अपने उद्देश्य को सामने रखा है। 'नई कविता : एक दायित्व' शीर्षक लेख में उन्होंने मध्यवर्ग के दो स्तर करते हुए उसका जो विश्लेषण किया है, वह ध्यान देने लायक है। भारत की ऐतिहासिक स्थिति ही ऐसी है कि गरीब वर्ग अधिकाधिक गरीब होते जा रहे हैं और धनी वर्ग अधिकाधिक धनी। मध्यवर्ग की खाती-पीती शिष्ट श्रेणी और उसी वर्ग की गरीब श्रेणी के बीच भयानक खाई पड़ी हुई है, जो दिन-ब-दिन बढ़ती जाती है। यह गरीब श्रेणी अब इस नतीजे पर पहुंच रही है कि उसका पूरा उद्धार सभी गरीब वर्गों की मुक्ति के साथ है, उससे अलग हटकर नहीं। प्राइमरी पाठशालाओं के शिक्षकों और बालकों, गरीब परिवारों, आफिसों के छोटे-छोटे क्लर्कों से लेकर इसी वर्ग से उपजे हुए अनेक बुद्धिजीवियों, डॉक्टरों और वकीलों तक के मन में यह बात घर करके बैठ गई है। निस्संदेह इस वर्ग में से बहुतेरे ऐसे हैं, जो व्यक्तिगत लाभ की लालसा में औरों की राह में बाधा बनकर स्वयं महत्वपूर्ण हो जाते हैं, या अपेक्षाकृत ऊंची जगह पर पहुंच जाते हैं। लेकिन उनका स्वयं का वर्ग उनका स्वागत नहीं करता। फलतः उच्च वर्गों के प्रति अविश्वास, घृणा, तिरस्कार और क्षोभ, साथ ही अपने वर्ग की दुःस्थिति में पड़े हुए लोगों के प्रति सहायता और प्रेम का भाव तथा नए आदर्शों का स्वप्न—इस गरीब मध्यवर्ग के स्थायी भावों में से हैं।

निम्न-मध्यवर्ग की विशेषता यह है कि उसकी आकांक्षा उच्च-मध्यवर्ग में जाकर बैठने की होती है, लेकिन वास्तविकता उसे पीछे ढकेलती है और निचले वर्ग के साथ होने के लिए बाध्य करती है। स्वभावतः उसमें एक ओर उच्च-मध्यवर्गीय मनोरम स्वप्न-भ्रम होता है, तो दूसरी ओर समाज की क्रांतिकारी शक्तियों की ओर जाने की प्रवृत्ति भी। निम्न-मध्यवर्ग से मुक्तिबोध निराश नहीं थे। उसकी अवसरवादिता के

बावजूद उसकी क्रांतिकारिता में उनकी आस्था थी। वे उसे मजदूर-वर्ग से आगे नहीं मानते थे, लेकिन ऐसा वर्ग अवश्य मानते थे, जो मजदूर-वर्ग का साथ दे सके। 'कामायनी : एक पुनर्विचार' में 'प्रसाद' की आलोचना करते हुए उन्होंने कहा है कि वे यह नहीं देख सके कि भारत के गरीब मध्यवर्ग में अभी इतनी मानवतावादी जनतंत्र-भावना शेष है कि वह, क्रांतिकारी वर्गों की पिछली पंक्ति में ही क्यों न सही, सामाजिक रूपांतर का दायित्व निभा सकता है। इस पुस्तक का समापन उन्होंने बहुत ही विश्वास के साथ किया है। "आज संस्कृति का नेतृत्व उच्च वर्गों के हाथ में है—जिनमें उच्चमध्यवर्ग भी शामिल है। किंतु यह आवश्यक नहीं है कि यह परिस्थिति स्थायी रहे, अनिवार्यतः। यह बदल सकती है। और, जब बदलेगी, तब इतनी तेजी से बदलेगी कि होश फाख्ता हो जाएंगे।" यह परिस्थिति कौन बदलेगा? उनका उत्तर है: निम्न जन-श्रेणियां। उनके शब्द हैं, "शायद वह जमाना जल्दी ही आ रहा है जब वे स्वयं संस्कृति का नेतृत्व करेंगी, और वर्तमान नेतृत्व अधःपतित होकर धराशायी हो जाएगा। इस बात से वे डरें जो समाज के उत्पीड़क हैं, या उनके साथ हैं, हम नहीं क्योंकि हम पद-दलित हैं, और अविनाश्य हैं—हम चाहे जहां उग आते हैं। गरीब, उत्पीड़ित, शोषित मध्यवर्ग को ध्यान में रखकर मैं यह बात कह रहा हूं।"

यह आकस्मिक नहीं है कि मुक्तिबोध की कहानियों का मुख्य विषय मध्यवर्ग ही है; मध्यवर्ग का वह तबका, जो बुद्धिजीवी कहलाता है और दफ्तरों में काम करता है।

'एक दाखिल-दफ्तर सांझ' का रामेश्वर एक छोटा अफसर है। उसका असिस्टेंट वर्मा उसे याद दिलाता है कि वह तो 'प्रगतिवादी' है, जिस पर वह उससे कहता है कि सरकारी नौकर की कोई विचारधारा नहीं होती, होती भी है तो उसके अनुसार कार्य करना मना है। जैसे वेश्या को सुहागन कहने से उसका अपमान ही होता है, वैसे ही 'प्रगतिवादी' कहकर वह उसका अपमान कर रहा है! 'जिंदगी की कतरन' एक तालाब में डूबकर आत्महत्या कर लेनेवाले तिवारी और निर्मला-जैसे निम्न-मध्यवर्गीय पात्रों की कहानी है, जो सामाजिक-पारिवारिक उत्पीड़न के शिकार थे। इसी कहानी में कथाकार ने कहा है कि मध्यवर्गीय समाज की सांवली गहराइयों की रुंधी हवा की गंध से मैं इस तरह वाकिफ हूं, जैसे मल्लाह समुंदर की नमकीन हवा से। 'अंधेरे में' शीर्षक से मुक्तिबोध ने एक कहानी भी लिखी थी। इसका प्रमुख पात्र एक युवक है, जिसकी कैफियत यह है कि वह दुनिया के मध्यवर्गीय जनों के अनेक विषों को चुपचाप पी गया था और सिर्फ क्रांति की राह देख रहा था। 'उपसंहार' का नायक रामलाल किसी अखबार में काम करता है। संघर्ष, गरीबी और कष्ट—इन तीनों ने उसके परिवार के सदस्यों को अभिन्न बना दिया था!

'समझौता' लोककथा का आधार लेकर रचित मुक्तिबोध की एक सशक्त कहानी है, जिसमें बी.ए. पास एक बेकार युवक है। जब उसे एक दफ्तर में किरानीगीरी मिल जाती है, तो उसे भयानक यातनाएं देकर मनुष्य से पशु बनाया जाता है। उसके ऊपर का अफसर भी पशु बनाया जा चुका है। किरानी रीछ, तो अफसर शेर। वह अफसर

उससे कहता है कि अगर पशु की जिंदगी ही बितानी है, तो ठाठ से बिताएं, आपस में समझौता करके। 'समझौता' की तरह ही 'पक्षी और दीमक' भी एक सशक्त कहानी है। इसमें भी कहानी के भीतर एक दूसरी कहानी है। इसमें एक शिक्षक है, जिसे अपनी दशा पर उस पक्षी की याद आती है, जो दीमकों के मुलायम आहार के लिए गाड़ीवान को अपने खूबसूरत पंख अपनी चोंच से तोड़कर देता जाता है और एक दिन पंखहीन होकर स्वयं एक काली बिल्ली का आहार बन जाता है।

'क्लॉड ईथरली' शीर्षक अपनी प्रसिद्ध कहानी में मुक्तिबोध ने कहा है कि मध्यवर्ग का प्रत्येक सचेत, जागरूक और संवेदनशील व्यक्ति क्लॉड ईथरली है, यानी इस कारण पाप-बोध या अपराध-बोध से ग्रस्त है कि वह विरोध नहीं कर सकता। क्लॉड ईथरली वह अमरीकी विमान-चालक था, जो हिरोशिमा पर अणु-बम गिराने के कारण पाप-बोध से ग्रस्त था, लेकिन जिसने अमरीकी राजनीति का विरोध नहीं किया था। 'जलना' भी एक शिक्षक की ही कहानी है, जो अपनी बूढ़ी मां की चाय के दूध के लिए पंसारी की दुकान में ले जाकर रद्दी बेचता है। इस कहानी में मुक्तिबोध ने निम्न-मध्यवर्गीय दंपति के मन की गहराई में छिपे प्रेम का बहुत ही सटीक वर्णन किया है। अभावग्रस्त परिवार का पारस्परिक प्रेम और सहयोग का दृश्य चुन्नीलाल की आंखों के सामने आता है, तो उसका मन 'बेहद' के मैदान में चला जाता है। 'काठ का सपना' के निम्न-मध्यवर्गीय दंपति परिस्थितियों की मार से काठ हो गए हैं। जल-विप्लव में वे प्राणहीन काठ आपस में गुंथे हुए बहे जा रहे हैं। उन पर एक बालिका भी बैठी हुई है—सरोज, जिसने अपने दो हाथ दोनों काठों पर टेक रखे हैं!

'सतह से उठता आदमी' में दो पात्र हैं—कृष्णस्वरूप और रामनारायण। दोनों एक ही सिक्के के दो पहलू हैं, यानी निम्न-पूंजीवादी मनोवृत्ति के दो पक्षों को सामने लानेवाले। रामनारायण निषेधवादी है, उसका व्यवसाय तमाम चीजों की जी-भरकर आलोचना करना है, जबकि कृष्णस्वरूप लाभ-लोभ का शिकार है, जो उसकी खुशामद में रहता है और उससे इतना दबता है कि उसकी गालियां भी बर्दाश्त करता है। 'जंक्शन' कहानी में भी एक पात्र की निम्न-मध्यवर्गीय मनोवृत्ति का ही चित्रण हुआ है। इसमें वह पात्र उधार का ओवरकोट पहनकर शान से रेलवे प्लेटफार्म पर जाड़े की एक ठंढी रात में घूमता है और एक साफ-सुथरे लड़के को अपने बिस्तर में लेटने की सुविधा देकर अपने बड़प्पन की आकांक्षा को पूरा करता है। उसके बड़प्पन की पोल तब खुल जाती है, जब एक गंदे लड़के को भी वह सुविधा देने की बात सामने आने पर वह इस डर से पीछे हट जाता है कि दूसरों की दी हुई ही क्यों न सही, कीमती अलवान, नरम कंबल और दूधिया चादर खराब हो जाएगी।

'विपात्र' मुक्तिबोध का एक लघु उपन्यास है, जिसमें मध्यवर्गीय जीवन के 'तिलिस्म' का वर्णन किया गया है। यह तिलिस्म एक कालेज है, जिसके कैदी उस कालेज के अध्यापक हैं। उन्हें जिस ऐयार ने कैद किया है, वह उस कालेज का प्राचार्य है, जो पूंजीवादी और सामंती संस्कारों का विचित्र मिश्रण है। कालेज के अध्यापक उसके आतंक से बुरी तरह ग्रस्त हैं। राव साहब, जगत, भनावत, मिश्रा और 'विपात्र'

का नायक सभी तिलिस्मी परिस्थितियों में निम्न-मध्यवर्गीय चरित्र के एक-एक पहलू का उदाहरण प्रस्तुत करते हैं। राव साहब एक अवसरवादी चरित्र हैं, जिसकी नजर हमेशा अपनी तरक्की पर रहती थी। जगत एक स्वप्नदर्शी चरित्र है, जिसे सच्चाई सिर्फ सपना दे जाती थी। भनावत अब कोई खतरा उठाने को तैयार नहीं, इसलिए 'मौका' देखकर बातें करने में विश्वास करता है। मिश्रा जगत से कहता है कि हमारे बीच कोई झगड़ा नहीं, क्योंकि हम दोनों एबी लॉर्ड्स हैं! एबी लॉर्ड—जिसने संत बने रहने के लिए अपनी जननेंद्रिय को चाकू से काट दिया था! कथानायक भी एक खुशामदी चरित्र है, लेकिन वह कहता है कि उसका पूंछ हिलाने का अपना तरीका है!

लेकिन ऐसा नहीं है कि मध्यवर्ग का यह तबका हर तरह से पस्त, टूटा हुआ और निराश है और इसमें प्रतिरोध की कोई क्षमता नहीं। मुक्तिबोध इस तबके की प्रतिरोध-क्षमता से भी परिचित थे, इसलिए उन्होंने अपनी कहानियों और अपने लघु उपन्यास में उसका भी संकेत किया है। 'भूत का उपचार' कहानी का पात्र कथाकार से कहता है : "मेरे भीतर का जीवन आप क्या जानो। जो भीतर का है वह धुआं या कुहरा है, यह गलत है। आप मुझे ऐसा पेंट करना चाहते हो जैसे मैं दुख के, असंगति के, कष्ट के, एक गटर का एक कीड़ा यानी निम्नमध्यवर्गीय हूं। जी नहीं, स्रष्टा महोदय, मैं इतना आधुनिक नहीं हूं। . . . आपलोग मन की कुछ विशेष अवस्थाओं को ही अत्यंत महत्वपूर्ण मानकर चलते हैं—विशेषकर उन अवस्थाओं को जहां वह अवसन्न है, और बाहरी पीड़ाओं से दुखी है। मैं इस अवसन्नता और पीड़ा का समर्थक नहीं, भयानक विरोधी हूं।" मुक्तिबोध ने अपने पात्र की इस बात को याद रखा और यथासंभव निम्न-मध्यवर्गीय चरित्रों का चित्रण वस्तुपरक रूप में किया। यही कारण है कि उनके पात्र निरे नकारात्मक और अबोध नहीं।

'एक दाखिल-दफ्तर सांझ' के रामेश्वर में एक अंतःसंघर्ष भी है। उसके भीतर से एक आवाज उठती है कि "तुमने अपनी जिंदगी के साथ खिलवाड़ किया है, अप्राकृतिक व्यभिचार किया है, सचाई की राह छोड़ दी है।" 'अंधेरे में' का युवक बिगड़ी हुई हालत के लिए "मध्यवर्ग के आत्म-संतोष" को दोष देता है। 'उपसंहार' का रामलाल एक शिक्षक की आत्महत्या के विरोध में शुरू होनेवाले आंदोलन की खबर अखबार में पढ़ता है, तो "उसके दिल की सारी नाउम्मीदी एक विश्वव्यापी अंगार में रूपांतरित होकर उसके दिल को गरमी और आत्मा को किरण प्रदान करने लगी।" 'समझौता' के अफसर की सूरत पर "जिंदगी से समझौते के विरुद्ध एक क्षोभ की काली भावना छाई हुई थी।" वह अपने असिस्टेंट से यह भी कहता है कि "यह तो सोचो कि वह कौन मैनेजर है जो हमें-तुम्हें, सबको, रीछ-शेर-भालू-चीता-हाथी बनाए हुए है।"

'पक्षी और दीमक' के शिक्षक का कथन है : "नहीं, मुझमें अभी बहुत कुछ शेष है, बहुत कुछ। मैं उस पक्षी-जैसा नहीं मरूंगा। मैं अभी भी उबर सकता हूं। रोग अभी असाध्य नहीं हुआ है। ठाठ से रहने के चक्कर से बंधे हुए बुराई के चक्कर तोड़े जा सकते हैं। प्राण-शक्ति शेष है, शेष।" इसी तरह 'जलना' कहानी का चुन्नीलाल

सोचता है कि वह अपने सारे विचार, अपनी सारी कल्पनाएं और धारणाएं अपने बच्चों को बता देगा, उन्हें बड़े आदमियों की बैठक से दूर रखेगा और इस तरह घुट्टी देगा कि वे उनके तौर-तरीकों से घृणा करें, अपने-जैसे गरीबों में ही रहें, और उन्हें लिखाएं-पढ़ाएं, उन्हें नए-नए विचार दें, उनकी भविष्य-कल्पना तीव्र कर दें, उनकी जगत-चेतना को विस्तृत और यथार्थवादी बना दें, और उनमें मरें और जिएं। वह निश्चय करता है कि अपने बच्चों को क्रांतिकारी बनाएगा। 'काठ का सपना' का पुरुष भी यह प्रतिज्ञा करता है कि चूंकि कर्तव्य की पूर्ति केवल संकल्प द्वारा नहीं हो सकती, इसलिए कल जरूर वह कुछ न कुछ करेगा, विजयी होकर लौटेगा। 'जंक्शन' का मुख्य पात्र भी अपने चिंतन में अपने बच्चों से कहता है कि तुम्हारी जन्मभूमि भारत की धरती ही नहीं, गरीबी है। तुम कटे-पिटे दागदार चेहरेवालों की संतान हो। उनसे द्रोह मत करना। अपने इन लोगों को मत त्यागना।

'विपात्र' के भनावत, मिश्रा और उसके नायक के भीतर विद्रोह की आग है, जो उनकी परिस्थितियों की राख के नीचे दबी हुई है। 'विपात्र' का एक दूसरा प्रारूप भी है, जिसमें मुक्तिबोध ने जगत को एक सकारात्मक चरित्र के रूप में चित्रित किया है। पहले प्रारूप का जगत एक कर्मशून्य स्वप्नदर्शी चरित्र है, लेकिन दूसरे प्रारूप में वह एक सक्रिय चरित्र के रूप में सामने आता है और कथानायक से कहता है, "कर्म मनुष्य को उसकी परिस्थिति से तथा अन्य मनुष्यों से सिर्फ जोड़ता ही नहीं है, वह उन्हें मोड़ता भी है।"

स्पष्ट है कि अपने कथा-साहित्य में मुक्तिबोध ने निम्न-मध्यवर्ग के चरित्र को अपने चिंतन और अनुभव के आधार पर वस्तुपरक रूप में अंकित किया है, अन्य अनेक लेखकों की तरह आत्मपरक रूप में नहीं। यही चीज हमें उनकी कविता में भी दिखलाई पड़ती है।

'तार सप्तक' में प्रभाकर माचवे की एक कविता है 'निम्न मध्यवर्ग', जिसमें उन्होंने इस वर्ग की भर्त्सना करते हुए कहा है—"लहू नहीं, गोमूत्र बहता इन जिस्मों में"। 1947 में मुक्तिबोध ने भी 'मध्य-वित्त' शीर्षक एक कविता लिखी, जिसमें उन्होंने मध्यवर्ग को निराश, आपदाग्रस्त, शेष विश्व से कटा हुआ, स्वार्थी, अवसरवादी, खंडित व्यक्तित्ववाला, ऐकांतिक, आत्मविरोध का शिकार, एक साथ दो विरुद्ध अश्वों पर सवार, वाणी और कर्म में अंतर रखनेवाला और जाने क्या-क्या कहा, पर दो दृष्टियों से उनकी यह भर्त्सना माचवे से भिन्न थी। एक तो इस दृष्टि से कि वे समझ रहे थे कि मध्यवर्ग की ऐसी हालत क्यों है ("पूंजीवादी स्याह रेल के नीचे आकर / मरा पड़ा लोहे की पटरी पर यह मानव ···") और दूसरे, इस दृष्टि से कि उन्होंने इस वर्ग की प्राण-शक्ति में अपना विश्वास नहीं खोया और आह्वान के स्वर में उससे कहा कि "छत के बांसों में धुएं के लंबे-लंबे / घोर निराशा के काले-काले जालों को, / प्राण-शक्ति की दीर्घ यष्टि से निकाल फेंको"। कुछ दिनों बाद उन्होंने 'हे प्रखर सत्य ! : दो' शीर्षक एक दूसरी कविता लिखी, जिसमें यह बतलाते हुए कि "भारतीय वास्तव है भीषण दुःस्वप्नों-सा", उन्होंने मध्यवर्ग की 'नरक-कथा' कही। इस

कविता में मध्यवर्ग की भर्त्सना का स्वर बहुत ही तीखा है :

अवसरवादी पराक्रमों के
घोर जंतु, ये वंदनीय हैं
महाशोषकों के शोषण-
अपराधों में रहते सु-सहायक
उसके या उसकी संस्थाओं
के दासानुदास ये भावुक
यदपि बड़बड़ाते रहते अपनी शिकायतें
किन्तु बदुबुदाते शोषक के ही कुरान की
उसी फलसफे की गीता की श्लोक-आयतें!!
क्रियाहीन विश्वास
किसी अवसरवादी का ही तो पथ
है चला जा रहा उस पथ पर
हिलता-डुलता टूटा इक्का—
इस मध्यवर्ग का जीवन-रथ

खास बात यह कि मध्यवर्ग के लिए—

राजनीति-साहित्य-क्षेत्र भी
महा असत्य-शूकरों का है एक तमाशा
यद्यपि बोली जाती मुंह से
भारतीय संस्कृति की भाषा

आगे मुक्तिबोध ने उच्च-मध्यवर्ग द्वारा भारतीय संस्कृति की दुहाई देते हुए की जानेवाली स्वार्थपूर्ति का बहुत ही सशक्त वर्णन किया :

मध्यवर्ग की भारतीय संस्कृति के गहरे तालाबों में
... प्रतिपल छुप-छुप सई-सांझ
चुपचाप आत्महत्याएं होती रहतीं नैतिक
सत्य-अहिंसा आदि अनेकों आदर्शों के
ग्राह और ग्राहिणियां अनगिन
डोहों में चुपचाप बैठकर
गीता-पाठ सदा करती हैं
खाकर मानव-आत्मा, सोचा करतीं गहरे दांव-पेंच औ'
नए पैंतरे

उन्होंने मध्यवर्ग की जिंदगी को 'उदरंभरी' कहा, लेकिन उसमें ऐसे लोगों का भी अस्तित्व स्वीकार किया, जिनका कोई स्वार्थ नहीं होता। लेकिन ऐसे लोग समाज में प्रभावहीन होते हैं, क्योंकि उनमें विरोध की क्षमता नहीं होती।

'जिन्दगी का रास्ता' शीर्षक अपनी लंबी कविता में मुक्तिबोध ने मध्यवर्गीय

बुद्धिजीवियों को बहुत ठिकाने से याद किया। इन बुद्धिजीवियों में कवि-लेखक भी आते हैं। वे उन्हें लक्ष्य कर कहते हैं :

यशःलोलुप व्यक्ति की तेजोमयी सत्ता
आधुनिक आदमखोर रावण के घर पर
भिश्तीगिरी करती है,
पूंजीवादी उल्लू के साहित्यिक पट्ठे
राजनैतिक रात में ऊंचे किसी छप्पर का आसरा लिए हुए
चीखा करते हैं . . .

उनके जीवन-काल में ही नई कविता के एक प्रसिद्ध कवि ने इजारेदार घराने के एक प्रसिद्ध साप्ताहिक का संपादन संभाल लिया था, जिसका एक मुख्य उद्देश्य रहा है कम्युनिस्ट विचारधारा का अंध-विरोध और तरह-तरह से समाजवाद के मार्ग का अवरोध करना। इसी कविता में वे आगे कहते हैं :

दुनिया का उदरंभरी मध्यवर्ग थर्राकर
(रोटी की तलाश में)
बेचता है आत्मा को
वेश्या के देह-सा व्यभिचार के लिए।
मिर्ची की धांस की खांसी-सी
पीड़ित उन्हें करती है
जन-जन की साहसी विचारधारा
कर्ममयी अग्निधारा दर्पोद्धत।

मुक्तिबोध की मृत्यु के बाद उनके युवा कवि-मित्रों में से एक पूंजीपतियों की पार्टी कांग्रेस का प्रचार-मंत्री बनकर उसकी सत्ता बरकरार रखने के लिए भारतीय जनता को भरमानेवाले पोस्टर लिखने लगे। आज मध्यवर्ग से आनेवाले अनेक ऐसे साहित्यकार हैं, जो पूंजीवादी सरकारी और गैरसरकारी प्रतिष्ठानों के जरिए पूंजीवादी विचारधारा और संस्कृति के प्रचार में लगे हैं। इन प्रचारकों का साहित्यिक महत्व बतलानेवाले आलोचकों की भी कमी नहीं है। मुक्तिबोध इन सबों को खूब पहचानते थे :

स्वार्थी भी चाहते हैं औचित्य, संगति
सामंजस्य;
सुविधा की डोर से वे शोषण के तर्कों को बांधकर
फिराते हैं घुमाकर विचारों के पत्थर।
शोषण की बर्बर तरु-शाखाओं पर लटकाकर
फांसी के झूले में मानव
चाहते हैं छूना वे मानव के सत्य को।
पूंजीवादी हास की गटर में
मध्यवर्गीय बुद्धिशील अवसरवादी केंकड़े

खेलते शिकार हैं
आनंदोल्लास से—
एक ओर जिनके कि अंडों में देखते हैं ब्रह्मांड
आलोचक सत्य-प्रिय "ब्राह्मण"।

जब जनता पूंजीवादी सत्ता से विद्रोह करती है, तो मध्यवर्गीय बुद्धिजीवी उस 'भयंकर प्रलय का सामाजिक रूप' देखकर पूंजीपतियों के आंगन में खड़े होकर उनसे अपनी प्राण-रक्षा के लिए प्रार्थना करते हैं। मुक्तिबोध ने इस कविता में बतलाया है कि पूंजीपतियों के हाथ अपनी आत्मा को बेच देने का क्या परिणाम हुआ :

श्वेत-वस्त्र सभ्यता
का एक हाथ, एक पैर
भुतही हवा के किसी स्पर्श से
मर गया
कि यों आधे चेहरे को मार गया लकवा,
आधा होंठ फूलकर लटक गया एक ओर,
विद्रूप कि भयानक व्यंग-हास हंसकर।

निम्न-मध्यवर्ग की यह स्थिति है कि वह यदि पूंजीपतियों के हाथ बिकता है, तो उसे कुछ खास प्राप्ति नहीं होती। कोई सजा-सजाया आधुनिक कक्ष नहीं, उसे सिर्फ एक भुतहा कमरा हाथ लगता है!

'इसी बैलगाड़ी को' मुक्तिबोध की एक ऐसी कविता है, जो किसानों को विषय बनाकर लिखी गई है। इसमें किसान शहरी मध्यवर्गीय बुद्धिजीवियों को संबोधित कर कुछ निवेदन करते हैं। शहरी बुद्धिजीवी किसानों को 'जड़' और 'ठस' समझते हैं और उनके पूंजीवाद-विरोधी संघर्ष को अच्छी निगाह से नहीं देखते। ये दोनों वस्तुतः मित्र-वर्ग हैं, क्योंकि इनका शत्रु समान है। इस कारण इन दोनों में शत्रुता नहीं, बल्कि मित्रता स्थापित होनी चाहिए, लेकिन ऐसा है नहीं। किसान शहरी बुद्धिजीवियों से कहते हैं कि हम दोनों की जीवन-दशाएं एक हैं, भले एक देहात में रहे और दूसरा शहर में। ऐसी स्थिति में दोनों के बीच शत्रुता बेकार है! किसानों को अपने दुःख का कारण मालूम है, वे अपने शत्रु को पहचानते हैं, जबकि शहरी बुद्धिजीवी अपनी स्थिति के लिए जिम्मेवार सामाजिक शक्तियों को नहीं जानते। फलस्वरूप वे बुद्धिजीवी अपने दुःख के अनेक दूसरे कारण ढूंढ़ लेते हैं। स्वभावतः वे अपनी मुक्ति के लिए छटपटाते रहते हैं, लेकिन उन्हें उसका रास्ता नहीं मिलता। अपनी छटपटाहट को वे एक मौलिक चीज समझकर उसे गौरवान्वित करते रहते हैं। मुक्तिबोध ने मुक्ति-मार्ग की खोज के इस पीड़ाभरे संवेदन को 'अंधा' कहा है। कहा जा सकता है कि किसानों को विषय बनाकर लिखी गई इस कविता का असली उद्देश्य शहरी बुद्धिजीवियों के चरित्र पर प्रकाश डालना है, जो उनकी तुलना में कम क्रांतिकारी होते हैं।

'भविष्य-धारा' कविता में मुक्तिबोध ने मध्यवर्ग की विस्तार से चर्चा की है।

आज पूंजीवाद ह्रास को प्राप्त है, वह ठूंठ की तरह है, लेकिन मध्यवर्गीय बुद्धिजीवी उसी का आश्रय ढूंढ़ते हैं, और लता की तरह उस ठूंठ पर चढ़कर अपने को सर्वोच्च समझते हैं। पूंजीपति-वर्ग के डर के मारे वे अपने अनुभवों को त्याग देते हैं और उस विचारधारा में बहने लगते हैं जो उनके लिए अजनबी होती है। निश्चय ही सारे के सारे बुद्धिजीवी मृत नहीं हो गए। उनमें से कुछ की आत्मा अभी जीवित है। मुक्तिबोध उन्हीं को संबोधित कर यह जानना चाहते हैं कि जिस मध्यवर्ग ने पूंजीवाद के पहले दौर में सामंतवाद और उपनिवेशवाद के विरुद्ध संघर्ष कर इतिहास में प्रगतिशील भूमिका निभाई थी, जनता का कल्याण किया था, वह आज अपने अनुभव-जनित सत्यों को अपने से अलग क्यों रखता है और जन-विमुख क्यों हो गया है? फिर वे अपनी जिज्ञासा का स्वयं ही यह कहकर उत्तर देते हैं कि मध्यवर्गीय बुद्धिजीवियों की आत्मा को जिसने आज लोभ-लाभ-यश-अहंकार द्वारा संगठित और संरक्षित एक चोर-संस्था में बदल दिया है, वह पूंजीवाद है! उन्होंने यहां उक्त बुद्धिजीवियों के अवसरवाद और आत्महनन का बहुत ही सशक्त वर्णन किया है। ये बुद्धिजीवी जीवन की श्यामल खानों से निकाले गए मणि-रत्नों को जमीन में दबा देते हैं, अपने ताजे-जनमे शिशुओं को चमकदार पथरीली आंखोंवाली उद्दंड चतुर मार्जारी को खा जाने के लिए सौंप देते हैं, शोषणग्रस्त समाज की करुणा से जब आत्मा गर्भ धारण करती है, तो उसे अवैध समझकर एक मूंछवाली डाक्टरनी से सत्य-भ्रूण को नष्ट करा देते हैं। अब मुक्तिबोध को मध्यवर्ग के निचले स्तर के लोग याद आते हैं। वे उनकी क्रांतिकारिता में अपनी आस्था व्यक्त करते हैं और उन्हें मध्यवर्ग के उपरले स्तर के लोगों से भिन्न बतलाते हैं। कहते हैं कि वे मिट्टी के साधारण कण हैं, लेकिन उनमें तड़ित-जैसी गतिमय और उर्मिल बुद्धि है! वे इजारेदार-विरोधी क्रांति के संवाहक हैं, इसलिए दुर्जय भविष्य-धारा हैं!

'अंधेरे में' कविता का काव्य-नायक भी मध्यवर्गीय बुद्धिजीवी ही है। वह भी अपने क्रांतिकारी विचारों को गुहावास देता रहा था, क्योंकि यदि जन-हित में उनका उपयोग करता, तो 'बच्चे भीख मांगते'। इस कविता में मुक्तिबोध ने कई स्थलों पर मध्यवर्गीय बुद्धिजीवियों को याद किया है और उन पर तीखी टिप्पणी की है। रात में काव्य-नायक को जो एक जुलूस दिखलाई पड़ता है, उसमें "बैंड के लोगों के चेहरे / मिलते हैं मेरे देखे हुओं से / लगता है उनमें कई प्रतिष्ठित पत्रकार / इसी नगर के!!" इतना ही नहीं, उस शोभा-यात्रा में चलनेवाले सैनिक अधिकारी वे हैं, जो दिन में लेखक और कवि के रूप में नजर आते हैं। "उनमें कई प्रकांड आलोचक, विचारक, जगमगाते कविगण"! इन सबों के स्वार्थ पूंजीपति-वर्ग से मिलते हैं, इसलिए इन्होंने उससे एकता कायम कर ली है और उसकी रक्षा में पंक्तिबद्ध हो गए हैं। अभी इनके छिपे हुए उद्देश्य जाहिर हो रहे हैं। ये अपने असली रूप में पहचान में आ गए हैं। आगे मुक्तिबोध ने इस बात को इस तरह और साफ कर दिया है : "गहन मृतात्माएं इसी नगर की / हर रात जुलूस में चलतीं, / परंतु, दिन में / बैठती हैं मिलकर करती हुई षड्यंत्र / विभिन्न दफ्तरों-कार्यालयों, केंद्रों में, घरों में।" इस कविता

में बरगद के पेड़ के नीचे रहनेवाले एक पागल का जिक्र है, जो रात में एक गान गाता है। उस गान में वह आत्मभर्त्सना करता है। उसकी आत्मभर्त्सना वस्तुतः मध्यवर्गीय बुद्धिजीवियों की आत्मभर्त्सना है, जो अपने पेट के चलते अपनी आत्मा को बेच देते हैं। उनका चरित्र यह होता है कि वे अपनी स्वार्थ-सिद्धि के लिए भ्रष्टाचार और व्यभिचार में बेहिचक सहायक बन जाते हैं। उनके लिए जनता, समाज और देश कुछ मानी नहीं रखते, बस अपना हित सर्वोपरि होता है। ये आत्मकेंद्रित और दुनिया से अलग-थलग रहनेवाले लोग हैं। मुक्तिबोध ने एक एकांत-प्रिय कलाकार का भी वर्णन किया है, जिसकी भावना और विचार बहुत उत्तम थे, लेकिन जो कार्य-क्षमता से वंचित एक असंग व्यक्ति था। कहने की आवश्यकता नहीं कि यह कलाकार एक मध्यवर्गीय प्राणी था, जिसकी फासिज्म-समर्थकों द्वारा हत्या कर दी जाती है।

जब जन-क्रांति की शुरुआत होती है, तब "सब चुप, साहित्यिक चुप और कविजन निर्वाक् / चिंतक, शिल्पकार, नर्तक चुप हैं; / उनके खयाल से यह सब गप है / मात्र किंवदंती।" उसके बाद इन मध्यवर्गीय साहित्यकारों और कलाकारों पर मुक्तिबोध टिप्पणी करते हैं : "रक्तपायी वर्ग से नाभिनाल-बद्ध ये सब लोग / नपुंसक भोग-शिरा-जालों में उलझे"। ये वे लोग हैं, जिन्हें समस्या की ठीक-ठीक पकड़ नहीं। ये परिवर्तन चाहते हैं, पर उसका रास्ता इन्हें नहीं मालूम। सच्चाई यह है कि क्रांति की घड़ी में मध्यवर्गीय बुद्धिजीवी, जिनमें खास तौर से उल्लेखनीय हैं पूंजीवादी समाचारपत्रों में काम करनेवाले पत्रकार, पूंजीपति-वर्ग की रक्षा में ही उद्यत होते हैं : "बौद्धिक वर्ग है क्रीतदास, / किराए के विचारों का उद्भास।"

लेकिन जैसा कि हमने देखा है, मध्यवर्ग की क्रांतिकारिता में भी मुक्तिबोध की आस्था थी। 'अंधेरे में' में क्रांति करनेवाले लोग मध्यवर्गीय ही हैं : "अंधेरे की सुरंग-गलियों में चुपचाप / चलते हैं लोग-बाग / दृढ़-पद गंभीर, / बालक युवागण/ मंद-गति नीरव / किसी निज भीतरी बात में व्यस्त हैं, / कोई आग जल रही कहीं तो भी अंतस्थ।" अंतिम दो पंक्तियां खास तौर से ध्यान देने योग्य हैं। मध्यवर्ग के लोग अपनी समस्याओं में घिरे हैं, संभव है, उनके भीतर क्रांति को लेकर दुविधा और भय भी हो, तथापि उनके भीतर एक आग जलती है। आगे इसी आग से क्रांति की ज्वाला फूट पड़ती है। इस कविता में जिन युवकों का 'व्यक्तित्वांतर' होता है, वे मध्यवर्ग के ही हैं, सर्वहारा-वर्ग के नहीं। उन्होंने श्रमजीवी-वर्ग से केवल एकता कायम की है। इस कविता के काव्य-नायक के भीतर चलनेवाला तीखा संघर्ष और अत्यंत पेचीदे ढंग से होनेवाला उसका 'व्यक्तित्वांतर' इस बात का प्रमाण है कि मध्यवर्ग के प्रति काफी आलोचनात्मक रुख रखते हुए भी मुक्तिबोध उसकी तरफ से निराश नहीं थे, उसकी क्रांतिकारिता में उनका विश्वास बना हुआ था। मध्यवर्गीय बुद्धिजीवियों को इस बात का चेत है कि "अपना ही श्रेणीगत / साम्य है जिनसे, / उनसे ही गहरा है विद्वेष— / विरोध, विरोध, विरोध / किन्तु जो दूर हैं, / अलग, पृथक् हैं / जो अति भिन्न हैं / वे प्रियदर्शन सहचर मित्र हैं मेरे" और फिर इसका भी कि "कभी अकेले में मुक्ति न मिलती, / यदि वह है तो सबके ही साथ है" ('चंबल की घाटी

में')। यह एक सकारात्मक बात है, जिसे मुक्तिबोध ने हमेशा ध्यान में रखा है।

मध्यवर्ग को विषय बनाकर उन्होंने जो कहानियां और कविताएं लिखी हैं, उनमें एक बात लक्ष्य करने योग्य है। वह यह कि उनमें अनेक बार मध्यवर्ग के चरित्र कभी प्रच्छन्न और कभी प्रकट रूप में संघर्ष की स्थिति में हैं। वह संघर्ष कभी उनके भीतर चलता है, कभी बाहर। इसे लेकर हिंदी में एक विवाद उठ खड़ा हुआ है। विवाद का मुद्दा यह है कि मुक्तिबोध में जो 'संघर्ष' है, वह उनका निजी संघर्ष है, या वह मध्यवर्ग का संघर्ष है? तात्पर्य यह कि वे अपने चरित्रों से अभिन्न हैं, या उनका चित्रण उन्होंने वस्तुपरक रूप में किया है? इसी विवाद का परिणाम है कि मुक्तिबोध 'आत्मसंघर्ष' के कवि के रूप में प्रचारित हो गए हैं, जिसका सरलीकृत अर्थ यह लगाया गया है कि रचना में उनकी मुख्य समस्या अपने मध्यवर्गीय संस्कारों से उबरकर सर्वहारा-वर्ग से एकता अथवा तादात्म्य स्थापित करने की थी। यह बात यहां तक खींच दी गई है कि कहा गया है कि जब हिंदी के केदारनाथ अग्रवाल और नागार्जुन-जैसे प्रगतिशील कवि पूरी तरह से सर्वहारा-वर्ग से मिलकर अपनी काव्य-रचना द्वारा उसके हितों की रक्षा में लगे रहे हैं, वे अंत-अंत तक उससे मिलने के लिए अपने भीतर संघर्ष ही करते रहे! उक्त दोनों कवियों में उन-जैसा कोई 'संघर्ष' नहीं मिलता, इसलिए वे उनसे आगे हैं! इस 'संघर्ष' ने मुक्तिबोध के पांवों को बेड़ी की तरह जकड़ लिया था, जिससे वे उन कवियों के साथ न चल सके! वे कभी आत्मसंघर्ष से उबरे भी, तो तुरत फिर उसी में गर्क हो गए!

'विचार-बोध' में संकलित 'बौद्धिकता और कविता' शीर्षक लेख में केदारनाथ अग्रवाल मुक्तिबोध के बारे में कहते हैं, "यह एक अजीब बात है कि मार्क्सवादी होते हुए भी वह *मनमंथन* को ही अधिक व्यक्त करने में संलग्न रहे।" यह मनमंथन वैयक्तिकता से बाहर निकलकर आम आदमी की वैयक्तिकता से जुड़ नहीं सका। इस पर डॉ. रामविलास शर्मा की टिप्पणी है : "मुक्तिबोध का मनमंथन उनकी वैयक्तिकता से बाहर नहीं निकल पाता—अवश्य ही प्रगतिशील कविता के विकास की यह दिशा नहीं हो सकती।" (प्रगतिशील काव्यधारा और केदारनाथ अग्रवाल, पृ. 83) 'मनमंथन' यानी आत्मसंघर्ष। यह 'आत्मसंघर्ष' मुक्तिबोध-संबंधी आलोचना में कुछ इतना प्रचलित हुआ कि उनके साथ इस शब्द को भी थोड़ी प्रतिष्ठा प्राप्त हो गई। डॉ. शर्मा भी केदारनाथ अग्रवाल को 'बड़ा कवि' सिद्ध करने के प्रयास में इस शब्द का लोभ संवरण न कर सके हैं और उनके सर्वथा तनाव-मुक्त काव्य में भी आत्मसंघर्ष की स्थिति मानी है, भले ही एक फर्क के साथ। लिखा है, "केदार की रचनाओं में आत्मसंघर्ष की कमी नहीं है किन्तु यह आत्मसंघर्ष बाहर के वर्गसंघर्ष से पृथक् नहीं है।" (उपर्युक्त, पृ. 85) बाहर के वर्गसंघर्ष से पृथक मुक्तिबोध का आत्मसंघर्ष है! स्वभावतः उन्होंने उनकी कहानियों और कविताओं में चित्रित 'आत्मसंघर्ष' को बिलकुल उनका निजी आत्मसंघर्ष माना है। दूसरी तरफ डॉ. नामवर सिंह इस आत्मसंघर्ष को मुक्तिबोध का आत्मसंघर्ष न मानकर मध्यवर्ग का आत्मसंघर्ष मानते हैं और इस तरह उन्हें उनके चरित्रों से बिलकुल अलग कर देते हैं। जाहिर है कि विवाद मार्क्सवादी और

गैर-मार्क्सवादी आलोचकों के बीच नहीं, बल्कि स्वयं मार्क्सवादी आलोचकों के बीच है।

'नई कविता और अस्तित्ववाद' में संकलित अपने विस्तृत निबंध में डॉ. शर्मा ने मुक्तिबोध का 'पुनर्मूल्यांकन' किया है। इसमें वे कहते हैं, "किसी को इस बारे में दुविधा न होनी चाहिए कि मध्यवर्गीय बुद्धिजीवी का व्यक्तित्व-परिवर्तन मुक्तिबोध के लिए अत्यंत महत्त्वपूर्ण समस्या है, यह उनकी अपनी समस्या भी है, यह समस्या 'एक आत्म-वक्तव्य' में है, 'अंधेरे में' है। इस दूसरी कविता के नायक को मुक्तिबोध से अलग करके नहीं देखा जा सकता।" उन्होंने मुक्तिबोध की 'तार सप्तक' के द्वितीय संस्करण में संकलित कविता 'एक आत्म-वक्तव्य' की चर्चा के प्रसंग में कहा है, "कविता के शीर्षक के अलावा मुक्तिबोध ने अपने वक्तव्य में सीधे-सीधे अपने बारे में जो कुछ कहा है, उससे अपनी कविता का संबंध उन्होंने खुद जोड़ा है : 'भाव-प्रकृतियों के खयाल से यह कविता मेरा प्रायः सर्वांगीण प्रतिनिधित्व करती है। जैसा कि शीर्षक से ही स्पष्ट है, वह मेरी इस टिप्पणी को और आगे बढ़ाती है और कदाचित् उसके बाद यह टिप्पणी भी अनावश्यक हो जाती है।' " इस आत्मस्वीकृति के बाद वस्तुतः इसमें संदेह की गुंजाइश नहीं रह जाती कि व्यक्तित्व-परिवर्तन की समस्या "उनकी अपनी समस्या भी है।" लेकिन डॉ. शर्मा और आगे जाते हैं और अपना यह निष्कर्ष सामने रखते हैं कि मुक्तिबोध अपना व्यक्तित्व-परिवर्तन तो चाहते थे, पर उसके विरोध में पूरी शक्ति के साथ स्वयं खड़े थे। कारण यह कि मध्यवर्ग को छोड़ने का मतलब उनकी दृष्टि में था अपने व्यक्तित्व को छोड़ना। उनका कथन द्रष्टव्य है : " 'एक आत्म-वक्तव्य' कविता उनका प्रायः सर्वांगीण प्रतिनिधित्व करती है, पूर्णतः नहीं। इस दृष्टि से 'अंधेरे में' कविता उनका प्रतिनिधित्व अधिक करती है। कारण यह कि व्यक्तित्व-परिवर्तन की प्रक्रिया के विरोध में मुक्तिबोध की जिद का चित्रण 'एक आत्म-वक्तव्य' में नहीं है किंतु 'अंधेरे में' कविता में है। 'भयानक जिद कोई जाग उठी मेरे भी अंदर / हठ कोई बड़ा भारी उठ खड़ा हुआ है।' जिस समय विवेक रंदा चलाता है और बसूले से उनका निजत्व छीला जाता है, उसी समय उनके मन में कोई भयानक जिद जाग उठती है। इस जिद की व्याख्या उन्होंने नहीं की पर स्पष्ट ही इसका संबंध निजत्व के छीले जाने से है। कवि मानो कहता है, तुम छील-छीलकर मेरा व्यक्तित्व ऐसा बदलोगे कि मेरा अपना कुछ रह ही न जाएगा, निजत्व ही नष्ट कर दोगे। इसीलिए क्रांति और दमन के चित्र खींचने के बाद, युवकों के व्यक्तित्वांतर की बात कहने के बाद, 'एकाएक फिर स्वप्नभंग / बिखर गए चित्र कि मैं फिर अकेला।' वह अकेले क्यों रह जाते हैं? इसलिए कि अपना वर्ग छोड़ना अपने पुराने व्यक्तित्व का नाश करने के समान है।"

'जिद' की व्याख्या मुक्तिबोध ने नहीं की, उसकी व्याख्या डॉ. शर्मा ने की है और अपनी सुविधानुसार की है! निश्चय ही उस 'जिद' का संबंध निजत्व के छीले जाने से है, पर उसके विरोध से नहीं, उसके समर्थन से है। प्रसंग वहां का है, जहां काव्य-नायक यह देखता है कि जैसे अतिशय चिंता के कारण तिलक की मूर्ति के

मस्तक-कोष फूट पड़े हैं, जिससे नासिका में से मस्तक-रक्त बह रहा है। वह यह स्थिति देखकर कहता है, "हाय, हाय, पितः पितः ओ, / चिंता में इतने न उलझो / हम अभी जिंदा हैं जिंदा, / चिंता क्या है!!" फिर वह पाषाण-मूर्ति के पैरों को अपनी छाती से चिपका लेता है। उसके व्यक्तित्वांतरण की प्रक्रिया उसी के बाद शुरू होती है, विवेक का तीखा रंदा और बसूला उसके निजत्व यानी मध्यवर्गीय व्यक्तित्व को छीलकर उससे अलग करने लगते हैं। इसी समय वह 'जिद' वाली बात कहता है, जिसका मतलब डॉ. शर्मा द्वारा लगाए गए मतलब का ठीक उलटा है। काव्य-नायक उस क्षण में यह संकल्प करता है कि उसे कितनी भी पीड़ा क्यों न हो, वह अपना व्यक्तित्वांतर करके रहेगा! अपनी दृढ़ता का परिचय वह वहां भी देता है, जहां चाबुक की मार से उसकी पीठ की चमड़ी उधेड़ दी जाती है, तो वह अपनी संपूर्ण पीड़ा की छोटी-सी, पत्थर की तरह सख्त गठरी बांधता है और उसे अपनी हथेलियों से चूर-चूरकर धूल में बिखरा देता है।

डॉ. शर्मा ने जिस 'निजत्व' से कवि का इतना गहरा लगाव बतलाया है, वह निजत्व उसकी दृष्टि में क्या है, यह मुक्तिबोध की कविता 'चंबल की घाटी में' से पता चलता है। इसमें वे कहते हैं कि बुराइयों को अनदेखा करने, उन्हें बढ़ाने और उनसे समझौता करने के पीछे वही 'निजत्व' है : "ऐसी उन भयानक गतियों का कारक/ अस्तित्व / स्वयं है / तुम्हारे निजत्व का बृहत्तर स्मारक।"

जन-क्रांति का स्वप्न टूटने के बाद काव्य-नायक फिर अपने को अकेला पाता है। चूंकि जन-क्रांति एक स्वप्न थी, इसलिए स्वप्न के टूटने के बाद अकेले रह जाना स्वाभाविक है, लेकिन डॉ. शर्मा उसे कवि की मनोवांछित स्थिति मानते हैं, क्योंकि वह उसके व्यक्तित्व के सुरक्षित रहने की सूचक है। यहां भी उन्होंने मतलब निकालने में तोड़-मरोड़ की है, क्योंकि सच्चाई यह है कि अकेला रह गया काव्य-नायक महसूस करता है कि—

मस्तिष्क-हृदय में छेद पड़ गए हैं।
पर, उन दुखते हुए रंध्रों में गहरा
प्रदीप्त ज्योति का रस बस गया है।
मैं उन सपनों का खोजता हूं आशय,
अर्थों की वेदना घिरती है मन में।
अजीब झमेला।
घूमता है मन उन भावों के घावों के आस-पास
आत्मा में चमकीली प्यास भर गई है।

ऐसे काव्य-नायक को उस अर्थ में अकेला नहीं कह सकते, जिस अर्थ में डॉ. शर्मा ने उसे कहा है।

'चंबल की घाटी में' शीर्षक कविता और 'विपात्र' शीर्षक लघु उपन्यास से उद्धरण देकर भी डॉ. शर्मा ने यही सिद्ध करना चाहा है कि मुक्तिबोध अपने काव्य-नायक

और कथा-नायक से अभिन्न हैं और वे अपना वर्ग छोड़कर श्रमजीवी-वर्ग से मिलने में असमर्थ हैं। 'चंबल की घाटी में' का काव्य-नायक कहता है कि मैं जिस वर्ग का सदस्य हूं, उसके प्रति मेरे मन में गहरा विद्वेष और विरोध-भाव है। दूसरी तरफ जो वर्ग मुझसे दूर है, वही मेरा मित्र है, पर उसके शतगुण धर्म चाहकर भी मैं ग्रहण नहीं कर पाता। पहले वर्ग से उनका तात्पर्य मध्यवर्ग से और दूसरे वर्ग से उनका तात्पर्य श्रमजीवी-वर्ग से है। 'विपात्र' उपन्यास का नायक भी कहता है, "जो मेरे अपने हैं, जिनके लिए व्यक्तिशः मेरे हृदय में स्थान है, वे मेरे विचारों के विरोधी, मेरे आंतरिक जीवन से बहुत दूर हैं। और, जो व्यक्तिशः मेरे नहीं हैं, नहीं हो सकते, उनकी ओर—उनके इर्द-गिर्द मेरे विचार, मेरी आत्मा मंडराती है।" डॉ. शर्मा का निर्णय है कि "मुक्तिबोध की मुख्य समस्या है अपना वर्ग छोड़कर दूसरे वर्ग के साथ तादात्म्य स्थापित करना।" वे इसमें यह भी जोड़ देते हैं कि "पारिवारिक परिवेश से उनका अलगाव इस समस्या को और तीव्र बना देता है।" हम नहीं जानते, वे मुक्तिबोध की उन पंक्तियों के बारे में क्या कहेंगे, जिनमें उन्होंने श्रमजीवी-वर्ग के प्रति अपनी गहरी आत्मीयता या तादात्म्य का वर्णन किया है। वे उन्हें भी उनकी वैयक्तिक अभिव्यक्ति मानेंगे, या किसी दूसरे निष्कर्ष पर पहुंचेंगे? 'गुंथे तुमसे, बिंधे तुमसे' शीर्षक कविता में मुक्तिबोध कहते हैं :

वेदना में हम विचारों की
गुंथे तुमसे,
बिंधे तुमसे,
व आवेष्टित परस्पर हो गए
कर्मण्य-क्षिप्रा-तीर पर!!
...कोई नहीं थे हम तुम्हारे किंतु
सहचर हो गए
चाहे जलधि, पर्वत, हजारों मील की दूरी
हमारे बीच में आ जाय,
फिर भी मानसिक अदृश्य सूत्रों से
हमारी आत्माएं परस्पर बात करती हैं
विचारों के स्वयं-संवेदनात्मक तंतु-मूलों ने
गहन मस्तिष्क-कोषों में
हृदय के रुधिर-कोषों में
अनेकों सूक्ष्मतम जाले पसारे हैं
व अंतर्व्यक्ति की रमणीय
ऊंची वृक्ष-शाखों पर
मनोहर फूल विकसित कर दिए ...।

हमने देखा है कि मुक्तिबोध ने मध्यवर्ग में स्तर-भेद किया है—उच्च-मध्यवर्ग

और निम्न-मध्यवर्ग, और कहा है कि निम्न-मध्यवर्ग की जीवन-स्थितियां सर्वहारा-वर्ग से मिलती हैं। उन्होंने खास तौर से लेखकों को सलाह दी है कि निम्न-मध्यवर्ग में पैदा होकर वे उसके साथ विश्वासघात न करें, यानी उच्च-मध्यवर्ग की चमक-दमक से आकर्षित होकर अपने व्यक्तिगत अभ्युदय के लिए अपने वर्ग को छोड़कर उसमें प्रवेश करने के पीछे न भागें। वे लेखक हैं, उन्हें अपने वर्ग में अनुभूत सत्यों को अपने लेखन का आधार बनाना चाहिए। 'सड़क को लेकर एक बातचीत' शीर्षक 'डायरी' के एक लेख में लेखक अपने मित्र से कहता है : "हां, वी शुड नॉट डेजर्ट अवर औन क्लास ! हम यदि गरीब मध्यवर्ग में पैदा हुए हैं तो हम उनकी भाव-स्थितियों को जरूर बताएंगे। प्रश्न विषय का भी है और दृष्टिकोण का भी। हममें से बहुतेरे ऊपर की श्रेणी में मिल गए हैं। वे हमारी भावनाएं प्रकट नहीं करते, कोई दूसरी दृष्टि प्रकट करना चाहते हैं।" मुक्तिबोध का आशय बिलकुल स्पष्ट है। वे विषय के साथ-साथ 'दृष्टिकोण' की भी बात करते हैं। वे जिस दृष्टिकोण से निम्न-मध्यवर्गीय जीवन-यथार्थ के चित्रण के पक्षपाती थे, वह सर्वहारा-दृष्टिकोण ही था, निम्न-मध्यवर्गीय दृष्टिकोण नहीं। वे चाहते थे कि निम्न-मध्यवर्गीय लेखक सर्वहारा-वर्ग की तरफ जाएं, उसी के साथ एकता कायम करें, उच्च-मध्यवर्ग या पूंजीपति वर्ग के साथ नहीं। उनका वैचारिक ढांचा यही है, यह हम देख चुके हैं। लेकिन डॉ. शर्मा ने उपर्युक्त उद्धरण को प्रमाण के रूप में उपस्थित करते हुए यह निष्कर्ष निकाला है कि वे निम्न-मध्यवर्ग, निम्न-मध्यवर्गीय भावना और निम्न-मध्यवर्गीय दृष्टिकोण को छोड़ने के पक्ष में नहीं थे। वे टिप्पणी करते हैं कि "निम्न-मध्यवर्ग का व्यक्ति ऊपर के लोगों से जाकर न मिले, यह ठीक है, किन्तु अपनी श्रेणी में ही बना रहे, उस वर्ग की भाव-स्थितियों को ही बताना अपना परम कर्तव्य समझे, यह बात सही नहीं है। उच्च-मध्यवर्ग के अलावा समाज में अन्य वर्ग भी हैं जिनसे उसका तदाकार होना उसके लेखन के लिए उपयोगी होगा।" उनके अनुसार मुक्तिबोध में एक तरफ निम्न-मध्यवर्ग का आकर्षण था, तो दूसरी तरफ सर्वहारा-वर्ग का भी आकर्षण था। उनके 'आत्मसंघर्ष' का यही आधार है। "मुक्तिबोध के लिए उनका अपना संघर्ष नई कविता का आत्मसंघर्ष बन जाता है।" इस तरह उनका 'आत्मसंघर्ष' उनका ही आत्मसंघर्ष है, मध्यवर्ग का नहीं। अधिक से अधिक वह उन-जैसे और बहुत-से लेखकों का आत्मसंघर्ष भी हो सकता है। डॉ. शर्मा ने आगे भी लिखा है : "मुक्तिबोध की कविताओं को उनके व्यक्तित्व से अलग रखकर देखना संभव नहीं है। उन-जैसा *आत्मकेंद्रित* व्यक्ति स्वयं को कविताओं से अलग रख ही न सकता था।"

मुक्तिबोध ने अपनी 'चुप रहो मुझे सब कहने दो' शीर्षक कविता (इसी कविता का एक प्रारूप 'इस चौड़े ऊंचे टीले पर' शीर्षक कविता भी है) के बारे में अपनी 'डायरी' के 'एक लंबी कविता का अंत' शीर्षक लेख में लिखा था : "निस्संदेह उसमें कथा का केवल आभास है, नाटकीयता की केवल मरीचिका है। वह विशुद्ध आत्मगत काव्य है और उस काव्य के रंग सांवले हैं, बिलकुल सांवले। भय, आतंक, अनिश्चय, जिज्ञासा, कुतूहल और समाधान, घबड़ाहट और दुश्चिंता उसमें झलक उठती है। वह

असल में एक ऐलिगॅरी है—एक रूपक है।" डॉ. शर्मा ने इसमें प्रयुक्त 'आत्मगत' शब्द को पकड़ लिया है और उसका अर्थ 'वस्तुगत' के विपरीत 'भावगत' न करके 'व्यक्तिगत' किया है और लिखा है, "यह बात किसी एक कविता पर नहीं, मुक्तिबोध की अधिकांश कविताओं और कहानियों पर लागू होती है। इसीलिए इन सब कविताओं और कहानियों के नायक एक-दूसरे से इतना मिलते-जुलते हैं और उनकी तस्वीर से मुक्तिबोध की तस्वीर मिलती-जुलती है। *जो मरीचिका है, उसे वास्तविक जलराशि न समझना चाहिए।"* मतलब साफ है, मुक्तिबोध के काव्य और कथा-साहित्य में वस्तुपरकता धोखा है, वहां जो कुछ है, 'आत्मगत' है, व्यक्तिगत है! 'आत्मगत' का प्रयोग मुक्तिबोध ने 'भावगत' के अर्थ में किया है, 'व्यक्तिगत' के अर्थ में नहीं, यह उनकी इसी प्रसंग में और ऊपर की पंक्तियों के पहले ही लिखी गई इन पंक्तियों से अच्छी तरह से स्पष्ट हो जाता है : "मैंने अपनी एक कविता में उन्हीं काजली रंगों का प्रयोग किया है। अंतर केवल यह है कि इस श्यामलता के कार्य-कारण संबंध भी वहां प्रस्तुत किए गए हैं। अब, कविता कोई निबंध तो है नहीं कि जिससे लोगों को आज के हालात की जानकारी मिले; न वह कोई नाटक है, जिसमें पात्र प्रस्तुत होकर मूर्त रूप से जीवन-यथार्थ उपस्थित करते हैं। कविता, एक संगीत को छोड़, अन्य सब कलाओं से अधिक अमूर्त है। वहां जीवन-यथार्थ केवल भाव बनकर प्रस्तुत होता है, या बिंब बनकर, या विचार बनकर। कविता के भीतर की सारी नाटकीयता वस्तुतः भावों की गतिमयता है। उसी प्रकार कविता के भीतर का कथा-तत्त्व भी भाव का इतिहास है।" डॉ. शर्मा ने इसे नहीं देखा या अपने निष्कर्ष की स्थापना के लिए जान-बूझकर इसे अनदेखा कर दिया।

'कविता के नए प्रतिमान' में 'अंधेरे में' कविता पर विचार करते हुए डॉ. नामवर सिंह ने मुक्तिबोध की कविताओं में काव्य-नायक के रूप में व्यक्त होनेवाले चरित्र के बारे में बिलकुल दूसरी बात लिखी है : "निश्चय ही यह काव्य-नायक मुक्तिबोध का प्रतिरूप नहीं है और न इसे मुक्तिबोध समझने का भ्रम ही होना चाहिए। यह कवि की कल्प-सृष्टि है—बल्कि कल्प-सृष्टियों में से एक, ठीक उसी तरह जैसे 'एक साहित्यिक की डायरी' का 'मैं' और 'क्लॉड ईथरली', 'पक्षी और दीमक', 'विपात्र' आदि कहानियों का 'मैं'।" अगले वाक्य में उन्होंने यह भी बतला दिया है कि "इस चरित्र को प्रबुद्ध, प्रेरित और सक्रिय करके उसकी आस्था को दृढ़ करने के लिए ही मुक्तिबोध ने यह आत्मपरक ढंग अपनाया है।" 'अंधेरे में' कविता में एक पागल की जो आत्मभर्त्सना है, उसकी डॉ. शर्मा ने बड़ी तारीफ की है। मुक्तिबोध पर लिखे गए अपने पहले लेख में लिखा है कि "आत्मभर्त्सना का ऐसा प्रखर स्वर हिंदी के किसी दूसरे कवि की रचनाओं में सुनाई नहीं देता", लेकिन इस तारीफ की कीमत वे स्वयं ही यह कहकर काफी कम कर देते हैं कि वह कवि की आत्मभर्त्सना है। कवि आत्मग्रस्त रहा है। उसकी आत्मभर्त्सना उसकी आत्मग्रस्तता के एहसास की देन है। इस पर नामवरजी का कहना है : "मुक्तिबोध की रचनाओं में आत्मभर्त्सना का स्वर असंदिग्ध है, लेकिन इस आत्मभर्त्सना को स्वयं मुक्तिबोध की आत्मभर्त्सना कहना भारी भ्रम

है। वस्तुतः मुक्तिबोध ने अपनी रचनाओं में 'मैं' के द्वारा अपने पूरे वर्ग—मध्यवर्ग की आत्मभर्त्सना को अभिव्यक्त किया है।"

हमारी उलझन तब बढ़ जाती है, जब डॉ. शर्मा की सुविधाजनक व्याख्याओं और तोड़-मरोड़ से अलग हम यह देखते हैं कि मुक्तिबोध ने स्वयं कुछ ऐसी बातें कही हैं, जिनसे उनके साहित्य के एक हद तक उनके व्यक्तित्व का प्रक्षेपण होने का संकेत मिलता है। ताज्जुब नहीं, डॉ. शर्मा ने उनके उन कथनों को इतनी बार उद्धृत किया है कि उनमें से कुछ कथन कुछ लोगों को जुबानी याद हो गए हैं ! वे कथन हैं :

"इन दोनों (सौंदर्य-प्रेम और विश्वमानव का सुख-दुःख) का संघर्ष मेरे साहित्यिक जीवन की पहली उलझन थी।" ('तार सप्तक' का वक्तव्य)

"(मार्क्सवाद के ज्ञान से) एक साल में मैंने पांच साल का पुराना जड़त्व निकालने की सफल-असफल कोशिश की।" (उपर्युक्त)

"मानसिक द्वंद्व मेरे व्यक्तित्व में बद्धमूल है।" (उपर्युक्त)

"पुरानी परंपरा बिलकुल छूटती नहीं है" (उपर्युक्त) और

"अचानक अंतरमुख दशाएं और भी दीर्घ और गहन होती गईं। किन्तु यह भी एक तथ्य है कि इस आत्मग्रस्तता के बावजूद और शायद उसको साथ लिए-लिए मेरा आत्मसंवेदन समाज के व्यापकतर छोर छूने लगा।" ('तार सप्तक' के द्वितीय संस्करण का 'पुनश्च' शीर्षक वक्तव्य)

ये कथन इस बात में संदेह के लिए जगह नहीं छोड़ते कि मुक्तिबोध में अंतर्द्वंद्व था और उनके साहित्य में अभिव्यक्त अंतर्द्वंद्व से किसी न किसी रूप में उसका निश्चित संबंध है। इस बात से कौन इनकार करेगा कि उनके संपूर्ण साहित्य में एक गहरी आत्मपरकता है, जो उसे दूसरे लेखकों के साहित्य से अलग कर विशिष्टता प्रदान करती है ? स्वयं नामवरजी भी कई बार मुक्तिबोध का जिक्र इस तरह करते हैं कि उनका काव्य-नायक उनका प्रतिरूप मालूम पड़ता है। उदाहरण के लिए उनका यह कथन देखा जा सकता है : "कवि मुक्तिबोध के लिए अस्मिता की खोज व्यक्ति की खोज नहीं, बल्कि अभिव्यक्ति की खोज है। एक कवि के नाते उनके लिए परम अभिव्यक्ति ही अस्मिता है।" जब 'अंधेरे में' का काव्य-नायक मुक्तिबोध का किसी तरह प्रतिरूप नहीं, तो वह 'अभिव्यक्ति' की खोज क्यों करता है और उसके लिए 'परम अभिव्यक्ति' ही अस्मिता क्यों है ? इससे क्या इसका आभास नहीं मिलता कि वह किसी हद तक मुक्तिबोध का भी प्रतिरूप है और उसकी तसवीर किसी हद तक मुक्तिबोध से भी मिलती-जुलती है ? आगे चलकर नामवरजी 'अभिव्यक्ति' और 'परम अभिव्यक्ति' का अर्थ-विस्तार करते हुए उनका अर्थ 'अस्मिता', 'व्यक्तित्व', 'व्यक्तित्व का अभीष्ट आदर्श रूप', 'क्रांति' आदि बतलाते हैं, पर उससे उपर्युक्त शंका का समाधान नहीं होता। इसी तरह एक स्थल पर उन्होंने डॉ. शर्मा की इसलिए आलोचना की है कि उन्होंने 'अंधेरे में' के काव्य-नायक की आत्मस्वीकृति को मुक्तिबोध की आत्मस्वीकृति मानकर उसकी अस्तित्ववादी व्याख्या कर दी है, जबकि दूसरे स्थल पर उन्होंने उसे स्वयं

मुक्तिबोध की आत्मस्वीकृति कहा है। "मुक्तिबोध की कविताओं में जहां कहीं काव्य-नायक अपनी दुर्बलता और असमर्थता स्वीकार करता दिखाई पड़ता है, वहां उसे स्वयं मुक्तिबोध के साथ चिपकाकर अस्तित्ववादी प्रभाव का प्रमाण पेश कर दिया गया है। उदाहरण के लिए 'अंधेरे में' कविता में काव्य-नायक का यह कथन कि 'यह भी तो सही है कि कमजोरियों से ही लगाव है मुझको।' " यह लिखने के बाद नामवरजी मुक्तिबोध का एक लंबा उद्धरण देते हैं, जिसमें उन्होंने कहा है कि "सच्चा लेखक जितनी बड़ी जिम्मेवारी अपने सिर पर ले लेता है, स्वयं को उतना ही अधिक तुच्छ अनुभव करता है। उसे अपनी अक्षमता और आत्मसीमा का साक्षात् बोध होता रहता है।" फिर वे कहते हैं कि "इस कथन के बावजूद यदि कोई आलोचक कवि मुक्तिबोध की अक्षमता-संबंधी आत्मस्वीकृतियों की अस्तित्ववादी व्याख्या करता है तो उसे साहित्य का दारोगा ही समझना चाहिए।" स्पष्टतः इस कथन में उन्हें जितना एतराज 'अक्षमता' की अस्तित्ववादी व्याख्या पर है, उतना उसे मुक्तिबोध की अक्षमता मानने पर नहीं, बल्कि लेखकवाला उनका उद्धरण देकर तो उन्होंने जैसे यह स्वयं सिद्ध कर दिया है कि कमजोरियों से लगाव की चर्चा करनेवाला पात्र यहां मुक्तिबोध से अभिन्न है।

असलियत क्या है? मुक्तिबोध के मध्यवर्गीय चरित्र अपने स्रष्टा से अलग हैं या उसी के प्रतिरूप हैं? उन चरित्रों का आत्मसंघर्ष उनका अपना है या वह रचनाकार का है? मुक्तिबोध मध्यवर्ग की सीमाओं से ऊपर उठकर उस वर्ग का वस्तुपरक रूप में चित्रण कर रहे थे, या वे स्वयं उसकी सीमाओं में छटपटा रहे थे?

डॉ. शर्मा और नामवरजी दोनों ने ही सरलीकरण से काम लिया है, जिससे उनकी व्याख्याएं एक-दूसरे के विरोध में चली गई हैं और उसी अनुपात में सच्चाई से हट गई हैं। इन दोनों आलोचकों ने अपने निष्कर्ष की स्थापना के लिए कैसे दूसरे पक्ष को अनदेखा किया है इसका एक दिलचस्प उदाहरण है 'आलोचना' (जुलाई-सितंबर, 1968) में प्रकाशित अग्न्येश्का सोनी के लेख से उनका अपने समर्थन में उद्धरण देना। अग्न्येश्का ने मुक्तिबोध की कहानियों पर लिखते हुए यह कहा है कि "यह आकस्मिक नहीं है, इत्तिफाक की बात नहीं, कि इनमें जो सबसे अनोखी, सबसे साहसिक कृतियां हैं—उनका नायक *'उत्तम पुरुष'* में ही बयान करता है। इस कथा-नायक के भाव और प्रतिक्रियाएं प्रत्यक्ष रूप से स्वयं मुक्तिबोध की—कवि मुक्तिबोध की—हैं। कथानक (जो कि बाहरी चीज है) चाहे काल्पनिक ही हो।" नामवरजी ने यह मानते हुए भी कि "हिंदी की दुनिया से बाहर की पोलिश महिला सुश्री अग्न्येश्का मुक्तिबोध की कहानियों के संदर्भ में इस 'कौन मनु?' प्रश्न को उठाकर भी (और संभवतः पहली बार उन्होंने ही यह प्रश्न उठाया भी) बिना इधर-उधर भटके मुक्तिबोध के साहित्य के मूल कथ्य पर सीधे पहुंच गईं", उसके इस निष्कर्ष को बिलकुल ही छोड़ दिया है और उसका सिर्फ यह कथन उद्धृत किया है कि "मुक्तिबोध की 'संकल्पधर्मा चेतना का रक्त-प्लावित स्वर' सन्नाटे के दायरे को तोड़ता हुआ, तेज बजता है—उदासीनता के विरुद्ध, अलगाव के विरुद्ध—मानवीयता की जलती पीड़ाओं से हमारे भीतरी अलगाव के विरुद्ध।"

इसके विपरीत डॉ. शर्मा ने नामवरजी द्वारा उद्धृत पंक्तियों की उपेक्षा कर ध्यान अग्न्येश्का के उन कथनों पर केंद्रित किया है, जिनमें उसने मुक्तिबोध के कथा-नायक और काव्य-नायक को उन्हीं का प्रतिरूप बतलाया है। दोनों आलोचकों में से किन्हीं ने पोलिश महिला के इस कथन पर ध्यान नहीं दिया है कि " 'मुक्तिबोधपन' को सरलीकृत नहीं किया जा सकता।" उसका यह कथन सही भी है और गंभीर भी, बावजूद इसके कि उसने अपने लेख में स्वयं 'मुक्तिबोधपन' को सरलीकृत किया है, स्रष्टा को उसकी सृष्टि से अभिन्न बतलाकर। मुक्तिबोध की कहानियों पर एक लेख विजयमोहन सिंह ने भी लिखा है, जो 'सांवली गहराइयों की कहानियां' शीर्षक से उनकी पुस्तक 'आज की कहानी' में संकलित है। इसमें उन्होंने अग्न्येश्का के विपरीत मुक्तिबोध को उनके कथा-नायकों से अलग रखा है और उन्हें स्वातंत्र्योत्तर भारतीय मध्यवर्ग की जीवन-स्थितियों का चितेरा बतलाया है!

'समीक्षा की समस्याएं' शीर्षक लेख में मुक्तिबोध ने प्रगतिशील आलोचना की एक सीमा यह बतलाई थी कि उसने साहित्य की रचना-प्रक्रिया में कोई दिलचस्पी नहीं ली, जिससे साहित्य का उसका विश्लेषण और मूल्यांकन सरलीकृत हो गया। उन्होंने रचना-प्रक्रिया पर अनेक लेख लिखे। उद्देश्य था, रचना की जटिलता और पेचीदगियों की तरफ ध्यान दिलाना। उनके वे लेख यथार्थवादी कविता की रचना-प्रक्रिया के संबंध में हमें बहुमूल्य जानकारी देते हैं। उसके अभाव में उनकी कविताओं का विश्लेषण और मूल्यांकन प्रायः असंभव है। उन लेखों में उन्होंने यह बतलाया है कि रचना-प्रक्रिया के दौरान वैयक्तिक निर्वैयक्तिक बन जाता है और विशिष्ट सामान्य। कवि की अभिव्यक्ति का अमूर्तीकरण हो जाता है। इसी से कवि की निज-समस्या मानव-समस्या का रूप ले लेती है। यहां जिस बात को उन्होंने रेखांकित किया है, वह यह है कि इस प्रक्रिया से वैयक्तिकता, विशिष्टता अथवा मूर्तता समाप्त नहीं हो जाती है, बल्कि वह अपने सार-रूप में प्रकट होती है। वस्तुतः निज-समस्या को मानव-समस्या में रूपांतरित किए बगैर हम उसके सार-तत्व को नहीं समझ सकते। सामान्यता विशिष्ट के माध्यम से ही प्रकट होती है, इसलिए विशिष्ट के समाप्त होने का प्रश्न ही नहीं उठता है। मुक्तिबोध ने लिखा है कि रचना-प्रक्रिया के दौरान वैयक्तिकता में निर्वैयक्तिकता का और निर्वैयक्तिकता में वैयक्तिकता का तथा आत्मपरकता में वस्तुपरकता का और वस्तुपरकता में आत्मपरकता का समावेश हो जाता है। ऐसी स्थिति में उन-जैसे जटिल और प्रामाणिक कवि को केवल आत्मपरक रूप में देखना या केवल वस्तुपरक रूप में देखना सरलीकरण की पराकाष्ठा है।

उनमें आत्मपरकता है इससे वाकई इनकार नहीं किया जा सकता। 'भविष्य-धारा' शीर्षक कविता में वे एक स्थल पर कहते हैं : "ये काव्यात्मक पंक्तियां अंक के जंगल में / कैसे सुलगीं? / यह क्या है कुछ *आत्मचरित्रात्मक* गहरा, / अंकों पर भी मन के डंकों का पहरा है!!" मुक्तिबोध का समग्र लेखन एक बहुत ही गहरे अर्थ में आत्मचरित्रात्मक है। उन्होंने वस्तुगत सामाजिक यथार्थ का जो चित्रण किया है, वह भी उनकी निजी पीड़ा से युक्त है। 'तार सप्तक' के प्रथम संस्करण के लिए उन्होंने

अपना वक्तव्य तब लिखा था, जब उन्होंने एक तरह से अपनी काव्य-यात्रा शुरू की थी, और उसके द्वितीय संस्करण के लिए उन्होंने अपना वक्तव्य तब लिखा, जब वे अपनी काव्य-यात्रा के अंतिम दौर में थे। दोनों ही वक्तव्यों में उन्होंने इस बात का उल्लेख किया कि उनकी कविता का उनके निजी जीवन से संबंध रहा है। द्वितीय संस्करण के उनके वक्तव्य की ये पंक्तियां द्रष्टव्य हैं : "जीवन और परिवेश की विषमता की यह स्थिति आभ्यंतर लोक में भी दुःस्थिति उत्पन्न करती है, यह एक दारुण सत्य है। *मैं कहूं कि यह मेरा अपना भी सत्य है।*" इस वक्तव्य के साथ उन्होंने जो एक अपनी नई कविता दी, उसका शीर्षक भी 'एक आत्म-वक्तव्य' ही है। तात्पर्य यह कि वह कविता भी उनके आत्म-वक्तव्य का ही हिस्सा है। उसके बारे में उन्होंने वक्तव्य में कहा, "भाव-प्रकृतियों के खयाल से यह कविता मेरा सर्वांगीण प्रतिनिधित्व करती है। जैसा कि शीर्षक से ही स्पष्ट है, वह मेरी इस टिप्पणी को और आगे बढ़ाती है और कदाचित् उसके बाद यह टिप्पणी भी अनावश्यक हो जाती है।" कविता में जो खास चीज लक्ष्य करने योग्य है, वह उनका यह कथन कि "मेरी काट-छांट, छील-छाल / लगातार। / इसीलिए, मेरी मूर्ति / अनबनी अधबनी अभी तक . . . ।" इस तरह यदि डॉ. शर्मा मुक्तिबोध के लेखन पर आत्मपरकता का आरोप लगाते हैं और कहते हैं कि वे आत्म-निर्माण में लगे थे और उनका व्यक्तित्वांतर अभी पूरा नहीं हुआ था, तो वे कोई गलती नहीं करते। गलती वे वहां करते हैं, जहां अपने निष्कर्ष को बलात् आरोपित करने का प्रयास करते हैं।

हम देख चुके हैं कि कैसे उन्होंने 'एक आत्म-वक्तव्य' शीर्षक कविता को, मुक्तिबोध के यह कहने के बाद भी कि वह उनका 'सर्वांगीण प्रतिनिधित्व' करती है, उनका 'पूर्णतः' प्रतिनिधित्व करनेवाली कविता मानने से इनकार किया है और 'अंधेरे में' को उनका 'पूर्णतः' प्रतिनिधित्व करनेवाली कविता माना है, क्योंकि उसमें वे व्यक्तित्वांतर के विरोध में भयानक जिद और हठ ठानकर खड़े हो जाते हैं! इसके साथ डॉ. शर्मा वहां भी गलती करते हैं, जहां वे वस्तुस्थिति के एक ही पहलू को देखते हैं और दूसरे पहलू को नजरअंदाज करते हैं। 'तार सप्तक' के द्वितीय संस्करण के मुक्तिबोध के वक्तव्य से ही उनका यह कथन उन्होंने अनेक बार उद्धृत किया है कि "अचानक अंतरमुख दशाएं और भी दीर्घ और गहन होती गईं। किंतु यह भी एक तथ्य है कि इस आत्मग्रस्तता के बावजूद और शायद उसको साथ लिए-लिए मेरा आत्म-संवेदन समाज के व्यापकतर छोर छूने लगा।" लेकिन इस कथन के पहले वाक्य पर ही उनका ध्यान केंद्रित रहा है और उसके दूसरे वाक्य को उन्होंने कोई महत्व नहीं दिया है। "आत्मग्रस्तता के बावजूद और शायद उसको साथ लिए-लिए मेरा आत्म-संवेदन समाज के व्यापकतर छोर छूने लगा" में वैयक्तिकता और सामाजिकता तथा सामाजिकता और वैयक्तिकता की पूरी द्वंद्वात्मकता छिपी है। 'आत्मग्रस्तता' को छोड़कर नहीं, 'उसके बावजूद', 'शायद उसको साथ लिए-लिए'! यदि मुक्तिबोध का आत्मसंवेदन केवल समाज के व्यापकतर छोर छूता और उसमें 'आत्मग्रस्तता' न होती, तो उसमें उतनी प्रभावोत्पादकता और उतनी रचनात्मक विशिष्टता संभव न थी, जितनी कि उसमें है।

हिंदी में अनेक ऐसे प्रगतिशील कवि हुए हैं जिनमें अत्यधिक सामाजिक व्यापकता है, पर उनमें प्रभावित करने की मुक्तिबोध-जैसी क्षमता नहीं। जो मुक्तिबोध की रचनात्मक शक्ति का स्रोत है, उनकी कविता को ऊर्जा प्रदान करनेवाली द्वंद्वात्मकता का उद्‌गम-बिन्दु, डॉ. शर्मा को शिकायत है कि उन्होंने उससे यथाशीघ्र अपना संबंध-विच्छेद क्यों नहीं किया, वे अपने व्यक्तित्व से मुक्त और सर्वहारा से तदात्म होकर निर्द्वंद्व अपनी काव्य-साधना के मार्ग पर क्यों नहीं चले, जैसे केदारनाथ अग्रवाल और नागार्जुन चले हैं! 'ब्रह्मराक्षस' शीर्षक अपनी प्रसिद्ध कविता में मुक्तिबोध ने कहा है कि ब्रह्मराक्षस जब मनुष्य-योनि में था, तो उसके भीतर उसकी आत्म-चेतना और विश्व-चेतना में एक संघर्ष छिड़ा हुआ था। वह आत्म-चेतना से छुटकारा पाना चाहता था, लेकिन वह छुटकारा उसे मिल नहीं रहा था। मुक्तिबोध कहते हैं कि उसका यह संघर्ष व्यर्थ था। वह जिस आत्म-चेतना या आंतरिकता से पीछा छुड़ाना चाहता था, भला उसके बिना कोई अच्छा राजनीतिक कार्यकर्ता भी हो सकता है! वे कहते हैं कि उन दिनों यदि मुझे उससे मिलने का अवसर प्राप्त हुआ होता, तो मैं उसे उसके व्यक्तित्व, उसकी आंतरिकता का महत्व समझाता :

> मेरा उसी से उन दिनों होता मिलन यदि
> तो व्यथा उसकी स्वयं जीकर
> बताता मैं उसे उसका स्वयं का मूल्य
> उसकी महत्ता!
> व उस महत्ता का
> हम सरीखों के लिए उपयोग,
> उस आंतरिकता का बताता मैं महत्त्व!

यहां यह भी स्पष्ट कर देना जरूरी है कि मुक्तिबोध में आत्मपरकता का एक ही रूप नहीं है। जहां-जहां वे आत्मपरक दिखलाई पड़ते हैं, वहां-वहां वे आत्मकथात्मक हैं, ऐसी बात नहीं है। इस प्रसंग में 'क्लॉड ईथरली' शीर्षक उनकी कहानी का यह अंश, जिसमें कथा-नायक और गुप्तचर का संवाद है, देखना उपयोगी होगा :

> उसने सिर्फ इतना कहा, "मुश्किल यह है कि तुम मेरी बात नहीं समझते।"
> मैंने कहा, "कैसे?"
> "क्लॉड ईथरली हमारे यहां भले ही देह-रूप में न रहें, लेकिन आत्मा की वैसी बेचैनी रखनेवाले लोग तो यहां रह ही सकते हैं।"
> मैंने अविश्वास प्रकट करके उसके प्रति घृणा-भाव व्यक्त करते हुए कहा, "यह भी ठीक नहीं मालूम होता।"
> उसने कहा, "क्यों नहीं! देश के प्रति ईमानदारी रखनेवाले लोगों के मन में, व्यापक पापाचारों के प्रति कोई *व्यक्तिगत भावना* नहीं रहती क्या?"
> "समझा नहीं।"
> "मतलब यह कि ऐसे बहुतेरे लोग हैं जो पापाचार-रूपी, शोषण-रूपी डाकुओं को अपनी छाती पर बैठा समझते हैं। वह डाकू न केवल बाहर

का व्यक्ति है, वह उनके घर का आदमी भी है। समझने की कोशिश करो।"

'नई कविता : निस्सहाय नकारात्मकता' शीर्षक अपने लेख में भी मुक्तिबोध ने कहा है कि "आत्मपरक रूप से विश्वपरक, जगत्परक होने की लंबी प्रक्रिया की अभिव्यक्ति ही कला है—अभिव्यक्ति-कौशल के क्षेत्र में और अनुभूति अर्थात् अनुभूत वस्तु-तत्त्व के क्षेत्र में।"

ऊपर 'तार सप्तक' के द्वितीय संस्करण के 'पुनश्च' शीर्षक उनके वक्तव्य का हवाला दिया गया है। उस वक्तव्य के अलावा उनका एक वक्तव्य और है, जो 'तार सप्तक' के द्वितीय संस्करण के लिए लिखा गया था, लेकिन वह उसमें प्रकाशित नहीं हुआ। वह वक्तव्य अपेक्षाकृत विस्तृत है और खंडित रूप में 'रचनावली' के पांचवें खंड में संकलित है। उसके अंत में मुक्तिबोध कहते हैं, "शासक-वर्गों के ··· लोक-भय से विक्षुब्ध होकर ही, 'लकड़ी का रावण' शीर्षक कविता लिखी गई है। हां, कविता की शैली नितांत आत्मपरक है, और तथाकथित प्रगतिशील व्याख्याकार यह अर्थ लगा सकते हैं कि मैं उस भावना का भागी हूं। किंतु कोई भी मर्मज्ञ पाठक इस कविता के वस्तु-सत्य तक सहज पहुंचकर निर्णय कर सकता है।" 'लकड़ी का रावण' कविता की शैली की आत्मपरकता यह है कि इसका 'मैं' पूंजीवादी सत्ता का प्रतीक रावण है। अब यदि काव्य-नायक को कवि से अभिन्न समझा गया, तो निष्कर्ष क्या निकलेगा? यह अच्छा ही हुआ कि 'तार सप्तक' के द्वितीय संस्करण में मुक्तिबोध ने अंततः दूसरी कविता दी—'एक आत्म-वक्तव्य'। यदि उन्होंने वही कविता दे दी होती और उनकी आशंका के अनुरूप प्रगतिशील व्याख्याकार ने उन्हें रावण की लोक-भय की भावना का भागी सिद्ध कर दिया होता, तो परिणाम और भयंकर होता। यह कैसी विडंबना है कि कविता के वस्तु-सत्य तक पहुंचने के लिए मुक्तिबोध ने प्रगतिशील आलोचक से अधिक भरोसा 'मर्मज्ञ पाठक' का किया है!

नामवरजी ने मुक्तिबोध के 'मैं' को उनकी कल्प-सृष्टि मानते हुए कहा है कि "इस चरित्र को प्रबुद्ध, प्रेरित और सक्रिय करके उसकी आस्था को दृढ़ करने के लिए ही मुक्तिबोध ने यह आत्मपरक ढंग अपनाया है।" यह बात आंशिक रूप में ही सही है, क्योंकि मुक्तिबोध का 'मैं' सर्वत्र वैसा नहीं है। यहां उनकी कहानियों के केंद्रीय पात्र के संबंध में श्रीकांत वर्मा के इस कथन का हवाला दिया जा सकता है, जो काफी सटीक है : "कुछ हद तक यह पात्र स्वयं मुक्तिबोध है, और कुछ हद तक यह पात्र वह व्यक्ति है जो मुक्तिबोध के साथ-साथ चलता है।" (सतह से उठता आदमी, 'दृष्टिकोण' शीर्षक भूमिका) यह सहयात्री मध्यवर्ग का प्रतिनिधि पात्र है।

अब यह स्पष्ट हो जाना चाहिए कि मुक्तिबोध के साहित्य में जो आत्मसंघर्ष है, वह सिर्फ उनका नहीं है। वह उनका होते हुए भी पूरे मध्यवर्ग का है और पूरे मध्यवर्ग का होते हुए भी उनका है। कभी-कभी ऐसा भी हुआ है कि वह आत्मसंघर्ष रचनाकार का नहीं है, लेकिन उसने उसका चित्रण उसे अपना बनाकर किया है। 'क्लॉड ईथरली' का गुप्तचर ऊपर उद्धृत अंश में 'व्यक्तिगत भावना' के द्वारा इसी तरफ संकेत

करता है। 'अंतरात्मा और पक्षधरता' शीर्षक निबंध में मुक्तिबोध कहते हैं, "एक प्रश्न है, और वह यह कि मेरी अंतरात्मा कहां तक विकसित है! स्वयं के अन्यीकरण, इतरीकरण के साथ, मैं कहां तक जगत् के साथ अनन्यीकरण और उसका स्वकीयीकरण कर सका हूं?" इसी तरह 'कामायनी' की आलोचना के क्रम में वे कहते हैं कि "यह आवश्यक नहीं है कि जिया और भोगा गया जीवन कवि का अपना नितांत व्यक्तिगत जीवन हो। किंतु उसकी कलाकृति में वास्तविक का साक्षात्कार और आत्मचरित्रात्मक संस्पर्श तो होना ही चाहिए।" यह सब उनके साहित्य में धीरे-धीरे घटित हुआ है, आकस्मिक रूप में नहीं। व्यक्ति-सत्य से वस्तु-सत्य तक की और वस्तु-सत्य से व्यक्ति-सत्य तक की द्वंद्वात्मक यात्रा उसमें बहुत ही जटिल रूप में संपन्न हुई है। इस यात्रा की मंजिल उनकी काव्य-रचना का वह आखिरी दौर है, जिसमें हम देखते हैं कि वे जिस अनुपात में वस्तुपरक होते गए हैं, उसी अनुपात में उनमें आत्मपरकता बढ़ती गई है। ताज्जुब नहीं कि उनकी अंतिम दौर की कविता 'अंधेरे में' को एक तरफ अत्यंत आत्मनिष्ठ कविता माना गया है, तो दूसरी तरफ सामाजिक संघर्ष का चित्रण करनेवाली छायावादोत्तर काल की सर्वाधिक वस्तुनिष्ठ कविता।

अगला प्रश्न यह उपस्थित होता है कि आखिर यह आत्मसंघर्ष क्यों? इसका उत्तर मुक्तिबोध ने स्वयं दिया है। 'एक टीले और डाकू की कहानी' शीर्षक कविता में, जोकि 'चंबल की घाटी में' शीर्षक कविता का प्रथम प्रारूप है, हवा टीले से कहती है : "तुममें जो द्वंद्व है / वह द्वंद्व बाहरी स्थिति ही का बिंब!" इतना ही नहीं, वह उससे यह भी कहती है कि—

> अपना वह मूल द्वंद्व पहचानो!
> द्वंद्वशील तथ्यों को तत्त्वों को जान लो
> तीव्र करो द्वंद्व को
> अग्रगति सत्यों की विजयों का करो साफ रास्ता
> जीवन-स्थिति बदल दो
> ध्यान रखो
> इस महान् कार्य में
> तुम न अकेले हो।

स्पष्ट है कि यह द्वंद्व या संघर्ष कवि को इतना प्रिय नहीं है कि वह उसी में पड़ा रहना चाहता है। द्वंद्व उसके लिए साधन-मात्र है, जिसे सामूहिक रूप से अपनाकर वह समाज में परिवर्तन लाने का इच्छुक है। 'अंधेरे में' का काव्य-नायक भी सोचता है :

> चक्र से चक्र लगा हुआ है . . .
> जितना ही तीव्र है द्वंद्व क्रियाओं घटनाओं का
> बाहरी दुनिया में,
> उतनी ही तेजी से भीतरी दुनिया में
> चलता है द्वंद्व कि

फिक्र से फिक्र लगी हुई है।

यह है बाहर और भीतर की, वर्गसंघर्ष और आत्मसंघर्ष की संबद्धता। चीनी मार्क्सवादी विचारक ल्यू शाओछी ने अपनी प्रसिद्ध पुस्तक 'अच्छे कम्युनिस्ट कैसे बनें' में आत्मसंघर्ष और वर्गसंघर्ष का संबंध सूचित करते हुए कहा है : "... अपने व्यक्तिवाद से लड़ने के लिए सर्वहारा-वर्ग, जनता और पार्टी के हितों को सर्वोपरि रखने के सिद्धांत का इस्तेमाल करना चाहिए। यह संघर्ष परस्पर विरोधी विचारधाराओं का संघर्ष है, और *समाज के भीतर मौजूद वर्गसंघर्ष का द्योतक है।*" अब आसानी से यह समझा जा सकता है कि डॉ. रामविलास शर्मा जो यह कहते हैं कि मुक्तिबोध का आत्मसंघर्ष बाहर के वर्गसंघर्ष से पृथक है, उसमें कितना सार है!

वे वस्तुतः लेखकों के आत्मसंघर्ष या भीतरी अंतर्विरोध-मात्र को एक अवांछनीय वस्तु मानते हैं और जनता के साथ उनके संबंध तथा समाज पर उनकी निर्भरता के प्रति एक सरलीकृत दृष्टिकोण अपनाते हैं। यदि लेखक प्रगतिशील है, तब तो उसे आत्मसंघर्ष और भीतरी अंतर्विरोधों से मुक्त होना ही चाहिए। वे यह नहीं देखते कि लेखक के भीतर और बाहर की दुनिया का संबंध द्वंद्वात्मक होता है और इसी द्वंद्वात्मकता में आत्मसंघर्ष और भीतरी अंतर्विरोधों के द्वारा उसके व्यक्तित्व का विकास होता है। आज समाजवादी साहित्य में व्यक्ति और उसके भीतरी अंतर्विरोधों के महत्व को नए सिरे से समझा जा रहा है और इस मामले में वह साहित्य की मानववादी परंपरा का उत्तराधिकारी बनने की चेष्टा कर रहा है। जैसा कि संकेत किया जा चुका है, डॉ. शर्मा को मुक्तिबोध की तुलना में केदारनाथ अग्रवाल और नागार्जुन-जैसे कवि अधिक महत्वपूर्ण लगते हैं, क्योंकि उनमें कोई आत्मसंघर्ष और भीतरी अंतर्विरोध नहीं। मुक्तिबोध ने पूरे प्रगतिवादी आंदोलन को मध्यवर्गीय कहा है : "छायावादी प्रवृत्ति के विरुद्ध प्रगतिवाद का जो महान् आंदोलन उठ खड़ा हुआ, वह एक विशेष काल में मध्यवर्ग की एक विशेष मनोवैज्ञानिक स्थिति का द्योतक है।" (मु. र., 5/104) उनके इस कथन में सच्चाई है। केदार और नागार्जुन की कविताओं में मध्यवर्गीय प्रगतिशील चेतना ही अभिव्यक्त हुई है। इनके काव्य में आत्मसंघर्ष की अनुपस्थिति देखकर यह निष्कर्ष न निकाल लेना चाहिए कि इन कवियों ने एक झटके में मध्यवर्ग से अपना संबंध तोड़ लिया और सर्वहारा-वर्ग की पांतों में जा मिले। व्यक्तित्वांतरण की प्रक्रिया इतनी सरल नहीं होती। हिंदी की प्रगतिशील काव्य-धारा में पहली बार मुक्तिबोध व्यक्तित्वांतरण के पीड़ा-भरे दौर से गुजरते दिखलाई पड़ते हैं और आत्मसंघर्ष के द्वारा अपना व्यक्तित्वांतर करने में सफल होते हैं। इस तरह कहना चाहिए कि हिंदी में वे सर्वहारा के पहले कवि हैं, यानी ऐसे कवि, जिसकी विश्वदृष्टि सर्वहारा है। स्पष्टतः डॉ. शर्मा की गति बिलकुल उलटी है। क्या इसलिए कि मुक्तिबोध ने आगे उन-सहित सभी प्रगतिशील आलोचकों का नामोल्लेख करते हुए यह कहा है कि "ये सब मध्यवर्गीय व्यक्तिवादी हैं, जिन्हें अपनी व्यक्ति-सत्ता अन्य बातों से अधिक प्रिय है"? (उप., पृ. 141) मध्यवर्गीय आलोचक के लिए मध्यवर्गीय कवियों का सर्वहारावर्गीय कवि से अधिक महत्वपूर्ण होना स्वाभाविक है!

डॉ. शर्मा ने मुक्तिबोध के 'आत्मसंघर्ष' को उनके मनोलोक तक सीमित कर दिया है और उसके लिए कल्पना की है कि वे व्यक्तित्व-विभाजन के शिकार थे। कहते हैं, "व्यक्तित्व-विभाजन मुक्तिबोध की अनेक कविताओं का विषय है। यह ऐसी स्थिति है जिससे उनका निकटतम संबंध है।" पूर्वोल्लिखित निबंध में ही मुक्तिबोध ने लिखा है कि "कहा जाता है कि इस युग में व्यक्तित्व का विकेंद्रीकरण होता है। सचाई यह है कि आत्म-विभाजन और व्यक्तित्व का विकेंद्रीकरण, व्यक्ति-मन पर परस्पर-विरोधी स्वरूप के बाहरी दबावों का भी परिणाम होता है।" इसमें उन्होंने 'आत्म-विभाजन' का जो जिक्र किया है उसका वैयक्तिक और सामाजिक कारण बतलाया है। एक तो मध्यवर्गीय व्यक्ति अपनी कमजोरियों का शिकार रहना पसंद करता है, उसमें उच्चवर्गीय ढंग से जीवन-यापन करने की आकांक्षा और अहंकार होता है; दूसरे, उसमें समाज से प्राप्त उच्च मूल्य-भावनाएं भी होती हैं। इन दोनों के बीच स्वभावतः उसके भीतर एक फासला खड़ा हो जाता है। इस फासले को उसके स्वभाव की कमजोरी भी बढ़ाती है और उसकी वर्गीय परिस्थितियां भी। वह इस फासले को कम करने की भी कोशिश कर सकता है और उससे अपने अहंकार की भी तुष्टि कर सकता है। वर्तमान समाज में यह बहुत ही सामान्य स्थिति है, लेकिन डॉ. शर्मा ने मुक्तिबोध को उद्धृत करते हुए इस आत्म-विभाजन को असामान्य मनोविज्ञान का 'व्यक्तित्व-विभाजन' बतलाकर उन्हीं को उस मानसिक रोग का रोगी सिद्ध कर दिया है। पहले उन्होंने रोग का लक्षण लिखा है और उसके बाद उसे मुक्तिबोध पर घटित किया है : "एक मानसिक रोग का नाम है सिजोफ्रेनिया। जेम्स सी. कोलमैन के अनुसार इस शब्द के अंतर्गत अनेक प्रकार की विक्षेप-प्रतिक्रियाएं शामिल की जाती हैं जिनमें यथार्थ से व्यक्ति के संबंध में, उसकी भावात्मक और बौद्धिक प्रतिक्रियाओं में, बुनियादी अव्यवस्था उत्पन्न होती है। इसके लक्षण बहुत-से हैं और व्यक्ति-व्यक्ति में इन लक्षणों में भेद होता है। कुछ लक्षण इस प्रकार हैं :

"किसी व्यक्ति की दुनिया में जो लोग रहते हैं, उनके प्रति उसकी दिलचस्पी खत्म हो जाती है। (यहां तुलनीय है शरत्चंद्र मुक्तिबोध का यह वाक्य—'हम छोटे भाइयों का अस्तित्व उनके लिए नहीं के बराबर था।')

"ऐसा व्यक्ति अपने चिंतन की निजी लीकों पर चलता है और अंतर्जगत् के स्वप्नों में (फैंटेसी में) खोया रहता है। (मुक्तिबोध की स्वप्नशीलता क्रमशः दुःस्वप्नशीलता में बदलती जाती है। स्वप्न वही नहीं है जो सोते में देखा जाता है। जागता हुआ आदमी भी स्वप्न देखता है। दुःस्वप्न उसे सोते और जागते, दोनों अवस्थाओं में पीड़ित कर सकते हैं। मुक्तिबोध की स्वप्नशीलता उनके स्वभाव का ऐसा अंग बन जाती है कि वह यथार्थ को स्वप्न में बदले बिना उसका चित्रण कर ही नहीं सकते।)

"ऐसे व्यक्ति की भावात्मक प्रतिक्रिया विकृत होती है। जिन वस्तुओं और घटनाओं को देखकर प्रतिक्रिया होती है, उनसे प्रतिक्रिया का तालमेल नहीं होता। (कुछ लोगों में यह प्रतिक्रिया बहुत उथली होती है, मुक्तिबोध में वह अधिकतर गहरी होती

है।)

"ऐसे व्यक्ति को लगता है कि वह बहुत ज्यादा सताया जा रहा है। (मुक्तिबोध निःसंदेह सताए गए थे, फिर भी बहुत जगह उनका त्रास अकारण जान पड़ता है अथवा कारण से बहुत बढ़ा-चढ़ा मालूम होता है।)" और

"ऐसे व्यक्ति को आवाजें सुनने का आभास होता है (औडीटरी हैलूसिनेशन होते हैं)। (मुक्तिबोध की कविता 'मुझे पुकारती हुई पुकार' में इस तरह की भ्रांति का संकेत है। 'एक साहित्यिक की डायरी' में जब अपने मित्र की योग संबंधी बातें सुनते हुए उन्हें लगता है कि 'मैं किन्हीं गुफाओं के अंधेरे में चला जा रहा हूं और कहीं से किसी स्त्री की कोई मर्मभेदी पुकार मुझे सुनाई दे रही है,' तब उक्त आभास की पुष्टि होती है।)"

मुक्तिबोध की दिलचस्पी अपनी दुनिया के लोगों में खत्म हो गई थी, इसके प्रमाण में डॉ. शर्मा ने शरच्चन्द्र मुक्तिबोध का जो वाक्य उद्धृत किया है, वह भ्रम पैदा करनेवाला है। पूरा प्रसंग यह है : "जब भाई साहब ग्वालियर स्टेट की मिडिल परीक्षा पास हुए तब तो उनकी प्रशंसा करते माता-पिता और पास-पड़ोस के (लोग) नहीं अघाते थे। मैट्रिक और इंटर तक पहुंचने पर तो पूरे परिवार के प्रशंसा के वे केंद्र-बिन्दु बन गए थे। हमारे घर के वे पहले पढ़े-लिखे आदमी थे। उनकी सब जरूरतें पूरी की जाती थीं। हम छोटे भाइयों का अस्तित्व उनके लिए नहीं के बराबर था।" 'उनके लिए' अर्थात माता-पिता और परिवार के लोगों के लिए! इसी तरह अंतिम दो वाक्यों में संबंध स्थापित होता है, वर्ना अंतिम वाक्य का डॉ. शर्माकृत अर्थ लें, तो उससे पहले वाक्य का कोई सीधा संबंध नहीं बनता।

यह मजेदार बात है कि आगे के चौथे-पांचवें पृष्ठों पर डॉ. शर्मा ने शरच्चंद्र मुक्तिबोध के लेख से चुन-चुनकर वे सारी पंक्तियां इकट्ठी की हैं, जिनसे मुक्तिबोध को मानसिक रोगी सिद्ध करने में उन्हें किसी तरह की मदद मिल सकती है। उन्होंने छोड़ दी हैं तो ये पंक्तियां, जो उनके संवेदनशील और सुसंगत व्यक्तित्व को हमारे सामने लाती हैं : "अपनी निजी बातें वे बहुत कम बताया करते थे ··· भ्रातृस्नेह से भरे हुए उस भावुक, सरल और उदार आत्मा को क्यों कष्ट पहुंचाया ··· अब ऐसा भाई कहां पाओगे? ··· साहित्य के अध्ययन से कट्टर आदर्शवादी बन गए थे ··· जो कुछ ग्रहण किया समूचे व्यक्तित्व से ग्रहण किया। मानवी जीवन की ओर संस्कारित करुण भाव से देखा, बहुत आदरभाव से देखा। बड़ी आशा और उमंग से देखा। छल, कपट, *दुहरापन*, व्यावहारिक स्वार्थ-वृत्ति उनके पास बिलकुल नहीं थी। जीवन के प्रति उनकी प्रतिक्रिया बौद्धिक और तटस्थ नहीं थी, तीव्र भावनात्मक होती थी। (डॉ. शर्मा ने यह वाक्य उद्धृत किया है, लेकिन इससे संबद्ध अगला वाक्य छोड़ दिया है और उससे एक दूसरे वाक्य का संबंध जोड़ दिया है।) वह भी ऐसी उच्च नैतिक भावनात्मक प्रतिक्रिया थी कि उनकी कविता आधुनिक भारतीय मनोदशा पर किया हुआ एक महत्वपूर्ण भाष्य ही बन गई है ··· हमारे पूरे परिवार में उनके जैसा दयालु और सज्जन आदमी शायद नहीं था। वैसे तो आज तक के जीवन में ऐसे ऊंचे

और नेक हृदय का आदमी मैंने नहीं देखा ... वे बहुत कर्मठ आदमी थे ... उनका पूरा व्यक्तित्व, अपने संपूर्ण चैतन्य के साथ जीवन के हर महत्त्वपूर्ण सत्य से प्रभावित होता था और अपनी तीव्र भावनात्मक प्रतिक्रिया द्वारा उसका मूल्यांकन कर देता था। यह व्यक्तित्व किसी प्रकार का अन्याय या शोषण नहीं सह सकता था। यह व्यक्तित्व स्वयं एक ऐसा नैतिक मूल्य था जिसके संपर्क में आकर जीवन की वास्तविकता अपने असली रूप में प्रकट हो जाती थी ... जीवन की असंगतियां उनके भावुक व्यक्तित्व को तोड़ नहीं पाईं। इसका कारण था उनके व्यक्तित्व की आधार-शिला—मानवता। उनका व्यक्तित्व वैसे बहुत सौम्य था। विरोध में उनकी मानवता ही चट्टान की तरह कड़ी व अडिग बन जाती थी और अनुकूल संवादी परिस्थितियों में वही सहज, अबाध गति से फैलती रहती थी ... भाई साहब Rebel थे इसलिए निर्वासित (exile) भी थे। और इसीलिए शायद घोर एकाकी भी थे ... एक ओर मानवी जीवन के परिवर्तन के प्रति असीम आस्था, उत्पीड़ित मानव के भविष्य के प्रति निष्ठा, उपेक्षितों के प्रति गहरा लगाव और दूसरी ओर यह जीवन की अनेक सतहों पर प्रतीत होनेवाली भयानक विसंगति और फलस्वरूप घोर अकेलापन ये उनके *एकरस* व्यक्तित्व के दो पहलू थे ... एक बहुत गहरी सतह पर जीवन से एकाकार हो जाने की तीव्र अभिलाषा उनके व्यक्तित्व की मूल प्रेरणा थी। अपने छटपटाते हुए व्यक्तित्व को लेकर वे अकेले ही युग-जीवन की अंधेरी गुफाओं में, सघन जंगलों में घुस गए थे। पेचीदा, चक्करदार, धूलिय तहखानों से गुजरते हुए उनके हाथों से मानव-प्रेम की दीपशिखा कभी नहीं बुझी। बाहरी घोर विरोध और प्रहारों से आखिर-आखिर में वह बुझना चाहती थी, तब भी उन्होंने उसे प्राणपण से संजोए रक्खा।"

यह सही है कि मुक्तिबोध का व्यक्तित्व 'सरल' नहीं था, 'पेचीदा' था, पर कौन असाधारण व्यक्तित्व 'पेचीदा' न होकर 'सरल' हुआ है? और 'पेचीदा' होने का मतलब क्या असामान्य और रोगी होना ही है? मुक्तिबोध के व्यक्तित्व का जो परिचय शरच्चंद्र मुक्तिबोध ने ऊपर की पंक्तियों में दिया है, उसके आधार पर क्या कोई उन्हें मानसिक रोगी घोषित करने का साहस कर सकता है? लेख में शरच्चंद्र मुक्तिबोध ने साफ शब्दों में कहा है कि उनके चरित्र में 'दुहरापन' न था, बल्कि उन्होंने तो यहां तक लिखा है कि दुहरापन यदि था, तो उनके व्यवहार में ही, मुक्तिबोध के व्यवहार में नहीं : "मेरे-उनके संबंध दुहरे हो गए, एक ओर तो मैं उनकी कड़ी आलोचना करता, और दूसरी ओर उनके सभी कार्यों के प्रति मेरी पूरी-पूरी सहानुभूति रहती थी।" यदि आज के भयानक विसंगतियों से भरे हुए समाज में मुक्तिबोध 'निर्वासित' या 'अकेला' महसूस करते थे, तो इससे उनका व्यक्तित्व खंडित या विभाजित नहीं हो जाता था, बल्कि एक संवेदनशील मनुष्य के लिए यह सर्वथा स्वाभाविक स्थिति है। शरच्चन्द्र मुक्तिबोध ने उनके व्यक्तित्व को ठीक ही 'एकरस' कहा है। 'लक्षित मुक्तिबोध' के लिए इंटरव्यू देते हुए उन्होंने मोतीराम वर्मा से मुक्तिबोध के संबंध में कुछ उलटी-सीधी बातें जरूर कहीं, पर उसका कारण स्पष्टतः उनकी कुंठाएं थीं, जो पांच-छः वर्षों में हिंदी में मुक्तिबोध को जो प्रतिष्ठा मिली थी उसे देखकर उभर आई थीं। उनके "हिंदी में

इस तरह की भक्ति-भावना है भी"-जैसे वाक्य इसी की सूचना देते हैं। इसी पुस्तक में मनमोहन मदारिया ने अपने साक्षात्कार में कहा है कि "शरच्चन्द्र कहा करते थे : मेरे बड़े भाई साहब मुझसे टैन-टाइम्स जीनियस हैं, मगर . . . ।" मुक्तिबोध के प्रति वे गहरा आदर-भाव रखते थे और हिंदी में उन्हें जो उनका प्राप्य नहीं मिल रहा था उसके लिए वे दुखी भी रहते थे, तथापि वे शुरू से उनकी और अपनी प्रतिभा का मिलान करते आ रहे थे।

अपनी एक अधूरी कविता में मुक्तिबोध कहते हैं : "कल्पना की दीप्ति में आगत खुला है / वास्तविकता मूर्त है, ऊर्जस्वला है ! ! / वास्तविकता को उठाकर देखने का चीमटा है कल्पना / वह परखने-निरखने का लेंस, / सच-सही उसको जमाना-साधना/ है जरा मुश्किल ! !" कहने की आवश्यकता न होनी चाहिए कि उन्होंने कल्पना के इस 'लेंस' को साधा था और जितने बड़े पैमाने पर उन्होंने यथार्थ-चित्रण के लिए हिंदी कविता में उसका इस्तेमाल किया, उतने बड़े पैमाने पर उनके पहले हिंदी के किसी कवि ने नहीं किया था। उनकी फैंटेसी उनकी विराट् कल्पना-शक्ति की ही देन थी। 'अंधेरे में' कविता में उन्होंने कहा है, " मेरा सिर गरम है / इसीलिए भरम है। / सपनों में चलता है आलोचन, / विचारों के चित्रों की अवलि में चिंतन।" फैंटेसी की सृष्टि संवेदना के तीव्र दबाव से ही होती है और वह 'भ्रम' न होकर भी वास्तविकता को प्रकाशित करनेवाली होती है। मुक्तिबोध की कविताओं में आलोचन और चिंतन फैंटेसी के माध्यम से ही अभिव्यक्त हुए हैं, इतिवृत्तात्मक गद्य में नहीं। यह उनकी सृजनशीलता की बहुत बड़ी पहचान है। लेकिन डॉ. शर्मा के लिए यही परेशानी का कारण है। न तो मुक्तिबोध का चिंतन आत्मकेंद्रित है और न उनकी फैंटेसी ऐसी है, जो वास्तविकता से निरपेक्ष हो। ज्यों-ज्यों भारतीय वास्तविकता भयावह होती जाती है, उनके स्वप्न दुःस्वप्न में बदलते जाते हैं, लेकिन कभी भी ऐसा नहीं होता कि उनकी कविता में सुंदर और कोमल स्वप्न न खिलते हों। दुःस्वप्नों से निर्मित उनकी जो सबसे दीर्घ और महत्वपूर्ण कविता है 'अंधेरे में' उसमें भी "रात्रि के श्यामल ओस से क्षालित / कोई गुरु गंभीर महान् अस्तित्व / महकता है लगातार, / मानो खँडहर-प्रसारों में उद्यान / गुलाब-चमेली के, रात्रि-तिमिर में, / महकते हों, महकते ही रहते हों हर पल।" सिजोफ्रेनिया का मूल लक्षण यह है कि रोगी की वास्तविकता को जांचने की क्षमता अव्यवस्थित हो जाती है। "जिन वस्तुओं और घटनाओं को देखकर प्रतिक्रिया होती है, उनसे प्रतिक्रिया का तालमेल नहीं होता।" डॉ. शर्मा केवल इतना कहकर रह गए हैं कि "कुछ लोगों में यह प्रतिक्रिया बहुत उथली होती है, मुक्तिबोध में वह अधिकतर गहरी होती है।" क्या वह इतनी गहरी होती है कि उसकी अतर्क्यता सिद्ध करना संभव नहीं है? मुक्तिबोध ने बहुत ज्यादा यातना झेली थी, यह सही है, लेकिन इसका यह मतलब नहीं है कि उनमें जिस त्रास का चित्रण है, उसे पूर्णतः उनका त्रास मानकर और उसे उनके शेष भावलोक से बिलकुल अलग करके देखा जाए।

जहां तक 'औडीटरी हैलूसिनेशन' की बात है, कवियों के लिए यह कोई असामान्य स्थिति नहीं है। संवेदनशीलता और कल्पनाशीलता के कारण इस प्रकार की भ्रांति

उन्हें होती ही रहती है। यह 'भ्रांति' उनकी सृजनशीलता से संबद्ध होती है। उसमें देखने की बात सिर्फ यह होती है कि जो 'भ्रांति' है, उसके पीछे कोई तर्क, निश्चय ही सौंदर्यात्मक तर्क, है या नहीं। डॉ. शर्मा ने जेम्स सी. कोलमैन के ग्रंथ 'एब्नार्मल साइकोलॉजी' का हवाला दिया है। फ्रेडरिक सी. रेडेलिख और डेनियल एक्स. फ्रीडमान अपने प्रसिद्ध ग्रंथ 'दि थ्योरी एंड प्रैक्टिस ऑफ साइकिएट्री' में कहते हैं : "सिजोफ्रेनिया के रोगी द्वारा प्रयुक्त भाषा और तर्क की तुलना प्रायः गलती से कवियों और नबी-पैगंबरों की भाषा और तर्क से की जाती है। ये रोगी रूपकों में या प्रकटतः गंभीर या काव्यात्मक भाषा में, जो कि प्रत्यक्षतः विषय से संबंधित और परिपाटीबद्ध नहीं होती, बात करते हैं, यह प्रायः नए मनोचिकित्सकों को उनके प्रति श्रद्धालु बना देता है। उससे भी बुरी बात यह होती है कि यह उनके भीतर यह संदेह पैदा कर देता है कि काव्य-प्रतिभा में एक सिजोफ्रेनिया छिपी होती है। कहने की जरूरत नहीं कि रोगी पूरबी देशों का रहस्यवादी नहीं। वह आम तौर पर न तो एक कवि का और न एक नबी-पैगंबर का जीवन और अनुशासन बनाए रख सकता है, यद्यपि सिजोफ्रेनिया से ग्रस्त ऐसे कलाकार हुए हैं, जो सृजनात्मक बने रहे।" (पृ. 471) स्पष्ट है कि कवियों की कविताओं में भाषा के रूपकात्मक, अप्रत्यक्ष अथवा नए प्रयोग देखकर यह धोखा न होना चाहिए कि वे सिजोफ्रेनिया के रोगी हैं। काव्य-प्रतिभा और सिजोफ्रेनिया में कोई संबंध नहीं होता। कवि के बौद्धिक अनुशासन के निर्वाह की क्षमता किसी मानसिक रोगी में नहीं हो सकती। कुछ कलाकार सिजोफ्रेनिया के शिकार होकर भी सृजनात्मक कार्य करते रहे, इसका यह मतलब नहीं है कि जिस भी कवि में 'स्वप्न' या 'दुःस्वप्न' दिखलाई पड़ते हैं, जो भी फैंटेसी का इस्तेमाल करता है, वह सिजोफ्रेनिया से ग्रस्त है। आश्चर्य होता है यह देखकर कि डॉ. शर्मा मुक्तिबोध की 'मुझे पुकारती हुई पुकार' कविता में कवि को जो 'पुकार' सुनाई पड़ी है, उसे सिजोफ्रेनियाजनित भ्रांति कहते हैं। अपनी बात सिद्ध करने के लिए वे उनके वाक्य को विकृत बनाकर भी उद्धृत करते हैं। 'डायरी' से ऊपर उद्धृत किया गया पूरा वाक्य इस प्रकार है : "मुझे उसके योग की बातें रहस्य के मर्मभेदी डरावने अंधेरे की भांति आकर्षित करती रहतीं, *मानो* मैं किन्हीं गुफाओं के अंधेरे में चला जा रहा हूं और कहीं से (किसी स्त्री की) कोई मर्मभेदी पुकार मुझे सुनाई दे रही है!" डॉ. शर्मा ने इस वाक्य के 'मानो' शब्द को छोड़ दिया है, जो 'भ्रांति' पर ज्यादा प्रकाश डालता है!

मुक्तिबोध की जिस कविता में आत्मसंघर्ष पहली बार बहुत तीखे रूप में प्रकट हुआ है, वह है 'एक टीले और डाकू की कहानी' शीर्षक कविता। स्मरणीय यह है कि अनुमानतः यह 1960 की रचना है, यानी उनकी मृत्यु से सिर्फ तीन-चार वर्ष पूर्व की। यह दौर उनकी काव्य-रचना का आखिरी दौर था। इससे इस तथ्य की पुष्टि होती है कि उनमें ज्यों-ज्यों वस्तुपरकता बढ़ती गई, वे आत्मपरक होते गए, या यह कि उनमें ज्यों-ज्यों आत्मपरकता बढ़ती गई, वे वस्तुपरक होते गए। इस तरह उनका आत्मसंघर्ष वर्गसंघर्ष की प्रतिच्छाया है और उनमें जो वर्गसंघर्ष है, वह आत्मसंघर्ष से युक्त है। ऐसी स्थिति में वस्तुतः उनके आत्मसंघर्ष पर चलते-चलाते कोई टिप्पणी नहीं

की जा सकती। आत्मसंघर्ष को उन्होंने व्यक्तित्व-रूपांतरण का माध्यम कहा है। इसी कविता के अंत में वे कहते हैं :

मूर्ख वे कि दावा जो करते हैं
भुगता न झोल कभी
बुद्धिमान वे सच हैं
भुगतते और पार चले जाते हैं
मैं भी स्वयमात्म रूपांतर क्रियाओं में
लीन हूं।
पार चला जाऊंगा, निश्चित है!!

आत्मसंघर्ष को व्यक्तिवाद का लक्षण माननेवालों से उनका कहना है :

मजा यह है कि जब-जब वह टीला यों
तेजोमय होता है
दिखाई नहीं देता है किसी को भी!
औरों को और गरीब लगता है,
अधिक हीन, अधिक हेय,
अधिक तुच्छ।
झोल खाई हुई, कुचली हुई दीखती
शिला-रूप-रेखा वह।
टीले के दोस्त और रिश्तेदार
चट्टानी समाज
कंदराएं कगार और पहाड़ियां
कहती हैं—
वह टीला सफल नहीं,
ढीला है, आत्मग्रस्त
मूर्ख!

ऐसा लगता है कि मुक्तिबोध डॉ. शर्मा-जैसे आलोचकों को ध्यान में रखकर ही ये पंक्तियां लिख रहे थे, 'मुक्तिबोध का आत्मसंघर्ष और उनकी कविता' शीर्षक निबंध लिखे जाने के करीब एक दशक पूर्व।

टीले के भीतर मृत्कणों और उनके द्वारा दबाकर रखे गए रत्नकणों में भयानक संघर्ष छिड़ा हुआ है। टीला चाहता है कि चट्टानी सामंजस्य, जड़ीभूत संगतियां और शिलीभूत संतुलन समाप्त हो, जिससे ब्रह्मांडधूल बनकर वह गहन अनंत में संवेदनशील पटल बन सके, लेकिन अपने अंतर्व्यक्तित्व के किले से छूटने में कोई उसका सहायक नहीं बनता। आत्मसंघर्ष से टीला अग्निमान हो उठता है, लेकिन चट्टानी चौखटा टूटता नहीं, जिससे कि वह मुक्त हो सके। बाद में उस पर एक डाकू आकर आसन जमा लेता है, जिसने सामने के पहाड़ी गांव में आग लगा दी है। वह डाकू वस्तुतः पापों

की युग-युगीन परंपरा का प्रतीक है, जिसे द्विधा और द्वंद्वग्रस्त व्यक्ति के यहां प्रश्रय मिला है! अंत में अनेक देश-देशों का ज्वलत् जीवनानुभव लिए जोरों की हवा चलने लगती है जिससे टीला निवेदन करता है कि अपने समाज में मैं अकेला हूं, क्योंकि मध्यवर्गीय होते हुए भी मैं उस वर्ग का आत्मीय नहीं और जिस सर्वहारा-वर्ग से मैं आत्मीयता स्थापित करना चाहता हूं, उसके स्वाभाविक गुण-धर्म ग्रहण करने में असमर्थ हूं। हवा उससे कहती है कि तुम यदि अपने अकेलेपन से छुटकारा चाहते हो, तो इस बात को समझो कि तुम्हारा आत्मसंघर्ष केवल तुम्हारा नहीं है, वह वर्गसंघर्ष का प्रतिबिंब है और उसकी पीड़ा असंख्य लोगों ने भोगी है। फिर वह उसे परामर्श देती है कि—

निर्णयात्मक वह पल आ रहा
सन्निकट
युद्ध-संघर्ष का।
प्रतिपल कार्य का।
उसमें तुम क्रियाशील होकर के भाग लो
अपने को भाग दो
गुणों का गुणा हो जाएगा।
भीतर का झोल भभक उट्ठेगा!!

जैसे कि कहा जा चुका है, 'चंबल की घाटी में' शीर्षक कविता 'एक टीले और डाकू की कहानी' का ही एक और प्रारूप है। कविता के पहले प्रारूप में मुक्तिबोध ने कहा है कि "वह टीला मैं स्वयं / मैं ही हूं—खड़ा हूं मैं शिलामूर्ति / इस पथरीले चेहरे में शिलारूप अनगिनत चेहरे हैं / झांकते", अर्थात इसमें वे अपने-जैसे दूसरे लोगों के भी प्रतिरूप हैं। दूसरे प्रारूप में काव्य-नायक अपने को कवि कहता है, जिससे वह मुक्तिबोध का प्रतिरूप भी मालूम पड़ता है : "यों मेरी कविता है बिना-घर / बिना-छत गिरस्तिन"। पहले प्रारूप में भी कवि ने कहा था कि आत्मसंघर्ष में ही पड़े रहना ठीक नहीं है; यदि व्यक्ति आत्मसंघर्ष को ही मंजिल मान बैठे, तो वह शैतानी ताकत का ही आसरा बनेगा; दूसरे प्रारूप में उसने आत्मसंघर्ष की पीड़ाओं की बुनियाद पर गढ़े गए फलसफे को 'पाषाणत्व अलंकृत करने की विधियां' कहा है। दोनों ही प्रारूपों में आत्मसंघर्ष का अत्यंत सशक्त वर्णन हुआ है। दूसरे प्रारूप के वर्णन में थोड़ा फैलाव है, लेकिन उससे प्रभाव में कोई बिखराव नहीं आया है :

टीले के सीने में भभककर अड़ता है
जिदभरा कोई मजमून
सन्नाकर मारता है तेज-तेज
व्यंग्यों की ईंट।
भीतर का दूसरा हिस्सा भी
चुप नहीं है
भीतर का दूसरा पक्ष भी

चुप नहीं है,
फैलाता आग भरे हमलों की धूम,
तड़ातड़ टकराने लगती हैं
विचारों की लाठियां
हवाओं में घूम !

दूसरे प्रारूप का डाकू भी वही है, जो पहले प्रारूप का। इसमें भी टीला सर्वहारा-वर्ग से एकात्म होना चाहता है, जिस पर हवा उससे कहती है कि जन-संघर्षों में सक्रिय होकर ही मध्यवर्गीय व्यक्तिवाद से छुटकारा पाया जा सकता है। डॉ. शर्मा ने मुक्तिबोध के 'व्यक्तित्व-प्रेम' व 'निजत्व-प्रेम' को बहुत महत्व दिया है और लिखा है कि वे उसके परिवर्तित या नष्ट होने की कल्पना से ही बेचैन हो उठते थे। 'चंबल की घाटी में' की अंतिम पंक्तियां मुक्तिबोध-प्रदत्त व्यक्तित्व-परिभाषा को स्पष्ट करती हैं : "पूर्ण-विनाश और अनस्तित्व उनका / तुम्हारे निजत्व का चरम विकास है / इसलिए, ओ दृषद्-आत्मन् / कट जाओ, टूट जाओ।" 'उनका' यानी डाकुओं का, जोकि मध्यवर्गीय संस्कारों और स्वार्थों के प्रतीक हैं। कवि को उनसे निर्मित निजत्व अभीष्ट नहीं। वह तो उनके पूर्ण विनाश और अनस्तित्व में निजत्व का चरम विकास देखता है। मुक्तिबोध पर लिखे गए अपने पहले निबंध में डॉ. शर्मा ने टीले के टूटने की बात पर आपत्ति करते हुए कहा था : "शोषण से मुक्ति पाने के लिए आदमी का टूटना क्यों जरूरी है ?" 'पुनर्मूल्यांकन' में वे अपने को संशोधित करते हुए कहते हैं : " 'कट जाओ, टूट जाओ'— इस पंक्ति का अर्थ यह नहीं है कि मनुष्य का व्यक्तित्व टूट जाएगा। व्यक्तित्व पर जो आत्मग्रस्तता का बोझ है, वह टूट जाएगा।" यह व्याख्या पूर्णतः सही है। डॉ. शर्मा ने पहले, जो गलत व्याख्या प्रस्तुत की, उसका कारण उनकी मुक्तिबोध को समन्वयवादी ढांचे में रखकर देखने की जिद तो है ही, 'चंबल की घाटी में' कविता की अंतिम पंक्तियों का पाठ भी है, जो 'चांद का मुंह टेढ़ा है' में अशुद्ध छपा है।

'ब्रह्मराक्षस' शीर्षक कविता में मुक्तिबोध कहते हैं : "पिस गया वह भीतरी / औ' बाहरी दो कठिन पाटों बीच, / ऐसी ट्रैजेडी है नीच ! ! 'वह' यानी ब्रह्मराक्षस, जो प्रेत-योनि में आने से पहले एक मध्यवर्गीय बुद्धिजीवी था। उसकी समस्या यह थी कि वह सामंतवाद की जगह पूंजीवादी जनतंत्र नहीं, बल्कि पूंजीवाद की जगह समाजवाद लाना चाहता था। स्पष्टतः उसका यह संघर्ष बुरे और अच्छे के बीच नहीं, बल्कि अच्छे और उससे अच्छे के बीच था, इसलिए कठिनतर भी था और उग्रतर भी, जिसमें सफलता कम, असफलता ही अधिक मिलती है। उक्त मध्यवर्गीय बुद्धिजीवी की सीमा यह थी कि वह एक गलत किस्म के संघर्ष में पड़ा रहा। यह संघर्ष उसके भीतर चल रहा था—उसकी आत्म-चेतना और विश्व-चेतना के बीच। इसी संघर्ष में गिरफ्तार रहने के कारण वह अपने कमरे से बाहर नहीं आया और इस तरह कर्म से, समाज को बदलनेवाले जन-संघर्षों से, अपना संबंध नहीं स्थापित किया :

बावड़ी में वह स्वयं

पागल प्रतीकों में निरंतर कह रहा
वह कोठरी में किस तरह
अपना गणित करता रहा
औ' मर गया ... !!

कविता के अंत में मुक्तिबोध कहते हैं कि मैं ब्रह्मराक्षस का करुणाविह्वल शिष्य बनकर उसके छोड़े हुए कार्य को तर्कसंगत परिणति तक ले जाना चाहता हूं।

श्रीकांत वर्मा ने लिखा है कि मुक्तिबोध ही ब्रह्मराक्षस थे और वही ब्रह्मराक्षस के शिष्य भी थे। यदि इस बात को इस रूप में लिया जाए कि मध्यवर्गीय बुद्धिजीवी की समस्या किसी हद तक उनकी भी समस्या थी और मार्क्सवाद के ज्ञान से उन्होंने उसका समाधान भी पा लिया था, तो यह सही है। डॉ. शर्मा ने लिखा है कि 'चंबल की घाटी में' और 'अंधेरे में' इन दोनों कविताओं की मूल समस्या एक ही है—व्यक्तित्व-परिवर्तन की। इसमें भी सच्चाई है, यद्यपि इस बात को ध्यान में रखना जरूरी है कि 'अंधेरे में' अपेक्षाकृत एक जटिल कविता है, जिसमें अनेक स्तर आपस में उलझे हुए हैं। इस कविता के कलाकार को याद करें, तो वह 'ब्रह्मराक्षस' से भी किंचित् समानता रखती प्रतीत होती है। 'ब्रह्मराक्षस' के मध्यवर्गीय बुद्धिजीवी की तरह 'अंधेरे में' का कलाकार भी एकांत-प्रिय है। एक बेहतर दुनिया का स्वप्न उसके भी पास है, और वह भी कार्य-क्षमता से वंचित है। स्वप्न, ज्ञान और जीवनानुभव उसके दिल में भी 'हलचल' करते रहते हैं, यद्यपि यह हलचल उसके भीतर आत्मसंघर्ष का रूप नहीं ले पाती है।

आत्मसंघर्ष बहुत ही तीखे रूप में 'अंधेरे में' के काव्य-नायक में दिखलाई पड़ता है, जो व्यक्तित्वांतरण के लिए प्रयत्नशील है। निम्नलिखित पंक्तियों में यह संघर्ष तीव्रतम बिंदु पर पहुंचा हुआ है :

क्या करूं, क्या नहीं करूं मुझे बताओ;
इस तम-शून्य में तैरती है जगत्-समीक्षा
की हुई उसकी
(सह नहीं सकता)
विवेक-विक्षोभ महान् उसका
तम-अंतराल में (सह नहीं सकता)
अंधियारे मुझमें द्युति-आकृति-सा
भविष्य का नक्शा दिया हुआ उसका
सह नहीं सकता!!

काव्य-नायक के एक तरफ मध्यवर्गीय जीवन की परिस्थितियां हैं और दूसरी तरफ सर्वहारा-दृष्टि से की गई विश्व-समीक्षा; एक तरफ वर्तमान जीवन का अंधकार है और दूसरी तरफ सर्वहारा के विश्व-दृष्टिकोण से प्राप्त भविष्य का उज्ज्वल स्वप्न! काव्य-नायक, जोकि मध्यवर्गीय बुद्धिजीवी है, इन्हीं दोनों को लेकर चलनेवाले विकट आत्मसंघर्ष में

पड़ा है। इस आत्मसंघर्ष से उबरने का मार्ग उसे कर्म में दिखलाई पड़ता है। 'सत्-चित्-वेदना' अर्थात यथार्थ का बोध या यथार्थ की संवेदना ही काफी नहीं है, उसे 'सकर्मक' भी होना चाहिए। डॉ. शर्मा ने इस आत्मसंघर्ष को मुक्तिबोध के सिजोफ्रेनिया से ग्रस्त होने का परिणाम बतलाया है। क्या व्यक्तित्व-विभाजन का शिकार व्यक्ति ऐसा बुद्धिसंगत और सार्थक आत्मसंघर्ष चला सकता है, जिसकी व्याप्ति व्यक्ति से लेकर वर्ग तक हो? रेडेलिख और फ्रीडमान का कहना है कि सिजोफ्रेनिया के रोगी का व्यक्तित्व इस कदर विभाजित हो जाता है कि उसके दो हिस्सों में कोई तालमेल नहीं रह जाता। उसमें स्वप्न-लोक और वास्तविक अनुभव-लोक सहअस्तित्व की स्थिति में होते हैं। यह असामंजस्य रोगी के मानसिक विघटन का सूचक होता है। उसका चिंतन असंगत हो जाता है; उसे निर्देशित और नियंत्रित करनेवाली तर्क-शक्ति नष्ट हो जाती है। मुक्तिबोध के आत्मसंघर्ष के प्रत्येक पहलू का अर्थ है। उनके आत्मालाप या आंतरिक संलाप के दोनों पक्ष घनिष्ठ रूप से आपस में जुड़े हुए हैं। उनकी फैंटेसी और उनका यथार्थ-बोध एक-दूसरे पर क्रिया-प्रतिक्रिया करके एक-दूसरे को शक्ति और सार्थकता प्रदान करते हैं। अपने चिंतन पर उन-जैसा नियंत्रण रखनेवाला तर्क-शक्ति-संपन्न कवि हिंदी में दुर्लभ है। यह उनकी लंबी कविताओं के बंधान से अच्छी तरह स्पष्ट है। फिर उन्हें मानसिक रोगी करार देने का क्या औचित्य है? डॉ. शर्मा ने निराला के साहित्य का विश्लेषण करके बतलाया है कि जो व्यक्तित्व सर्वाधिक विघटित मालूम होता था, वही अपने युग का सर्वाधिक सुगठित व्यक्तित्व था। यह कैसी विडंबना है कि आज स्वयं वे उस व्यक्तित्व को विघटित बतला रहे हैं, जोकि अपने युग का सर्वाधिक सुगठित व्यक्तित्व है!

यह हम देख रहे हैं कि मुक्तिबोध ने व्यक्तित्वांतरण के लिए सक्रिय होने पर बहुत बल दिया है। 'वस्तु और रूप : चार' शीर्षक लेख में वे कहते हैं, "वास्तविक जीवन का वास्तविक ज्ञान हमें कर्म से ही प्राप्त होता है। साथ ही, उस प्राप्त ज्ञान द्वारा हम कर्म को संपन्न और सरल बनाकर बाह्य क्षेत्र को प्रभावित करते हैं। मनुष्य के वास्तविक व्यक्तित्व और चरित्र की कल्पना बाह्य जीवन-क्षेत्र में कर्म-संगठन के प्राप्त दृश्यों के बिना की ही नहीं जा सकती। प्रकृति की यह विशेषता है कि उसने इच्छा-वृत्ति देकर हमें बाह्य की ओर प्रेरित किया। यह इच्छा-वृत्ति ही हमें कर्म-संगठन में लीन करती है।" मनुष्य अपनी इच्छा-वृत्ति से कर्म की ओर, बाह्य जीवन-क्षेत्र में, प्रवृत्त होता है। कर्म से उसे ज्ञान प्राप्त होता है और उस ज्ञान से वह अपने कर्म को उत्कृष्ट बनाता है। यह कर्म और ज्ञान के बीच का द्वंद्वात्मक संबंध है, जिसके आधार पर उसके व्यक्तित्व का निर्माण या उसमें परिवर्तन संभव होता है। 'कामायनी' में 'प्रसाद' ने ज्ञान, कर्म और इच्छा के सामंजस्य की समस्या का रहस्यवादी निदान प्रस्तुत किया है। मुक्तिबोध इस सामंजस्य को 'आत्म-संगठन' की संज्ञा देते हैं और 'कामायनी' के सामंजस्यवाद की आलोचना इन शब्दों में करते हैं : "यह आत्म-संगठन वस्तुतः जीवन-संगठन है। यह जीवन-संगठन साक्षात् सामाजिक, राजनैतिक, मानवीय संघर्ष में संपूर्ण योग के बिना असंभव है।" 'फायरबाख पर निबंध' में मार्क्स ने कहा था कि

"व्यवहार से पृथक रूप में चिंतन की यथार्थता या अयथार्थता-संबंधी विवाद कोरा वितंडावादी प्रश्न है।" उन्होंने चिंतन और सामाजिक व्यवहार के बीच एक संबंध स्थापित किया, जिसकी परवर्ती वैज्ञानिक प्रगति ने पुष्टि की है। उच्चतर स्नायविक क्रिया-संबंधी अद्यतन अनुसंधान से यह सिद्ध हो चुका है कि मानव-मन में होनेवाले सारे परिवर्तन मनुष्य के क्रियाकलाप से निर्धारित होते हैं।

पशु की तुलना में मनुष्य की विशेषता यह है कि उसकी चेतना सक्रिय होती है : वह कर्म से प्रभावित होता है, तो वह भी कर्म को प्रभावित करता है। इसी के आधार पर ग्राम्शी ने 'सृजनात्मक व्यक्ति' का सिद्धांत विकसित किया है। मनुष्य समाज और प्रकृति को बदलने की क्रिया में भाग लेता है और उस प्रक्रिया में स्वयं बदल जाता है। कहा गया है कि वह उसी हद तक मनुष्य है, जिस हद तक वह सृजनकर्ता है। मुक्तिबोध ने अपने लेखन से मध्यवर्गीय बुद्धिजीवी को 'सृजनात्मक व्यक्ति' में रूपांतरित करने का भरसक प्रयास किया है। तुलसीदास के बाद चरित्र की बुनियाद पर ऐसा गहरा प्रभाव डालने का यह दूसरा प्रयास है। तुलसीदास ने मध्ययुग के अनुरूप सामंती मूल्यों के आधार पर एक 'सृजनात्मक व्यक्ति' के निर्माण का प्रयास किया, मुक्तिबोध ने आधुनिक युग के अनुरूप समाजवादी मूल्यों के आधार पर एक 'सृजनात्मक व्यक्ति' के निर्माण का प्रयास।

व्यक्तित्व-निर्माण को कभी-कभी सरल रूप में ले लिया जाता है। समझा जाता है कि सिद्धांतों के आख्यान या आदर्शों के निर्वचन से अपेक्षित व्यक्तित्व का निर्माण हो जाएगा। उसमें व्यक्ति की भीतरी बाधाओं को प्रायः नजरअंदाज किया जाता है। चरित्र की बुनियाद को प्रभावित करना संभव है, पर यह व्यक्ति की भीतरी संरचना को आक्रांत करके नहीं, बल्कि उसके साथ सहयोग करके ही किया जा सकता है। व्यक्तित्व-निर्माण हमेशा आत्म-निर्माण होता है। यह ऐसी प्रक्रिया है, जो स्वयं व्यक्ति द्वारा ही, उसी के मन और इच्छा-शक्ति के द्वारा, नियंत्रित और संशोधित होती है, किसी अन्य के द्वारा नहीं। मुक्तिबोध ने अपने लेखन में खास तौर से इस बात का ध्यान रखा है। इसीलिए उसमें गहरा 'आत्मचरित्रात्मक' संस्पर्श है।

'चकमक की चिनगारियां' शीर्षक अपनी कविता में वे कहते हैं :

मैं अपनी अधूरी दीर्घ कविता में
उमगकर
जन्म लेना चाहता फिर से,
कि व्यक्तित्वांतरित होकर,
नए सिर से समझना और जीना
चाहता हूं, सच!!

इस कविता में उनकी व्यक्तित्वांतरण की आकांक्षा ही नहीं व्यक्त हुई है, उसकी पीड़ादायक प्रक्रिया भी वर्णित है :

पैर-तलुओं में

नुकीला एक कीला तेज
गहरा गड़ गया औ' धंस गया इतना
कि ऊपर प्राण-भीतर तक घुसा आया,
लगी है फनफनाती आग,
लाखों बर्र-कांटों ने अचानक काट खाया है।
व्रणाहत पैर को लेकर
भयानक नाचता हूं, शून्य
मन के टीन-छत पर गर्म।

यह प्रक्रिया 'आत्मालोचनात्मक' है। कवि को चांद संदेश देता है :

अरे! जन-संग-ऊष्मा के
बिना, व्यक्तित्व के स्तर जुड़ नहीं सकते।
प्रयासी प्रेरणा के स्रोत,
सक्रिय वेदना की ज्योति,
सब साहाय्य उनसे लो
तुम्हारी मुक्ति उनके प्रेम से होगी।
कि तद्‌गत लक्ष्य में से ही हृदय के नेत्र जागेंगे,
व जीवन-लक्ष्य उनके प्राप्त
करने की क्रिया में से
उभर ऊपर
विकसते जायंगे निज के
तुम्हारे गुण
कि अपनी मुक्ति के रास्ते
अकेले में नहीं मिलते।

उसके सामने प्रश्न है :

तय करो, किस ओर हो तुम, अब
सुनहले ऊर्ध्व-आसन के
निपीड़क पक्ष में, अथवा
कहीं उससे लुटी-टूटी
अंधेरी निम्न-कक्षा में तुम्हारा मन,
कहां हो तुम?

अंत में कवि अपने व्यक्तित्वांतरण का संकेत यह कहकर देता है :

मुझ पर क्षुब्ध बारूदी धुएं की झार आती है
व उन पर प्यार आता है
कि जिनका तप्त मुख

सँवला रहा है
धूम लहरों में
कि जो मानव भविष्यत्-युद्ध में रत हैं,
जगत् की स्याह सड़कों पर।

इस तरह वह उन साधारण जनों से एकता कायम करता है, जो भविष्य के निर्माण के लिए युद्ध-रत हैं।

'हर चीज, जब अपनी' शीर्षक कविता में भी मुक्तिबोध ने "बराबरी का हक, बराबरी का दावा / नहीं तो मुठभेड़ और धावा" के उसूल को लेकर चलनेवाले साधारण जनों का हवाला देते हुए कहा है :

उनके साथ मेरी पटरी बैठती है
उनके साथ
हां, उन्हीं के साथ
मेरी यह बिजलीभरी ठठरी लेटती है

लेकिन लक्ष्य करने की बात यह है कि उनमें व्यक्तित्वांतरण की प्रक्रिया कभी समाप्त नहीं होती। एक बार ऐसा प्रतीत होता है कि वह प्रक्रिया पूरी हो गई, लेकिन अगली किसी कविता में वह फिर घटित होती दिखलाई पड़ती है। 'अंधेरे में' कविता में ऐसा लगता है कि वह प्रक्रिया पूरी हो गई कि काव्य-नायक फिर अकेला रह जाता है। इसी तरह सर्वहारा-शक्ति का प्रतीक रक्तालोकस्नात पुरुष जैसे उसे प्राप्त होने के बाद भी उससे खो जाता है। कविता के अंत में भी कवि उसके बारे में कहता है : "खोजता हूं पठार ... पहाड़ ... समुंदर / जहां मिल सके मुझे / मेरी वह खोई हुई / परम अभिव्यक्ति अनिवार / आत्मसंभवा।" 'एक आत्म-वक्तव्य'-जैसी बिलकुल अंतिम दौर की अपनी कविता में भी मुक्तिबोध यही कहते हैं कि "नए-नए रंदों और बसूलों से / लगातार लगातार / मेरी काट-छांट ...!" इससे डॉ. शर्मा-जैसे आलोचकों को भ्रम हुआ है कि मुक्तिबोध व्यक्तित्वांतरण के लिए शुरू से लेकर अंत तक आत्मसंघर्ष ही करते रहे, उनका व्यक्तित्वांतरण कभी पूरी तरह नहीं हुआ, वे अंततः मध्यवर्गीय संस्कारों से मुक्त होकर सर्वहारा से तदात्म न हो सके!

इस संबंध में ज्ञातव्य है कि एक तो इस व्यक्तित्वांतरण को सरल ढंग से मुक्तिबोध से संबद्ध करके नहीं देखना चाहिए और दूसरे, यह मानकर चलना चाहिए कि उसकी प्रक्रिया कोई यांत्रिक नहीं, बल्कि एक अत्यंत जटिल मनोवैज्ञानिक प्रक्रिया है, जोकि अंतहीन है। 'अंतरात्मा और पक्षधरता' शीर्षक लेख के ये शब्द ध्यातव्य हैं: "अंतरात्मा के आग्रह और अनुरोध हमेशा आगे-आगे ही रहेंगे, और लेखक उनका अनुगमन करेगा, और उनका अनुगमन करते हुए भी यह सोचता रहेगा कि उसने अपने आग्रह-लक्ष्यों को उपलब्ध नहीं किया। वह इस चिंतन से दुखी भी होगा, दुःख प्रकट भी करता रहेगा। इस प्रकार लक्ष्य और उपलब्धि के बीच जो फासला है, वह आतुर मन के लिए बराबर बना रहता है, क्योंकि लक्ष्य स्वयं गतिमान है, मनुष्य की अपनी

गति ही के कारण। निष्कर्ष यह कि इन तथ्यों को देखे बिना समीक्षक लेखक की भाव-सरणि पर जो आक्षेप करते हैं, वे मुझे उचित नहीं प्रतीत होते।" इसी तरह 'भविष्य-धारा' शीर्षक कविता में उन्होंने कहा है :

करो प्रयास भयंकर,
आत्म-निपीड़नकारी वे गलतियां
कि भाव-प्रवर्तनकारी भव्य सुधार प्रभास्वर
के संयुक्त प्रयास-मार्ग से गुजर चलो तुम

अर्थात गलती और सुधार के संयुक्त मार्ग से गुजरते हुए ही व्यक्तित्वांतरण की प्रक्रिया घटित होती है। वह एक दिन में या कुछ दिनों में पूर्णता को नहीं प्राप्त कर लेती। ध्यान देने की बात यह है कि मुक्तिबोध में आत्मसंघर्ष है, तो "संकल्पधर्मा चेतना का रक्तप्लावित स्वर" भी है!

2

उल्काओं की पंक्तियां काव्य बन गईं

मुक्तिबोध की कविताएं पढ़ते समय जो चीज हमारा ध्यान सर्वप्रथम आकर्षित करती है, वह है उनमें पाई जानेवाली ओजस्विता और उदात्तता। यह गुण *रामचरितमानस*-जैसे महाकाव्यों में भी भरपूर मात्रा में है और 'राम की शक्ति-पूजा'-जैसी कविताओं में भी। निराला ने काफी पहले 'काव्य के रूप और अरूप' शीर्षक एक लेख लिखकर कविता में विराट् चित्रों की योजना पर बल दिया था। इसमें उन्होंने कहा था कि "अभी हमारे नवीन साहित्य को समयानुकूल परिमार्जित और भी विराट् भावनाएं मिलनी चाहिए। इतने ही से उसका दैन्य दूर नहीं होता, और न अभी उसकी दिगंत पुष्टि ही हुई है। जैसा भी कारण हो, हिंदी के नवीन पद्य-साहित्य में विराट् चित्रों के खींचने की तरफ कवियों का उतना ध्यान नहीं, जितना छोटे-छोटे सुंदर चित्रों की ओर है।" जो खास बात उन्होंने इस लेख में कही थी, वह यह कि आधुनिक काल में भौतिक सभ्यता की प्रगति से संसार के विभिन्न देश एक-दूसरे के अत्यंत निकट आ गए हैं, जिससे दृष्टिकोण को व्यापक बनाने के लिए अधिक अनुकूल परिस्थिति उपस्थित हुई है। इस तरह उन्होंने कविता में विराट् चित्रों की योजना को दृष्टिकोण की व्यापकता से जोड़ा था और लक्ष्य किया था कि "कला में देश-भाव की जो संकीर्णता थी, आदान-प्रदान की सहृदयता ने उसे तोड़ दिया, कला की सृष्टि *व्यापक विचारों* से होने लगी, और हर जाति की उत्तमता से प्रेम-संबंध जोड़कर लोग उससे अपनी जातीय कला को प्रभावित करने लगे।"

लेकिन छायावाद के बाद हिंदी में नई कविता का जो आंदोलन शुरू हुआ, तो उसके अनेक कवियों ने पश्चिम के ह्रासोन्मुख दर्शन और साहित्य का प्रभाव ग्रहण किया और उसके फलस्वरूप समूह से अलग जा पड़े मनुष्य को तुच्छ और नगण्य रूप में चित्रित करना शुरू किया। ऐसे कवियों का आदर्श था 'लघुमानव', जो इतिहास का निर्माता नहीं, बल्कि उसके प्रवाह में पतित तृण था! आकस्मिक नहीं कि कवियों ने हिंदी कविता में इस तरह की उक्तियों का ढेर लगा दिया कि मैं सड़क के किनारे लेटरबॉक्स की तरह खड़ा हूं, मैं पेड़ से चमगादड़ की तरह उलटा लटका हूं, या फिर

यह कि मैं अभिमन्यु नहीं हूं, फिर भी मुझे चक्रव्यूह में फांस दिया गया है! यह सब यथार्थ-चित्रण के नाम पर किया गया। रूमानी आवेग के विरुद्ध और बौद्धिकता के पक्ष में पूरे हिंदी क्षेत्र में जैसे एक आंधी उठा दी गई।

नई कविता के एक बड़े हिस्से पर पश्चिमी बिंबवाद का भी गहरा असर था, जिसमें कविता को लघुचित्रात्मक और कठोर बनाने पर बल था। उसके एक प्रतिनिधि कवि टी. ई. ह्यूम ने कहा था कि कविता को अधिक से अधिक शुष्क और कठोर होना चाहिए। उन्होंने भावना को रूमानी चीज बतलाकर कल्पना को भी उसी से संबद्ध बतलाया था और कविता को इन दोनों से मुक्त करने की बात कही थी। भावनायुक्त कविता उनके लिए 'सीलन' वाली कविता थी। कल्पना को उन्होंने एक 'गंभीर' चीज मानकर उसके स्थान में 'फैंसी' के प्रयोग का आग्रह किया, क्योंकि कल्पना का क्षेत्र जहां असीम होता है, वहां 'फैंसी' निश्चित सीमावाली वस्तुओं से संबद्ध होती है। यह बिंबवाद एक प्रकार का रूपवाद था, जिसकी मान्यता थी कि सौंदर्य लघु और शुष्क वस्तुओं में होता है! अस्वाभाविक नहीं कि ह्यूम ने कविता में विषय को नहीं, उसके 'प्रत्यक्षीकरण' को महत्व दिया था। विषय के बारे में तो उन्होंने कहा था कि इससे कोई फर्क नहीं पड़ता कि वह किसी महिला की जूती है, या नक्षत्रखचित आकाश!

हिंदी में बिंबवाद की अच्छी उद्धरणी नकेनवाद के रूप में हुई, जिसके रचनाकार अपने को ही असली प्रयोगवादी कहा करते थे। नलिनविलोचन शर्मा की विनोदात्मक शैली में गढ़ी गई एक उक्ति है : "दिल हुआ बेकार है, जो कुछ है सो ब्रेन। / गाय हुई बकेन है, / कविता हुई नकेन।" यह नकेनवाद का सिद्धांत-सूत्र भी है और हमारे लिए उस पर की गई एक व्यंग्यात्मक टिप्पणी भी। 'कृति' के प्रवेशांक (1958) में डॉ. नामवर सिंह ने शमशेर पर जो एक लेख लिखा था, 'बात बोलेगी हम नहीं' शीर्षक से, उसमें उन्होंने कहा था कि "वस्तुतः अंग्रेजी की आधुनिक कविता की तरह हिंदी की नई कविता का आरंभ भी बिंबवाद से हुआ है और इसका श्रेय अधिकांशतः शमशेर को है।" शमशेर को उसका श्रेय हो या न हो, उन्होंने उनकी कविता की विशेषता यह बतलाई थी कि "विचारों की बकवास और भावों की भड़ास से बचकर उन्होंने सूक्ष्म से सूक्ष्म मूर्त इंद्रिय-बोधों के दृढ़ आधार पर कविता का ढांचा खड़ा किया। 'छायावाद' में जो कविता फेन तथा फूल थी, उसे उन्होंने तराशकर हीरे की तरह कठोर बना दिया।" ऐसे माहौल में यदि मुक्तिबोध, जोकि अपनी विचार और भावावेग से पूर्ण कल्पना की ऊंची उड़ानवाली लंबी कविताओं से बिंबवाद को ध्वस्त करने का प्रयास कर रहे थे, आजीवन उपेक्षित रहे, तो क्या आश्चर्य? नामवरजी ने भी उक्त लेख में ही लिखा है कि शमशेर और मुक्तिबोध से बढ़कर 'परस्परविरोधी युग्मक' मिलना कठिन है!

शमशेर पर अपने लेख की शुरुआत नामवरजी ने जॉन स्टुअर्ट मिल के इस कथन से की है कि कविता श्रवण की नहीं, पार्श्वश्रवण की वस्तु है (नॉट मेंट टु बी हर्ड, बट ओवरहर्ड)। इसके ठीक विपरीत मुक्तिबोध 'चकमक की चिनगारियां' शीर्षक अपनी प्रसिद्ध कविता में आत्मव्यंग्य के रूप में वस्तुतः अपने समकालीन कवियों पर

व्यंग्य करते हुए कहते हैं :

> व्रणाहत पैर को लेकर
> भयानक नाचता हूं, शून्य
> मन के टीन-छत पर गर्म।
> हर पल चीखता हूं, शोर करता हूं
> कि वैसी चीखती कविता बनाने में लजाता हूं।

स्पष्टतः इन पंक्तियों में पार्श्वश्रवणवाली कविता के स्थान पर 'मुखर' ही नहीं, बल्कि शोर और चीख से भरी कविता का पक्ष लिया गया है। जिस नई कविता की परिणति सन्नाटा बुनने में हुई, उसके आरंभ में ही उसके प्रवक्ता अज्ञेय ने 'मौन' का महत्व इन शब्दों में बतलाया था : "एक मौन ही है जो अब भी / नई कहानी कह सकता है; / इसी एक घट में नवयुग की / गंगा का जल रह सकता है।"

इस नई कविता में मुक्तिबोध की जो उपेक्षा हुई उसका उल्लेख उनके लेखों से लेकर उनकी कविताओं तक में स्थान-स्थान पर देखने को मिलता है। 'वस्तु और रूप' शीर्षक अपने लेख के प्रथम प्रारूप में वे कहते हैं : "आज की 'नई कविता' में कर्कश विद्रोह-स्वर, अथवा गली-कूचों की धूल और मिट्टी की बदरंग तसवीर, अथवा क्रांतिकारी चंडता सौंदर्यात्मक नहीं समझी जाती। भद्र वर्ग की बैठकों में सुनाई गई ऐसी कविताओं के प्रति प्रतिष्ठित महारथियों ने अविश्वास, अरुचि और वैराग्य ही प्रकट किया।" 'काव्य : एक सांस्कृतिक प्रक्रिया' शीर्षक लेख में उन्होंने कहा है : "आप मुझे क्षमा करेंगे यदि मैं यह कहूं कि नई कविता में आवेश के पंख काट दिए गए, कल्पना को अपने पिंजड़े में पालकर रखा गया। उसे मानव-जीवन को मूर्त और साक्षात् करनेवाली रचनात्मक शक्ति के रूप में उपस्थित नहीं किया गया, क्योंकि वह एक विशेष प्रकार की भद्रजनोचित सौंदर्याभिरुचि के फ्रेम के खिलाफ जाती थी। व्यक्ति-मन की बात करके *आत्मा की महान् दुर्दम, विप्लवकारिणी ज्ञानमूलक शक्ति को भुला दिया गया।* 'लघुमानव' के सिद्धांत का प्रचार किया गया। संक्षेप में, विषमह्रासग्रस्त सभ्यता को उलटनेवाली महान् भावनाओं को परित्यक्त करके, तथाकथित आधुनिक भाव-बोध को उद्घोषित किया गया।"

उनकी उपेक्षा नई कविता में ही नहीं हुई, जिस प्रगतिवाद के वे अंग थे और जिसके प्रसार के लिए वे निरंतर प्रयत्नशील थे, उसने भी उनकी खूब उपेक्षा की। कारण यह कि उनकी कविताएं प्रगतिवाद के ढांचे में भी नहीं समाती थीं। 'वस्तु और रूप' शीर्षक लेख के तृतीय प्रारूप में उन्होंने इसका जिक्र किया है : "मैंने काव्य-जगत् के आत्मीय क्षेत्र में, प्रगतिवाद-विशिष्ट यांत्रिक रूप से चलनेवाले राजनैतिक-सामाजिक विचार-भाव, यांत्रिक ओज और यांत्रिक छंद अस्वीकार कर दिए। मुझे प्रतीत हुआ कि काव्य में मनुष्य की सामाजिक-राजनैतिक इयत्ता ही प्रकट नहीं होनी चाहिए ... किंतु पूर्ण मनुष्य के दर्शन, मानव-जीवन के सभी पक्षों के दर्शन, होने चाहिए, स्पंदनशील वैविध्यपूर्ण महान् गुणों से युक्त साहसिक मानव-जीवन की प्रतिष्ठा होनी चाहिए।" इस उद्धरण में और बातों के साथ "महान् गुणों से युक्त साहसिक मानव-जीवन की

प्रतिष्ठा" विशेष रूप से ध्यान देने लायक है, क्योंकि इसी ने मुक्तिबोध की कविताओं को वह ओजस्विता, उदात्तता, आवेग, कल्पनाशीलता और दीर्घता प्रदान की थी, जिसके फलस्वरूप वे प्रगतिशील कविता के बीच भी अजनबी हो गई थीं। नागार्जुन और केदारनाथ अग्रवाल की कविताओं में ओजस्विता और उदात्तता दिखलाई पड़ती थी, केदारनाथ अग्रवाल में आवेग भी था, लेकिन यह सबकुछ एक सीमा के भीतर था। मुक्तिबोध की कविताएं सारी सीमाओं को तोड़कर बहुत आगे जाती थीं। उनकी कल्पनाशीलता फैंटेसी का रूप ले लेती थी और उनका आकार इतना बढ़ जाता था कि उन्हें सुनने, छापने और पढ़ने—तीनों में कठिनाई होती थी। उनके मार्मिक शब्द हैं : "मेरे अपने मानसिक क्षेत्र में छायावाद और तदनंतर प्रगतिवाद के विरुद्ध प्रतिक्रियाएं होती रहीं। मैं चुपचाप अपनी कविता का विकास करता रहा। विशेष प्रोत्साहन भी नहीं था।" इसके अलावा प्रगतिवाद में यथार्थ-चित्रण की भी एक प्रवृत्ति थी, जो कविता को बहुत ऊंचे नहीं उठने देती थी। मायकोव्स्की ने इसी प्रवृत्ति को 'निम्नोन्मुख यथार्थवाद' कहकर खारिज किया था। मुक्तिबोध की उपेक्षा इस कारण भी हुई।

कविता में ओजस्विता और उदात्तता की मांग मुक्तिबोध काफी पहले से करते आ रहे थे। 1941 में प्रकाशित उनका 'साहित्य के दृष्टिकोण' शीर्षक लेख बर्गसाँ के प्रभाव में लिखा गया है, लेकिन इसमें भी वे यह प्रश्न उठाते हैं कि क्यों एक कलाकार दूसरे कलाकार से ऊंचा कहा जाता है? क्यों वाल्ट ह्विटमैन या ब्राउनिंग को लोग टेनिसन से ऊंचा समझते हैं? कबीर क्यों बिहारी से ऊंचे हैं? फिर वे प्रश्न का यह उत्तर देते हैं कि महत्वपूर्ण यह है कि कौन कवि किस सतह से बोलता है। रवीन्द्रनाथ जिस सतह से बोलते हैं, जिस 'व्यापक जीवन के सर्वोच्च बिन्दु' पर खड़े होकर देश-देशांतर के जन-समुदाय के सामने वे अपने को प्रकट करते हैं, उस स्थान से अन्य अनुगामी कलाकार नहीं बोल पाते। उतना ही उनमें बौनापन है, जितनी रवीन्द्रनाथ में ऊंचाई। साहित्य का मूल्यांकन करते समय इस 'सतह' का ध्यान रखना ही पड़ता है। कवि का शब्द-चयन, छंद-विधान, प्रकृति-वर्णन, स्वभाव-चित्रण आदि सुंदर होते हुए भी यदि सतह ऊंची नहीं है, तो वह उच्च कलाकार नहीं कहला सकता। 'वस्तु और रूप' शीर्षक लेख के तृतीय प्रारूप में उन्होंने नई कविता से यह शिकायत की कि उसमें बौद्धिक प्रतिक्रिया के नाम पर 'व्यक्तित्व की संपूर्ण तेजस्विता' के अनुरोध की ओर ध्यान नहीं दिया जाता। उक्त लेख के ही चतुर्थ प्रारूप में उन्होंने कहा कि "व्यक्तित्व का सारा बल, हृदय का पूर्ण ओज, बुद्धि की संपूर्ण विश्लेषण-प्रतिभा, और कल्पना का प्रखर उद्दीप्त आलोक, यदि आपस में मिलकर, समन्वित होकर, एक ही विषय को निखार दें, तो तेजस्विता, माधुर्य, 'साहस और चंडता का जो प्रवाह बहेगा, वह प्रवाह केवल तीव्र मानसिक प्रतिक्रियाओं और छोटे-छोटे संवेदनाघातों को प्रकट करनेवाली और उसी में अपनी सार्थकता समझनेवाली 'नई कविता' में भला कैसे बह सकेगा, जब तक कि इस 'नई कविता' के रूप-शिल्प में आवश्यक संशोधन न हो।"

नई कविता में अधिक से अधिक 'अकेले कंठ की पुकार' थी, मुक्तिबोध ने उसमें विद्रोह से भरे हुए सामूहिक 'मैदानी कंठ' की मांग की। नई कविता के कवि

तनाव का चित्रण करते थे, लेकिन इतने छोटे फलक पर कि उससे कोई सामान्य निष्कर्ष निकालना मुश्किल था। मुक्तिबोध ने 'नई कविता : एक दायित्व' शीर्षक लेख में 'तनावों के विस्तार-चित्र' की मांग की, जिसमें जीवन के सामान्यीकरण की गुंजाइश हो। इसके लिए निज-समस्या की मानव-समस्या के रूप में परिणति को वे आवश्यक मानते थे। प्रगतिशील आंदोलन से उनकी अपेक्षा थी कि जोशीले उद्‌गारों के स्थान में वह "मानव-मुक्ति की राजनीति की महान् मनुष्यता का विश्वदर्शी काव्य" प्रस्तुत करे। इस लेख के अंत में एक खास बात उन्होंने यह कही कि कविता से जिन ऊंचाइयों की वे मांग कर रहे हैं, उनका स्रोत साधारण वर्ग के ही मनुष्य हैं। इस कारण आवश्यकता उस वर्ग से हटकर ऊंचाइयों की तलाश में इधर-उधर भटकने की नहीं, बल्कि उसके जीवन-यथार्थ को वस्तुपरक दृष्टि से देखने और समझने की है। यह वह साधारण वर्ग है, जिसमें अनेक नीचाइयों के बावजूद ऊंचाइयों की कमी नहीं।

यहां 1954 में नेमिचंद्र जैन को लिखे गए उनके उस पत्र को भी याद किया जा सकता है, जिसमें उन्होंने उनसे कहा था कि उनके साहित्य में जन-साधारण के चेहरे कठोर और भास्वर रंगों में चित्रित नहीं होते। उन्होंने अपना यह विश्वास व्यक्त किया था कि भविष्य में वे अपनी इस कमी को दूर कर जनता का अधिक सशक्त और समर्थ रूप में चित्रण कर सकेंगे, क्योंकि उससे वे भावनात्मक रूप से जुड़े हुए हैं। "भावनात्मक रूप से जुड़े हुए" यह अंश भी ध्यातव्य है, क्योंकि बिना उसके जनता का उसकी संपूर्ण ओजस्विता और उदात्तता के साथ चित्रण नहीं हो सकता। 'सड़क को लेकर एक बातचीत' शीर्षक 'डायरी' के अपने लेख में मुक्तिबोध ने नई कविता में आवेश को निकाल फेंकने की जो बात कही जा रही थी, उसी पर विचार किया है। इसमें उन्होंने कहा है कि नई कविता में निम्न-मध्यवर्ग के जो कवि थे, उनके लिए यह स्वाभाविक था कि वे अपने को पीसनेवाली परिस्थितियों और प्रवृत्तियों का चित्रण आवेश के साथ करें, उन्हें नंगे पाशविक रंगों में पेश करें। यह बात उच्च-मध्यवर्ग के कवियों की सुरुचि को बर्दाश्त नहीं थी। उनकी कोशिश यह थी कि 'उग्रतामूलक आलोचनात्मक कर्मप्रधान भावना' 'रिस्पेक्टेबल' न बन पाए, वह सड़क-छाप ही बनी रहे। जब असहनीय जीवन-यथार्थ से भावनात्मक लगाव ही नहीं, तो फिर कैसा आवेश और उसका कैसा विद्रोहपूर्ण चित्रण? यह बिलकुल स्वाभाविक था कि उपरले स्तरवाले कवियों ने आवेश को व्यक्तिगत और रूमानी चीज कहकर उससे नई कविता को अलग रखने पर जोर दिया।

मुक्तिबोध के ऊपर उद्धृत किए गए कथन पर गौर करने से यह स्पष्ट हो जाता है कि कविता में ओज और औदात्य की सृष्टि के लिए वे सिर्फ आवेग की अनियंत्रित अभिव्यक्ति की बात नहीं कहते, न वे कल्पना की निर्बन्ध उड़ान की बात कहते हैं। हृदय के पूर्ण ओज, कल्पना के प्रखर उद्दीप्त आलोक और *बुद्धि की संपूर्ण विश्लेषण-प्रतिभा*—वे इन तीनों के समन्वय की बात कहते हैं। बुद्धि का उन्होंने सिर्फ नाम नहीं लिया है, उसकी विश्लेषणात्मक क्षमता का विशेष रूप से उल्लेख किया है। उन्हें इस बात का पता था कि वे जिस कविता का शील-निरूपण कर रहे हैं, वह रूमानी या

स्वच्छंदतावादी कविता न होकर आज की यथार्थवादी कविता है। 'वस्तु और रूप' शीर्षक लेख के प्रथम प्रारूप के आरंभ में ही उन्होंने कहा है कि आज की काव्य-प्रवृत्ति की मनोवैज्ञानिक धारा यदि विशुद्ध आत्मपरक भाव-धारा होती, अर्थात वह अनायास प्रवाहित होनेवाले स्वछंद भावों का प्रवाह होता, तो दिक्कत का सामना न करना पड़ता। किंतु वह कविता संवेदनात्मक ज्ञान और ज्ञानात्मक संवेदनाओं के तीव्र मानसिक प्रतिक्रियाघातों को प्रकट करना चाहती है। ऐसी स्थिति में उसे न केवल अनुभूति-पक्ष के, बल्कि वस्तु-पक्ष के और उससे संबंधित परिज्ञान के विकास की अपेक्षा है। इतना ही नहीं, आगे उन्होंने जोड़ा है कि "ज्ञान-पक्ष संवेदना से हटकर काव्योपयोगी नहीं रहेगा। यह तथ्य स्वीकृत करने पर भी इस बात से मुंह नहीं मोड़ा जा सकता कि आज की नई कविता के प्रगल्भ विकास के लिए कवि की मूलभूत संवेदन-शक्ति में विलक्षण विश्लेषण-प्रवृत्ति चाहिए।" आज की कविता पुराने युगों की कविता से कहीं ज्यादा परिवेश के साथ द्वंद्वरत है। इस कारण यह आवश्यक है कि कवि द्वंद्वों का अध्ययन करें, वास्तविकता में बौद्धिक दृष्टि द्वारा प्रवेश करें और ऐसी विश्वदृष्टि का विकास करें, जिससे जीवन-जगत की व्याख्या हो सके।

जहां तक कल्पना की बात है, 'कल्पना की दीप्ति' शीर्षक अपनी एक अधूरी कविता में, जो एक दूसरी अधूरी कविता के साथ 'रचनावली' में छपी है, मुक्तिबोध कल्पना के वैयक्तिक और रूमानी उपयोग का निषेध कर उसे यथार्थ को समझने का माध्यम बनाने पर बल देते हैं :

> कल्पना की दीप्ति को तुम संजो रक्खो
> रिक्त स्वप्नों में उसे
> मत भिगो रक्खो
> निज अभावों के
> स्फुरित विक्षेप जितने चित्रमय
> प्रक्षेप जितने
> उन्हें यदि कोई गिने तो
> जो तुम्हारी मूर्ति सम्मुख बन सकेगी
> वह अपार दरिद्र होगी!!
> कल्पना की दीप्ति में आगत खुला है
> वास्तविकता मूर्त है, ऊर्जस्वला है!!
> वास्तविकता को उठाकर देखने का चीमटा है कल्पना
> वह परखने-निरखने का लेंस,
> सच-सही उसको जमाना-साधना
> है जरा मुश्किल!!

लोंगिनुस ने भी, जिन्होंने उदात्त-तत्व का निरूपण किया है और जो प्रथम स्वच्छंदतावादी आलोचक माने जाते हैं, उदात्त का प्रथम स्रोत भव्य विचारों को माना है और द्वितीय

स्रोत 'प्रेरणाप्रसूत सशक्त आवेग को। आवेग को भी वे अनियंत्रित छोड़ने के पक्ष में नहीं थे, इसलिए उसी आवेग में उन्होंने उदात्त की स्थिति बतलाई, जो यथास्थान अभिव्यक्त होता है। इससे आगे उन्होंने यह कहा कि उदात्त की अभिव्यक्ति के लिए तब खतरा पैदा हो जाता है, जब उसे 'निपट वेग और ज्ञानहीन औद्धत्य' के हाथों में छोड़ दिया जाता है। उनके शब्दों में, "यह सही है कि प्रायः उसे प्रेरणा की आवश्यकता होती है, किंतु यह भी सही है कि उसे प्रायः नियंत्रण की भी आवश्यकता होती है।" मुक्तिबोध नई कविता में आवेग या आवेश की मांग कर रहे थे, लेकिन जैसा कि हमने देखा है, वे उसे हमेशा विचारों से संयमित रखने के पक्ष में थे। एक कविता में उन्होंने अपने आदर्श को इन शब्दों में रखा है— "अहेरी की भयानक संयमित व्याकुलता"। ऐसी बौद्धिकता न उन्हें नई कविता में दिखलाई पड़ रही थी, न प्रगतिशील कविता में। 'नई कविता और आधुनिक भाव-बोध' शीर्षक लेख में उन्होंने लिखा है कि जीवन-विश्लेषणपरक विस्तृत चित्रण और संकलित अनुभव-चित्रों के गठन के लिए जिस बुद्धि-शक्ति की आवश्यकता होती है, वह नई कविता में कम ही दिखलाई देती है। प्रायः उसके गद्यात्मक रूप को देखकर उसे बौद्धिक कहा जाता है, जबकि उसमें किसी बौद्धिक प्रक्रिया के उत्कर्ष की जगह सिर्फ संवेदनाघात या सामान्यीकृत भाव की प्रधानता है। लोंगिनुस ने भी कला और प्रकृति के ऐसे संयोग की बात कही थी, जिसमें कला प्रकृति प्रतीत हो और प्रकृति के भीतर कला छिपी हो। मुक्तिबोध ने 'संकलित अनुभव-चित्रों के गठन' के लिए जिस बुद्धि-शक्ति को आवश्यक बतलाया है, वह कला का ही दूसरा नाम है।

'नई कविता की अंतःप्रकृति : वर्तमान और भविष्य' शीर्षक एक दूसरे लेख में उन्होंने नई काव्य-दृष्टि को बौद्धिक मानने का विरोध करते हुए कहा है कि यह सोचना गलत है कि जहां भावात्मक व्याकुलता का अभाव है, वहां बौद्धिकता है। बौद्धिकता वस्तुतः ज्ञान-दृष्टि है और ज्ञान में तथ्य-बोध, विवेचन, विश्लेषण और मूल्यांकन होता है। 'आधुनिक काव्य की चिंताजनक स्थिति' शीर्षक अपने लेख में मुक्तिबोध ने प्रगतिशील कविता की आलोचना यह कहकर की है कि उसमें भी सामान्यीकृत तरानों की भरमार है। इसी तरह 'नई कविता : एक दायित्व' शीर्षक लेख में उन्होंने प्रगतिशील कवियों के बारे में कहा है कि "हम यह कर देंगे, वह कर देंगे, दुनिया के तख्ते को पलट देंगे" वाले कवि महान राजनीतिक भावनाओं के वस्तु-सत्यात्मक चित्रण से अछूते रहे हैं। बौद्धिकताशून्य इस भावुकता को उन्होंने "बढ़-चढ़कर बात करने का ढोल" कहा है! जाहिर है कि यह बात शमशेर, केदार, नागार्जुन और त्रिलोचन की श्रेष्ठ प्रगतिशील कविताओं को ध्यान में रखकर नहीं, बल्कि प्रगतिशील कविता का जो एक सामान्य रूप सामने आया था, उसको ध्यान में रखकर कही गई है। उक्त कवियों की कविताएं संकलित रूप में सुलभ भी बहुत कम थीं, इसलिए भी प्रगतिशील कविता के वस्तुपरक मूल्यांकन में आलोचकों से चूक हो रही थी। प्रगति-विरोधी आलोचक तो उसका गलत मूल्यांकन कर ही रहे थे, डॉ. रामविलास शर्मा-जैसे प्रगतिशील आलोचक भी सही प्रगतिशील कविता की ओर से विमुख थे। वस्तुस्थिति जो भी हो, महत्व

यहां मुक्तिबोध के दृष्टिकोण का है, जो कविता में प्रखर आवेग और गहन बौद्धिकता दोनों की मांग कर रहे थे।

उदात्त पर लिखे गए अपने अधूरे निबंध में लोंगिनुस ने मन की ऊर्जा को उदात्त का आधार बतलाया है और कहा है कि यद्यपि यह गुण अर्जित न होकर स्वभावजात होता है, तथापि उसके लिए हमें यथासंभव अपनी आत्मा में उदात्त विचारों का पोषण करना चाहिए और उसे भव्य प्रेरणाओं से परिपूरित रखना चाहिए। आगे वे कहते हैं, "सबसे पहले यह नितांत आवश्यक है कि इस ऊर्जा के उद्गम का निर्देश किया जाए—अर्थात सच्चे वाग्मी को निश्चय ही क्षुद्र और हीन भावों से मुक्त होना चाहिए। क्योंकि यह संभव नहीं है कि जीवन-भर क्षुद्र उद्देश्यों तथा विचारों से ग्रस्त कोई व्यक्ति स्तुत्य एवं अमर रचना कर सके। महान शब्द उसी के मुख से निःसृत होते हैं जिनके विचार गंभीर और गहन हों।" निबंध के अंतिम खंड में उन्होंने जनतांत्रिक स्वतंत्रता को उदात्त का उर्वर स्रोत बतलाया है और मनुष्य को क्षुद्र और निकृष्ट बनानेवाली चीजों में दो के नाम गिनाए हैं—धन का प्रेम और विषय-भोग का प्रेम। उनके अनुसार इन दोनों के प्रेम में पड़े हुए व्यक्ति का जीवन अंत में अपने चरम विनाश को प्राप्त होता है, आत्मा की ऊर्जा फीकी पड़ जाती है, मुरझाकर झड़ जाती है और घृण्य हो जाती है। ऐसे व्यक्ति में उदात्त विचार और भाव जन्म नहीं ले सकते। यहां सहसा प्रेमचंद की वह बात याद आती है, जो उन्होंने जैनेन्द्रकुमार को एक प्रश्न के उत्तर में कही थी। जैनेन्द्र ने उनसे पूछा था कि आपके लेखन का उद्देश्य क्या है? उन्होंने छूटते ही उत्तर दिया था की 'धन की दुश्मनी'। 'डायरी' के अपने 'एक लंबी कविता का अंत' शीर्षक लेख में मुक्तिबोध ने भी अपने देश में जो चारित्रिक संकट पाया जाता है उसका कारण बतलाया है समाज पर 'धन का शासन'। उन्होंने कहा है कि जब तक समाज पर धन का शासन रहेगा, तब तक यह चारित्रिक संकट अधिक से अधिक असंतोष और अव्यवस्था उत्पन्न करने के अतिरिक्त, मानव-मूल्यों की हानि के साथ ही, लाभ-लोभ से प्रेरित 'समझदारी' को प्रधानता देता जाएगा, जिससे आदमी ज्यादा से ज्यादा टुच्चा और ओछा होता चला जाएगा।

ऊपर निराला का कथन उद्धृत किया गया है, जिसमें उन्होंने कविता में विराट् चित्रों की योजना के लिए प्रकारांतर से देश-भाव की संकीर्णता से मुक्त होकर व्यापक विचारों को अपनाने की आवश्यकता पर बल दिया था। मुक्तिबोध दृष्टिकोण की व्यापकता के लिए यह आवश्यक मानते हैं कि व्यक्ति में ऐतिहासिक अनुभूति हो, यानी वह तमाम चीजों को ऐतिहासिक परिप्रेक्ष्य में ग्रहण करे। 'सुमित्रानंदन पंत : एक विश्लेषण' शीर्षक अपने समीक्षात्मक लेख में वे कहते हैं कि ऐतिहासिक अनुभूति वह कीमिया है, जो मनुष्य का संबंध सूर्य के विस्फोटकारी केंद्र से स्थापित कर देती है। वह जादू है, जो मनुष्य को यह महसूस कराता है कि विश्व-परिवर्तन की मूलभूत प्रक्रियाओं का वह सारभूत अंग है। ऐतिहासिक अनुभूति के द्वारा मनुष्य के अपने आयाम असीम हो जाते हैं—उसका दिक् और काल अनंत हो जाता है!

'विक्षुब्ध बुद्धि के मारक स्वर' शीर्षक कविता में उन्होंने पूंजीवाद के संकटों से

मुक्त होने की कोशिश में निरंतर आत्मकेंद्रित होते जानेवाले लोगों से शिकायत की है :

क्या किया, जब रंदे और बसूले से
खुद को छीला,
तो अपना खून पिया
इसलिए, अनाशा की गहरी शैंपेन
विनाशक नशा
स्वयं के गहन बोध की देन
जहरीला दुःख बहा
अपना ही खून पिया।
पर, देख नहीं पाए शिखरों की आकृतियां
आत्मा की भूमि पहाड़ हुई जाती हो जब
मीठे-मीठे अंगारों की मनोज्ञ गतियां
तुम देख नहीं पाए उदार ज्वालाओं के संदर्भ
निज अंश-सत्य की खंड-प्रतीति सहारे से
पहुंचे उजाड़ सुनसान कगारों पार
अपना सब कुछ हारकर
तुम देख नहीं पाए—जीवन की भव्य चमत्कृतियां।

जाहिर है कि इन पंक्तियों में भी मुक्तिबोध 'अंश-सत्य की खंड-प्रतीति' के स्थान पर पूर्ण ऐतिहासिक सत्य को जानने का आग्रह करते हैं। उसी के बाद विनाशकारी निराशा और जहरीले दुःख से मुक्ति संभव है और उसी के बाद जीवन के भव्य और चमत्कारपूर्ण दृश्य दिखलाई पड़ सकते हैं। ओजस्विता और उदात्तता का आधार यही व्यापक वैचारिक परिप्रेक्ष्य है। इसके अभाव में व्यक्ति "निज के ऊंचे कचरे के ढेर-शीश" पर ही जीना-मरना करता रह जाएगा, उसे आत्मा के पर्वत-शिखर के दर्शन न होंगे।

इससे क्षण-भर के लिए भी यह भ्रम न होना चाहिए कि पूर्ण ऐतिहासिक सत्य को जानने या अपने को "विश्वपरिवर्तन की मूलभूत प्रक्रियाओं का सारभूत अंग" मानने का अर्थ अपने निजी व्यक्तित्व को छोड़ देना है, बल्कि मुक्तिबोध के लिए स्थिति बिलकुल इसके विपरीत है। वे ढर्रेबंधी जिंदगी के बिलकुल खिलाफ थे और चाहते थे कि व्यक्ति 'स्वयं के प्रति नित जागने' का प्रयास करे। उनकी दृष्टि में यह तभी संभव है, जबकि वह घिसी-पिटी लीक छोड़कर चलने और नए मार्ग के खतरे उठाने को तैयार हो। 'मुझे नहीं मालूम' शीर्षक अपनी एक कविता में वे कहते हैं :

धरित्री व नक्षत्र
तारागण
रखते हैं निज-निज व्यक्तित्व
रखते हैं चुम्बकीय शक्ति, पर

स्वयं के अनुसार
गुरुत्व-आकर्षण-शक्ति का उपयोग
करने में असमर्थ।
यह नहीं होता उनसे कि जरा घूम-घाम आएं
नभस् अपार में
यंत्रबद्ध गतियों का ग्रह-पथ त्यागकर
ब्रह्मांड अखिल की सरहदें माप लें।

इतिहास और व्यक्ति के इसी द्वंद्वात्मक संबंध से कविता में ओजस्विता और उदात्तता संभव है।

ओजस्विता मुक्तिबोध की कविताओं का स्वभावजात गुण मालूम पड़ती है, लेकिन जैसे-जैसे वे समाजवादी विचारधारा को आत्मसात करते जाते हैं, यह गुण उत्कर्ष को प्राप्त करता जाता है। 'तार सप्तक' में संकलित उनकी कविताओं में भी यत्र-तत्र ओजस्विता के दर्शन होते हैं, लेकिन वह शक्तिशाली रूप में प्रकट होती है उसके बाद की कविताओं में। बाद की कविताओं में वह उदात्त के स्तर को छूने लगती है और धीरे-धीरे उनका काव्य-लोक अत्यंत उदात्त हो उठता है। 1944 में लिखी गई उनकी कविता 'लाल सलाम' उनकी काव्य-यात्रा में आनेवाले निर्णायक मोड़ की सूचक है। इसमें सोवियत संघ में निर्मित होनेवाली समाजवादी सभ्यता का यह उदात्त चित्र द्रष्टव्य है :

कोई नई सभ्यता है, वह सौ सूर्यों का प्रात,
अब तो सौ समुद्र, सौ नदियां, सौ चंद्रों की रात।

'सौ सूर्यों का प्रात' और 'सौ चंद्रों की रात' से ऐसे भव्य और विराट् चित्र का निर्माण होता है कि वह कल्पना में नहीं समाता।

इसी के आसपास उन्होंने 'एक नीली आग' शीर्षक कविता लिखी, जिसमें फासिस्ट सेना पर जवाबी हमला करनेवाली लाल सेना का इन शब्दों में वर्णन किया:

रे, क्षितिज-रेखा पर चमकती एक नीली आग की तलवार
वह लावण्य की असि-सी हंसी
है कांपती दुःस्वप्न-सी
आशंकितों के प्राण में छाई हुई भय-भार-सी
लावण्य की अपराजिता असि-धार
उसकी वह विसुध मुसकान
मेघों के सघन गुरु गर्व-तम को चीर,
पैनी पैठती ही गई तन्मय तीक्ष्णतम गंभीर।
वृक्षों की सघन भयस्तब्ध अवनत पत्तियों पर डोल
उसकी नील किरणों की तरल ज्वाला गई कुछ खोल।

जो लाल सेना फासिज्म की पराजय की आशंका से पीड़ितों के लिए दुःस्वप्न की तरह

है, वह समाजवाद की विजय चाहनेवालों के लिए "लावण्य की अपराजिता असि-धार" है ! भयानकता और सौंदर्य में विरुद्धों का जो सामंजस्य है, वह देखने लायक है। कविता में आगे मुक्तिबोध कहते हैं :

युग-युग से
सुशीतल चांदनी की नील विह्वल ज्वाल में
तपकर ढली लावण्य की तलवार

यह "सुशीतल चांदनी की नील विह्वल ज्वाल" क्या है, जिसमें तपकर लाल सेना-रूपी तलवार ढली है ? यह जनतंत्र और समाजवाद की भावना है। इससे स्पष्ट है कि अपनी इस दौर की कविताओं में मुक्तिबोध तीव्र आवेश की अभिव्यक्ति करते हुए भी विचार का दामन कभी नहीं छोड़ते। लाल सेना-रूपी नीली बिजली की तलवार जब चमकती है, तो उसकी नीली किरणें वृक्ष-समूह को अनावृत कर देती हैं ! उद्धरण की अंतिम दो पंक्तियों में अंकित यह चित्र अत्यंत ओजपूर्ण है। कविता के अंतिम हिस्से में लाल सेना के मुक्तिप्रयाण का जो चित्र उन्होंने अंकित किया है, वह भी अत्यंत भव्य है :

वह फुफकारता नीला भयंकर नाग
लहराता हुआ
अति क्षुब्ध हो, संतप्त-अंतर खोजता अपना शिकार।

'नाग' उनका प्रिय उपमान है, जिससे उन्होंने अनेक ओजस्वी चित्रों का निर्माण किया है। प्रेमचंद ने लेख लिखकर जीवन और साहित्य में घृणा का स्थान बतलाया था। मुक्तिबोध 'दो ताल' शीर्षक अपनी कविता में कहते हैं कि उनकी जिंदगी घृणा और स्नेह के दो तालों पर चल रही है—घृणा मानव-शत्रु के लिए और स्नेह अभिशप्त मानव के लिए। उन्होंने वस्तुतः चंदन-सदृश व्यक्तित्व प्राप्त कर लिया है, जिससे सौरभ की ज्वाला भी फूटती है और जिसकी डालों से विकराल काले नाग भी लिपटे हुए हैं :

... ज्यों ही मुग्ध चंदन वृक्ष की
सौरभ-शिखाएं ज्वाल-सी
द्रुत फैलतीं वन में निविड़
त्यों ही
दरारों से निकल
विकराल श्याम भुजंग, काली नागिनें
निज मत्त गति में सरसरा
सौरभभरी शाखा-प्रशाखाओं चढ़ीं,
चढ़कर उलझतीं उल्लसित
इस मुग्ध चंदन वृक्ष की हर डाल में
काले भयंकर सर्प
सौरभ-मुग्ध हो
फूत्कार करते हैं विषैली जीभ से।

चंदन की सुगंध और उससे आकर्षित होनेवाले नाग—इन दोनों का क्रियाशील रूप में वर्णन कर कवि ने ओजस्विता की सृष्टि की है। यदि चंदन-वृक्ष से सिर्फ सुगंध उठती, उसकी लौएं ज्वाला बनकर तेजी से घने वन में नहीं फैलतीं और नाग सिर्फ उसकी डालों से लिपटे रहते, हरकत में नहीं होते, तो चित्र में जो भव्यता है, वह संभव नहीं थी।

'ओ काव्यात्मन् फणिधर' शीर्षक अपनी प्रसिद्ध कविता में मुक्तिबोध ने अपनी कविताओं की उपमा नाग से दी है और उससे निवेदन किया है :

मेरे कोब्रा, ओ क्रेट, पुष्ट पायथन,
तम-विशेषज्ञ, प्रज्वलंत मन,
ओ लहरदार रफ्तार, स्याह बिजली,
भूलोक-विपथ-विज्ञान-गणितशास्त्री,
तम-छायाओं द्वारा प्रकाश-पथ के ज्ञाता,
आज की श्याम भूताकृतियों के द्वारा ही
कल की प्रकाश-छवियों के ओ दर्शनकर्ता!
विष-रासायनिक, चिकित्सक,
पंडित कर्कोटक
ओ जिप्सी! जग-पर्यटक अथक,
तक्षक मेरे,
मेरी छाती से चिपक रक्त का पान करो,
अपने विष से मेरे आभ्यंतर प्राण भरो . . .

इस उद्धरण में काव्य-सर्प के लिए प्रयुक्त एक-एक विशेषण उसके स्वरूप का विस्तार कर चित्र में ओजस्विता लाता है। 'रफ्तार' के साथ 'लहरदार' और 'बिजली' के साथ 'स्याह' विशेषण ही ध्यातव्य नहीं है, 'तम-विशेषज्ञ', 'भूलोक-विपथ-विज्ञान-गणितशास्त्री', 'विष-रासायनिक' और 'जिप्सी' विशेषण और अधिक ध्यातव्य हैं। सर्प अंधेरे में ही निकलता है, उसी में अपना आहार ढूंढ़ता है, अंधेरा उसके लिए दृष्टि-अवरोधक नहीं, इसलिए वह 'तम-विशेषज्ञ' है। उसका रास्ता वह नहीं होता, जो मनुष्यों का आम रास्ता होता है, वह उस रास्ते को छोड़कर जो रास्ता नहीं है उस पर चलने के विज्ञान और गणित में माहिर होता है, इसलिए वह 'भूलोक-विपथ-विज्ञान-गणितशास्त्री' है। उसके विष से अनेक जीवनदायी औषधियां तैयार होती हैं, इसलिए वह 'विष-रासायनिक' है। 'जिप्सी' वह इसलिए है कि अनियंत्रित चतुर्दिक् घूमता रहता है। सर्प की इन तथा अन्य उल्लिखित विशेषताओं को जब हम मुक्तिबोध के काव्यादर्श से जोड़कर देखते हैं, तो एक अत्यंत शक्तिशाली कविता का चित्र सामने आता है। यह सर्प भी कुंडली मारकर बैठा हुआ नहीं है, बल्कि लहरदार रफ्तार से भागा जा रहा है और स्याह बिजली-सा कौंध रहा है!

उक्त चित्र के विपरीत जो गतिशील है, उसे स्थिर बना देने से 'ओ विराट्

स्वप्नो' शीर्षक कविता की इन पंक्तियों में ओजस्विता आई है :

आस-पास
काली ठंडी चट्टानें फैलीं दूर-दूर तक
जमी हुई लहरों-सी,
मानो कोई भव्य-वक्ष सुविशाल सिंधु जम गया
कठिन प्रस्तररूपा हो गईं चुंबनातुर लहरें
उसके विनीत प्राणों की
किन्हीं बर्फ बरसाती निर्जन रातों के तमसांधकार में।

इसी कविता में आगे मुक्तिबोध कहते हैं :

ओ मानव के विराट् स्वप्नो, देखो
एक तुम्हारे छोटे क्षण के तप्त श्वास से
कितना अंतर, परिवर्तन द्रुत
यहां हो गया!
सहसा प्राचीरें, मीनारें
महलों की दीवारें कांपीं, और गिर पड़ीं,
नीला आसमान भी कांपा, और ढह पड़ा,
मरे कबूतर प्राचीरों के छेदों-छेदों रहनेवाले।

यदि "नीला आसमान भी कांपा, और ढह पड़ा" इस उक्ति को छोड़ दें, तो यह पूरा चित्र प्रायः एकदम साधारण है। यह एक उक्ति ही पूरे चित्र को उद्भासित कर उसे ऊर्जा से भर देती है। नीला आसमान स्थिर और पसरा हुआ रहता है। मुक्तिबोध ने उसमें भी गति ला दी है। पहले वह कांपता है, फिर एक विशाल और ऊंची इमारत की तरह ढह पड़ता है!

'नाग' की तरह ही मुक्तिबोध को 'विहग' या 'पक्षी' भी प्रिय है। कभी वे इसका इस्तेमाल उपमान के रूप में करते हैं और कभी प्रतीक के रूप में और उससे कभी चित्र को विस्तार देते हैं और कभी असाधारण गंभीर वातावरण की सृष्टि करते हैं। 'अपने कवि से' उनकी बंगाल के अकाल और द्वितीय विश्वयुद्ध की पृष्ठभूमि में लिखी गई कविता है। इसमें वे कहते हैं :

व्रण-लाल जन-भ्रातृत्व जन-मातृत्व की
वह एक विकल विहंगिनी-सी आत्मा
है तड़फड़ाती, फड़फड़ाती पंख।
नीपर की तरंगित वेदनाओं से भरी
विक्षुब्ध धारा में
डुबोकर चंचु
जल पीते हुए वह विहगिनी
सारी गरीबिन मनुजता की पीड़नाओं की

बनी है संगिनी—
यों आज तेरी आत्मा में बोलती वह विहगिनी।

बंगाल के अकाल में लाखों की संख्या में मरे लोगों की आत्मा एक विहगी की तरह साम्राज्यवाद और फासिज्म को परास्त करनेवाले सोवियत संघ की नदी नीपर में चोंच डुबोकर जल पीती है और इस तरह सारी गरीबिन मनुजता की पीड़ाओं की संगिनी बन जाती है। आज कवि की आत्मा में वही विहगी बोल रही है। इस तरह उसकी मानवीय संवेदना विस्तार को प्राप्त होती है। नीपर नदी की धारा में वेदनाओं का जल प्रवाहित है। उसी से वह तरंगायित और विक्षुब्ध है। 'अंधेरे में' कविता में भी—

गेरुआ मौसम, उड़ते हैं अंगार,
जंगल जल रहे जिंदगी के अब
जिनके कि ज्वलत् प्रकाशित भीषण
कूलों से बहतीं वेदना-नदियां
जिनके कि जल में
सचेत होकर सैकड़ों सदियां ज्वलंत अपने
बिंब प्रसारित करती हैं प्रतिपल।

'पीत ढलती हुई सांझ' शीर्षक कविता में पक्षी को प्रतीक बनाकर मुक्तिबोध ने एक असाधारण गंभीर वातावरण की सृष्टि की है :

उस रात गहरी गली को दिखा स्वप्न सुविशाल
उतरा घने वृक्ष पर नील
ज्वाला-रुचिर भव्य स्वर्णिम विहग एक
जलते दमकते हुए पंख फैला
कि बोला विषम शब्द विकराल
भावी किसी रक्त-गंभीर घटनावली का
किया तीव्र संकेत

यह 'भावी रक्त-गंभीर घटनावली' वर्गसंघर्ष का तीव्रतम रूप क्रांति है। 'अंधेरे में' में जैसे 'वेदना-नदियां' हैं, वैसे ही असाधारण गंभीर वातावरण की सृष्टि करनेवाला पक्षी भी :

इतने में अंधियारे सूने में कोई चीख गया है
रात का पक्षी
कहता है :
"वह चला गया है,
वह नहीं आएगा, आएगा ही नहीं
अब तेरे द्वार पर।
वह निकल गया है गांव में शहर में!
उसको तू खोज अब

उसका तू शोध कर।
वह तेरी पूर्णतम परम अभिव्यक्ति,
उसका तू शिष्य है (यद्यपि पलातक)
वह तेरी गुरु है
गुरु है . . .

असाधारण गंभीर वातावरण में 'पूर्णतम परम अभिव्यक्ति' और दो बार आवृत्त होनेवाला 'गुरु' शब्द चित्र को ओजस्विता प्रदान कर देते हैं। 'पीत ढलती हुई सांझ' और 'अंधेरे में' दोनों कविताओं में आनेवाला पक्षी इतिहास-बोध का प्रतीक है। इसी कारण वह भावी घटनाओं का संकेत देता है और 'रक्तालोकस्नात पुरुष' से परिचित है।

मुक्तिबोध का मन जब कभी व्यर्थता-बोध से पीड़ित और निराशाग्रस्त होता है, उन्हें "विशाल श्रमशीलता की जीवंत मूर्तियों के चेहरे" याद आते हैं, जिससे "नहा-सा मैं उठता भव्य किसी नव स्फूर्ति से / असह्य-सा स्वयं-बोध विश्व-चेतना-सा कुछ / नव शक्ति देता है।" 'मुझे याद आते हैं' शीर्षक कविता में अंकित अनेक चित्रों में से एक चित्र यह है :

कभी मांसपेशियों के लौह-कर्म-रत
मजूर लोहार के अथाह-बल
प्रकांड हथौड़े की
दीख पड़ती है चोट।
निहाई से उठती हुई लाल-लाल
अंगारी तारिकाएं बरसती हैं जिसके उजाले में कि
एक अति-भव्य-देह,
प्रचंड पुरुष श्याम
मुझे दीख पड़ता है
क्षोभ में, शक्ति में मुसकुराता खड़ा-सा!

चित्र की कलात्मकता इस बात में है कि कवि को पहले सिर्फ लाल लोहे पर की जानेवाली प्रकांड हथौड़े की चोट सुनाई पड़ती है, फिर लोहे से छिटकनेवाली अंगारी तारिकाओं के आलोक में उसे भव्य और प्रचंड श्यामवर्ण श्रमिक दिखलाई पड़ता है! 'सूरज के वंशधर' शीर्षक कविता में मुक्तिबोध ने अलग-अलग हिंदुस्तानियों के रूप में हिंदुस्तान के कई चित्र खींचे हैं, यथा "सूखी हुई जांघों की लंबी-लंबी अस्थियां / हिलाता हुआ चलता है / लंगोटधारी यह दुबला मेरा हिन्दुस्तान / रास्ते पर बिखरे हुए/ चावल के दानों को बीनता है लपककर / मेरा यह सांवला हिन्दुस्तान" आदि, लेकिन इन पंक्तियों तक आकर वह भारतीय जनता की संगठित विराट् शक्ति बन जाता है :

सांवली त्वचा से ढंकी हुई छाती की
अस्थियों के पंजर में पाले हुए
प्रकाश का शतदल

कि भावी के सपनों की ज्योति को संभाले हुए
मारता है
हथौड़ा
यह क्रांति का कारीगर कि वज्रकाय हिन्दुस्तान

इसी तरह 'अंधेरे में' में भी एक लौह-श्रमिक का चित्र है :

किसी एक बलवान तम-श्याम लुहार ने बनाया
कंडों का वर्तुल ज्वलंत मंडल
स्वर्णिम कमलों की पांखुरी-जैसी ही
ज्वालाएं उठती हैं उससे,
और उस गोल-गोल ज्वलंत रेखा में रक्खा
लोहे का चक्का
चिनगारियां स्वर्णिम नीली व लाल-लाल
फूलों-सी खिलतीं।
कुछ बलवान जन सांवले मुख के
चढ़ा रहे लकड़ी के चक्के पर जबरन
लाल-लाल लोहे की गोल-गोल पट्टी
घन मार, घन मार
उसी प्रकार अब
आत्मा के चक्के पर चढ़ाया जा रहा
संकल्प-शक्ति के लोहे का मजबूत
ज्वलंत टायर!!

इससे श्रमिक और श्रम के प्रति तो मुक्तिबोध का भाव स्पष्ट है ही, ध्यान देने पर यह भी स्पष्ट हो जाता है कि इन दोनों के चित्रण को ऊर्जा प्रदान करनेवाली वस्तु 'संकल्प-शक्ति' है, जिसका कवि ने उपमेय के रूप में प्रयोग किया है। इस तरह उपमान ही उपमेय को उद्‌भासित नहीं करता है, उपमेय भी उपमान को उद्‌भासित करता है।

'ओ चीन के किसानो!' शीर्षक अपनी गीतात्मक कविता में मुक्तिबोध ने किसानों का यह उदात्त चित्र प्रस्तुत किया है :

ओ चीन के किसानो,
खेतों में काम के सँग
गीतों में तान के सँग
उड़ते हो तुम गगन में
द्युतिमान देवता-से
मृदु श्वेत मेघ-दल में
स्कंधस्थ लाल सविता
पैरों तले समुंदर

मृदु-श्वेत बादलों का
चलते हो तुम गगन में
करने लगे हो कविता।

यहां पूरे चित्र में ऊर्जा भरनेवाली उक्ति है—'स्कंधस्थ लाल सविता'। लाल सूरज किसके कंधे पर है? किसानों के।

'सूखे कठोर नंगे पहाड़' पूंजीवादी व्यवस्था का प्रतीक हैं। इसी शीर्षक से लिखी गई कविता में मुक्तिबोध 'महाश्रमिक' का आह्वान करते हैं कि वह अपने कंधों पर उन पहाड़ों को उठाकर समुद्र-तट पर पहुंचे और उन्हें जोर लगाकर समुद्र में फेंक दे :

गंभीर जलधि के तट पर तू हो खड़ा कि छू ले आसमान
इतना ऊंचा, इतना विराट हो दुर्निवार संकल्प-प्राण!!
अब बाहुदंड से कंधे पर से उठा शीघ्र
आवेग रुद्र संयमित शक्ति दृढ़ मुद्रा से
दे फेंऽऽक
भयंकर आंखों से फिर देख
एकदम प्रलंब स्वर भीषण धड़ाम!!

यहां समुद्र इतिहास या काल-प्रवाह है और उसमें पहाड़ों को फेंकने से पैदा होनेवाली भीषण ध्वनि क्रांति की सूचक। आगे कवि ने यह विराट् चित्र अंकित किया है : "उत्तुंग कठिन नंगे पहाड़ / का जलधि-विदारक अधःपतन"। 'जलधि-विदारक' शब्द पर हमारा ध्यान जाना चाहिए, जोकि चित्र की विराटता को मूर्त करता है। कविता के अंत में मजदूर-शक्ति की विराट् निर्माण-क्षमता को वह इस चित्र में प्रत्यक्ष कराता है :

उद्दाम प्रगति के श्वेत-नील
नक्षत्रों की नव विजय हेतु
बांध दे अरे!
जन-बाहु-स्पर्श-सर्जित विराट्
जन-बाहु-दंड-निर्मित असंख्य
शत आपृथ्वीनक्षत्र सेतु!!

पृथ्वी से लेकर नक्षत्रों तक रचे जानेवाले सेतु सैकड़ों हैं और उनकी रचना में लगे हुए हाथ करोड़ों! ये हाथ दुनिया-भर के मजदूरों के हैं। यह अंतर्राष्ट्रीयता मुक्तिबोध के चित्रों को उदात्तता प्रदान करनेवाली खास चीज है। 'जिंदगी का रास्ता' शीर्षक कविता में यह रामू-जैसे मामूली कर्मचारी को भी 'सत्य की शक्ति' और 'हिम्मत की राह' देती है और ऐसे उदात्त चित्र का निर्माण संभव होता है :

याँगटीज की बलशाली, अनुभव-गभीर
अंतःस्पर्शिनी बल खाती लहरें
हिए के निभृत शैल-विवर सहलाती हुई

कगारों को हिलाती-गुंजाती हुई
मलाया के अरण्य-प्रदेशों के घनच्छाय
मनोहर वृक्षों के घनघोर
गीतों की ऊंची उठती लय में
रामू के हियरे में तूफानी भव्यतम
संगीत जगा गई।

इसी से मिलता-जुलता 'चकमक की चिनगारियां' का यह ओजपूर्ण चित्र भी है :

मुझे मालूम,
अनगिन सागरों के क्षुब्ध कूलों पर
पहाड़ों-जंगलों में मुक्तिकामी लोक-सेनाएं
भयानक वार करतीं शत्रु-मूलों पर
व मेरे स्याह बालों में उलझता और
चेहरे पर लहरता है
उन्हीं का अग्नि-क्षोभी धूम!!

'जिंदगी का रास्ता' में युद्धोत्तर विश्व का वह भव्य चित्र भी द्रष्टव्य है, जिसमें आधुनिक सहस्रमुख रावण से द्रोह कर विद्रोही भूमि के संगररत पुत्र धुएं के उभरते हुए बादलों के ठीक बीच भागती हुई कौंधती-सी ज्वाला-सी प्रलंबित धारा को आंखों से देखते हैं और पाते हैं कि वह अपने ही हाथों से छूटी हुई स्टेनगन की अग्नि-रेखा है, जो शोषण-व्यवस्था को भंग करती हुई पृथ्वी पर घूम रही है! कहने की आवश्यकता न होनी चाहिए कि 'आधुनिक सहस्रमुख रावण' आधुनिक पूंजीवाद है, जिसके बारे में इसी कविता में आगे मुक्तिबोध ने कहा है :

पूंजीवादी शक्तियां भयंकर
जन-जन को
दमन की फासिस्ती भट्टी में झोंककर
बनाया चाहती हैं वे
उनकी अस्थियों से श्वेत
आराम का फर्नीचर।

आधुनिक पूंजीवाद पौराणिक रावण से हजारगुना ज्यादा शक्तिशाली है, इसलिए 'दशमुख' रावण को मुक्तिबोध ने 'सहस्रमुख' बना दिया है। उन्होंने अपनी कविताओं की बिंब-सामग्री प्रकृति, विज्ञान, भूगोल, इतिहास और समकालीन समाज से तो ली ही है, यथास्थान पौराणिक कल्पनाओं से भी ली है। पौराणिक कल्पनाओं को नए संदर्भों में स्थापित कर उन्होंने सर्वत्र उन्हें नए अर्थ से उद्दीप्त कर दिया है, केवल उपमान के रूप में उनका प्रयोग नहीं किया। इस तरह पौराणिक कल्पनाओं से बिंब-निर्माण की प्रक्रिया उनमें अधिक जटिल है। उदाहरण के लिए 'अंधेरे में' का यह बिंब देखा जा सकता है : "वैदिक ऋषि शुनःशेप के / शापभ्रष्ट पिता अजीगर्त समान ही / व्यक्तित्व

अपना ही, अपने से खोया हुआ, / वही उसे अकस्मात् मिलता था रात में।" निर्धनता के कारण अजीगर्त ने अपने पितृ-धर्म को छोड़कर अपने पुत्र शुनःशेप को बलि के लिए बेच दिया था। उपमान के रूप में ही प्रयुक्त यह बिंब 'अंधेरे में' के पागल के साथ जुड़कर एक बिलकुल नया और जटिल अर्थ प्राप्त कर लेता है। वह अर्थ इस व्यंजना में निहित है कि कुछ वैसी ही विवशता है, जिससे उस पागल का व्यक्तित्व उससे अलग हो गया है। विवशता का संदर्भ बिलकुल नया है, इसलिए अजीगर्त का पौराणिक बिंब भी अर्थ की नई तेज आभा से जगमगा उठता है, यानी वह भी एक व्यक्तित्व-वंचित चरित्र हो जाता है।

व्यक्तित्व के क्रांतिकारी रूपांतरण और क्रांति के अनेक ओजस्वी चित्र मुक्तिबोध ने अपनी कविताओं में अंकित किए हैं। उनमें से यह एक चित्र देखने लायक है, जो तेलंगाना-विद्रोह की पृष्ठभूमि में लिखी गई पूर्वोल्लिखित 'सूरज के वंशधर' कविता से ही लिया गया है :

बस्ती से जिंदगी की महक बल खाती हुई
मुझ तक आती है कि विद्रोही कवि के
क्रोधाग्नि-स्वरों की धुआंधार धारा में
जनता के जोर पर
नभ में प्रातः - सूर्य की आग लग जाती है
मुक्ति का ज्वालाध्वज
मेघों को चूमता हुआ लहराता कांपता
कि बस्ती के पास,
इस बरगद के किनारे पर
खड़ा हुआ एक पल
सोचता हूं कि देखता हूं सामने
हवा में लहराती सुनहली ज्वाला एक
रेंगती-सी मेरे पास
धीरे-धीरे आती हुई
आसमान छूती हुई व धरती पर चलती हुई
बिखराकर नीले-नीले स्फुलिंग-समूह
वह बनती है अकस्मात्
विराट् मनुष्य-रूप
नहीं जान पाता कि छूकर मुझे मुझमें समा गई कि
उसमें समा गया मैं!

'राम की शक्ति-पूजा' का अंत इन पंक्तियों से हुआ है : " 'होगी जय, होगी जय, हे पुरुषोत्तम नवीन!' / कह महाशक्ति राम के वदन में हुईं लीन।" मुक्तिबोध ने जिस महाशक्ति का वर्णन किया है, वह कोई अलौकिक शक्ति न होकर इसी लोक में

जन-साधारण के बीच पैदा होनेवाली क्रांति की शक्ति है ! 'सांझ-रंगी ऊंची लहरों में' शीर्षक कविता में उन्होंने जन-संघर्षों का जो वर्णन किया है, वह बहुत ही ओजस्वी वातावरण की सृष्टि करता है :

रक्तिम संघर्षों की घाटी में धीरवेग
से बहती है सरिता अजस्र
आधुनिक कष्टजीवी जीवन की क्रांतिशील
उस घाटी के नव-क्षितिज-तीर
पर स्तब्ध धधकता हुआ गोल
अंगार-चंद्र—
गंभीर सत्य वह निर्निमेष कालांतशील।

'स्तब्ध धधकता हुआ गोल अंगार-चंद्र' कालांतरकारी जन-संघर्षों के सत्य का प्रतीक है। इसी उक्ति में संपूर्ण ऊर्जा केंद्रित हो उठी है, जिससे पूरे चित्र को गरिमा और ओजस्विता प्राप्त होती है।

अपने मित्र को संबोधित कर मुक्तिबोध ने कई कविताएं लिखी हैं, जिनमें से दो विशेष रूप से उल्लेखनीय हैं। वे हैं— 'मेरे मित्र, सहचर' और 'मेरे सहचर मित्र' शीर्षक कविताएं। इन कविताओं में जिस मित्र का वर्णन है, वह जीवन के साधारण व्यापारों का संगी नहीं, बल्कि क्रांतिकारी विचारक और क्रांतिकारी दर्शन की शिक्षा देनेवाला है, इसलिए उन्होंने उसका बहुत ही उदात्त रूप में अंकन किया है। पहली कविता में वे अपने मित्र से कहते हैं :

श्रमिक-शरीरों के पैरों में गुंथी हुई
मेहनती स्नायु की नसों की गठानों-सी
तुम्हारे विचारों की अनुभवी गठानों से गुंथा हुआ व्यक्तित्व
जिंदगी के जलते हुए
मैदानों पर चलता है

स्पष्ट है कि साधारण से साधारण वस्तुओं के इस्तेमाल से भी वे चित्र को उदात्त बना सकते हैं । यहां उन्होंने उसके लिए मजदूर के पैरों का इस्तेमाल किया है, जिसमें श्रम से नसों का जाल सख्त होकर उभर आता है। विचारपूर्ण कठोर अनुभवों से निर्मित कवि के मित्र का व्यक्तित्व वैसा ही है। कवि का यह मित्र मजदूरों का पक्षधर और उनकी संगठित शक्ति में दृढ़ आस्था रखनेवाला है, इसलिए यह उपमान सशक्त ही नहीं, सटीक भी है। फिर जैसे मजदूर अपने नंगे पैरों से तपी हुई भूमि पर चलते हैं, यह मित्र भी जिंदगी के जलते हुए मैदानों पर चलता है। आगे वे उससे कहते हैं :

नए-नए संघर्षों के संकल्पों के लाल फूल
नए-नए सत्यों के गहरे लाल-लाल फल
अंगारों की टहनी पर खिलते हैं अकस्मात्
अरे, तेरे हृदय में—

तेज धार गहरे धंसते लोहे के हल चल पड़ते हैं
हृदय की धरित्री पर
प्रशस्त ललाट वह वज्रबाहु काल खेती करता है!!

क्या यह संयोग-मात्र है कि मजदूरों के पैरों से मित्र के व्यक्तित्व की उपमा देने के बाद मुक्तिबोध ने किसानों के कृषि-कर्म के रूपक का प्रयोग किया है? कहने की आवश्यकता न होनी चाहिए कि 'काल' यहां 'इतिहास' का ही वाचक है।

'मेरे सहचर मित्र' के मित्र के गंभीर वक्षस्थल में अनुभव-हिम-कन्या गंगा-यमुना का जल प्रवाहित है। उसकी पावन शक्तिमान लहरों को पीने के लिए कवि अधीर है। वह मित्र गरीबों की गलियों में भावों-विचारों के पल्लवों और अनुभव-प्रशाखाओं से युक्त जटा-जटिल अक्षयवट की तरह खड़ा है। कवि कहता है :

उस अक्षयवट से मैं
चिंता में अकुलाता झूमा,
बेचैनी के सांपों को मैंने छाती से
उस अक्षयवट के तने-तने पर रगड़ा है

इस मित्र ने कवि को मार्क्सवाद की शिक्षा देकर उसके आकार को अपने से भी बड़ा कर दिया था :

उस गुहा-भीत से कान लगा मैं सुनता हूं
जो बहस कि उससे ज्ञान हुआ—
यह भान कि तुमने कंधों पर
सहसा मुझको
क्यों खड़ा किया नभ को छूने
अपने से दुगुना बड़ा किया
जिससे पैरों की उंगली पर
तनकर ऊंची गरदन कर दोनों हाथों से
मैं स्याह चंद्र का फ्यूज बल्ब
जल्दी निकाल
पावन प्रकाश का प्राण-बल्ब
वह लगा सकूं
जो बल्ब तुम्हीं ने श्रमपूर्वक तैयार किया
विक्षुब्ध जिंदगी की अपनी
वैज्ञानिक प्रयोगशाला में।

मित्र के आकार से दुगुना बड़ा आकार कवि का है। दोनों मिलकर इतने बड़े हो जाते हैं कि कवि के हाथ चंद्रमा तक पहुंच जाते हैं। इस तरह मुक्तिबोध ने यहां एक विराट् चित्र का निर्माण किया है, लेकिन आगे की पंक्तियां तुरत हमें याद दिला देती हैं कि कवि का 'चमत्कारी' मित्र मनुष्य ही है, क्योंकि उसने 'पावन प्रकाश का प्राण-बल्ब'

अपनी जिंदगी की वैज्ञानिक प्रयोगशाला में तैयार किया है! तात्पर्य यह कि मुक्तिबोध फैंटेसी तक पहुंचनेवाली कल्पना से काम लेते हैं, लेकिन उसे कभी अनियंत्रित नहीं छोड़ते। फैंटेसी और यथार्थ के विचित्र सम्मिश्रण से उनकी कविताएं बनी हैं।

'एक स्वप्नकथा' शीर्षक कविता में भी हमें यह विराट् चित्र मिलता है :

उस कृष्ण सागर की ऊंची तरंगों में,
उठता-गिरता हुआ मेरा मन
अपनी दृष्टि-रेखाएं प्रक्षेपित करता है
इतने में दीखता कि
सागर की थाहों में पैर टिका देता है पर्वत-आकार का
देव भयानक,
उठ खड़ा होता है।
सागर का पानी, सिर्फ उसके घुटनों तक है,
पर्वत-सा मुख-मंडल आसमान छूता है
अनगिनत ग्रह-तारे चमक रहे, कंधों पर।
लटक रहा एक ओर
चांद
कंदील-सा।
मद्धिम प्रकाश-रहस्य फैला है सभी ओर।

यह भयानक देव भी कोई चमत्कारी कल्पना न होकर इतिहास-पुरुष है, जोकि ऐतिहासिक विकास का अर्थ बतलाता है, उसका 'विदारक समीक्षण-सर्वेक्षण' करता है। 'पता नहीं' शीर्षक गीतात्मक कविता में भी एक विराट् पुरुष है : "उस कमल-कोष के पराग-स्तर / पर खड़ा हुआ / सहसा होता है प्रकट एक / वह शक्ति-पुरुष / जो दोनों हाथों आसमान थामता हुआ / आता समीप अत्यंत निकट / आतुर उत्कट / तुमको कंधे पर बिठला ले जाने किस ओर / न जाने कहां व कितनी दूर!!" यह विराट् पुरुष 'अंधेरे में' का रक्तालोकस्नात पुरुष, यानी श्रमजीवियों की संगठित शक्ति का प्रतीक है, जो कवि को जन-साधारण से एकता स्थापित कर नाना प्रकार के खतरे उठाते हुए अपने व्यक्तित्व को पूर्ण बनाने के लिए प्रेरित करता है।

'लाल सलाम' और लाल सेना को विषय बनाकर लिखी गई 'एक नीली आग' शीर्षक कविताओं का जिक्र ऊपर हो चुका है। संभवतः छठे दशक के अंतिम वर्षों में मुक्तिबोध ने 'जमाने का चेहरा' शीर्षक एक लंबी कविता की रचना की, जिसमें उन्होंने द्वितीय विश्वयुद्ध, सोवियत संघ पर फासिस्ट आक्रमण, स्तालिनग्राद का युद्ध, लाल सेना की विजय तथा उसका मुक्तिप्रयाण, विश्वयुद्धोत्तर विश्व में उठी साम्राज्यवाद-विरोधी लहर और साम्राज्यवादी देशों का षड्यंत्र—इन सबका महाकाव्योचित गरिमा के साथ वर्णन किया। इस कविता से मुक्तिबोध का युग अपनी संपूर्ण पीड़ाओं और संघर्ष के साथ विस्तृत चित्र-पट पर आंखों के सामने दृश्यमान हो उठता है।

"आसमानी बिजली का पीला प्रचंड / हाथ / बढ़ गया, बढ़ गया / धरती की गरदन को / मुट्ठी में भींचने"—यह विश्वयुद्ध की शुरुआत है। "बर्लिन के टैंकबाज/ बर्लिन के बमबाज / लोहे के हाथों से यूरोपीय / वक्षों की अस्थियां तोड़कर / जंगल में जलाते थे सिगड़ी / व बनाते चाय थे"—यह फासिस्ट सेना है। इसके आक्रमण के बीच "खड़ा था अविजेय स्तालिनग्राद, / विचित्र विकराल ज्वालाओं के गिरि-सा"! "पश्चिमी यूरोप के देशों में किन्तु, हाय, / ··· शहीदों की छाया में /मानवता चुपचाप / लड़ती थी जूझती थी। रक्त-स्नात / सूरज निकलता था, फैलाता खून था/ डूबता था खून में।" अंततः "स्तालिनग्राद जीतकर / जनमुक्ति सेनाएं आगे बढ़ गईं" और "जनता का लौहदंड / नात्सी का ब्रह्मांड फोड़कर / उल्का-दल-वेग से / हवाओं में घूमकर / मानवीय दिशाओं को चूमकर / अंधेरे की पार्वत्य नदियों पर / किरणों के पुल-सा / गगन में छा गया ···।" फिर तो—

नया वक्त
उठा है एक
यूरोपीय राख और
एशियायी खाक से
जनता की शक्ति का दरख्त उठा है एक
उसकी घनी कालव्यापी छायाओं में बैठकर
वक्र-स्मित मुद्रा में तेजस्वी तल्लीन
भव्य-भाल द्रष्टा के गंभीर विवेक-सा
मानवीय मुक्ति का देव एक
वर्तमान-भविष्य के दृश्य रहा आंकता
कि किस प्रकार
मेघभरे क्षितिज पर तड़ित-से चमकते हैं,
भागते हैं, लड़ते हैं
जीवन के अश्वारोही
रास संभाले हुए।

हमारा ध्यान इस उद्धरण की अंतिम पंक्तियों में अंकित चित्र पर जाना चाहिए, जो औपनिवेशिक राष्ट्रों की स्वाधीनताकामी जनता की शक्ति का उसके पूरे वेग के साथ परिचय देता है।

यहीं से साम्राज्यवादियों का षड्यंत्र शुरू होता है :

दुनिया की कष्टमयी
मानवता एक हुई देखकर
साम्राज्यवादियों के साँप और सँपोले
ज़िंदगी के बाग़ों में सरसराने लगे और
क्षितिज से उठा शोर

छूटी हुई रायफली गोलियों से भागे हुए
पक्षियों के दलों का!
भभकते बादलों के नीचे और बीच में
उड़ते हुए विहगों की गहरी हलचलों का
छाया हुआ प्रतिबिंब सरिता के जल में
बतलाता पता नए युद्ध का पल में।

फासिस्ट युद्ध के बाद साम्राज्यवादी युद्ध! मुक्तिबोध ने साम्राज्यवादियों के बारे में कहा है :

धरित्री को
        समझते वे घर ही का छकड़ा
मानवीय चांद को
मुंसिपल कंदील बनाने के लिए वे
एटमिक शक्ति का प्रयोग हैं कर रहे।

लघु को विराट् करके ही नहीं, विराट् को लघु करके भी औदात्य की सृष्टि की जा सकती है। यहां साम्राज्यवादी पृथ्वी को 'छकड़ा' और चांद को 'मुंसिपल कंदील' बनाने के लिए तुले हैं! औदात्य की सृष्टि इससे नहीं, इससे पाठकों के भीतर पैदा होनेवाले प्रतिरोध-भाव से होती है। चांद 'कंदील' के रूप में 'एक स्वप्न-कथा' से ऊपर उद्धृत की गई पंक्तियों में भी प्रयुक्त है, लेकिन वहां वह उसी रूप में औदात्य की सृष्टि कर रहा है, क्योंकि जिसने उसे 'कंदील' बनाया है, वह मानव-शत्रु नहीं, मानव-मुक्ति का पक्षधर इतिहास-पुरुष है।

'जमाने का चेहरा' का यह ओजपूर्ण चित्र भी द्रष्टव्य है :

दुनिया की पीठ पर
भीतर गड़ाए हुए आठों पैर बैठा है
विकराल कर्क एक
हवाई एटमिक अड्डों के अमरीकी जाल का
जिंदगी की खाल ओढ़ मौत के बवाल का

शिव की पौराणिक कल्पना से मुक्तिबोध ने 'अशिव' का यह चित्र बनाया है, जो 'छकड़े' और 'कंदील' वाले चित्र की तरह ही पाठकों में उदात्त प्रतिरोध-भाव को जन्म देता है :

एटमिक धुएं के भूत-सा उठा है एक
असीम अशिव आज
जन-बंधनकारी निज
        स्याह जटा-जूटों में
प्रशांत अतलांत
हिंदमहासागर को [illegible] के लिए वह

चंद्रचूड़ बनने के लिए ही बढ़ाता है
नाटो और सीटो के सेनारूपी हाथ-पैर!!

इन चित्रों के मुकाबले इस तरह के चित्र सरल उदात्त चित्र हैं :

लंदन व पैरिस और शिकैगो के बमबाज
लड़ाई का साज लिए
हवाओं में उड़ते हुए
जनता के ऊंचे-ऊंचे पहाड़ों के
शिखरों के जालों में एकाएक
कहीं अटक गए
अपनी ही एटमिक अग्नि से
होंगे वे भस्मसात्!!

जनता के ऊंचे-ऊंचे पहाड़ों के शिखरों के जाल ऐसे हैं, जो साम्राज्यवादी बमबाजों को अपने में उलझाकर नष्ट कर देंगे—औदात्य का स्रोत यह है, एटम बम लेकर उड़नेवाले लड़ाकू विमान नहीं। दूसरा चित्र साम्राज्यवाद के अरब प्रतिरोध का प्रतीक-चित्र है :

रेगिस्तानी धूप में
चिलकती बालू के बीचोबीच उठे हुए
काले स्याह टीले की पीठ पर
पूंछ उठाए एक
चमकीला श्याम-वर्ण अरब अश्व।
अरब अश्वारोही वीर—
देखता है गगन का घंटाघर
कि उसमें कितने बजे हैं
कितना समय शेष है कि निर्णायक घड़ी में
कि हो सके प्रत्याघात!

अंत में :

भीषण बहुत है वह अंधड़ और बवंडर
आसमानी नीले रेगिस्तान में
बहा रहा है या कि उड़ा रहा है जो कि
अस्तप्राय साम्राज्यवादी पशु-सूर्य की
अधकटी
किन्तु फिर भी लड़ती हुई
आधी देह!!

इन पंक्तियों की एक व्यंजना यह भी है कि साम्राज्यवाद 'अस्तप्राय' है, अभी उसका सूर्य अस्त नहीं हुआ, क्योंकि उसकी आधी देह अभी भी लड़ रही है। वह 'कागजी बाघ' नहीं, ऐसा खूंखार जानवर है, जो आधी देह कट जाने के बाद भी अपना प्रभुत्व

बनाए रखने के लिए सक्रिय है। इस तरह मुक्तिबोध अपने वस्तु-ज्ञान के प्रति हमेशा सजग रहते हैं, क्योंकि वे जानते थे कि केवल विराट् हवाई बिंबों से औदात्य की सृष्टि संभव नहीं।

'जमाने का चेहरा' की तरह ही उनकी एक लंबी और महत्वपूर्ण कविता है—'भविष्य-धारा'। इसमें यह विराट् चित्र मिलता है :

उड़े हुए काले रंग-सा है अपरिसीम
वह दिगवकाश
रश्मि-विकीरण नहीं स्याह शून्य में यहां
गुरुत्वाकर्षण विविध ग्रहों के
दिगवकाश की सचिंत
सलवट रेखाओं से
गतिविधि पैदा करते।
बहुत देर के बाद,
बहुत दिनों के बाद,
कई प्रकाश-वर्ष-गणना के बाद
एक कहीं कोई नव अतिथि
कि आता ज्योति-जगत्
तब तिर्यक पथ संवेदित
होने लगता उसका
तब ब्रह्मांड-धूल के
मद्धिम धुंधले परदे
उजल-उजल उठते हैं आगत किरणावलि से।

इसके बाद मुक्तिबोध पूंजीपतियों से कहते हैं :

भव्य कुंडली मार
दीप्त ब्रह्मांड-नदी के तेजस्तट पर
खड़ा हूं मैं
वैज्ञानिक
देख रहा हूं तुमको।
और कि तब छाया मेरी
ब्रह्मांड अनेकों पार
दूर पृथ्वी पर फैल रही है
जहां कि तुम हो

काल-दिक्-नैरंतर्य-शिखर से बोल रहा हूं।

इसे देखकर स्वाभाविक रूप से आचार्य रामचंद्र शुक्ल की यह बात याद आती है, जो

उन्होंने 'महाकवि सूरदास' शीर्षक अपने निबंध में कही है : "ज्योतिर्विज्ञान द्वारा खगोल के बीच न जाने कितने चक्कर खाते, बनते बिगड़ते रंग बिरंग के पिंडों, अपार ज्योति-समूहों आदि का पता लगा है जिनके सामने पृथ्वी किसी गिनती में नहीं। कोई विश्वव्यापिनी ज्ञानदृष्टिवाला कवि यदि विश्व की कोई गंभीर समस्या लेकर उसे काव्य रूप में रखना चाहता है तो वह इन सबको हस्तामलक बनाकर सामने ला सकता है।" मुक्तिबोध वस्तुतः 'विश्वव्यापिनी ज्ञानदृष्टि' वाले कवि थे, क्योंकि शोषक-वर्ग से उनका कहना है :

> नव-आविष्कृत समीकरण के सूत्र
> चुराकर जला दिए तुमने,
> बेबिलॉन-उर-इलाम-पर्सिपोलिस ललाम
> तब्रीज सिकंदरिया की लाइब्रेरियां जलीं
> पर आसमान श्यामल में ग्रह-तारामंडली
> असंख्य दीप्त नक्षत्र सूर्य-अवली
> ज्ञान-सूत्र में बंधी व बंधती गई . . .

इसी कविता में मध्यवर्गीय बुद्धिजीवियों के चरित्र को अनावृत करने के क्रम में उन्होंने एक शूकरी और एक मार्जारी के ये ओजपूर्ण चित्र अंकित किए हैं :

> वह काले-काले बाल-ढंका
> अत्यंत प्रदीर्घ मूर्ख जबड़ा।
> दांतों के बीच-बीच लहराते रक्त-ताल
> मुख-अंतराल में जिसके, वह माता शूकरी
> तुरत खा गई
> ताजे-जनमे पुत्रों को ही।
> चमकदार पथरीली आंखोंवाली वह
> उद्दंड चतुर मार्जारी भी
> सद्योजातों को हड़प गई
> उसकी मूंछों के लंबे-लंबे बाल
> रक्त से स्नात
> वह मूर्ख शूकरी और चतुर मार्जारी भी
> अंतस्तल की वासिनी तुम्हारी है।

पूंजीपति-वर्ग पर प्रहार करना हो, या मध्यवर्ग की आलोचना करनी हो, मुक्तिबोध की वाणी अत्यंत ओजपूर्ण और धारदार हो उठती है। एक 'मार्जारी' 'चांद का मुंह टेढ़ा है' शीर्षक कविता में भी है, लेकिन वहां वह समाज की काली शक्तियों की सर्वाधिक विश्वस्त गुप्तचर के रूप में है :

> मद्धिम चांदनी में एकाएक एकाएक
> खपरैलों पर ठहर गई

बिल्ली एक चुपचाप
रजनी के निजी गुप्तचरों की प्रतिनिधि
पूंछ उठाए वह,
जंगली तेज
कंजी
आंख
फैलाए
यमदूत-पुत्री-सी
(सभी देह स्याह, पर
पंजे सिर्फ श्वेत और
खून टपकाते हुए नाखून)
देखती है मार्जार
चिपकाता कौन है
मकानों की पीठ पर
अहातों की भीत पर
बरगद की अजगरी डालों के फंदों पर
अंधेरे के कंधों पर
चिपकाता कौन है
चिपकाता कौन है
हड़ताली पोस्टर
बांके-तिरछे वर्ण और
लंबे-चौड़े घनघोर
लाल-नीले भयंकर
हड़ताली पोस्टर!!

यहां जंगली तेज कंजी आंखोंवाली बिल्ली और लाल-नीले भयंकर हड़ताली पोस्टर दोनों आमने-सामने हैं। कहने की जरूरत नहीं होनी चाहिए कि किसकी चमक ज्यादा है! एक बिल्ली नागार्जुन की 'जयति जयति जय सर्वमंगला' शीर्षक प्रसिद्ध कविता में भी है : "छप्पर पर बैठी है बिल्ली / किसके घर से जाने क्या कुछ खा आई है / चला-चलाकर जीभ स्वाद लेती होंठों का ··"। लेकिन यह बिल्ली घरेलू है, जबकि मुक्तिबोध की कविता की बिल्ली जंगली और हिंस्र!

'चांद का मुंह टेढ़ा है' कविता में मजदूरों की हड़ताल से संबंधित पोस्टर का जैसा ओजस्वी वर्णन किया गया है, वैसा शायद ही किसी दूसरे कवि ने किया होगा :

अंधेरे के पेट में से
ज्वालाओं की आंत बाहर निकल आय

वैसे, अरे, शब्दों की धार एक
बिजली की टॉर्च की रोशनी की मार एक
बरगद के खुरदुरे अजगरी तने पर
फैल गई अकस्मात्।

'अंधेरे में' में क्रांतिकारी पर्चे का भी अत्यंत भव्य वर्णन है :

आसमान झांकता है उन स्याह लकीरों के बीच-बीच
वाक्यों की पांतों में आकाश-गंगा-सी फैली
शब्दों के व्यूहों में झिलमिल नक्षत्र . . .

हड़ताली पोस्टर और क्रांतिकारी पर्चे का ऐसा वर्णन तभी संभव है, जबकि कवि क्रांतिकारी हो और उसके भीतर क्रांतिकारी विचार और भावना पूरी शक्ति और वेग से लहरें ले रहे हों। नागार्जुन की 'वह कौन था?' कविता में भी पोस्टर और पर्चे हैं : "कोर्ट की दीवार पर / चुपचाप जो पोस्टर अभी चिपका गया / वह कौन था? / जो चाय की दूकान के उस बरंडे पर / फेंककर नोटिस अभी गायब हुआ / वह कौन था? / जो प्लेटफारम पर जमा इन यात्रियों की भीड़ में / यह लीफलेट गिरा गया है / अभी चलती ट्रेन से / वह कौन था?" इन पंक्तियों की मार भी अचूक है, लेकिन ये इस बात को नहीं छिपातीं कि नागार्जुन की काव्य-संवेदना मुक्तिबोध की तुलना में काफी सरल है। मुक्तिबोध बहुत ही जटिल, समृद्ध और तेजस्वी संवेदना के कवि हैं, जिसका पता उनके पोस्टर और पर्चे के वर्णन से भी चलता है।

'कल जो हमने चर्चा की थी' शीर्षक कविता में मुक्तिबोध ने नातालिया नामक एक सोवियत युवती के साथ मार्क्सवाद-संबंधी अपनी बातचीत को रूपकात्मक ढंग से पेश किया है। बातचीत चूंकि क्रांतिकारी विषयों को लेकर थी, इसलिए रूपक अत्यंत ओजपूर्ण है :

कल जो हमने चर्चा की थी
हिय की ऊष्मा के उफान-से निकल रहे थे
सही-सही बातों के उत्तर।
हम ज्वालामुखियों के मुंह में उतर रहे थे।
जीवन की सच्चाई के स्तर,
सही बात के चौड़े पत्थर,
तीव्र वेदना में कैसे गड़गड़ा रहे थे,
इन ज्वालामुखियों के भीतर!!

धरती के अंतर में कैसे चिटख-चिटखकर
चट्टानी सिलसिले
जिंदगी के तथ्यों के,
ज्वलंत रस बन पिघल रहे थे

बनकर अंगारी रस-गंगा —
हम ज्वालामुखियों के भीतर उतर रहे थे
फिर भी कांपी न थी हमारी अक्षम जंघा।

यह इस बात का प्रमाण है कि घटना हो या वस्तु, भाव हो या विचार या फिर वैचारिक आदान-प्रदान, मुक्तिबोध आवश्यक होने पर किसी भी चीज को लेकर विराट् चित्रों का निर्माण कर सकते थे। इससे उनकी सीमाहीन कल्पना-शक्ति की सूचना मिलती है। इस चित्र में ज्वालामुखियों की 'गड़गड़ाहट' पर भी उनका ध्यान है, लेकिन ज्यादातर उनके ओजस्वी और उदात्त चित्रों में बिजली का तीखा प्रकाश तो है, बादलों का गर्जन नहीं। यह आकस्मिक नहीं है कि 'एक नीली आग'-जैसी आरंभिक कविताओं से लेकर उनकी 'अंधेरे में'- जैसी अंतिम कविताओं तक में बिजली के तीखे प्रकाश का मुक्तभाव से किया गया वर्णन मिलता है। 'अंधेरे में' में "अचानक वृक्षों के शीश पर नाच-नाच उठती हैं *बिजलियां*", "सहसा दूर क्षितिज पर दीखते हैं *बिजली* की नंगी लताओं से झर रहे सफ़ेद नीले मोतिया चंपई फूल गुलाबी" और "मुझको तो बेचैन *बिजली* की नीली ज्वलंत बांहों में बांहों को उलझा करनी है उतनी ही प्रदीप्त लीला"! इस कविता में 'संगीन-नोकों का चमकता जंगल'-जैसा जो ओजपूर्ण चित्र है, उसमें भी बिजली की ही चमक है।

मुक्तिबोध की कविताओं में अंधेरे का बहुत ज्यादा वर्णन है। 'अंधेरे में' में ही नहीं, उनकी 'ओ काव्यात्मन् फणिधर', 'चांद का मुंह टेढ़ा है' और 'चंबल की घाटी में'-जैसी महत्वपूर्ण कविताओं में वर्णित घटनाएं भी रात के अंधेरे में ही घटती हैं, लेकिन यह अंधेरा बहुत ही तीखे प्रकाश से उद्‌भासित है, यह लक्ष्य करने योग्य है। 'ओ काव्यात्मन् फणिधर' में सर्प ने जिस गुहा में रत्नों को छिपा रखा है, वह गुहा भीतर से दमक रही है और वहां देदीप्यमान मधुर रश्मि-वर्षा का असहनीय आनंद है! 'चांद का मुंह टेढ़ा है' के अंधेरे को हड़ताली पोस्टर खंडित करते हैं, जो 'बिजली की टॉर्च की रोशनी की मार' की तरह हैं! 'चंबल की घाटी में' शीर्षक कविता में भी यदि जलते हुए गांव का यह चित्र है—

खपरैलों चढ़ी हुई
सिंदूरी जीभों की लहरें
आसमान चाटने को बढ़ रहीं प्रतिपल
यहां वहां, यहां वहां
चीजों में लगी हुई
ज्वाला की झालरें रंगीन
किसी काले खंभे ने पहनी है अंगारी पगड़ी

तो पूरा का पूरा देदीप्यमान अंतर-ब्रह्मांड भी है!

मुक्तिबोध के ओजस्वी और उदात्त चित्रों पर गौर करने से यह पता चलता है कि उन्होंने असाधारण वस्तुओं से, वे प्रकृति से संबद्ध हों या विज्ञान से, उनका निर्माण

किया है, लेकिन जैसा कि ऊपर संकेत किया जा चुका है, कभी-कभी वे साधारण वस्तुओं से भी बहुत ही उदात्त चित्र बनाने में सफल होते हैं। उदाहरण के लिए उनकी अप्रसिद्ध कविता 'मैं तुमलोगों से दूर हूं' की ये प्रसिद्ध पंक्तियां देखी जा सकती हैं :

जो है उससे बेहतर चाहिए
पूरी दुनिया साफ करने के लिए मेहतर चाहिए

यहां उन्होंने पूर्वोक्त 'इतिहास-पुरुष' की तरह, सागर का पानी जिसके सिर्फ घुटनों तक है, जिसका पहाड़-सा मुख-मंडल आसमान छूता है और जिसके कंधों पर अनगिनत ग्रह-तारे चमकते हैं, एक विराट् मेहतर का चित्र खींचा है, जो पृथ्वी पर सबसे बड़ा है और जो हाथ में बांस में बंधा झाड़ू लिए हुए सारी दुनिया को साफ करने के लिए तैयार है! जाहिर है कि उदात्त बिंबों की रचना के लिए सिर्फ भव्य उपकरण काफी नहीं हैं, उसके लिए सर्वप्रथम उदात्त विचार और भाव चाहिए।

उपर्युक्त विवरण से यह निष्कर्ष निकालना गलत होगा कि मुक्तिबोध में सिर्फ ओजस्वी और उदात्त चित्र ही मिलते हैं, साधारण जीवन के यथार्थ चित्र नहीं। वे वस्तुतः रूमानी आवेग और कल्पनाशीलता से युक्त एक यथार्थवादी कवि थे, इसलिए साधारण जीवन का यथार्थ चित्रण ही कविता में उनका मुख्य लक्ष्य था। इस बात की चर्चा उन्होंने कई कविताओं में की है और कहा है कि असली चीज जीवन-यथार्थ है। यह जरूर है कि इस यथार्थ को वे सरल और स्पष्ट रूप में नहीं, बल्कि उसकी समग्र जटिलता में, अनेक बार उसके परस्पर विरोधी प्रतीत होनेवाले पहलुओं के साथ, देखने और चित्रित करने के पक्ष में थे। इसी कारण उनकी कोई भी कविता नितांत सरल और सपाट नहीं है। उसमें यथार्थ के कई पहलू एक-दूसरे से उलझे हुए दिखलाई पड़ते हैं। 'ओ मसीहा' उनकी छोटी कविता है, जिसमें वे कहते हैं : "ओ मसीहा!!/ काल-गिरि-शिखर बैठे / तुम!! / पलकों में रमे विश्व-स्वप्नों की / विस्तार-दृश्यों की / सांध्य-स्वर्ण छाया ने / बदरंग घुमावदार / सियाह तकलीफदेह / यथार्थ को, रंग दिया!!" इस मसीहा से उनकी लड़ाई है और वे उसकी विरासत को अस्वीकार करते हैं, क्योंकि वह अपने 'विश्व-स्वप्न' और 'इतिहास-स्वप्न' के रंगीन दृश्यों से यथार्थ को ढंक देता है। उनके उस शक्ति-पुरुष से, जो अपने कंधों पर बिठलाकर उन्हें सुदूर की यात्रा कराना चाहता है, यह मसीहा भिन्न है। इसे तो वे कहते हैं कि अब तुम मुझे बालक की तरह अपने कंधे पर बिठाकर अपनी दिशा में न ले जा सकोगे! उनके लिए महत्वपूर्ण भरमानेवाले 'विश्व-स्वप्न' और 'इतिहास-स्वप्न' नहीं, बल्कि 'बदरंग', 'घुमावदार', 'सियाह' और 'तकलीफदेह' जीवन-यथार्थ है। बहुत ही दर्द के साथ उन्होंने कहा है :

बदरंग यथार्थ
विद्रूप अर्थ
आ, छाती में जाग
तू भी सही है

पिता ने पाला
पर तूने पोसा है तुझी को पाया है
जहरीली नीली इस स्याही से
चेहरा यह धोया है ! !

उनकी सारी कोशिश यह थी कि वे "पूर्णता के स्वप्न की विशालतम मिथ्या" से बचें, जिसने "अपूर्ण को, फटे को व जीर्ण को" लगातार अपमानित किया है। यही कारण है कि उनके चित्रों में जो विराटता और उदात्तता है, वह "पूर्णता के स्वप्न की विशालतम मिथ्या" की देन नहीं, बल्कि उनके यथार्थ-बोध की ही देन है। पूर्णता के स्वप्न की विशालतम मिथ्यावाली विराटता और उदात्तता यत्र-तत्र अज्ञेय की रहस्यवादी कविताओं में मिलेगी।

मुक्तिबोध का 'विश्व-स्वप्न' और 'इतिहास-स्वप्न' भी कल्पना पर नहीं, बल्कि विश्व और इतिहास की घटनाओं के ठोस विश्लेषण पर आधारित हैं। वे यथार्थ को छिपाते नहीं, बल्कि उसे तीखे आलोक से उद्भासित कर देते हैं। उन्होंने अपनी नई काव्य-यात्रा के आरंभ में ही 'ओ विराट् स्वप्नो' शीर्षक से एक कविता ही लिखी थी, जिसमें कहा था : "एक कूल विश्वास, / दूसरा कूल मुक्ति है, / और बीच में बहती मादक गंगा-धारा / ज्वारभरी घहराती / हहराती जाती जलराशि अपारा / मानव-अग्नि-परीक्षाओं की।" 'मुक्ति' यानी विश्व-स्वप्न और इतिहास-स्वप्न! इस स्वप्न का पहला किनारा 'विश्वास' है, जो यथार्थ-बोध से पाया गया है, कल्पना से नहीं! दूसरे, 'विश्वास' और 'मुक्ति' के इन दो किनारों के बीच न जाने कितनी 'अग्नि-परीक्षाएं' हैं, जिनमें उत्तीर्ण होकर ही मनुष्य अपने लक्ष्य को प्राप्त कर सकता है। रहस्यवादी कवियों के लिए विश्वास का अर्थ है 'अंधविश्वास', मुक्ति का अर्थ आत्मा-परमात्मा का मिलन और 'अग्नि-परीक्षा' का अर्थ भौतिकता से संघर्ष! यह अकारण नहीं है कि समकालीन हिंदी कविता के पाठक अज्ञेय और मुक्तिबोध को 'थीसिस' और 'एंटीथीसिस' के रूप में देखते हैं।

यथार्थ-चित्रण का सूत्र मुक्तिबोध की कविता 'भविष्य-धारा' की अंतिम पंक्तियों में मिलता है। चित्र-निर्माण के लिए रंग अनिवार्य हैं, लेकिन यथार्थवादी कवि के रंग रहस्यवादी कवि के रंगों से भिन्न होते हैं। वे जैसे यथार्थवादी कवियों को संबोधित कर कहते हैं :

अपने रंगों को खोजो,
हरिया-तूता, आक, धतूरा काम आएंगे।
चट्टानी परतों पर धूप-चिलचिलाहट
भी उपयोगी है ! !
पत्थर के थर-के-थर में जो
बंदी हैं किरनीले कण-कण
उन्हें निकालो।

बहुत काम के साबित होंगे।
उनमें अरे, गजब की तेजी
गरम रंग है!!
पृथ्वी के भीतर के तंग पथों पर जाओ
यूरेनियम-रेडियम-प्रणाली
काली और कोयलेवाली खानें बहुत मिलेंगी
रंग अनेकों देंगी तुमको!!
करो रंग-उत्पादन मिश्रण!!
तुम मिश्रण के रासायनिक सूत्र भी खोजो
उत्पादन की पद्धति आवश्यक है
धूल-ईंट के सस्ते रँग भी बहुत काम के
कलाकार से वैज्ञानिक फिर वैज्ञानिक से कलाकार
तुम बनो यहां पर बार-बार
इन्हीं विविध रंगों द्वारा ही
मन के अपने अभ्यंतर के रूप
कर सकोगे तुम अंकित
तभी कठिन मैली कटाह मलते बालकगण
किसी सांवली शून्य गली के चित्रित होंगे
तभी सड़क के बीचोबीच कि खुले छेद में
भीतर बदरंग भूत कर सकोगे तुम अंकित!

मुक्तिबोध यथार्थ के चित्रांकन के लिए सिर्फ यथार्थ रंगों की खोज की बात ही नहीं कहते हैं, वे विभिन्न रंगों के मिश्रण से और नए रंग बनाने की बात भी कहते हैं। इशारा साफ बहुरंगी यथार्थ के चित्रण के लिए अपनी सृजनात्मक क्षमता के भी उपयोग की तरफ है। ध्यातव्य है कि यह सृजनात्मक क्षमता कलाकार की नहीं, वैज्ञानिक की है। कविता में यथार्थ-चित्रण के लिए सिर्फ कलाकार बने रहने से काम नहीं चलेगा। उसके लिए जरूरी है कि वैज्ञानिक की तरह यथार्थ को समझा जाए और कलाकार की तरह उसे चित्रित किया जाए। कलाकार और वैज्ञानिक में यह आदान-प्रदान निरंतर चलते रहना चाहिए। यह कलावाद की भी आलोचना है, जो कलाकार को वैज्ञानिक से बिलकुल अलग रखना चाहता है। इस तरह मुक्तिबोध की कविताओं में उदात्त और अनुदात्त, भव्य और साधारण रंगों का जटिल सम्मिश्रण है। आकस्मिक नहीं कि 'नया आदित्य' शीर्षक अपनी एक कविता में वे एक ओर यह कहते हैं कि "लेखक ज्वालाओं के ऊंचे / भव्य कमल भीतर बैठा है" और दूसरी ओर यह कि "अजी, एक जन-साधारण का / टूटा फाउंटेनपेन चल रहा!!" ज्वालाओं के ऊंचे भव्य कमल पर बैठकर टूटे फाउंटेनपेन से कविताएं लिखनेवाला 'जन-साधारण' स्वयं मुक्तिबोध हैं, और कोई नहीं!

भव्य और उदात्त चित्रोंवाली उनकी कविताओं पर गौर करने से यह स्पष्ट हो जाता है कि उन्होंने उनमें साथ-साथ साधारण जीवन-यथार्थ का भी चित्रण किया है। भव्य और उदात्त चित्र अग्रभूमि में हैं, तो साधारण यथार्थ के चित्र पृष्ठभूमि में, और साधारण यथार्थ के चित्र अग्रभूमि में हैं, तो भव्य और उदात्त चित्र पृष्ठभूमि में। प्रायः इन दोनों प्रकार के चित्रों के बीच जटिल संगुंफन भी मिलता है। ये चित्र पर्याय-क्रम से ही नहीं आते हैं, एक प्रकार के चित्र दूसरे प्रकार के चित्र भी प्रक्षेपित करते हैं। उदात्त और अनुदात्त के इस विरोधपूर्ण संयोजन से मुक्तिबोध की कविताओं को गजब की गति और प्रभावोत्पादकता प्राप्त हो गई है। यहां 'कई बार' शीर्षक कविता की उनकी यह उक्ति सही लगती है कि—

मेरा मन
　　　अंधकार प्रतिरूप !
　　　प्रदान वह करता है
आकाश-अवकाश-प्रभास व रेखाएं
रश्मियों को, रश्मि-चरित्र को, सत्य को !

'अपने कवि से' शीर्षक अपनी आरंभिक कविता में विश्वासपूर्वक यह पूछने के बाद कि "क्या आज मानव भाव / करुणा के, दया के, धैर्य के / लघु रूप की / एकांतता को त्याग / आज सहस्रशीर्ष पुरुष विराट् नहीं हुए हैं", वे कहते हैं, "कवि, आज भी मानव / यहां पर मरे चूहे-सा उपेक्षित है" और "फेंके प्याज के छिलकों-सरीखा धूल खाता राह", लेकिन तुरत बाद इस स्थिति के साथ एक 'किंतु' लग जाता है और कविता में एक नंगा तीर चमकने लगता है : "यह 'किन्तु' है नंगा चमकता तीर / जो जन-प्राण के आग्नेय धनु पर है चढ़ा गंभीर।" आगे कविता में दोनों प्रकार के चित्र परस्पर गुंथ जाते हैं : " धुएं से विद्रूप इन काली छतों में / अंधकार-प्रसार पर ज्यों तैरते / विद्युल्लता के बिंब हों।" 'हे प्रखर सत्य ! : एक' शीर्षक कविता में "निश्चल वक्र सुदृढ़ स्मित-रेखा में तन्मय" भव्य देव-मूर्ति के रूप में सत्य का अंकन करने के बाद कवि ईश्वर और मनुष्य दोनों का यह यथार्थ चित्र प्रस्तुत करता है :

··· ईश्वर भी आज
किसी कार्यालय का
निष्प्रभ दुर्बल टाइपिस्ट क्लर्क है;
और वियोगी कालिदास भी
　　　　　बूढ़ा घड़ीसाज बनकर के
एक आंख में बदसूरत चश्मे की नली दबाए
उलट-पुलट करता दिखता है
टूटी घड़ियां;
··· रख अपनी आंखों में मूरत
अपनी विवाह-योग्या कन्या की वह पीली भोली सूरत !

लेकिन कविता यहां समाप्त नहीं होती और कवि कहता है कि "दूज चांद को / शिल्पी-सा जोड़ता चलूं मैं नई कलाएं।" यह दूज का चांद सत्य का उपमान है, जो उसके अंतर में अभी प्रकाश की धुंधली रेखा खींच रहा है!

'सूखे कठोर नंगे पहाड़' शीर्षक कविता के भव्य चित्र हम देख चुके हैं। उन चित्रों को इस चित्र से, जिसमें मुक्तिबोध ने पूंजीवादी समाज का चित्र खींचा है, मिलाकर देखना चाहिए :

भूखे स्यारों की मलिन देह
में अगिन मानवात्माएं कर दीं, हाय! कैद
जो इधर-उधर पशु रहे घूम
मुख को नत कर, वे श्वान और
अतिवृद्ध सिंह
(सरकस के पशु)
भूखे शृगाल इत्यादि जीव—
थे एक जमाने में ये भी मनुष्य,
पर थोड़े-से आराम हेतु,
अपनी आत्माएं बेच, हाय!
हो गए आज
काले तांत्रिक की महादुष्ट जागीर घोर
के क्षुद्र जंतु।

'जिंदगी का रास्ता' शीर्षक कविता में भी भव्य चित्रों के साथ इस तरह के चित्र हैं :

··· पूंजीवादी ह्रास के
इस भैरव काल में
बादामी कागज-सा प्राणहीन
दिन फीका रहता है,
पुते नीले रंग से सूने आसमान में
सूरज एलुमैन का
करता है चमकने का असफल स्वाँग नित।

मुक्तिबोध कवि के साथ-साथ सधे हुए कथाकार भी थे। स्वभावतः अपनी कविताओं में उन्होंने यथार्थवादी कथाकार की चित्रण-क्षमता से भी काम लिया है और इस तरह उन्हें 'ऐंद्रजालिक' के साथ-साथ वास्तविक भी बनाया है। इस दृष्टि से उक्त कविता का यह टुकड़ा देखने लायक है :

बल खाते चक्करदार ऊंचे-ऊंचे
जीने पर चढ़ते चले जाना है
कि जो चढ़नेवाले को देता है पहुंचा उस पुराने कमरे में
कि बरसों से जिसकी धूल झड़ी ही नहीं है—

माना कि कॉट है
लेकिन उसके लोहे की टांग टूट गई है,
माना कि मोटी एक गद्दी है उस पर
किंतु कुछ चूहों ने कुतरते हुए स्थान-स्थान
सूनेपन की बास से भरे हुए
कपास के गुच्छे-के-गुच्छे
ऊपर निकाल दिए हैं,
माना कि कमरा कुछ बड़ा है
खिड़की है कि जिसमें से दूर का
क्षितिज-दृश्य दीखता है अब भी,
किन्तु वह कमरा तो है भुतहा
कइयों ने किए वहां कामाचार, व्यभिचार
कइयों की कदाचित्
भीषणतम हत्याएं हुई होंगी वहां पर
अहं, उदर और काम के
अनगिनत सर्ग और अध्याय
कमरे की वस्तुओं में, भीतों पर
दीखते हैं लिखे हुए।

बिना ऐसी चित्रण-क्षमता के केवल भावोच्छ्वास और विचारोद्गार के बल पर कोई यथार्थवादी कवि नहीं हो सकता। यथार्थवादी कवि के लिए यथार्थ को समझने और अनुभूत करने के साथ उसे नाना रंगों में चित्रित करने की क्षमता भी आवश्यक है। इसी से कविता सौंदर्यात्मक रूप ग्रहण करती है। ऊपर उद्धृत पंक्तियां पढ़ने के बाद जब हम मुक्तिबोध की ये पंक्तियां पढ़ते हैं कि "बिक जाने पर भी यों / निम्न-मध्यवर्ग के लिए / यही कमरा निश्चित ही रिजर्व्ड है", तो पूरा चित्र कहानी-उपन्यास में आनेवाला सामान्य चित्र न रहकर एक तनाव से भर उठता है। यह तनाव चित्र में उस अर्थ से आया है, जो देखते-देखते उसे चित्र से प्रतीक में बदल देता है।

'सूरज के वंशधर' शीर्षक कविता का यह चित्र विश्लेषण करने योग्य है :

शोषण के भयानक जबड़ों ने फूंक मार
झोपड़ियां गिरा दीं व मकान ढहा दिए
झुलसी हुई पुरानी धुनकी हुई रुई के
टुकड़ों-सी उड़ती है
मनुष्य के सांवले समूहों की जिंदगी!

शोषण के जबड़े इतने विशाल हैं कि वे जब फूंक मारते हैं, तो जैसे जोरदार आंधी चलने लगती है। उसी आंधी ने गांव के गरीबों की झोपड़ियां गिरा दी हैं और उनके मकान ढहा दिए हैं और उसी के झोंकों में ग्रामीण जनों की जिंदगी धुनकी हुई रुई की

तरह उड़ रही है ! पूरा चित्र बहुत ही ओजपूर्ण है, लेकिन "मारता है हथौड़ा / यह क्रांति का कारीगर कि वज्रकाय हिन्दुस्तान" वाले चित्र के पहले जब "भयानक जबड़ों की फूंक" से अलग करके हम अपना ध्यान केवल हवा में रुई की तरह उड़ती हुई साधारण लोगों की जिंदगी पर केंद्रित करते हैं तो यह चित्र साधारण यथार्थ को चित्रित करनेवाला प्रतीत होता है। गरज यह कि मुक्तिबोध के जो चित्र आगे के चित्र से संबद्ध करके देखने पर साधारण मालूम पड़ते हैं, वे ही कभी-कभी पीछे के चित्र से संबद्ध करके देखने पर असाधारण हो उठते हैं। इस तरह वस्तुतः उनकी चित्र-योजना में एक जटिलता है।

कहा जा चुका है कि उनकी कविताओं को उदात्तता प्रदान करनेवाली कई चीजों में से एक वह पक्षी भी है, जो नीपर की तरंगित धारा में चंचु डुबोकर जल पीता है ! श्रीकांत वर्मा ने लिखा है कि पक्षियों में मुक्तिबोध को उल्लू प्रिय था। यह उल्लू भी उनकी कविताओं में एक रूप में नहीं आता। 'चांद का मुंह टेढ़ा है' शीर्षक कविता में वह गांधी और तिलक की उदात्तता को भंग करने के लिए आया है : "कोलतारी सड़क पर खड़े हुए सर्वोच्च / गांधी की मूर्ति पर / बैठे हुए आंखों के दो चक्र / यानी कि घुग्घू एक . . . / उसी तरह थोड़े-से फासले पर / ठीक उसके सामने, / तिलक के पुतले पर बैठा एक घुग्घू / दोनों में जोरदार बहस और बातचीत।" इसके विपरीत 'हे प्रखर सत्य ! : एक' शीर्षक कविता में "खरदंष्ट्र सजग चक्रिल-लोचन खग" मध्यवर्गीय अभावों का व्यंग्यात्मक प्रतीक है, क्योंकि वह उस व्यवस्था-विरोध को भ्रम समझता है, जिसकी सफलता पर ही उसके अभावों का दूर होना निर्भर है। 'सांझ रंगी ऊंची लहरों में' शीर्षक कविता में आनेवाला 'निशिचर उलूक' ह्रासोन्मुख पूंजीवादी सभ्यता का परम दयनीय, लेकिन आत्मचेतस् 'प्राण-पुत्र' है : "अपने अंतर में लिए हूक / विद्रूप आत्मचेतस् उलूक / है रहा सोचः / 'भग्नावशेषवासी लोगों में कोई भी क्या नहीं जोकि / कुछ मूलभूत वे प्रश्न पूछ / कर दे उद्‌घाटित विद्यमान / सभ्यता विषम का अति कुरूप चेहरा व मूंछ !"

उक्त कविता में मुक्तिबोध ने पूंजीवादी सभ्यता के प्रतीक के रूप में पुनः कथाकार की तरह भग्नावशेष का बहुत ही यथार्थ चित्र खींचा है। 'ओ अप्रस्तुत श्रोता' शीर्षक कविता में पूंजीवादी सभ्यता एक 'अंधेर कारखाने' के रूप में चित्रित है :

सैकड़ों परिधियां
एक दूसरे के दांतों में दांत फंसा
जबड़े में जबड़ा डाल
घूमतीं गोल-गोल
निज केंद्र-मध्य के आस-पास
हर बार वहीं की वहीं की वहीं
और, वह उनका ऊंचा शोर
धुराधारी केंद्रों का अपना खुद का जोर

नहीं कोई ! !

उनका अपना कोई जोर इसलिए नहीं कि उन्हें स्विच दबाकर चलानेवाला हाथ कोई और है। यह चित्र जितना ही सटीक है, उतना ही अर्थ-व्यंजक भी।

'भविष्य-धारा' शीर्षक अपनी पूर्वोल्लिखित कविता में मुक्तिबोध ने उच्च-मध्यवर्ग और निम्न-मध्यवर्ग को आमने-सामने रखा है। निम्न-मध्यवर्ग के लोग तुच्छ और क्षुद्र होते हुए भी 'काल-सिंह-आसनस्थ' हैं, जबकि उच्च-मध्यवर्ग के लोग "ऊर्ध्वोन्मुख झंखाड़-ठूंठ पँर चढ़ / महसूस कर रहे हैं सर्वोच्च स्वयं को।" यह 'ऊर्ध्वोन्मुख झंखाड़-ठूंठ' पूंजीपति-वर्ग है, जिसके वे आश्रित हैं और जिसकी इतिहास में प्रगतिशील भूमिका उस रूप में समाप्त हो चुकी है। इस उच्च-मध्यवर्ग के लोगों का बहुत ही यथार्थ चित्र मुक्तिबोध ने अंकित किया है, जो उदात्त के साथ अपने वैषम्य से कविता को प्रभावशाली बनाता है। उन्हें संबोधित कर वे कहते हैं :

इस विषम जगत्
के शोषित पथ
की करुणाओं से जब आत्मा
में गर्भ-धारणा हुई
व सत्य-भ्रूण उन्मुक्त विकसने लगा
कि तब,
तुम लज्जित थे।
तुम भ्रूण अवैधानिक समझे
उसको इरादतन गिरा दिया
आंख से दूर
तब तुम उस पुल पर गए
कि जिसके नीचे के तल में
शहर की सभी नालियों का नाला
काला गंदला बहता जाता ! !
कि जिस पुल की मुंडेर से लगकर डिसपेंसरी
हवा से डरी
अंधेरी, चौकस,
एक मूंछवाली डाक्टरनी ! !
गिरा दिया तुमने इरादतन भ्रूण
दूर, आंखों से ओझल शून्य एक रात में ! !

स्मरणीय है कि यह पूरा रूपक है, लेकिन अवांछनीय यथार्थ को कितनी सजीवता में मूर्त करनेवाला ! 'मूंछवाली डाक्टरनी' जैसे उच्च-मध्यवर्ग की संपूर्ण नैतिक भीरुता को उसकी संपूर्ण बदसूरती और भयावहता के साथ उजागर कर रही है। अवैध संतान को नाले या अंधे कुएं में डाल आनेवाला बिंब मुक्तिबोध की कविताओं में एकाधिक बार

आया है। 'चांद का मुंह टेढ़ा है' शीर्षक कविता में भी एक मध्यवर्गीय व्यक्ति अपने अंतर में प्रकट होनेवाली एक और प्रज्वलनमयी आत्मा को सह नहीं पाता है और वह "निज बालक को तम-कूप-विवर में डाल गया!!" इसी तरह 'डूबता चांद कब डूबेगा' शीर्षक कविता में भी "झरने के पथरीले तट पर / सो चुका अरे किन-किन करके कुछ रो-रोके / चिथड़े में सद्योजात एक बालक सुंदर / आत्मारूपी माता ने जाने कब त्यागा / जीवन का आत्मज सत्य / न जाने किसके डर।"

'अंधेरे में' कविता ओजस्वी और साधारण चित्रों के मेल और विरोध से बनी है। कभी-कभी एक ही चित्र एक तरफ से ओजस्वी और दूसरी तरफ से साधारण प्रतीत होता है। रक्तालोकस्नात पुरुष 'प्रचंड शक्तिमान' भी दिखलाई पड़ता है और उसके वक्ष पर बहुत बड़ा घाव भी है। उसके वस्त्र तो फटे हुए हैं ही, उसे देखकर यह सवाल भी पैदा होता है कि रोटी उसे कौन पहुंचाता है, कौन पानी देता है? ऐसा ही चित्र गांधीजी का भी है : "सर्दी में बोरे को ओढ़कर / कोई एक, अपने / हाथ-पैर समेटे / कांप रहा, हिल रहा!!" 'इस नगरी में' शीर्षक कविता में "ब्रह्मराक्षसों की छायाएं / गांधीजी की चप्पल पहने घूम रही हैं" और "मस्तकहीन कबंध घूमते हैं राहों पर / बड़े ठाठ से बटनहोल में फूल लगाकर।" जैसे ब्रह्मराक्षस गांधीजी के औदात्य को खंडित कर रहा है, वैसे ही कबंध पं. नेहरू के औदात्य को।

'एक अरूप शून्य के प्रति' शीर्षक कविता तो जैसे मुक्तिबोध ने धार्मिक औदात्य का उपहास करने के लिए ही लिखी है। इसमें वे ईश्वर से कहते हैं :

··· यशस्काय दिक्काल-सम्राट्,
तुम कुछ नहीं हो, फिर भी हो सबकुछ!!
काल्पनिक योग्यता की पूंछ के बालों को काटकर
होंठों पर मूंछ लटका रखी है!!
··· उस मूंछ के
        हवाई बाल जब
बल खाते, धरती पर लहरते,
मंडराते चेहरों पर हमारे
तो उनके चुभते हुए खुरदुरे परस से
खरोंच उभरती है लाल-लाल
और, हम कहते हैं कि
        नैतिक अनुभूति
        हमें कष्ट देती है

यह ईश्वर की विराटता का ही नहीं, धार्मिक-नैतिक अनुभूति का भी उपहास है, जिसकी निरर्थकता इतिहास में प्रमाणित हो चुकी है। जो आत्मा भाववादी दर्शन और धर्म में दिव्यातिदिव्य मानी जाती है, उसका बयान कवि ने इन शब्दों में किया है : "आत्मा की कुतिया / राह का हर कोई कुत्ता जिसे छेड़ता है, छेंकता"। यह हमेशा स्मरणीय है कि

कवि के भीतर से दोनों हाथों से आसमान को थामे हुए 'शक्ति-पुरुष' ही नहीं प्रकट होता है, उसमें 'असत्य-शक्ति का प्रतिरूप' ओरांग-उटांग भी छिपा हुआ है :

स्वयं की ग्रीवा पर
फेरता हूं हाथ कि
करता हूं महसूस
•एकाएक गरदन पर उगी हुई
सघन अयाल और
शब्दों पर उगे हुए बाल तथा
वाक्यों में ओरांग-उटांग के
बढ़े हुए नाखून!!

इस ओरांग-उटांग के बिना मुक्तिबोध की कविता का बिंब-लोक अधूरा है, बेअसर भी।

कभी-कभी तो ऐसा लगता है कि वे जान-बूझकर औदात्य की स्थिति को भंग कर देते हैं और हमें भव्यता की दुनिया से तुच्छता की दुनिया में ले आते हैं। 'एक अंतर्कथा' उनकी प्रसिद्ध कविताओं में से है, जिसमें वे कहते हैं, "मैं अपने कंधे क्रमशः सीधे करता हूं / तन गई पीठ / और स्कंध नभोगामी होते / इतने ऊंचे हो जाते हैं, / मैं एकाकार हो गया-सा देवाकृति से। / नभ मेरे हाथों पर आता / मैं उल्का-फूल फेंकता मधुर चंद्रमुख पर / मेरी छाया गिरती है दूर नेब्युला में।" लेकिन अगली पंक्ति उनकी यह होती है कि "बस, तभी तलब लगती है बीड़ी पीने की।" पूरी कविता पढ़ने पर स्पष्ट हो जाता है कि वे यहां मन के 'विकृत आईने' की बात कर रहे हैं, "जिसमें या तो चेहरा दिखता था बहुत बड़ा / फूला-फूला / या अकस्मात् विकलांग व छोटा-छोटा-सा।" इस तरह औदात्य को वे किसी क्रीड़ा-भाव से भंग नहीं करते, बल्कि विसंगति को उभारने के लिए और जैसा कि 'भूरी-भूरी खाक-धूल' की समीक्षा ('पूर्वाग्रह-39-40') में डॉ. केदारनाथ सिंह ने कहा है, व्यंग्यात्मक प्रभाव को और गहरा बनाने के लिए वैसा करते हैं। अर्थाभाव में मुक्तिबोध ने सिगरेट छोड़कर बीड़ी पीना शुरू किया था। यह बीड़ी उनकी जीवन-संगिनी थी। इसे वे पुनः अपनी कविता 'चकमक की चिनगारियां' में याद करते हैं : "कि मैं अपनी अधूरी बीड़ियां सुलगा, / खयाली सीढ़ियां चढ़कर / पहुंचता हूं / निरखते चांद के तल पर"। यहां 'अधूरी बीड़ियां' व्यंग्यात्मक प्रभाव नहीं पैदा करती हैं, बल्कि कवि की जीवन-स्थिति से हमारा तीखा साक्षात्कार कराकर उसकी चंद्रलोक-यात्रा का संबंध यथार्थ से स्थापित कर देती हैं।

'एक रग का राग' शीर्षक कविता में मुक्तिबोध ने मध्यवर्गीय बुद्धिजीवियों पर व्यंग्य करते हुए बीड़ी की जगह चाय का जिक्र किया है :

खँडेरों में छुपे हुए
किसी तहखाने में अजाने
खोजते हैं किंवदंत खजाना

और इस पागल-सी खोज को
कहते हम सत्यानुसंधान
—फजूल बात है
जब तक न चाय मिले
हमारी न होती कभी
हाय ! सुप्रभात है ! !

एक तरफ प्रभामंडित 'सत्यानुसंधान' शब्द और दूसरी तरफ 'चाय'! एक प्याली चाय से उक्त बुद्धिजीवियों के 'सुप्रभात' का संबंध जोड़कर मुक्तिबोध ने 'सत्यानुसंधान' के प्रभामंडल को ध्वस्त कर दिया है और इस तरह यथार्थ का बोध कराया है। 'चुप रहो मुझे सब कहने दो' कविता में भी उन्होंने कल्पना की ऊंची उड़ान को इसी तरह से झटका दिया है :

उन तसवीरों के भीतर मैं उड़ जाता हूं
उड़ते-उड़ते पाता कि सरहदें मेरी
घूम फैल जातीं
सूने नीले ब्रह्मांडों के उस पार और
मैं वहां दुःख की लाल अग्नि के जंगल में
मारा फिरता
या कभी-कभी संवेदित ज्ञान-स्वप्न-मंडल
में जाग्रत हो
चुपचाप डोलता फिरता हूं
शनि के उस पार, युरेनस के भी परे कहीं
नैपच्यून लांघ प्लूटो के उन
अंधियारे बर्फिस्तानों में
तब बढ़ी हुई दाढ़ी में मूरख लगता हूं
भावुक होकर रो पड़ता हूं
अपने शून्यों के रास्तों पर।
मेरे दुःखों-आनन्दों का पृथ्वी से निस्संबंध
खटकता रहता है।

बढ़ी हुई दाढ़ी की स्मृति उदात्त ब्रह्मांड-यात्रा को भंग कर देती है, लेकिन यहां भी कवि ने क्रीड़ा-भाव से ऐसा नहीं किया। उसके लिए महत्वपूर्ण पृथ्वी के साथ अपने सुख-दुःख का संबंध है। उदात्त को भंग कर वह हमारे भीतर यथार्थ की चेतना पैदा करता है।

ग्रीस-निवासी जिउस को देवताओं का अधिपति मानते थे। उनकी इस भावना की अभिव्यक्ति जिउस की मूर्ति और उस मंदिर के विशाल आकार में हुई थी, जिसमें उसकी प्रतिष्ठा की गई थी। मूर्ति और मंदिर के आकार में एक सामंजस्य था। जिउस को बैठा हुआ दिखलाया गया था, लेकिन उसकी ऊंचाई इतनी अधिक थी कि यदि

वह खड़ा हो जाता, तो उसका शक्तिशाली सिर मंदिर की छत को तोड़कर निकल जाता। ओलंपिया में स्थित यह मंदिर शताब्दियों पूर्व एक भूकंप के धक्के से ध्वस्त हो गया, लेकिन आज भी उसका अवशेष देखनेवाले को प्रभावित करता है। यह प्रभाव कुछ इस तरह का होता है कि जिस मनुष्य ने उस भव्य मंदिर का निर्माण किया था, वह महान था, लेकिन जिउस उससे भी अधिक महान था, क्योंकि उसके खड़ा होने-भर से मंदिर ध्वस्त हो जाता। इस तरह यह मंदिर एक ओर जहां प्रकृति की कुछ शक्तियों पर मनुष्य की विजय का सूचक था, वहीं दूसरी ओर कुछ दूसरी शक्तियों पर उसकी निर्भरता का भी। इसी से वह सौंदर्य और उदात्तता का प्रभाव डालता था। उदात्तता के प्रभाव की सृष्टि मूर्ति की उस भव्यता में ही संभव मानी गई थी, जो मनुष्य को छोटा करके दिखलाए।

मुक्तिबोध की कविताओं में ऐसे चित्रों की कमी नहीं है, जो विराट् हैं, लेकिन उन्होंने कभी मनुष्य को छोटा करके नहीं दिखलाया, बल्कि विराट् चित्रों के माध्यम से प्रायः मनुष्य की शक्ति की ही अभिव्यक्ति की है। वह मनुष्य 'इतिहास-पुरुष' हो, या 'शक्ति-पुरुष'। ब्रह्मांड की विराटता के भीतर से भी मनुष्य की ही शक्ति झांकती है, या कहें कि मुक्तिबोध का मनुष्य इच्छानुसार ब्रह्मांड का भ्रमण कर, ग्रह-नक्षत्रों पर टहलकर, पृथ्वी पर आ जाता है। पृथ्वी पर आकर यदि वह तुच्छता या नगण्यता का साक्षात्कार करता है और उससे थोड़ी देर के लिए उसकी उदात्तता खंडित हो जाती है, तो इससे कोई फर्क नहीं पड़ता है। कारण यह कि उनकी दृष्टि में मनुष्य अंततः अत्यंत शक्तिशाली है। तुच्छता या नगण्यता से यदि उसका संबंध बना हुआ है, तो इसका मतलब यह है कि उसका एक पांव चंद्र-तल पर है, तो दूसरा भूमि-तल पर। मनुष्य की शक्ति में ऐसा प्रचंड विश्वास कवि को कहां से प्राप्त हुआ? निश्चय ही इस ज्ञान से कि मनुष्य विश्व पर अपनी सत्ता कायम करने के लिए बड़ा से बड़ा काम कर सकता है और उसकी संभावनाएं असीम हैं। मनुष्य की यह कर्तृत्व-शक्ति और संभावनाएं एक-दो दिन में नहीं, बल्कि एक ऐतिहासिक प्रक्रिया के परिणाम के रूप में चरितार्थ होंगी। मुक्तिबोध का बोध बहुत ही दृढ़ था, इसलिए वे 'निराशा के अघोरपंथी' न होकर 'महान मानवी कथा' के गायक हुए, जोकि दुःख और संघर्ष ही नहीं, महान् विजय की कथा भी है। उन्हीं की पंक्तियां पुनः याद आती हैं—

दुर्दांत ऐतिहासिक स्पंदन
के लाल रक्त से लिखते तुलसीदास आज
अपनी पीड़ा की रामायण

इसमें 'दुर्दांत ऐतिहासिक स्पंदन' ध्यान देने लायक शब्द हैं। भाववादी सौंदर्यशास्त्रियों ने उदात्त का स्रोत कवि और उसके दिव्यतापूर्ण भावों को माना है, जबकि मार्क्सवादी सौंदर्यशास्त्री उसका स्रोत वस्तुगत परिस्थितियों और उनके प्रति मनुष्य के दृष्टिकोण में ढूंढ़ते हैं। मुक्तिबोध की वाणी में जो तेजस्विता और औदात्य है, वह वर्तमान ऐतिहासिक परिस्थितियों और उनके प्रति उनके सही वैचारिक और भावात्मक रुख की देन है। अस्वाभाविक नहीं कि उनके काव्य का मूल चरित्र 'हीरोइक' है।

3

ज्ञानात्मक संवेदन के कोमल पारिजात

नई कविता की एक विशेषता थी—गीत वा प्रगीत का विरोध। उसके प्रतिनिधि कवि कभी-कभी गीत रच देते थे, लेकिन उसमें एक सामान्य धारणा थी कि गीत एक छायावादी वा रूमानी विधा है, जिसमें कवि यथार्थ की नहीं, बल्कि अपनी भावुकता की अभिव्यक्ति करता है। गीत-विरोधी इसी वातावरण को ध्यान में रखकर मुक्तिबोध ने 'नई कविता का आत्मसंघर्ष' शीर्षक लेख में यह महत्वपूर्ण बात कही थी : "मनुष्य-जीवन का कोई अंग ऐसा नहीं है जो साहित्याभिव्यक्ति के अनुपयुक्त हो। जड़ीभूत सौंदर्याभिरुचि एक विशेष शैली को दूसरी शैली के विरुद्ध स्थापित करती है। गीतों का नई कविता से कोई विरोध नहीं है, न नई कविता को उसके विरुद्ध अपने को प्रतिष्ठापित करना चाहिए।" लेकिन इससे यह निष्कर्ष निकालना गलत होगा कि वे नई कविता में छायावादी गीतों की धारा को पुनर्जीवित करना चाहते थे। गीत हो या कविता, वे छायावादी क्या, प्रगतिवादी धारा से भी असंतुष्ट थे।

'वस्तु और रूप' शीर्षक अपने लेख के तृतीय प्रारूप में वे लिखते हैं, "छायावाद का पूर्ण प्रकाश मेरी आंखों के सामने हुआ। किन्तु मैं कभी छायावादी न हो सका। उसके विरुद्ध प्रतिक्रियाएं ही हृदय में जमा होती गईं। मैंने प्रगतिवाद का अभ्युत्थान देखा। अपने छोटे-से क्षेत्र में, छोटे-से गांव, शहर या कस्बे में, भरसक कोशिश की कि उसका फैलाव हो। वह खूब फैला। किन्तु मेरी कविता प्रगतिवादी ढांचे को नहीं अपना सकी।" आखिर वह कौन-सी चीज थी, जिसकी वजह से वे न छायावाद को अपना सके, न प्रगतिवाद को? वह चीज थी छायावाद की समाज-विमुख वैयक्तिकता और प्रगतिवाद की व्यक्ति-विमुख सामाजिकता। मुक्तिबोध व्यक्ति और समाज में कोई अनिवार्य अंतर्विरोध नहीं देखते थे और ऐसा मानते थे कि कविता में समाज का चित्रण व्यक्ति के माध्यम से ही प्रभावशाली ढंग से हो सकता है, बल्कि यही उनके लिए आदर्श स्थिति थी। उनके अनुसार ऐसा होने पर ही कविता की रक्षा एक तरफ अनियंत्रित वैयक्तिकता से और दूसरी तरफ यांत्रिक सामाजिकता से हो सकती है। 'प्रगतिशीलता और मानव-सत्य' शीर्षक लेख में हमें उनका यह कथन मिलता है : "जन-मन की

सर्व-साधारण मनःस्थिति व्यक्ति की मनोदशाओं द्वारा प्रकट हो, तो फिर क्या कहना !" इसी तरह 'नई कविता : निस्सहाय नकारात्मकता' शीर्षक लेख में उन्होंने कहा है कि "आत्मपरक रूप से विश्वपरक, जगत्परक होने की लंबी प्रक्रिया की अभिव्यक्ति ही कला है—अभिव्यक्ति-कौशल के क्षेत्र में और अनुभूति अर्थात् अनुभूत वस्तु-तत्त्व के क्षेत्र में।" इस कथन में ध्यान देने योग्य शब्द 'प्रक्रिया' है जो इस बात का सूचक है कि मुक्तिबोध हवा में बात नहीं कर रहे थे। आत्मपरकता से विश्वपरकता तक की यात्रा लंबी ही नहीं, एक अत्यंत जटिल प्रक्रिया है, जिसकी कई मजिलें हो सकती हैं। कला इस प्रक्रिया की अभिव्यक्ति है, अंतिम मंजिल के हवाई आदर्श की अभिव्यक्ति नहीं, जिसका बहुत अच्छा उदाहरण प्रगतिवाद के पहले दौर के कवियों ने प्रस्तुत किया था।

मुक्तिबोध जन-धारा के लेखक थे, इसलिए वे काव्य-रचना में आत्मपरकता के महत्व को भी समझते थे और गीत के महत्व को भी, जिसे कविता में खास तौर से आत्मपरक विधा माना गया है। 'जनता का साहित्य किसे कहते हैं' शीर्षक अपने चर्चित लेख में वे बतलाते हैं कि "(इसमें) जनता के मानसिक परिष्कार, उसके आदर्श मनोरंजन से लगाकर तो क्रांति-पथ पर मोड़नेवाला साहित्य, मानवीय भावनाओं का उदात्त वातावरण उपस्थित करनेवाला साहित्य, मन को मानवीय और जन को जन-जन करनेवाला साहित्य, शोषण और सत्ता के घमंड को चूर करनेवाले स्वातंत्र्य और मुक्ति के गीतोंवाला साहित्य, प्राकृतिक शोभा और स्नेह के सुकुमार दृश्योंवाला साहित्य—सभी प्रकार का साहित्य सम्मिलित है बशर्ते कि वह मन को मानवीय, जन को जन-जन बना सके और जनता को मुक्ति-पथ पर अग्रसर कर सके।" यहां हम "स्वातंत्र्य और मुक्ति के गीतोंवाला साहित्य" को ही नहीं, "प्राकृतिक शोभा और स्नेह के सुकुमार दृश्योंवाला साहित्य" को खास तौर से रेखांकित करना चाहेंगे, क्योंकि इनके द्वारा उन्होंने स्पष्टतः गीत-साहित्य की बात कही है। इसके साथ उन्होंने जो शर्त लगाई है, वह उसे छायावाद और प्रगतिवाद, दोनों के गीत-साहित्य से अलग करती है। स्वातंत्र्य और मुक्ति के ऐसे गीत लिखना भी कठिन है, जो मन को मानवीय, जन को जन-जन बना सके और जनता को मुक्ति-पथ पर अग्रसर कर सके, लेकिन असली समस्या "प्राकृतिक शोभा और स्नेह के सुकुमार दृश्योंवाले" गीतों को लेकर उठती है। क्या ऐसे गीत भी जनता को मुक्ति-पथ पर अग्रसर कर सकते हैं?

मुक्तिबोध लंबी कविताओं के कवि के रूप में जाने जाते हैं। लंबी कविता से वे ऐसे अभिन्न हो गए थे कि उनकी मृत्यु की सूचना एक संपादक ने अपनी पत्रिका में उन्हीं के एक लेख से शीर्षक लेकर इस रूप में दी थी— 'एक लंबी कविता का अंत'। उन्होंने अपने कई लेखों में कविता की जिस सृजन-प्रक्रिया का निरूपण किया है, वह भी लंबी कविताओं की ही सृजन-प्रक्रिया है, जिसमें मूल भाव बीज से वृक्ष की तरह विकसित होता है और इस क्रम में काफी बदल जाता है। उक्त शीर्षक से 'डायरी' में उनका जो लेख है, उसमें वे कहते हैं, "यथार्थ के तत्त्व परस्पर गुंफित होते हैं, साथ ही पूरा यथार्थ गतिशील होता है। अभिव्यक्ति का विषय बनकर जो यथार्थ प्रस्तुत होता है, वह भी ऐसा ही गतिशील है, और उसके तत्त्व भी परस्पर गुंफित हैं। यही कारण है

कि मैं छोटी कविताएं लिख नहीं पाता, और जो छोटी होती हैं वे वस्तुतः छोटी न होकर अधूरी होती हैं।" इससे यह भ्रम हो सकता है कि वाकई उन्होंने लंबी कविताएं ही लिखी हैं और जिन्हें हम उनकी छोटी कविताएं समझते हैं, वे उनकी अधूरी कविताएं हैं। सच्चाई यह है कि उन्होंने अच्छी संख्या में छोटी कविताएं भी लिखी हैं, जो कि प्रगीतात्मक हैं और पूरी हैं। यह जरूर है कि उनकी अनेक कविताएं, जिनसे उनके छोटी होने का भ्रम हो सकता है, उनकी ऐसी कविताएं हैं, जिन्हें वे किसी कारण पूरा न कर सके।

आखिर छोटी और लंबी कविताओं में गुणात्मक अंतर क्या है? इसे भी मुक्तिबोध के शब्दों में ही देखना चाहिए : "अगर वह कविता भावावेशपूर्ण होती, तो एक बार उसकी आवेशात्मक अभिव्यक्ति हो जाने पर मेरी छुट्टी हो जाती। लेकिन वैसा हो सकना असंभव है, क्योंकि भावावेश किसी बात को लेकर होता है, वह बात किसी दूसरी बात से जुड़ी होती है, दूसरी बात किसी तीसरी बात से।" तात्पर्य यह कि उनकी कविताएं दो तरह की हैं : एक वे, जिनमें वे सिर्फ 'आवेशात्मक अभिव्यक्ति' करते हैं और दूसरी वे, जिनमें वे भावावेश के *कार्य-कारण-सूत्र* की तलाश करते हुए हाथ में एक लालटेन लिए अंधकारपूर्ण पथ पर आगे बढ़ जाते हैं। उनकी पहले प्रकार की कविता आत्मपरक होने से प्रगीतात्मक होगी और दूसरे प्रकार की कविता वस्तुपरक होने से नाटकीय।

यहां हम जिस खास बात का उल्लेख करना चाहेंगे, वह यह कि आत्मपरक होने का यह अर्थ न लगाया जाए कि वह यथार्थ के संदर्भों से बिलकुल शून्य होगी। उक्त लेख के अंत में मुक्तिबोध ने भाव को कविता का 'सर्वस्व' बतलाते हुए कहा है कि "कविता कोई निबन्ध तो है नहीं कि जिससे लोगों को आज के हालात की जानकारी मिले; न वह कोई नाटक है, जिसमें पात्र प्रस्तुत होकर मूर्त रूप से जीवन-यथार्थ उपस्थित करते हैं। कविता, एक संगीत को छोड़ अन्य सब कलाओं से अधिक अमूर्त है। वहां जीवन-यथार्थ केवल भाव बनकर प्रस्तुत होता है, या बिंब बनकर, या विचार बनकर। कविता के भीतर की सारी नाटकीयता वस्तुतः भावों की गतिमयता है। उसी प्रकार कविता के भीतर का कथा-तत्त्व भी भाव का इतिहास है।" स्पष्टतः यहां जिस भावप्रधान कविता पर प्रकाश डाला गया है, वह प्रगीतात्मक कविता है, लेकिन उसके उदाहरण के रूप में उन्होंने अपनी 'चुप रहो मुझे सब कहने दो' शीर्षक जिस कविता का हवाला दिया है, उसमें अपनी 'अमूर्तता' के बावजूद किसी हद तक पात्र प्रस्तुत होकर मूर्त रूप से जीवन-यथार्थ उपस्थित करते हैं, यानी उसमें एक नाटकीयता है, और साथ ही एक कथात्मकता भी। उन्होंने कहा भी है कि उसमें काजली रंगों का प्रयोग किया गया है, लेकिन 'श्यामलता के कार्य-कारण-संबंध' भी प्रस्तुत किए गए हैं। दूसरी तरफ वे यह भी कहते हैं कि उसमें कथा का केवल आभास है, नाटकीयता की केवल मरीचिका है और वह विशुद्ध आत्मगत काव्य है। हमारा खयाल है कि इन दोनों बातों में कोई विरोध नहीं, क्योंकि वस्तुस्थिति यह है कि मुक्तिबोध की कविताओं में अनेक बार नाट्यधर्मिता और प्रगीतधर्मिता के बीच की सीमा-रेखा मिट जाती है और दोनों आपस में घुल-मिल जाती हैं। 'चुप रहो मुझे सब कहने दो' कविता एक रूपक है और कवि

की निजी मनोदशा और आत्मसंघर्ष को मूर्त करती है, लेकिन उसके साथ ही वह समकालीन सामाजिक यथार्थ को भी नाटकीय ढंग से उपस्थित करती है।

डॉ. नामवर सिंह ने कभी मुक्तिबोध की लंबी कविताओं का महत्व बतलाया था। कुछ दिन पहले साहसपूर्वक उन्होंने 'कविता और समाज' शीर्षक अपने एक लेख में यह कहा है कि "मुक्तिबोध ने सिर्फ लंबी कविताएं ही नहीं लिखीं। उनकी अनेक कविताएं छोटी भी हैं, और छोटी होने के बावजूद लंबी कविताओं से किसी कदर कम सार्थक नहीं हैं। वे कविताएं अपने रचना-विन्यास में प्रगीतधर्मी हैं।" ('पूर्वग्रह-63-64') बात यहां *सार्थकता* की है। निश्चय ही संघर्षपूर्ण समाजिक यथार्थ के चित्रण के साथ मुक्तिबोध की प्रगीतात्मक 'आत्माभिव्यक्ति' की भी प्रचुर सार्थकता है।

ऊपर मुक्तिबोध का यह कथन उद्धृत किया गया है कि वे कभी छायावादी न हो सके और उनके मन में छायावाद के विरुद्ध प्रतिक्रियाएं ही संचित होती रहीं। यह बाद की बात है, जबकि उन्होंने सचेत होकर काव्य-रचना शुरू की और उनकी काव्य-संवेदना विशिष्टता को प्राप्त करने लगी। उनकी पहली प्रकाशित कविता 1935 की मिलती है। 1939 तक वे छायावाद के प्रभाव में रहे और उसी की प्रगीतात्मक धारा में बहते हुए कविताओं की रचना करते रहे। इस दृष्टि से उनका 'तार सप्तक' का यह वक्तव्य अधिक उपयुक्त है : "उन दिनों भी एक मानसिक संघर्ष था। एक ओर, हिंदी का यह नवीन सौंदर्य-काव्य था, तो दूसरी ओर, मेरे बाल-मन पर मराठी साहित्य के अधिक मानवतामय उपन्यास-लोक का भी सुकुमार परंतु तीव्र प्रभाव था। तॉलस्तॉय के मानवीय समस्या-संबंधी उपन्यास या महादेवी वर्मा? समय का प्रभाव कहिए या वय की मांग, या दोनों, मैंने हिंदी के सौंदर्य-लोक को ही अपना क्षेत्र चुना, और मन की दूसरी मांग वैसे ही पीछे रह गई जैसे अपने आत्मीय राह में पीछे रहकर भी साथ चले चलते हैं।"

छायावादी कविता का भी एक सामाजिक संदर्भ था और जैसा कि उक्त लेख में ही नामवरजी ने उसके बारे में कहा है, "असामाजिक प्रतीत होनेवाले रोमांटिक प्रगीत उस युग की चेतना को कहीं अधिक गहराई से वाणी दे रहे थे और उनकी 'असामाजिकता' में ही सच्ची सामाजिकता थी।" मार्क्स का भी कहना है कि कुछ भी समाज से बाहर नहीं है, यहां तक कि व्यक्ति का अकेलापन भी समाज की ही देन होता है। गोल्डमान का भी यह सिद्धांत प्रसिद्ध है कि प्रत्येक कलाकृति वैयक्तिक से अधिक एक वर्गीय विश्वदृष्टि की अभिव्यक्ति होती है। इस दृष्टि से मुक्तिबोध के छायावादी गीतों में भी सामाजिकता ढूंढ़ी जा सकती है, लेकिन इन गीतों की असली सीमा उनमें सामाजिकता का नहीं, बल्कि वैयक्तिकता व आत्मपरकता का अभाव है। चूंकि इसके अभाव में प्रभावशाली प्रगीत-काव्य की रचना संभव नहीं है, इसलिए वे यत्र-तत्र कवि की शक्ति का एहसास कराते हुए भी प्रभावहीन हैं। उनमें रूपगत प्रयोग भी देखने को मिलते हैं, उनकी रचना पूर्णतः किसी छायावादी कवि की बंधी हुई प्रणाली पर नहीं हुई, लेकिन उनका भाव-लोक न केवल छायावादी कविता का सुपरिचित भाव-लोक है, बल्कि वह प्रायः रूढ़ियों से निर्मित है। इस कारण उसमें ताजगी बिलकुल नहीं है।

मुक्तिबोध ने महादेवीजी का नाम लिया है। महादेवीजी के गीतों की प्रतिध्वनि ही उनके छायावादी गीतों में नहीं सुनाई पड़ती, बल्कि 'प्रिय नाम कोकिल, बोल री !'-जैसे उनके गीतों में उनकी अनुकृति भी दिखलाई पड़ती है। छायावादी दुखवाद और आंसूवाद उनके इस काल के गीतों पर पूरा छाया हुआ है। छायावादी कल्पनावाद के प्रभाव से ही वे अपनी प्रेमिका को 'कल्पना' कहते हैं और छायावाद की छाया-बालिका का रूप अनेक गीतों में अंकित करते हैं। और तो और, छायावादी रहस्यवाद की झलक भी हमें उनके गीतों में मिलती है। महादेवीजी ने कहा था कि "मृत्यु जीवन का चरम विकास" और निराला ने कहा था कि "मुक्ति हूं मैं, मृत्यु में आई हुई, न डरो !" रवीन्द्रनाथ ने 'भानु सिंह ठाकुरेर पदावली' से लेकर 'गीतांजलि' तक के गीतों में मृत्यु का बहुत ही मोहक चित्र खींचा था। मुक्तिबोध ने आगे चलकर रवीन्द्रनाथ पर एक कविता लिखी और उन्हें अपना अग्रज कहकर संबोधित करते हुए उनसे निवेदन किया कि आप जो काम छोड़ गए हैं, उसे मैंने अपने विनम्र कंधों पर उठा लिया है ! लेकिन उस समय उन्होंने उनकी कविता के मानववादी रूप को नहीं समझा था और सर्वाधिक उनके मरणवाद का ही प्रभाव ग्रहण किया था। यह आकस्मिक नहीं है कि उनके छायावादी गीतों में 'मरण' की बहुत चर्चा है और प्रायः उसका चित्र प्रेमिका के रूप में खींचा गया है।

शमशेर पर लिखे गए अपने लेख में मुक्तिबोध ने एक पते की बात कही है कि हिंदी की आत्मपरक कविता व्यक्तिनिष्ठ भले हो, उसमें वास्तविक भाव-प्रसंगों की *मौलिक विशिष्टता* का बहुत कम चित्रण हुआ है। इस दृष्टि से देखें तो स्वयं उनकी छायावादी कविता समाज की जगह व्यक्ति-केंद्रित तो है, लेकिन वह व्यक्ति विशिष्ट न होकर सामान्य है। उसके सारे भाव-प्रसंग उसके न होकर छायावादी प्रगीत-नायक के हैं। गौर करने पर एक दबा हुआ मुक्तिबोध का अपना स्वर भी मिलता है, लेकिन छायावादी शोरगुल में जैसे वे भी उसे नहीं पहचान पाते। जब वे कहते हैं कि "दुख में ही सुख कर लो यारो, दिल में पत्थर भर लो यारो", तो ऐसा लगता है कि वे अपने दुख की अभिव्यक्ति कर रहे हैं और इस तरह वे विशिष्ट भाव-प्रसंग उपस्थित करते हैं। इन पंक्तियों में फक्कड़ाना अंदाज है, जो उन छायावादी कवियों में कतई नहीं, जिनका प्रभाव लेकर वे उस समय कविता लिख रहे थे। उनकी भाषा भी बदलकर अपनी हो जाती है। इसी तरह उनके कुछ छायावादी गीतों में ग्रामीण जीवन के चित्र मिलते हैं, जो अपनी ताजगी से इसलिए प्रभावित करते हैं कि वे छायावादी कविता से नहीं, बल्कि यथार्थ जीवन से उठाए गए हैं।

कविता में मुक्तिबोध की आत्मपरकता छायावादी दौर समाप्त होने के बाद दूसरे स्तर पर पहुंचती है। यह विकास उस संघर्ष के कारण संभव हुआ, जिसका उल्लेख उन्होंने 'तार सप्तक' के अपने वक्तव्य में किया है : "मेरे बाल-मन की पहली भूख सौंदर्य और दूसरी विश्व-मानव का सुख-दुख—इन दोनों का *संघर्ष* मेरे साहित्यिक जीवन की पहली उलझन थी।" विश्व-मानव के सुख-दुख का चित्रण करने के लिए उन्होंने कथा-लेखन शुरू किया, लेकिन उनकी अपनी विधा कविता ही थी, "इसीलिए काव्य को व्यापक

करने की, *अपनी जीवन-सीमा से उसकी सीमा को मिला देने की*, चाह दुर्निवार होने लगी। और मेरे काव्य का प्रवाह बदला।" जब तक उन्हें एक 'सर्वाश्लेषी दर्शन' नहीं मिल गया, उनके भीतर वैयक्तिक और सामाजिक प्रवृत्तियां एक-दूसरे के समानांतर प्रवाहित होती रहीं और इन दोनों के बीच एक संघर्ष की स्थिति बनी रही। आगे चलकर यह संघर्ष उनमें समाप्त हो गया, यद्यपि दूसरे स्तरों पर उनमें संघर्ष अंत-अंत तक चलता रहा। उनके छायावादी गीतों में हम वैयक्तिकता और सामाजिकता के बीच एक द्वंद्व देखते हैं, कभी परोक्ष और कभी प्रत्यक्ष रूप में। इस द्वंद्व का समाधान पाने के लिए जैसे वे बैचेन हैं।

एक कविता में वे कहते हैं :

ओ चिंतक, अपनी तत्त्व-प्रणाली
में न बांध जीवन अबाध
हो रहा इसी से अनाह्लाद
जीवन की गति को पहचाने
पहले, तब तू कर यह प्रयास
निःसंबल ही है बुद्धि एक
व्यक्तित्व बहे रे अनायास
फिर समझेगा तू आत्मदान
की होती चलती विविध रीति
है आत्मत्याग में आत्मप्रीति

यह आत्मपरक तत्व-प्रणाली और अबाध जीवन-प्रसार तथा आत्मप्रीति और आत्मत्याग का द्वंद्व है, साथ ही इस समाधान का संकेत भी कि एक ऐसा भी आत्मत्याग या आत्मदान होता है, जिसमें आत्मप्रीति निहित होती है! 'यह क्षण' शीर्षक इस दौर की कविता में मुक्तिबोध का आत्मसंघर्ष सबसे तीखे रूप में प्रकट हुआ है। इस कविता में 'आत्म-लोभ' और 'सीमोल्लंघन' के संघर्ष से गुजरते हुए वे यहां पहुंचते हैं :

अंतःसागर की गहराई में से
नई शक्ति को लेकर
हम खल-बल का अपने बल से
नित्य करेंगे, स्वयं नियंत्रण।

खल-बल का नियंत्रण करने के लिए अपने अंतर्मन से निकल भागने की जरूरत नहीं है, जरूरत है उससे नई शक्ति लेकर टूट पड़ने की। उन्होंने कविता के अंत में कहा है :

आत्म-मंदिरे लीन नम्र बन
आत्म-विसर्जन, सर्वस्पर्शन

यह आत्मोपलब्धि के माध्यम से आत्मविसर्जन है, आत्मलीन होकर सार्वजनीन होना है। 'कितनी शांति! कितनी शांति!' अज्ञेय की प्रसिद्ध कविता है। उसमें भी व्यष्टि और

समष्टि का ही द्वंद्व प्रकट हुआ है, लेकिन कवि ने उसमें इन दोनों को सिर्फ अविरोध अथवा शांतिपूर्ण सहअस्तित्व की स्थिति में रखा है, उनके द्वंद्वात्मक संबंध को नहीं पहचाना। मुक्तिबोध की विशेषता आत्म और विश्व के द्वंद्वात्मक संबंध की पहचान है। यह पहचान इतने तीखे रूप में अज्ञेय क्या, उनके समानधर्मा प्रगतिशील कवियों में भी नहीं मिलती।

प्रेम प्रगीत-कविता का बहुत ही पुराना विषय रहा है। प्रगतिशील आंदोलन के आरंभिक दौर में इसे अच्छी निगाह से नहीं देखा गया। ऐसा समझा गया कि यह व्यक्ति को सामाजिक वास्तविकता से अलग कर अपने आप में सीमित कर देनेवाली चीज है। स्वभावतः प्रेम क्रांति-पथ की बाधा के रूप में चित्रित हुआ। उर्दू के प्रसिद्ध प्रगतिशील कवि फ़ैज़ की प्रसिद्ध नज्म 'मुझसे पहली-सी मुहब्बत मेरी महबूब न मांग!' प्रेम के प्रति इस दृष्टिकोण को अच्छी तरह से उपस्थित करती है। फ़ैज़ ने इसमें प्रेम और क्रांति इन दोनों को एक-दूसरे के विरोध में खड़ा कर दिया है। मायकोव्स्की से लेकर ब्रेख्त तक का उस दौर में यही रुख था। मायकोव्स्की ने कविता के सौंदर्यात्मक व्यापार की उपेक्षा की और उसे कर्म से जोड़ने पर बल दिया। उन्होंने स्पष्ट शब्दों में कहा कि प्रगीतकार निष्क्रिय होता है और वह आत्मा को भ्रष्ट करता है। ब्रेख्त ने कविता की सर्वाधिक सार्थकता 'सूचना' में देखी और प्रगीत-कविता की व्यावहारिक चरितार्थता के तरीके और साधन ढूंढ़ने पर बल दिया। उनकी दृष्टि में उस समय सृजनात्मक कला के दो लक्षण थे—उपयोगिता और उत्पादकता।

लेकिन ज्यों-ज्यों कवियों की एकान्वित विश्वदृष्टि की खोज बढ़ती गई, जीवन प्रगति करता गया और इनके परिणामस्वरूप प्रगतिशील कविता विकसित होती गई, प्रेम और क्रांति के बीच का विरोध समाप्त होता गया। मायकोव्स्की ने अपनी एक बाद की कविता में प्रेम को अपनी संपूर्ण सृजनात्मकता का स्रोत बतलाया :

और यदि मैंने सारा का सारा सच लिखा है,
झूठ बिलकुल नहीं लिखा,
यदि मैंने कोई बुद्धिमान की बात
कही है,
तो कसूर मेरा नहीं,
आकाश के समान उन आंखों का है,
मेरी प्रेमिका की
सुन्दर आंखों का।

नेरूदा ने यह कहते हुए कि कवि की पांचों इन्द्रियों की पहुंच सभी क्षितिजों तक जरूर होनी चाहिए, जैसे प्रगतिशील कविता का नया सौंदर्यशास्त्र प्रस्तुत किया। ब्रेख्त-सहित दूसरे सभी क्रांतिकारी कवि इस निष्कर्ष पर पहुंचे कि प्रगतिशील कवि को जीवन को उसकी संपूर्णता में अधिकृत करना चाहिए। अपनी मृत्यु के कुछ दिन पहले फ़ैज़ भारत आए थे। दिल्ली की एक गोष्ठी में जब श्रीकांत वर्मा ने उनकी उपर्युक्त नज्म की तारीफ

करते हुए उनसे उसे सुनाने का आग्रह किया, तो उन्होंने यह कहकर उसे सुनाने से इनकार कर दिया कि वह अच्छी नज्म नहीं। हिंदी में प्रगतिशील आंदोलन के दूसरे दौर के शमशेर, केदारनाथ अग्रवाल, नागार्जुन और त्रिलोचन-जैसे कवियों ने अनेक सुंदर प्रेम-कविताएं लिखी हैं। शमशेर तो मूलतः प्रेम और सौंदर्य के ही कवि माने जाते हैं। केदारनाथ अग्रवाल के राजनीतिक रूप पर भी उनका प्रेम और सौंदर्यवाला रूप ही हावी है। नागार्जुन ने ज्यादातर राजनीतिक कविताएं लिखी हैं, लेकिन उनमें एक दबा हुआ प्रेम का स्वर भी है, जो 'सिन्दूर तिलकित भाल'-जैसी कविताओं में कभी फूटा है, तो पूरी उन्मुक्तता और मार्मिकता के साथ। अवध के लोकजीवन का अनुपम चित्र उठानेवाले त्रिलोचन की कविताओं में भी प्रेम की एक प्रच्छन्न, किंतु सशक्त धारा प्रवहमान है।

इधर केदारनाथ अग्रवाल ने 'जमुन जल तुम' नामक प्रेम-कविताओं के अपने संग्रह की भूमिका में कई दिलचस्प, साथ ही विचारोत्तेजक, बातें कही हैं। उनकी प्रेम-कविताएं पढ़कर पाठकों को किसी तरह की गलतफहमी न हो, इसलिए उन्होंने यह स्पष्टीकरण देना जरूरी समझा है : "मूलतः मैं पत्नी-प्रेमी रहा हूं और मेरी प्रेम की कविताएं उन्हीं के प्रेम और सौंदर्य की कविताएँ हैं। कहीं-कहीं कभी-कभी कुछ कविताएं ऐसी झलक दे जाती हैं, जैसे कि मैं उनके अलावा भी दूसरी नारियों से घनिष्ठ रूप से संबद्ध रहा हूं। बात ऐसी नहीं है। जो मैं ऐसा लिख गया हूं वह केवल पारंपरिक काव्य-संस्कार का परिणाम है, जो घर की चहारदीवारी से बाहर पहुंच गया है।" आगे उन्होंने कहा है : "पहले परकीया प्रेम का उदात्तीकरण कर दिया जाता था। राधा के प्रति कवियों का प्रेम-वर्णन इसी का उदाहरण है। कृष्ण के प्रति मीरा का प्रेम इसी प्रकार का है। मैंने अपने प्रेम को इस प्रकार के परकीया प्रेम के उदात्तीकरण से अलग रखकर सरल सहज और खुले रूप में स्वकीया प्रेम को मानवीय प्रेम के रूप में प्रस्तुत किया है।" यह वक्तव्य पढ़कर हमें हास्यरस की कविताओं के उन संग्रहों की याद आई, जिनके आवरण पृष्ठों पर कवि का ही कार्टून छपा होता है। सिर्फ रस का फर्क है। वहां हास्य, यहां शृंगार!

अपनी पत्नी से प्रेम करना और उस प्रेम में कविताएं लिखना बुरा नहीं है, ऊपर नागार्जुन की जिस प्रेम कविता का हवाला दिया गया है, वह पत्नी-प्रेम की ही कविता है, लेकिन दूसरी स्त्री से प्रेम करना क्या बुरा है? क्या वह प्रेम मानवीय नहीं हो सकता? क्या वह नए सामाजिक मूल्य की प्रतिष्ठा करनेवाला विद्रोहपूर्ण प्रेम नहीं हो सकता? केदार ने कृष्ण-भक्त कवियों के प्रेम को भी परकीया-प्रेम कहा है। उन्हें परकीया-प्रेम का उदात्तीकरण भी स्वीकार नहीं है। इसीलिए उन्होंने अपने प्रेम को उससे भी अलग रखा है। क्या समाजवादी समाज में इस तरह का कानून बना दिया जाएगा कि नागरिक अपनी पत्नी से ही प्रेम करें? और क्या उसमें सूरदास और मीरा का प्रेम-काव्य प्रतिबंधित होगा?

अंत में केदार ने कहा है कि "आज, मेरे ऐसे प्रेम की कविताएं हिंदी काव्य में मिलना दुश्वार हैं। अब तो नए-नए उभरते स्वरवाले कविगण भी परकीया आकर्षण से

ही अभिभूत होते हैं और क्षणिक आवेश की रचनाएं देकर पारस्परिक चुहलबाजी कर लेते हैं। ऐसी कविताएं सामाजिक दायित्व से हीन कविताएं होती हैं, और ऐसे कवि न घर में प्रेम को प्रतिष्ठित कर पाते हैं, न समाज में। ... मेरी प्रगतिशीलता में इसका कोई स्थान नहीं है।" 'क्षणिक आवेश' वाली कविताओं के पक्ष में कुछ नहीं कहा जा सकता, चाहे वे परकीया-प्रेम की हों, चाहे स्वकीया-प्रेम की। जो विचारणीय मुद्दा है वह यह है कि क्या परकीया-प्रेम की कविताएं वस्तुतः सामाजिक दायित्व से हीन कविताएं होती हैं और उनके द्वारा न घर में प्रेम की प्रतिष्ठा हो सकती है, न समाज में? यह बात सूर-मीरा के काव्य पर भी लागू होगी और तब उसे भी सामाजिक दायित्व से हीन काव्य घोषित करना होगा। केदार ने प्रगतिशीलता का भी प्रश्न उठा दिया है। प्रेम के प्रसंग में सही प्रगतिशीलता क्या है?

डॉ. रामविलास शर्मा अपनी आलोचना में केदार के दृष्टिकोण की सीमाएं भी बतलाते रहे हैं, लेकिन विचित्र बात है कि 'प्रगतिशील काव्य-धारा और केदारनाथ अग्रवाल' नामक पुस्तक में उन्होंने उनके प्रेम-संबंधी दृष्टिकोण का समर्थन किया है। परकीया-प्रेम के अनन्य गायक सूरदास को लेकर कठिनाई उपस्थित हो सकती थी। डॉ. शर्मा केदार की इस कठिनाई को भी दूर कर देते हैं : "हिन्दी प्रदेश से बाहर राधा परकीया हैं, सूरदास ने कृष्ण से ब्याह कराके उन्हें स्वकीया बनाया था।" क्या सूरदास के ब्याह करा देने से ही राधा और कृष्ण के प्रेम का स्वरूप परिवर्तित हो जाता है? डॉ. शर्मा ने आगे कहा है कि "शुक्लजी ने हिन्दी साहित्य के इतिहास में बताया था कि स्वकीया-प्रेम के गीत हमारे यहां गांवों में प्रचलित हैं। केदार की प्रेम-संबंधी कविताएं इस स्वकीया गीतपरंपरा के अनुरूप हैं।" स्वकीया-प्रेम अच्छी बात है और उस प्रेम में गीत लिखना और भी अच्छी बात है, लेकिन केदार ने जो प्रश्न उठाया है, उसका संबंध स्वकीया-समर्थन से नहीं, परकीया-विरोध से है। डॉ. शर्मा ने एंगेल्स का हवाला दिया है। प्रेम के संबंध में एंगेल्स के क्या विचार हैं?

'परिवार, निजी संपत्ति और राज्य की उत्पत्ति' नामक अपनी प्रसिद्ध पुस्तक के दूसरे अध्याय में एंगेल्स ने लिखा है : "सरल यौन-इच्छा से, प्राचीन युग की काम-वासना से वर्तमानकालीन यौन-प्रेम बहुत भिन्न है। एक तो हमारा यौन-प्रेम यह मानकर चलता है कि यह प्रेम दोतरफा है, जिससे प्रेम किया जाए, उससे प्रेम मिलता भी है। इस तरह औरत का दर्जा मर्द के बराबर होता है, जबकि प्राचीनकालीन काम-वासना में औरत की हमेशा राय भी नहीं ली जाती थी। दूसरे, यौन-प्रेम इतना तीव्र और स्थायी रूप धारण कर लेता है कि दोनों पक्षों को लगता है कि यदि उन्होंने एक-दूसरे को न पाया या वे एक-दूसरे से अलग रहे, तो यह यदि सबसे बड़ा नहीं, तो बहुत बड़ा दुर्भाग्य अवश्य होगा। एक-दूसरे को पाने के लिए वे भारी खतरों का सामना करते हैं, यहां तक कि अपने जीवन को भी संकट में डालने में नहीं हिचकिचाते। प्राचीन युग में यह सब अधिक से अधिक केवल विवाहेतर यौन-व्यापार में होता था। और आखिरी चीज, अब संभोग का औचित्य अथवा अनौचित्य एक नए नैतिक मानदंड से निश्चित होने लगता है। अब केवल यही सवाल नहीं किया जाता कि संभोग वैध है अथवा अवैध, बल्कि

यह भी किया जाता है कि वह पारस्परिक प्रेम का परिणाम है या नहीं।" स्पष्टतः एंगेल्स जिस 'नए नैतिक मानदंड' की तरफ हमारा ध्यान दिलाना चाहते हैं, वह 'पारस्परिक प्रेम' है, काम-संबंध की वैधता अथवा अवैधता नहीं। केदार और डॉ. शर्मा की प्रगतिशीलता में इस 'वैधता' को जितना स्थान प्राप्त है, उतना 'पारस्परिक प्रेम' को नहीं। इसी कारण उन्होंने प्रेम का आदर्श रूप स्वकीया-प्रेम में देखा है और परकीया-प्रेम को 'सामाजिक दायित्व से हीन' तथा 'व्यभिचार' मान लिया है।

उक्त अध्याय में ही एंगेल्स ने आधुनिक व्यक्तिगत यौन-प्रेम के बारे में यह स्पष्ट कर दिया है कि "यह विकास कहीं पर एकनिष्ठ विवाह के भीतर हुआ, कहीं उसके समानांतर हुआ, और कहीं उसका विरोध करके हुआ।" इस तरह स्वकीया-प्रेम प्रेम का एकमात्र पर्याय नहीं है। एंगेल्स ने तो इस ऐतिहासिक तथ्य का भी उल्लेख किया है कि "इतिहास में यौन-प्रेम का जो पहला रूप प्रकट हुआ, अर्थात आवेग का रूप, ऐसे आवेग का, जिसका (कम से कम शासक-वर्ग का) प्रत्येक व्यक्ति अधिकारी समझा जाता था और जो यौन-भावना का सर्वोच्च रूप समझा जाता था—और यही उसकी विशेष अभिलाक्षणिकता है—वह पहला रूप मध्ययुग के नाइटों का प्रेम था, जो किसी भी हालत में वैवाहिक प्रेम नहीं था।" वर्तमान समाज इतना नहीं बदल गया है कि प्रेम वैवाहिक ही हो, विवाहेतर नहीं। अभी भी विवाह लड़कों और लड़कियों की इच्छा से कम ही होते हैं। ऐसी स्थिति में वैवाहिक प्रेम को ही महत्व देना और विवाहेतर प्रेम को दायित्वहीन और व्यभिचार मानना एक तरह का संकीर्णतावाद है। प्रेम का सार-तत्व वैवाहिक या विवाहेतर संबंध नहीं, बल्कि मनुष्य की भावनाओं का अत्यधिक 'मानवीयकरण' है।

'मुक्त प्रेम की मांग' को लेकर रूसी कम्युनिस्ट पार्टी और अंतर्राष्ट्रीय महिला कम्युनिस्ट आंदोलन की एक नेत्री इनेसा अरमांड और लेनिन के बीच पत्राचार हुआ था। लेनिन ने इनेसा अरमांड को लिखा था कि "प्रश्न यह है कि प्रेम के मामले में वर्ग-संबंधों का *वस्तुगत तर्क* क्या होता है।" अपने दूसरे पत्र में उन्होंने प्रेम के प्रति पूंजीवादी और सर्वहारा दृष्टिकोणों का अंतर स्पष्ट करते हुए लिखा कि "जरूरत इस बात की है कि सर्वहारा-वर्ग के दृष्टिकोण को पूंजीवादी-वर्ग के दृष्टिकोण से *अलग किया जाय* और उसे उसके *मुकाबले में रखा जाय।"* प्रेम के प्रति पूंजीवादी दृष्टिकोण जहां विलासितापूर्ण होता है, वहां सर्वहारा दृष्टिकोण संघर्षपूर्ण। लेनिन ने बतलाया कि सर्वहारा-वर्ग के लिए मुक्त प्रेम का मतलब होता है प्रेम के मामले में भौतिक (आर्थिक) चीजों का खयाल करने के विचार से मुक्ति, भौतिक चिंताओं से मुक्ति, धार्मिक पूर्वग्रहों से मुक्ति, पिता की रोक-टोक आदि से मुक्ति, 'समाज' के पूर्वग्रहों से मुक्ति, अपने परिवेश की संकुचित (किसानोंवाली, अथवा अधकचरी, अथवा पूंजीवादी-बुद्धिजीवी) परिस्थितियों से मुक्ति और कानून, अदालत और पुलिस के प्रतिबंधों से मुक्ति, जबकि पूंजीवादी-वर्ग के लिए उसका मतलब होता है कि प्रेम में जो कुछ संजीदा है उससे मुक्ति, बच्चे के जन्म के कार्य से मुक्ति, व्यभिचार की आजादी आदि।

मुक्तिबोध ने भी प्रेम के प्रसंग में स्वकीया और परकीया-प्रेम को नहीं, बल्कि उसके वर्गीय सार-तत्व को महत्व दिया है। 'नई कविता : एक दायित्व' शीर्षक अपने लेख में वे अपना दृष्टिकोण इस प्रकार स्पष्ट करते हैं, "शृंगार और रोमांस सब जगह है और जीवन का एक अंग है। विभिन्न वर्गों में ही, प्रेम से संबंधित मनोवैज्ञानिक वस्तु-तत्व भी अलग-अलग होते हैं। ... उच्चवर्ग के प्रति आसक्त लेखक साधारण श्रेणी की जीवनभूमि में प्राप्त शृंगार का चित्रण नहीं कर सकते या नहीं करना चाहते। किंतु बात केवल शृंगार की ही नहीं, विचारों की, दृष्टि की, अभिरुचि की और मर्मज्ञता की भी है। और मूलतः उस संघर्ष को समझने की बात है, जो सिर्फ उन्होंने ही नहीं किया है, अर्थात् जीवन-मूल्यों की बात है। किस प्रकार के जीवन-मूल्य आप प्रस्तुत करना चाहते हैं—उच्च-मध्यवर्गीय ? या साधारण जन के ? ...इस श्रेणी के सारे लक्ष्यों का समवाय एक ही सूत्र में है और वह वस्तुतः है, मानवमुक्ति, जिसके अंतर्गत जीवन के सभी पक्ष आ जाते हैं, चाहे वह शृंगार हो या राजनीति। हर पक्ष में मुक्ति का संघर्ष है। कोई भी पक्ष इससे खाली नहीं है।" 'प्रगतिशीलता' और 'मानव-सत्य' शीर्षक लेख में भी वे कहते हैं, "... गरीब मध्यवर्गीय कविता का प्रधान 'सेंटिमेंट' जनतांत्रिक ही रहेगा, चाहे उसका विषय शृंगार ही क्यों न हो। उसका शृंगार गीतगोविंद, स्थूल रोमांस आदि का शृंगार नहीं होगा, वरन् होरी और धनिया तथा सिलिया का शृंगार होगा। उसकी करुणा, दया और प्रेम में यही सार्वजनिक मानवीयता काम करेगी। पर्यंकशायी अध्यात्म की अंतर्मुखता के बजाय उसमें सूर और मीरा की तन्मयता और कबीर का फक्कड़पन होगा।" इस दूसरे उद्धरण में जनतांत्रिकता, सार्वजनिक मानवीयता, और पर्यंकशायी अध्यात्म की अंतर्मुखता की जगह तन्मयता और फक्कड़पन की बात कहकर उन्होंने प्रेम के प्रगतिशील स्वरूप को अच्छी तरह से सामने ला दिया है।

इसे भी एक संयोग ही कहेंगे कि मुक्तिबोध की एक कविता—'किसी से'—में पति भी है और प्रेमी भी। आवश्यक नहीं कि पति पत्नी से प्रेम न करे, लेकिन इस कविता में पति पत्नी के साथ बहुत क्रूरता से पेश आता है, क्योंकि वह किसी और से प्रेम करती है। पति को उसके ऐसा करने पर आपत्ति है, क्योंकि स्त्रियों को कोई 'प्रमाद' करने का अधिकार नहीं। वह अधिकार तो सिर्फ पुरुषों को या बड़े लोगों को प्राप्त है। स्त्रियों का अधिकार तो बस इतना है कि वे दासों और शूद्रों की तरह आदर्शवाद का भार ढोया करें। पत्नी पति से तिरस्कृत और बहिष्कृत होकर प्रेमी के यहां पहुंचती है, जो उससे कहता है :

तुम कमरे के एक ओर कोने में,
पड़ी हुई हो।
जड़ीभूत हिचकी-सी।
जीवन के सूखे पत्तों की बृहत् राशि में
कोई नाग न हिलता-डुलता
स्मृति का, दुख का,

सरक, खुड़खुड़ाकर सूखे पत्तों के दल को।
मात्र बह रही है प्राणों से
दुख की गरम रक्त की धारा
नीरव, नीरव।
आ, मैं अपने प्राणों के कोमल कपास से उसे पोंछ दूं।
अपने उर की उष्ण किरण से
तेरे सूजे हुए करों में जीवन भर दूं।
जलती हुई अंगीठी मेरे प्राण-वक्ष की
जीवन की बर्फीली सर्दी से ठिठुराते
एक प्राण का दर्द भगा दे;
जीवन-ज्योति जगा दे।

यह 'जीवन-ज्योति' प्रेम की गहरी मानवीय भावना से ही जाग सकती है। कविता के अंत में जिस स्त्री को पति ने लांछित और उत्पीड़ित किया उसके प्रति प्रेमी का यह निवेदन प्रेम के समतावाले पक्ष को ही नहीं, उसके इस पक्ष को भी पूर्णतः उजागर कर देता है कि उसमें मनुष्य के प्रति मनुष्य का भाव आदर से बहुत ऊपर उठा हुआ होता है :

मेरे प्राणों के दावा-वन
में स्वर्णिम पुष्पों की तेजोलतिका-सी
तू खड़ी हुई है उन्मन।

इसके आगे की पंक्तियां हैं :

अभी-अभी अपने प्राणों के मीनारों को
स्वर्ण-रश्मियां नए सूर्य की
तुरत बद्ध कर लेंगी कोमल अरुण क्रोड़ में।

यह 'नया सूर्य' जनतंत्र का सूर्य है, जिसका एक प्रमुख मूल्य है मानव-समता। इस तरह मुक्तिबोध के प्रेम का एक बृहत् मानवीय और सामाजिक परिप्रेक्ष्य है, वह विलासिता का परिणाम नहीं। इसीलिए उनके प्रेम में जैसी गहराई है, वैसी अज्ञेय-जैसे कवियों के प्रेम में नहीं, जिन्होंने उनकी तुलना में प्रेम की बहुत ज्यादा कविताएं लिखी हैं।

छायावादोत्तर काल में मुक्तिबोध जो प्रेम-कविताएं लिखते हैं, उनमें प्रेम सामान्यीकृत रूप में नहीं, बल्कि विशिष्ट रूप में अभिव्यक्त होता है। उसमें अब छायावादी काल्पनिकता या रहस्यात्मकता नहीं रही, जिससे पाठक उसके प्रति एक आत्मीयता अनुभव करता है। मुक्तिबोध की ये गीतात्मक उक्तियां अपनी सरलता से मन को प्रभावित करती हैं :

भूरे विपथ के कंकरों का त्रास यदि गहरी बिवाई को,
तुम्हारे स्पर्श का आश्वास-मधु भी तो हमारे पास है

और—

यों बहुत दिनों से एक पंक्ति भी नहीं लिखी

पर हाय! एक दिन भी न गया,
जब मुझे जागते में सोते में तुम न दिखीं

यहां हम 'वे बातें लौट न आएंगी' शीर्षक उनका एक प्रगीत पूरा उद्धृत करना चाहेंगे, जिसमें सुखद अतीत के प्रति प्रेमी मन का स्वाभाविक मोह बहुत ही मार्मिक ढंग से अभिव्यक्त हुआ है :

खगदल हैं ऐसे भी कि न जो
आते हैं, लौट नहीं आते
वह लिए ललाई नीलापन
वह आसमान का पीलापन
चुपचाप लीलता है जिनको
वे गुंजन लौट नहीं आते
वे बातें लौट नहीं आतीं
बीते क्षण लौट नहीं आते
बीती सुगंध की सौरभ भर
पर, यादें लौट चली आतीं

पीछे छूटे, दल से पिछड़े
भटके-भरमे उड़ते खग-सी
वह लहरी कोमल अक्षर थी
अब पूरा छंद बन गई है—

"तरु-छायाओं के घेरे में
उद्‌भ्रांत जुन्हाई के हिलते
छोटे-छोटे मधु-बिंबों-सी
वह याद तुम्हारी आई है"—

पर बातें लौट न आएंगी
बीते पल लौट न आएंगे।

छायावादी दौर में भी मुक्तिबोध की कोशिश रहती थी कि वे अपने प्रगीतों को नया रूप-विधान प्रदान करें, लेकिन इस प्रगीत को तो नया रूप-विधान स्वाभाविक रूप से प्राप्त हो गया है। विशिष्ट अनुभूति ने अनौपचारिक प्रगीतात्मक व्यंजना का मार्ग स्वयं ढूंढ़ लिया है।

उक्त प्रकार का ही उनका एक प्रगीत और है, 'बहुत दिनों से'। उसे भी पूरा उद्धृत किया जा रहा है :

मैं बहुत दिनों से बहुत दिनों से

बहुत-बहुत-सी बातें तुमसे चाह रहा था कहना
और कि साथ-साथ यों साथ-साथ
फिर बहना बहना बहना
मेघों की आवाजों से
कुहरे की भाषाओं से
रंगों के उद्भासों से ज्यों नभ का कोना-कोना
है बोल रहा धरती से
जी खोल रहा धरती से
त्यों चाह रहा कहना
उपमा संकेतों से
रूपक से, मौन प्रतीकों से
मैं बहुत दिनों से बहुत-बहुत-सी बातें
तुमसे चाह रहा था कहना!
जैसे मैदानों को आसमान,
कुहरे की, मेघों की भाषा त्याग
बिचारा आसमान कुछ
रूप बदलकर रंग बदलकर कहे।

कहने की आवश्यकता न होनी चाहिए कि इस प्रगीत में एक नाजुक मनःस्थिति को, जिसमें प्रेमी प्रेमिका को एक नहीं तो दूसरी संकेतात्मक विधि अपनाता हुआ अपने मन की ढेर सारी बातें बतलाना चाहता है, उतनी ही नजाकत के साथ अंकित किया गया है।

'एक दूसरे से हैं कितने दूर' मुक्तिबोध की एक प्रगीतात्मक कविता है, जिसमें प्रेम की एक अन्य विशिष्ट स्थिति का वर्णन हुआ है। इस स्थिति में प्रेमी-प्रेमिका दूसरों से ही नहीं, आपस में भी एक-दूसरे से अपने प्रेम को छिपाते हैं। अंत में एक बार दोनों की आंखें मिल जाती हैं और देर तक मिली रहती हैं, जिससे दुराव का नाटक खत्म हो जाता है। यहां कवि ने अपने उल्लास की जो अभिव्यक्ति की है, वह जितनी सटीक है, उतनी ही नवीन भी :

राहगीर को जैसे साथी मिल जाता है
बंजारे को जैसे गाहक
पंडित को जैसे लघु सिद्धांतकौमुदी मिलती
वैसे तुम मिल चुकीं मुझे बस इतना काफी
भूल-चूक की माफी!!

प्रेम में विचित्र-विचित्र स्थितियां होती हैं। एक स्थिति वह होती है, जिसमें प्रेमिका प्रेमी को ठुकराती है और एक स्थिति वह होती है, जिसमें प्रेमी प्रेमिका की उपेक्षा करता है। मजे की बात यह होती है कि हर स्थिति में प्रेम का अंतःसूत्र दृढ़ होता रहता है। 'बिना

तुम्हारे' शीर्षक प्रगीतात्मक कविता में प्रेमिका प्रेमी के प्रणय-निवेदन को ठुकराती है, जिस पर प्रेमी का कथन है :

यद्यपि, मेरे मुंह पर होगा
धूल के बवंडर का पल्ला,
या सभी तरफ से एक साथ
होगा वीरानी का हमला,
फिर भी सूनेपन के आईने में
चमकेगा लगातार
मेरी आंखों में रमे हुए
मीठे आकारों का निखार।
मैं जिधर दृष्टि डालूंगा, पाऊंगा सखेद
सांवले, हरे, भूरे, सफेद
मैदानों के फैलावों पर तैरती हुई
झिलमिल-झिलमिल मुख-छवि मुझको
देखती हुई
ज्योत्स्नाशाली निज मानव-रूप बना
मुझको देखेगी मनोमंथिनी मरीचिका।

प्रेमिका को मनोमंथिनी यानी मन को मथती रहनेवाली मरीचिका कहना बहुत ही सशक्त अभिव्यक्ति है, जोकि 'मंथन' और 'मरीचिका' के बीच नया संबंध स्थापित करने से संभव हुई है। यह नया संबंध-स्थापन स्पष्टतः किसी रूपवाद की नहीं, बल्कि कवि के 'भाववाद' की देन है। बहुत कुछ ऐसी ही अभिव्यक्ति हमें मुक्तिबोध की 'सही हूं या गलत' शीर्षक प्रगीतात्मक कविता में मिलती है, जो आगे जाकर विज्ञान और गणित की तर्कपूर्ण, लेकिन शुष्क चर्चा में उलझ जाती है। इस कविता में भी कवि आईनों के सहारे बात करता हुआ प्रेमिका से निवेदन करता है, लेकिन इसमें उसकी 'उपेक्षा' बोलती है :

मैंने नहीं कहा था कि जिंदगी के कमरे में
लगे हुए मेरे मन-प्राण-बुद्धि शीशे में आईनों में
रवि-रश्मि बन गिरो,
और फिर किसी एक
आईने से फेंकी जाकर अन्य में तिरो और
वापिस होती वहां से फिर अन्य में ठहरो कि
तीसरे में प्रत्यावर्तित किरण-सी रम जाओ
जिंदगी के सांवले शून्य के निज-चेतस् कमरे में
विविध अनेकानेक रश्मि रेखा-पुल बनो
मैंने नहीं कहा था।

प्रेमिका कवि के मन, प्राण और बुद्धि तीनों पर छाई हुई है। उसने विभिन्न आईनों में प्रतिबिंबित और प्रत्यावर्तित होनेवाली रवि-रश्मि के माध्यम से इस स्थिति का असाधारण वर्णन किया है। ऐसी प्रेमिका की उपेक्षा मन में कैसे संघर्ष को जन्म दे सकती है, आसानी से अनुमान लगाया जा सकता है। मुक्तिबोध का प्रेम भी संघर्ष से खाली नहीं है। संघर्ष प्रेम में चलता ही रहता है, लेकिन और कवियों के प्रेम-संघर्ष और मुक्तिबोध के प्रेम-संघर्ष में यह फर्क है कि यह उनकी क्रांतिकारी भावना की तरह ही गहरा और पीड़ा से भरा हुआ है। प्रेम में यह गहराई इसी बात से संभव हुई है कि उन्होंने धीरे-धीरे अपने प्रेम के निजी रूप को पहचाना, उस प्रेम को, जो उनके व्यक्तित्व की अभिव्यक्ति था। "जिंदगी के सांवले शून्य के निज-चेतस् कमरे में" इस पंक्ति का 'निज-चेतस्' शब्द ध्यान देने योग्य है। बिना निज-चेतस् हुए प्रेम-कविता नहीं लिखी जा सकती। उसके अभाव में यह कविता परंपरागत होगी, 'व्यक्तिगत' नहीं।

'नीम-तरु के पात' शीर्षक अपनी एक प्रगीतात्मक कविता में उन्होंने कहा है कि "बेचैन कोमल आत्मा की वासना श्रीमंत है।" काम जब प्रेम-भावना से संयुक्त हो जाता है, तो वह वस्तुतः 'श्रीमंत' हो जाता है। इसी कारण प्रेम में यौन-तुष्टि से अधिक महत्व सत्य, विश्वास और त्याग-जैसे मूल्यों को प्राप्त है। इस कविता में मुक्तिबोध ने प्रेमानुभव का यह वर्णन किया है :

> व्याकुल क्षितिज की कोर में,
> तारों-धुली वन-वीथियों के मुग्ध तरु-दल रोर-सा
> उठते हुए,
> प्रासाद की दीवाल पर चढ़ते हुए उद्भ्रांत स्नेही चोर-सा,
> यह गाढ़ मादक स्नेह
> मेरे प्राण में उद्दाम अपराजेय नूतन सत्य का व्यक्तित्व ले
> अनिवार्यता के सुसंयत गंभीर चरणों से चला
> मेरे हृदय-पथ पर सजग
> विश्वास-मधु भारावनत होकर यहां ...

"तारों-धुली वन-वीथियों के मुग्ध तरु-दल रोर-सा उठते हुए" और "प्रासाद की दीवाल पर चढ़ते हुए उद्भ्रांत स्नेही चोर-सा" प्रेम के लिए प्रयुक्त इन दो उपमानों से मुक्तिबोध के हृदय की कोमलता का अंदाजा लगाया जा सकता है। प्रेम ऐसे ही कोमल हृदय में उत्पन्न होता है और उसे और भी कोमल बना देता है। प्रेम करने का मतलब है अपने भीतर एक 'नूतन सत्य के व्यक्तित्व' को जन्म देना।

मुक्तिबोध की प्रेम-संबंधी अन्य कविताएं इस बात का प्रमाण हैं कि उनका प्रेम उनके लिए जीवन और समाज की कठोर और विरूप समस्याओं से बच निकलने का मार्ग नहीं था। इसने उन्हें शेष विश्व से अलग कर आत्मकेंद्रित नहीं बनाया, बल्कि उनके 'आत्म' का ऐसा विस्तार कर दिया कि उसमें संपूर्ण मनुष्यता समा गई। अंत में प्रेम और क्रांति उनके लिए एक-दूसरे के पर्याय हो गए। 'द्युति की कली' शीर्षक कविता

में वे गीतात्मक तन्मयता के साथ अपनी प्रेयसी से कहते हैं :

द्युति-तारिके,
पल एक तुमको देख मेरे भाग्य भी भरमा गए।
भूला हुआ-सा स्वप्न वापिस आ गया।
पल भर हुआ परिचय
कि जैसे सिन्धु हो अक्षय;
तरंगों ने उछलकर दूर तक
सूखे कगारों को
हमारे प्राण के बौद्धिक सहारों को
भिगोकर हाय! आज हिला दिया!

इस प्रेयसी का व्यक्तित्व उनके लिए विश्व-मानव से घुल-मिल जाता है और उसका रंग हृदय के सत्य के रंग-जैसा हो जाता है :

गृह-द्वार-आंगन में रमी
व्यक्तित्व की आभा तुम्हारी विश्व-मानव-संगमी
यों खिल चली
हिय-सांच के सुप्रसन्न कोमल रंग-सी
ज्यों साफ-पोंछे अमल गृह-कंदील के
मृदु कांच में किरनें उगीं ···!

'जब प्रश्नचिह्न बौखला उठे' शीर्षक कविता में कवि के मन में भौतिकता के पक्ष से भाववादी चिंतन-प्रणाली को लेकर प्रश्न उठे थे। उसके बाद तो जैसे उसकी आंखों के सामने एक नई दुनिया खुल गई। इस नई दुनिया में कवि की प्रेमिका भी बेहतर भविष्य के लिए किए जा रहे संघर्ष से एकाकार हो जाती है :

ऐसा संघर्षी वर्तमान—
तुम भी तो हो,
मानव-भविष्य का आसमान—
तुममें भी है,
मानव-दिगंत के कूलों पर
जिन लक्ष्य-अभिप्रायों की दमक रहीं किरनें
वे अपनी लाल बुनावट में
जिन कुसुमों की आकृति बुनने
के लिए विकल हो उठती हैं—
उनमें से एक फूल है रे, तुम-जैसा ही,
वह तुम ही हो।

'रचनावली' में इस कविता का अंश कहकर इसका एक भिन्न और संक्षिप्त प्रारूप भी दिया गया है। उसमें मुक्तिबोध ने अपनी प्रेमिका को क्रांति का रूप प्रदान

कर दिया है :

युग के निर्माण-प्रवाहों की
इतिहास-प्रक्रियाओं में रह,
विकसित होते नक्षत्रों की
ब्रह्मांड-प्रक्रियाओं में बह,
आदिम-प्रकाश-मेघों से लिपटे
नूतन ग्रह-सी
सम्मुख तुम अवतरित हुईं!!

ये पंक्तियां इस बात का सबूत हैं कि प्रेमिका का यह रूपांतरण कोई मिथक नहीं, बल्कि यथार्थ है। प्रेमिका को क्रांति का रूप तब प्राप्त हुआ है, जबकि वह इतिहास की प्रक्रियाओं से जुड़ी है और युग-निर्माण के लिए संघर्ष के पथ पर आगे बढ़ी है। कवि का उससे साथ यों ही नहीं हुआ, संघर्ष में हुआ है :

मेरी आंखों में क्रुद्ध श्याम
चट्टानों की चिलचिलाहटें,
जंगल-पौधों के मूलों-सी
अंतर्ग्राही आदतें और राहें, बातें,
उनके पाशों में मूलबद्ध
तुम हुई कि तुमको भाई थीं,
इसलिए, हमारी राह यहां तक आई थी।

'जड़ीभूत ढांचों से लड़ेंगे' शीर्षक प्रगीत में प्रेमी-प्रेमिका पति-पत्नी नहीं। प्रेमी प्रेमिका से कहता है कि—

द्वंद्व में हार जाऊं यदि मैं
तुम मेरे घर जाना
बच्चे पुचकारना
तुम्हारी भाभी को
आखिरी मेरी बात कहना—
"स्वयं के पैरों पर खड़ी होकर जीना"
द्वंद्व में हार जाओ
मर जाओ तुम यदि
अशोक वृक्ष-से उनको
पारिजात तरु-से उनको
हृदय का जल देकर
रक्त देकर उन्हें मैं जिलाऊंगा
'उन्हें' मैं हृदय दूंगा प्राण पिलाऊंगा।
डरो नहीं, डरो नहीं, द्वंद्व में जूझ लो।

मुक्तिबोध का प्रेम वस्तुतः 'कर्मण्य' है। इतिहास-प्रक्रिया में हिस्सेदारी ही उन्हें अपनी प्रेमिका से मिलाती है। यही प्रक्रिया उन्हें निकट से निकटतर लाती है :

इतिहास-प्रक्रिया से कोई नहीं बचा है
तुम्हारी व मेरी खूब
गहरी हिस्सेदारी है
निभाएंगे निभाएंगे अपना रोल हम
अपनी-अपनी भूमिका
शायद है कि तुम मेरे पास आओ
द्वंद्व में रह जाओ मेरी हो
एक इसी आशा से
तुम्हारे व मेरे बीच स्नेह है
तुम्हारा व मेरा क्या
हमारा यह एक ही तो वतन है
एक ही तो गंगा है एक ही तो गेह है।

'मालव-निर्झर की झर-झर कंचन-रेखा' मुक्तिबोध की एक महत्वपूर्ण लंबी कविता है, जिसके पूर्वार्ध में उन्होंने माधुर्य की स्थापना की है और उत्तरार्ध में प्रेम-वर्णन किया है। प्रेम-वर्णन का एक पूरा खंड उद्धरणीय है :

कब एक-दूसरे के वैयक्तिक तल पर बोलो, गया ध्यान!!
पर ठीक उन्हीं भीतरी घाटियों में सहसा
बहता आया, दोनों की आंखों से ओझल,
स्नेह का एक निर्झर सुनील!!
जी के झरने के जल में
मानव-युग की कंचन-रेखा खिंची,
बस एक अवश्यंभावी भावी की मिठास ज्योतित!!
इस वर्तमान के काले ताने-बानों के सौ मकड़-जाल
को दूर अलग करने में डूबे थे कि तभी
कठिन पिछले अनुभव
सारा विक्षोभी ज्ञान और
आपस में उलझे-से अजस्र
संताप-अश्रु-चिंता सहस्र
बातों-बातों में दोनों के
यों उठे-घिरे, यों छंटे-छने, यों भरे-झिरे
मानो विस्तृत रेगिस्तानी मीठे पानी की एक झील बन गए
व उनके आस-पास

मानव-अंतर की एक सभ्यता का-सा सुंदर मरूद्यान हो गया
कि जिस आंतरिक सभ्यता का अपना इतिहास
कठिन संग्राम-काव्य, रोमांस, ललित-विस्तर
गुणाढ्य की छल-उद्घाटक बृहद्-कथा
है मानवीय माधुर्य-क्षणों की द्राक्ष-लता
जिसके भीतर,
उस मरूद्यान के सरवर में से फूट पड़ा
निर्झर नीला
मेरे जी में बहता आया
बस वही तुम्हारे अंतस्तल में लहराया ! !
उसका कितना मीठा पानी
मानो असंख्य अनदिखे अछूते फूलों का उसमें पराग
केसर का-सा, ईमानभरा, अनकहा गहन आत्मीय राग
घुलता रहता।
मानो सारा संकोच त्याग खुलते जाते
मृदु अंतराल
आश्वासभरी ऊष्माओं के।
इस मानव-तल पर एक हुए हम दो समान,
कब एक-दूसरे के वैयक्तिक तल पर बोलो गया ध्यान ?

इन पंक्तियों में अपनी जटिल और गुंथी हुई भाव और विचार-धारा के अनुरूप मुक्तिबोध ने अपने प्रेम के संबंध में ढेर-सी बातें कह दी हैं। यह प्रेम जीवन की चिंताओं से उलझते हुए कर्म-क्षेत्र में स्वाभाविक रूप से उत्पन्न हुआ है। यह मानव-युग की कंचन-रेखा और उस भावी की मिठास है, जोकि अवश्यंभावी है ! यह जैसे विस्तृत रेगिस्तान में मीठे पानी की एक झील है, जिसके गिर्द मानव-अंतर की सभ्यता-जैसा सुंदर मरूद्यान विकसित हुआ हो। उस आंतरिक सभ्यता का इतिहास वीरकाव्यों, प्रेमाख्यानकों और ललितविस्तर तथा गुणाढ्य की बृहत् कथा-जैसे कालजयी ग्रंथों में अंकित है। "मानवीय माधुर्य क्षणों की द्राक्षलता''— यह मुक्तिबोध की प्रेम की परिभाषा है ! प्रेमी-प्रेमिका के मन में यही प्रेम उत्पन्न हुआ है। इस प्रेम के मीठे पानी का उन्होंने जो वर्णन किया है, उसे पुनः उन्हीं के शब्दों में देखना चाहिए : "मानो असंख्य अनदिखे अछूते फूलों का उसमें पराग / केसर का-सा, ईमानभरा, अनकहा गहन आत्मीय राग"। अंतिम बात यह है कि यह प्रेम-संबंध समान भाववाले दो व्यक्तियों में मानवीय धरातल पर स्थापित हुआ है।

यह स्वाभाविक प्रेम कवि की प्रेमिका का व्यक्तित्व-परिवर्तन कर देता है :

प्राकृतिक झील का जल पीकर तुम परिणत थीं
मानो बलूच स्त्री पर्यटिका

भीतर थी प्रतिपल नरम आग
या अग्निपुष्प
अंतर्जीवन अंगारों की वाटिका।

उसके भीतर जीवन की गहरी धाराएं प्रवाहित हो रही थीं, जबकि धन-सत्ता पर आधारित व्यवस्था में बाहर लोगों का दैनिक जीवन बहुत ही 'उथला' था। वह इस द्वैत को मिटा देने के लिए किए जानेवाले प्रत्यनों को आगे बढ़ाने के लिए तैयार हो गई, जिससे कवि को "भवितव्य तुम्हारा दिखा बहुत भीषण उदास"। आगे उसने कहा है कि प्रेम में प्रेमी-प्रेमिका दोनों को एक-दूसरे में नए मनुष्य का साक्षात्कार हुआ। यह साक्षात्कार व्यक्तित्व-बोध से अनिवार्य रूप से जुड़ा था। कविता में अंतिम खंड में उनके प्रेमजनित आत्म-विस्तार का वर्णन है, जिसमें वे एक बेचैन मानवीय संवेदना में रूपांतरित या विसर्जित हो जाते हैं :

आपस की बातचीत में रम
अनुभव के सिंधु-गीत में हम
शिखरों पर पहुंचे-से ही थे कि अकस्मात्
जाने किस आकस्मिक जाग्रति से संज्ञाहत,
आहत हम
अज्ञेय शक्ति के तडित् वज्र-से हम परिणत
भीतर से पहचानती हुई
गहन वेदना की पुकारती प्राण-लहर-सी उठी
कि उसको दबा लिया
यों तडित् वज्र को अपने भीतर खपा लिया
मानो कि आज सब हुआ खत्म
मिट्टी के कण-कण में नक्षत्रों के कण-कण से हम और तुम
निःशेष हुए, बाकी न बचे
बस शेष रह गई एक पीर
मानो यह फैली हुई धरा और आसमान
आपस में घुल, ले नया रूप
बन गए एक वह संवेदन-व्याकुल समीर
बेचैनी में जो भाग-भाग
करती-सी है सीमांत पार
योजनों दूर से मंडराती पागल पुकार-जैसी बयार!!

'कल जो हमने चर्चा की थी' शीर्षक कविता में भी कवि की प्रेम-भावना इतिहास-बोध से संपृक्त हो जाती है। प्रेमी-प्रेमिका इतिहास-बोध से प्राप्त आशावाद के तीक्ष्ण आलोक में मिलते हैं :

इन्हीं ज्वलंत रश्मियों के सुविशाल

शामियाने में हमने
तुमको अपने प्राण दिए औ' गले लगाया

आकस्मिक नहीं कि मुक्तिबोध की प्रेमिका का लावण्य 'तेजस्वी' है और मधुरता 'तेजस्विनी'। प्रेम को यह तेजस्वी रूप आत्मविस्तार से ही प्राप्त हो सकता है, आत्मकेंद्रण से नहीं। 'अंधेरे में' कविता में काव्य-नायक जब जन-क्रांति का स्वप्न देखकर जगता है, तो कहता है :

जग भर दीखती हैं सुनहली तसवीरें मुझको
मानो कि कल रात किसी अनपेक्षित क्षण में ही सहसा
प्रेम कर लिया हो मनोहर मुख से
जीवन-भर के लिए!!
मानो कि उस क्षण
अतिशय मृदु किन्हीं बांहों ने आकर
कस लिया था मुझको
उस स्वप्न-स्पर्श की, चुंबन-घटना की याद आ रही है,
याद आ रही है!!
अज्ञात प्रणयिनी कौन थी, कौन थी?

कमरे में सबुह की धूप आ गई है,
गैलरी में फैला है सुनहला रवि-छोर
क्या कोई प्रेमिका सचमुच मिलेगी?
हाय! यह वेदना स्नेह की गहरी
जाग गई क्योंकर?

यह प्रेमिका और क्रांति का गडमड हो जाना है। कहा जा सकता है कि अन्यत्र मुक्तिबोध ने जैसे प्रेमिका को क्रांति में रूपांतरित कर दिया है, वैसे ही यहां उन्होंने क्रांति को प्रेमिका में रूपांतरित कर दिया है। 'लाल सलाम' शीर्षक अपनी आरंभिक कविता में भी उन्होंने सोवियत संघ में मजदूरों के राज को "चुंबन एक हृदय-संयुक्त" कहा है। इस बात को समझकर भी न समझते हुए डॉ. रामविलास शर्मा ने उपर्युक्त पंक्तियों में मुक्तिबोध की यौन-कुंठा की अभिव्यक्ति देखी है। कहते हैं, "मैं इतना ही कह सकता हूं कि मुक्तिबोध को एक प्रेमिका की सख्त जरूरत थी।" (नई कविता और अस्तित्ववाद, पृ. 221) उन्होंने मायकोव्स्की के इस कथन पर ध्यान नहीं दिया कि "क्रांति को उसी तरह पुकारना चाहिए, जिस तरह प्रेमी-प्रेमिका पहले दिन के साथ में एक-दूसरे को पुकारते हैं!"

'द्युति की कली' में मुक्तिबोध ने प्रेम के उज्ज्वल और आत्मीयतापूर्ण क्षणों की मूल्यवत्ता का प्रश्न उठाया है :

क्या मूल्य हीरक-द्युति पलों का श्वेत-स्मित?

वन-पक्षियों की श्वेत-सित
शत-पंख-ऊष्मा-सी मधुर इस आंच (या आत्मीयता)
का मूल्य क्या?

और फिर यह कहकर उसका उत्तर भी दिया है कि ऐसे सरस और मानवीय क्षण अनश्वर होते हैं और वे मनुष्य की भावात्मक क्षमता को समृद्ध करते हैं :

आता स्वयं उत्तर कि रस-गंभीर मानव-रूप की
जिनमें प्रतिच्छाया हंसी
वे मात्र जीवन-पल नहीं
समृद्ध करते जो हृदय-क्षमता अरे!
इस जिंदगी की राह में पल के परे!!

'मालव-निर्झर' में, जोकि 'द्युति की कली' के बाद की कविता है, उन्होंने 'मानवीय माधुर्य-अनुभवों' पर ज्यादा सही और व्यापक परिप्रेक्ष्य में विचार किया है। इसमें उन्होंने प्रेम का संबंध नए युग से जोड़ा है, जिसने मानव-समता के सिद्धांत का प्रचार करते हुए क्रांति के द्वारा उसे प्रतिष्ठा दिलाई है :

ज्यों लौह-खंड के लाल सिरे पर स्वर्ण-शिखा
या क्षुब्ध पहाड़ी मिट्टी के कण में प्रचंड
रवि की कणिका
धधके
वैसे, विचार भभके
मानो वे हों गहरे जन-संगर के प्रसंग
या युग-युग की अनुभव-पीड़ा के लाल-लाल
पत्थर के ज्वलत् कोयले के दुर्धर स्फुलिंग
विस्फोटों से उत्पन्न
कि जिन विस्फोटों द्वारा ही
मेरे जन खनते रहते, इंसानी मिठास
के नए-नए
तालाब-कुएं
मानव-संबंधों के आशय अमृत-स्वरूप

यहां 'विचार' नए युग के विचार हैं, 'विस्फोट' क्रांति है और "इंसानी मिठास के नए-नए तालाब कुएं" "मानव-संबंधों के अमृत-स्वरूप आशय" अर्थात प्रेम हैं। यह प्रेम-संवेदना चूंकि 'ज्ञानात्मक' है, इसलिए यह विलास-भोग का नहीं, बल्कि क्रांति का संदेश देती है, जिससे मानव-समता पर आधारित प्रेम का राज्य स्थापित हो सके :

ज्ञानात्मक संवेदन के कोमल पारिजात
की सुगंध-लहरों में से लपट निकलती है,
उन लपटों में से चंद्र-सूर्य

द्युति जगत् निकलते रहते हैं।
आगामी के।
बस, इसीलिए
वे मानवीय माधुर्य-अनुभवों की छवियां
यह कहती हैं—
"पार कर मुश्किलें सभी
जादुई अरुण कमल
उस दूर देश के रश्मि-विकीरणशील सरोवर का
तुम ला देना,
एकाग्र प्रयत्नों का वह कोमल अमृत पिला देना,
संतापग्रस्त जीवन की दुर्निवार औषधि लानी होगी
यों मर-मरकर जिंदगी यहां पानी होगी ···"

जैसे 'मैं कमल तोड़कर लाऊंगा' शीर्षक कविता में 'जादू का कमल' क्रांति का प्रतीक है, वैसे ही इस कविता में 'जादुई अरुण कमल'। यही नागार्जुन की इन पंक्तियों में 'लाल कमल' है : "खिल गए चीन के धरती-तल पर लाल कमल, / आ रहा हिमालय पार यहां उनका परमिल।" मुक्तिबोध से पहले 'प्रसाद' ने 'कामायनी' में प्रेम को यह महत्व प्रदान किया था। उसमें काम मनु को अनियंत्रित कामेच्छा के स्थान पर श्रद्धा की ओर संकेत करते हुए प्रेम का महत्व समझाता है : "यह लीला जिसकी विकस चली/ वह मूल शक्ति थी प्रेमकला, / उसका संदेश सुनाने को / संस्कृति में आई वह अमला।" लेकिन मुक्तिबोध प्रेम और क्रांति इन दोनों के बीच द्वंद्वात्मक संबंध देखते हैं। उनके अनुसार प्रेम ही क्रांति की प्रेरणा नहीं देता, क्रांति भी प्रेम-भावना का प्रसार करती है :

बस इसीलिए
हम प्रिय-जन की
मृदु कृपा-दृष्टि या कोमल स्मित
के लिए तरसते रहते हैं;
इस कारण ही
व्यक्तित्व भव्यता,
जीवन-अनुशासन, समाज-परिवर्तन के
सपनों से कोमल रंग बरसते रहते हैं ···।

मुक्तिबोध ने साफ शब्दों में कहा है कि इस प्रेम का स्रोत मनुष्य है, कोई अलौकिक शक्ति नहीं। मनुष्य ही 'नित्य शेष' है, "जिसके उन्मेष-अनुभवों की मिठास पीकर / मन में रंगीन धुंधलका या / उद्दीप्त सुनहला बादल-सा!!" अंत में उन्होंने यह स्थापित किया है कि मानव-मुक्ति के लिए अनेक प्रकार के प्रयास किए जाते हैं, पर उनकी प्रेरक शक्ति एक ही होती है—प्रेम :

मानव-मुक्ति-यत्न के रूप बहुत
प्रेरणा एक, पर हैं अन्वेष-स्वरूप बहुत

दूसरे विषयों को लेकर भी नितांत आत्मपरक कविताएं मुक्तिबोध ने लिखी हैं। 'जीवन की लौ' उनकी एक घोर निराशा की आरंभिक कविता है, जिसमें उन्होंने कहा है कि "जलते अंगारे लाल बुझ चले मन के।" कुछ कविताएं उन्होंने अपने नितांत निजी जीवन के करुण एवं मार्मिक प्रसंगों को लेकर लिखी हैं। 'राह चलते हैं अकेले ही सितारे' में उन्होंने अपने नवजात पुत्र को दफन करने का संयत ढंग से ही, लेकिन हृदय हिला देनेवाला वर्णन किया है :

अपना धैर्य पृथ्वी के हृदय में रख दिया था।
धैर्य पृथ्वी का हृदय में रख लिया था।
उतनी भूमि पर है चिरंतन अधिकार मेरा,
जिसकी गोद में मैंने सुलाया प्यार मेरा।

इसी तरह अपने पिता को संबोधित कर लिखी गई कविता में वे उनके वात्सल्यपूर्ण व्यक्तित्व का वर्णन करते हुए कहते हैं :

धूल के पीले धुंधलके से भरे आकाश
मालवी मैदान के भूरे अछोरों में कहीं
खोया हुआ है एक—
भव्याकार पीपल
वह कि जिसके दूर तक फैले हुए हैं
गहन-मूल अदृश्य ममता-पाश
लिए चिंताएं अनेकानेक
धूल के पीले धुंधलके से भरा आकाश

इन कविताओं की विशेषता इनमें व्यक्त संवेदना की गहराई है, जो दूसरों को भी प्रभावित करती है। छायावादी भावोच्छ्वास से अलग ये कविताएं यथार्थ से संपृक्त हैं, इसलिए इनकी प्रगीतधर्मिता छायावादी प्रगीतधर्मिता से भिन्न है।

मुक्तिबोध की आत्मपरक कविताओं में सर्वाधिक चर्चित कविता है 'मुझे पुकारती हुई पुकार', जो प्रचंड निराशा से शुरू होकर दृढ़ आशा में समाप्त होती है :

सफेद राख के अचेत शीत
सर्व ओर रेंगते प्रसार में
दबी हुई अनंत ज्योति जग उठी
मलीन मृत्यु-गीत के उदास छंद बावरे
घनांधकार के भुजंग-बंध दीर्घ सांवरे
विनष्ट हो गए
प्रबुद्ध ज्वाल में हताश हो।

विशाल भव्य वक्ष से
बही अनंत स्नेह की महान् कृतिमयी व्यथा
बही अशांत प्राण से महान् मानवी कथा।

यह कविता उनके भीतर चलनेवाले संघर्ष की भी सूचना देती है, जिससे वे एक नया समीकरण उपलब्ध करते हैं। वह समीकरण यह है कि अब उनकी आत्मकथा में 'मानवी कथा' के तत्व समाविष्ट होने लगते हैं और उनकी 'मानवी कथा' में आत्मकथा के तत्व।

उनका 'पीला तारा' शीर्षक प्रगीत भी उनके इसी संक्रमण-काल की रचना है, जिसमें उन्होंने 'नॉस्टेल्जिया' का विरोध किया है :

मैं हो न सकूंगा, क्षमा करो अपनी आत्मा की परछाईं।
सच कह दूं?
वह पीला तारक
है एकाकी पथ-बद्ध पथिक।
वह चला जा रहा
चिर विराट् रिक्तता के
चिर-सीमाहीन मरुस्थल का सूना विराट्,
पागल आंखों की ज्वाला-सा
जलता प्रदीप
निज सिर पर धर,
है खोज रहा वह महल
कि जिसमें सोई है उसकी मृत प्रेयसि
की लावण्य-तेज-लतिका।

मुक्तिबोध के इस प्रगीत को 'तार सप्तक' में संकलित उनके 'दूर तारा' शीर्षक प्रगीत से मिलाकर देखना चाहिए, जिसमें उन्होंने तारे की 'निस्संगता' को प्रभान्वित करते हुए कहा था : "...भागता है एक तारा, / जोकि अपने ही प्रगति-पथ का सहारा, / जोकि अपना ही स्वयं बन चला चित्र, /भीतिहीन विराट्-पुत्र।"

'पीला तारा' के इर्द-गिर्द ही उन्होंने 'दो ताल' शीर्षक प्रगीत की रचना की, जिसमें उन्होंने अपने व्यक्तित्व की उपमा चंदन-वृक्ष से दी। चंदन-वृक्ष की विशेषता यह होती है कि उसमें सुगंध भी होती है और उससे सर्प भी लिपटे रहते हैं। मुक्तिबोध ने कहा :

विकराल मानव-शत्रु से
दोनों परस्पर मिल प्रतिक्षण जूझते—
मुझमें घृणा का दैत्य जो नंगा खड़ा,
औ' स्नेह का शुचि-कांत मादक देवता।

इस प्रगीत में उन्होंने 'सत्य' की बात कही है, जोकि भाववादियों का अमूर्त सत्य न होकर लेनिन का 'ठोस' सत्य है। ब्रेख्त ने अपने कक्ष में लेनिन का यही वाक्य टांग

रखा था : "सत्य ठोस होता है।" मुक्तिबोध ने 'दो शिलाओं की अंधेरी संधि में' शीर्षक प्रगीत में इसी सत्य का यह मोहक वर्णन किया है :

हरित-द्युति जीवन-शिखा
की एक मीठी आंच
अंतर में संजो
निज नवल अवयव प्रति दिवस
है दीर्घ करता जा रहा
जो सत्य
उसको नमित अंतर-वंदना।

धीरे-धीरे मुक्तिबोध में आत्मपरकता और वस्तुपरकता, वैयक्तिकता और सामाजिकता तथा प्रगीतधर्मिता और नाट्यधर्मिता का संयोग जटिल होता जाता है, जिससे एक नई और उच्चतर स्तर की प्रगीतात्मकता संभव होती है। उनके लिए जो व्यक्तिगत है, वह सामाजिक बन जाता है और जो सामाजिक है, वह व्यक्तिगत। वे इतिहास-प्रक्रिया में इस कदर शामिल हो जाते हैं कि इतिहास की समस्याएं उनकी अपनी समस्याएं बन जाती हैं। यही उनके प्रगीत-नायक की आधुनिकता है। वह पिछले युगों का रोमांटिक नायक न होकर आधुनिक युग का जटिल व्यक्तित्ववाला नायक है, जिसने व्यक्तित्व को छोड़ा नहीं है, बल्कि रूपांतरित या नए ढंग से गठित किया है। संभवतः इसी कारण मुक्तिबोध सीधे वार करनेवाली आंदोलनात्मक कविताएं न लिख सके, जैसी उनके समकालीनों और समानधर्माओं में नागार्जुन और केदारनाथ अग्रवाल ने लिखीं। उनके लिए न तो व्यक्तित्वबद्ध होकर चलना संभव था, न व्यक्तित्वमुक्त होकर। "राइट टु पर्सनल वर्ल्ड" को वे नए युग के समाजवादी मनुष्य का बुनियादी हक मानते थे। इसने उनकी कविता को वह शक्ति प्रदान की, जो निराला के बाद की हिंदी कविता में दुर्लभ है। उनके प्रगीत और कविताएं जहां इस शक्ति-स्रोत से विच्छिन्न हैं, वहां उनमें वैसी प्रभावोत्पादकता नहीं है। पूर्वोल्लिखित 'मैं कमल तोड़कर लाऊंगा' उनका एक सुंदर प्रगीत है, जिसमें वे क्रांति के लिए 'कमल' के प्रतीक का इस्तेमाल करते हैं, जैसे वह उनका बिलकुल निजी मामला हो :

झील की सतह पर खिली हुई
अपनी पंखुरियां फैलाए
वह लाल गुलाबी तारा है
या नभ को पृथ्वी के मन का
निर्व्याज उदार इशारा है
नभ ने क्योंकर
कोमल दूरी कर पार
किरण का हाथ पसारा है!!
मैं कमल तोड़कर लाऊंगा

रास्ता पूछता हुआ वहां तक जाऊंगा
अज्ञातवास दूर हटा
मैं उसे प्रकाश-वास का स्थल बतलाऊंगा ! !

"घर की तुलसी मुझसे इतनी दूर / ज्यों मरुक्षेत्रों से नदियों का पूर", ये पंक्तियां 'घर की तुलसी' शीर्षक प्रगीतात्मक कविता की हैं, जिसमें मुक्तिबोध ने पूंजीवादी व्यवस्था की देन निर्वासन का विरोध किया है। यह एक जटिल कविता है, क्योंकि इसमें सिर्फ निर्वासन की स्थिति का वर्णन नहीं है, बल्कि उससे मुक्त होने के प्रयास का भी चित्रण है। अपनी स्थिति से उत्पन्न असंतोष कवि को प्रेरित करता है कि वह मुक्ति-मार्ग की खोज करे। पश्चिमी दुनिया में निर्वासन से मुक्ति का एक उपाय अपने परिवेश से सामंजस्य न कर उसका निषेध करना और रहस्यवाद में शरण लेना बतलाया गया है। मुक्तिबोध अपने से कहते हैं :

आत्मधर्म से विश्व-धर्म के सब संभव
मार्गों व पुलों पर जा रुक जा
उस पुल पर से सब विश्व-दृश्य-विस्तार निरख
उनके रंग-रूप में अपना रूप परख

इस तरह मुक्ति अपने परिवेश के निषेध से नहीं, बल्कि उसमें अपनी स्थिति को जानने से संभव है। 'असंतोष की वह्नि' कवि को बतलाती है कि यदि 'स्वदेश' लौटना चाहते हो, तो उसे "जन-जीवन-अंतःस्फुरणों की किरणों" में ढूंढ़ो।

वैयक्तिक और सामाजिक की सीमाओं के घुल-मिल जाने के बाद जाहिर है कि व्यक्ति के सुख में वृद्धि नहीं होगी और यह भी संभव है कि वह कभी-कभी निराश होकर इस तरह की बातें कहे : "शून्यों से घिरी हुई पीड़ा ही सत्य है / शेष सब अवास्तव अयथार्थ मिथ्या है भ्रम है / सत्य केवल एक जो कि / दुःखों का क्रम है।" मुक्तिबोध की आत्मपरक कविता 'मैं तुमलोगों से दूर हूं' की ये पंक्तियां उनके निराश मन से अधिक उनके बेचैन मन का पता देती हैं, जिसकी चिंता यह है कि "जो है उससे बेहतर चाहिए / पूरी दुनिया साफ करने के लिए मेहतर चाहिए"। स्पष्टतः उनका दुःख विजयदेव नारायण साही के 'आर्यसत्य' तक सीमित नहीं है, क्योंकि उसका खात्मा संभव है। उनके 'आत्म' में कैसे विश्व समाविष्ट हो गया था, इसका अच्छा प्रमाण विश्वशांति के पक्ष में लिखा गया उनका यह प्रगीत है :

उन्हें युद्ध की ही करने दो बात
चांद की बात हम करें,
सूत्र निकालें, गणित जमाएं
अज्ञातों को ज्ञात हम करें ! !

यहां 'अज्ञात' रहस्यवादी 'अज्ञात' नहीं, बल्कि प्रकृति और मनुष्य-जगत के वे सत्य हैं, जिन्हें मनुष्य ने अभी तक नहीं जाना है।

जन-साधारण से आत्मीयता स्थापित करने की आकांक्षा मुक्तिबोध के 'तार सप्तक'

के प्रगीतों में ही प्रकट हुई थी। एक प्रगीत में उन्होंने कहा था : "मैं उनका ही होता, जिनसे / मैंने रूप-भाव पाए हैं।" लेकिन जन-साधारण के साथ उनका संबंध सरल किस्म का नहीं। एक दूसरे प्रगीत में वे उससे कहते हैं :

तुझसे कर संघर्ष, स्पर्श से
तेरे नवचेतनता आए,
तुझसे करके युद्ध, क्रुद्ध हो
जीवन यह ऊंचा उठ जाए।

जिस जन-साधारण के स्पर्श से वे नवीन चेतना प्राप्त करने की बात करते हैं, उसी से वे युद्ध करने की भी बात करते हैं और यह युद्ध ऐसा है, जो जीवन को उच्चता प्रदान करेगा। जनता के सच्चे प्रेमियों का उससे ऐसा ही संबंध होता है। वे उससे भावात्मक संबंध स्थापित कर, उसके सुख-दुख का अनुभव कर और उसकी समस्याओं को अपनी समस्याएं बनाकर नवीन चेतना भी प्राप्त करते हैं और उसकी जड़ता तथा रूढ़िवादिता से युद्ध कर अपने जीवन को ऊंचा उठाते हैं। जो जनता के झूठे प्रेमी होते हैं, वे आंख मूंदकर उसका अनुसरण करते हैं। वे अपने में यह साहस नहीं जुटा पाते कि जनता की उसकी जड़ता और रूढ़िवादिता के लिए आलोचना कर सकें। आलोचनात्मक प्रहार करने की क्षमता जनता के प्रति गहरी प्रेम-भावना से ही प्राप्त होती है। मुक्तिबोध ने जनता के साथ अंततः ऐसी आत्मीयता स्थापित कर ली थी कि उसे संबोधित कर लिखे गए प्रगीत 'सहर्ष स्वीकारा है' को प्रायः प्रेमिका के प्रति निवेदन समझ लिया जाता है। उसकी इन पंक्तियों से कवि के जन-प्रेम की गहराई का अंदाजा लगाया जा सकता है :

जाने क्या रिश्ता है, जाने क्या नाता है
जितना भी उंड़ेलता हूं, भर-भर फिर आता है
दिल में क्या झरना है?
मीठे पानी का सोता है
भीतर वह, ऊपर तुम
मुसकाता चांद ज्यों धरती पर रात भर
मुझ पर त्यों तुम्हारा ही खिलता वह चेहरा है!

बस नेरूदा की कविता 'दि पीपुल' की याद आती है, जिसमें उन्होंने जन-साधारण के प्रति स्पष्ट रूप में प्रेम प्रकट नहीं किया, लेकिन जिसमें उसकी एक गहरी अंतर्धारा प्रवहमान है। मुक्तिबोध के प्यार का आलम यह है कि अब वे जनता को भूलकर दक्षिणी ध्रुव की ठंढ और स्थायी अंधकार में गर्क हो जाना चाहते हैं :

इसलिए कि तुमसे ही परिवेष्टित आच्छादित
रहने का रमणीय यह उजेला अब
सहा नहीं जाता है।
नहीं सहा जाता है।
ममता के बादल की मंडराती कोमलता—

भीतर पिराती है
कमजोर और अक्षम अब हो गई है आत्मा यह
छटपटाती छाती को भवितव्यता डराती है
बहलाती सहलाती आत्मीयता बर्दाश्त नहीं होती है ! !

जनता से प्रेम करना कष्टकर प्रकाश में रहना ही नहीं है, लगातार तकलीफ झेलना और नए-नए खतरे उठाना भी है। 'पता नहीं, कब, कौन, कहां, किस ओर मिले' प्रगीत में भी शक्ति-पुरुष कवि को जनता से मिलाने के लिए ही ले जाता है, जिसके बारे में कवि कहता है :

फिर वही यात्रा सुदूर की,
फिर वही भटकती हुई खोज भरपूर की,
कि वही आत्मचेतस् अंतःसंभावना,
... जाने किन खतरों से जूझे जिंदगी ! !

व्यक्ति से जनता तक की यात्रा, पर अपने व्यक्तित्व को छोड़ते हुए नहीं, उसे रूपांतरित अथवा विकसित करते हुए! यही 'आत्मचेतस् अंतःसंभावना' है, जो मुक्तिबोध के प्रगीत-काव्य का अंतःसूत्र है।

प्रेम की तरह प्रकृति भी प्रगीत-काव्य का सुपरिचित विषय रही है। छायावादी काव्य में प्रकृति को इतना अधिक महत्व मिला हुआ था कि उसे 'प्रकृति-काव्य' भी कहा गया। जैसे अंग्रेजी के स्वच्छंदतावादी कवि वर्ड्सवर्थ 'प्रकृति के कवि' कहे जाते हैं, वैसे ही हिंदी के छायावादी कवि पंत भी। रवीन्द्रनाथ को भी 'नदियों का कवि' कहकर पुकारा गया है। मुक्तिबोध ने स्वतंत्र रूप से प्रकृति की कविता नहीं लिखी, लेकिन प्रकृति से उनका गहरा सरोकार था। वह उनके व्यक्तित्व का अनिवार्य अंग थी, इसलिए उसके बिना वे न कुछ अनुभव कर सकते थे, न कोई सृजन। जैसे जीवन-धारण के लिए प्रकृति आवश्यक है, वैसे ही वह उनके लिए सौंदर्यात्मक सृष्टि के लिए थी। आचार्य रामचंद्र शुक्ल ने सूरदास की आलोचना के प्रसंग में संकेतित किया है कि उन्होंने प्रकृति को वर्ण्य विषय नहीं बनाया, लेकिन अलंकार के रूप में उसका विस्तृत उपयोग कर उसकी कसर बहुत कुछ पूरी कर दी है। मुक्तिबोध के संबंध में यह बात इतने सरल ढंग से नहीं कही जा सकती है, क्योंकि उनकी कविता में अलंकार्य-अलंकार अथवा साध्य-साधन का भेद पुराने कवियों की तरह स्पष्ट नहीं है। वे आधुनिक युग के अत्यंत जटिल संवेदनावाले कवि थे, इसलिए उनकी अनुभूति और अभिव्यक्ति दोनों में मनुष्य और प्रकृति का अत्यंत जटिल सम्मिश्रण है। यह ठीक है कि उनमें वर्णन के क्रम में भी प्रकृति के इस तरह के स्वतंत्र चित्र—

बावड़ी की इन मुंडेरों पर
मनोहर हरी कुहनी टेक
बैठी है टगर
ले पुष्प-तारे श्वेत

कम ही मिलते हैं, लेकिन प्रकृति उनकी चेतना में इस कदर व्याप्त है कि उसके बिना उनके लिए किसी सुंदर जगत क्या, किसी सुंदर वस्तु की कल्पना करना भी असंभव है। उसके कठोर और कोमल, ओजस्वी और मधुर दोनों ही रूप उन्हें प्रिय हैं और उनका मन उन दोनों में रमता है।

'लाल सलाम' उनकी आरंभिक कविताओं में से है। उसकी ऐसी पंक्तियों में हमें साधन के रूप में प्रकृति का बहुत ही सरल इस्तेमाल देखने को मिलता है, "फासिस्टों की अंधकार-मेघों की सेना चीर / चलीं हजारों लाल किरण-सरिताएं तीव्र अधीर।" लेकिन इसी समय की कविता 'प्रथम छंद' में जब अपने देश में एक शक्ति के रूप में उभरनेवाले मजदूरों के बारे में हम उन्हें यह कहते हुए देखते हैं कि "अंजन-श्याम निविड़ मेघों ने / नील मलयगिरि की ग्रीवा को / सघन वक्ष-बंधन में जकड़ा।/कही कान में / युग-युग से जलती दावा-सी अपनी पीड़ा", तो यह पाते हैं कि न केवल अलंकार बदल गया है, बल्कि प्रकृति के इस्तेमाल का ढंग भी बदला है। अब प्रकृति प्रचलित अर्थ में साधन के रूप में प्रयुक्त नहीं है, बल्कि एक स्वतंत्र चित्र है और उसी से कवि के अभिप्राय की व्यंजना होती है। यह चीज और अच्छे ढंग से इस दौर की मुक्तिबोध की वृक्ष पर लिखी दो प्रगीतात्मक कविताओं—'हरे वृक्ष' और 'बबूल'—में दिखलाई पड़ती है। हरे वृक्ष और बबूल, दोनों कवि के लिए प्रतीकात्मक अर्थ ग्रहण कर लेते हैं, लेकिन ये प्रतीक की तरह प्रयुक्त नहीं हैं। इस तरह ये साध्य भी हैं और साधन भी। यहां दोनों का एक-एक चित्र द्रष्टव्य है :

ये हरे वृक्ष
सहचर मित्रों से हैं सहस्र डालें पसार
(ये आलिंगन-उत्सुक बांहें फैलीं हजार)
अपने मर्मर अंगार-राग
से मधु-आवाहन के स्फुलिंग
बिखरा देते हैं बार-बार।
डस जाती है हत्तल, इनकी यह हरी आग।
. . .   .

जितना-जितना हुआ संकुचित लज्जानत वह
उतना-उतना उभर-उभर पड़ता यौवन-रस।
कांप रही है पत्ती-पत्ती
एक अकूल में डूबी शाखाएं सपने में हंसतीं
पुलक-पुलक उठते हैं पीले फूलों के दल,
रस की एक भंवर में घिरकर
आत्म-विसर्जन-आकुल प्रतिपल।

बिना प्रकृति से हार्दिक संबंध स्थापित किए ऐसे चित्रों की रचना संभव नहीं। 'दमकती दामिनी' शीर्षक कविता में भी "क्षितिज-रेखा पर चमकती नील चंचल दामिनी" कवि

को क्रांति की प्रेरणा देती है, लेकिन वह उस कविता में अपने पूरे सौंदर्य के साथ अवतरित हुई है। उसकी तुलना में 'एक नीली आग' शीर्षक कविता में दामिनी साधन के रूप में प्रयुक्त है।

'एक नीली आग' कविता में लाल सेना का वर्णन करते हुए मुक्तिबोध कहते हैं :

रे, क्षितिज-रेखा पर चमकती एक नीली आग की तलवार
वह लावण्य की असि-सी हंसी
है कांपती दुःस्वप्न-सी
आशंकितों के प्राण में छाई हुई भय-भार-सी
लावण्य की अपराजिता असि-धार
उसकी वह विसुध मुसकान
मेघों के सघन गुरु गर्व-तम को चीर,
पैनी पैठती ही गई तन्मय तीक्ष्णतम गंभीर।
वृक्षों की सघन भयस्तब्ध अवनत पत्तियों पर डोल
उसकी नील किरनों की तरल ज्वाला गई कुछ खोल।

यह चित्र लाल सेना का उपमान तो है ही, उससे कुछ अधिक भी है, क्योंकि यह उपयुक्त और सशक्त उपमान बनकर भी उसी में निःशेष नहीं हो जाता, अपने सौंदर्य से अलग से भी प्रभावित करता है। इस चित्र की विलक्षणता इस बात में है कि यह ओजस्वी भी है और मधुर भी, ठीक घने काले बादलों में कौंधनेवाली बिजली की तरह, जो मन में भय भी उपजाती है और मन को अच्छी भी लगती है। मुक्तिबोध की कुशलता यह है कि उन्होंने वर्ण्य विषय के लिए वैसे ही उपमान का प्रयोग किया। लाल सेना भी अपनी शक्ति से एक तरफ अपने दुश्मनों को भयभीत कर देती थी और दूसरी तरफ फासिस्ट-विरोधी विश्व-जनता के मन में हर्ष का संचार करती थी। 'लावण्य की असि' इस स्थिति को ठीक से व्यक्त करती है। मनुष्य और प्रकृति का यह बहुत ही गुंथा हुआ रूप है।

'ओ विराट् स्वप्नो' मुक्तिबोध की किसी हद तक पहली लंबी कविता है। इसमें वे क्रांति का वर्णन प्राकृतिक उपकरणों के सहारे इस प्रकार करते हैं :

ऊष्ण सुनहली पारदर्शिनी धूप फैलकर,
वह नंगी आभा
खंडहर के विस्तारों पर
यों निःसीम हुई है मानो
प्रखर प्रकाश ज्ञान का सब पर
तुरत फैलकर
घोर भग्न अज्ञान प्रकाशित करता है,
त्यों नग्न धूप में

ढूह उठे हैं।
प्रासादों के शयन-कक्ष में
पीपल का तरु
उग आया है, बढ़ा खड़ा
विद्रोही यौवन के विकास-सा।
कमरों-कमरों आंगन-आंगन
दीवारों-दीवारों में से
उगकर बढ़कर
नूतन पीपल, मौलसिरी औ' नीम
वायु में मर्मर करते,
नंगी जांघों
विकसित भरे हुए वक्षों में वृक्ष बन गए।
श्याम मेहनती पैरों की
शोणित-वाहिनियां
नवल लताओं
की मीठी उलझन बन बैठीं
हरे तरुण पत्ते औ' नन्हे फूल देह में
नए ज्ञान की मधुर शक्ति में हंसे खिल गए।
नई सुरभि का रुधिर
धरित्री की सोंधी आकुल पुकार का
मीठा अपनापन भर
प्राणों के निभृतांधकार में व्याकुल होकर
मर्मर करता लगा घूमने।

यह किंचित् लंबा अंश इसलिए उद्धृत किया गया है कि इसके आधार पर यह स्पष्ट किया जा सके कि मुक्तिबोध की संवेदना में मनुष्य और प्रकृति अथवा प्रकृति और मनुष्य किस कदर एक-दूसरे से गुंथे थे। यहां क्रांति के अप्रस्तुत के लिए प्रकृति को लाया गया है, लेकिन स्वयं उसका वर्णन मानवीय उपकरणों के सहारे किया गया है। इसलिए धूप खंडहर को उस तरह प्रकाशित करती है, जिस तरह ज्ञान अज्ञान को; पीपल का पेड़ उस तरह बढ़कर खड़ा है, जिस तरह विद्रोहपूर्ण यौवन; पीपल के साथ मौलसिरी और नीम के पेड़ भी नंगी जांघों और भरे हुए वक्षोंवाले हैं; लतिकाएं मजदूरों के काले पैरों की रक्त-शिराओं की तरह आपस में उलझी हुई हैं; नए पत्ते और नन्हे फूल नए ज्ञान की मधुर शक्ति में हंसते हुए खिले हैं और सुरभि रक्त की तरह हृदय में घूमती है!

आकस्मिक नहीं कि 'मेरे मित्र, सहचर' शीर्षक लंबी कविता में जब वे अपने मित्र के अंतरंग व्यक्तित्व की झांकी दिखलाने लगे, तो सारे के सारे उपमान उन्होंने

प्रकृति से लिए :

अग्नि-परीक्षा-से दहकते मैदान
तुम्हारे प्राणों में समाते ही रहे हैं।
सफेद-सी धुंध में खोया हुआ आसमान
तुम्हारे इस हृदय का उपमान हमेशा ही रहा है।
भव्याकार काली-काली दहकती चट्टान
तुम्हारी छाती की संवेदनों-भरी गुरु
हिम्मत में डूबी है कि डूबती ही रही है।
दहकती धूप-भरे मैदानों में बिछी हुई
दमकती तलवार—
जैसी वह बांक-भरी नदी की धार, अरे
गगन के बिल्लौरी शीशे के टूटे हुए,
सुदीर्घ बांक-भरे टुकड़े-सी प्रदीर्घ किरचें-सी
हृदय में धंसी है कि धंसती ही रही है
वतन की याद बन

अंतिम पंक्तियों में वतन की याद के लिए "दहकती धूप-भरे मैदानों में बिछी हुई बांक-भरी नदी की धार" का उपमान प्रयोग में लाया गया है, लेकिन मुक्तिबोध ने इस उपमान के लिए भी तीन उपमानों का प्रयोग किया है—दमकती तलवार, बिल्लौरी शीशे के टूटे हुए सुदीर्घ बांक-भरे टुकड़े और प्रदीर्घ किरचें। 'बिल्लौर' पर ध्यान दें, तो यहां उपमान के उपमान के उपमान के लिए उसका प्रयोग हुआ है। यह उपमान-विधान कवि की कल्पना-शक्ति की क्रीड़ा नहीं, बल्कि उसके अचूक सृजनात्मक अन्वेषण का प्रमाण है। मुक्तिबोध का मित्र अपने देश को अपनी आत्मा की गहराई से प्यार करता है। वतन की याद उसके दिल में किसी अत्यधिक तेज चीज की तरह धंसी है। उनके ध्यान में पहले तलवार आती है, फिर शीशे के टूटे हुए प्रदीर्घ टुकड़े और अंत में प्रदीर्घ किरचें, जहां पहुंचकर उनका अन्वेषण पूरा हो जाता है। 'पीत ढलती हुई सांझ' शीर्षक कविता में उन्होंने कहा है कि—

यों कट गई बह गई-सी लगी आज
व्यक्तित्व की घोर
धुएं-जली-स्याह दीवार
ढह ही गई छत—हुआ उर अनावृत
कि मन-प्राण में आ समाया
गहन-नील आकाश।

यह मनुष्य और प्रकृति का परस्पर गुंथना ही नहीं है, इस तथ्य का भी सूचक है कि प्रकृति के मुक्त सौंदर्य की अनुभूति और आस्वादन के लिए भी अपने व्यक्तित्व से एक हद तक मुक्ति आवश्यक है। उसके अभाव में प्रकृति-दर्शन या तो सीमित रूप में होगा

या विकृत रूप में।

'नक्षत्र-खंड' शीर्षक कविता में भी मुक्तिबोध ने मनुष्य और प्रकृति के संयोग से अपने अभीप्सित विश्व का चित्र प्रस्तुत किया है। उसमें यह संयोग नक्षत्रों को मानवीय व्यक्तित्व प्रदान करने में दिखलाई पड़ता है :

हमें था चाहिए कुछ वह
कि जो ब्रह्मांड समझे त्रस्त जीवन को
व उसमें देख पाए
जगमगाती स्नेह-*आश्लेषा*
व निर्मल झलमलाती बुद्धि-ज्योतित
मुग्ध *चित्रा* वह,
चमकती और करुणा-भाव की
शुभ्र-स्मिता *आर्द्रा*
अनवरत मुक्तिकामी विश्व-व्याख्या-रत
धवल *सप्तर्षि*
जिनके आखिरी दो तारकों की सीध में
गंभीर *ध्रुवतारा।*

औदात्य और माधुर्य से भरा हुआ यह ब्रह्मांड सही मानी में मुक्तिबोध की कविता का 'ब्रह्मांड' है। प्रकृति के बिना वाकई उनका कोई चित्र पूरा नहीं होता। 'मेरे युवजन, मेरे परिजन' शीर्षक कविता में वे कहते हैं :

अरुणोदय के पूर्व ही,
तम-मग्न खंडहरों के मृद्-गंध-प्रसारों में
उद्ग्रीव कुंद-चंपा-गुलाब की गंध लिए
मेरे युवजन-व्यक्तित्व यहां पर महक रहे
क्षिप्रा के तट
वीरान हवाओं में ···।

उनके चित्र बहुत ही संश्लिष्ट होते हैं और पूरी सावधानी और श्रम से बनाए हुए होते हैं, इसलिए उनके प्रत्येक हिस्से पर ध्यान देना जरूरी होता है। इस चित्र में सिर्फ 'खंडहर' नहीं है, वह 'तम-मग्न' और 'मृद्-गंध' भी है। इसी तरह कुंद-चंपा-गुलाब की गंध ही नहीं उड़ती है, वे पुष्प 'उद्ग्रीव' भी हैं!

सुगंधवाले फूल तो मुक्तिबोध को प्रिय हैं ही, खंडहर और फूलों का संयोग भी उन्हें प्रिय है। इस कारण यह चित्र उनकी कविताओं में बार-बार आता है। 'अंधेरे में' में भी वे कहते हैं :

रात्रि के श्यामल ओस से क्षालित
कोई गुरु गंभीर महान् अस्तित्व
महकता है लगातार

मानो खंडहर-प्रसारों में उद्यान
गुलाब-चमेली के, रात्रि-तिमिर में,
महकते हों, महकते ही रहते हों हर पल।

वर्ण्य विषय के अनुरूप चित्रों की गंभीरता में अंतर आ गया है। पहले चित्र में 'युवजन-व्यक्तित्व' हैं, जबकि दूसरे चित्र में "कोई गुरु गंभीर महान् अस्तित्व", जोकि "रात्रि के श्यामल ओस से क्षालित" भी है। इसी तरह पहले चित्र में जहां सिर्फ उद्ग्रीव पुष्प हैं, वहां दूसरे चित्र में पूरा पुष्पोद्यान है। स्वभावतः पहले चित्र में 'महकना' क्रिया का प्रयोग एक बार किया गया है, जबकि दूसरे चित्र में तीन बार और अंतिम बार "महकते ही रहते हों हर पल" के रूप में।

'अंधेरे में' में ही शिशु 'सूरजमुखी फूल-गुच्छे' में रूपांतरित हो जाता है, जिससे किरणें विकिरित होने लगती हैं :

वह शिशु
चला गया जाने कहां,
और अब उसके ही स्थान पर
मात्र हैं सूरजमुखी फूल-गुच्छे।
उन स्वर्ण-पुष्पों से प्रकाश-विकीरण
कंधों पर, सिर पर, गालों पर, तन पर,
रास्ते पर फैले हैं किरणों के कण-कण।

इसी कविता में मुक्तिबोध मजदूरों को भी फूलों के रूप में ही याद करते हैं :

मुझे अब खोजने होंगे साथी—
काले गुलाब व स्याह सिवंती,
श्याम चमेली,
संवलाए कमल जो खोहों के जल में,
भूमि के भीतर पाताल तल में।
खिले हुए कब से भेजते हैं संकेत
सुझाव-संदेश भेजते रहते!!

इस कविता में एक राजनीतिक पर्चे का वर्णन है, जिससे ऐसा लगता है कि उसे प्रकृति ने ही तैयार किया है :

आसमान झांकता है उन स्याह लकीरों के बीच-बीच
वाक्यों की पांतों में आकाश-गंगा-सी फैली
शब्दों के व्यूहों में झिलमिल नक्षत्र
और उन तारक-दलों में तो खिलता है आंगन
जिसमें कि चंपा के फूल चमकते
और उन पुष्पों के अंतस्तल में
प्राण-समस्या का कोई हल है।

इस चित्र में मुक्तिबोध ने आकाश और पृथ्वी तथा नक्षत्र और पुष्प दोनों को मिला दिया है। आकाश, आकाश-गंगा, नक्षत्र और चंपा के पुष्प अलग-अलग किन्हीं वस्तुओं के उपमान नहीं। ये सब मिलकर जिस चित्र का निर्माण करते हैं, वही राजनीतिक पर्चे का उपमान है। स्वभावतः वह हमारे मन को अधिक प्रभावित करता है। जो बात लक्ष्य करने योग्य है, वह यह कि "पुष्पों के अंतस्तल में प्राण-समस्या का कोई हल है।" गहन समस्या का हल तो राजनीतिक पर्चे में है, लेकिन मुक्तिबोध ने पर्चे और पुष्पों में कोई अंतर नहीं रखा। उनकी संवेदना में राजनीति और प्रकृति भी इस कदर घुलमिल गई थीं। यह "प्रकृति-चित्रण पर सामाजिक विचारधारा की छाप" नहीं, बल्कि सामाजिक विचारधारा पर प्रकृति के सौंदर्य की छाप है!

कभी-कभी मुक्तिबोध ने प्रकृति का पात्र के रूप में इस्तेमाल किया है। 'आ-आकर कोमल समीर' और 'गीत'-जैसी प्रगीतात्मक कविताओं में ही नहीं, 'एक टीले और डाकू की कहानी' अथवा 'चंबल की घाटी में'-जैसी लंबी कविता में भी वायु एक पात्र है। प्रगीतात्मक कविताओं में वायु कोमल है, जबकि अन्य दोनों कविताओं में बहुत ही कठोर। इस तरह वायु के दोनों ही रूप पात्र के रूप में प्रयुक्त हैं, या कहें कि मुक्तिबोध ने उसे कोमल और कठोर दोनों ही भूमिकाओं में अपने काव्य-नाटक में उतारा है।

आ-आकर कोमल समीर
सहलाता उलझे हुए बाल
टेबुल पर झुके हुए सिर के,
खींचता एक अंगार-रेख मेरे अंतर
लिखता स्वर्णिम अक्षर अनेक
नूतन कविता के। मेरे उर
में बही जा रही नूतन रामायण की स्वर्णिम अरुण
पंक्तियां विद्युत गति से
नतमस्तक मैं स्वार्पण मति से
तुरत खोल देता हूं अंतर के लंबे पत्तों को उन्मन।

निराला की 'जुही की कली' में पवन के स्पर्श से जुही की कली खिल जाती है। यहां उससे "तुरत खोल देता हूं अंतर के लंबे पत्तों को उन्मन"।

वायु का सर्वाधिक आत्मीयतापूर्ण इस्तेमाल मुक्तिबोध ने 'गीत' शीर्षक प्रगीत में किया है, जो देखते ही बनता है :

समीर ने देखा न आव और ताव भी,
पूछा न नाम और गांव भी,
मुझसे लिपट गया।
हाथों में थमी हुई
पुस्तक लुढ़क गई।
अनाकार स्पर्श सब

मैत्री के सुलग गए!!
कमरे में झूमकर,
कुदकते बच्चों को प्यार कर,
अलकों में खेलकर,
पीले कपोलों से मेलकर,
भाभी के चरण छू, अंचल को झेलकर,
झूमा और नाचा वह,
नाचा और झूमा वह,
बच्चों को
थपियाया,
खूब शोर,
आनंद का खूब जोर,
हंसी और कहकहा।
पत्नी ने हाथ गहा,
उसका उछाह रोक
कानों में यह कहा—
"कमरे में बाहरी,
लिखना और पढ़ना है हो रहा,
शोर न करो, चुपचाप दबे पांव
बच्चों के संग-संग
चौके में चले आव।"
पवन की पावनी
लीला मनभावनी
देख मैं विस्मित था।

वायु की गति इस प्रगीत में केदारनाथ अग्रवाल की 'बसंती हवा'-जितनी तीव्र नहीं है, लेकिन उसकी लीला उतनी ही मनभावनी है।

'एक टीले और डाकू की कहानी' और 'चंबल की घाटी में' चूंकि एक ही कविता के दो प्रारूप हैं, इसलिए दोनों में ही वायु के एक ही रूप का प्रयोग हुआ है :

इतने में जबर्दस्त हवा एक आती है
उसके हैं सैकड़ों प्रवाह और
प्रत्येक धारा में लाख-लाख लहरें हैं

इस रूप को उसका यह रूप संतुलित करता है :

अकस्मात्
टीले से लिपट हवा झूमती!!

मानो बांहों ने पीठ
व्याकुल पकड़ ली हो
भीतरी दरारों में पानी की थर्राहट
चट्टानी अंतर में,
और जल-प्रवाह में सैकड़ों दिए तैर रहे हैं
हवा के बाहुपाश में समा रहा
सूर्य-तारा-समेत
शिला-अंतराल में सारा आकाश वह
प्रजागरित जीवन का।

हम इस चित्र के अभिप्राय पर ध्यान न दें, सिर्फ चित्र पर ही ध्यान दें, तो पता चलता है कि यह एक बहुत संश्लिष्ट चित्र है, जो ओजपूर्ण भी है और मधुर भी। हवा ने टीले को अपने आलिंगनपाश में ले लिया है, जिससे संपूर्ण टीला उसकी गिरफ्त में आ गया है। टीले के भीतर भयानक हलचल मच जाती है। उसकी दरारों में पानी थर्रा उठता है और उसके प्रवाह में सैकड़ों तारे दीपकों की तरह तैरने लगते हैं। टीले के अंतराल में सूर्य-तारा-समेत सारा आकाश प्रतिबिंबित है और वह सारा कुछ हवा की बांहों में है! यह चित्र भी हमें केदारनाथ अग्रवाल के इस चित्र की याद दिला देता है, जो सरल होते हुए भी मोहक है :

सोने का रवि डूब गया है केन किनारे,
नीले जल में खोज रहे हैं नन्हे तारे।

"सारा आकाश वह प्रजागरित जीवन का" पुनः इस बात का संकेत करता है कि मुक्तिबोध की कविता में मनुष्य और प्रकृति दृढ़ अंतःसूत्र में बंधे हुए हैं!

उनकी कविता में कहीं "चांदनी-सरोवर-सी आलोकभरी गहरी-गहरी आंखें" हैं, कहीं "श्यामायित तारालोकित पृथ्वी-तल"; "कहीं तरु-छायाओं के घेरे में उद्‌भ्रांत जुन्हाई के हिलते छोटे-छोटे मधु-बिंब" हैं, कहीं "ललाई में निलाई से नहाकर राह पर झुक जाती आधी-अंधेरी शाम"; कहीं "आंखों में तिर आनेवाली नीली भोर" है, कहीं "चांदनी की मनोहर लौ"; कहीं "मिलों के धुएं से दुखी आंख-सी लाल सांझ" है, कहीं "मधुर चांदनी से भरे पथांकित अनाद्यंत मैदान"; कहीं "गीत-तत्पर नई स्वर्ण-खग-माल" है, कहीं "अंगारे-सा या लाल गुलाबी तारे-सा झील में खिला कमल"; कहीं "चंद्र-किरण-स्नात वन-मंजरी-बौराई नवल आम्रशाख" है, कहीं "गेहूं की खिलखिलाती बालों का सुनहला समुंदर"; कहीं "सफेद गुलाब-सी मुक्ति की दुपहर" है, कहीं "इमली के श्याम वृक्ष-पर्वत"; कहीं "अकस्मात् पथ पर रोक देनेवाली झरने की झर-झर कंचन-धारा" है, कहीं "दूर से नीला लिफाफा फेंकनेवाला चांद"; कहीं "लाली-भरा पास बैठा आसमान" है, कहीं "गहरी बावड़ी की भीतरी दीवार पर तिरछी गिरी रवि-रश्मि के उड़ते हुए परमाणु"; कहीं "खतरे के सिगनल की तरह कन्हेर के लाल फूलों का लहकता झौंर" है और कहीं "गैलरी में फैला सुनहला रवि-छोर"। "गेहूं की खिलखिलाती बालों का सुनहला समुंदर"

के आगे नागार्जुन की "पकी सुनहली फसलों की मुसकान" फीकी लगती है। "झरने की झर-झर कंचनधारा / अकस्मात् पथ रोक गई" यह चित्र निराला के चित्र "वामा, इस पथ पर हुई वाम सरितोपम"-जैसा श्रेण्य नहीं, लेकिन अपने मुखर सौंदर्य से शीघ्र प्रभावित करनेवाला है। केदारनाथ अग्रवाल ने "रवि मोर सुनहला निकला / पर खोल सबेरा नाचा"- जैसा प्रभात-काल का उल्लासपूर्ण चित्र बनाया है। मुक्तिबोध का इसी के समकक्ष यह अपेक्षाकृत अनलंकृत चित्र है : "गैलरी में फैला है सुनहला रवि-छोर।" उनके चित्रों से अंदाजा लगाया जा सकता है कि उनकी प्रकृति-संवेदना कितनी तीक्ष्ण और ताजगी से भरी हुई थी। गौर करने पर पता चलता है कि उनकी दृश्य-संवेदना और संवेदनाओं की तुलना में अधिक प्रबल थी। इसी कारण वे प्रकृति की गतिविधियों का सूक्ष्मता से तो अंकन करते ही हैं, उसके रंगों पर विशेष ध्यान देते हैं, वे रंग हल्के हों, या गहरे, परिवर्तनशील हों, या स्थायी। यह ऊपर के चित्रों से स्पष्ट है।

मुक्तिबोध की लंबी कविताओं की सफलता का एक रहस्य यह भी है कि उनमें प्रगीतात्मक संवेदना के खंड पिरोए हुए मिलते हैं। कवि ने ऐसा किसी कौशल के तहत नहीं किया है, बल्कि स्वाभाविक रूप से उसकी भाव-धारा उसके व्यक्तिगत जीवन के कूलों को भिंगोती और अनेक बार उसके कगारों को अपने साथ बहाती हुई चलती है। जहां ऐसा नहीं है, वहां वह सार्वजनिक जीवन-प्रसंगों को ही आत्मसात कर लेती है। इससे कविताएं एक साथ सामाजिक और वैयक्तिक हो उठती हैं। उन्हें पढ़ते हुए पाठक यह महसूस करता है कि वह कवि के परिवेश और उसके अपने जीवन इन दोनों के साथ संवाद की स्थिति में है। प्रायः इन दोनों के बीच भी संवाद चलता रहता है। 'मुझे याद आते हैं' शीर्षक कविता में "काम की तलाश में गुजरे हुए दिन की निरर्थकता की आग में जलता-धुआंता हुआ" कवि निराशमन घर लौटता है। रास्ते के अंत में उसे एक श्रमरत लोहार दिखलाई पड़ता है, जो उसे क्रांति-शक्ति का प्रतीक मालूम पड़ता है। इससे उसकी निराशा छंट जाती है और वह निश्चय और संकल्प करने की स्थिति में आ जाता है। यहां मुक्तिबोध ने आगे ये पंक्तियां लिखी हैं, जो पूरी कविता को एक गीतात्मक तन्मयता प्रदान कर देती हैं :

> घर आ ही जाता है कि द्वार खटखटाता हूं,
> अंदर से 'आई' की ध्वनि सुन पड़ती है।

'जिंदगी का रास्ता' का नायक रामू स्पष्टतः कवि का प्रतिरूप है। लेकिन इस कविता को गहरा आत्मपरक स्पर्श वहां प्राप्त होता है, जहां वे कहते हैं :

> स्त्री के व बच्चों के सीने पर, रात में
> तारों-भरी मध्यरात्रि बीच वह
> कुत्तों की नाराज भौंकें सुनता हुआ
> करता था काम वह,
> किंतु कभी जबरदस्त नींद के झोंके में
> गिरफ्तार होकर वह

पीली-लाल लौ की काली-काली जीभवाली लालटेन
के समीप लुढ़क जाता रामू था
पत्थर-सा, सिल-सा।
गरममिजाज किंतु वह रामू की लालटेन
स्वामी को सोता हुआ जान औ'
केरोसीन की कमी देख
एक ही सपाटे में भभक करके फक् से जाती बुझ
विचारों के बुखार से ग्रस्त वह मस्तिष्क
(रात-भर उसी के सपने चलते रहते थे)
अफसोस के धुएं से था जाता भर सुबह में!

कवि का वह काम, जिसे करते हुए वह नींद के जबर्दस्त झोंके में गिरफ्तार होकर लुढ़क जाता था, क्रांतिकारी साहित्य-रचना का काम था! "पीली-लाल लौ की काली-काली जीभवाली लालटेन" कवि के निम्न-मध्यवर्गीय परिवेश को ही प्रतीकित नहीं करती है, अपने स्वामी के प्रति उसकी सहानुभूति जैसे इन पंक्तियों को पढ़कर कवि के प्रति पाठकों के मन में जो आत्मीयता उत्पन्न होती है, उसकी भी पूर्वसूचना देती है।

'सूरज के वंशधर' शीर्षक कविता में ऐसे दृश्य हैं, जो कवि को "औंधे-मुंह धड़ाम से अंधेरी खाई में गिरने से बचा लेते हैं" :

भूरे-भूरे मैदानों पर खिली है चांदनी
कि जिसके नीले कुहरे में
क्षितिज समा गया।
आ रही है कहीं से घहराते नाले की
दर्दभरी आवाज—
(खोए हुए प्रारंभ व ढंके हुए अंत
वाली कहानी सुझाती हुई
स्वेद-अश्रु-रक्त के महावर्तमान की)
मैदान में भीमकाय बरगद के पास इस
नीली धूल उठाती हुई और
उत्साह में सराबोर
(पास की ही बस्ती के) लड़कों की
खिलखिलाती कबड्डी
को देखता हुआ खड़ा मैं . . .

'नक्षत्र-खंड' अपेक्षाकृत छोटी कविता है, लेकिन इसमें यह गीतात्मक स्थल मिलता है:

जिंदगी के चिलचिलाते इन पठारों पर
हमेशा तिलमिलाते कष्ट में हमने
अनेकों रास्तों पर घोर श्रम करके

कुएं खोदे
हृदय के स्वच्छ पानी के,
कि चटियल भूमि तोड़ी और भीतर से
निकाला शुद्ध ताजा जल।
वृथा की भद्रता औ' शिष्टता के नियम सारे तोड़
अनुभव ने
स्वयं के श्याम कांधे पर
रखी थीं कांवड़ें जल की,
विवेकी हृदय के तल की।
हृदय-जल-पूर्ण पीपे छलछलाते थे
व श्यामल भारवाही झुके कांधे पर भरी कांवड़,
लचकती, जा रही थी दूर।
बने थे बेल-बूटे
दूरगामी आर्द्र रेखा के।

कांवड़ पर पानी ढोने से जो पानी छलकता है, उससे जमीन पर आर्द्र रेखा के बेल-बूटे बन जाते हैं! कांवड़वाले इस बिंब की तरह ही मुक्तिबोध को प्रपा या प्याऊ का बिंब भी मानवीय होने से प्रिय है। 'ओ काव्यात्मन् फणिधर' में वे कहते हैं :

रात का समय, वह गांव, और वह औदुंबर,
—गहरा-सा एक स्याह धब्बा!
उसके तल में श्रमिक-प्रपा,
अंजलि से जल पीनेवाले
तृषितों के मुख-विगलित जल से
है भूमि आर्द्र-कोमल अब तक!

यहां भी मुंह से गिरनेवाले जल से भूमि आर्द्र और कोमल हो उठी है! इस चित्र की एक विशेषता यह भी है कि यह मजदूरों के प्रति कवि की आर्द्र और कोमल भावना को सशक्त ढंग से प्रकट कर देता है। 'कहने दो उन्हें जो यह कहते हैं' शीर्षक कविता में पानी नहीं, बल्कि गीली मिट्टी है, जिसके माध्यम से मुक्तिबोध ने गीतात्मक संवेदना की अभिव्यक्ति की है :

तुम्हारे पास, हमारे पास,
सिर्फ एक चीज है—
ईमान का डंडा है,
बुद्धि का बल्लम है,
अभय की गेती है
हृदय की तगारी है—तसला है
नए-नए बनाने के लिए भवन

आत्मा के, मनुष्य के,
हृदय की तगारी में ढोते हैं हमीं लोग
जीवन की गीली और
महकती हुई मिट्टी को।

उन पर आरोप है कि वे शहरी निम्न-मध्यवर्गीय परिवेश के कवि हैं और उनकी कविता में किसान नहीं हैं। लेकिन सच्चाई यह है कि शहरी होते हुए भी उनका मन किसानों से मिला हुआ है और वह गांव का चक्कर लगाता रहता है। स्वभावतः अपनी कविताओं में उन्होंने किसानों की समस्याएं ही नहीं उठाई हैं, ग्रामीण जीवन से ढेर सारा उपादान ग्रहण कर उनमें गीतात्मक संवेदना का संचार किया है। 'इसी बैलगाड़ी को' शीर्षक कविता में किसान रास्ते में एक ओर कंडे की लाल आग पर टिक्कड़ सेंकते हैं और उसकी प्रगाढ़ सुगंध आत्मा में ईमान की भाप बनकर फैल जाती है। साथ ही—

पहाड़ी चढ़ान की
अंधेरी ऊंचाई पर
घुंघरू बजाते हुए बढ़ते हैं
बढ़ते अटक-अटक
थके हुए बैल ये हमारे

इसी तरह 'एक रग का राग' शीर्षक कविता में—

ग्राम्य-रम्य-वृक्ष-तले
पिकनिक को निकली हुई
जिंदगी की नई बैलगाड़ियां
टूट गईं निरुपाय!!

'एक अंतर्कथा' शीर्षक कविता में "अंतर्जीवन के मूल्यवान् संवेदनों" की प्रतीक सूखी टहनियों से भरी हुई टोकरी का वर्णन तो अपने आप में एक प्रगीत है। इसमें भी मुक्तिबोध ने बड़ी ममता से किसानों को याद किया है :

अजीब-सी टोकरी
कि उसमें प्राणवान् माया ...
गहरी कीमिया
सहज उभरी फैली संवरी
डंठल-टहनी की कठिन सांवली रेखाएं
आपस में लग यों गुंथ जातीं
मानो अक्षर नवसाक्षर खेतिहर के-से
वे बेढब वाक्य फुसफुसाते
टोकरी विवर में से स्वर आते दबे-दबे
मानो कलरव गा उठता हो धीमे-धीमे
अथवा मनोज्ञ शत रंग-बिरंगी विहंग गाते हों

स्पष्ट है कि निजी जीवन-प्रसंग हो, या प्रतीकात्मक कथन, मुक्तिबोध किसी भी विषय

को आवश्यक होने पर गीतात्मक तन्मयता के साथ प्रस्तुत कर सकते हैं, किसी भी वस्तु को अपनी निजस्वता की परिधि में खींच लाकर उसे आत्मानुभूति के प्रकाश से जगमगा दे सकते हैं और समस्या व्यक्ति की हो, या इतिहास की, उसे अपनी समस्या बना ले सकते हैं। 'शब्दों का अर्थ जब' शीर्षक कविता में अनेक कोमल और संवदेनशील चित्र हैं। एक चित्र होरी और धनिया के नाम से मजदूर और मजदूरिनी का है :

धूप-तपी राहों की
धूलिमय सफेदी में
एक जगह श्यामलता,
पेड़तले छाया में बैठे हैं
होरी औ' धनिया,
धनिया है नीलांचल
श्रम-सिक्त श्याम लता।

इतनी ममता और प्यार से निश्चय ही प्रेमचंद ने भी 'गोदान' में अपने इन पात्रों को याद नहीं किया।

'जमाने का चेहरा' शीर्षक कविता में द्वितीय विश्वयुद्ध की समाप्ति का एक दृश्य मुक्तिबोध इस रूप में प्रस्तुत करते है :

प्रशांत महासिंधु अतलांत हिंदमहासागर
हुए हैं एक
मानो किसी भव्य मुहूर्त में अनायास
चार महाद्वीपों में बसे हुए भाई चार
आ गए हों भारत में वृद्ध पिता के पास
सरिता के लहराते संगम-सा प्राणों में आलिंगन
चंद्र की कनी-जैसी चमकती है।
नैनों में प्राणों में आनंद-शबनम . . .

प्रगीतात्मक कविताएं हों, या लंबी कविताएं, प्रायः सर्वत्र हमें उनमें वस्तुपरकता और आत्मपरकता के बीच एक द्वंद्व और तनाव की स्थिति दिखलाई पड़ती है। द्वंद्व और तनावपूर्ण अन्विति ही उनकी कविताओं की प्रभावोत्पादकता का स्रोत है। हिंदी में उन्हें निराशा और संत्रास के कवि के रूप में प्रचारित किया गया है, जबकि सच्चाई यह है कि यहां—

भूरे वीरान खंडहरों की ढूहों-खड्डों से कटी-पिटी
सुनसान भूमि में भी,
भीषण उदास टूटी भीतों के आस-पास
गुंजान शून्य में भी,
ताजे गुलाब के फूल चमकते रहते हैं;
चंपा की डालों में नीला आकाश फंसा रहता है,
वन-मुग्ध कुंद के तारे हमें देखते हैं . . .

4

सत्य में स्वप्न : स्वप्न में सत्य

अपनी एक अधूरी कहानी में बड़ी ही तड़प के साथ मुक्तिबोध ने कहा है : "यह जहालत की दुनिया है। असली दुनिया तो तिलिस्म है, जिसमें जान का खतरा है तो राजकुमारी भी है, जिसमें अंधेरा है तो दिल-भरी रोशनी भी है। उसमें मुझे पैंजनियां सुनने को मिलेंगी, मेरी बहादुरी देखकर कोई मुझसे इश्क करेगी। कोई मुझे अपने इश्क के काबिल समझेगा। बाहरी दुनिया में चाहे जितनी बहादुरी की जिंदगी जीऊं, सिर्फ चाय पीकर ही काम करता रहूं, कोई मुझसे इसलिए इश्क नहीं करेगा। इश्क का तो सवाल ही कहां उठता है। इसलिए तिलिस्म चाहिए, तिलिस्म, मेरे बचपन का यह सपना है, काश वह पूरा हो! काश मैं भूतनाथ-सरीखा बहादुर बन सकूं। इसलिए कि बहादुरी आसान है, लेकिन सबका पेट भरने लायक पैसे कमाना दुःसाध्य! एक दिन फांसी चढ़कर भगत सिंह बन जाना कितना उत्तेजनात्मक, कितना भव्य, कितना प्रकांड है! लेकिन रोज-ब-रोज फांसी के तख्ते पर चढ़ना, और लोहे का टोप पहनना, कितना मुश्किल है, यह मैं ही जानता हूं! इसलिए मुक्तिबोध तिलिस्म चाहता है, काश उसे कोई दे सके! उसके लिए अंधेरे कुएं में गिरने, चुनार के किसी गुप्त सुरंग में घूमने, ऐयार बन जाने—सबके लिए तैयार है!" इससे यह निष्कर्ष निकालना गलत होगा कि मुक्तिबोध के लिए फैंटेसी इस दुनिया से निकल भागने का साधन थी और उसके जरिए वे खुद ही एक दूसरी दुनिया की सैर नहीं करते थे, जिंदगी से हताश पाठकों को भी उसकी सैर कराना चाहते थे। उनके इस कथन की अंतर्वस्तु यह पलायनेच्छा नहीं, बल्कि उनकी वे विषम परिस्थितियां हैं, जिनसे निजात पाने के लिए वे छटपटा रहे थे। फैंटेसी की दुनिया चूंकि नई ही नहीं, असंभव भी होती है, इसलिए कुछ लोगों के लिए यह सर्वथा स्वाभाविक है कि वे उसे अवास्तविक और काल्पनिक इच्छा-पूर्ति का साधन मान लें। लेकिन फैंटेसी क्या सचमुच अवास्तविक, या उससे भी आगे की, वास्तविकता-विरोधी चीज है?

सामान्य बिंबों से फैंटेसी की भिन्नता यह है कि यह 'अभूतपूर्व' होती है। इस अभूतपूर्वता में ही अरस्तू ने सृजनात्मकता देखी थी। आज हम अरस्तू की बात से न

भी सहमत हों, क्योंकि सृजनात्मकता का क्षेत्र बहुत विस्तृत है, तब भी यह सही है कि सृजनात्मकता मात्र सादृश्य या अनुकृति में निहित नहीं होती। इस तरह फैंटेसी की सृजनात्मकता को समझा जा सकता है। उस पर अवास्तविक होने का आरोप इसलिए लगाया जाता है कि प्रायः चिंतन और फैंटेसी को दो स्वतंत्र मानसिक क्रियाएं मान लिया जाता है। सच्चाई यह है कि ये दोनों दो नहीं, बल्कि एक ही मानसिक क्रिया हैं। एक मनोवैज्ञानिक ने चिंतन की परिभाषा को विस्तृत कर उसमें फैंटेसी को भी शामिल कर लिया था, यानी फैंटेसी उसकी दृष्टि में चिंतन का ही एक विशेष रूप थी। तथ्य इसके विपरीत यह है कि चिंतन ही फैंटेसी का एक विशेष रूप है, जिसका उस मानसिक क्रिया से संबंध है, जो तार्किक सिद्धांतों और नियमों को मानकर चलती है। फैंटेसी के विस्तार का अंदाजा इससे लगाया जा सकता है कि इसकी अभिव्यक्ति बच्चों के बिलकुल आरंभिक शब्द-निर्माण और उनकी चित्रकला से लेकर तकनीकी ईजादों और वैज्ञानिक खोजों तक में होती है। ऐसी स्थिति में उसे केवल अवास्तविक बिंबों तक सीमित मान लेना गलत है। इस प्रसंग में हमें बस इतना याद रखना चाहिए कि फैंटेसी की प्रक्रिया के परिणामस्वरूप हमें जो रचना प्राप्त होती है, जरूरी नहीं कि वह उस सामग्री से पूरी समानता रखे, जो रचना के लिए उपयोग में लाई गई है!

बर्गसाँ-जैसे विचारकों ने फैंटेसी की भाववादी व्याख्या की थी, जिसके अनुसार वह एक सार्वभौम और सर्वव्यापी शक्ति की अभिव्यक्ति है, जो सभी जैविक, मनोवैज्ञानिक और ऐतिहासिक प्रतिक्रिया को नियंत्रित करती है। इसकी प्रक्रिया में कुछ मनोवैज्ञानिकों ने फैंटेसी के प्रति निःशेषवादी रुख अपनाया और उसे अन्य मानसिक प्रक्रियाओं से अभिन्न माना। एक मनोवैज्ञानिक ने कल्पना को पर्यवेक्षण, स्मृति, ज्ञान और संवेदना का योग बतलाकर उसकी स्वतंत्र क्रिया को दूसरी क्रियाओं में निःशेष कर दिया। स्पष्टतः यह सृजनात्मकता के कुछ नियमों की उपेक्षा करते हुए भी फैंटेसी को ठोस रूप में समझने का प्रयास था, किन्हीं गहन अर्ध-रहस्यात्मक क्रियाओं के रूप में नहीं। इसके मूल में भी फैंटेसी और वास्तविकता के संबंध की ही समस्या है। वह समस्या यह है कि फैंटेसी ने जिस दुनिया का निर्माण किया है, उसमें वास्तविक दुनिया का कितना हाथ है? कल्पना शून्य में कार्य नहीं करती। वह वस्तु-जगत से ही अपने उपादान लेती है और उन्हीं को ऐसे बिंबों में रूपांतरित कर देती है कि उन्हें पहचानना मुश्किल होता है। फैंटेसी कल्पना का बहुत ही जटिल और सूक्ष्म रूप है। एक यूरोपीय विद्वान का यह कथन प्रसिद्ध है कि कलाकार जो भी बिंब निर्मित करता है, वह वस्तु में पहले से निहित होता है, जैसे संगमरमर के खंड में पहले से स्थित वीनस की मूर्ति! बिंब और वस्तु का संबंध इतना घनिष्ठ है, लेकिन यहां कलाकार की भूमिका को ध्यान में रखना जरूरी है, क्योंकि वह मात्र वस्तु की अनुकृति नहीं प्रस्तुत करता, उसका पुनः सृजन करता है। इस क्रम में वस्तु नई ही नहीं हो जाती है, वह 'असंभव' भी हो जाती है। ऐसी स्थिति में कलाकृति में कल्पना का वाकई बहुत जटिल और सूक्ष्म रूप देखने में आता है। इसी कारण उसे सावधानी से समझने की जरूरत होती है, जल्दबाजी में अवास्तविक कहकर टाल देने या खारिज कर देने की नहीं।

फैंटेसी का एक रूप स्वप्न है। पहले के मनोवैज्ञानिक और शरीर-वैज्ञानिक इसे सुप्तावस्था में स्नायविक ऊर्जा के स्रवण का आकस्मिक और आनुषंगिक परिणाम मानते थे। फ्रायड ने स्वप्न-बिंबों और दूसरे कल्पना-बिंबों के बारे में बतलाया कि उनका भी वास्तविकता से संबंध होता है, निश्चय ही बाहरी वास्तविकता से भी और भीतरी मानसिक वास्तविकता से भी, जिससे उनका मतलब अचेतन से था। मनोविश्लेषणवादी मनोवैज्ञानिकों ने फैंटेसी के कुछ नियमों का भी पता लगाया। उनके अनुसार फैंटेसी में बल एक घटना से दूसरी घटना तक स्थानांतरित हो जाता है, अस्वीकार्य स्थिति स्वीकार्य स्थिति में बदल जाती है, एक बिंब में अनेक बिंब अथवा उनकी विशेषताएं घुल-मिल जाती हैं और कार्य-व्यापार, वस्तुएं, शारीरिक अंग तथा चेहरे प्रत्यक्ष रूप में न आकर प्रतीकों के रूप में आते हैं। फैंटेसी-संबंधी यह खोज महत्वपूर्ण है, लेकिन इसमें एक दोष है। वह यह है कि फ्रायड ने स्वप्न और कविता दोनों को एक ही श्रेणी में रख दिया है, जिसका मतलब यह है कि दोनों में अचेतन मानस की भूमिका ही प्रधान होती है। सच्चाई यह है कि स्वप्न-बिंब जहां पूर्णतः अचेतन मानस की सृष्टि होते हैं, वहां काव्य-बिंब सृजनात्मक मानस की, जिसमें अचेतन के साथ चेतन मानस की भी भूमिका होती है।

फ्रायड के सिद्धांत की अनिवार्य परिणति उसके शिष्य युंग के सिद्धांत में हुई, जिन्होंने अवचेतन मानस को 'सामूहिक अवचेतन' तक बढ़ा दिया और यह प्रतिपादित किया कि वही व्यक्ति के ही नहीं, संपूर्ण आबादी के जीवन और सृजनात्मकता को निर्धारित करता है। इसी क्रम में उन्होंने कहा कि प्रतीक आद्य बिंबों के रूप में वंशानुक्रम से प्राप्त किए जाते हैं। लेवी-स्त्रॉस के संरचनावाद की भी मान्यता है कि प्रत्येक बच्चा जन्म से ही ऐसी मानसिक संरचना लेकर आता है, जो विश्व के साथ अपना संबंध निर्धारित करने के लिए मानव-जाति द्वारा शाश्वत रूप से व्यवहार में लाए जानेवाले साधनों का कुल योग होती है। तात्पर्य यह कि फैंटेसी कोई नई रचना नहीं होती, जिसमें रचनाकार के चेतन मानस का भी योग हो, बल्कि एक पूर्वनिर्धारित चीज होती है। इस तरह उसमें 'सृजन' नहीं होता, सिर्फ अनुकरण और पुनःसंयोजन होता है। आद्य बिंबों के सिद्धांत के पक्षपातियों ने अपने सिद्धांत के प्रमाण के रूप में हेनरी मूर नामक मूर्तिकार की मूर्तियों का व्यापक इस्तेमाल किया था। यहां मूर का यह कथन देखना उपयोगी होगा कि "मेरे मूर्ति-निर्माण में अवचेतन की निश्चित भूमिका होती है, लेकिन मेरे पास भी एक चेतन मानस है, जो उस समय निष्क्रिय नहीं रहता।" कलाकार अपने सृजन-कार्य में संपूर्ण व्यक्तित्व से एकाग्र रहता है। उसके व्यक्तित्व का चेतन अंश उसके भीतर चलनेवाले संघर्षों को हल करता है, उसकी स्मृतियों को संयोजित करता है, और उसे एक साथ दो दिशाओं में विचरण करने से रोकता है!

पौराणिक गाथाओं, लोककथाओं और साहित्य में फैंटेसी का इस्तेमाल शुरू से होता आ रहा था, लेकिन यथार्थवादी आंदोलन के दौर में उसे संदेह की दृष्टि से देखा जाने लगा। साहित्य में यथार्थवादी पद्धति को चित्रण की इतिवृत्तात्मक शैली का पर्याय बना दिया गया और यथार्थ के साक्षात्कार का मतलब हुआ यथार्थ का यथावत् चित्रण।

हिंदी कविता के प्रसंग में फैंटेसी की चर्चा मुक्तिबोध के प्रथम कविता-संग्रह 'चांद का मुंह टेढ़ा' है के प्रकाशन के साथ शुरू हुई। जो बिंब यथार्थ को अधिक प्रभावशाली ढंग से प्रस्तुत करने के लिए कविता में प्रयुक्त हुआ था, बिंबवाद तक उसका आग्रह बढ़ जाने के बाद उसके विरुद्ध एक जबर्दस्त प्रतिक्रिया हुई और अब सपाटबयानी की मांग की गई। आज भी ऐसे लेखकों की कमी नहीं है, जो मुक्तिबोध की कविताओं के बारे में यह धारणा रखते हैं कि उन्होंने नागार्जुन की तरह यथार्थ का प्रत्यक्ष रूप से सामना नहीं किया। तात्पर्य यह कि उन्होंने यथार्थ से आंखें न मिलाकर फैंटेसी की ओट से उसे देखा है। नागार्जुन ने भी अपनी कुछ कविताओं में, भले सरल रूप में, फैंटेसी का इस्तेमाल किया है। उदाहरण के लिए उनकी पुरानी कविताओं में 'प्रेत का बयान' और नई कविताओं में 'तीन सिरों वाला बेताल' शीर्षक कविताएं देखी जा सकती हैं। ये विद्वान इस पर विचार नहीं करते कि वह कौन-सी रचनात्मक अनिवार्यता है, जिसके वशीभूत होकर नागार्जुन-जैसे 'यथार्थवादी' कवि भी कविता में फैंटेसी का इस्तेमाल करने को बाध्य होते हैं।

एक ही घटना का वर्णन अनेक रचनाकारों ने अपनी रचनाओं में अनेक प्रकार से किया है। ऐसी स्थिति में यह सोचना बिलकुल गलत होगा कि वर्णन की एक शैली घटना को ठीक-ठीक प्रस्तुत करती है और दूसरी शैलियां उसे विकृत बनाकर रखती हैं। यह सर्वथा संभव है कि लेखक आपस में न मिलते हों, लेकिन उन्होंने अलग-अलग ढंग से अपनी रचनाओं में जिस सच्चाई को प्रस्तुत किया हो, वह एक हो। वाकई यथार्थ-चित्रण का कोई 'फार्मूला' नहीं हो सकता, जो निर्दोष और पवित्र हो। स्वभावतः संसार के महान यथार्थवादी लेखकों ने यथार्थवाद और फैंटेसी के बीच विरोध-भाव देखने-जैसी गलतफहमी को दूर करने का भरसक प्रयास किया है। ब्रेख्त यथार्थवाद को कोई संकीर्ण चीज नहीं, बल्कि दृष्टि का विस्तार मानते हैं। उन्होंने कहा है कि यथार्थ एक बहुत ही विस्तृत, वैविध्यपूर्ण और विरोधात्मक वस्तु है और सत्य को कहने के वैसे ही हजार तरीके हैं, जैसे उसे छिपाने के! चूंकि यथार्थ स्वयं वैविध्यपूर्ण और जटिल होता है, इसलिए साहित्य का भी वैसा होना लाजिमी है। इस तरह कलात्मक प्रयोगों की बहुलता का स्रोत स्वयं यथार्थ है। उसके साथ यह भी सही है कि प्रत्येक लेखक यथार्थ को वैयक्तिक ढंग से जानता और आत्मसात करता है, जिससे उसके चित्रण में वैविध्य आ जाता है। यह वैयक्तिकता रचना को प्रभावशाली बनाने के लिए उसमें अलग से लाई जानेवाली कोई चीज नहीं, बल्कि वह यथार्थ को कलात्मक ढंग से आत्मसात करने का साधन है। इससे रचना के प्रस्तुतीकरण की शैलियों में फर्क पड़ना स्वाभाविक है।

किसी कलाकृति का निर्माण न मात्र यथार्थ-बोध से संभव है, न यथार्थानुकृति से। यथार्थ-बोध के बाद यह आवश्यक है कि उससे ऊपर उठकर कल्पना के आकाश में यथार्थ का 'साक्षात्कार' किया जाए। इस तरह यथार्थ और कल्पना के मिश्रण से निर्मित वस्तु ही कलाकृति हो सकती है। इतिवृत्तात्मक शैली में उपन्यास लिखनेवाले कथाकार भी तथ्य-संकलन करने के बाद कल्पना के आकाश में ही उन पात्रों का

'आविष्कार' करते हैं, जिनके बिना वे अपने उपन्यास में यथार्थ को प्रस्तुत नहीं कर सकते। इतिवृत्तेतर शैलीवाली कविताओं में कल्पना को भूमिका कुछ अधिक ही होती है, लेकिन ऐसा नहीं है कि उसी अनुपात में वे कविताएं यथार्थ से हटती जाती हैं; बल्कि सच्चाई यह है कि यदि कल्पना का सही इस्तेमाल हुआ, जैसा फैंटेसीवाली श्रेष्ठ कविताओं में दिख़लाई पड़ता है, तो वही यथार्थ में अंतःप्रवेश करके उसका असली रूप दिखलाती है। यहां नेरूदा का यह कथन स्मरणीय है कि वह कवि भी मृत है, जो यथार्थवादी नहीं और वह कवि भी, जो सिर्फ यथार्थवादी है। जो कवि सिर्फ अबौद्धिक है, वह अपने और अपने प्रेमी के द्वारा ही समझा जा सकेगा, जोकि एक बहुत दुखद बात होगी और जो कवि सिर्फ बौद्धिक होगा, वह गधों द्वारा भी समझ लिया जाएगा, जोकि एक भयानक रूप से दुखद बात होगी! चित्रण की इतिवृत्तात्मक शैली के समर्थक प्रामाणिकता तथा संभाव्यता की दुहाई देते हैं और कलात्मकता तथा 'आविष्कार' को उनका विरोधी बतलाते हैं। वास्तविकता यह है कि सजीव बिंबों में, भले वे फैंटास्टिक हों, उबाऊ इतिवृत्तात्मक वर्णन से अधिक संभाव्यता होती है। ताज्जुब नहीं, यदि दोस्तोव्स्की ने यह कहा कि जिसे अधिकांश लोग फैंटास्टिक और असाधारण समझते हैं, मेरे लिए वह यथार्थ का सारभूत अंश होता है। यह कल्पना और फैंटेसी केवल रचना-सामग्री को संयोजित करने के लिए आवश्यक नहीं है, वह जीवन-यथार्थ और जीवनानुभवों को कलात्मक बिंबों में रूपांतरित करनेवाली सृजन-प्रक्रिया का अविभाज्य अंग है।

स्वयं मुक्तिबोध ने भी 'कामायनी : एक पुनर्विचार' के आरंभ में फैंटेसी पर विचार किया है। तीन कलात्मक शैलियों का जिक्र और उनकी पारस्परिक तुलना करते हुए वे कहते हैं कि यथार्थवादी शिल्प के अंतर्गत यथार्थ के अंतर्नियमों के अनुसार यथार्थ के बिंबों की क्रमबद्ध रूप में रचना की जाती है, जबकि भाववादी रोमैंटिक शिल्प के अंतर्गत कल्पना अधिक स्वतंत्र होकर जीवन की स्वानुभूत विशेषताओं को समष्टि-चित्रों—प्रतीक-चित्रों—के द्वारा प्रकट करती है। फैंटेसी के अंतर्गत कवि-कल्पना जीवन की सारभूत विशेषताएं प्रकट करते हुए एक ऐसी चित्रावली प्रस्तुत करती है, जिससे वह तथ्यात्मक जीवन, जिसकी स्वानुभूत विशेषताएं प्रोद्भासित की जाती हैं, अधिकाधिक प्रच्छन्न, गौण और नेपथ्यवासी हो जाए। संक्षेप में, फैंटेसी के अंतर्गत भाव-पक्ष प्रधान और विभाव-पक्ष गौण तथा प्रच्छन्न तो होता ही है, भाव-पक्ष कल्पना को उत्तेजित करके बिंबों की रचना करते हुए एक ऐसा मूर्त विधान उपस्थित करता है, जिसमें उस विधान के अपने ही नियम सक्रिय होते हैं। इस मूर्त विधान में विभाव-पक्ष मात्र सूचित और ध्वनित होता है। लेकिन उस नेपथ्यवासी मूलाधार, उस भूमिगत विभाव-पक्ष, के बिना उस मूर्त विधान का जीवन-महत्व प्रोद्भासित ही नहीं हो सकता। मुक्तिबोध ने इतिवृत्तात्मक शैली को 'यथार्थवादी शिल्प' कहा है। जो बात विचारणीय है, वह यह कि क्या फैंटेसी यथार्थवाद और रोमैंटिसिज्म की शैलियों से अलग कोई शैली है?

फैंटेसी का इस्तेमाल यथार्थवादी कवि भी करते हैं और रोमैंटिक कवि भी। उनकी जीवन-दृष्टियों के फर्क के कारण उनकी फैंटेसी में फर्क आ जाता है। मुक्तिबोध ने भी अपनी कविताओं में फैंटेसी का इस्तेमाल किया है और 'कामायनी' में 'प्रसाद'

ने भी। लेकिन मुक्तिबोध फैंटेसी के प्रसंग में जो इच्छित विश्वासों, इच्छित जीवन-स्थितियों और इच्छित विश्वासों पर आधारित समाधान के प्रस्तुतीकरण की बात कहते हैं, वह 'कामायनी' में ही दिखलाई पड़ता है, उनकी अपनी कविताओं में नहीं। स्पष्टतः इसका कारण यह है कि 'प्रसाद' मूलतः रोमैंटिक कवि हैं, जबकि वे यथार्थवादी। फैंटेसी के संबंध में उन्होंने दो बातें कही हैं, जिनसे उसके स्वरूप पर प्रकाश पड़ता है। एक तो यह कि फैंटेसी द्वारा उपस्थित किए गए मूर्त विधान में उस विधान के ही नियम सक्रिय होते हैं और दूसरी यह कि भूमिगत विभाव-पक्ष के बिना उस मूर्त विधान का जीवन-महत्व प्रोद्भासित नहीं हो सकता। पहली बात का मतलब यह है कि फैंटेसी की दुनिया के नियम अलग होते हैं, उस पर इस दुनिया के नियम लागू नहीं होते, और दूसरी बात का यह कि फैंटेसी द्वारा प्रस्तुत की गई चित्रावली अपने आधार से, जोकि तथ्यात्मक जीवन होता है, हटी हुई होकर भी उसी से आलोकित होती है। उसके अभाव में फैंटेसी एक विदेशी सौंदर्यशास्त्री के शब्द लेकर कहें तो 'फैंटेसमागोरी' बनकर रह जाएगी!

मुक्तिबोध ने यह भी कहा है कि कलाकृति में यथार्थवादी रूप-विधान का अर्थ यह नहीं है कि लेखक ने वास्तविकता को वैज्ञानिक दृष्टि से समझा है और उसका वैज्ञानिक आकलन और मूल्यांकन किया है। यथार्थवादी शिल्प और यथार्थवादी दृष्टिकोण में अंतर है। इसकी पूरी संभावना है कि यथार्थवादी शिल्प के विपरीत जो भाववादी शिल्प है, उसमें जीवन को समझने की दृष्टि यथार्थवादी रही हो। 'प्रसाद' की 'कामायनी' और नई कविता की तुलना करने पर यह बात सही साबित होती है। नई कविता की शैली 'यथार्थवादी' है और 'कामायनी' की रोमैंटिक, लेकिन 'कामायनी' में हमें जीवन—पूंजीवादी व्यवस्था और उसमें व्यक्तिवाद की समस्या—को समझने की जो यथार्थ दृष्टि दिखलाई पड़ती है, वह नई कविता में नहीं। इसी तरह नागार्जुन की शैली 'यथार्थवादी' है, लेकिन जीवन की यथार्थ और पूर्णतर समझ मुक्तिबोध की कविताओं में प्रकट हुई है, जोकि फैंटास्टिक शैली में रचित हैं।

यहां यह सवाल भी उठता है कि आखिर फैंटेसी की शैली कोई कवि क्यों अपनाए? मुक्तिबोध ने संक्षेप में इस पर भी विचार किया है और कहा है कि फैंटेसी में, जिए और भोगे गए जीवन की वास्तविकताओं के बौद्धिक अथवा सारभूत निष्कर्षों को, वास्तविक जीवन-चित्र उपस्थित न करते हुए, कल्पना के रंगों में प्रस्तुत किया जा सकता है, जिससे लेखक वास्तविकता के प्रदीर्घ चित्रण से बच जाता है। निश्चय ही रचना में फैंटेसी के प्रयोग के और गहरे कारण होते हैं। बहुत बार यह दुनिया जैसी दिखलाई पड़ती है, वैसी नहीं होती। उसके दिखलाई पड़नेवाले रूप और असली रूप में स्तब्ध कर देनेवाला अंतर्विरोध होता है। तथ्य यथार्थ को छिपा लेते हैं। ऐसी स्थिति में फैंटेसी के जरिए ही उसके असली रूप को दिखलाया जा सकता है। अर्न्स्ट फिशर ने लिखा है कि कल्पना द्वारा यथार्थ का यह उद्घाटन पाठकों को बिजली के झटके की तरह लगता है, लेकिन बिना इस झटके के उन्हें 'अवास्तविक' दुनिया की वास्तविकता का ज्ञान कराया नहीं जा सकता।

मुक्तिबोध का ध्यान फैंटेसी से पैदा होनेवाली असुविधाओं पर भी था। वे आगे कहते हैं कि फैंटेसी का प्रयोग कुछ विशेष असुविधाएं भी उत्पन्न करता है, जिनमें से एक यह है कि फैंटेसी में कभी-कभी जीवन-तथ्य इस प्रकार प्रस्तुत होते हैं कि उन्हें पहचानना भी मुश्किल होता है। यहां तक कि कभी-कभी उनका क्रम स्थापित करने में भी क़ठिनाई होने लगती है। प्रतीकात्मक रूप से प्रस्तुत होने के कारण जीवन-तथ्य अधिकतर अनुमान—'संवेदनात्मक अनुमान'—से ही पहचाने जा सकते हैं। फैंटेसी एक झीना परदा है, जिसमें से जीवन-तथ्य झांक-झांक उठते हैं। उसका ताना-बाना कल्पना-बिंबों में प्रकट होनेवाली विविध क्रिया-प्रतिक्रियाओं से ही बना हुआ होता है। दूसरे शब्दों में, तथ्यों का उद्घाटन अत्यंत गौण और विकारपूर्ण होता है और उनके प्रति की गई क्रिया-प्रतिक्रियाएं ही प्रधान होती हैं। अपने इस कथन में मुक्तिबोध ने फैंटेसी को ग्रहण करने की प्रक्रिया का संकेत किया है और उसके लिए एक नया शब्द गढ़ा है—'संवेदनात्मक अनुमान'। यह रचना में पाठकों की सक्रिय भागीदारी का सूचक होता है। फैंटेसी पाठकों की कल्पना-शक्ति को भी उत्तेजित कर देती है, जिससे रचना उनके लिए कोई बना-बनाया माल न रहकर एक सजीव और गतिशील वस्तु हो उठती है। उस स्थिति में पाठकों को जो दिया जाता है, वे वही नहीं ग्रहण करते, बल्कि जो ग्रहण करते हैं, वह बहुत कुछ उनकी अपनी भी सृष्टि होता है। इस तरह रचना उनके लिए परिणाम न रहकर एक प्रक्रिया हो जाती है। कहने की आवश्यकता न होनी चाहिए कि मुक्तिबोध के आस्वादन या मूल्यांकन में तभी कठिनाई पैदा होती है, जबकि उन्हें 'संवेदनात्मक अनुमान' की जगह ठोस ज्ञान से ग्रहण करने की कोशिश की जाती है। अनुमान को जहां कल्पना के पंख लगे होते हैं, वहां ज्ञान तथ्यों के खूंटे से बंधा होता है!

इसमें कोई संदेह नहीं कि मुक्तिबोध हिंदी के सर्वाधिक कल्पनाशील कवि हैं। हिंदी के कवियों में सुमित्रानंदन पंत को 'कल्पना का लाड़ला' कहा जाता है, लेकिन कल्पना को मुक्तिबोध की सृजन-प्रक्रिया में जो स्थान प्राप्त है, वह पंतजी की सृजन-प्रक्रिया में नहीं। पंत-काव्य में कल्पना की विधायक भूमिका भी कम ही दिखलाई पड़ती है, ज्यादातर तो उसमें 'फैंसी' के दर्शन होते हैं, जबकि मुक्तिबोध की कविताओं में कल्पना प्रायः फैंटेसी के रूप में सामने आती है। मुक्तिबोध ने अपनी कविताओं में यत्र-तत्र बतलाया है कि उनमें कल्पना का इतना अधिक उपयोग क्यों है। कल्पना वस्तुतः उनके लिए कवि-क्रीड़ा का कोई साधन न होकर यथार्थ को बेहतर रूप में समझने का माध्यम है। एक कविता में वे कहते हैं :

> कल्पना की दीप्ति में आगत खुला है
> वास्तविकता मूर्त है, ऊर्जस्वला है!!
> वास्तविकता को उठाकर देखने का चीमटा है कल्पना
> वह परखने-निरखने का लेंस,
> सच-सही उसको जमाना-साधना
> है जरा मुश्किल!!

कल्पना यथार्थ को समझने का माध्यम है, लेकिन उसका ठीक-ठीक इस्तेमाल एक कठिन काम है, क्योंकि—

बदलते रूपवाले बादलों के दृश्य-से
ये भाव दिखते, पर न रुकते हैं
ठहरते ही नहीं ! !
पकड़कर रूप-आकृति-रंग उनके
चित्र ला देना
बहुत मुश्किल ! !

कवि की परेशानी यह है कि कल्पना के बिना न तो यथार्थ को समझा जा सकता है, न उसके द्वारा सरलता से उसको ठीक-ठीक मूर्त किया जा सकता है।

मुक्तिबोध की फैंटेसी में जो काजली वा श्यामल रंग हैं, उनके बारे में भी उन्होंने यत्र-तत्र अपनी कविताओं में कहा है। उदाहरण के लिए वे अपनी एक अन्य कविता में कहते हैं :

· · · काजली भीत पर
वक्र असंगत रेखाओं के
चित्र-विचित्र भयानक चित्रों-सा प्रभीम यह
भारतीय वास्तव है भीषण दुःस्वप्नों-सा

'भविष्य-धारा' शीर्षक अपनी लंबी कविता में तो उन्होंने यथार्थ को ही "अति श्याम रंग फैंटेसी" के रूप में प्रस्तुत किया है :

भागो, लपको,
अब करो तडित् चुंबकीय गति से
पार सड़क · · ·
यह बहता हुआ शोर
धूल औ' खाक कर पार
कोट्यावधियों की पोशाक
पहन
कपड़े मटमैले
आलीशान इमारत के पिछवाड़े पहुंचो
जहां की काली गलियों की
अति श्याम रंग फैंटेसी.
अंट-शंट अंधेर, धुंधलका,
मैला पानी, गंदी सांस, उबास
सभ्यता की संडास कि चोरी और मुचलका
राख, भाग्य का फेर
चौड़े, भांड़े, मैले बर्तन पड़े ढेर के ढेर

काले कटाह
भीषण कटाह
मलते पीले मटमैले बालक निःसहाय
जा घुसो उन्हीं में तडित्-प्राय
तुम हाथ लगाओ, बर्तन मलो बहुत तेजी से
गलो हृदय में ! !
उनकी स्याह निराशा आंखों में आंजो
बर्तन मांजो
उतर जायं सब मोटे छिलके
घिनी सभ्यता के।

इसी तरह 'चुप रहो मुझे सब कहने दो' शीर्षक दूसरी लंबी कविता में वे कहते हैं :

अस्तित्व-मात्र की रक्षा की इस उलझन पर
तब आत्म-ग्लानि की लहर न क्योंकर फूट पड़े।
फिर आत्म-व्यर्थता भाव नहीं क्योंकर उमड़े
फिर क्यों न रहे अस्तित्व
भीति से ग्रस्त
और फिर क्यों न बने जिंदगी
दुश्चिंता की फैंटेसी
तब क्यों न यह जिंदापन
अनसधा अनफला थका इरादा हो
दिलभरे खयालों का बारीक बुरादा हो।

जिंदगी दुश्चिंता की फैंटेसी है, क्योंकि "लाभ-लक्ष्य की अर्थवादिनी सत्ता" में व्यक्ति अपनी अस्तित्व-रक्षा के लिए जो प्रयास करता है, वह उसके भीतर आत्मग्लानि, आत्म-व्यर्थता, भय और निराशा के भाव उत्पन्न करता है। 'डायरी' के अपने 'एक लंबी कविता का अंत' शीर्षक लेख में भी मुक्तिबोध ने कहा है कि ऐसी स्थिति में, जबकि बाह्य समाज में संजीवनकारी उत्प्रेरक आंदोलन या ऐसी संगठित शक्ति नहीं है, एक संवेदनशील मन, जिसमें अब तक अवसरवादी कौशल और लाभ-लोभ की समझदारी विकसित नहीं हुई है, केवल अपने को निःसहाय अनुभव करता है। यदि वह कवि हुआ, तो सहज मानवीय आकांक्षाओं की पूर्ति के सामाजिक वातावरण के अभाव में, उसके काव्यात्मक रंग अधिक श्यामल, अधिक बोझिल और अधिक आत्मग्रस्त हो जाते हैं।

'तार सप्तक' के दूसरे संस्करण के लिए लिखित, किन्तु अप्रकाशित वक्तव्य में भी वे कहते हैं : "मानव-संबंधों की इस गिरावट के जमाने में, मेरी कविता की सारी इमेजरी—बिंब-माला—विकसित हुई। उसमें घने और काले, लाल और नीले, जामुनी और बैंगनी रंग हैं। ... यह इमेजरी कैसे पैदा हुई, यह कहना मुश्किल है। केवल इतना कहना चाहूंगा कि मनुष्य-संबंधों की भीषण गिरावट के बीच, मनुष्य-दीप्ति के जो

प्रकाशमान दृश्य मेरे सामने आए, उन्हीं के सहारे मेरा जीवन आगे बढ़ता रहा।" इस तरह 'भीषण दुःस्वप्न' या 'दुश्चिंता की फैंटेसी' कोई विकृत मन की उपज न होकर यथार्थ-बोध का परिणाम है, जिसका एक प्रमाण "मनुष्य-संबंधों की भीषण गिरावट के बीच" उन्हें दिखलाई पड़नेवाले "मनुष्य-दीप्ति के प्रकाशमान दृश्य" हैं!

लेकिन डॉ. रामविलास शर्मा ने बेहिचक उसे मुक्तिबोध के रोगग्रस्त मन की देन बतलाया है। उन पर लिखे गए अपने पहले निबंध में वे उनके बारे में कहते हैं : "बाहर की दुनिया में जितना ही झटके खाए, उतना ही स्नायुतंत्र का तनाव बढ़ा। बीज रूप में जो रोग विद्यमान था, उसने त्रास के सपनों की सृष्टि की।" इसके उत्तर में यहां इतना कहना ही काफी होगा कि जो व्यक्ति अपनी फैंटेसी का सृजनात्मक उपयोग करने में सक्षम है, वह मानसिक रोगी नहीं हो सकता। डॉ. शर्मा ने मुक्तिबोध की फैंटेसी को उनकी सृजनात्मकता से अलग करके देखा है, जिसका सबसे दिलचस्प उदाहरण उनकी यह टिप्पणी है, जिसमें उन्होंने 'अंधेरे में' आनेवाले तिलक के वर्णन और उनकी मस्तिष्क-ज्वरजनित मूर्च्छा का संबंध जोड़ते हुए कहा है : "मुक्तिबोध का संवेदनशील मन शरीर की आंतरिक हलचल देखकर अपनी मृत्यु की—मस्तिष्क के कोष फूटने की—भविष्यवाणी कर रहा था।" यह है उनकी फैंटेसी को सृजनात्मकता से अलग कर उनके जीवन की घटना बना देना, जिससे कि उसे उनके रोगग्रस्त मानस की सृष्टि सिद्ध की जा सके! हेनरिख हाइने ने कहा था कि मैं स्वास्थ्य-लाभ के लिए सृजन करता हूं और सृजनशीलता मुझे फिर से संपूर्ण बना देती है। डॉ. शर्मा की मान्यता बिलकुल उलटी है। वे मुक्तिबोध के सृजन को उनके विघटन का परिणाम मानते हैं।

मुक्तिबोध के प्रति पूर्वग्रहपीड़ित होने के कारण उन्होंने उनकी फैंटेसी को समग्र रूप में समझने का प्रयास नहीं किया। एक तो उनके दुःस्वप्न विकृत मन की उपज नहीं, दूसरे, उनमें भविष्य के सुंदर स्वप्न भी हैं, जिनकी तरफ ध्यान दिए बगैर उन्होंने उन पर टिप्पणी कर दी है। डॉ. शर्मा का ध्यान मुक्तिबोध के ऐसे कथनों की तरफ भी जाना चाहिए था :

उपमाएं उद्घाटित-वक्षा मृदु स्नेहमुखी
एक-टक देखतीं मुझको—
प्रियतर मुसकातीं . . .
मूल्यांकन करते एक-दूसरे का
हम एक-दूसरे को संवारते जाते हैं
वे जगत्-समीक्षा करते-से
मेरे प्रतीक-रूपक सपने फैलाते हैं
आगामी के।
दरवाजे दुनिया के सारे खुल जाते हैं
प्यार के सांवले किस्सों की उदास गलियां
गंभीर करुण मुसकाहट में

अपना उर का सब भेद खोलती हैं।
अनजाने हाथ मित्रता के
मेरे हाथों में पहुंच ऊष्मा भरते हैं
मैं अपनों से घिर उठता हूं
मैं विचरण करता-सा हूं एक फैंटेसी में
यह निश्चित है कि फैंटेसी कल वास्तव होगी।
मेरा तो सिर फिर जाता है
औ' मस्तक में
ब्रह्मांड-दीप्ति-सी घिर उठती
रवि-किरण-बिंदु आंखों में स्थिर हो जाता है।

डॉ. शर्मा यहां भी कह सकते हैं कि मस्तक में ब्रह्मांड-दीप्ति-सा घिर उठना 'सिर फिरने' का ही लक्षण है, लेकिन तब वह आलोचना नहीं, आलोचना का एक 'दुःस्वप्न' होगा!

कविता में कल्पना की भूमिका पर मुक्तिबोध ने 'डायरी' के अपने 'तीसरा क्षण' शीर्षक लेख में गहराई से विचार किया है। इसमें उन्होंने यह महत्वपूर्ण बात कही है कि "सौंदर्य तब उत्पन्न होता है जब सृजनशील कल्पना के सहारे, संवेदित अनुभव ही का विस्तार हो जाए।" कल्पना ही व्यक्तिबद्ध अनुभव को उसके मूल से अलग कर और दृश्यमान बनाकर नए रूप में उपस्थित करती है। नए रूप में अनुभव ऐसी फैंटेसी बन जाता है, जिसमें कवि और पाठक दोनों नए-नए अर्थ ढूंढ़ते और प्राप्त करते हैं। उनके अनुसार इस प्रक्रिया में प्राप्त होनेवाला आनंद ही सौंदर्यानुभूति है। यह सौंदर्यानुभूति एक सृजनात्मक प्रक्रिया है, कवि के लिए ही नहीं, पाठक के लिए भी, क्योंकि वह भी आस्वादन के क्रम में अपने ढंग से सक्रिय वा सृजनरत होता है। मुक्तिबोध फैंटेसी के प्रसंग में भावनात्मक या संवेदनात्मक उद्देश्य की खास तौर से चर्चा करते हैं, क्योंकि उनके अनुसार फैंटेसी में एक 'भावनात्मक उद्देश्य' समाया रहता है, जो उसे गति और दिशा प्रदान करता है। "फैंटेसी गतिहीन स्थिर-चित्र नहीं है। उद्देश्य और उद्देश्य की दिशा के कारण ही वह गतिमय है। फैंटेसी डायनेमिक होती है। ··· फैंटेसी के भीतर का वह मर्म—जिसमें एक उद्देश्य है, एक पीड़ा है, और एक दिशा है—अनेक जीवनानुभवों से समर्थित, संवर्धित और पुष्ट होकर प्रकट होना चाहता है।" इससे स्पष्ट है कि फैंटेसी निस्सार और अनियंत्रित कल्पना नहीं।

'तार सप्तक'-काल के बाद से ही मुक्तिबोध अपनी कविताओं में किंचित् बृहत् स्तर पर कल्पना का इस्तेमाल करते आ रहे थे। उदाहरण के लिए, उनकी 'दमकती दामिनी' और 'एक नीली आग'-जैसी कविताएं देखी जा सकती हैं। पांचवें दशक की समाप्ति के साथ उनकी कल्पना फैंटेसी की हदों को छूने लगती है। जैसे-जैसे जटिल यथार्थ में उनका अंतःप्रवेश होता जाता है, उनकी फैंटेसी सरल से जटिल होती जाती है। इस तरह उनमें फैंटेसी के एक नहीं, कई रूप दिखाई पड़ते हैं। सर्वप्रथम हम उनकी वे कविताएं देखें, जो इतिवृत्तात्मक शैली में लिखी गई हैं, लेकिन जिन्हें फैंटेसी के एक-दो

स्पर्शों से उन्होंने किंचित् जटिल बना दिया है, या उन्हें एक बृहत्तर परिप्रेक्ष्य प्रदान कर दिया है।

'जिंदगी का रास्ता' उनकी एक ऐसी कविता है, जिसमें उन्होंने "पूंजीवादी ह्रास के भैरव काल" की कथा कही है। कविता थोड़ा ही आगे बढ़ती है कि उसमें यह फैंटास्टिक चित्र दिखलाई पड़ता है, जो उसमें छाए निराशा और पस्ती के वातावरण को छिन्न कर उसे तीव्र आलोक से भर देता है :

आधुनिक सहस्रमुख रावण से द्रोह कर
विद्रोही भूमि के संगर-रत पुत्रों ने
धुएं के उभरते हुए बादलों के ठीक बीच
भागती हुई कौंधती-सी ज्वाला-सी
प्रलंबित धारा को
आंखों से देखा—
अपने ही हाथों से छूटी हुई
(स्टेनगन की ही) वह आग थी।
शोषण-व्यवस्था को भंग करती हुई
आग की लकीर वह
पृथ्वी पर घूमती।

'सूरज के वंशधर' उक्त कविता के विपरीत भारतीय जन-साधारण पर लिखी गई कविता है। इसे भी अंत तक जाते-जाते कवि ने फैंटेसी का स्पर्श प्रदान कर दिया है :

हवा में लहराती सुनहली ज्वाला एक
रेंगती-सी मेरे पास
धीरे-धीरे आती हुई
आसमान छूती हुई व धरती पर चलती हुई
बिखराकर नीले-नीले स्फुलिंग-समूह
वह बनती है अकस्मात्
विराट् मनुष्य-रूप
नहीं जान पाता कि छूकर मुझे मुझमें समा गई कि
उसमें समा गया मैं!

यह उसका 'यथार्थवादी' बोध ही था कि उसने बाद की पंक्तियों में यह भाष्य भी कर दिया है कि "सुनहली कांपती-सी सिर्फ एक लहर रह जाती है / कि जिसे क्रांति कहते हैं / कि कहते हैं जन-क्रांति"!

'पीत ढलती हुई सांझ' भी एक फैंटेसी के साथ समाप्त होती है :

उस रात गहरी गली को दिखा स्वप्न सुविशाल
उतरा घने वृक्ष पर नील
ज्वाला-रुचिर भव्य स्वर्णिम विहग एक,

जलते दमकते हुए पंख फैला
कि बोला विषम शब्द विकराल
भावी किसी रक्त-गंभीर घटनावली का
किया तीव्र संकेत

'बारह बजे रात के' कविता में यूरोप के एक होटल में नाटो-जैसी फौजी संधियों में शामिल देशों के फौजी अधिकारी युद्ध की योजना बनाते हैं। इस कविता का अंत भी इस चित्र के साथ होता है :

पश्चिमी नगरों की इमारतें ठठाकर
मकानों के ताबूत कहकहे लगाकर
हंस पड़े हंस पड़े।
फट गया अंधेरा
जनता के शत्रुओं ने अपने ही नाखूनों से
पागल हो
चीर डाला चीर डाला,
अपने ही सीने की हड्डियों का घेरा यह दुहेरा!!

'जमाने का चेहरा' द्वितीय विश्वयुद्ध के फासिस्ट-विरोधी संघर्ष और युद्धोपरांत के साम्राज्यवाद-विरोधी संघर्ष का चित्रण करनेवाली कविता है। इसमें भी कभी-कभी ऐसे फैंटास्टिक चित्र आ जाते हैं, जो कविता के स्तर को ऊपर उठा देते हैं :

कोरिया के महाभारत-युद्ध में काम आए
बालकों के वीर प्राण
पुरुषों के दिल और
नारियों की आत्माएं
अनगिन सुकुमार विहंग-यूथ बन
गंगा के तीर पर क्षिप्रा के तट पर
जल पीती रहती हैं।
विएतनाम मलाया की खाक में मिली हुई
मासूम आत्माएं आकर्षक चेहरे
भारतीय धरती पर अकस्मात् प्रकट हुए
गुलाब-चमेली-जूही-सिवंती के रूप में।
भारतीय हृदयों की बेलें चढ़ गई हैं
विएतनामी कुटिया पर, कोरिया के घरों पर
सुदूर सीरियाई मैदानों में भारतीय
वन-तुलसी उगी है
नील नदी की शाम
भारतीय आंगन की दीवालों को रंग गई!!

'ओ अप्रस्तुत श्रोता' में पूंजीवादी व्यवस्था में होनेवाले अलगाव का वर्णन इस चित्र के द्वारा किया गया है :

हां अंधेर-कारखाना यह
जिसकी लाल भड़क बेताब धमनभट्टी में
झोंक, खुद ही को रोज
आत्महत्या करता है व्यक्ति
किन्तु वह मरता नहीं
वरन् वह पुनर्जन्म पा
विकसित करता नया एकदम नया
पेट, धड़, सींग, पूंछ और पंख
और फिर उड़ता फिरता चरता फिरता
खूब बोलता फिरता।

इसी कविता में पूंजीवादी व्यवस्था द्वारा ध्वस्त मानवीय सभ्यता का यह फैंटास्टिक चित्र भी है : "सात गुंबदोंवाला एक सफेद शहर / हो गया राख / सैकड़ों पुलोंवाली वह गौरवशाली बहती हुई नदी / धंस गई— / जमीनी परतों की / भीतरी तहों में, वह जाकर फंस गई / व उसकी जगह / तेल का-सा गाढ़ा-गाढ़ा समुद्र / मृत्यु-सागर / जिसमें है निन्यानवे फीसदी / अमोनियम फास्फेट, घोर नायट्रेट / विषैली भाप हवाओं में,/ जिसके कारण पक्षी भी उड़ते नहीं कहीं / आकाश-दिशाओं में।"

'विक्षुब्ध बुद्धि के मारक स्वर' कविता में यह बतलाने के लिए कि जन्मोपरांत व्यक्ति का पूंजीवादी व्यवस्था में कैसे लालन-पालन होता है, मुक्तिबोध ने फैंटेसी का सहारा लिया है:

सच, जन्म-कक्ष में शिशु की मेरी आंखों को
दिख गया खुली खिड़की में एक विरूपाकृति जानवर
उसने मुझको कमरे में से ही उठा लिया
ले गया घने पेड़ पर भयानक जंगल में
झुरमुट में जाकर छिपा दिया
मानव-जग ही से चुरा लिया।
मेरा धाता-पिता और रक्षक वह वानर है।

मानना पड़ेगा कि फैंटेसी कवि के कथ्य को और शक्तिशाली ढंग से प्रस्तुत करती है। 'चांद का मुंह टेढ़ा है' शीर्षक कविता में गांधी की मूर्ति और तिलक के पुतले पर बैठे घुग्घुओं का संवाद फैंटेसी ही है, जो गांधीवाद के मजदूर-विरोध को उजागर करने के लिए रची गई है।

अपनी कुछ कविताएं मुक्तिबोध ने यथार्थ और फैंटेसी के मेल से तैयार की हैं। इनमें इतिवृत्तात्मक और फैंटास्टिक दोनों शैलियों का मिश्रण दिखलाई पड़ता है। 'मेरे सहचर मित्र' शीर्षक कविता इतिवृत्तात्मक ढंग से शुरू होती है, लेकिन तुरत फैंटेसी में

बदल जाती है। कवि को अपने मित्र से अपने प्रश्नों के जो उत्तर मिले थे, वे न केवल साकार होकर उससे बातें करने लगते हैं, बल्कि अपना रूप भी बदलने लगते हैं। वे बादल बनते हैं, फिर उसमें एक मुखाकृति उभर आती है। यह मुखाकृति एक क्षत-विक्षत सैनिक की है, जिसके मन में कवि के प्रति सहानुभूति है, क्योंकि कवि उसे अपने ही युद्ध का सैनिक प्रतीत होता है। उसके स्पर्श-मात्र से धड़-से कवि की आत्मा का गुफा-द्वार खुल जाता है, जैसे 'अंधेरे में' कविता में। भीतर 'अंधेरे में' के रक्तालोकस्नात पुरुष की तरह ही कुर्सी पर एक व्यक्ति बैठा हुआ रक्ताभ दीपक की लौ में क्रांतिकारी ग्रंथ पढ़ रहा है। यह व्यक्ति भी उक्त कविता के रक्तालोकस्नात पुरुष की तरह ही आजानुबाहु है, लेकिन उससे इसकी भिन्नता यह है कि यह 'उद्दंड क्रांतिकारी' है। स्वभावतः अपने मन की शंकाओं को लेकर वह अचानक भीतर आ जानेवाले सैनिक से बहस छेड़ देता है—

> मानव-समाज-रूपांतर विधि
> की धाराओं में मग्न
> मानवी प्राणों के
> मर्मों की व्यथा-कथा अंगार तपस्या पर
> मानव-स्वभाव के प्रश्नों पर,
> मानव-सभ्यता-समस्या पर।

कवि इस बहस को गुफा की दीवारों से कान लगाकर सुनता है, जिससे उसके सामने स्पष्ट हो जाता है कि—

> तुमने कंधों पर
> सहसा मुझको
> क्यों खड़ा किया नभ को छूने
> अपने से दुगुना बड़ा किया
> जिससे पैरों की उंगली पर
> तनकर ऊंची गरदन कर दोनों हाथों से
> मैं स्याह चंद्र का फ्यूज बल्ब
> जल्दी निकाल
> पावन प्रकाश का प्राण बल्ब
> वह लगा सकूं

स्पष्ट है कि तर्क-वितर्क और शंका-समाधान की यह सारी प्रक्रिया कवि के भीतर ही चलती है, जिसे उसने फैंटेसी के सहारे प्रस्तुत करने की कोशिश की है। मुक्तिबोध वस्तुजगत और अंतर्जगत दोनों का वर्णन करने में पूर्णतः समर्थ थे। जब वे वस्तुजगत का फैंटास्टिक वर्णन करते हैं तो उसमें अंतर्निहित सत्य को उद्घाटित कर देते हैं। इसी तरह वे अंतर्जगत के सत्यों को इस कुशलता से मूर्त करते हैं कि लगता है, हम बाहरी दुनिया का कोई दृश्य देख रहे हैं।

उपर्युक्त प्रसंग के बाद कविता प्रायः इतिवृत्तात्मक शैली में ही आगे बढ़ती और समाप्त होती है। आगे बिंब मिलते भी हैं, तो वे रूपकात्मक होते हैं, जिनका अर्थ कवि स्पष्ट करता चलता है, जैसे "जिंदगी हरेक ... ज्वलित चंदन का ईंधन है", या "मानव-व्यक्तित्व-कदंबों की शीतल छाया" आदि। 'इस नगरी में' कविता में भी यथार्थ और फैंटेसी एक-दूसरे में बिलकुल घुलमिल गए हैं, जैसे—

बुद्धि खत्म कर, शीश कटाकर
मात्र उदर ले, सिर्फ पेट ले
मस्तकहीन कबंध घूमते हैं राहों पर
बड़े ठाठ से बटन-होल में फूल लगाकर

फैंटेसी की सहायता से निर्मित स्वांतत्र्योत्तर भारत का यह चित्र जितना प्रामाणिक बन सका है, उतना शायद उसके अभाव में संभव न था।

कभी-कभी मुक्तिबोध की कविताएं पूरा रूपक होती हैं और वह रूपक फैंटास्टिक होता है। ऐसी स्थिति में यह रूपक होना ही कविताओं को आसान बना देता है। 'नक्षत्र-खंड' उनकी ऐसी ही एक कविता है, जिसके आरंभ में ही वे कहते हैं :

दूर वह भूरी पहाड़ी खोदने पर
बहुत भीतर से—
जगमगाते हुए निकले रत्न—
मंगल-शुक्र के कण,
अंशुमाली सूर्य के द्युति-खंड तेजस्वी

ये रत्नकण मार्क्सवादी विचारधारा हैं, जिसे कवि अपने मित्र के साथ विचार-विमर्श और सहचिंतन करते हुए प्राप्त करता है। कविता में बाकी सारी बातें इस विचारधारा को केंद्र में रखकर ही कही जाती हैं, इसलिए कविता के सरलीकृत न होते हुए भी उसकी फैंटेसी रूपक की तरह स्पष्ट हो जाती है। 'गुंथे तुमसे, बिंधे तुमसे' शीर्षक कविता में कवि जीवन के कर्म-क्षेत्र में मजदूर-वर्ग से वैचारिक एकता स्थापित करता है, जिससे—

अंतःकरण के मेह-कुहरे के घने अंधियार में
अब तक छिपा था जो
धवल कैलाश
उद्घाटित हुआ सहसा

आगे पूरी कविता इसी 'धवल कैलाश' के रूपक का बढ़ाव है। उससे सैकड़ों निष्कर्ष-निर्झर निकलते हैं, जिनका जल पीकर कवि महसूस करता है कि "सारा विश्व-दृश्य बदल गया / या अंतरात्मा ही बदलती जा रही।"

'कल जो हमने चर्चा की थी' शीर्षक चर्चित कविता में एक सोवियत युवती के साथ कवि की क्रांति-संबंधी बातचीत का ऐसा वर्णन है, जिसकी चित्रात्मकता फैंटेसी का रूप ले लेती है :

कल जो हमने चर्चा की थी

हिय की ऊष्मा के उफान-से निकल रहे थे
सही-सही बातों के उत्तर।
हम ज्वालामुखियों के मुंह में उतर रहे थे।
जीवन की सच्चाई के स्तर,
सही बात के चौड़े पत्थर,
तीव्र वेदना में कैसे गड़गड़ा रहे थे,
इन ज्वालामुखियों के भीतर!!
धरती के अंतर में कैसे चिटख-चिटखकर
चट्टानी सिलसिले
जिंदगी के तथ्यों के,
ज्वलंत रस बन पिघल रहे थे
बनकर अंगारी रस-गंगा—
हम ज्वालामुखियों के भीतर उतर रहे थे,
फिर भी कांपी न थी हमारी अक्षम जंघा।

शेष कविता में इन्हीं ज्वालामुखियों की कथा है, जो एक रूपक के अलावा कुछ नहीं। पृथ्वी के भीतर उतरने के बाद—

अभ्यंतर के प्रबोधकारी अग्नि-सरोवर
हमने देखे।
अंगारी झीलें जन-मन के अंतस्तल की
अपनी आंखों, हमने देखीं।
अंजुलि भर-भर
ज्ञान-सरोवर का जल पीकर,
हम उठने को थे कि सामने
हमने देखा—
युगांतकारी आस्थाओं का
एक विशाल भव्य अक्षयवट,
उसके संचित-अनुभव-छाया-तले खड़ी है
स्वनामधन्या
वेगवान् पीड़ा की कन्या—
भव्य कर्म-निष्ठा जन-जन्या।

कविता के रूपक को समझ लेने के बाद यह बिलकुल स्पष्ट हो जाता है कि यह 'कन्या' सोवियत या पोलिश युवती न होकर 'क्रांति' है, जिसका संबंध 'जन-मन के अंतस्तल' और 'युगांतकारी आस्थाओं' से है। "वेगवान् पीड़ा की कन्या— / भव्य कर्म-निष्ठा जन-जन्या" ये पंक्तियां स्वयं उसका परिचय देने में पूर्णतः समर्थ हैं। यह आकस्मिक नहीं है कि क्रांति-चर्चा में दूर तक धंसते हुए कवि और उसकी मित्र वह युवती दोनों

उसका साक्षात्कार करते हैं, यानी इस सत्य से अवगत होते हैं कि क्रांति क्योंकर पैदा होती है। यदि वह 'कन्या' क्रांति न होकर स्वयं वह युवती होती, जिससे कवि बातचीत कर रहा है और जिसके प्रति वह प्रेमवान हो उठा है, तो दोनों के द्वारा उसका साक्षात्कार करने का कोई मतलब नहीं था।

मुक्तिबोध की फैंटेसी में कभी-कभी रूपक और प्रतीक का अद्‌भुत मिश्रण दिखलाई पड़ता है। 'सूखे कठोर नंगे पहाड़' शीर्षक कविता में सूखे, कठोर और नंगे पहाड़ पूंजीवादी व्यवस्था के प्रतीक हैं, लेकिन इन्हें लेकर पूरा रूपक रचा गया है। कवि 'महाश्रमिक' यानी मजदूरों के नेता से कहता है कि वह इन पहाड़ों को पृथ्वी से उखाड़कर अपने कंधों पर धारण करे और फिर उन्हें काले सागर में फेंक दे। यह काला सागर भी प्रतीक है इतिहास का, जिसे आगे कवि ने 'महाकाल-सागर' कहा है। वह मजदूर-नेता को प्रेरित करता है। कि वह इतिहास-बोध से शक्ति प्राप्त कर पूंजीवादी व्यवस्था को ध्वस्त करने के बाद उसकी विचारधारा की रचना करनेवाले बुद्धिजीवियों के तबके को भी समाप्त कर दे। जैसे पूंजीवादी व्यवस्था इस कविता में सूखे, कठोर और नंगे पहाड़ है, वैसे ही पूंजीवादी बुद्धिजीवी "सोने के गंजे सिरवाला सुमेरु" हैं। यह सुमेरु "जन-क्रांति-विरोधी प्रतिक्रांति का मूल केंद्र" है। इसी के काले विवरांधकार में वे तांत्रिक रहते हैं, जिन्होंने मानव-आत्मा को श्वानों, स्यारों और चमगादड़ों के तन में बंदी बना रखा है :

> निज अंध गुहा की छत में तांत्रिक ने, असंख्य
> आत्माएं लटका दीं चिमगादड़ के समूह-सी उलटी !
> लटका नीचे सिर, ऊपर करके घृणित पैर
> ढीले फैलाकर रात्रि श्याम
> असगुनी पंख
> उलटी लटकी हैं पराजिता दयनीया आत्माएं असंख्य ! !
> भूखे स्यारों की मलिन देह
> में अगिन मानवात्माएं कर दीं, हाय ! कैद
> जो इधर-उधर पशु रहे घूम
> मुख को नत कर, वे श्वान और
> अतिवृद्ध सिंह
> (सरकस के पशु)
> भूखे शृगाल इत्यादि जीव—
> थे एक जमाने में ये भी मनुष्य,
> पर थोड़े-से आराम हेतु,
> अपनी आत्माएं बेच, हाय !
> हो गए आज
> काले तांत्रिक की महादुष्ट जागीर घोर

के क्षुद्र जंतु।

तांत्रिक पूंजीवादी विचारधारावाले पूंजीपतियों को प्रतीकित करते हैं। कवि मजदूर-नेता से कहता है कि वह स्वर्ण-पर्वत सुमेरु को भी इतिहास-सागर में फेंक दे।

'ओ काव्यात्मन् फणिधर' भी मुक्तिबोध की एक लंबी कविता है, जिसमें सर्प उनकी कविता के आदर्श रूप का प्रतीक है और उस प्रतीक को लेकर पूरा रूपक खड़ा किया गया है। वह सर्प रात्रि-काल में वर्जित स्थानों में चक्कर लगाता है और लोगों द्वारा फेंक दिए गए उन रत्नों को इकट्ठा करता है, जोकि क्रांतिकारी विचारों के प्रतीक हैं ("जो बहुत असुविधाकारक थे,/ इसलिए कि उनके किरण-सूत्र से होता था / पट-परिवर्तन, यवनिका-पतन / मन में जग में !")। 'ब्रह्मराक्षस' शीर्षक प्रसिद्ध कविता का ब्रह्मराक्षस मध्यवर्गीय बुद्धिजीवी का प्रतीक है, जो द्वंद्वग्रस्त रहने के कारण अपने विचारों को कार्यरूप में परिणत न कर सका :

बावड़ी में वह स्वयं
पागल प्रतीकों में निरंतर कह रहा
वह कोठरी में किस तरह
अपना गणित करता रहा
औ' मर गया ...

'ब्रह्मराक्षस' के विपरीत 'सांझ-रंगी ऊंची लहरों में' शीर्षक कविता का उलूक, जोकि पूंजीवादी आत्म-केंद्रित व्यक्तित्व का प्रतीक ("ह्रासशील सभ्यता विषम का प्राणपुत्र दयनीय परम") है, "स्तब्ध धधकते हुए भव्य अंगार-चंद्र" को देखकर, जोकि "युद्ध-रत लोक-जीवन का भीषण प्रतीक" है, पूंजीवादी व्यवस्था से निकल भागता है और इस तरह दूसरों के लिए एक उदाहरण बनता है। क्रांतिकारी चेतना का इसी तरह से प्रसार होता है और क्रांति की निर्णायक घड़ी निकट आती है। 'एक अंतर्कथा' में सूखी लकड़ियां "अंतर्जीवन के मूल्यवान् संवेदन" की प्रतीक हैं, जो उपयोग में न आने के कारण मृत हो गए हैं। असुविधाकारक होने से लोगों ने उन्हें फेंक दिया है। मां उन्हें इसलिए इकट्ठा करती है कि उनमें अग्नि का अधिष्ठान है। वह कहती है कि उन्हें सुलगाकर "दुनिया-भर को उनका प्रकाश दिखलाऊंगी।" वह वे लकड़ियां अपने पुत्र के सिर पर की टोकरी में रखती जाती है और उसे निर्देश देती है कि वह सूखी लकड़ियां चुने और यह पहचाने कि अग्नि का अधिष्ठान कहां है। इसी पहचान से वह कर्तव्य-पालन कर सकेगा।

'एक अरूप शून्य के प्रति' कविता में आदिकाल से आसमानी शीशे के पलंग पर सोया हुआ जो विराट् पुरुष है, जिसके रात और दिन दो लंबे-चौड़े कान हैं, एक बिलकुल स्याह और दूसरा बिलकुल सफेद, वह ईश्वर का प्रतीक है। इसी तरह "दिमागी गुहांधकार का ओरांग-उटांग" मध्यवर्गीय व्यक्तिवादी मनोवृत्ति का प्रतीक है और 'लकड़ी का बना रावण' पूंजीवादी सत्ता का। 'भूल-गलती' शीर्षक कविता में मुक्तिबोध ने स्वयं बतला दिया है कि सुलतान समझौतावाद का प्रतीक है और उसके दरबार में बंदी

बनाकर लाया गया विद्रोही व्यक्ति ईमान का। इन सभी कविताओं में फैंटेसी रूपक की शक्ल में है और वह प्रतीकों के इर्द-गिर्द ही बुनी गई है। जो कविताएं छोटी हैं, उनमें फैंटेसी का अपेक्षाकृत सरल रूप में इस्तेमाल किया गया है, जबकि लंबी कविताओं में प्रतीक और रूपकों के जटिल प्रयोग से उनकी फैंटेसी भी बहुत कुछ जटिल हो गई है।

फैंटेसी की शैली में रचित मुक्तिबोध की असली कविताएं कुछ दूसरी हैं। उनमें जो महत्वपूर्ण हैं, वे हैं 'भविष्य-धारा', 'चकमक की चिनगारियां', 'एक स्वप्न-कथा', 'अंधेरे में' और 'चंबल की घाटी में'। ऐसा नहीं है कि इनमें प्रतीक अथवा रूपक का इस्तेमाल नहीं हुआ, लेकिन ये ऐसी कविताएं हैं, जो पूरी की पूरी फैंटास्टिक हैं और जिन्हें फैंटेसी के अलावा किसी दूसरे तर्क से नहीं समझा जा सकता। 'अंधेरे में' पर पुस्तक के इस खंड के परिशिष्ट में अलग से विस्तार से विचार किया गया है, इसलिए यहां हम उसे छोड़कर शेष चारों कविताओं के 'कथा-चित्र' पर एक दृष्टि डालें, जिससे कि पूर्वोल्लिखित कविताओं में प्रयुक्त फैंटेसी और इनमें प्रयुक्त फैंटेसी की मात्रा और गुण का अंतर स्पष्ट हो जाए। इन 'कथा-चित्रों' में सिर्फ फैंटास्टिक घटना-क्रम पर ध्यान केन्द्रित करने से पता चलता है कि वह न केवल दिलचस्प है, बल्कि कवि की सृजनात्मक प्रक्रिया और उसमें उसकी 'अनियंत्रित' कल्पनाशीलता से भी परिचित कराता है। उसे देखकर फैंटेसी को 'स्वप्न-बिंब' कहना सार्थक प्रतीत होने लगता है।

'भविष्य-धारा' शीर्षक कविता में एक वैज्ञानिक अपनी प्रयोगशाला में अचेत हो जाता है। उसके द्वारा आविष्कृत समीकरण के सूत्र चोरी चले गए हैं, जिन्हें वह अचेतावस्था में ही खोजता है। उसी अवस्था में वह एक लंबी सीढ़ी पर आसमान में चढ़ता जाता है। तत्पश्चात् उस प्रयोगशाला में एक दूसरा व्यक्ति पहुंचता है, जो कवि के अनुसार कोई और नहीं, स्वयं कवि है। वह भी समीकरण के खोए सूत्रों की चारों ओर तलाश करता है, लेकिन उसे भी वे नहीं मिलते। वैज्ञानिक टेबुल पर ढेर होकर पड़ा हुआ है। कवि यह सोचकर चिंतित होता है कि पुलिस इस हत्या और चोरी से होनेवाली हानि को न समझ सकेगी। फिर वह सूत्रों की तलाश में ही प्रयोगशाला के पिछले दरवाजे से भागता है और मीलों पार कर एक ऐसे स्थान पर पहुंचता है, जहां एक इमली के छायादार पेड़ के नीचे कुछ बच्चे खेल रहे हैं। वह देखता है कि वे खोए हुए सूत्र एक फटी-चिटी गणित की कापी में एक बच्चे के हाथ में हैं। 'चिंदी ही हाथ लगी।' फिर वह अपने को हाथ में वह कापी लिए हुए एक पहाड़ी की चोटी पर पाता है। वहां एक विशाल दूरबीन लगी हुई है। वह उससे उन समीकरण-सूत्रों के परीक्षण में संलग्न हो जाता है।

इसी बीच वह पाता है कि काले पहाड़ के पीछे से कुछ ध्वनि होती है और फिर वह ध्वनि प्रकाश में रूपांतरित हो जाती है। उसे लगता है कि काफी पीछे यानी सैकड़ों पीढ़ियों की आंखों से ओझल करके जो रहस्य छिपाया गया था, वह प्रकाश के रूप में प्रकट हो चुका है। कवि अब इसे अपना दायित्व समझता है कि उस प्रकाश को गणित में, यानी ठीक-ठीक, अनुवादित कर उसे साहित्यिक रूप प्रदान करे। फिर वह

पूंजीपतियों को संबोधित कर कहने लगता है कि "दीप्त ब्रह्मांड-नदी के तेजस्तट पर खड़ा" मैं वैज्ञानिक तुम्हें देख रहा हूं। तुमने यद्यपि विष देकर मेरी हत्या कर दी (यहां कवि और वैज्ञानिक मिलकर एक हो जाते हैं), "फिर भी मैं जीवित हूं / परंपरा-सा / मेरी एक भाव-धारा है। / नव-आविष्कृत समीकरण के सूत्र / चुराकर जला दिए तुमने, / ... पर आसमान श्यामल में ग्रह-तारामंडली / असंख्य दीप्त नक्षत्र सूर्य-अवली / ज्ञान-सूत्र में बंधी व बंधती गई ... ।" मेरा दोष तो सिर्फ यही है कि "तुम्हारे मस्तक की बिजलियां / अरे, सूरज गुल होने की प्रक्रिया / बता दी मैंने / सूत्रों द्वारा।" लेकिन तुम्हारा अंतिम दिन अब निकट आ रहा है और अब तुम क्षण-प्रतिक्षण अपनी मृत्यु की आंशका से पीड़ित हो। तुम अब एक ठूंठ वृक्ष की तरह हो। माना कि उसकी जड़ें बहुत पुरानी और मजबूत हैं, लेकिन हवा के जोरदार प्रहार से अब उसका अधःपतित होना निश्चित है।

यहां कवि पूंजीपति-वर्ग के आश्रित मध्यवर्गीय बुद्धिजीवियों को भी संबोधित करता है और उनसे कहता है कि किसी जमाने में तुम जनता के साथ थे, फिर आज क्या हो गया कि "अपने अनुभव के पुत्र गंवाकर" अपने वर्ग से बिछुड़कर पूंजीपतियों के पक्षधर हो गए हो ? वह उनसे कहता है कि तुमसे अलग मेरे प्रिय निम्न-मध्यवर्ग के लोग हैं। वे साधारण मिट्टी के कण हैं, पर उनमें "गतिमय तडित्-बुद्धि उर्मिला" है। वही "भविष्य-धारा" हैं। वह फिर उन निम्न-मध्यवर्ग के लोगों से कहता है कि तुम्हारे भीतर जो क्रांतिकारी चेतना है, वह मैं ही हूं। यह चेतना तुम्हें कांटेदार पौधे की तरह चुभती रहेगी, जिससे तुम सो नहीं पाओगे। इस पौधे के पत्तों में प्रेम का इत्र भी है और इसमें विक्षुब्ध ज्ञान के तीव्र कांटे भी हैं। वे मध्यवर्गीय समझौतों और सामंजस्यों को समाप्त कर देंगे। वह चेतना क्रियावान वेदना बनकर तुम्हें भटकाती रहेगी। तुम देश-देशांतर से उस रत्न को ढूंढ़ लाओगे, जिसमें गजब का इतिहास-बोध होगा। लेकिन "तभी निज भद्रवर्ग से होगे तुम बाहर"। तुम परिवार को छोड़ दोगे, भूखे मरोगे, लेकिन अपने मन के पागलपन को न छोड़ोगे। तुम किसानों और मजदूरों को संगठित और निर्देशित करते रहोगे। अंत में कवि उनका आह्वान करता है कि वे बंदी मनुष्यता को मुक्त करें और—

करो रंग-उत्पादन मिश्रण ! !
तुम मिश्रण के रासायनिक सूत्र भी खोजो
उत्पादन की पद्धति आवश्यक है
धूल-ईंट के सस्ते रंग भी बहुत काम के
कलाकार से वैज्ञानिक फिर वैज्ञानिक से कलाकार
तुम बनो यहां पर बार-बार
इन्हीं विविध रंगों द्वारा ही
मन के अपने अभ्यंतर के रूप
कर सकोगे तुम अंकित

'चकमक की चिनगारियां' शीर्षक कविता आत्मालोचन की तेज पीड़ा के वर्णन से शुरू होती है। कवि कहता है कि चूंकि वह जन-समस्याओं को पैरों से कुचलता रहा है, इसलिए बहुत व्यथित है। जैसे उसके तलवों में एक बड़ी नुकीली कील धंस गई है, जो उसके प्राण तक पहुंच गई है। "व्रणाहत पैर को लेकर / भयानक नाचता हूं, शून्य / मन के टीन-छत पर गर्म ।" इसी समय अंधेरे में से एक ताकतवर हाथ उसकी तरफ बढ़ता है और उसकी कनपटी पर इतने जोरों से तमाचा मारता है कि उसका सिर धड़ से अलग होकर ऊंचाई से उड़ता हुआ एक जंगल के गुमनाम गड्ढे में जा गिरता है। वह कटा हुआ सिर स्वगत यह कहता जाता है कि आखिर अपने को अपनी ओट में कब तक रखोगे? फिर यह कि वे लोग कहां मिलेंगे, जिनके बीच पैदा होकर भी तुम उनसे दूर हो गए? फिर जोरों की आवाज के साथ वह सिर फूट जाता है और उसके भीतर से निकलकर दमकते हुए रत्न गड्ढे के अंधेरे में बिखर जाते हैं। कवि कहता है कि "इतनी मार खाई, तब कहीं वे / स्पष्ट उद्घाटित हुए उत्तर"। उसे यह देखकर आश्चर्य होता है कि उस गड्ढे में भूगोल, इतिहास और दर्शनशास्त्र के ग्रंथों के पृष्ठों से पृथ्वी के उन अनेक विक्षुब्ध समुद्रों के छींटे उड़ रहे हैं, जिनसे देश-देश की बेचैन छायाएं गीली हो रही हैं। यहां वह अलग से यह भी कह देता है कि वे छायाएं उसके दिल के भीतर (उसके गड्ढों में) हैं। अचानक चांद उस गड्ढे की तरफ एक नीला लिफाफा फेंकता है, जिसे दिल के गड्ढे से निकलकर एक पीड़ित व्यक्ति ले लेता है और उसे खोलकर पढ़ता है। उसमें लिखा है कि "जन-संग-ऊष्मा के / बिना व्यक्तित्व के स्तर जुड़ नहीं सकते" और "अपनी मुक्ति के रास्ते / अकेले में नहीं मिलते।"

कवि चांद के उक्त संदेश को गुनने पर गजब की स्फूर्ति का अनुभव करता है। उसे महसूस होता है कि उसके हृदय के तम-विवर के किनारों पर सुगंधित तुलसी खिल उठी है और उसके छाया-अंतरालों से एक प्यारा-सा चेहरा झांक रहा है। उसे उन किनारों पर चमेली और कुंद की कलियां (जैसे मुस्कुराते हुए तारों-भरे व्यक्तित्व!) प्रतीक्षारत दिखलाई पड़ती हैं। वह उन्हें पुकारना चाहता है, लेकिन कहता है कि "हृदय काला हुआ जीवन-समीक्षा में" और फिर यह कि नीली चांदनी में उसका "गर्त-गहर-घर" एक भयानक स्याह धब्बे-सा है। इससे उसे उक्त कलियों को अपने घर के भीतर बुलाने में संकोच होता है। इतने में उसे एक आवाज सुनाई पड़ती है, जो कहती है कि वे कलियां वस्तुतः मनस्वी आत्माएं और प्रतिभाएं हैं, जो तुम्हारा आत्म-प्रसार कर तुम्हारे हृदय के तम-विवर के किनारों पर अवतरित हुई हैं। वह फिर अपने दिल की काली कोठरी में पहुंचता है, तो पाता है कि उसकी अनुपस्थिति में एक अकेली छाया-मूर्ति उसमें एक लेख टाइप कर रही है, जिससे चिनगारियां छिटक रही हैं। उस कोठरी में लुमुंबा हैं, अल्जीरिया-लाओस-क्यूबा है और "हृदय के रक्त-सर में, सूर्य-मणि-सा ज्ञान डूबा है।"

इसी बीच जैसे समुद्र में डूबी हुई पुण्य-गंगा उससे उभरकर आकाश में बादल बनकर छा जाती है और वर्षा होने लगती है। वर्षा की रिमझिम गुंजायमान वायु से घटाओं की गरज और बिजलियों की चमक के रूप में कहती है कि जो मानव-पुण्य-धारा विगत युगों के अपरिभाषित समुद्र में डूब गई है, मैं उसी के क्षुब्ध बादलों को अपने

साथ लाई हूं। तुम किस तरफ हो— शोषकों की तरफ या शोषितों की तरफ? तुम्हारे हृदय में स्थित जो प्राकृतिक मूल मानव-न्याय-संवेदन है, क्या वह बेचैन होकर तुम्हें कभी उस किनारे तक ले गया है, जहां उसने तुम्हारे मन और आत्मा को चकमक के टुकड़े समझकर उन्हें जोर से रगड़ा हो और उनसे वह आग पैदा की हो, जिसके प्रत्येक अंगार में एक जीवन-स्वप्न चमका हो और ज्ञान तड़प उठा हो?

तत्पश्चात् कवि एक दूरस्थित समुद्र में स्थित वीरान टावर के भीतर के अंधेरे और चक्करदार जीने पर चढ़ने-उतरने लगता है। यह टावर पुर्तगाली, डच या अंग्रेज समुद्री लुटेरों के लिए बना था, जिसमें आज कवि की रूह चक्कर लगा रही है। उस टावर में अस्थिनिर्मित प्रेत लेटे हैं, जिनके हाथों में है "भयानक चिट्ठियों का जाल जासूसी"। कवि उन्हें पढ़कर पुराने रक्त-रंजित इतिहास का साक्षात्कार करता है। इसी बीच उसे सीटियों, दरवाजों के खड़कने और रेडियो के गुप्त संदेशों की आवाजें सुनाई पड़ने लगती हैं और उसे खतरा महसूस होता है। उसे तहखाने में ढेर सारे ऐटम बम भी दिखलाई पड़ते हैं। लेकिन वह यह भी कहता है कि गरीब देशों के कई मल्लाह यहां भी आकर चोरी से उसे सारी सूचनाएं दे जाते हैं। उन सूचनाओं से वह "जगत्-संवेदनों से आगमिष्यत् के सही नक्शे बनाता" है। उसे मालूम हो जाता है कि "अनगिन सागरों के क्षुब्ध कूलों पर / पहाड़ों-जंगलों में मुक्तिकामी लोक-सेनाएं / भयानक वार करतीं शत्रु-मूलों पर / व मेरे स्याह बालों में उलझता और / चेहरे पर लहरता है / उन्हीं का अग्नि-क्षोभी धूम!!" वह संपूर्ण विश्व से जुड़ जाता है, लेकिन उसे असली चिंता अपने देश को लेकर होती है: "मेरे सामने है प्रश्न, / क्या होगा कहां किस भांति, / मेरे देश भारत में, /पुरानी हाय में से / किस तरह से आग भभकेगी, / उड़ेंगी किस तरह भक् से / हमारे वक्ष पर लेटी हुई / विकराल चट्टानें / व इस पूरी क्रिया में से / उभरकर भव्य होंगे, कौन मानव-गुण?" अंत में कवि कहता है कि—

> समस्या एक —
> मेरे सभ्य नगरों और ग्रामों में
> सभी मानव
> सुखी, सुंदर व शोषण-मुक्त
> कब होंगे?
> कि मैं अपनी अधूरी दीर्घ कविता में
> उमगकर
> जन्म लेना चाहता फिर से,
> कि व्यक्तित्वांतरित होकर,
> नए सिरे से समझना और जीना
> चाहता हूं, सच!!

'एक स्वप्न-कथा' शीर्षक कविता में एक 'सियाह समुंदर' है, जोकि शोषण पर आधारित समाज-व्यवस्था का प्रतीक है। कवि के काल में वह व्यवस्था पूंजीवादी है। कवि

आत्मकेन्द्रित होने के कारण उस समुंदर के जल में रात-दिन नहाता रहता है। लेकिन वह निर्द्वंद्व नहीं है। उसकी जोरदार इच्छा है कि वह इस समुंदर से निकल जाए। इसके लिए वह प्रयास करता है, पर सफल नहीं होता। बस उसके प्रयास के साथ कुछ तेज किरणें छिटककर रह जाती हैं। इसी बीच उसे दिखलाई पड़ता है कि उसी की तरह समुंदर की लहरों में कुछ 'किरनीली मूर्तियां' भी नहा रही हैं। वे वस्तुतः उसी के 'अंतःस्थित संवेदन' हैं। वह उनके कांतिमान, लेकिन पत्थर की तरह कठोर चेहरे देखकर डर जाता है। वे चेहरे उससे नाराज हैं। तत्पश्चात् वह पाता है कि समुंदर पर कुछ अपार्थिव पक्षिणियां लगातार गाए चली जा रही हैं। उनके गाने में मनुष्यता की रक्त-भरी दास्तान है। वे समुद्री पक्षी उड़-उड़कर कवि के कंधों और सिर पर इस तरह बैठते हैं, जैसे वह उनका सहचर हो। पक्षिणियां उससे कहती हैं कि यह समुंदर हजारों वर्षों से उफनता आ रहा है। तुम विस्तार से बतलाओ कि वह क्या है? तुम उसकी अतल गहराई की जांच मृत्यु का खतरा उठाकर भी पूरी करो। वह सोचता है कि जैसे नदी के जल में गोता लगाकर उसके एक ज्ञानी पूर्वज ने एक तेजस्वी शिला-खंड निकाला था, जिसकी देवता बनाकर उसने पूजा की थी, संभव है, वैसे ही काले समुंदर के गर्भ में एक 'दीप्त पत्थर' पड़ा हो, जो "तिमिर-श्याम सागर के विरुद्ध निज आत्मा की / महत्त्वपूर्ण सत्ता का प्रतिनिधित्व करता हो, आज भी।" नदी से निकला हुआ तेजस्वी शिला-खंड नदी की सत्ता को चुनौती देनेवाला नहीं था, क्योंकि वह 'धर्म' था, जबकि यह 'दीप्त पत्थर' शोषक व्यवस्था को चुनौती देनेवाला 'वैज्ञानिक इतिहास-बोध' है : "संभव है,/ सभी कुछ दिखता हो उसमें से,/ दूर-दूर देशों में क्या हुआ,/ क्यों हुआ, किस तरह, कहां हुआ!!"

कवि के 'अंतःस्थित संवेदन' उसके भीतर एक तीखा संघर्ष छेड़ देते हैं। वे उससे कहते हैं कि तुम्हारी स्थिति विचित्र है, तुम अपने पिता की भी पहचान में नहीं आते, अपने लोगों से अलग होकर इतना बदल गए हो! इसी से उसकी कविताएं यथार्थ को ठीक-ठीक प्रतिबिंबित नहीं करतीं : "... भयानक हिडिंबा हैं,/ वास्तव की विस्फारित प्रतिमाएं / विकृताकृति-बिंबा हैं।" वे संवेदन उसे गुस्से में 'सियाह समुंदर' में ढकेल देते हैं। चोट खाया हुआ और घायल वह सोचता है कि समुद्र के अतल में लुप्त महाद्वीपों में पहाड़ भी होंगे। वह उन तक पहुंचने के लिए लहरों के साथ-साथ आगे बढ़ता है कि उसे जल-खोहों से ऊपर उठा लहरों पर एक बृहद् काला सहस्रदल कमल दिखलाई पड़ता है, जिसमें काला रक्त दौड़ रहा है। वह सोचता है कि इस कमल-नाल के समानांतर नीचे उतरते जाएं, तो "संभव है सागर का मूल सत्य / मुझे मिल जाएगा।" वह इस मूल सत्य को मालूम करने के लिए मरने को भी तैयार हो जाता है। फिर उसे खयाल आता है कि समुंदर के कई मील नीचे एक 'बृहद् भव्य नगर' है। उसे तो वहीं पहुंचना है। फिर वह देखता है कि जहां समुंदर की लहरें समाप्त होती हैं, वहां एक जुलूस चला जा रहा है। यह जुलूस 'अंधेरे में' के जुलूस का ही पूर्वाभास है :

स्तब्ध हूं

विचित्र दृश्य !
फुसफुसे पहाड़ों-सी पुरुषों की आकृतियां
भुसभुसे टीलों-सी नारी प्रकृतियां
ऊंचा उठाए सिर गरबीली चाल से
सरकती जाती हैं।
चेहरों के चौखटे
अलग-अलग तरह के, अजीब हैं,
मुश्किल है जानना;
पर कई
निज के स्वयं के ही
पहचानवालों का भान हो आता है।
... ...

जुलूस में अनेक मुख
(नेता और विक्रेता, अफसर और कलाकार)
अनगिन चरित्र
पर, चरितव्य कहीं नहीं
अनगिनत श्रेष्ठों की अनेक रूप-आकृतियां—
रिक्त प्रकृतियां।
मात्र महत्ता की निराकार केवलता।

कवि को लगता है कि हो न हो, समुद्र के कई मील नीचे जो शहर डूबा हुआ है, जिसके सौ कमरों में गहरी हलचल मची हुई है, जुलूस के रूप में उसकी कुछ छायाएं ऊपर तैर आई हों! अचानक उसे महसूस होता है कि उन विराट् दृश्यों को वही नहीं, अन्य अनेक जन "दुःखों के द्रोहपूर्ण ज्ञानात्मक दीप्तिमान शिखरों" पर चढ़कर देख रहे हैं। और तो और, वैसा ही विराट् एक देव भी जैसे चिंताग्रस्त होकर उनका सर्वेक्षण कर रहा है :

इतने में दीखता कि
सागर की थाहों में पैर टिका देता है पर्वत-आकार का
देव भयानक,
उठ खड़ा होता है।
सागर का पानी, सिर्फ उसके घुटनों तक है,
पर्वत-सा मुख-मंडल आसमान छूता है
अनगिनत ग्रह-तारे चमक रहे, कंधों पर।
लटक रहा एक ओर
चांद
कंदील-सा।

मद्धिम प्रकाश-रहस्य फैला है सभी ओर।

वह देव कवि से कहता है कि इस काले समुद्र में पता नहीं कितनी गर्वमयी सभ्यता-संस्कृतियां डूब गई हैं। जब-जब स्वार्थ प्रबल हुआ और शोषण बढ़ा, सभ्यता नष्ट हो गई और सबको डुबोकर काला समुंदर लहराता रहा। कवि को काले समुंदर में मूर्च्छा आ जाती है। उस पीड़ादायक अवस्था में उसे दिखलाई पड़ता है कि कोई व्यक्ति अंधेरे में एक रहस्यमय लालटेन लिए हुए नंगे पांव लगातार तेज चलता हुआ उन लोगों को ढूंढ़ रहा है, जो "दुःखों के द्रोहपूर्ण ज्ञानात्मक दीप्तिमान शिखरों" पर चढ़कर जुलूस और समुद्र के नीचे दबे शहर की उभर आई छायाओं को देख रहे हैं। यह व्यक्ति जन-साधारण का प्रतिनिधि है और उसकी लालटेन 'रहस्यमय' इसलिए है कि वह बड़े-बड़ों को भटक जाने पर मार्ग दिखलाती है।

उसे देखकर कवि की निजी आभ्यंतर ग्रंथियां और बहिःसमस्याएं चीखने लगती हैं, क्योंकि वे नहीं चाहतीं कि कवि अपने से उबरकर जनता की सेवा में लगे। अचानक कवि को काले समुंदर के बीच 'चकमक की चिनगारियां' कविता का वह टावर दिखलाई पड़ता है, जिसे पुर्तगाली, डच और अंग्रेज लुटेरों ने बनाया था। उसे देखकर उसे खयाल आता है कि "हो न हो / इस काले सागर का / सुदूरस्थित पश्चिम-किनारे से / जरूर कुछ नाता है / इसीलिए हमारे पास सुख नहीं आता है।" यह पूंजीवाद का यूरोपीय-अमरीकी साम्राज्यवाद से संबंध है। लेकिन कविता निराशा नहीं, आशा के साथ समाप्त होती है, क्योंकि कवि को अचानक समुद्री अंधेरे में एक जगमगाता हुआ जहाज आता दिखाई पड़ता है। वह जहाज सर्चलाइट फेंककर कुछ ढूंढ़ रहा है। समुद्र की लहरों पर लट्ठे की तरह डूबते-उतराते कवि के अंगों पर एक तेज रोशनी फैली जाती है और उसके हाथ में एक हाथ आ जाता है। अंत में कवि स्पष्ट कर देता है कि "वह जहाज / क्षोभ-विद्रोहभरे संगठित विरोध का / साहसी समाज है!!/ भीतर व बाहर के पूरे दलिद्दर से / मुक्ति की तलाश में / आगामी कल नहीं, आगत वह आज है!!" इसी जहाज यानी समाज की क्रांतिकारी शक्तियों की सहायता से कवि 'सियाह समुंदर' यानी अपने स्वार्थ-भाव और व्यक्तिवाद से मुक्ति प्राप्त करता है।

'अंधेरे में' के बाद मुक्तिबोध अपनी जिस कविता को महत्व देते थे, वह है उनकी 'चंबल की घाटी में' शीर्षक कविता। यह कविता भी शुरू से अंत तक फैंटेसी में लिखी गई है, यद्यपि इसका फलक अपेक्षाकृत छोटा है और इसमें फैंटेसी का उतना चक्करदार इस्तेमाल भी नहीं है। आत्मसंघर्ष दोनों कविताओं में है, लेकिन पहली कविता का आत्मसंघर्ष जितना व्यापक है, उतना दूसरी का नहीं। 'अंधेरे में' का आत्मसंघर्ष स्पष्टतः वर्ग संघर्ष की छाया है, जबकि 'चंबल की घाटी में' का आत्मसंघर्ष बहुत कुछ नैतिक स्तर पर है। लेकिन यह आत्मसंघर्ष पहली कविता की तुलना में दूसरी में बहुत ज्यादा तीव्र है।

कवि अपनी कोई कविता पढ़ता है। उसमें से अंधेरे का ऐसा भभकारा उमड़ता है कि उसकी आत्मा तिलमिला उठती है। वह वैसे चित्रमयी अजंता की गुफा हो जाती

है। उसकी दीवारों से बुद्ध की हर आकृति नीचे आकर बेचैनी में चक्कर लगाने लगती है। इसी बीच उसका उपहास करता हुआ दूर किसी जंगल में एक ठहाका गूंज उठता है। यह ठहाका उसी का मन लगता है, जोकि उसके आचरण के प्रति आलोचनात्मक है। वह उसका उपहास इसलिए करता है कि वह जो सोचता है, उसके अनुसार अपने को ले नहीं चलता।

अगले दृश्य में कवि "कटे-उठे पठारों के, दर्रों के और धंसानों के बियाबान इलाके" में, जहां तेज हवा चल रही है और मद्धिम चांदनी फैली है, चिंतित टहल रहा है। वह सोच रहा है कि उसका अपराध क्या है? उसने अब तक जो भूलें की हैं, वे उसकी अंतरात्मा का अंश बन चुकी हैं। अचानक उसे लगता है कि बियाबान में ये जो टीले हैं, संभव है, वे पिछले जमाने में ज्ञानी और त्यागी मनुष्य रहे हों। उन्हें एक जादूगर राक्षस ने प्रलोभनों के जाल में फंसाकर चट्टान बना दिया और वे खुशी-खुशी बन गए। उसे डर लगता है कि वह राक्षस कहीं आस-पास ही न घूम रहा हो। लेकिन वह उसका घर ढूंढ़ निकालने के उद्देश्य से आगे बढ़ता है। इस क्रम में वह हिम्मत करके भयानक गुफाओं में घुसता है और गड्ढों एवं खोहों में उतरता है। वह सोच रहा है कि भीतर घुसने के रास्ते में शायद उसे वे रत्नकोष मिल जाएंगे, जिन्हें राक्षस ने उन लोगों से उड़ाया हो और खतरनाक समझकर उन्हें चुपचाप छिपा दिया हो। रत्नों से राक्षस को इस बात का खतरा है कि उनकी चेतना-दीप्ति के सामने "नहीं चल पाता अंधियारा जादू"। इसी समय उसे एक पहाड़ी सांप भागता दिखलाई पड़ता है, जो उसे 'काव्यात्मन् फणिधर' प्रतीत होता है। वह उसका पीछा करता हुआ एक चौड़ी पथरीली घाटी में पहुंचता है। वहां चारों ओर अंधेरे में कटी-पिटी चट्टानें फैली हैं, पर पानी कहीं नहीं है। कोई उसे चीखकर बतलाता है कि यहां आते-आते चंबल भी सूख गई है। दरारें प्यासी हैं और गहराइयां न जाने कब से भूखी हैं। तुमने यहां आने में देर कर दी। यह चंबल की घाटी है, डकैतों के लिए प्रसिद्ध। कवि सब तरफ परेशान निगाहें फेंकता है। उसे यह बात असंभव लगती है कि इस पूरे क्षेत्र के लोग मार डाले गए हों। वह राक्षस कितना भी कुशल और बलवान हो, यहां लोग निश्चय ही अभी जिंदा होंगे। लोगों को जिंदा देखकर उस राक्षस ने सोचा होगा कि इन्द्रजाल त्यागकर अब खुलकर काम करना चाहिए, भले डकैत बनकर। कोई कवि से फिर कहता है कि जमाना खराब है, वह यहां से उलटे पैर निकल जाए। वह राक्षस वर्तमान पूंजीवादी व्यवस्था का प्रतीक है। वह हमें 'सूखे कठोर नंगे पहाड़' के तांत्रिक की याद दिलाता है।

अचानक कवि को दिखलाई पड़ता है कि दूर पर एक गांव जल रहा है। वहां डकैती और आगजनी हुई है। लोग भाग रहे हैं। उन्हीं में वह भी अपने को पाता है। इसी बीच उसे पहाड़ी की चोटी पर एक गोल स्याह खुरदुरी शिला दिखलाई पड़ती है, जो मनुष्य की तरह उसे अपने बारे में बतलाती है कि वह सामंजस्यों के कटघरे में कैद है और उससे छुटकारे के लिए छटपटा रही है। उसके भीतर भयानक आत्मसंघर्ष छिड़ा हुआ है। वह चाहती है कि टूटकर आकाश में धूल का पर्दा बन जाए, जिस पर सूर्य की किरणें झलमलाएं और वह हृदय में ब्रह्मांड-अनुभव पा सके। कवि उस मुखर शिला

के आस-पास घास में छिपा हुआ देखता है कि उसकी आंखों में व्रण है और उससे खून बह रहा है। उस शिला के भीतर कुछ तेजस्क्रिय सत्यों के अणु और रत्नों के कण जकड़े हुए हैं। वे शिला से कहते हैं कि "हमने तो पहले भी कहा था, लेकिन आदतन तुम उस पर ध्यान नहीं देतीं।" जड़ता के पंजे अपना ही औचित्य स्थापित करते हैं और इस तरह आत्मा की आवाज अनसुनी करते हैं। लेकिन शिला के भीतर फंसे हुए मणि-कण संवेदनाओं की धाराओं द्वारा लगातार आघात करते हैं और मिट्टी के कणों को पल-भर भी चैन नहीं लेने देते। इसी समय दृश्यांतर होता है और वह शिला या टीला भीतर से प्रज्वलित हो उठता है। कवि कहता है कि वह टीला वह स्वयं है। वह भीतर की अग्नि को मुक्त करना चाहता है, पर अकेले कर नहीं पाता।

अब कोई जोरों से चीखता है और एक व्यक्ति अनजाने रास्ते से आकर पहाड़ के बोझ की तरह टीले के दुखभरे कमजोर सीने पर बैठ जाता है। टीले के भीतरी हिस्से से उठी हुई वेदना उसे बतलाती है कि वह व्यक्ति डाकू है। वह उस डाकू को देखता रह जाता है। उसी ने उस दूर स्थित गांव को जलाया है। उसके भीतर आत्मसंघर्ष बहुत तेज हो जाता है, जैसे दंगा छिड़ गया हो। व्यक्तित्व के दो पहलू एक-दूसरे पर घातक हमले करने लगते हैं। लेकिन भयानक ध्वंस के बाद भी टीले का ढांचा अखंड है, वह टूटता नहीं। इसी समय "दूर देश-देशों का दहत् जीवनानुभव" यानी क्रांतियों का अनुभव लिए बहुत तेज हवा बहने लगती है, जो टीले को दुलराती है। इससे टीला भीतर से आर्द्र हो उठता है और जैसे स्वप्न से जागकर हवा से कहता है कि वह उसे धूल बनाकर उड़ा दे, जिससे उसका पुनः संगठन हो। आगे वह उससे निवेदन करता है कि जिस सर्वहारा-वर्ग के लोग मुझे प्रिय हैं, उसका गुण-धर्म मैं ले नहीं पा रहा हूं। हम सभी यानी मध्यवर्ग के लोग पत्थरी ढांचे में कैद हैं, लेकिन मुझ-जैसी छटपटाहट किसी में नहीं। इस कारण अपने समाज में मैं बिलकुल अकेला हूं। अब नई आफत यह आ गई है कि यह डाकू मेरे सीने पर बैठा है, जिससे फुफ्फुस टूट रहे हैं। मैं समझ नहीं पा रहा हूं कि क्या करूं। हवा ने ठंढी आवाज में उसे समझाना शुरू किया। कहा कि तुम्हारे ऊपर जो डाकू बैठा है, वह तुम्हारी ही निजस्वता यानी व्यक्तिवादिता है। वह अब तक तुम्हारे भीतर छिपा हुआ था, अब प्रकट हो गया है। व्यक्तिगत लाभ-लोभ की भावना ही अज्ञात रूप से सारे समझौते और सामंजस्य करवाती है, जिससे जिंदगी उजाड़ और पाषाणी कारा दृढ़ बनती जाती है। यह डाकू जब तक वक्षासीन रहेगा, तुम्हें मुक्ति नहीं मिल सकती। लेकिन यह भी ज्ञातव्य है कि "कभी अकेले में मुक्ति न मिलती, / यदि वह है तो सबके ही साथ है।" तात्पर्य यह कि व्यक्तिवाद एक समाज-व्यवस्था की देन है, जिसे बदले बिना उससे मुक्ति नहीं और उसे अकेले नहीं, सबसे मिलकर ही बदला जा सकता है।

अंत में हवा उस टीले को सलाह देती है कि मैं तुम्हें धक्का देती हूं, तुम वक्षासीन डाकू को लिए हुए लुढ़कते चले जाओ। इसमें वह पिस जाएगा और तुम टूटकर बिखर जाओगे, जिससे तुम्हारे भीतर बंद मूल्य बाहर आकर फैल जाएंगे और अंधेरी खाई प्रकाशित हो उठेगी। घाटी के लोग डाकुओं के अत्याचार से परेशान हैं। उन्हें उन

मूल्य-रत्नों की जरूरत है। वे उन्हें बीनकर ले जाएंगे।

उपर्युक्त ब्योरों से यह स्पष्ट है कि मुक्तिबोध ने फैंटेसी का इस्तेमाल कई रूपों में किया है। कहीं उसका स्पर्श हलका है, तो कहीं बहुत गहरा; कहीं उसकी बुनावट झीनी है, तो कहीं बहुत प्रगाढ़। कहा जा चुका है कि जहां उन्होंने उसका इस्तेमाल रूपक या प्रतीक के रूप में किया है, वहां किसी हद तक वह 'सरलता' की शिकार हुई है। जिन कविताओं में फैंटेसी अधिकाधिक स्वाभाविक रूप में दिखलाई पड़ती है, उनमें भी स्थान-स्थान पर उनका प्रयास रहा है कि उसका अर्थ स्पष्ट होता चले, लेकिन इसके लिए वे सावधान रहे हैं कि उसे इस तरह अनावृत न किया जाए कि उसका सौंदर्य और शक्ति नष्ट हो जाए और वह भी एक रूपक-कथा बनकर रह जाए।

फैंटेसी बिना अतिप्राकृत तत्वों के नहीं हो सकती। किसी मनुष्य का पहाड़ को जड़ से उखाड़कर समुद्र में फेंक देना, मानव-प्राणियों का जीव-जंतुओं और चट्टानों में बदल जाना, एक तमाचे से सिर का धड़ से अलग होकर दूर एक गड्ढे में जा गिरना, समुद्र के गर्भ में शहर का आबाद होना और उसका उसकी लहरों पर प्रतिबिंबित होना, उस समुद्र में ऐसा विराट् पुरुष दिखलाई पड़ना, जिसके घुटनों तक ही समुद्र का पानी रह जाए, जिसका सिर आसमान को छू रहा हो और जिसके कंधों पर ग्रह-तारे चमक रहे हों, टीलों का बोलना और हवा का दार्शनिक-क्रांतिकारी प्रवचन करना आदि घटनाएं अतिप्राकृत शक्तियों से ही संभव हैं। 'अंधेरे में' में भी मूर्ति के शरीर से चिनगारियां झरती हैं और उसकी नासिका से खून बहता है, मृत मनुष्य सामने आकर आंखों के सामने गायब हो जाता है, बच्चा फूलों के गुच्छों में और फिर फूलों के गुच्छे बंदूक-रायफल में बदल जाते हैं! मुक्तिबोध ने स्वभावतः अतिप्राकृत शक्तियों से काम लिया है, इसलिए उनकी फैंटेसी में ईश्वर, देव, राक्षस, भूत-प्रेत, ब्रह्मराक्षस, तांत्रिक, जादूगर आदि मिलते हैं। कभी-कभी उन्होंने मिथकीय पात्रों का भी उपयोग किया है, जैसे 'ओ काव्यात्मन् फणिधर' में "दुहिता-पत्नी सरस्वती" वाले ब्रह्मदेव का, 'लकड़ी का बना रावण' में रावण का और 'डूबता चांद कब डूबेगा' में वसुदेव तथा कंस का, लेकिन उनकी फैंटेसी की असली विशेषता एक नए मिथकीय विश्व की सृष्टि है, जो पुराने मिथकीय विश्व से इस दृष्टि से भिन्न है कि यह 'सेक्युलर' है और अलौकिक न होकर पूर्णतः लौकिक है। इस विश्व में मिथकीय पात्र और घटनाएं ही नई नहीं हो गई हैं, ऐतिहासिक पात्रों और घटनाओं ने भी नया रूप प्राप्त कर लिया है, जैसे "बेच रहा है कालिदास सड़कों पर कंघी"। कभी-कभी तो मुक्तिबोध ने मिथक और इतिहास के विलक्षण मिश्रण से फैंटेसी की रचना की है, जैसे "मस्तकहीन कबंध घूमते हैं राहों पर / बड़े ठाठ से बटन-होल में फूल लगाकर"।

इस विश्व की सार्थकता यह है कि यह यथार्थ विश्व से अधिक यथार्थ है। यह "सामान्यीकरण का असामान्यीकरण" है, जो मुक्तिबोध ने यथार्थ को अधिक प्रभावशाली रूप में प्रस्तुत करने के लिए किया है। जो सुपरिचित यथार्थ हमें छूता नहीं, उस पर एक फैंटेसी का मायावी आवरण डालकर वे उसे हमारे लिए अत्यंत संवेदनीय बना देते

हैं, ऐसा कि वह हमें बिजली के झटके देने लगता है। ऐसी कला है मुक्तिबोध की, जो यथार्थ को छिपाकर हमें उसके भीतर के यथार्थ का साक्षात्कार कराती है। उनकी फैंटेसी के विश्व में केवल अतीत और वर्तमान का अंधकार अथवा भविष्य का प्रकाश ही नहीं है, बल्कि भविष्य के साथ अतीत और वर्तमान का प्रकाश भी है। अर्न्स्ट फिशर ने लिखा है कि तकनीकी क्रांति के इस युग में मनुष्य की कल्पना-शक्ति संकुचित होती जा रही है। न केवल वास्तविकता में अंतः प्रवेश करनेवाली कल्पना-शक्ति, बल्कि जो संभावित है उसका पूर्वाभास देनेवाली कल्पना-शक्ति भी ह्रास पर है। मुक्तिबोध की फैंटेसी तकनीकी युग के कल्पनाघात के विरोध में खड़ी है।

उनकी फैंटेसी की सफलता का रहस्य फैंटेसी के चित्रण में यथार्थ का मिश्रण, या फैंटेसी को यथार्थ के रूप में प्रस्तुत करना है। कविता पढ़ते समय ऐसा लगता है कि हम इतिवृत्तात्मक शैली में किसी चीज़ का वर्णन पढ़ रहे हैं, लेकिन वह फैंटेसी होती है। 'अंधेरे में' कविता में से ही उदाहरण लें, तो अंधेरे में ध्वनियों के बुलबुले उठाते हुए दरवाजे पर सांकल का बजना और कवि का लड़खड़ाते हुए उठकर जंगखाई चिटखिनी हिलाकर और जोर लगाकर दरवाजा खोलना, संगीन-नोकों के चमकते हुए जंगलवाले जुलूस का बैंड-दल के साथ आगे बढ़ना, गरीबों का शरणदाता बरगद, घंटा घरवाला चौराहा, सैनिकों द्वारा पकड़ लिए जाने पर गहरे अंधियारे कमरे में कवि की स्क्रीनिंग और जन-क्रांति का दृश्य—ये सभी फैंटेसी हैं, लेकिन इतिवृत्तात्मक शैली में लिखे गए उपन्यासों-जैसी सटीकता के साथ इस कविता में वर्णित हैं। यही बात हमें दूसरी कविताओं में भी देखने को मिलती है। बिना इसके फैंटेसी की दुनिया खड़ी नहीं हो सकती और खड़ी भी होगी, तो वह नितांत निस्सार और प्रभावहीन होगी। फैंटेसी के उपादान ही यथार्थ जगत से नहीं लिए जाते हैं, उन्हें संयोजित कर फैंटेसी का रूप भी यथार्थ के धरातल पर ही प्रदान किया जाता है, कुछ ऐसे कौशल के साथ कि उसमें नवीनता पैदा हो जाए। इस नवीनता की सीमा असंभाव्यता तक बढ़ी हुई होती है, लेकिन वह असंभाव्यता भी एक स्तर पर यथार्थ से घनिष्ठ रूप से जुड़ी होती है। फैंटास्टिक कविता में वस्तुतः यथार्थ और कल्पना तथा संभाव्यता और असंभाव्यता एक द्वंद्व की स्थिति में होते हैं। उनके बीच का यह द्वंद्व कभी समाप्त नहीं होता। कहा जा सकता है कि मुक्तिबोध में जैसे यथार्थ को फैंटेसी में बदलने की असाधारण क्षमता थी, वैसे ही फैंटेसी को भी यथार्थ में बदलने की, और स्वाभाविक एवं अनिवार्य रूप से उनमें पारस्परिक बदलाव की यह प्रक्रिया लगातार चलती रहती है।

'कंक' के मुक्तिबोध-विशेषांक (वर्ष 1, अंक 51-55) में प्रकाशित एक आलेख में एक लेखक ने फैंटेसी के प्रयोग के लिए उनकी आलोचना की है और कहा है कि "बिंब, प्रतीक, फंतासी और मिथक आदि भाषा की शक्ति नहीं, सीमा निर्धारित करते हैं। फंतासी जीवन-स्थितियों के आमने-सामने नहीं खड़ा होकर अगल-बगल से उन पर दृष्टि डालने की एक मानसिक क्रिया होती है, और यही उसकी सबसे बड़ी सीमा है।" यह स्पष्टतः रचना में फैंटेसी की सृजनात्मक शक्ति को मानने से इनकार करना और रचनाकार से सपाटबयानी की मांग करना है। मुक्तिबोध चूंकि जनता के पक्षधर कवि थे, इसलिए

उन्हें इसका हक नहीं था कि वे "जन-साधारण के सामान्य भाषा-स्तर से कटकर" अपनी कविता में "सामान्यीकरण का असामान्यीकरण" करते ! उक्त लेखक की मान्यता है कि फैंटेसी के द्वारा 'जीवन-स्थितियों' का सीधा साक्षात्कार संभव नहीं। उधर मुक्तिबोध हैं, जिनकी मान्यता बिलकुल उलटी है। 'वीरकर' शीर्षक 'डायरी' के लेख में उनकी कविता पर जब अस्पष्टता के आरोप की चर्चा की जाती है, तो वे कहते हैं : "दिन-भर मैं जिस दुनिया में प्रवेश करता हूं उसे यदि देखा जाए तो वह *स्वप्न-कथा* का ही एक रूप है ! वह एक विशाल उपन्यास है। वह एक चित्र-कथा है। उसमें कितने ही मनोहर और सुकुमार, भयंकर तथा बिषादपूर्ण दृश्य हैं। अगर मैं अपनी तात्कालिक जीवन-गाथा के प्रसंग उठाकर लिखूं, तो भी बहुत कुछ हो सकता है।" इस तरह फैंटेसी उनके लिए यथार्थ से बच निकलने का नहीं, बल्कि सृजनात्मक रूप में उसके अंतःलोक में प्रवेश करने का साधन है। आधुनिक जीवन का यथार्थ इतना विरोधाभासपूर्ण, विसंगत और अप्रत्याशित है कि गहराई में जाकर किया जानेवाला उसका साक्षात्कार किसी स्वप्निल, किसी फैंटास्टिक या किसी जादुई दुनिया के साक्षात्कार से कम नहीं है। यह आकस्मिक नहीं है कि इतिवृत्तात्मक शैली में लिखी गई रचना भी जब आज के यथार्थ की गहराई में प्रवेश करती है, तो वह हमारे सामने ऐंद्रजालिक नहीं, पर एक बहुत कुछ अपरिचित और अविश्वसनीय दुनिया उद्घाटित कर देती है। श्रीकांत वर्मा ने भी एक स्थल पर कहा है कि "यथार्थ की अंतिम और वास्तविक परिणति है फैंटेसी।"

मुक्तिबोध का उक्त लेख 'वसुधा' के नवंबर, 1957 के अंक में प्रकाशित हुआ था। 'नई कहानियां' के फरवरी, 1962 के अंक में डा. नामवर सिंह ने 'कहानी और फैंटेसी' शीर्षक अपनी टिप्पणी में लिखा : " 'मेटामार्फोसिस' ऐंद्रजालिक कहानी इसलिए है कि वह एक ऐसी दुनिया की कहानी है, जिसमें इस दुनिया के कायदे-कानून लागू नहीं होते अर्थात् उसके कायदे-कानून अलग हैं और अपने हैं। लेकिन सिर्फ इसी बात से क्या वह दुनिया अवास्तविक है? कहीं ऐसा तो नहीं है कि वह हमारी अतिपरिचित दुनिया से अधिक वास्तविक है? अथवा वास्तविक दुनिया तो वही है जो आपाततः 'फेंटास्टिक' मालूम हो रही है? हो सकता है कि दुनिया के नियमों ने हमारी आंखों पर पर्दा डाल दिया हो और अभ्यासवश अति परिचित को ही हम वास्तविक मानकर चल रहे हों। कहीं ऐसा तो नहीं है कि अंतर्दर्शी लेखक ने इस चालू दुनिया के अंदर छिपी उस असली दुनिया को सहसा 'देख' लिया है और पूरे विस्मय के साथ हमारे सामने उसे उद्घाटित कर दिया और अपरिचय तथा अनभ्यास के कारण हम उसे 'फेंटास्टिक' कह रहे हैं?" बेशक यह बात कहानी के संदर्भ में कही गई है, लेकिन यह कविता पर भी उतनी ही, बल्कि उससे ज्यादा लागू है, क्योंकि कविता में कल्पना के उपयोग के लिए कथा-साहित्य की तुलना में अधिक ही अवसर रहता है। मुक्तिबोध को भी जब अपनी फैंटेसी के पक्ष में तर्क देना हुआ, तो उन्होंने भी कथा का ही सहारा लिया— 'स्वप्न-कथा', 'उपन्यास' और 'चित्र-कथा'! इसकी सार्थकता यह भी है कि उनकी लंबी कविताओं में फैंटेसी प्रायः एक कथा का रूप ले लेती है, निश्चय ही, स्वप्न-कथा का, जिसमें चित्र उलट-पुलट कर आते हैं।

ई.एम. फॉर्स्टर ने, कथा-साहित्य के ही संदर्भ में, फैंटेसी के संबंध में कुछ दिलचस्प बातें कही हैं। उन्होंने कहा है कि फैंटेसी हमसे मांग करती है कि हम रचना के साथ सामान्य से कुछ भिन्न प्रकार का सामंजस्य बिठाएं। उपन्यास ऐसे भी वास्तविक नहीं होता, लेकिन फैंटास्टिक उपन्यास तो पाठकों से और अधिक छूट की मांग करता है। जाहिर है कि बहुत-से पाठक उसे यह दोहरी छूट देने को तैयार नहीं होंगे। कुछ पाठक ऐसे होते हैं, जो यह दोहरी छूट देते हैं, लेकिन उपन्यास-समाप्ति के साथ वे उसे वापस ले लेना चाहते हैं। वे चाहते हैं कि फैंटेसी का अर्थ अंत में उनके सामने स्पष्ट हो जाए, जिससे उन्हें तनाव से मुक्ति मिले। हमारा अनुभव है कि कुछ उपन्यासकार भी इसमें उनकी मदद करते हैं। इसे फैंटेसी का दोष ही माना जाएगा, क्योंकि उस हालत में उसका प्रयोग स्वाभाविक रूप में न होकर कृत्रिम रूप में होगा। स्वयं मुक्तिबोध ने अपनी अनेक कविताओं में जैसे पाठकों की कठिनाई का ध्यान रखा है। फॉर्स्टर ने आगे कहा है कि साहित्य में फैंटेसी का प्रयोग किसी प्रदर्शनी के भीतर चलनेवाले एक अतिरिक्त खेल की तरह है, जिसके लिए प्रदर्शनी के प्रवेश-शुल्क के अलावा अलग से कुछ पैसे देने पड़ते हैं। कुछ पाठक ये पैसे प्रसन्नतापूर्वक देते हैं, बल्कि वे उसी अतिरिक्त खेल के लिए प्रदर्शनी में प्रवेश करते हैं। दूसरे पाठक रोषपूर्वक ये पैसे देना अस्वीकार कर देते हैं। मुक्तिबोध के पाठक वे हैं, जो सहर्ष अतिरिक्त खेल के लिए पैसे देने को तैयार हैं; वे नहीं, जो वैसा करने में हीला-हवाला करते हैं या उसके लिए उन पर गुस्सा उतारते हैं।

फैंटेसी ने मुक्तिबोध की कविता को अत्यधिक 'नाटकीय' बना दिया है। नामवरजी ने पूर्वोक्त टिप्पणी में ही आगे कहा है : "ऐसे भी लोग हैं जिन्हें अचानक लगता है कि या तो वे स्वयं एकदम बदल गए हैं या फिर एक अजीब-सी परिस्थिति में आ गए हैं। यह आकस्मिक बोध ही 'फैंटेसी' को जन्म देता है। जिनकी आंखें अंधी नहीं हुई हैं उनके लिए हर घटना या दुर्घटना एक झटका है और हर झटका एक ऐसी दुनिया में फेंक देता है जो सपना मालूम होती है।" स्वभावतः 'चुप रहो मुझे सब कहने दो' शीर्षक कविता का वक्ता जब श्रोता को संबोधित करता है, तो फैंटेसी के सहारे उसके सम्मुख एक बिलकुल अजीब दुनिया उद्‌घाटित कर देता है, जोकि वस्तुतः 'यथार्थ की चित्रावलि' है। ताज्जुब नहीं कि वह उससे कहता है :

> इस भीषण अप्राकृतिक जगत् में तुम जागे
> इस वस्तु-स्थिति से सामंजस्य-यत्न
> जितना भी अधिक किया
> इस जग को और-और ज्यादा अजीब पाया
> जिसमें तुम और-और ज्यादा अजनबी बने
> अपने को बदनसीब पाया।
> जितनी ही अधिक मित्रता की
> उतनी ही अधिकाधिक शत्रुता रखी

अपने ही से।
अपने से जुदा हुए
निज की छाया दो भागों में बंट गई
अपना सिर अलग-अलग दो एंगल में तन गया
हाथों के भीतर से फूटे दो नए हाथ
उग आए नए अजनबी पंजे खतरनाक ...

यह यथार्थ जगत किसी भी ईमानदार और संवेदनशील व्यक्ति के लिए 'आकस्मिक' है, इसलिए मुक्तिबोध की फैंटेसी द्वारा निर्मित कविता की दुनिया में बड़ी आकस्मिकताएं हैं। उसमें आकस्मिक रूप से पट-परिवर्तन और दृश्यांतर होता है और प्रायः प्रत्येक दृश्य अप्रत्याशित होता है। सिर्फ 'अंधेरे में' कविता में बीस से अधिक बार 'इतने में', 'एकाएक', 'अचानक', 'सहसा' और 'अकस्मात्' इन शब्दों की आवृत्ति हुई है। 'एक स्वप्न-कथा' में भी घटनाएं इसी तरह घटती हैं। इसके अंत में "*इतने में* अकस्मात् तैरता आता-सा / समुद्री अंधेरे में / जगमगाते अनगिनत तारों का उपनिवेश / विविध रूप दीपों की अनगिनत पांतों का / रहस्य-दृश्य ! !" यह एक जहाज है, जोकि "क्षोभ-विद्रोहभरे संगठित विरोध का साहसी समाज है ! !" इस पर यदि कोई आलोचक यह टिप्पणी करता है कि "कविता में इस जहाज के आने की कोई संगति नहीं है। वह अकस्मात् आता है, अकस्मात् डूब भी सकता है", तो उसके उत्तर में यही कहा जा सकता है कि फैंटेसी द्वारा निर्मित कविता की दुनिया में जब इस दुनिया की संगति ढूंढ़ी जाती है और उस पर इस दुनिया के नियम लागू किए जाते हैं, तो कविता का 'जहाज' नहीं डूबता, आलोचना का बेड़ा गर्क होता है !

5

अभिव्यक्ति के खतरे उठाने ही होंगे

अपनी काव्य-रचना के आरंभिक दौर में एक कविता में मुक्तिबोध ने कहा था : "वे कहते यह भाषा विचित्र / जिसमें है शब्द कला-हीन / जिसमें प्रयोग हैं ग्राम्य और / वे अति कठोर जो भी नवीन।" 1950-51 में, जबकि उनकी काव्य-रचना का सबसे महत्वपूर्ण दौर शुरू हो चुका था, उन्होंने पुनः एक कविता में कहा :

कहते हैं लोग-बाग बेकार है मेहनत तुम्हारी सब
कविताएं रद्दी हैं।
भाषा है लचर उसमें लोच तो है ही नहीं
बेडौल हैं उपमाएं, विचित्र हैं कल्पना की तसवीरें
उपयोग मुहावरों का शब्दों का अजीब है
सुरों की लकीरों की रफ्तार टूटती ही रहती है।
शब्दों की खड़-खड़ में खयालों की भड़-भड़
अजीब समां बांधे है!!
गड्ढों भरे उखड़े हुए जैसे रास्ते पर किसी
पत्थरों को ढोती हुई बैलगाड़ी जाती हो।
माधुर्य का नाम नहीं, लय-भाव-सुरों का तो काम नहीं
कौन तुम्हारी कविताएं पढ़ेगा

उन्होंने अपने लेखों में भी यत्र-तत्र अपनी काव्य-भाषा और काव्य-शैली की आलोचना में कही जानेवाली बातों का जिक्र किया है और कभी प्रत्यक्ष और कभी परोक्ष रूप में उनका उत्तर भी दिया है। एक ही उदाहरण पर्याप्त होगा। 'कलात्मक अनुभव' शीर्षक लेख में वे कहते हैं : "जो लेखक मनीषी है, मानव-जीवन में जिसकी दिलचस्पी गहरी है, वह कुछेक भावनाओं की या मनःस्थितियों की 'सुंदर आकृतियां' उपस्थित करके संतोष नहीं पाएगा। वह अपने संपूर्ण अनुभूत जीवन को अभिव्यक्त करने का प्रयत्न करेगा, भले ही उसकी वह अभिव्यक्ति कलावादियों की दृष्टि से असुंदर ही क्यों न

हो। निःसंदेह, कबीर की बहुत-सी बानियों में ऊबड़खाबड़पन है, फिर भी वे सुंदर होती हैं। क्यों है ? इसलिए कि सौंदर्यात्मक प्रभाव रचना के भाव-संवेदन और कल्पना-रेखाओं से शुरू होकर बाहरी अभिव्यक्ति-रूपों की संगति तक चला चलता है।" भाव और कल्पना की अभिव्यक्ति के रूपों से संगति हो, यही असली चीज है, क्योंकि यही सौंदर्यात्मक प्रभाव का स्रोत है। ऐसी स्थिति में कविता से खास प्रकार की अभिव्यक्ति की मांग करना गलत है। देखना सिर्फ यह चाहिए कि कविता की अंतर्वस्तु और उसका रूप-विधान इन दोनों के बीच संगति है या नहीं।

ऊपर मुक्तिबोध की जिस कविता से उद्धरण दिया गया है, उसमें आगे वे यह 'जीवन का दृश्य' प्रस्तुत करते हैं :

> झुलसी हुई झाड़ियों के, कटे हुए ठूंठों के
> (कभी रहे) जंगल की वीरानी में एक ओर
> मरी हुई गाय की झांकती हुई अधखुली ठठरी
> पर छाई है सफेद धूप
> वीरानी की मुसकान लिए है आसमान
> जिसके बिलकुल बीचोबीच
> मरी हुई गाय की ठठरी को देखती हुई
> मंडराती चीलें हैं। असंख्य गिद्ध
> उड़ आकर कहीं से
> हैं घेरे बैठे मरी हुई गाय को ...

यहां विचारणीय यह नहीं है कि कवि की अभिव्यक्ति 'सुंदर' है या नहीं, बल्कि यह है कि उसने जो जीवन-दृश्य प्रस्तुत करना चाहा है, उसे वह उपयुक्त चित्र के माध्यम से प्रस्तुत कर सका है या नहीं। स्वभावतः उक्त लेख में मुक्तिबोध ने स्पष्ट कर दिया है कि "सुंदर आकृति का आग्रह करनेवाले लोग, वस्तुतः कलात्मक अभिव्यक्ति को किन्हीं विषयों तक ही सीमित रखना चाहते हैं। यही नहीं वरन् उन्हें किन्हीं अभिव्यक्ति-पैटर्नों में ही सौंदर्य दिखाई देता है।" सुंदर आकृति का बहाना करनेवाले ये लोग गैरप्रगतिशील भी हो सकते हैं और प्रगतिशील भी। अभिव्यक्ति के सुंदर और सुनिर्धारित पैटर्न गैरप्रगतिशील कविता में ही नहीं हैं, प्रगतिशील कविता में भी हैं।

'कलम' (अंक छः - सात) में डॉ. चंद्रभूषण तिवारी ने डॉ. नामवर सिंह से एक लंबा इंटरव्यू लेकर छापा था। उसमें वे उनके सामने यह सवाल रखते हैं कि "हमारे जनवादी लेखकों के लिए क्या मुक्तिबोध आदर्श लेखक हो सकते हैं ?" नामवरजी उन्हें जवाब देते हैं कि "जहां तक भाषा का सवाल है मैं मुक्तिबोध को आदर्श लेखक नहीं कहूंगा, वैसे ही जैसे मैं निराला को भी नहीं कहूंगा।" आधुनिक हिंदी कविता की दो महान प्रतिभाएं निराला और मुक्तिबोध भाषा की दृष्टि से जनवादी और प्रगतिशील लेखकों के लिए आदर्श नहीं हो सकते ! यह तथ्य अपने आप में यह सिद्ध करने के लिए काफी है कि साहित्य के लिए यह 'आदर्शवाद' अप्रासंगिक है। एक

लेखक दूसरे के लिए आदर्श नहीं हो सकता, वह कितना भी महान क्यों न हो। कारण यह कि साहित्य-व्यापार उतना 'जनवादी' नहीं होता, जितना प्रायः जनवादी और प्रगतिशील लेखक उसे समझते हैं। वह बड़ी हद तक 'व्यक्तिवादी' होता है, जिससे सही लेखकों को न केवल पुराने अभिव्यक्ति-पैटर्नों को छोड़ना पड़ता है, बल्कि किसी 'आदर्श' से भी बचकर चलना होता है। पैटर्न और मॉडेल दोनों एक ही सिक्के के दो पहलू हैं।

मुक्तिबोध पर अनेक अभिव्यक्ति-रूपों और लेखकों का प्रभाव है, क्योंकि अन्य लेखकों की तरह उन्होंने भी परंपरागत और नवीन साहित्य-लोक से पलायन कर शून्य में साहित्य-सृष्टि नहीं की। लेकिन किसी रूढ़ अभिव्यक्ति-रूप को लेकर वे आगे नहीं चले और संघर्ष करते हुए उन्होंने नए-पुराने और सामान्य-विशिष्ट के जटिल संयोग से अपने मौलिक अभिव्यक्ति-रूप विकसित किए। उन्होंने अन्य अनेक लेखकों का प्रभाव ग्रहण किया, लेकिन उससे अपनी सृजनात्मक क्षमता का विकास किया, उन्हें अपना आदर्श बनाकर उनका अनुकरण नहीं किया।

ऐसी बात नहीं है कि वे आरंभ से ही अपनी कविता में 'अनगढ़' और 'अनपहचानी' भाषा का प्रयोग करते आ रहे थे। 'लाल सलाम' शीर्षक कविता के साथ जब उनकी काव्य-यात्रा में एक निर्णायक मोड़ आया, तो उन्होंने प्रगतिशील कविता के प्रचलित उपकरणों के सहारे बहुत ही परिष्कृत और ओजपूर्ण भाषा में अनेक कविताएं लिखीं। बानगी के तौर पर अलग-अलग कविताओं की कुछ पंक्तियां देखी जा सकती हैं। मजदूरों को विषय बनाकर लिखी गई कविता 'प्रथम छंद' में उन्होंने कहा :

ये जन की बलिदान-शक्ति की सागर-लहरों-से अपार हैं।
अंजन-श्याम निविड़ मेघों ने
नील-मलयगिरि की ग्रीवा को
सघन वक्ष-बंधन में ज़कड़ा।
कही कान में
युग-युग से जलती दावा-सी अपनी पीड़ा।
ये संघर्षातुर मेघों की क्रांति-दूतिका मृदु बयार हैं।

पुनः 'दमकती दामिनी' कविता में उन्होंने क्रांति को इस तरह संबोधित किया :

ओ, क्षितिज-रेखा पर चमकती नील चंचल दामिनी,
क्या जानती हो?
इस दमकते रूप-यौवन की अदम्य चपल लीला
देखकर मैं मुग्ध हूं,
उर-बद्ध हूं तव तीव्रतम कमनीय लहरों से
कि जैसे वक्र शशि की कोर में हैं बद्ध होतीं
लहरियां लघु चपल सरिता की।

इसी तरह लाल सेना के बारे में उन्होंने 'एक नीली आग' शीर्षक से जो कविता लिखी,

उसमें उन्होंने कहा :

रे, क्षितिज-रेखा पर चमकती एक नीली आग की तलवार
वह लावण्य की असि-सी हंसी
है कांपती दुःस्वप्न-सी
आशंकितों के प्राण में छाई हुई भय-भार-सी
लावण्य की अपराजिता असि-धार
उसकी वह विशुध मुसकान
मेघों के सघन गुरु गर्व-तम को चीर
पैनी पैठती ही गई तन्मय तीक्ष्णतम गंभीर।

जिन लोगों को मुक्तिबोध की शक्ति और सुरुचि में संदेह हो, उन्हें उपर्युक्त कविताएं देखनी चाहिए, लेकिन उनका ध्यान इस बात पर भी जाना चाहिए कि उनकी इन कविताओं में जो सुगढ़ता है, उसका एक बहुत बड़ा कारण यह है कि वे अपने हृदय के पूरे आवेग से प्रगतिशील कविता की कुछ सामान्य बातों को ही दुहरा रहे थे। यह आकस्मिक नहीं है कि तीनों ही कविताएं बादलों और बिजली से भरी हुई हैं। जब विषय में मौलिकता नहीं, तो भाषा का मौलिक होना असंभव है। प्रचलित अंतर्वस्तु प्रायः रूढ़ अभिव्यक्ति-रूपों में ही अपने को प्रकट करती है। इस दौर में जब मुक्तिबोध प्रकृति अथवा प्रेम को लेकर कोमल भावनाओं की अभिव्यक्ति करते हैं, तब भी बहुत सधी हुई भाषा का प्रयोग करते हैं। 'हरे वृक्ष' शीर्षक कविता की ये पंक्तियां द्रष्टव्य हैं :

ये हरे वृक्ष
सहचर मित्रों-से हैं सहस्र डालें पसार
(ये आलिंगन-उत्सुक बांहें फैलीं हजार)
अपने मर्मर अंगार-राग
से मधु-आवाहन के स्फुलिंग
बिखरा देते हैं बार-बार।
डस जाती है हृत्तल, इनकी यह हरी आग।

'नीम-तरु के पात जब' की ये पंक्तियां :

व्याकुल क्षितिज की कोर में
तारोंधुली वन-वीथियों के मुग्ध तरु-दल रोर-सा
उठते हुए,
प्रासाद की दीवाल पर चढ़ते हुए उद्भ्रांत स्नेही चोर-सा,
यह गाढ़ मादक स्नेह
मेरे प्राण में
उद्दाम अपराजेय नूतन सत्य का व्यक्तित्व ले
अनिवार्यता के सुसंगत गंभीर चरणों से चला
मेरे हृदय-पथ पर सजग

विश्वास-मधु भारावनत होकर यहां

यदि पहला उद्धरण अपने चित्र की नवीनता के बावजूद हमें छायावादी काव्य-भाषा की याद दिलाता है, तो दूसरा कवि की निजी तन्मयता के बावजूद प्रयोगवादी और नई कविता की काव्य-भाषा की। पहले उद्धरण की पंक्ति "अपने मर्मर अंगार-राग / से मधु-आवाहन के स्फुलिंग / बिखरा देते हैं बार-बार" में पंतजी की काव्य-भाषा की प्रतिध्वनि सुनाई पड़ती है, तो "उद्दाम अपराजेय नूतन सत्य का व्यक्तित्व' में अज्ञेय की काव्य-भाषा की।

इस दौर में मुक्तिबोध ने एक प्रकार की भाषा और लिखी है, जिसमें सरलता भी है और ढलाव भी और जिससे कवि की मस्ती छलकी पड़ती है। ऐसी भाषा हमें 'जन-जन का चेहरा' कविता में दिखलाई पड़ती है, जिसकी कुछ पंक्तियां हैं :

एशिया के, यूरोप के, अमरीका के
भिन्न-भिन्न वास-स्थान;
भौगोलिक, ऐतिहासिक बंधनों के बावजूद,
सभी ओर हिंदुस्तान, सभी ओर हिंदुस्तान।
सभी ओर बहनें हैं, सभी ओर भाई हैं।
सभी ओर कन्हैया ने गाएं चराई हैं।
जिंदगी की मस्ती का अकुलाता भोर एक,
बंसी की धुन सभी ओर एक।

लेकिन धीरे-धीरे उनकी सरलता और मस्ती ढलाव और सधाव की चिंता छोड़कर यह रूप ले लेती है :

तेरे साथ घूमूंगा गलियों में राहों पर
फटे चिथड़ों में भी रहूंगा मैं बादशाह
अपने मन का नहीं, मैं हूं तेरे स्नेह का भिक्षुक
तेरा साथी यह चिथड़ों का फरजंद
दिल जिधर जाएगा
उधर तू भी रहेगा
उधर मैं भी रहूंगा
ऐ हिंदुस्तानी फटेहाल जिंदादिल जिंदगी
तेरे साथ तेरा यह बंदा नित रहेगा।

मुक्तिबोध ने न संस्कृत शब्दों का प्रयोग छोड़ा, न ओजस्विता, माधुर्य और सरलता, न मस्ती और फक्कड़पन, फिर भी आनेवाले वर्षों में उनकी काव्य-भाषा का ठाट बदल गया। यह क्योंकर हुआ ? आखिर वह कौन-सी रचनात्मक विवशता थी, जिसकी वजह से उनकी काव्य-भाषा उनकी अपनी जमात के कवियों के बीच भी 'अजनबी' हो गई ?

मुक्तिबोध की समस्या दोहरी थी। एक तरफ उनका संघर्ष नई कविता की सौंदर्याभिरुचि से था और दूसरी तरफ प्रगतिशील कविता के सामान्यीकरण से। नई

कविता की सौंदर्याभिरुचि जड़ीभूत थी, क्योंकि वह उस मध्यवर्ग की देन थी, जिसने कविता के विषयों और अभिव्यक्ति के रूपों की सीमा निर्धारित कर रखी थी। इस सौंदर्याभिरुचि के अपने अंतर्निषेध थे, जो उक्त सीमा से बाहर जाने की छूट नहीं देते थे। परिणामतः नई कविता एक खास काट की और खास शैली की कविता हो गई थी। 'काव्य : एक सांस्कृतिक प्रक्रिया' शीर्षक अपने लेख में मुक्तिबोध ने इन तमाम बातों का खुलासा इस रूप में किया है : "नई कवितावालों ने काव्य-सौंदर्यसंबंधी जो व्याख्या की, वह भले ही चाहे जितनी लचीली बना ली जाए, उन सिद्धांतों का प्रयोग करते समय ऐसी विशेष भावनाओं और उनकी अभिव्यक्ति को असुंदर समझा गया जिसका संबंध ह्रासग्रस्त सभ्यता के विरोध से है। संक्षेप में, एक विशेष प्रकार की काव्याभिरुचि की औचित्य-स्थापना के लिए सिद्धांत लाए गए अथवा सिद्धांतों की पुनर्व्याख्या की गई। दूसरे शब्दों में, अपनी काट की कविता—अपने फ्रेम में फिट होनेवाली कविता—को तो कविता माना गया, चाहे वह महत्त्वहीन गद्य ही क्यों न हो, पर इसके विपरीत, राजनैतिक भावावेश से संपन्न काव्य विद्रूप करार दिया गया अथवा उसकी जान-बूझकर उपेक्षा की गई। जहां भी ऐसा प्रतीत हुआ कि अन्य की जीवन-दृष्टि उत्पीड़ित जनता का पक्ष ले रही है, वहीं नाक-भौं सिकोड़े जाने के चिह्न दिखाई दिए।"

उक्त लेख में ही आगे उन्होंने नई कविता के सौंदर्यशास्त्र से भिन्न एक दूसरे सौंदर्यशास्त्र का संकेत देते हुए कहा है : "ये सौंदर्यवादी लोग यह भूल गए कि बंजर काले-स्याह पहाड़ में भी एक अजीब वीरान भव्यता होती है, गली के अंधेरे में उगे छोटे-से जंगली पौधे में भी एक विचित्र संकेत होता है। विशाल व्यापक मानव-जीवन में पाए जानेवाले भयानक संघर्ष के रौद्र रूप तो उनकी सौंदर्याभिरुचि के फ्रेम के बाहर थे। आप मुझे क्षमा करेंगे यदि मैं यह कहूं कि नई कविता में आवेश के पंख काट दिए गए, कल्पना को अपने पिंजड़े में पालकर रखा गया। उसे मानव-जीवन को मूर्त और साक्षात् करनेवाली रचनात्मक शक्ति के रूप में उपस्थित नहीं किया गया, क्योंकि वह एक विशेष प्रकार की भद्रजनोचित सौंदर्याभिरुचि के फ्रेम के खिलाफ जाती थी। व्यक्ति-मन की बात करके आत्मा की महान्, दुर्दम, विप्लवकारिणी ज्ञानमूलक शक्ति को भुला दिया गया। 'लघुमानव' के सिद्धांत का प्रचार किया गया। संक्षेप में, विषम ह्रासग्रस्त सभ्यता को उलटनेवाली महान् भावनाओं को परित्यक्त करके, तथाकथित आधुनिक भाव-बोध को उद्घोषित किया गया।" संकेतात्मक रूप में ही सही, लेकिन यह निश्चय ही एक नए सौंदर्यशास्त्र का आख्यान है, जिसके अनुसार सौंदर्य 'दूर्वाचल' में ही नहीं, 'बंजर काले-स्याह पहाड़' में भी होता है; 'बाजरे की कलगी' में ही नहीं, "गली के अंधेरे में उगे छोटे-से जंगली पौधे" में भी होता है! नई कविता में ज्यादा से ज्यादा व्यक्ति-मन के संघर्ष को महत्व दिया गया, जिसमें सुरुचि भी थी और शालीनता भी। मुक्तिबोध ने उस संघर्ष को भी कविता का विषय बतलाया, जो व्यापक और भयानक जन-संघर्ष होता है। यथार्थवाद के नाम पर नई कविता में रोमैंटिसिज्म का विरोध इस हद तक किया गया था कि भावावेग अकाव्यात्मक वस्तु समझा जाने

लगा था। इसी तरह उसमें कल्पना का कोई भव्य और उदात्त उपयोग देखने में न आ रहा था। उन्होंने इस सौंदर्यशास्त्र में भावावेग और विराट् कल्पना दोनों का महत्व स्थापित किया। 'आत्मा' का मतलब उनके लिए था 'सामाजिक व्यक्तित्व'। उन्होंने व्यक्ति-मन की जगह सामाजिक व्यक्तित्व की महान और क्रांतिकारी शक्ति पर बल दिया, जो ह्रासग्रस्त सभ्यता को उलट देती है।

जाहिर है कि इस सौंदर्यशास्त्र के मुताबिक काव्य-रचना नई कविता की भाषा में संभव न थी। नई कविता परिवेश के साथ द्वंद्व से अधिक सामंजस्य की कविता थी, जबकि मुक्तिबोध उसके साथ विकट द्वंद्व की स्थिति में थे। स्वभावतः उन्होंने नया सौंदर्यशास्त्र ही नहीं रचा, अपने लिए नई काव्य-भाषा और नया काव्य-रूप भी निर्मित और आविष्कृत किया। नई कविता से भिन्न प्रगतिशील कविता ने जो काव्य-भाषा तैयार की थी, वह जैसा कि कहा जा चुका है सामान्यीकरण की शिकार थी। 'आधुनिक काव्य की चिंताजनक स्थिति' शीर्षक अपने लेख में प्रगतिशील कविता को लक्ष्य कर मुक्तिबोध कहते हैं : "जन-जीवन के ... क्रांतिकारी अभिप्रायों को वास्तविक जन-जीवन के दृश्य से हटाकर उनके सामान्यीकरणों (जेनेरेलाइजेशन) की कविता हिंदी में होती है। जैसे, धरती का प्रतीक लेकर जन-जीवन की प्रशस्ति की रचनाएं, अथवा किसान-मजदूरों की क्रांतिकारी हैसियत के पुरजोश तराने। बिलाशक, ऐसी कविताएं जरूरी हैं, किंतु चूंकि ऐसी कविताएं करना अपेक्षाकृत आसान है, और चूंकि इस ढर्रे पर अनेक कविताएं और भी लिखी जा सकती हैं, और अपनी लिखास (लिखने की प्यास) पूरी की जा सकती है, इसलिए कौन वास्तविक जन-जीवन के दृश्यों की मूर्ति खड़ा करे!"

हिंदी और उर्दू में प्रगतिशील आंदोलन एक साथ ही चला था। चूंकि दोनों भाषाओं का क्षेत्र एक था और प्रगतिशील लेखक संघ का मंच भी एक ही था, इसलिए स्वाभाविक रूप से दोनों भाषाओं के लेखकों में मेल-जोल था। उक्त लेख में ही आगे मुक्तिबोध ने हिंदी और उर्दू इन दोनों भाषाओं की प्रगतिशील कविता पर एक साथ टिप्पणी की है और उसके साथ सामान्यीकरणवाली बात को भी स्पष्ट किया है : "उर्दू में क्रांति और तारुण्य की बेसब्र सम्मिलित मनोभावनाओं का, और हिंदी में वर्तमान जीवन की कटुता का, जोशभरे तरानों और क्रांति के सामान्यीकरणों का, बाहुल्य है। हमें जीवन के समस्त दृश्यों का चित्रण करना जरूरी है। इसलिए हमारे प्रयास व्यापक होने चाहिए। विशिष्ट (पर्टिकुलर) जन-जीवन-दृश्यों में जन-जीवन के अभिप्रायों के सामान्यीकरण (जेनेरल) की गूंज जरूरी है। इन दोनों के मिश्रण से ही पाठक को अपने जीवन-भाव और अपने अभिप्राय समझ में आएंगे। और इस प्रकार उसके हृदय में कठोर यथार्थ और हिम्मत, शक्ति और मस्ती का योग होगा। विशिष्ट को छोड़ मात्र सामान्य में वह बल नहीं आ पाता, जो जिंदगी में चट्टानी हिम्मत, भुजाओं में फौलादी ताकत, दिल में इंसानियत का लहराता समुंदर, ला सके।" अंत में उन्होंने यह मार्मिक वाक्य लिखा है, "इस लक्ष्य की पूर्ति अपने आप में एक ऐसा आकर्षक और सम्मोहक कार्य है, जिसके लिए जिंदगी के तमाम दूसरे व्यक्तिगत मोहों को ठुकराया जा सकता है, और उसके माध्यम द्वारा जीवन की सफलता और अपने काव्य का आनंद

प्राप्त किया जा सकता है।" ताज्जुब नहीं कि उनके समस्त लेखन में हमें एक संघर्ष का जिक्र बार-बार मिलता है। वह है अभिव्यक्ति का संघर्ष। यह संघर्ष उनके शेष संघर्ष से अलग नहीं था और यह नई कविता और प्रगतिशील कविता की सरणियों से अलग अपने लिए नए रास्ते की तलाश का संघर्ष था, जिस पर चलकर जन-जीवन के ओजस्वी और मधुर तथा विराट् और लघु दृश्यों का साक्षात्कार किया और कराया जा सके।

अभिव्यक्ति के संघर्ष को मुक्तिबोध ने निजी स्तर पर भी लिया है। ऐसा नहीं है कि रचनाकार को परंपरागत या प्रचलित अभिव्यक्ति-रूपों के विरुद्ध ही संघर्ष करना पड़ता है। रचना के क्रम में वह स्वयं भी अभिव्यक्ति की ऐसी सरणियां तैयार करता है, जो बाद में उसे बंदी बना लेती हैं और नई अंतर्वस्तु को नए रूपों में अभिव्यक्त करने के उसके मार्ग में बाधाएं खड़ी करती हैं। लाचारी में नई अंतर्वस्तु जब पुराने रूपों में ही अभिव्यक्त होती है, तो उसकी शक्ति बहुत कुछ कम ही नहीं हो जाती, बहुत बार उसका रूप भी बदल जाता है। इसे उन्होंने 'कंडीशंड रिफ्लैक्सेज' कहा है और इससे छुटकारा पाने का यह उपाय बतलाया है कि एक ही प्रकार के नहीं, बल्कि विभिन्न प्रकार के अनुभवों को काव्य का विषय बनाया जाए, जिससे कि अभिव्यक्ति की रूढ़ सरणियां न बन सकें। जिस रचनाकार के पास व्यापक, गहन और शक्तिशाली जीवनानुभव होते हैं, वह न केवल अपने द्वारा निर्मित रूढ़ियों का शिकार नहीं होता है, बल्कि अभिव्यक्ति के लिए कठिन संघर्ष करते हुए वह पुरानी सरणियों को नष्ट कर अपने लिए नई सरणियों का निर्माण करने में सफल होता है। निस्संदेह यह सफलता एकबारगी और पूर्ण रूप से नहीं मिलती, लेकिन संघर्ष जारी रहने पर आरंभिक चरण का उलझाव दूर हो जाता है और अभिव्यक्ति का नया मार्ग सामने झलक उठता है। यहां मुक्तिबोध ने एक खतरे से आगाह किया है। वह खतरा यह है कि अभिव्यक्ति के संघर्ष में बार-बार असफलता मिलते देखकर और नए अभिव्यक्ति-रूपों को सामाजिक मान्यता न प्राप्त होने से कभी-कभी रचनाकार का आत्मविश्वास लड़खड़ा जाता है, जिससे वह संघर्ष-विमुख और अंततः रचना-विमुख भी हो जाता है। रचनाकार अपने संघर्ष में सफल हो, इसके लिए उन्होंने 'अभिव्यक्ति के अभ्यास' को विशेष महत्व दिया है और उसे कलाकार का 'मुख्य कर्तव्य' कहा है।

'तीसरा क्षण' शीर्षक 'डायरी' के अपने प्रसिद्ध लेख में उन्होंने अभिव्यक्ति के संघर्ष का ही विस्तार से विवेचन किया है। कला का तीसरा क्षण अभिव्यक्ति का ही क्षण है। इस क्षण में जब कवि अपनी फैंटेसी को शब्दबद्ध करने चलता है, तो उसे एक जटिल और द्वंद्वात्मक प्रक्रिया से गुजरना पड़ता है। भाषा एक सामाजिक परंपरा है, उसमें सामाजिक अर्थ-स्पंदन निहित होते हैं, इसलिए कवि जब उसका प्रयोग करता है, तो वह उसकी फैंटेसी को प्रभावित कर उसे काटने-छांटने और अपने सांचे में ढालने लगती है। इस तरह इसका खतरा पैदा हो जाता है कि फैंटेसी कहीं अपना मूल तेज गंवा न दे। कुछ कवि बोधगम्य और संप्रेषणीय भाषा के मोह में अपने भाव-तत्वों का बलिदान भी कर देते हैं। लेकिन इसके साथ भाषा एक दूसरा काम भी करती है।

चूंकि उसमें निहित अर्थ-स्पंदन सामाजिक होते हैं, इसलिए वे फैंटेसी का विस्तार भी करते हैं। लेकिन भाषा के इस द्वंद्वात्मक और परस्पर विरोधी कार्य—एक तरफ फैंटेसी को निर्धारित करने और दूसरी तरफ उसे विस्तृत बना देने का प्रयास—के साथ एक बात और होती है। अभिव्यक्ति के इस क्षण में कवि की फैंटेसी अथवा उसके मूलभाव निष्क्रिय नहीं बने रहते। जैसे भाषा उन्हें प्रभावित करने का प्रयास करती है, वैसे ही वे भी भाषा को प्रभावित करने का प्रयास करते हैं और उसमें नए अर्थ-स्पंदन तथा नए अर्थ-अनुषंग भर देते हैं। इसी क्रिया-प्रतिक्रिया में कवि भाषा का निर्माण करता है। मुक्तिबोध ने लिखा है, "जो कवि भाषा का निर्माण करता है, विकास करता है, वह निस्संदेह महान् कवि है।"

वे हिंदी के सबसे क्रांतिकारी कवि हैं। 'अंधेरे में' में इस अभिव्यक्ति के लिए किए जानेवाले उनके संघर्ष की एक झलक मिलती है। कवि की दृष्टि जब समाज के ऐसे स्थानों पर जाती है, जहां क्रांतिकारी सक्रिय हैं, तो वह भी क्रांतिकारी कविता की रचना करके क्रांति में योग देना चाहता है। लेकिन ऐसी कविता के लिए परंपरागत और प्रचलित भाषा से उसे जो शब्द प्राप्त होते हैं, वे तड़क-भड़कवाले होते हुए भी ऐसे नहीं हैं कि वह उनसे मनोवांछित क्रांतिकारी कविता की रचना कर सके। स्वभावतः अपनी भावनाओं की सही-सही अभिव्यक्ति के लिए उसकी व्याकुलता बढ़ जाती है :

इतने में सहसा दूर क्षितिज पर
दीखते हैं मुझको
बिजली की नंगी लताओं से झर रहे
सफेद नीले मोतिया चंपई फूल गुलाबी;
उठते हैं वहीं पर हाथ अकस्मात्
अग्नि के फूलों को समेटने लगते।
मैं उन्हें देखने लगता हूं एकटक;
अचानक विचित्र स्फूर्ति से मैं भी
जमीन पर पड़े हुए चमकीले पत्थर
लगातार चुनकर
बिजली के फूल बनाने की कोशिश
करता हूं। रश्मि-विकीरण––
मेरे भी प्रस्तर करते हैं प्रतिक्षण।
तेजस्क्रिय मणि-रत्न रत्न हैं ये भी।
बिजली के फूलों की भांति ही
यत्न हैं ये भी,
किंतु, असंतोष मुझको है गहरा,
शब्दाभिव्यक्ति-अभाव का संकेत।

काव्य-चमत्कार उतना ही रंगीन,
परंतु, ठंडा।
मेरे भी फूल हैं तेजस्क्रिय, पर
अतिशय शीतल।
मुझको तो बेचैन बिजली की नीली
ज्वलंत बांहों में बांहों को उलझा
करनी है उतनी ही प्रदीप्त लीला
आकाश-भर में साथ-साथ उसके घूमना है मुझको
मेरे पास न रंग है बिजली का गौर कि
भीमाकार हूं मेघ मैं काला
परंतु, मुझमें है गंभीर आवेश
अथाह प्रेरणा-स्रोत का संयम।
अरे, इन रंगीन पत्थर-फूलों से मेरा
काम नहीं चलेगा!!
क्या कहूं,
मस्तक-कुंड में जलती
सत्-चित्-वेदना—सचाई व गलती—
मस्तक-शिराओं में तनाव दिन-रात।

इसी के बाद वह अपने इस संकल्प की घोषणा करता है, जिससे हिन्दी कविता का वायुमंडल अभी तक गुंजायमान है—

अब अभिव्यक्ति के सारे खतरे
उठाने ही होंगे।
तोड़ने होंगे ही मठ और गढ़ सब।
पहुंचना होगा दुर्गम पहाड़ों के उस पार
तब कहीं देखने मिलेंगी हमको
नीली झील की लहरीली थाहें
जिसमें कि प्रतिपल कांपता रहता
अरुण कमल एक,
धंसना ही होगा
झील के हिम-शीत सुनील जल में।
जादुई झील को करनी ही होगी मेरी प्रतीक्षा।

ये पंक्तियां मुक्तिबोध के संकल्प को ही हमारे सामने नहीं लाती हैं, उनके आत्मविश्वास से भी हमारा परिचय कराती हैं। "जादुई झील को करनी ही होगी मेरी प्रतीक्षा" इसमें कविता के जादुई लोक का ही संकेत नहीं है, उनके आत्मविश्वास की भी अभिव्यक्ति हुई है। नई अभिव्यक्ति के खतरे तो होते ही हैं, उस तक पहुंचने के मार्ग में दुर्लंघ्य

कठिनाइयां भी होती हैं। लक्ष्य करने योग्य यह भी है कि क्रांतिकारी कविता भी मुक्तिबोध के लिए एक बहुत ही नाजुक और संवेदनशील चीज थी। इसी कारण उन्होंने उसे इस चित्र के माध्यम से उपस्थित किया है—"नीली झील की लहरीली थाहें / जिसमें कि प्रतिपल कांपता रहता / अरुण कमल एक"। देखना यह है कि अभिव्यक्ति के पुराने रूपों, मठों और गढ़ों, को ध्वस्त कर वे नई अभिव्यक्ति तक पहुंच सके या नहीं; जिस नई भाषा के निर्माण को उन्होंने महान कवि की विशेषता बतलाया है, उस नई भाषा का निर्माण वे स्वयं कर सके या नहीं।

आम तौर पर यह समझा जाता है कि उनकी काव्य-भाषा लंबे-लंबे और जटिल वाक्यों से निर्मित उलझी हुई काव्य-भाषा है। इसमें कोई शक नहीं कि उसमें कभी-कभी लंबे वाक्य मिलते हैं, लेकिन वे कवि की अभिव्यक्तिगत असमर्थता का परिणाम नहीं, बल्कि उसकी गहन चिंतनशीलता, व्यापक संवेदना और विराट् कल्पना-शक्ति की देन होते हैं। कवि अपनी कविता में उन्हें अभिव्यक्त करने के लिए संघर्ष करता है और अंततः पुरानी काव्य-भाषा के स्थान में एक नई काव्य-भाषा गढ़ने में सफल होता है, जिसमें उथलेपन के स्थान में गंभीरता और संकुचन के स्थान में विस्तृति होती है। जैसे बड़े चित्र बड़े मानस में जन्म लेते हैं, वैसे ही प्रायः बड़े वाक्य भी। उदाहरण के लिए मुक्तिबोध के लंबे वाक्योंवाले एक-दो चित्र देखे जा सकते हैं। 'सांझ-रंगी ऊंची लहरों में' शीर्षक कविता के आरंभ में ही हमें यह लंबा वाक्य मिलता है :

सांझ-रंगी ऊंची लहरों में अरब सिंधु
धोता रहता है अहोरात्र
ज्यों भव्य हिंद के सक्षम श्यामल शिला-कूल
श्रमशील कष्टजीवी मानव के प्राण-मूल
में व्याप्त गहन वेदना-सिंधु द्वारा अशांत
धुलता रहता
आलिंगन में बंधता रहता दिन हो कि रात
उद्विग्न किंतु लक्ष्योन्मुख संवेदना-तरंगों से विराट्
वह एकमात्र गंभीर गहन मानवी सत्य
पीड़ित मानवता का वह जीवन दुकूल—
वह महाभूमि जिस पर अनन्य
मधुशील चमकता रहता है
मुक्ति के स्वप्न का पूर्ण चंद्र!

इसके विश्लेषण से मुक्तिबोध के जटिल, व्यापक और उदात्त भाव-लोक का पूरा परिचय मिल जाता है। आरंभिक तीन पंक्तियों में सांध्यकालीन सूर्य की किरणों से रंजित अरब सागर की ऊंची लहरों द्वारा भारत के दृढ़ श्यामल तटों के धुलते रहने का भव्य चित्र अंकित हुआ है, जोकि एक उपमान है। उपमेय है श्रमिकों के गहन और अशांत वेदना-सिंधु द्वारा निरंतर धुलते रहनेवाला वह मानवीय सत्य, जोकि एकमात्र सत्य है।

वह है शोषण से मुक्ति। तात्पर्य यह कि शोषण से मुक्ति प्राप्त होकर रहेगी, और पीड़ित मानवता का उद्धार उसी से होगा। श्रमिकों की पीड़ा इस सत्य को लगातार निखार रही है। यह वह पीड़ा है, जिसमें उद्वेग ही नहीं है, बल्कि विराटता और लक्ष्योन्मुखता भी है। एक वाक्य में इतनी बातों को समेटकर उन्हें भव्य चित्रात्मकता के साथ प्रस्तुत कर सकना उसी कवि के लिए संभव है, जिसकी संवेदना अत्यंत जटिल और व्यापक हो।

लेकिन मुक्तिबोध में हमें सर्वत्र ऐसे जटिल लंबे वाक्य नहीं मिलते। कभी-कभी उनके वाक्य सिर्फ विस्तृत उपमान के चलते लंबे हो जाते हैं, जिन्हें जरा-सी सावधानी बरती जाए, तो आसानी से ग्रहण किया जा सकता है। 'जिंदगी का रास्ता' शीर्षक कविता का यह वाक्य ऐसा ही है :

क्रांतिपथगामी किसी राजनैतिक बंदी की
भूरी नंगी पीठ पर
पशुओं का जोश भरे
चाबुक के प्रहारों से
खींची गई त्वचा की उछली हुई
लंबी-लंबी रक्तांकित रेखाओं
के भिन्न-भिन्न रूप अरे! जिस प्रकार
उस कारावासी के हिय में
असह्य वेदना से दी हुई चुनौती के
प्रतिशोध के
संकल्प बनते चले जाते हैं,
उसी तरह जिंदगी के आधुनिक
भालों की लाल-लाल
अंगार-रूप लोहे के फल की तीखी नोक से
जन-जन का हिय दागा गया है।

यहां हम देखते हैं कि उपमेय से अधिक स्थान उपमान ही घेरता है। कभी-कभी किसी जटिल मनःस्थिति को व्यक्त करने के लिए मुक्तिबोध इस तरह उपमान का उपयोग करते हैं कि लगता है, वही प्रधान है और उपमेय गौण। 'अंधेरे में' की निम्नलिखित पंक्तियां इस प्रसंग में द्रष्टव्य हैं :

कोई मेरी बात मुझे बताने के लिए ही
बुलाता है, बुलाता है (हृदय को सहला
मानो किसी जटिल प्रसंग में सहसा
होंठों पर होंठ रख, कोई सच-सच बात
सीधे-सीधे कहने को तड़प जाय, और फिर
वही बात सुनकर धंस जाय मेरा जी ...

इस तरह, सांकल ही रह-रह, बजती है द्वार पर)

रक्तालोकस्नात पुरुष द्वार पर सांकल बजाकर कवि को बुलाता है। उसका बुलाना उसे अच्छा भी लगता है, लेकिन उसमें छिपे हुए खतरे से वह आशंकित भी है। इस मनःस्थिति को उसने प्रणय-प्रसंग की एक मनःस्थिति की उपमा देकर अभिव्यक्त किया है। उपमा विस्तार से और प्रणय-प्रसंग से इसलिए दी गई है कि मनःस्थिति की जटिलता और गहनता दोनों स्पष्ट हो जाएं। राजनीति और प्रेम का यह परिणय कवि की अनुभूति के साथ-साथ उसकी अभिव्यक्ति को भी थोड़ा जटिल बना देता है।

लंबे वाक्य कविता के लिए कोई वर्जित वस्तु नहीं हैं। उत्तर-छायावादकालीन कवियों ने अपनी कविता में बहुत ही सरल और सपाट भाषा का इस्तेमाल किया था। नई कविता में अज्ञेय ने यत्र-तत्र लंबे वाक्यों का प्रयोग किया है, लेकिन उनके ऐसे वाक्य एक तो प्रायः गद्यात्मक होते हैं, दूसरे, उनमें अर्थ के जटिल अनुषंग नहीं मिलते। मुक्तिबोध की लंबे वाक्योंवाली काव्य-भाषा हमें 'प्रसाद' और निराला की काव्य-भाषा की याद दिलाती है, जो इस बात का सूचक है कि वे आधुनिक हिन्दी कविता की दृढ़ और उदात्त परंपरा को आत्मसात करते हुए आगे बढ़े थे। 'कामायनी', 'सरोज-स्मृति' और 'राम की शक्ति-पूजा' में अनेक स्थलों पर हमें लंबे-लंबे वाक्य मिलते हैं, जो अपनी गुंजलक में मूल्यवान अर्थ छिपाए रहते हैं।

लंबे वाक्योंवाली काव्य-भाषा से अलग मुक्तिबोध ने जहां अपनी कविताओं में गहन चिंतन की अभिव्यक्ति की है, वहां उन्होंने बहुत ही संश्लिष्ट भाषा रची है। सर्वप्रथम हम 'नक्षत्र-खंड' शीर्षक कविता का यह अंश देखें, जिसमें संयोग से विचारधारा की प्राप्ति की ही बात कही गई है। कवि कहता है कि उसका काम सिर्फ भावना से नहीं चलेगा, उसे एक मुकम्मल विचारधारा चाहिए, जिसका लक्ष्य हो 'पूर्ण मानव' का निर्माण। स्पष्टतः उसका संकेत मार्क्सवाद की तरफ है, जिसे उसने कठिन परिश्रम के उपरांत प्राप्त किया। उसका कथन है :

हमें था चाहिए कुछ वह
कि जो गंभीर ज्योतिःशास्त्र रच डाले
नया दिक्काल-थियोरम बन,
प्रकट हो भव्य सामान्यीकरण
मन का
        कि जो गहरी करे व्याख्या
अनाख्या वास्तविकताओं,
जगत् की प्रक्रियाओं की।
हमें था चाहिए दिन-रात
अनुभव-दीप्त मानव-ब्रह्म की संवेदना का
भव्य अनुशासन,
कि उससे एक गहरा फलसफा

तैयार हो जाए,
कि पूरा सत्य
जीवन के विविध उलझे प्रसंगों में
सहज ही दौड़ता आए—
स्मरण में आय
मार्मिक चोट के गंभीर दोहे-सा।
कि भीतर से सहारा दे
बना दे प्राण लोहे-सा।
व व्याख्याएं
बनें सोपान
झिलमिल सत्य-बिंबित रत्न-प्रस्तर की
व ऐसी संगठित सीढ़ी-व्यवस्थाएं
शिखर तक चढ़
वहां पर भव्य दीप-स्तंभ तक पहुंचें
कि जिस उद्दीप्त दीप-स्तंभ के नीचे
रहे गंभीर-तन्मय ध्यानमग्ना
पूर्ण-मानव-मूर्ति
जीवन-लक्ष्य की दुर्दांत।

कवि को उस विचारधारा की अपेक्षा थी, जो नामहीन वास्तविकताओं और जगत की प्रक्रियाओं की गहरी व्याख्या करे; जिसमें मानवरूपी ब्रह्म की अनुभव-दीप्त संवेदना का भव्य अनुशासन हो, ऐसा दर्शन हो, जो इसी अनुशासन से तैयार किया गया हो; जो जीवन के उलझे हुए प्रसंगों को सुलझा देनेवाला पूर्ण सत्य हो और जो कविता के मार्मिक छोटे छंद की तरह सूत्रबद्ध होकर स्मरणीय बन सके; जो भीतर से सहारा देनेवाला और प्राण को लोहे की तरह दृढ़ बना देनेवाला हो तथा जिसकी सच्चाई पर आधारित व्याख्याओं के द्वारा पूर्ण मानव के निर्माण के लक्ष्य तक पहुंचा जा सके।

इससे भी अधिक संश्लिष्ट भाषा ऐसे वैचारिक प्रसंगों में हमें मुक्तिबोध की दूसरी कविताओं में देखने को मिलती है। 'अंतःकरण का आयतन' शीर्षक कविता में वे पूंजीवाद के महान पश्चिमी सिद्धांतकारों को 'प्रतापी सूर्य' की संज्ञा देते हुए उनके चिंतन की यह विशेषता बतलाते हैं कि वह हमें दृष्टिहीन बनाता है :

प्रतिष्ठित राज्य-संस्कृति के प्रभावी दृश्य
सुंदर सभ्यता के तुंग स्वर्ण-कलश
सब आदर्श
उनके भाष्यकर्ता ज्ञानवान् महर्षि
ज्योतिर्विद्, गणितशास्त्री, विचारक, कवि,
सभी वे याद आते हैं।

प्रतापी सूर्य हैं वे सब प्रखर जाज्वल्य
पर, यह क्या
अंधेरे स्याह धब्बे सूर्य के भीतर बहुत विकराल
धब्बों के अंधेरे विवर-तल में से
उभरकर उमड़कर दल बांध
उड़ते आ रहे हैं गिद्ध
पृथ्वी पर झपटते हैं!
निकालेंगे नुकीली चोंच से आंखें,
कि खाएंगे हमारी दृष्टियां ही वे।

इसी तरह 'ब्रह्मराक्षस' शीर्षक कविता का निम्नलिखित अंश अत्यंत संश्लिष्ट है :

खूब ऊंचा एक जीना सांवला
उसकी अंधेरी सीढ़ियां · · ·
वे एक आभ्यंतर निराले लोक की।
एक चढ़ना औ' उतरना,
पुनः चढ़ना औ' लुढ़कना,
मोच पैरों में
व छाती पर अनेकों घाव।
बुरे-अच्छे-बीच के संघर्ष
से भी उग्रतर
अच्छे व उससे अधिक अच्छे-बीच का संगर
गहन किंचित् सफलता,
अति भव्य असफलता!!
· · · अतिरेकवादी पूर्णता
की ये व्यथाएं बहुत प्यारी हैं · · ·
ज्यामितिक संगति-गणित
की दृष्टि से कृत
भव्य नैतिक मान
आत्मचेतन सूक्ष्म नैतिक भान · · ·
· · · अतिरेकवादी पूर्णता की तुष्टि करना
कब रहा आसान
मानवी अंतर्कथाएं बहुत प्यारी हैं!!

यह वस्तुतः ब्रह्मराक्षस की, जब वह मनुष्य रूप में था, 'अंतर्कथा' है—उसके पूर्ण मानवीय व्यक्तित्व प्राप्त करने की प्रक्रिया की कथा। आरंभिक पंक्तियों में उसके आत्मसंघर्ष का वर्णन है, जिससे गुजरे बिना और जिसमें क्षत-विक्षत हुए बिना कोई नया और पूर्ण व्यक्तित्व नहीं प्राप्त कर सकता। आगे मुक्तिबोध कहते हैं कि उसका संघर्ष विकटतर

था, क्योंकि वह सामंतवादी और पूंजीवादी संस्कारों और मूल्यों के बीच न होकर पूंजीवादी और समाजवादी संस्कारों एवं मूल्यों के बीच था। स्वभावतः इस संघर्ष में सफलता कम और असफलता अधिक मिलती है। अंत में उन्होंने 'अतिरेकवादी पूर्णता' यानी पूर्ण व्यक्तित्व की प्राप्ति के लक्ष्य के बारे में बतलाया है। निश्चय ही इस मार्ग पर व्यक्ति को तकलीफें मिलती हैं। ब्रह्मराक्षस के पैर भी मोच खा गए थे और उसकी छाती पर अनेकों घाव बन गए थे। लेकिन वे कहते हैं कि "ये व्यथाएं बहुत प्यारी हैं"। पूर्ण व्यक्तित्व का लक्षण है गणित की तरह सटीक यानी वस्तुपरक नैतिक प्रतिमान, जोकि आत्मचेतन सूक्ष्म नैतिक बोध का रूप ले लें। निश्चय ही ऐसे व्यक्तित्व की प्राप्ति कभी सरल कार्य नहीं रही।

मुक्तिबोध की काव्य-भाषा के संबंध में दूसरी धारणा यह है कि वह संस्कृतनिष्ठ है। कभी-कभी इसका कारण उनका मूलतः मराठीभाषी होना बतलाया गया है। उनके पिता मराठीभाषी थे और उनकी मां हिंदीभाषी थीं। इस कारण मराठी और हिंदी दोनों उनकी अपनी भाषाएं थीं और उनके लिए उतनी ही स्वाभाविक थीं। इसके साथ यह तथ्य है कि उन्होंने अपनी साहित्य-रचना का माध्यम हिंदी को बनाया था, इसलिए उनकी हिंदी का ज्यादा हिंदी होना लाजिमी है। मराठी की संस्कृतनिष्ठता का प्रभाव उस पर हो सकता है, यह अलग से अध्ययन का विषय है, लेकिन जो लक्ष्य करने योग्य बात है, वह यह कि उसमें संस्कृत शब्दों का प्रयोग इस तरह नहीं हुआ कि वह उसे प्रस्तरीभूत या जड़ीभूत बना दे। इसका कारण यह है कि संस्कृत शब्दों का प्रयोग मुक्तिबोध किसी एक सरणि पर नहीं करते। "अंतर-भार-नम्रा देवदारु-डगाल के नीचे / झुके हम और अंजलि भर / लगे पीने / तुम्हारे साथ, / उस झरते हुए जल-रूप / द्युति-निष्कर्ष को" में 'अंतर-भार-नम्रा'-जैसे संस्कृत शब्द के विन्यास को गतिशील करनेवाला शब्द संस्कृत का नहीं, बल्कि लोकभाषा का है—'डगाल'। संस्कृत शब्दों का विन्यास यदि मुक्तिबोध की काव्य-भाषा को संस्कार और गंभीरता प्रदान करता है, तो हिंदी, अरबी-फारसी, अंग्रेजी अथवा लोकभाषा के शब्द उसके साथ प्रयुक्त होकर उनकी काव्य-भाषा में सप्राणता का संचार करते हैं। 'गुंथे तुमसे, बिंधे तुमसे' शीर्षक जिस कविता से उक्त पंक्तियां उद्धृत की गई हैं, उसी में हम आगे ये पंक्तियां भी पाते हैं :

> बदली हुई उस अंतरात्मा का
> अरे, वह नव-विवाहित भाव-संवेदन
> कि गहरी वेदना का संवहन-दायित्व
> हमको ले चला निष्कर्ष-पथ पर और
> लघु व्यक्तित्व के भीतर
> लहरते क्षीण पोखर में
> विराजित हो गया था सूर्य मुख-मंडल
> विचारों के चरण में

संचरण में

आचरण में और विचरण में

गहन तेजस् व ओजस्

और ऊर्जा है

हमेशा खून ताजा है!!

यहां हमारा ध्यान 'हमेशा खून ताजा है' और 'तेजस्' तथा 'ओजस्' को जोड़नेवाले फारसी के अव्यय 'व' पर ही नहीं, बल्कि हिंदी के 'पोखर' पर भी जाना चाहिए। शब्द-प्रयोग में यह बेमेलपन ही मुक्तिबोध की काव्य-भाषा की शक्ति का कारण है।

शब्दों का बेमेल प्रयोग वे परिश्रम से बचने की प्रवृत्ति अथवा असावधान रहने के कारण नहीं करते, बल्कि रचनात्मक अनिवार्यता के कारण करते हैं। इसका पता बेहतर रूप में उनकी निम्नलिखित पंक्तियों से चलता है। 'अंतःकरण का आयतन' कविता में वे कहते हैं :

मैं देखता क्या हूं,
अंधेरे आईनों में सिर उठाती है
प्रतेजस-आनना
प्रतिभामयी मुख-लालिमा
तेजस्विनी लावण्य-श्री
प्रत्यक्ष,
बिलकुल सामने!!
(शायद, शमा कोई अचानक मुसकराई थी)

मानना पड़ेगा कि 'प्रतेजस-आनना', 'प्रतिभामयी मुख-लालिमा' और 'तेजस्विनी लावण्य-श्री' को उजागर करनेवाला असली शब्द 'शमा' है! इसी तरह 'अंधेरे में' कविता के अंत में रक्तालोकस्नात पुरुष के बारे में वे कहते हैं :

विद्युल्लहरिल वही गतिमयता,
उद्विग्न ज्ञान-तनाव वह
सकर्मक प्रेम की वह अतिशयता
वही फटे-हाल रूप!!

ऊपर की पंक्तियों में जो स्थान 'शमा' का है, वही स्थान इन पंक्तियों में 'फटे-हाल' का। पहली पंक्ति से अंतिम पंक्ति का कोई मेल नहीं बैठता, लेकिन यही बेमेलपन मुक्तिबोध के कथ्य को पूर्णता में उपस्थित करता है। पहली पंक्ति की असाधारणता और अंतिम पंक्ति की साधारणता दोनों मिलकर ही रक्तालोकस्नात पुरुष का पूरा परिचय देने में समर्थ हैं। जाहिर है, मुक्तिबोध अपनी कविता में भाषा का बहुत ही सृजनात्मक उपयोग करते हैं, वे उसे कोई निष्क्रिय माध्यम नहीं मानते।

कभी-कभी वे मुख्यतः संस्कृत शब्दों के सहारे लिखी गई कविता में यथास्थान हिंदी, क्षेत्रीय भाषा या अरबी-फारसी के प्रचलित ऐसे शब्दों का प्रयोग करते हैं कि

भाषा मिठास से भर उठती है। उदाहरणार्थ 'मालव-निर्झर की झर-झर कंचन-रेखा' कविता की ये पंक्तियां :

ज्यों लौह-खंड के लाल सिरे पर स्वर्ण-शिखा
या क्षुब्ध पहाड़ी मिट्टी के कण में प्रचंड
रवि की कणिका
धधके,
वैसे, विचार भभके
मानो वे हों गहरे जन-संगर के प्रसंग
या युग-युग की अनुभव-पीड़ा के लाल-लाल
पत्थर के ज्वलत् कोयले के दुर्धर स्फुलिंग
विस्फोटों से उत्पन्न,
कि जिन विस्फोटों द्वारा ही
मेरे जन खनते रहते, इंसानी मिठास
के नए-नए
तालाब-कुएं
मानव-संबंधों के आशय अमृत-स्वरूप
ये तपी जिंदगी के पठार चिलचिला रहे
है भव्य धूप!!

हम यहां "मेरे जन खनते रहते, इंसानी मिठास / के नए-नए / तालाब-कुएं" को रेखांकित करना चाहते हैं। संस्कृत के निकट रहते हुए भी 'खनना' क्रिया-पद क्षेत्रीय भाषा से लिया गया है और 'इंसानी मिठास' में फारसी और हिंदी शब्दों को प्रेम-सूत्र में बांध दिया गया है। स्वभावतः इससे आवश्यकता के अनुरूप ओजस्वी वातावरण में विलक्षण माधुर्य की सृष्टि हुई है।

कभी-कभी जरूरत पड़ने पर मुक्तिबोध संस्कृत शब्दों का दामन छोड़कर बिलकुल उर्दू-जैसी भाषा लिखते हैं, जैसे 'भूल-गलती' कविता में—

भूल-गलती
आज बैठी है जिरहबख्तर पहनकर
तख्त पर दिल के,
चमकते हैं खड़े हथियार उसके दूर तक,
आंखें चिलकती हैं नुकीले तेज पत्थर-सी,
खड़ी हैं सिर झुकाए
सब कतारें
बेजुबां बेबस सलाम में,
अनगिनत खंभों व मेहराबों-थमे
दरबारे-आम में।

यहां चूंकि सुलतान के दरबार का परिवेश है, इसलिए उर्दू-जैसी भाषा में उसका वर्णन किया जाना स्वाभाविक है। मुक्तिबोध कभी-कभी अर्थ अथवा कथ्य के दबाव में एक साथ कई प्रकार की पदावली रचते हैं। 'मालव-निर्झर' में ही हमें इस प्रकार की पंक्तियां मिलती हैं :

मिथ्याचारों भ्रष्टाचारों की मध्य रात्रि
में सभी ओर
काले-काले वीरान छोर।
खुदगर्ज़ी के बदसूरत स्याह दरख़्तों की
गठियल डालों पर रहे झूल
फांसी के फंदों में मानव-आदर्श-प्रेत!!

"मिथ्याचारों भ्रष्टाचारों की मध्य रात्रि" यह संस्कृत पदावली अपनी गंभीरता से अंधकार को और प्रगाढ़ कर देती है और "खुदगर्ज़ी के बदसूरत स्याह दरख़्तों की" अरबी-फारसी शब्दों से बनी यह पंक्ति खुदगर्ज़ी के बदसूरत चेहरे को उघारकर दिखला देती है। "गठियल डालों पर रहे झूल" हिंदी शब्दों से बनी यह पंक्ति झूलने की क्रिया को आंखों के सामने मूर्त कर देती है। अंतिम पंक्ति में आनेवाला समस्त पद 'मानव-आदर्श-प्रेत' मानव-आदर्श की गरिमा सूचित करता है, उसकी विडंबना के साथ।

मुक्तिबोध की कविताओं में हिंदी का प्रांजल रूप भी मिलता है, जहां वे इस तरह की भाषा लिखते हैं :

ज़िंदगी के चिलचिलाते इन पठारों पर
हमेशा तिलमिलाते कष्ट में हमने
अनेकों रास्तों पर घोर श्रम करके
कुएं खोदे
हृदय के स्वच्छ पानी के,
कि चटियल भूमि तोड़ी और भीतर से
निकाला शुद्ध ताजा जल।
वृथा की भद्रता औ' शिष्टता के नियम सारे तोड़
अनुभव ने
स्वयं के श्याम कांधे पर
रखी थीं कांवड़ें जल की,
विवेकी हृदय के तल की।
हृदय-जल-पूर्ण पीपे छलछलाते थे
व श्यामल भारवाही झुके कांधे पर भरी कांवड़,
लचकती, जा रही थी दूर।
बने थे बेल-बूटे
दूरगामी आर्द्र रेखा के।

इन पंक्तियों में संस्कृत, अरबी-फारसी और क्षेत्रीय भाषाओं सभी के शब्द हिंदी भाषा की धारा में प्रवाहित हो उठे हैं। यह प्रवाह जितना ही सरल है, उतना ही स्वच्छ भी।

ऊपर मुक्तिबोध की जिस काव्य-भाषा के नमूने दिए गए हैं, उस पर उनके वैशिष्ट्य की छाप स्पष्ट है, तथापि उन्होंने जो नई भाषा निर्मित की, वह उनकी दूसरी भाषा है। उसी में आलोचकों ने अनगढ़ता ही नहीं, असमर्थता भी देखी और इस कारण उनकी उपेक्षा की। सच्चाई यह है कि ये आलोचक स्वयं नई कविता की जड़ीभूत सौंदर्याभिरुचि के शिकार थे, इसलिए उन्हें न मुक्तिबोध की नई भाषा की शक्ति का पता चला, न उसके सौंदर्य का। मुक्तिबोध की इस नई काव्य-भाषा की विशेषता यह थी कि उसमें सौंदर्य अलग से नहीं लाया गया था, वह शक्ति से ही फूटा था। 'जिंदगी का रास्ता' में मध्यवर्गीय लेखकों के साथ-साथ उन्हें महत्व देनेवाले आलोचकों को भी वे इन शब्दों में याद करते हैं :

पूंजीवादी ह्रास की गटर में
मध्यवर्गी बुद्धिशील अवसरवादी केंकडे
खेलते शिकार हैं
आनंदोल्लास से—
एक ओर जिनके कि अंडों में देखते हैं ब्रह्मांड
आलोचक सत्य-प्रिय 'ब्राह्मण'।

'जमाने का चेहरा' में आकर यह केंकड़ा बहुत बड़ा हो जाता है :

दुनिया की पीठ पर
भीतर गड़ाए हुए आठों पैर बैठा है
विकराल कर्क एक
हवाई एटमिक अड्डों के अमरीकी जाल का
जिंदगी की खाल ओढ़े मौत के बवाल का

पहले उद्धरण में जहां मध्यवर्गीय मनोवृत्ति पर कठोर प्रहार है, वहां दूसरे उद्धरण में अमरीकी साम्राज्यवाद पर। विषय के हिसाब से ही चित्र में विराटता आ गई है। पहले चित्र में केंकड़े और उसके अंडे हैं और दूसरे चित्र में दुनिया को दबोचे हुए हवाई एटमिक अड्डों के अमरीकी जाल का विकराल कर्क।

मध्यवर्गीय बुद्धिजीवियों की समझौतापरस्ती और सामंजस्यवाद पर बाद में भी मुक्तिबोध चोट करते रहे हैं। 'भविष्य-धारा' शीर्षक कविता में वे सीधे उन्हें संबोधित करते हुए कहते हैं :

इस विषम जगत्
के शोषित पथ
की करुणाओं से जब आत्मा
में गर्भ-धारणा हुई
व सत्य-भ्रूण उन्मुक्त विकसने लगा

कि तब,
तुम लज्जित थे।
तुम भ्रूण अवैधानिक समझे
उसको इरादतन गिरा दिया
आंख से दूर
तब तुम उस पुल पर गए
कि जिसके नीचे के तल में
शहर की सभी नालियों का नाला
काला गंदला बहता जाता!!
कि जिस पुल की मुंडेर से लगकर डिसपेंसरी
हवा से डरी
अंधेरी, चौकस,
एक मूंछवाली डाक्टरनी!!
गिरा दिया तुमने इरादतन भ्रूण
दूर, आंखों से ओझल शून्य एक रात में!!

वैसे तो यह पूरा कथन नई कविता की भाषागत सुरुचि को आघात पहुंचानेवाला है, लेकिन 'मूंछवाली डाक्टरनी' तो उसकी धज्जियां उड़ा देता है। इस भाषा के बिना मध्यवर्गीय नैतिक भीरुता को बेपर्द करना असंभव था।

'मेरे सहचर मित्र' शीर्षक कविता में मुक्तिबोध प्रश्न करते हैं :

क्यों स्वार्थ-घृणा-कुत्सा के
थूहर जंगल में
हैं भटक गए ये लक्ष्य
पुराने पांवों के
क्यों घर-आंगन की मौन अकेली
छाया में
चिंता के प्रेत
सियाह-बदन
हैं झूल रहे . . .
आवाज कड़ी उस झूले की
धंसते हिय की हिलडोल बनी
लोहे का गाडर छत पर का
छाती पर धम से आ धमका
किस कारण से?

फिर वे उत्तर देते हैं :

वह क़ारण, सामाजिक जंगल का

घुग्घू है,
है घुग्घू का संगठन, रात का तंबू है ! !

ध्यान देने पर स्पष्ट हो जाता है कि मुसीबतों की वजह 'सामाजिक जंगल का घुग्घू' अर्थात पूंजीवादी शासक और उसका संगठन यानी पूंजीवादी राज्य-व्यवस्था है। इसके साथ समाज में तना रात का तंबू भी मुसीबतों की वजह है। 'रात का तंबू' से मतलब राजनीतिक चेतना के अभाव से है। जिस तरह रात में उल्लू शिकार करते हैं, उसी तरह राजनीतिक चेतना से शून्य समाज पर पूंजीपति शासन। कहने की आवश्यकता न होनी चाहिए कि यह भाषा मुक्तिबोध की गढ़ी हुई अपनी भाषा है, जिसके पीछे क्रांतिकारी कथ्य का दबाव है। इस दबाव को न नई कविता की भाषा झेल सकती थी, न घिसे-पिटे पारिभाषिक शब्दों और प्रतीकों से बनी प्रगतिशील कविता की भाषा। पूंजीवाद द्वारा पैदा की गई परिस्थितियों से परेशान कवि आगे कहता है :

यह भीतर की जिंदगी नहाती रहती है
हिय के विक्षोभों के खूनी फव्वारों में,
अंगारों में।
इस दिल के भरे रिवाल्वर में
बेचैनी जोर मारती है, इसमें क्या शक।

कहना न होगा कि यह भाषा हिंदी के अतिक्रांतिकारी कवियों की खून और गोली-बारूदवाली भाषा से अधिक सशक्त है, बावजूद इसके कि इसमें खून और रिवाल्वर दोनों अपने ही दिल के हैं। इसमें वर्ग-शत्रु का खून नहीं किया गया, न उस पर गोली ही दागी गई है !

'विक्षुब्ध बुद्धि के मारक स्वर' कविता में भी वर्तमान जीवन की परेशानी का वर्णन हुआ है। इस वर्तमान जीवन को 'ब्रह्म' की संज्ञा देते हुए, क्योंकि यह उसी की तरह 'विराट्' और 'निःशब्द' है, मुक्तिबोध कहते हैं :

थर्राता रहता विराट् हिम का जाड़ा
तन कण-कण में
वह दुष्ट ब्रह्म कर रहा जबर्दस्ती वसूल
हमसे तुमसे
यह रक्त-किराया, अस्थि-मांस-भाड़ा
धरती पर रहने का।
अब किससे टंटा करें
कहां हम जायं
अपनों से ऐंठा करें
जिंदगी ... एक कबाड़ा है,
भूतों का बाड़ा है।

ऐसे ही 'हर चीज, जब अपनी' शीर्षक कविता में उन्होंने वर्तमान काल पर टिप्पणी

की है :

टिकट-कलेक्टर है, ऊंचा सफेदपोश वक्त।
वैल-शेव्ड चेहरा है काला और सख्त।
भीतर घुस नहीं सकता है
बिला-टिकट कोई भी,
समस्या विकट है,
जिसके पास पैसा है, उसके पास टिकट है।
बाहर ... एडवर्टिजमेंट
आदमकद तसवीरें
देखते खड़े रहो
सूनापन चाखते और चुपचाप चीखते खड़े रहो
अपनी फजूल-सी हस्ती को
चाटते खड़े रहो,
मनहूसी बांटते खड़े रहो,
शायर बन जाओ,
दुनिया से तन जाओ।

'एक अरूप शून्य के प्रति' शीर्षक कविता में मुक्तिबोध ने ईश्वर को इसलिए दाद दी है कि वह राम और रावण दोनों से पूजा प्राप्त करता है और दोनों को ही खुश रखता है। वह उस भ्रष्ट मैजिस्ट्रेट और थानेदार की तरह है, जो जनता द्वारा भी पूजा जाता है और उसे लूटनेवाले व्यापारियों द्वारा भी। यहां भी उनकी भाषा द्रष्टव्य है :

और तुम भी खूब हो,
दोनों ओर पैर फंसा रक्खे हैं,
राम और रावण को खूब खुश,
    खूब हंसा रक्खा है।
सज्जनों के घर में तुम
मनोहर शक्तिशाली
विश्वात्मक फैंटेसी,
दुर्जनों के भवन में
प्रचंड शौर्यवान् अंट-संट वरदान!!
    खूब रंगदारी है,
तुम्हारी नीति बड़ी प्यारी है।
विपरीत दोनों दूर छोरों द्वारा पुजकर
    स्वर्ग के पुल पर
    चुंगी के नाकेदार
भ्रष्टाचारी मजिस्ट्रेट, रिश्वतखोर थानेदार!!

मुक्तिबोध की काव्य-भाषा के ये नमूने बहुत ही दिलचस्प हैं। इनमें जबर्दस्ती किराया वसूल करनेवाला "दुष्ट ब्रह्म" है, "टिकट कलेक्टर है, ऊंचा सफेदपोश वक्त" और खूब रंगदारी करनेवाला और दुर्जनों को "प्रचंड शौर्यवान् अंट-शंट वरदान" देनेवाला ईश्वर है! ये सारे उपमान आधुनिक जीवन से लिए गए हैं, जिनके उपयोग में उन्होंने गजब की सृजनात्मकता संभव की है। यह सृजनात्मकता उनसे निर्मित रूपकात्मक फैंटेसी में दिखलाई पड़ती है। यह सृजनात्मकता ही है, जिसके स्पर्श से 'कबाड़ा', 'टिकट', 'एडवर्टिजमेंट', 'अंट-संट' और 'मजिस्ट्रेट'-जैसे अकाव्यात्मक शब्द भी काव्यात्मक हो उठे हैं। ईश्वरीय विचित्र-विचित्र वरदान अनेकों असुरों को प्राप्त थे। मुक्तिबोध द्वारा प्रयुक्त 'अंट-संट' शब्द यहां प्रचंड रूप से अर्थ-व्यंजक हो उठा है।

'अंधेरे में' में भाषा के अनेक स्तर मिलते हैं। उसके 'आत्मोद्‌बोधमय गान' के उस अंश में मुक्तिबोध की नई भाषा दिखलाई पड़ती है, जिसमें उन्होंने "बुद्धि का भाल फोड़ने" और "तर्कों के हाथ उखाड़ने" की बात कही है, साथ ही "विवेक को स्वार्थों के तेल में बघारने" तथा "आदर्श को खा जाने" की बात। इसी तरह इस प्रकार की उक्तियों में भी : "आत्मा के चक्के पर चढ़ाया जा रहा / संकल्प-शक्ति के लोहे का मजबूत / ज्वलंत टायर!!" यहां 'चक्का' और 'टायर' ही महत्वपूर्ण नहीं हैं, जो काव्य-भाषा को उसके सीमित घेरे से बाहर निकालते हैं, यह भी महत्वपूर्ण है कि वह चक्का आत्मा का है और टायर लोहे का! इन दोनों ने मिलकर मुक्तिबोध की नई काव्य-भाषा को फैलाव और मजबूती प्रदान की है। कभी-कभी उन्होंने गणितशास्त्र से उपादान लेकर नई भाषा गढ़ी है, जैसे 'गुंथे तुमसे, बिंधे तुमसे' कविता की इन अंतिम पंक्तियों में—

वह ज्यामितिक रेखा
नभस् के पार जाती झलमलाती-सी दिखी
उत्साह के तारुण्य में
गणितिक हुआ अनुवाद अंतर का
हमारे शून्य ने ऋण-राशि को निःसीम कर डाला
चलत् संसार के सिद्धांत हम पर क्रुद्ध थे
ऋण-धन परे गणितिक पथों पर चल पड़े
हम प्रथम विद्रोही जमाने से लड़े
नक्षत्र-पुष्पों-से दमकने ये लगे
उलझे हुए त्रैराशिकों के आंकड़े
जब-जब कहा
तब-तब ग्रहण लगने लगा
इस सूर्य को उस चंद्र को!!

'ओ अप्रस्तुत श्रोता' कविता की निम्नलिखित पंक्तियों की नई भाषा विज्ञान से उपादान लेकर गढ़ी गई है—

सात गुंबदोंवाला एक सफेद शहर
हो गया राख
सैकड़ों पुलोंवाली वह गौरवशाली बहती हुई नदी
धंस गई—
ज़मीनी परतों की
भीतरी तहों में, वह जाकर फंस गई
व उसकी जगह
तेल का-सा गाढ़ा-गाढ़ा समुद्र
मृत्यु-सागर
जिसमें है निन्यानवे फीसदी
अमोनियम फॉस्फेट, घोर नायट्रेट
विषैली भाफ हवाओं में
जिसके कारण पक्षी भी उड़ते नहीं कहीं
आकाश-दिशाओं में

कोमल भावनाओं की अभिव्यक्ति के लिए भी मुक्तिबोध ने सर्वथा नए उपादानों से नई भाषा गढ़ी—

तुम्हारे पास, हमारे पास,
सिर्फ एक चीज है —
ईमान का डंडा है,
बुद्धि का बल्लम है,
अभय की गेती है
हृदय की तगारी है—तसला है
नए-नए बनाने के लिए भवन
आत्मा के,
मनुष्य के,
हृदय की तगारी में ढोते हैं हमीं लोग
जीवन की गीली और
महकती हुई मिट्टी को।

'बल्लम' तक तो गनीमत है (केदारनाथ अग्रवाल की प्रसिद्ध पंक्ति है : 'हरी घास का बल्लम' !), मुक्तिबोध ने डंडा, गेती, तगारी और तसले तथा तगारी और तसलों में भरे गारे से विलक्षण माधुर्य की सृष्टि की है।

नई भाषा में उनकी सरलता भी नए ढंग की है। उसमें गजब की मस्ती है। इसका सबसे अच्छा उदाहरण 'सूरज के वंशधर' कविता का यह अंश है :

सूखी हुई जांघों की लंबी-लंबी अस्थियां
हिलाता हुआ चलता है

लंगोटधारी यह दुबला मेरा हिंदुस्तान
रास्ते पर बिखरे हुए
चावल के दानों को बीनता है लपककर
मेरा यह सांवला इकहरा हिंदुस्तान
सटर-पटर सामान को धरे हुए शीर्ष पर
रोते हुए बच्चों को कंधे पर बिठाए हुए
जिंदगी को ढोता है बहादुर हिंदुस्तान
अपने ही पुत्र के प्रेत को उठाए हुए सांवले हाथों में
श्मशान की ओर जाता
दिल में बिलखता हुआ
विचारों का भावों का तूफानी समुंदर हिंदुस्तान
बेहद के मैदानों में दर्दभरे कंठ से गाता है
मानव की पुकार का वह वेदना में
बल खाता अभिप्राय हिंदुस्तान
सांवली त्वचा से ढंकी हुई छाती की
अस्थियों के पंजर में पाले हुए
प्रकाश का शतदल
कि भावी के सपनों की ज्योति को संभाले हुए
मारता है हथौड़ा
यह क्रांति का कारीगर कि वज्रकाय हिंदुस्तान

'चांद का मुंह टेढ़ा है' कविता की "बाकी सब खोल है / जिंदगी में झोल है"-जैसी सरल पंक्तियों से भी मस्ती छलकती है। 'अंधेरे में' कविता में मुक्तिबोध की नई काव्य-भाषा का जो सरलतावाला स्तर है, वह भी मस्ती से भरा हुआ है। "चार का गजर कहीं खड़का, / मेरा दिल धड़का", "अब तक क्या किया, / जीवन क्या जिया", "मेरा सिर गरम है, / इसीलिए भरम है" और "भागता मैं दम छोड़, / घूम गया कई मोड़"-जैसी पंक्तियां मस्ती से भरी हुई हैं, यद्यपि उनमें एक ही भाव की अभिव्यक्ति नहीं हुई। किन्हीं पंक्तियों में घबड़ाहट है, किन्हीं में आत्मभर्त्सना, किन्हीं में बेचैनी और किन्हीं में भय। जन-क्रांति के वर्णनवाले अंश में भी भाषा के कई स्तर दिखलाई पड़ते हैं, पर जब मुक्तिबोध कहते हैं कि "यह कथा नहीं है, यह सब सच है, हां भई!! / कहीं आग लग गई, कहीं गोली चल गई" तो वे पूरी मस्ती में होते हैं।

स्पष्ट है कि उनकी काव्य-भाषा जितनी नई है, उतनी ही वैविध्यपूर्ण भी। उन्होंने पुरानी काव्य-भाषा को नए ओज और माधुर्य से भरकर नया बना दिया है और नई काव्य-भाषा में व्यंजना के कई स्तर निर्मित किए हैं। जैसा वैविध्य उनकी काव्य-भाषा में है, वैसा पुराने कवियों में सिर्फ तुलसीदास और आधुनिक कवियों में सिर्फ निराला में मिलता है। जो विद्वान उनकी काव्य-भाषा को छायावादी कहते हैं, वे उसके सौंदर्य

को नहीं देखते, जिसमें न छायावादी अलंकरण है, न छायावादी भावुकता। जो उनकी भाषा में अनगढ़ता देखते हैं, उनका ध्यान उसकी शक्ति पर नहीं। यह शक्ति कठोर और कोमल दोनों प्रकार की भावनाओं की अभिव्यक्ति में दिखलाई पड़ती है। मुक्तिबोध को पता था कि काव्य-भाषा की शक्ति के स्रोत कहां छिपे होते हैं। 'शब्दों का अर्थ जब' शीर्षक अपनी एक लंबी और अपूर्ण कविता में उन्होंने कहा है कि शब्दों के अर्थ जब मानव-विरोधी हो जाते हैं, तो जनता उन्हें नष्ट कर देती है। इसके साथ उन्होंने यह भी कहा है कि संघर्षशील जनता के शब्दों के अर्थ भिन्न प्रकार के होते हैं :

अनर्थ जब शोषण की दुनिया का
नियम और
जनता का नियम जबकि
संघर्षी दिग्विजय
तो शब्दों का अर्थ भी
अलग-अलग होता है

परंपरागत और प्रचलित काव्य-भाषा से उनकी काव्य-भाषा की भिन्नता का यह बहुत बड़ा कारण है। उनकी काव्य-भाषा अंततः बोलचाल की ही भाषा है, जिसका संकीर्ण अर्थ नहीं लगाया जाना चाहिए। इस भाषा के अनेक रूप उन्होंने प्रस्तुत किए हैं, जिससे वह निरा गद्य न रहकर 'संवेदनाघात' करनेवाली नई और समर्थ काव्यात्मक भाषा बन सके। ताज्जुब नहीं कि उन्होंने "सुमधुर लयात्मक किंतु गणित यंत्रीय छंदों" को छोड़कर 'पद्याभास गद्य' को अपनाया, जिसमें छंद नहीं, लेकिन काव्य-भाषा का भरपूर लयात्मक तनाव मौजूद है।

अपनी काव्य-भाषा की रचना के लिए उन्होंने सिर्फ कस्बाई जिंदगी या पुलिस महकमे से उपादान नहीं लिए, जैसा कुछ विद्वान बतलाया करते हैं, बल्कि संपूर्ण आधुनिक जिंदगी से लिए हैं। खड़ी बोली की काव्य-भाषा के विस्तार के दो विराट् प्रयास पहले हो चुके हैं। पहला प्रयास मैथिलीशरण गुप्त के द्वारा हुआ था और दूसरा उनके बाद निराला के द्वारा। मुक्तिबोध ने उस तरह का तीसरा प्रयास करके यह सिद्ध कर दिया कि हिंदी की आधुनिक यथार्थवादी कविता के लिए कोई शब्द वर्जित नहीं। जहां तक आधुनिक जीवन और समाज का विस्तार है, काव्य-भाषा का भी विस्तार संभव है। उन्होंने संपूर्ण आधुनिक जीवन को ही, उसके संपूर्ण दलिद्दर, जेहालत, गंदगी, संघर्ष, करुणा और सौंदर्य के साथ, कविता में रूपांतरित कर दिया। उनकी काव्य-भाषा की यह अन्यतम विशेषता है कि वह लगातार निर्माण की प्रक्रिया में है। इस कारण कभी उसमें पिघले हुए लोहे का ताप और रंग है और कभी ताजा काटी जानेवाली मिट्टी की सुगंध। ऐसी स्थिति में नामवरजी के अनुसार यदि "आत्मसंघर्ष समाप्त करके, सुलझा करके जो सिद्ध लेखन हुआ करता है, उस भूमि पर मुक्तिबोध नहीं पहुंच सके", तो इसे उनकी त्रुटि न मानकर उनका गुण ही मानना चाहिए।

श्रीकांत वर्मा ने 'आलोचना' के मुक्तिबोध-अंक (जुलाई-सितंबर, 1968) में

प्रकाशित अपने लेख 'मुक्तिबोध की सार्थकता' में मुक्तिबोध की एक सार्थकता यह बतलाई है कि उनकी काव्य-भाषा में संगीत का निषेध है। वे कहते हैं, "मनुष्य के नरक को उपस्थित करनेवाले काव्य की परिणति संगीत कैसे हो सकता है? अपने युग के बर्बर सवालों को उठानेवाली कविता का गठन संगीतात्मक कैसे हो सकता है? इस तरह की कविता भाषा में संगीत के मूल्यों को नष्ट करती है, उसे सख्त, नुकीली और चट्टानी बनाती है।" अव्वल तो मुक्तिबोध की कविता मनुष्य के नरक को ही नहीं, उसके स्वर्ग को भी उपस्थित करती है और दूसरे, वह अपने युग के बर्बर सवालों को ही नहीं उठाती, उनके सही जवाब भी देती है। ऐसी स्थिति में उनकी काव्य-भाषा में संगीत की थोड़ी गुंजायश निकल आती है। श्रीकांत वर्मा आगे यह भी कहते हैं कि चूंकि संगीत के न रहने से कविता में शून्य पैदा हो जाता है और कविता कविता नहीं रह जाती, इसलिए मुक्तिबोध ने संगीत से पैदा हुए शून्य को तनाव से भरा। नई कविता की चरम परिणति गद्य की लय में हुई। मुक्तिबोध की कविता गद्य की लय नहीं, गद्य का तनाव है! ऊपर कहा जा चुका है कि उनकी काव्य-भाषा में जो तनाव है, वह लयात्मक है। 'चकमक की चिनगारियां' शीर्षक कविता में मुक्तिबोध ने कहा है—

> भयानक इम्तिहानों के तजुर्बों से
> बुजुर्गी आ गई जिनको
> कि ऐसे दर्दवाले, ज्ञानवाले
> जी-मिलाते, मन-मिलाते दिल
> जगत् के भव्य भावोद्दंड तूफानी
> सुरों से सुर मिला, अगले
> किन्हीं दुर्घट, विकट घटना-क्रमों का एक
> पूरा चित्र-स्वर संगीत
> प्रस्तुत कर
> व उनके ऊष्म अर्थों के धुंधलकों में
> मगन होकर
> नभो-आलाप लेते हैं

मुक्तिबोध की कविताओं में ऐसा ही 'नभो-आलाप' है। आगे उन्होंने पूरे आर्केस्ट्रा का वर्णन किया है और कहा है कि "विलक्षण गद्य-संगीतावली की सृष्टि होती है।" यह आर्केस्ट्रा उनकी कविता का ही है और 'विलक्षण गद्य-संगीतावली' वही है, जिसे उन्होंने 'पद्याभास गद्य' कहा है। श्रीकांत वर्मा ने उक्त लेख में यह भी कहा है कि "मुक्तिबोध की कविता में शब्दों का कोई अर्थ नहीं रह गया है। शब्द केवल समूह होकर रह गए हैं, अर्थ उनसे अलग जा पड़ा है। शब्द और अर्थ के अलग-अलग हो जाने से एक असंगत संसार पैदा हो गया है जोकि जितना ही पैशाचिक है उतना ही मानवीय है।" मुक्तिबोध-जैसे शब्दों का सार्थक प्रयोग करनेवाले कवि के संबंध में, जिसने अलग से

'शब्दों का अर्थ जब'-जैसी कविता भी लिखी हो, यह कहना कितना निरर्थक है, कहने की आवश्यकता नहीं होनी चाहिए। वैसे यह कथन भी अपनी चमचमाहट के बावजूद अपने आप में कम निरर्थक नहीं।

डॉ. रामविलास शर्मा 'पुनर्मूल्यांकन' में मुक्तिबोध से मिलनेवाले 'अटकाव' की चर्चा करते हुए कहते हैं : "अटकाव का एक बहुत स्पष्ट रूप मुक्तिबोध की अभिव्यक्ति है। साधारण जनता और मुक्तिबोध की कविता के बीच यह अभिव्यक्ति बहुत बड़ी खाई है। शंकर शैलेन्द्र की कविताएं मजदूर खूब समझते थे, सभाओं और जुलूसों में उन्हें गाते थे। मुक्तिबोध की कविताएं मजदूरों के लिए तो दुरूह हैं ही, वे उच्च-शिक्षाप्राप्त जनों, कवियों और आलोचकों के लिए भी दुरूह हैं।" ध्यान देने लायक बात यह है कि डॉ. शर्मा के लिए अभिव्यक्ति की दृष्टि से प्रगतिशील कविता का आदर्श हैं शंकर शैलेन्द्र! उनके बाद की पीढ़ी के मार्क्सवादी आलोचक डॉ. शिवकुमार मिश्र भी 'कंक' के समकालीन जनवादी कविता-अंक में प्रकाशित अपने एक लेख में कहते हैं : "मुक्तिबोध की सर्जना जाहिर है कि जन की पक्षधर और जनमुक्ति के लिए संघर्षरत सर्जना होते हुए भी जनवादी सर्जना नहीं है। वह जिस कोटि-कोटि मनुष्यता की पक्षधर है, उसकी अपनी समझ तथा पहुंच के दायरे में नहीं आती। एक लंबे समय तक नहीं आ सकती। वह जनता के अंतर्गत आनेवाले अपेक्षाकृत शिक्षित और संस्कृत कहे जोनेवाले तबकों के लिए भी सुगम नहीं है। अपने कथ्य में वह उतना नहीं किंतु अपनी अभिव्यक्ति में वह जटिल और दुरूह सर्जना है। अभिव्यक्ति के जो उपकरण मुक्तिबोध ने अपनाए हैं, वे सीधे और सपाट उपकरण नहीं हैं, जटिल और बारीक तथा हद से ज्यादा व्यंजक हैं। अभिव्यक्ति की यह बारीकी तथा व्यंजकता मुक्तिबोध के कथ्य को पकड़ पाने के लिए एक प्रकार की दीक्षा की मांग करती है, जो सामान्य जन तो दूर, कविता का दावा करनेवालों के पास भी नहीं है। रामविलास शर्मा ने मुक्तिबोध को कवियों का कवि कहा है, और गलत नहीं कहा है। मुक्तिबोध जनता के कवि हैं, अपने संकल्पों की, अपनी सोच की और अपनी काव्य-वस्तु की जमीन पर, परंतु वे नागार्जुन, केदार, शील या त्रिलोचन की तरह जनकवि नहीं हैं।"

डॉ. मिश्र ने न केवल डॉ. शर्मा के मत को प्रतिध्वनित किया है, बल्कि ठीक ही अपने समर्थन में उनका नामोल्लेख भी कर दिया है। डॉ. शर्मा ने शंकर शैलेन्द्र को आदर्श रूप में प्रस्तुत किया था, डॉ. मिश्र नागार्जुन, केदार और त्रिलोचन के साथ शील का नाम लेना भी जरूरी समझते हैं! डॉ. शर्मा से उनका मतभेद इस बात को लेकर हो सकता है कि डॉ. शर्मा मुक्तिबोध को निर्द्वंद्व भाव से "अपने संकल्पों की, अपनी सोच की और अपनी काव्य-वस्तु की जमीन" पर 'जनता का कवि' नहीं मानते। लेकिन डॉ. मिश्र के लेख में जब हम आगे बढ़ते हैं, तो यह पाते हैं कि यहां भी डॉ. शर्मा के साथ उनका कोई मतभेद नहीं है। उन्होंने भी मुक्तिबोध के 'व्यक्तित्व के अंतर्विरोधों', उनके 'चिंतन की दरारों' और उनके 'चिंतन और रचना में पैठी असंगतियों' की छानबीन कर उनसे सबक लेने की बात कही है। स्पष्ट है कि पुराने और नए दोनों मार्क्सवादी आलोचकों के दिमाग में श्रेष्ठ प्रगतिशील कविता का एक ही सांचा है :

वह कविता ऐसी हो कि सुनते ही हजार-हजार नहीं, बल्कि 'कोटि-कोटि' जनता के दिलों में आग की तरह लग जाए, वह किसी तरह से दीक्षागम्य न हो और उसकी अभिव्यक्ति के उपकरण सीधे और सपाट हों, जटिल और बारीक तथा हद से ज्यादा व्यंजक नहीं। यह वही सांचा है, जिसे तोड़े बिना हिन्दी की प्रगतिशील कविता प्रगति नहीं कर सकती थी और जिसे तोड़ने का निश्चय करके मुक्तिबोध आगे बढ़े थे। यहां एक बात का उल्लेख कर देना जरूरी है। वह यह कि एक सोवियत मनोवैज्ञानिक ने लिखा है कि एक ही सांचे की रचना की मांग करना पूंजीवादी मनोवृत्ति का सूचक है! यह मनोवृत्ति जीवन और कला में चिंतन और सृजन की नवीनता की विरोधी और संस्थापित पद्धतियों की पक्षधर होती है, इसलिए यह सृजनशीलता के मार्ग का सबसे बड़ा अवरोधक होती है।

डॉ. मिश्र ने अपने लेख में यह कहते हुए मुक्तिबोध को दोष दिया है कि उनकी रचना व्यवस्था को यह अनुमति देती है कि वह उसे अपने अनुरूप व्याख्यायित करे। वे उन मार्क्सवादी आलोचकों को दोष नहीं देते, जो प्रगतिशील कविता के घिसे-पिटे सौंदर्यशास्त्र को छाती से चिपकाए रहने के कारण मुक्तिबोध के उच्चतर स्तर पर चलनेवाले रचनात्मक संघर्ष को न देख सके और इस कारण उन्हें 'प्रगतिशील कवियों की लिस्ट' से बिलकुल बाहर रखा! नई कविता के आधुनिकतावाद और प्रगतिशील कविता के सामान्यीकरण दोनों से टकराते हुए मुक्तिबोध प्रगतिशील कविता का एक नया और विकसित सौंदर्यशास्त्र अपनी कविताओं और अपने लेखों से रच रहे थे, जिसका मार्क्सवादी आलोचकों ने नोटिस तक नहीं लिया। डॉ. मिश्र उन आलोचकों को दोष न देकर मुक्तिबोध को ही दोष देते हैं कि उन्होंने सीधी और सपाट शैली में कविताएं क्यों नहीं लिखीं, जिससे उनकी अपव्याख्या असंभव हो जाती और इस तरह भविष्य में मार्क्सवादी आलोचकों के लिए मुक्तिबोध को प्रगतिशील कवि सिद्ध करने का काम अपेक्षाकृत आसान हो जाता। मजे की बात यह है कि डॉ. शर्मा अपने विस्तृत निबंध के अंत में यह कहने के बाद कि "अनेक विद्वान उनकी कविताओं का भाष्य करते हैं तो अनेक बार उलझनों में फंसते दिखाई देते हैं", यह भी कहते हैं कि "ये उलझनें हमेशा कविता से पैदा नहीं होतीं, उन्हें भाष्यकार भी अपनी ओर से पैदा करते हैं" और ये भाष्यकार उनकी दृष्टि में मार्क्सवादी हैं, व्यवस्थावादी नहीं!

ऐसा नहीं है कि मुक्तिबोध अपनी कविता पर लगाए जानेवाले दुरूहता के आरोप से अपरिचित थे। 'डायरी' के 'वीरकर' शीर्षक लेख में वीरकर लेखक से कहता है कि उच्च वर्ग के लेखक तुम-जैसों को कहते हैं कि तुम 'आब्सक्योर' हो। जो लिखते हो उसका ठीक-ठीक अर्थ समझ में नहीं आता। इसी तरह 'तीसरा क्षण' शीर्षक लेख में भी केशव उनकी कविताओं के उलझी हुई होने की चर्चा करता है और कहता है कि उनमें और सफाई की जरूरत है, यद्यपि साथ-साथ वह यह भी कहता है कि मैं उन लोगों का समर्थक नहीं हूं जो सफाई के नाम पर, सफाई के लिए, 'कंटेंट' की बलि दे देते हैं। 'वस्तु और रूप' शीर्षक लेख के तीसरे प्रारूप में मुक्तिबोध

एक स्थान पर कहते हैं कि "यह कहना गलत है कि मेरी कविताएं लोगों की समझ में नहीं आतीं।" जब बात ऐसी ही है, तो उन पर दुर्बोधता का आरोप क्यों लगाया जाता है? इसका कारण वस्तुतः प्रगतिशील वा जनवादी कविता की गलत समझ है।

'जनता का साहित्य किसे कहते हैं' शीर्षक अपने किंचित् प्रसिद्ध लेख में मुक्तिबोध ने जैसे प्रगतिशील आलोचकों द्वारा अपनी कविता पर लगाए जानेवाले आरोपों का ही•उत्तर दिया है। साफ शब्दों में वे कहते हैं कि " 'जनता का साहित्य' का अर्थ 'जनता के लिए साहित्य' से है, और वह जनता ऐसी हो जो शिक्षा और संस्कृति द्वारा कुछ स्टैंडर्ड प्राप्त कर चुकी हो।" इस प्रकार साहित्य के पाठकों से उनके साहित्यानुभवसंपन्न और दीक्षित होने की अपेक्षा को वे न केवल अनुचित नहीं मानते, बल्कि श्रेष्ठ साहित्य के रसास्वादन के लिए उसे आवश्यक मानते हैं। आगे उन्होंने अपनी बात इस रूप में रखी है : "जो लोग 'जनता का साहित्य' से यह मतलब लेते हैं कि वह साहित्य जनता की तुरंत समझ में आए, जनता उसका मर्म पा सके यही उसकी पहली कसौटी है—वे लोग यह भूल जाते हैं कि जनता को पहले सुशिक्षित और सुसंस्कृत करना है। वह फिलहाल अंधकार में है। जनता को अज्ञान से उठाने के लिए हमें पहले उसको शिक्षा देनी होगी। शिक्षित करने के लिए जैसे ग्रंथों की आवश्यकता होगी, वैसे ग्रंथ निकाले जाएंगे और निकाले जाने चाहिए। लेकिन इसका मतलब यह नहीं कि उसको प्रारंभिक शिक्षा देनेवाले ग्रंथ तो श्रेष्ठ हैं, और सर्वोच्च शिक्षा देनेवाले ग्रंथ श्रेष्ठ नहीं हैं। ठीक यही भेद साहित्य में भी है। कुछ साहित्य तो निश्चय ही प्रारंभिक शिक्षा के अनुकूल होगा, तो कुछ सर्वोच्च शिक्षा के लिए। प्रारंभिक श्रेणी के लिए उपयुक्त साहित्य तो साहित्य है, और सर्वोच्च श्रेणी के लिए उपयुक्त साहित्य जनता का साहित्य नहीं है, यह कहना जनता से गद्दारी करना है।" यह कथन काफी तर्कसंगत है, तथापि हमें इसमें यह कमी दिखलाई पड़ती है कि इसमें जनता के लेखकों के सामने जो एक दायित्व होता है, ऐसे साहित्य की रचना, जो जनता की समझ में भी आए और जिससे उसकी साहित्यिक रुचि का धरातल भी ऊपर उठे, उसकी चर्चा नहीं की गई। यह समस्या जनता के साहित्य के रचयिताओं की रचना-प्रक्रिया से संबंधित समस्या है, जिसकी उपेक्षा नहीं की जा सकती। मार्क्सवाद के साहित्यिक सिद्धांतकारों ने इसकी चर्चा की है। यह बात और है कि दूसरे ऐसे ही सिद्धांतकारों ने यह भी कहा है कि साहित्य लोकप्रिय भी हो और श्रेष्ठ भी, यह व्यावहारिक तथ्य से अधिक एक आदर्श है। लेकिन साहित्य के इतिहास में कभी-कभी यह आदर्श व्यावहारिक चरितार्थता प्राप्त कर लेता है, यह सत्य है। हिंदी से ही उदाहरण लें, तो भक्तिकाव्य का बहुलांश ऐसा है, जो बोधगम्य भी है और श्रेष्ठ भी। इसी तरह प्रेमचंद ने लोकप्रियता और श्रेष्ठता की समस्या का साहसपूर्वक सामना किया और जो आदर्श था, उसे हिंदी कथा-साहित्य के प्रथम चरण में ही यथार्थ बना दिया। लेकिन इससे यह निष्कर्ष निकालना सरलीकरण की पराकाष्ठा होगी कि प्रेमचन्द का साहित्य तो जनता का साहित्य है, लेकिन 'प्रसाद' का साहित्य जनता का साहित्य नहीं है। आखिर निराला की 'सरोज-स्मृति' और 'राम की शक्ति-पूजा' को हम जनता का

साहित्य मानेंगे या नहीं? 'प्रसाद' और निराला का साहित्य संकीर्ण अर्थ में 'जन-साहित्य' न हो, लेकिन उसे जनता का साहित्य मानने से इनकार करना प्रगतिशील वा जनवादी साहित्य की कसौटी को बहुत अनुदार बनाना होगा।

डॉ. रामविलास शर्मा ने निराला पर लिखी गई अपनी दूसरी कविता में यह घोषणा की है कि "यह कवि है अपनी जनता का"। पूछा जा सकता है कि जब साधारण जनता और निराला की कविता के बीच इतनी बड़ी खाई है, जब मजदूर उनकी कविताएं नहीं समझते, जब वे उन्हें सभाओं और जुलूसों में नहीं गाते, तब वे 'जनता के कवि' कैसे हैं? निश्चय ही यहां 'जनता के कवि' की डॉ. शर्मा की कसौटी उतनी अनुदार नहीं है, जितनी वह मुक्तिबोध के लिए प्रयोग करते समय हो जाती है। रही बोधगम्यता की बात, तो निराला की प्रगतिवादी समझी जानेवाली कविता 'कुकुरमुत्ता' का यह हाल है कि अभी तक उसके कथ्य को लेकर आलोचकों में मतभेद बने हुए हैं। ऐसी स्थिति में 'जनता के साहित्य' को वस्तुतः सरल सूत्र में परिभाषित नहीं किया जा सकता। यदि ऐसा करने की कोशिश की गई, तो उसके शिकार 'प्रसाद', निराला और मुक्तिबोध ही नहीं, स्वयं प्रेमचंद भी होंगे। हंसराज रहबर प्रेमचंद की सर्वश्रेष्ठ कहानी 'कफन' को नहीं, जिसमें सामाजिक यथार्थ अत्यंत जटिल रूप में उपस्थित हुआ है, बल्कि 'आहुति' को मानते हैं, जोकि उनकी एक साधारण आदर्शात्मक कहानी है। यह मान्यता आकस्मिक नहीं, बल्कि संकीर्ण प्रगतिशीलता वा जनवादिता की स्वाभाविक परिणति है।

प्रगतिशील कविता को आज भी मुख्यतः सामाजिक-राजनीतिक कविता ही माना जाता है, वह भी खास रूप-रंग की सामाजिक-राजनीतिक कविता। मुक्तिबोध का विरोध इसी बात से था। वे सामाजिक-राजनीतिक अंतर्वस्तु को प्रगतिशील कविता के लिए अनिवार्य मानते थे, लेकिन उसे न उसी तक सीमित रखने के पक्ष में थे, न इस पक्ष में कि उसका ढांचा खास किस्म का ही हो। 'वस्तु और रूप' शीर्षक लेख के उक्त प्रारूप में ही वे कहते हैं : "सच तो यह है कि मैंने काव्य-जगत् के आत्मीय क्षेत्र में, प्रगतिवाद-विशिष्ट यांत्रिक रूप से चलनेवाले राजनैतिक-सामाजिक विचार-भाव, यांत्रिक ओज और यांत्रिक छंद अस्वीकार कर दिए। मुझे प्रतीत हुआ कि काव्य में मनुष्य की सामाजिक-राजनैतिक इयत्ता ही प्रकट नहीं होनी चाहिए (किंतु उसको काटकर नहीं फेंका जा सकता, जैसा कि आजकल हो रहा है), किंतु पूर्ण मनुष्य के दर्शन, मानव-जीवन के सभी पक्षों के दर्शन, होने चाहिए, स्पंदनशील वैविध्यपूर्ण महान् गुणों से युक्त साहसिक मानव-जीवन की प्रतिष्ठा होनी चाहिए।" ऐसा साहित्य भी जनता का साहित्य हो सकता है। 'जनता का साहित्य किसे कहते हैं?' लेख में उन्होंने आगे कहा है : "(जनता के साहित्य में) जनता के मानसिक परिष्कार, उसके आदर्श मनोरंजन से लगाकर तो क्रांति-पथ पर मोड़नेवाला साहित्य, मानवीय भावनाओं का उदात्त वातावरण उपस्थित करनेवाला साहित्य, जनता का जीवन चित्रित करनेवाला साहित्य, मन को मानवीय और जन को जन-जन करनेवाला साहित्य, शोषण और सत्ता के घमंड को चूर करनेवाले स्वातंत्र्य और मुक्ति के गीतोंवाला साहित्य, प्राकृतिक शोभा और

सुकुमार दृश्योंवाला साहित्य—सभी प्रकार का साहित्य सम्मिलित है, बशर्ते कि वह मन को मानवीय, जन को जन-जन बना सके और जनता को मुक्तिपथ पर अग्रसर कर सके। साहित्य के संबंध में यही दृष्टिकोण जनता का दृष्टिकोण है।" तात्पर्य यह कि जनता के साहित्य का आधार क्रांतिकारी मानववाद है, कोई संकीर्ण सामाजिक-राजनीतिक मतवाद नहीं। मुक्तिबोध की कविता से दुरूहता की शिकायत करनेवाले आलोचक प्रायः उन्हीं की उक्ति 'पोस्टर ही कविता है' को कसौटी के रूप में पेश कर उन्हें उस पर खोटा सिद्ध करने की कोशिश करते हैं। उन्हें इस बात का भान नहीं कि अपनी इस पंक्ति में मुक्तिबोध ने खास वक्त में पोस्टर का महत्व बतलाया है, कविता को पोस्टर के धरातल तक उतार लाने की बात नहीं कही : "मानो या मत मानो, / *इस नाजुक घड़ी में* / चंद्र है, सविता है / पोस्टर ही कविता है!!"

मुक्तिबोध की कविता जिस तरह अज्ञेय की कविता की तरह 'जड़ाऊ' नहीं, उसी तरह वह नागार्जुन, केदारनाथ अग्रवाल और त्रिलोचन की कविता की तरह सरल भी नहीं। इसका एक मुख्य कारण यह है कि वह प्रायः आकार में लंबी ही नहीं, प्रकार में जटिल भी है। इस जटिलता का कारण वह गहन वैचारिकता है, जो 'प्रसाद' और निराला के बाद सिर्फ मुक्तिबोध में ही दिखलाई पड़ती है, न अज्ञेय में, न किसी अन्य प्रतिष्ठित प्रगतिशील कवि में ही। इस वैचारिकता का आधार मार्क्सवाद है, निश्चय ही किसी संकीर्ण अर्थ में नहीं, जिसे समझे बगैर मुक्तिबोध की कविता को समझना मुश्किल है। व्यक्ति की वर्गीय स्थिति, आत्मसंघर्ष और वर्गसंघर्ष का संबंध, जनसंघर्षों में होनेवाला व्यक्तित्वांतरण, पूंजीवाद की ह्रासोन्मुखता, श्रमिक-वर्ग की क्रांतिकारिता, इतिहास की प्रगतिशीलता, शोषणमुक्त समाज की स्थापना का दृढ़ विश्वास आदि मार्क्सवादी चिंतन के ही विभिन्न पहलू हैं, जो बहुत ही गहन और आत्मीय रूप में मुक्तिबोध की कविताओं में आधार के रूप में मौजूद रहते हैं। उनकी प्रायः सारी की सारी कविताएं जितनी संवेदनात्मक हैं, उतनी ही ज्ञानात्मक भी। ज्ञान और संवेदना ये दोनों उनमें वाक् और अर्थ की तरह संपृक्त हैं। ऐसा लगता है कि उन्होंने ज्ञानात्मक संवेदना और संवेदनात्मक ज्ञान की अवधारणा कहीं बाहर से नहीं, बल्कि अपनी कविताओं से ही प्राप्त की थी। 'तीसरा क्षण' में केशव लेखक से ठीक ही कहता है कि "विचारों को तुम तुरंत ही संवेदनाओं में परिणत कर देते हो। फिर उन्हीं संवेदनाओं के तुम चित्र बनाते हो। विचारों की परिणति संवेदनाओं में और संवेदनाओं की चित्रों में। इस प्रकार तुममें ये दो परिणतियां हैं। अगर तुम्हारी कविताएं किसी को उलझी हुई मालूम हों तो तुम्हें हताश नहीं होना चाहिए ...।" ऊपर मुक्तिबोध की कविताओं के जो अंश उद्धृत किए गए हैं, उनसे यह स्पष्ट है कि उनमें भाषा को चित्र से, चित्र को भाव से और भाव को विचार से अलग नहीं किया जा सकता। उनकी कविताएं देखकर कोलरिज का यह कथन सही प्रतीत होता है कि गहरी भावनाएं गहरे विचार के भीतर से पैदा होती हैं। उन पर उन्हीं की ये पंक्तियां पूरी तरह से लागू होती हैं :

हैं लहर-लहर में प्रतिबिंबित तारक-द्युतियां

पीड़ाओं में मर्मानुभूत दृष्टियां
विचारों की धृतियां . . .

'भविष्य-धारा' शीर्षक कविता में मुक्तिबोध ने स्वयं भी अपनी समस्या इस रूप में रखी है :

अब यह मेरा कर्तव्य
कि रंग-बिरंगी इन
शत किरण-तरंगों को
गणितिक भाषानुवादिता कर डालूं
फिर उनकी गणितिक अभिव्यक्ति
साहित्यिक शब्द-रंग-ध्वनि में बदलूं . . .

यह 'रंग-बिरंगी शत किरण-तरंगों' अर्थात विचारों को गणितिक अर्थात सटीक भाषा में और फिर उस सटीक भाषा से संवेदनात्मक अर्थात चित्रात्मक साहित्यिक भाषा में बदलने की समस्या है, जिससे वे आजीवन सफलतापूर्वक जूझते रहे। यही उनका कवि-कर्म और यही उसकी सफलता वा सार्थकता थी। रही बात उनकी कविता को समझने की, तो जैसा कि उन्होंने स्वयं कहा है, वाकई उन पर यह आरोप गलत है कि उनकी कविताएं समझ में नहीं आतीं। जरूरत समकालीन काव्य-रुचि को फिर से गंभीर बनाने की है, अगंभीर काव्य-रचना की मांग करने की नहीं, और इस कार्य में निश्चय ही 'प्रसाद', निराला और मुक्तिबोध-जैसे कवि ही मददगार हो सकते हैं, नागार्जुन, केदारनाथ अग्रवाल और त्रिलोचन-जैसे कवि नहीं। यहां भाषा-संबंधी निराला की एक टिप्पणी में कही गई यह बात स्वाभाविक रूप से याद हो आती है : "हमारे साहित्य में धीरे-धीरे अब यह विचार जोर पकड़ता जा रहा है कि हमें बहुत ही सीधी भाषा का प्रयोग करना चाहिए . . . मुमकिन है, एक दिन लोग यह भी कहने लगें कि भाव सीधे होने चाहिए!" (निराला रचनावली, 5/483)

अज्ञेय ने मुक्तिबोध की कविताओं की संरचना का सवाल उठाया है और कहा है : "समग्र रूपाकार का कोई बोध मानो उन्हें है ही नहीं—उनकी शायद ही कोई कविता संरचना की दृष्टि से संपूर्ण हो, शायद ही किसी में सघन संरचनात्मक गठन दिखाई पड़े। उनकी अधिकतर कविताएं मानो चलती चली जाती हैं और फिर रुक जाती हैं, पूरी या समाप्त नहीं होतीं।" (कवि-दृष्टि, भूमिका, पृ. 18) मुक्तिबोध की कविताएं एक तरह की ही नहीं, इसलिए उनकी संरचना भी एक तरह की नहीं है। उनकी अनेक कविताएं छोटी हैं, जिनकी संरचना प्रगीतात्मक है। प्रगीतात्मक कविताएं चूंकि आत्माभिव्यक्तिमूलक होती हैं, इसलिए स्वभावतः उनकी संरचना में एक 'संपूर्णता' होती है। इसके विपरीत लंबी कविताओं में गतिशील यथार्थ का चित्रण वा अनुकरण होता है, इसलिए उनकी रचना में वह 'संपूर्णता' संभव नहीं होती। अंग्रेजी आलोचक एम.एच. एब्राम्स की पुस्तक 'द मिरर एंड द लैंप' प्रसिद्ध है, जिसमें उन्होंने पुस्तक के नाम में ही दो सुपरिचित वस्तुओं का प्रतीकों के रूप में इस्तेमाल कर क्लासिकी और

रोमैंटिक कविता का संरचनात्मक अंतर भी स्पष्ट कर दिया है। मुक्तिबोध की कविता की संरचना के संधंध में जब सवाल उठाया जाता है, तो ध्यान में उनकी लंबी कविताएं ही होती हैं, प्रगीतात्मक कविताएं नहीं।

मुक्तिबोध जैसे अपनी कविता पर लगाए जानेवाले दुरूहता के आरोप से अपरिचित नहीं थे, वैसे ही वे अपनी कविताओं की लंबाई को लेकर पैदा होनेवाली कठिनाइयों से भी अनजान नहीं थे, बल्कि कहना चाहिए, उनसे वे परेशान थे। 'तार सप्तक' के दूसरे संस्करण के लिए उन्होंने जो विस्तृत वक्तव्य तैयार किया था और जो प्रकाशित नहीं हुआ, उसमें वे अपनी परेशानी जाहिर करते हैं। कहते हैं कि उनके लिए यह बतलाना मुश्किल है कि 1952-53 के बाद उनकी कविताओं का आकार क्यों बढ़ता गया। लेकिन इस संबंध में वे बतलाते भी हैं। उनके अनुसार उनकी कविताओं के प्रदीर्घ होते जाने का कारण उनका जन-साधारण के निकट संपर्क में आना था, जिसका मतलब था अपने सीमित आत्मजगत से बाहर आकर व्यापक वास्तविकता का साक्षात्कार। उनके शब्द हैं : "मैं उन सौभाग्यशाली व्यक्तियों में से हूं, जिसे अपने गली-कूचों में रहनेवालों का स्नेह प्राप्त हुआ। वे मेरी ही भांति छोटी-छोटी हस्तियां हैं। किंतु उनके पेचीदा संघर्ष, अथाह प्रेम करने का उनका हार्दिक सामर्थ्य, और बौद्धिक जिज्ञासा के साथ-ही-साथ, उनकी साहसी पहल, उनकी रोमैंटिक कल्पना, उनकी राजनैतिक आशा-आकांक्षाएं, उनके समाजनैतिक स्वप्न मेरे चारों ओर चक्कर लगाने लगे। मेरी परिस्थिति अब विस्तृत हो गई, वह फैलकर मैदान हो गई, मैदान बनकर फैलती हुई वह पूरी पृथ्वी बन गई। मेरी चहारदीवारी अब पीछे-पीछे हटने लगी और क्षितिज में विलीन होती हुई दिखाई दी। ... यह एक नया जीवंत वास्तव था। इस वास्तव में संघर्षशील मनुष्य की अनगिनत परिस्थितियां, मनःस्थितियां और वस्तुस्थितियां थीं। उन्हें कुछ व्यापक सामान्यीकरणों में ढालकर काव्य-रूप देने की आवश्यकता थी। मैंने उस दिशा में शक्ति-भर कोशिश की है। प्रदीर्घ कविताएं उसी की उपज हैं।"

उनकी परेशानी का पता उनकी 'डायरी' के लेख 'एक लंबी कविता का अंत' से भी चलता है। इसमें वे एक खास बात यह बतलाते हैं कि भावावेशपूर्ण कविता एक बार अभिव्यक्त होकर कवि का पिंड छोड़ देती है, लेकिन कवि यदि भावावेश के मूल तक पहुंचना चाहे, तो उसे मुक्ति नहीं मिलेगी, "क्योंकि भावावेश किसी बात को लेकर होता है, वह बात किसी दूसरी बात से जुड़ी होती है, दूसरी बात किसी तीसरी बात से।" इसी को वे इस रूप में सूत्रबद्ध करते हैं : "यथार्थ के तत्व परस्पर गुंफित होते हैं, साथ ही पूरा यथार्थ गतिशील होता है। अभिव्यक्ति का विषय बनकर जो यथार्थ प्रस्तुत होता है, वह भी ऐसा ही गतिशील है, और उसके तत्त्व भी परस्पर गुंफित हैं।" आगे वे कहते हैं, "यही कारण है कि मैं छोटी कविताएं नहीं लिख पाता, और जो छोटी होती हैं वे वस्तुतः छोटी न होकर अधूरी होती हैं।" मुक्तिबोध की छोटी कविताएं अधूरी भी हैं और पूरी भी। अधूरी वे हैं, जो लंबी कविताएं थीं, लेकिन बीच में ही छोड़ दी गईं और जो पूरी हैं, वे उनकी प्रगीतात्मक कविताएं हैं। लेख के अंत में उन्होंने अपनी कविताओं की लंबाई का कारण उनमें 'कार्य-कारण संबंध' का

प्रस्तुतीकरण बतलाया है।

'डायरी' के 'तीसरा क्षण' शीर्षक लेख में उन्होंने कविता की रचना-प्रक्रिया का वर्णन किया है। यह रचना-प्रक्रिया अनिवार्यतः उनकी अपनी लंबी कविताओं की रचना प्रक्रिया है, जिस समझे बगैर उनकी लंबी कविताओं की संरचना के संबंध में कोई टिप्पणी नहीं की जा सकती। इस लेख में उन्होंने कला के तीन क्षणों की चर्चा करने के बाद तीसरे क्षण के बारे में, जोकि, जैसा कि पहले कहा जा चुका है, अभिव्यक्ति का क्षण होता है, किंचित् विस्तार से बतलाया है।

वे कहते हैं कि "ज्यों ही ... फैंटेसी शब्द-बद्ध होने लगती है, फैंटेसी का भावात्मक उद्देश्य, या कहिए कि फैंटेसी की प्रधान पीड़ा, अपना समर्थन, संरक्षण और पोषण करनेवाले अन्य अनेक जीवनानुभवों के तत्वों को समेटने लगती है। फैंटेसी के भीतर का वह मर्म—जिसमें एक उद्देश्य है, एक पीड़ा है, और एक दिशा है—अनेक जीवनानुभवों से समर्थित, संवर्धित और पुष्ट होकर प्रकट होना चाहता है। इन जीवनानुभवों के चित्र, भाव और स्वर फैंटेसी के मर्म में घुलने लगते हैं। फैंटेसी की गतिमयता की धारा में वे प्रवाहित होकर उस धारा को अधिक सार्थक और पुष्ट करते हैं।" यहां 'भावनात्मक उद्देश्य', जिसे उन्होंने अन्यत्र 'संवेदनात्मक उद्देश्य' कहा है, ध्यान देने लायक वस्तु है, क्योंकि कला के तीसरे क्षण में इसकी भूमिका अत्यंत महत्वपूर्ण होती है। मुक्तिबोध ने लिखा है, "फैंटेसी में वस्तुतः एक भावनात्मक उद्देश्य समाया रहता है। उसमें एक संवेदनात्मक दिशा रहती है। फैंटेसी के भीतर यह दिशा और उद्देश्य उस फैंटेसी का मर्म-प्राण है।" और भी, "दिशा और उद्देश्य के मर्म-प्राण को धारण कर फैंटेसी गतिहीन नहीं रह सकती। फैंटेसी गतिहीन स्थिरचित्र नहीं है। उद्देश्य और उद्देश्य की दिशा के कारण ही वह गतिमय है। फैंटेसी डायनेमिक होती है। कला के प्रथम क्षण के अंतिम सिरे पर उत्पन्न होते ही उसकी गतिमयता शुरू हो जाती है। फैंटेसी, जो शुरू में एक आभास-रूप होती है, वह तुरंत ही अनेक चित्रों की सुसंगत पांत बनने लगती है। एक-एक मर्म के आस-पास ये चित्र संगठित होकर प्रवहमान होते हैं।" इस तरह भावनात्मक उद्देश्य फैंटेसी को गति ही नहीं प्रदान करता, दिशा भी प्रदान करता है और एक बार जब फैंटेसी गतिशील हो जाती है, तो वह प्रवाह का रूप ले लेती है और उसमें उद्देश्य के अनुकूल अन्य अनेक तत्व सम्मिलित होकर उसे समृद्ध बनाने लगते हैं। स्पष्ट है कि भावनात्मक उद्देश्य से युक्त फैंटेसी अनियंत्रित और अनिर्दिष्ट नहीं हो सकती।

मुक्तिबोध ने यह भी लिखा है कि "चूंकि फैंटेसी के मर्म को शब्द-बद्ध करते समय अनेक अनुभव-चित्र, भाव और स्वर तैर आते हैं, इसलिए फैंटेसी के उद्देश्य और दिशा के निर्वाह के लिए कलाकार को भाव-संपादन करना पड़ता है, जिससे कि केवल मर्म के अनुकूल और उसको पुष्ट करनेवाले स्वर, भाव तथा चित्र ही कविता में आ सकें, और इस बीच यदि कोई अन्य अनुकूल मार्मिक अनुभव तैर आए, तो उसे भी फैंटेसी के मर्म की उद्देश्य-दिशा में प्रतिपादित कर दिया जाए, अर्थात् भाषा-प्रवाहित कर दिया जाए।" 'समीक्षा की समस्याएं' शीर्षक लेख में उन्होंने संवेदनात्मक उद्देश्य

के अनुशासन को मानने पर बहुत बल दिया है : "यह एक सिद्ध बात है कि लेखक को अपनी कलाकृति पर पर्याप्त श्रम करना पड़ता है। ऐसी स्थिति में, आत्मलीनता से बाहर जाकर भी, किन्तु संवेदनात्मक उद्देश्यों के अनुसार, और उनके अनुशासन में रहकर, उस अनुशासन को जरा भी शिथिल न करते हुए, उस अनुशासन के विरुद्ध कोई भी स्वतंत्रता न बरतते हुए, भाव-संवेदनाओं द्वारा प्रदत्त दृष्टि की सहायता से, जितने जीवत-तत्त्व समेटे जा सकते हों, उन्हें अवश्य ही ग्रहण करना चाहिए।"

'तीसरा क्षण' के अंत में वे कहते हैं, "महत्त्व की बात यह है कि कला के तीसरे क्षण में फैंटेसी का मूल मर्म, अनेक संबंधित जीवनानुभवों से उत्पन्न भावों और स्वरों से युक्त होकर, इतना अधिक बदल जाता है कि लेखक उस पूरी फैंटेसी को एक नई रोशनी में देखने लगता है। मेरा मतलब है, मूल फैंटेसी का मर्म, जो सिकुड़ा हुआ एक दर्द था, अब फैलकर एक पर्सपेक्टिव का रूप धारण करने लगता है। इस पर्सपेक्टिव से समन्वित मूल मर्म शब्दबद्ध होने की प्रक्रिया में बदल जाता है। वह पुराना मर्म न रहकर अब नया बन जाता है। उसमें नए मनस्तत्त्व आ जाते हैं। शब्दबद्ध होने की प्रक्रिया के दौरान में, जब तक उस मर्म में ओज और बल कायम है, तब तक वह नए तत्त्व समेटता रहेगा। किंतु, जब वह चुक जाएगा, तब गति बंद हो जानी चाहिए। यदि वह पूरी नहीं हुई, तो मर्म के साक्षात्कार में कहीं कुछ कमी रह गई, दिशा-ज्ञान ठीक नहीं रहा है, उद्देश्य में कुछ कमजोरी आ गई है—ऐसा मानना होगा।" यहां ध्यातव्य है कि मुक्तिबोध ने कविता के पूरी होने की भी बात कही है। निश्चय ही ऐसी कविता केवल लंबी और 'पूरी' ही नहीं होगी, अपनी संरचना में भी नवीन होगी। उसकी संरचना कथा का सूत्र पकड़कर चलनेवाली लंबी कविता 'राम की शक्ति-पूजा' से ही भिन्न नहीं होगी, एक स्थिर विचार का सूत्र पकड़कर चलनेवाली लंबी कविता 'असाध्यवीणा' से भी भिन्न होगी, जिसे नामवरजी ने ठीक ही संरचना की दृष्टि से एक प्रगीतात्मक कविता कहा है। मुक्तिबोध की अनेक लंबी कविताओं में एक कथा मिलती है, लेकिन वह कथा पौराणिक वा ऐतिहासिक कथाओं से भिन्न फैंटास्टिक कथा होती है, जो अधिकाधिक जीवन-तत्वों को समेटने में समर्थ होती है।

'अंधेरे में' को ही लेकर देखें तो हम पाते हैं कि उनकी लंबी कविताओं में आकार की दृष्टि से दीर्घतम होने पर भी संरचना की दृष्टि से यह उनकी अत्यंत सुगठित और पूर्ण कविता है। यह काव्य-नायक के आत्मचिंतन से शुरू होती है, जोकि कविता के दूसरे चरित्र—रक्तालोकस्नात पुरुष, जोकि सर्वहारा की संगठित शक्ति का प्रतीक है—से संबद्ध है। थोड़ा-सा आगे बढ़ने पर ही काव्य-नायक का वह आत्मचिंतन उसके आत्मसंघर्ष में परिणत हो जाता है। आत्मसंघर्ष की अवस्था में ही उसे तारों के बीच घूमते तोलस्तोय दिखलाई पड़ते हैं। फिर उसकी दृष्टि में वह जुलूस आता है, जोकि समाज के विभिन्न तबकों की असलियत उजागर करनेवाला है। आगे काव्य-नायक का आत्मचिंतन, उसका आत्मसंघर्ष, रक्तालोकस्नात पुरुष, मानवीयता के प्रतीक तोलस्तोय और पूंजीवाद-समर्थकों का जुलूस—ये सभी एक 'पर्सपेक्टिव' प्राप्त कर लेते हैं, जब काव्य-नायक कहता है कि "किसी जन-क्रांति के दमन-निमित्त यह / मार्शल लॉ है!!"

फिर कविता में बरगद के पेड़ के नीचे रहनेवाला पागल प्रकट होता है, जो एक आत्मोद्बोधमय गान गाता है। उसकी आत्मभर्त्सना काव्य-नायक के भीतर दायित्व-बोध को तीव्रतर कर देती है और वह सोचने लगता है कि 'दुर्घट घटना'—देश में कायम फासिस्ट हुकूमत—के लिए कहीं वह भी जिम्मेवार है। यह उसके आत्मसंघर्ष के सामाजिक संदर्भ को स्पष्ट कर देता है।

काव्य-नायक ने अपनी गैलरी से जुलूस में शामिल लोगों को पहचान लिया था, जिससे वे उस पर क्रुद्ध हो उठे थे और उनमें से कुछ ने उसे गोली मार देने के लिए उसका पीछा करना शुरू कर दिया था। उनसे बचने के लिए वह भागता है और उसके भागने के साथ-साथ कविता आगे बढ़ती चलती है। एक जगह वह थककर बैठता है और अपने भीतर डुबकी लगाता है, तो पाता है कि उसने अपने क्रांतिकारी विचारों को खतरों से बचने के लिए गुहावास दे रखा है। इस तरह जगत-समीक्षा और आत्म-समीक्षा दोनों कविता में साथ-साथ चलती रहती हैं। इसी क्रम में कविता में तिलक की मूर्ति और महात्मा गांधी से कवि की मुलाकात होती है। तिलक देश-दशा पर चिंतित हैं और महात्मा गांधी उसे एक शिशु के रूप में भारतीय जनता को सौंपते हैं। भागता हुआ काव्य-नायक अब एक गली में एक खुले हुए कमरे में घुसता है, जिसमें वधिकों के द्वारा मारा गया एक ऐसा कलाकार पड़ा है, जो मात्र स्वप्नदर्शी था। संभवतः शासक-वर्ग को उसका निष्क्रिय फासिज्म-विरोध भी बर्दाश्त नहीं हुआ। उस कमरे से निकलते हुए अंततः काव्य-नायक पकड़ा जाता है और सैनिक यह समझकर कि वह क्रांतिकारी है, उसे तरह-तरह की यातना देकर उससे भेद लेना चाहते हैं। यह यातना उसे और दृढ़ बना देती है और रिहा होकर जब वह बाहर आता है, तो इस संकल्प के साथ कि वह फासिज्म-विरोधी जनता से एकता स्थापित कर जन-क्रांति में योग देगा। अपने मध्यवर्गीय संस्कारों से लड़ता हुआ वह आगे बढ़ता है और जन-क्रांति से जुड़कर अपने व्यक्तित्वांतरण में सफल होता है : "विश्व की मूर्ति में आत्मा ही ढल गई"। यहां स्वभावतः मुक्तिबोध ने जन-क्रांति का किंचित् विस्तार से वर्णन किया है।

लेकिन चूंकि यह कविता काव्य-नायक की फैंटेसी के सहारे चलनेवाला 'आत्मचिंतन' है, इसलिए इसके अंत में जन-क्रांति का स्वप्न भंग हो जाता है और काव्य-नायक फिर अकेला रह जाता है, उस स्वप्न की स्फूर्ति से भरा हुआ। तत्पश्चात् उसका फैंटास्टिक आत्मचिंतन फिर शुरू हो जाता है, जिसमें वह पूरे वातावरण में उल्लास छाया हुआ पाता है और एक बार पुनः रक्तालोकस्नात पुरुष को सड़क से गुजरते और भीड़ में खो जाते हुए देखता है। वह उसे हाथ उठाकर पुकारना चाहता है, लेकिन तब तक वह उसकी आंखों से ओझल हो जाता है। कविता रक्तालोकस्नात पुरुष की खोज की बेचैनी के साथ ही समाप्त होती है, जिसका मतलब है कि सर्वहारा से तादात्म्य के द्वारा व्यक्तित्वांतरण की प्रक्रिया एक निरंतर चलनेवाली प्रक्रिया है। इस तरह 'अंधेरे में' वस्तुतः कवि के संवेदनात्मक उद्देश्य से चालित विस्तार को प्राप्त करती हुई, लेकिन उसके पूरे नियंत्रण में ठीक दिशा में आगे बढ़ती हुई संरचना की

दृष्टि से एक अत्यंत सुगठित और पूर्ण कविता है। यही बात उनकी अन्य लंबी कविताओं के संबंध में भी सही है। कभी-कभी उन कविताओं का कोई अंश अपनी संरचना से स्वतंत्र या उससे शिथिल रूप में जुड़ा हुआ प्रतीत हो सकता है, लेकिन ध्यान देने पर संरचना से उसका दृढ़ संबंध तुरत स्पष्ट हो जाता है।

भाषा फैंटेसी को कैसे प्रभावित करती है, इसके संबंध में भी मुक्तिबोध के विचारों का हवाला दिया जा चुका है। भाषा फैंटेसी को निर्धारित भी करती है और उसके द्वारा उद्‌बुद्ध शब्दों के अर्थ-अनुषंगों और उनसे संबद्ध चित्रों से नई भाव-धाराएं भी बहा देती है। "ये भाव-धाराएं फैंटेसी के अनुकूल और समीपवर्ती होती हैं। उन भाव-धाराओं में अनेकों नए-पुराने अनुभव और अपने-पराए भाव होने से फैंटेसी की अर्थमत्ता का विस्तार हो जाता है। साथ ही इस विस्तृत क्षेत्र में, ये भाव-धाराएं फैंटेसी पर, और फैंटेसी इन भाव-धाराओं पर, क्रिया-प्रतिक्रिया करने लगती है। इस क्रिया-प्रतिक्रिया में फैंटेसी का क्षेत्र और विस्तृत हो जाता है, अनुभव को पर्सपेक्टिव प्राप्त हो जाता है। फैंटेसी के भीतर के मूल उद्देश्य और दिशा में विस्तार भर उठता है।" यह 'मूल उद्देश्य और दिशा' ही मुक्तिबोध की लंबी कविताओं को संरचनात्मक पूर्णता प्रदान करती है। ऐसी स्थिति में यदि वे कहते हैं कि—

> नहीं होती, कहीं भी खतम कविता नहीं होती
> कि आवेग-त्वरित काल-यात्री है।
> व मैं उसका नहीं कर्ता,
> पिता-धाता
> कि वह कभी दुहिता नहीं होती,
> परम स्वाधीन है वह विश्व-शास्त्री है।
> गहन-गंभीर छाया आगमिष्यत् की
> लिए, वह जन-चरित्री है

तो उसका एक खास मतलब है। वह मतलब यह है कि जो कविता कवि तक सीमित रहती है, वह तो समाप्त हो जाती है, लेकिन जो कविता इतिहास की धारा के साथ प्रवाहित होती है, जो 'जन-चरित्री' होती है और जिसमें भविष्य की छाया झलमलाती है, वह कभी समाप्त नहीं होती। मुक्तिबोध की कविताएं ऐसी ही हैं, खास तौर से उनकी लंबी कविताएं।

परिशिष्ट

अंधेरे में : एक विश्लेषण

'अंधेरे में' के रचना-काल को लेकर कई तरह की सूचनाएं मिलती हैं। 'मुक्तिबोध रचनावली' में नेमिचंद्र जैन ने इस कविता का रचना-काल 1957 से 1962 तक संभावित बतलाया है। 'चांद का मुंह टेढ़ा है' की भूमिका में शमशेर ने लिखा है कि इस कविता की रचना मुक्तिबोध ने राजनांदगांव में की थी। राजनांदगांव वे जुलाई, 1958 में पहुंचे थे और 1961 में उन्होंने उन्हें वहां अपनी जो तीन बहुत लंबी और लाजवाब कविताएं सुनाई थीं, उनमें एक कविता 'अंधेरे में' भी थी। इसी भूमिका में उन्होंने यह भी लिखा है कि नागपुर में एंप्रेस मिल के मजदूरों पर जब गोली चली थी, तो रिपोर्टर की हैसियत से मुक्तिबोध घटना-स्थल पर मौजूद थे। उन्होंने सिरों का फूटना और खून का बहना अपनी आंखों से देखा था। उनके अनुसार 'अंधेरे में' शीर्षक उनकी सशक्त और मार्मिक कविता उनके नागपुर-जीवन के बहुत सारे संदर्भ अपने अंदर समेटे हुए है। नागपुर रेडियो में मुक्तिबोध के सहकर्मी अनिलकुमार का भी 'लक्षित मुक्तिबोध' में कहना है कि 'अंधेरे में' कविता की पृष्ठभूमि एंप्रेस मिल गोलीकांड से संबंधित है। विष्णुचंद्र शर्मा ने 'मुक्तिबोध की आत्मकथा' में इस गोलीकांड की जो चर्चा की है, उससे पता चलता है कि मुक्तिबोध घटना-स्थल पर 'नया खून' के रिपोर्टर की हैसियत से मौजूद थे। रेडियो की नौकरी छोड़कर उन्होंने अक्तूबर, 1956 में 'नया खून' का संपादन स्वीकार किया था और प्रायः अप्रैल, 1958 तक वे उसमें रहे थे। एंप्रेस मिल के मजदूरों की हड़ताल और गोलीकांड इसी बीच हुए होंगे। उक्त गोलीकांड के अनुभवों का उपयोग उन्होंने कुछ दिनों के बाद 'अंधेरे में' कविता में किया, जब वे अनुभव परिपक्व हो गए।

हरिशंकर परसाई ने अपने दो संस्मरणों में 'अंधेरे में' की रचना का संबंध एक दूसरी घटना से बतलाया है। वह घटना है मुक्तिबोध द्वारा माध्यमिक विद्यालयों के लिए तैयार की गई पुस्तक 'भारत : इतिहास और संस्कृति' का मध्यप्रदेश सरकार द्वारा प्रतिबंधित किया जाना। यह घटना 19 सितंबर, 1962 को घटी थी। पहला संस्मरण 'राष्ट्रवाणी' (जनवरी-फरवरी, 1965) में 'वह तेजवती पीड़ा' शीर्षक से प्रकाशित हुआ

था। इसमें परसाईजी कहते हैं : "जबलपुर वे (मुक्तिबोध) साल में एक बार जरूर ही आते थे, कभी अधिक भी। 4-5 दिन रुकते थे और उन चार-पांच दिनों में मुश्किल से एक घंटा अपनी समस्याओं के बारे में बात करते। बाकी जाग्रत स्थिति के 17-18 घंटे विभिन्न साहित्यिक, सामाजिक, राजनैतिक समस्याओं पर बातें होतीं। मैं देखता, मुक्तिबोध कुछ चीजों के बारे में बहुत उत्तेजित हो जाते। यों बेचैनी और छटपटाहट उनके भीतर हमेशा ही रहती थी पर जिस चीज ने उन्हें गहरे छू दिया है, उसके बारे में घंटों किसी सार्वजनिक वक्ता की तरह जोर-जोर से बातें करते थे। उनके गले की नसें फूल जातीं और वे हांफने लगते। उनकी एक पुस्तक की जब्ती के लिए एक आंदोलन खड़ा हो गया था। आंदोलन चलानेवाले थे कुछ असंतुष्ट प्रकाशक और एक सांप्रदायिक संगठन के लोग। वे पुस्तक की जब्ती की मांग कर रहे थे और धर्मांधता को उभारकर मुक्तिबोध के खिलाफ जनमत को उत्तेजित कर रहे थे। मुक्तिबोध तब बहुत उत्तेजित थे। *वे बड़े व्यापक संदर्भ में इस चीज को देख रहे थे।* वे कहते, 'पार्टनर, यह मेरी या आपकी पुस्तक का मामला नहीं है। मामला यह है कि *देश में फासिस्ट ताकतें बहुत बढ़ गई हैं।* वे आपकी कलम छीन लेंगी, आपके गले को दबाकर आपको बोलने नहीं देंगी। वे स्वतंत्र चिंतन को समाप्त कर देंगी। वे बढ़ीं तो किसी दिन आपकी सारी प्रजातांत्रिक संस्थाओं को नष्ट कर देंगी और देश में फासिस्ट तंत्र को स्थापित कर देंगी।' वे घंटों देश की राजनैतिक, आर्थिक परिस्थितियों का विश्लेषण करते और बताते कि ऐसी स्थितियों में फासिस्ट प्रवृत्ति किस तरह उभर रही है। बोलते-बोलते उनकी दम फूल उठती और वे बिस्तर पर लुढ़ककर थोड़ी देर चुपचाप पड़े रहते। घोर मानसिक त्रास में उनके वे दिन गुजर रहे थे और *उन्हीं दिनों उनकी वह सबसे लंबी और सबसे ताकतवर कविता 'अंधेरे में' पूरी हुई।* एक रात लगभग 2 घंटों में उन्होंने उस कविता का पाठ किया। हम सुननेवाले तो उसके बाद बड़ी देर तक सन्नाटे में बैठे रहे—ऐसा प्रभाव उस कविता का था और मुक्तिबोध ने एक के बाद एक बीड़ियां जलाना शुरू कर दिया। उस समय उन्हें देखकर लगता था, इस आदमी ने अपने को निचोड़ दिया, अपना सर्वस्व दे दिया, अपनी सारी प्राणशक्ति इसमें भर दी है और अब यह रिक्त हुआ बैठा है। मुझे लगता है, उस घटना ने मुक्तिबोध को सबसे अधिक आघात पहुंचाया। जिसने उन्हें तब देखा है, वही जान सकता है कि *भारतीय जीवन में जिन काले संकेतों को उन्होंने देखा था* उनसे वे कितने विचलित, उत्तेजित और त्रस्त थे।"

दूसरा संस्मरण 'मुक्तिबोध : एक संस्मरण' शीर्षक से 'आलोचना' (जुलाई-सितंबर, 1968) में प्रकाशित हुआ था। इसमें भी परसाईजी ने किंचित् विस्तार से लगभग वही बातें दुहराई हैं, इस फर्क के साथ कि इसमें उन्होंने उनकी पुस्तक पर प्रतिबंध लगाने के लिए आंदोलन करनेवाले सांप्रदायिक संगठनों का स्पष्ट शब्दों में नामोल्लेख किया है। इसे भी उन्हीं के शब्दों में देखना ठीक होगा : "उन दिनों उनकी पुस्तक 'भारत : इतिहास और संस्कृति' पर प्रतिबंध लग चुका था। वह पुस्तक कोर्स में लग चुकी थी। उसके खिलाफ आंदोलन करानेवाले मुख्यतः दूसरे प्रकाशक थे। आंदोलन

में *जनसंघ* प्रमुख था। इसके साथ ही गैर-सांप्रदायिक पत्रों के भी बिके हुए संपादक थे। जनसंघ उनके पीछे पड़ गया था। राजनांदगांव में *उसके स्वयंसेवक* उन्हें बहुत परेशान करते थे। उस वक्त विद्वान लेकिन अधिकारहीन राज्यपाल था और भ्रष्ट तथा मूर्ख मुख्यमंत्री। राज्यपाल ने डेढ़ घंटे बात की, बात मानी भी, पर कहा—मैं क्या कर सकता हूं! मुख्यमंत्री के पोर्टिको के पास मुक्तिबोध घंटे-भर खड़े रहे। वह बंगले से निकला तो ये बात करने बढ़े। बात शुरू ही की थी कि बोला—उसमें अब कुछ नहीं हो सकता। इन्होंने कहा—पर आप मेरी बात तो सुन लीजिए। वह बोला—मेरे पास इतना वक्त नहीं है। मुझे जरूरी काम है। जबलपुर लौटे तो बहुत टूटे हुए और बहुत क्रोधित। वह आदमी चट्टान-जैसा था। लेकिन इस घटना ने उनके भीतर भय और असुरक्षा की भावना पैदा कर दी थी। वे बेहद उत्तेजित थे। इस प्रतिबंध से उनकी अपार क्षति हुई। ··· व्यक्तिगत क्षति का आघात तो था ही। पर *इस पूरे कांड को व्यापक राजनीतिक संदर्भ में देखकर वे बहुत त्रस्त थे।* कहते थे—यह नंगा फासिज्म है। लेखक को लोग घेरें, शारीरिक क्षति की धमकी दें। इधर सरकार सुनने तक को तैयार नहीं। अभिव्यक्ति की स्वतंत्रता जा रही है। गला दबाकर आवाज घोंटी जा रही है। *'अंधेरे में' कविता का यही रचना-काल है।* ··· अंतिम बीमारी के महीने-भर पहले वे जबलपुर आए थे। ··· रात को उन्होंने हमलोगों को 'अंधेरे में' कविता सुनाई थी। डेढ़ घंटे के पाठ के बाद वे शिथिल होकर बिस्तर पर लुढ़क गए थे।'' 'लक्षित मुक्तिबोध' में शरद कोठारी ने 'अंधेरे में' कविता का जिक्र नहीं किया है, लेकिन पुस्तक के प्रतिबंधित होने की घटना की मुक्तिबोध पर क्या मानसिक प्रतिक्रिया हुई थी, यह अवश्य बतलाया है : "अपनी पुस्तक 'भारत : इतिहास और संस्कृति' के सरकार द्वारा कानूनन जब्त किए जाने से मुक्तिबोध को बहुत गहरा सदमा पहुंचा था। वह कई दिन तक खोए-खोए-से रहे। दरअसल उनका सदमा *राजनीति की भयंकर प्रतिक्रिया* का परिणाम था। अपनी पुस्तक के जब्तीकरण को वह लेखक की विचार-स्वतंत्रता और लेखन-स्वतंत्रता के लिए खौफनाक मानते थे, क्योंकि सरकार ने वह निर्णय सांप्रदायिक दबाव में आकर लिया था। भोपाल में नेहरूजी के देहांत का समाचार सुनकर अचेतन-सी अवस्था में ही मुक्तिबोध शोकाकुल होकर कह उठे थे : *पार्टनर, बस अब फासिज्म आ जाएगा!*"

मुक्तिबोध ने अपने 'समीक्षा की समस्याएं' शीर्षक विस्तृत निबंध में भी 'भारत : इतिहास और संस्कृति' पर प्रतिबंध लगाए जाने का जिक्र किया है और उस घटना से महत्वपूर्ण राजनीतिक निष्कर्ष निकला है : "··· भारत में जनतंत्र है, और आपेक्षिक रूप से तथा विशेष स्तर पर यहां व्यक्ति-स्वातंत्र्य अवश्य ही है। और उसकी रक्षा करना तथा उसे दृढ़ करते जाना हमारे लिए जरूरी है। लेकिन *उपेक्षा द्वारा वह स्वातंत्र्य छिन भी सकता है।* यह अंतिम वाक्य कहने का मुझे अधिकार है। मध्यप्रदेश शासन द्वारा मेरी एक पुस्तक 'भारत : इतिहास और संस्कृति' गैरकानूनी घोषित कर दी गई, 19 सितंबर, 1962 के दिन।" देश में जो जनतांत्रिक स्वतंत्रता है, वह उपेक्षा के द्वारा छिन भी जा सकती है, यही वह राजनीतिक निष्कर्ष है, जो मुक्तिबोध

ने पुस्तक पर प्रतिबंध लगाए जाने की घटना से निकाला था। स्पष्टतः इस घटना ने उन्हें बहुत आंदोलित किया था और ताज्जुब नहीं कि वह 'अंधेरे में' कविता की रचना के लिए सबसे बड़ा प्रेरक तत्व सिद्ध हुई हो। 19 दिसंबर, 1963 को उन्होंने अग्न्येश्का सोनी को 'अंधेरे में' कविता भेजने के पूर्व एक पत्र में लिखा था : "मैं अपनी एक कविता आपके पास भेजने को इच्छुक था। उसे मैंने टाइप करा लिया है। बहुत लंबी है। आप ऊब जाएंगी। अप्रकाशित है वह। टाइपिंग में बहुत भूलें हैं। कोई पत्रिका ऐसी नहीं जो उसे छापे। संभव है, वह कविता भी बहुत रद्दी किस्म की और तीसरे दर्जे की है। आपके पास भेजने में मुझे संकोच होता है। उसमें एक आशंका है, अंधेरी आशंका का वातावरण है—कहीं हमारे भारत में ऐसा-वैसा न हो।"

सितंबर, 1964 में जब 'चांद का मुंह टेढ़ा है' छपकर आया, तो उसमें यह कविता संकलित थी। संकलनकर्ता श्रीकांत वर्मा ने अपने वक्तव्य में कहा है : "बीमारी के दौरान मुक्तिबोध ने इच्छा जाहिर की कि इस संकलन में उनकी दो कविताएं—'चंबल की घाटियां' और 'आशंका के द्वीप : अंधेरे में'—जरूर शामिल की जाएं। दोनों एक के बाद दूसरी छापी जाएं और दूसरी का शीर्षक बदल दिया जाए। उन्होंने कहा था कि 'आशंका के द्वीप : अंधेरे में' शीर्षक एक विशेष मनःस्थिति के प्रवाह में मैंने दिया था। उनकी इच्छा के मुताबिक शीर्षक से मैंने 'आंशका के द्वीप' हटा दिया है, हालांकि मुझे लगता है कि यह शीर्षक इस कविता के अर्थ को अधिक अच्छी तरह व्यंजित करता है। ये दोनों ही कविताएं उनकी, बीमार पड़ने के कुछ ही समय पहले की, कविताएं हैं और इस दृष्टि से अब तक की कविताओं में ये उनकी अंतिम कविताएं हैं।" 'चांद का मुंह टेढ़ा है' के प्रकाशन और मुक्तिबोध की मृत्यु (11 सितंबर, 1964) के बाद 'कल्पना' के नवंबर, 1964 के अंक में यह कविता प्रकाशित हुई—'आशंका के द्वीप अंधेरे में' शीर्षक से, जिसका मतलब यह है कि श्रीकांत वर्मा से इस कविता के शीर्षक में परिवर्तन करने की बात कहने के पहले ही उन्हेंने उसे 'कल्पना' में प्रकाशनार्थ भेजा था। 'चांद का मुंह टेढ़ा है' में कविता का जो पाठ है वह अशुद्ध भी है और अधूरा भी, लेकिन कई दृष्टियों से वह 'कल्पना' में प्रकाशित कविता के पाठ के बाद का प्रतीत होता है। एक ही प्रमाण पर्याप्त होगा। 'कल्पना' में प्रकाशित कविता का छठा खंड 'मंजर बदलता है' पंक्ति से शुरू होता है, जबकि 'चांद का मुंह टेढ़ा है' में दी गई इस पंक्ति में 'मंजर' की जगह 'सीन' शब्द का प्रयोग हुआ है। नेमिजी ने 'रचनावली' में जो पाठ दिया है, उसके संबंध में उनका कहना है कि वह कुछ संशोधनों के साथ 'कल्पना' में प्रकाशित पाठ से मिलता है। यह सही है, लेकिन 'रचनावली' के पाठ में भी 'मंजर' की जगह 'सीन' ही है, जो इस बात का सबूत है कि उसमें 'कल्पना' में प्रकाशित पाठ में किए गए संशोधन भी शामिल हैं।

ऊपर की बातों से हम इस नतीजे पर पहुंचते हैं कि 'अंधेरे में' में मुक्तिबोध ने एंप्रेस मिल के मजदूरों की हड़ताल और गोलीकांड के अनुभवों का उपयोग किया हो, लेकिन इस कविता का रचना-काल वह है, जिसमें उनकी पुस्तक प्रतिबंधित हुई और वे जोरों से इस आशंका से पीड़ित हो उठे कि चौकसी न बरती गई, तो अपने

देश में भी फासिज्म आ सकता है। ऐसी स्थिति में जब शमशेर कहते हैं कि उन्होंने 1961 में मुक्तिबोध के मुंह से यह कविता सुनी थी, तो उसका मतलब यह होता है कि फासिज्म की आशंका से वे काफी पहले से पीड़ित थे और अपनी पुस्तक के प्रतिबंधित होने की घटना से उनकी उस आशंका की पुष्टि हुई थी, जिससे वे विचलित हो उठे थे। इस तरह वह कविता उक्त घटना से पहले की भी रचना हो सकती है। यह जानी हुई बात है कि वे अपनी कविताओं पर वर्षों श्रम करते थे और उनमें संशोधन, संपादन करते रहते थे। इस क्रम में कविताओं का रूप भी बदल जाता था और वे लंबी भी हो जाती थीं। अनिलकुमार ने अपने साक्षात्कार में एंप्रेस मिल गोलीकांड का जिक्र करने के बाद यह भी कहा है : "शैलेन्द्रकुमार भी तब वहीं थे। मुक्तिबोध से उन्होंने कहा था : महागुरु, कविता लिखोगे? वह बोले, नहीं, थोड़ा पकने दो। कुछ दिन बाद पता चला, कविता अंडररिपेयर पड़ी है। एक टीन की पेटी थी उनके पास। कहते थे : फर्स्ट राइटिंग में क्या होता है अनिलकुमार, कि जो हम कहना चाहते हैं न, वह पहले झटके में छूट जाता है। रिपेयर के लिए जब उठाते हैं तो रूप ही बदल जाता है। संश्लिष्टता के कारण लंबाई आ जाती है, गहराई भी।" आज 'अंधेरे में' का प्रथम प्रारूप सुलभ नहीं है। यदि वह सुलभ होता तो मालूम किया जा सकता था कि वह कौन-सी चीज थी, जो उसमें पहले झटके में छूट गई थी और जिसे बाद में उन्होंने उस कविता में उभारकर रखा। हमारा खयाल है, वह चीज रही होगी—फासिज्म की आशंका। अपने विचार-स्वातंत्र्य पर किए गए हमले और उसके आगे कांग्रेसी सरकार के घुटने टेकने की घटना से प्रेरित होकर उन्होंने अपनी कविता को अंतिम रूप प्रदान किया और उसकी अंतर्वस्तु को धारदार बनाकर पेश किया। यहां परसाईजी का यह वाक्य ध्यातव्य है : "उन्हीं दिनों उनकी वह सबसे लंबी और सबसे ताकतवर कविता 'अंधेरे में' पूरी हुई।" मतलब यह कि कविता मूल रूप में पहले ही रची जा चुकी थी, उसे अंतिम रूप मिला, या वह पूरी हुई, उनकी पुस्तक के प्रतिबंधित होने के दौर में।

फासिज्म की बर्बरता और मानव-शत्रुता से मुक्तिबोध अच्छी तरह परिचित थे। द्वितीय विश्वयुद्ध उनकी आंखों के सामने घटित हुआ था और सोवियत संघ पर फासिस्ट जर्मनी के हमले को विषय बनाकर उन्होंने 'जमाने का चेहरा' शीर्षक अपनी एक लंबी और महत्वपूर्ण कविता लिखी थी। उसके पहले युद्ध के ही दौरान 'एक नीली आग' शीर्षक से वे एक छोटी कविता लिख चुके थे, जिसमें उन्होंने जर्मनी की फासिस्ट सेना और लाल सेना के युद्ध का वर्णन किया है। उसकी कुछ पंक्तियां द्रष्टव्य हैं, जिनमें उन्होंने फासिस्ट ताकतों का भी वर्णन किया है और लाल सेना के हाथों उनकी पराजय के प्रति अपना विश्वास भी व्यक्त किया है :

> क्षितिज-भौंहों पर घिरे घन
> छा रहे हैं व्योम-विस्तृत-भाल,
> मानो विश्व के युग से जमे
> वे पाप-निश्चय के विचार कराल;

जमकर सघन इस बेचैन पृथ्वी पर
करेंगे लालसा की पूर्ति,
जाने किस अजानी कालिमा के सिंधु से
वे खींच लाए स्फूर्ति।
उनके सघन काले दैत्य-वक्षस्थल अबल हैं किन्तु,
जिनमें वासना औ' रिक्तता के तैरते हैं जंतु।
जलती नोक की असि-धाररूपी लेखनी से लेख
उनकी मृत्यु के, भयभीत उनके वक्ष पर तू देख,
सत्वर लिख गए हैं नव-सृजन की शक्तियों के दूत
यह जलती हुई लावण्य की असि-धार यों उत्स्फूर्त।

'जमाने का चेहरा' में स्तालिनग्राद के युद्ध के वर्णन के साथ और भी बहुत सारी बातें हैं। उदाहरण के लिए उसका यह अंश देखा जा सकता है, जिसमें यूरोप के उस हिस्से पर ढाए जानेवाले जुल्मों का वर्णन है, जिसे हिटलर ने जीत लिया था :

पराजित यूरोप के भाग में
सरदी के जंगलों का कुहरीला अंधकार
जिंदगी में मृत्यु की पीड़ा-सा भयानक
सुनसान जंगल खड़ा था निराकार
बर्फीले गुमसुम मैदानों के सुनसान
झरनों के तटों पर
तरुओं की हिम-स्नात
डालों पर झूलते
फांसी के फंदों में झूलते थे गुरिल्ला जन।
शहीदों की छाया में
मानवता चुपचाप
लड़ती थी जूझती थी। रक्त-स्नात
सूरज निकलता था, फैलाता खून था,
डूबता था खून में।
मृत्यु की बावड़ी में लाशों के ढेर पर
बियाबान-गिद्धों की आंखों के तीर
गड़े खड़े थे।
नात्सी ने निर्दोष जनों के खात्मे के लिए अब
जिंदा-भून-मार
कारखाने खोल रखे थे।
श्मशान के मौन में
दानवी व्यभिचार

ओरांग-उटांग का
धरती के वक्ष पर जांघ फैला चुका था।
उदासीन स्त्रियों की
जिंदगी की ढिबरी में
जलता था प्रतिक्षण
घृणा का कड़ुआ तेल
धुआं उठाता हुआ।
जर्मन की स्टेन-गन
पराजित ललाट से चांदमारी करती थी . . .

द्वितीय विश्वयुद्ध में सोवियत संघ के हाथों फासिज्म की पराजय हुई, लेकिन इसका यह मतलब नहीं है कि यह विचारधारा हमेशा के लिए दुनिया से खत्म हो गई। इसका जीता-जागता प्रमाण पश्चिम जर्मनी की नियो-फासिस्ट नेशनल डेमोक्रैटिक पार्टी और चिली की फासिस्ट हुकूमत है। मुक्तिबोध इस बात को भी अच्छी तरह से जानते थे कि अपने देश में सबसे खतरनाक और संगठित फासिस्ट शक्ति कौन-सी है। उन्हें इस बात को लेकर कोई दुविधा नहीं थी कि वह शक्ति राष्ट्रीय स्वयंसेवक संघ और उसका राजनीतिक मंच भारतीय जनसंघ है, जो अब भारतीय जनता पार्टी के नाम से जाना जाता है। फासिस्ट प्रणालियों और राष्ट्रीय स्वयंसेवक संघ में अनेक समानताएं हैं, जिन्हें संक्षेप में जान लेना जरूरी है।

हिटलर ने अपनी पुस्तक 'माइन कांफ' में आर्यों और आर्य संस्कृति की प्रशंसा करते हुए लिखा था : "मानव-संस्कृति की हर अभिव्यक्ति, हर कलाकृति, विज्ञान और तकनीकी कौशल की हर चीज, जिसे हम आज अपनी आंखों के सामने देख रहे हैं, लगभग ऐकांतिक रूप से आर्यों की सृजनात्मक शक्ति की देन है। अकेला यह तथ्य ही पूर्णतया इस निष्कर्ष को उचित ठहरा देता है कि आर्यों और मात्र आर्यों ने ही उच्चतर श्रेणी की मानवता की स्थापना की थी; फलतः वे ही उस आदर्श का प्रतिनिधित्व करते हैं जिसे हम 'मानव' नाम से जानते हैं।" राष्ट्रीय स्वयंसेवक संघ के सिद्धांतकार गुरु गोलवलकर ने अपनी पुस्तक 'बंच ऑफ थॉट्स' में लिखा है : "अत्यंत पुरातन काल से 'हिंदू' नाम की एक महान् और सुसंस्कृत मानवजाति इस पावन मातृभूमि में उसकी संतानवत् रहती है . . . । मात्र इस भूमि के महान् पुत्रों को ही परमात्मा के पूर्ण प्रकाश के दर्शन और उसकी अनुभूति का सौभाग्य प्राप्त था। उस समय जब अन्य मानव नस्लें गुफाओं और जंगलों से बाहर नहीं निकली थीं, वैदिक ऋषिओं ने मानव को अक्षय आनंद का शिशु कहकर संबोधित किया था।" 1939 में, जबकि हिटलर ने समूची दुनिया को विनाशकारी द्वितीय विश्वयुद्ध में झोंक दिया था, उन्होंने 'हम : हमारी राष्ट्रीयता परिभाषित' नामक अपनी पुस्तक में फासिस्ट नस्लवादी सिद्धांत की प्रशंसा इन शब्दों में की : "जर्मनी का अपनी नस्ल पर अभिमान आज सबकी जबान पर है। अपनी नस्ल और उसकी संस्कृति की पवित्रता को बचाए रखने के लिए

जर्मनी ने सेमिटिक नस्लों—यहूदियों—का जर्मनी में सफाया करके विश्व को हिला दिया है। अपनी नस्ल के प्रति अभिमान यहां सर्वोच्च रूप में अभिव्यक्त हुआ है। जर्मनी ने यह भी दिखा दिया है कि मौलिक अंतरवाली नस्लों और संस्कृतियों का घुल-मिलकर एक एकताबद्ध समूह बन पाना कितना असंभव है और *यह एक ऐसा अच्छा सबक है जिससे हिन्दुस्तान में भी हमें सीखना और लाभान्वित होना चाहिए।''* इसी का परिणाम थी उनकी हिंदू राष्ट्रवाद की अवधारणा। राष्ट्रीय एकता के सभी विचारों का विरोध करते हुए उन्होंने 'बंच ऑफ थॉट्स' में ही लिखा है : "यह एक 'वाहियात' किस्म की राष्ट्रीयता है जिसे जीवित करने का प्रयास चल रहा है। यह एक ऐसे अजीब नए पशु को जन्म देने की बात है जिसका सिर गधे का हो, पैर बैल के हों और धड़ हाथी का। ऐसे तो बीभत्स शव ही बन सकता है। यह सप्राण शरीर कभी नहीं हो सकता। अगर उसमें कुछ सुगबुगाहट दीखती है तो वह सड़ रहे शव में पनप रहे जीवाणुओं और कीटाणुओं के कारण होगी। और इसीलिए आज हम देखते हैं कि भ्रष्टाचार, विघटन और नाश के कीटाणु हमारे राष्ट्र की जड़ों को खोखली बना रहे हैं क्योंकि हमने एक अस्वाभाविक, अवैज्ञानिक और क्षेत्रीय राष्ट्रवाद के निष्प्राण दोगले विचार के पीछे चलते हुए स्वाभाविक जीवंत राष्ट्रवाद का परित्याग कर दिया है।"

गोलवलकर का जनतंत्र में विश्वास नहीं था, इसलिए राष्ट्रीय स्वयंसेवक संघ अधिनायकवाद की अवधारणा पर खड़ा किया गया है। यदि हिटलर नाजियों का 'फ्यूहरर' था, तो गोलवलकर राष्ट्रीय स्वयंसेवक संघ के सरसंघचालक थे। राष्ट्रीय स्वयंसेवक संघ के नेता कभी चुने नहीं जाते, उनकी नियुक्ति उनके नेता की इच्छानुसार होती है। हिटलर ने 'माइन कांफ' में जनतंत्र के संबंध में कहा था : "एक सत्य जिसे हमेशा दिमाग में रखना चाहिए, यह है कि बहुमत कभी भी आदमी की जगह नहीं ले सकता। बहुमत न सिर्फ अज्ञान का प्रतिनिधि है, बल्कि भीरुता का भी। और जिस प्रकार सौ मूर्ख मिलकर भी एक विवेकशील व्यक्ति के बराबर नहीं होते, उसी प्रकार सौ बुजदिल मिलकर भी कार्रवाई की कोई ऐसी राजनीतिक लाइन नहीं अपना सकते जिसके लिए नैतिक बल और साहस की आवश्यकता हो।" अपनी उपर्युक्त पुस्तक में ही गोलवलकर भी कहते हैं : "जनतंत्र की धारणा का, जिसमें कहा गया है 'जनता के द्वारा' और 'जनता की', यह अर्थ है कि राजनीतिक प्रशासन में सबका बराबर हिस्सा है, लेकिन यह बात व्यवहार में बहुत हद तक मनगढ़ंत मात्र है।" नवंबर, 1947 में संविधानसभा के प्रति विरोध प्रकट करते हुए अपने एक भाषण में उन्होंने कहा कि वयस्क मताधिकार 'कुत्ते-बिल्लियों' को अधिकार देने से अधिक और कुछ नहीं है। उन्होंने भारतीय संविधान में व्यक्त समानता की धारणा का भी विरोध किया। अपनी पुस्तक 'हिंदू राष्ट्र क्यों?' में उन्होंने कहा : "दुर्भाग्यवश हमारे देश में संविधान ने इस भूमि के पुत्रों को तथा आक्रामकों को एक बराबर का दर्जा दिया है और सबको समान अधिकार प्रदान किए हैं। ... यही अब हमारे देश में हुआ है। जो अधिकार आक्रामकों को, वे ही अधिकार इस भूमि के पुत्रों को भी!" 'आक्रामकों' से उनका मतलब था

मुसलमानों से। गैर-हिन्दुओं के संबंध में उनके विचार बड़े भयानक थे। 'हम : हमारी राष्ट्रीयता परिभाषित' में उनका यह कथन द्रष्टव्य है : "हिन्दुस्तान के गैर-हिन्दू लोगों को हिन्दू संस्कृति और भाषा अपनानी होगी, उन्हें हिन्दू धर्म का सम्मान और आदर करना सीखना होगा, उन्हें हिन्दू नस्ल और संस्कृति के गौरव-गीत गाने के अतिरिक्त दूसरा कोई विचार मन में नहीं लाना होगा, अर्थात् उन्हें न सिर्फ इस भूमि और इसकी प्राचीन परंपरा के प्रति असहिष्णुता और कृतघ्नता के नजरिए का परित्याग करना होगा, बल्कि उसके बदले इसके प्रति प्रेम और भक्ति की सकारात्मक भावना भी अपनानी होगी—एक शब्द में उन्हें विदेशी बनकर रहना छोड़ना होगा, *अथवा* हिन्दू राष्ट्र के पूर्णरूपेण अधीन बनकर रहना होगा और वे किन्हीं भी सुविधाओं के दावेदार या हकदार नहीं होंगे, किसी किस्म के अधिमान्यतायुक्त व्यवहार के हकदार होने की तो बात ही क्या, वे नागरिकता के अधिकार तक के हकदार नहीं होंगे।"

हिटलर ने नारा दिया था—एक जनता, एक सरकार और एक नेता। गोलवलकर ने 'बंच ऑफ थॉट्स' में लिखा—"एक देश, एक राज्य, एक विधायिका, एक कार्यपालिका।" फिर उन्होंने आगे कहा : "इस संविधान की पुनःपरीक्षा की जाए और इसे फिर से लिखा जाए, ताकि इस किस्म की एकात्मक सरकार की स्थापना हो सके . . .।" उनके लिए देशभक्ति का अर्थ मुसलमान-विरोध था, ब्रिटिश-विरोध नहीं। इसका प्रमाण उक्त पुस्तक से ही उद्धृत उनका यह कथन है : "ब्रिटिश-विरोध को देशभक्ति और राष्ट्रवाद का पर्याय बना दिया गया। इस प्रतिक्रियावादी दृष्टिकोण का हमारे स्वाधीनता-संग्राम की समग्र धारा, उसके नेताओं और आम जनता पर दुष्प्रभाव पड़ा।" अस्वाभाविक नहीं कि गोलवलकर ने साम्राज्यवाद का विरोध करने की जगह हमेशा उसका समर्थन किया और जब उनके विश्वासपात्र शिष्य एवं जनसंघ के एक शीर्षस्थ नेता अटलबिहारी वाजपेयी अमरीका गए, तो जैसा कि हर्षदेव मालवीय ने अपनी पुस्तक 'दि डेंजर ऑफ राइट रिएक्शन' (पृ. 46) में सूचित किया है, उन्होंने उनकी मार्फत अमरीकी राष्ट्रपति को यह संदेश भेजा : "ईश्वर की कृपा से अमरीका आजाद विश्व का नेता है। आज विश्वव्यापी स्तर पर धर्म और अधर्म के बीच युद्ध छिड़ा हुआ है। इस युद्ध में अमरीका धर्म के पक्ष का नेता है। इसमें अमरीका को भारत की मित्रता का समर्थन प्राप्त करना चाहिए।" हिटलर की नाजी पार्टी की तरह राष्ट्रीय स्वयंसेवक संघ भी अपने कार्य को युवकों के बीच केंद्रित करता है, जोकि सबसे आसानी से प्रभावित हो जानेवाले होते हैं। उसी की तरह यह खेल-कूद, व्यायाम, स्वास्थ्य, संस्कृति आदि के नाम पर युवकों के बीच पहुंचता है। राष्ट्रीय स्वयंसेवक संघ में निर्देश हमेशा ऊपर से जारी किए जाते हैं और स्वयंसेवकों का काम होता है विश्वासपूर्वक केवल उनका पालन करना। ज्ञातव्य है कि केवल हिंदू ही इस संगठन के सदस्य हो सकते हैं।

मुक्तिबोध ने 'भारत : इतिहास और संस्कृति' पर जनसंघ और राष्ट्रीय स्वयंसेवक संघ के लोगों द्वारा लगाए गए आरोपों का उत्तर देने के लिए 'मैं शुद्ध आर्य रक्त !' शीर्षक से एक लेख तैयार किया था, जो अब 'दस्तावेज' के रूप में 'हंस' के जनवरी,

1988 के अंक में प्रकाशित है। इस लेख को देखने से यह स्पष्ट हो जाता है कि उनकी असली चिंता अपनी पुस्तक को प्रतिबंध-मुक्त कराने की नहीं, बल्कि अपने देश को नस्लवादी फासिस्ट विचारधारा से बचाने की थी, जो मानव-विरोधी उद्देश्यों से देश के इतिहास को विकृत बनाकर पेश करती है। लेख के आरंभ में ही वे कहते हैं : "मुझे यह गहरी शंका है कि आंदोलनकर्ता भारतीय इतिहास-क्रम को सांप्रदायिक दृष्टिकोण से पुनर्रचित करना चाहते हैं। वे उसके स्वाभाविक विकास के स्वरूप को, *फासिस्ट*, शुद्धरक्तवादी, आर्यवादी दृष्टिकोण से झुठलाना चाहते हैं। वे हमारी कार्यव्यस्त जनता की धर्म-भावना को उभाड़कर, उसके अज्ञान और पिछड़ेपन का फायदा उठाते हुए, देश में अपना वर्चस्व स्थापित करने के लिए, इतिहास के वैज्ञानिक क्षेत्र में सांप्रदायिक दृष्टि के हस्तक्षेप को मूर्तिमान करना चाहते हैं। संक्षेप में, वे इतिहास की ऐसी पुनर्रचना चाहते हैं जिसमें उनके शुद्धरक्तवादी, आर्यवादी, जातिवादी सांप्रदायिक सांस्कृतिक दृष्टि को समर्थन मिल सके। यह एक भयानक प्रवृत्ति है, जिससे हर बुद्धिजीवी को, धर्मनिरपेक्ष राज्य को, वैज्ञानिक दृष्टि के अभ्युदय को, लोकतंत्रवादी विचारधारा को, मानव-समानता के सिद्धांत और आदर्श को, तथा भारतीय संस्कृति के वास्तविक स्वरूप को बहुत बड़ा खतरा है।" आगे उन्होंने 'शुद्धरक्तवाद' या 'आर्यवाद' की विचारधारा के प्रचार का संबंध आधुनिक काल के जर्मन विद्वानों से जोड़ा और अपने समर्थन में दो मान्य भारतीय विद्वानों सरदार के.एम. पणिक्कर और डॉ. सुनीतिकुमार चाटुर्ज्या को उद्धृत किया। सरदार पणिक्कर का कहना है कि "भारतीय सभ्यता के जन्मदाता आर्य थे, इस सिद्धांत के प्रणेता 'भारतीय विषयों के समालोचक वे जर्मन विद्वान' हैं, जो संसार की प्रत्येक श्रेष्ठ वस्तु का मूल स्रोत आर्यों को ही मानते थे। किंतु भारतीय उनकी इस धारणा का अनुसमर्थन नहीं करता।" ऐसा ही विचार डॉ. चाटुर्ज्या का भी है : "योरोप से सन् 1850 के बाद जो आर्यनिज्मरंजित या आर्य श्रेष्ठता का कल्पनारंजित मतवाद प्रतिष्ठित हुआ (और जो मतवाद अब ऐतिहासिकता के शुभ आलोक के सामने धीरे-धीरे विलीन होता जा रहा है) वह भारतवर्ष पर भी आया और उसके असर ने भारतीय जाति-भेद पर भी छापा मारा।"

लेख के अंत में मुक्तिबोध ने जनसंघ-राष्ट्रीय स्वयंसेवक संघ की विचारधारा से उत्पन्न तीन सबसे बड़े खतरों का जिक्र किया है—लेखक के विचार-स्वातंत्र्य और लेखन-स्वातंत्र्य के लिए खतरा, इतिहास के क्षेत्र में सांप्रदायिक और अवैज्ञानिक दृष्टि के हस्तक्षेप का खतरा और 'उग्रदक्षिणपंथी शक्तियों' के बढ़ते हुए कदमों से खतरा। अंतिम खतरे के बारे में उन्होंने कहा : "आर्यवाद न्यस्त स्वार्थों का यह एक तेज किया हुआ हथियार है, सरकार उसके नीचे दब जाती है। सांप्रदायिक शक्तियां उद्दंड होकर सामने आती हैं। शुद्धरक्तवाद और आर्यश्रेष्ठता का नस्लवादी सिद्धांत इनका एक अच्छा अस्त्र है। इसलिए, उसने भारतीय इतिहास के स्वरूप पर कुठाराघात करना चाहा है। मेरे लेखे, भारत को निकट भविष्य में सबसे बड़ा खतरा इन्हीं से है।" इस लेख में पं. जवाहरलाल नेहरू को भी मुक्तिबोध ने उद्धृत किया है, क्योंकि उनकी इतिहास-दृष्टि भी वैज्ञानिक और प्रगतिशील थी। साप्ताहिक 'मेनस्ट्रीम' (9 जनवरी, 1988) में

प्रकाशित एक संस्मरणांश के अनुसार नेहरू के अंतिम शब्द, जो उन्होंने दिसंबर, 1963 में अफसरों की एक बैठक में कहे थे, ये थे : "भारत के लिए खतरा कम्युनिज्म नहीं है। वह है हिंदू दक्षिणपंथी सांप्रदायिकतावाद।" ताज्जुब नहीं कि बीमारी की हालत में जब मुक्तिबोध को नेहरू की मृत्यु का समाचार मिला, तो उनके मुंह से निकलनेवाले शब्द ये थे : "पार्टनर, बस अब फासिज्म आ जाएगा !"

'भारत : इतिहास और संस्कृति' पर प्रतिबंध लगाने के लिए जनसंघियों के नेतृत्व में जो आंदोलन शुरू हुआ, उसका संक्षिप्त विवरण 'हंस' के उक्त अंक में ही डॉ. मैनेजर पांडेय ने दिया है : "पुस्तक के विरुद्ध आंदोलन की शुरुआत जबलपुर में हुई। 31 अगस्त 1962 को जबलपुर में एक सभा हुई जिसके अध्यक्ष थे व्यौहार राजेंद्र सिंह। सभा में मुक्तिबोध की पुस्तक के साथ-साथ पाठ्यक्रम के लिए स्वीकृत दो और पुस्तकों पर पाबंदी लगाने की मांग की गई। जबलपुर में उन पुस्तकों पर प्रतिबंध लगाने के लिए जुलूस निकले, पर्चे बांटे गए। सेठ गोविंददास ने एक बयान में कहा कि पुस्तकें जला दी जाएं। आरंभ में आंदोलन तीन पुस्तकों के खिलाफ था, लेकिन बाद में यह मुक्तिबोध की पुस्तक पर केंद्रित हो गया। भोपाल में मुक्तिबोध की पुस्तक की प्रतियां जलाई गईं, उत्तेजनापूर्ण भाषण हुए। रायपुर में जनसंघ ने मुक्तिबोध के विरुद्ध प्रस्ताव पास किया और उन पर तरह-तरह के आरोप लगाए। 10 सितंबर 1962 को भोपाल में मध्यप्रदेश जनसंघ की कार्यकारिणी की बैठक में एक प्रस्ताव पास करके मुक्तिबोध की पुस्तक को तुरत पाठ्यक्रम से हटाने की मांग की गई। उसी समय भारतीय जनसंघ के महामंत्री श्री दीनदयाल उपाध्याय ने मुक्तिबोध और उनकी पुस्तक के विरुद्ध एक बयान जारी किया जिसमें कहा गया था कि 'यह पुस्तक लेखक के विकृत मस्तिष्क की उपज है।' पुस्तक पढ़ने के बाद छात्रों में 'भारतीय जीवन के श्रेष्ठतम मूल्यों के प्रति निष्ठा के स्थान पर अनास्था ही उत्पन्न होगी' और यह भी कि 'पुस्तक विभिन्न मतावलंबियों की धार्मिक भावना को ठेस पहुंचानेवाली है।' " परसाईजी ने अपने संस्मरण में ठीक लिखा है कि मुक्तिबोध ने इस घटना को एक व्यापक राजनीतिक संदर्भ में देखा था और उससे त्रस्त हो उठे थे। उनका चित्त आशंकाग्रस्त पहले से था। अब जैसे उनका दुःस्वप्न उनके सामने आकर खड़ा हो गया। इसी दुःस्वप्न की महान काव्यात्मक परिणति है 'अंधेर में' शीर्षक उनकी कविता।

2

पिछले दिनों 'अंधेरे में' पर हिन्दी में जो आलोचनात्मक चर्चा हुई है, उसमें उसकी मुख्य वस्तु पर ध्यान केंद्रित नहीं किया गया। इसके कई कारण हैं। एक तो यह कि इस कविता की रचना के प्ररिप्रेक्ष्य को आलोचकों ने महत्व नहीं दिया, जिससे चर्चा व्यक्ति यानी कवि-केंद्रित हो गई। दूसरे, कविता के शीर्षक-परिवर्तन ने भी किसी हद तक आलोचकों को भ्रमित किया। यह कविता व्यक्ति से जरूर शुरू होती है, लेकिन व्यक्ति

के आत्मसंघर्ष का एक बहुत ही सुदृढ़ सामाजिक संदर्भ है, जो थोड़ा आगे बढ़ने पर ही सामने आ जाता है। वह संदर्भ है नगर में लगा हुआ मार्शल लॉ। जुलूस से लेकर जन-क्रांति तक का वर्णन इसी से संबंधित है। बीच में काव्य-नायक की आत्मभर्त्सना और आत्मसंघर्ष का वर्णन आता है। जन-क्रांति के वर्णन के बाद कविता फिर व्यक्ति-केंद्रित हो जाती है, लेकिन यह प्रसंग ज्यादा देर तक नहीं चलता और कविता के साथ जल्दी ही समाप्त हो जाता है। यह मुक्तिबोध की सबसे लंबी कविता है, करीब चालीस पृष्ठों की, जिसमें अधिक विस्तार से मार्शल लॉ का ही वर्णन है। यह ठीक है कि इस आधार पर किसी कविता की मुख्य वस्तु का निश्चय नहीं किया जा सकता, लेकिन उसमें कविता की संरचना का महत्व असंदिग्ध रूप से होता है। इस दृष्टि से 'अंधेरे में' की मुख्य वस्तु है देश में कायम फासिस्ट हुकूमत और उससे लगा हुआ है उस परिस्थिति में एक सचेत और प्रगतिशील मध्यवर्गीय बुद्धिजीवी का आत्मसंघर्ष। व्यक्ति चूंकि प्रगतिशील कविता के लिए नई चीज थी, इसलिए भी हिंदी के मार्क्सवादी आलोचक उसी को लेकर उलझ पड़े और डॉ. रामविलास शर्मा ने 'अंधेरे में' को विभाजित व्यक्तित्व की कविता कहा, तो डॉ. नामवर सिंह ने अस्मिता की खोज की कविता। स्पष्टतः कविता में जो चीज गौण थी, उसे प्रधान बना दिया गया और जो चीज प्रधान थी, उसे गौण बनाकर पेश किया गया, या उसे एकदम भुला दिया गया! मुक्तिबोध ने आरंभ में इस कविता का ठीक शीर्षक दिया था—'आशंका के द्वीप अंधेरे में'। कवि को एक रात अंधेरे में आशंका के द्वीप दिखलाई पड़ते हैं। वह आशंका देश में फासिस्ट हुकूमत कायम होने की है। इस तरह यह शीर्षक कविता की मुख्य वस्तु की तरफ बहुत स्पष्ट ढंग से संकेत करता था, लेकिन बाद में मुक्तिबोध ने श्रीकांत वर्मा को शीर्षक से 'आशंका के द्वीप' को हटा देने की बात कहकर आलोचकों के लिए भ्रम की गुंजायश पैदा कर दी। स्वयं कवि की दृष्टि में इस कविता की मुख्य वस्तु क्या है, यह अग्न्येश्का सोनी को लिखे गए उसके पत्र से मालूम होता है। उसे पुनः उद्धृत करने की जरूरत है : *"उसमें एक आशंका है, अंधेरी आशंका का वातावरण है—कहीं हमारे भारत में ऐसा-वैसा न हो।"*

किसी भी देश में फासिस्ट हुकूमत तब कायम होती है, जब पूंजीवाद का आर्थिक संकट इतना गहरा हो जाता है कि उसे अपने अस्तित्व पर खतरा नजर आने लगता है। उस हालत में पूंजीपति-वर्ग अपने को पुराने तरीके से देश पर शासन चलाने में असमर्थ पाकर जनतांत्रिक संस्थाओं को खत्म कर देता है और जनता के नागरिक अधिकारों को समाप्त कर अपनी निरंकुश और बर्बर सत्ता कायम करता है। पूंजीवाद के संकट के गहराने के साथ संगठित जनता का संघर्ष उत्कर्ष पर पहुंचता है, जिससे पूंजीपति-वर्ग और भयभीत हो उठता है। फासिस्ट हुकूमत कायम करने के बाद वह क्रांति को दबाने का भरपूर प्रयास करता है, लेकिन फासिस्ट दमन की प्रतिक्रिया में वह और भड़क उठती है। फिर तो सैनिक शासन और मार्शल लॉ का दौर शुरू होता है।

'अंधेरे में' मुक्तिबोध देश में फासिस्ट हुकूमत कायम होने के बाद लगाए

जानेवाले मार्शल लॉ के बारे में कहते हैं : "किसी जन-क्रांति के दमन निमित्त यह / मार्शल लॉ है!!" नगर में सैनिक प्रशासन लागू है। काव्य-नायक, जोकि एक रात अपने कमरे में सोच-विचार में पड़ा हुआ है, शोर-गुल सुनकर यह अनुमान लगाता है कि कोई जुलूस आ रहा है और निश्चित होने के लिए गैलरी में जाकर देखता है। वातावरण बहुत ही भयावना है। शहर की कोलतार की सड़क किसी बाहर खिंची हुई मृत काली जिह्वा की तरह प्रतीत होती है और बिजली के बल्ब ऐसे मालूम पड़ते हैं, जैसे किसी मुर्दे के चमकदार दांत हों! इसी वातावरण में उसे जुलूस क्रमशः निकट आता दिखलाई पड़ता है। उसमें पंक्तिबद्ध गैसलाइट हैं, बैंड पार्टी है, पैदल और घुड़सवार सैनिक और सैनिक अधिकारी हैं तथा टैंक, मोर्टार और आर्टीलरी हैं। वह जुलूस जितना भयानक है, उतना ही रहस्यमय भी। उसकी भयावहता का पता उसकी बैंड पार्टी के बाजों के वर्णन से चलता है :

> कलाबत्तूवाली काली जरीदार ड्रैस पहने
> चमकदार बैंड-दल—
> अस्थिरूप यकृत-स्वरूप, उदर-आकृति
> आंतों के जालों से उलझे हुए, बाजे वे दमकते हैं भयंकर
> गंभीर गीत-स्वन-तरंगें
> ध्वनियों के आवर्त मंडराते पथ पर।

जुलूस की रहस्यमयता इस बात में है कि वह कोई सैनिक जुलूस नहीं है। उसकी फैंटास्टिक कल्पना मुक्तिबोध ने इस कविता में इसलिए की है कि उसके माध्यम से उन लोगों पर से पर्दा उठाया जा सके, जो छिपे तौर पर फासिस्ट हुकूमत का समर्थन ही नहीं करते हैं, उसकी रक्षा में भी तैनात हैं। इसीलिए—

> बैंड के लोगों के चेहरे
> मिलते हैं मेरे देखे हुओं से,
> लगता है उनमें कई प्रतिष्ठित पत्रकार
> इसी नगर के!!
> बड़े-बड़े नाम अरे, कैसे शामिल हो गए इस बैंड-दल में!!

काव्य-नायक को आश्चर्य होता है कि उस बैंड पार्टी में बड़े-बड़े पत्रकार कैसे शामिल हैं, लेकिन यह आश्चर्य की कोई बात नहीं। पूंजीवादी पत्रकार पूंजीवाद के संकटकाल में पूरी निष्ठा और शक्ति से पूंजीवाद द्वारा लाए गए फासिज्म का यशोगान करते हैं। जुलूस में जो सैनिक चल रहे हैं, वे भी फासिज्म-समर्थक असैनिक लोग ही हैं :

> सैनिकों के पथराए चेहरे
> चिढ़े हुए, झुलसे हुए, बिगड़े हुए गहरे।
> शायद, मैंने उन्हें पहले कहीं तो भी देखा था।
> शायद, उनमें मेरे कई परिचित!!

इस जुलूस में चलनेवाले सैनिक अधिकारी कौन हैं?—

कर्नल, ब्रिगेडियर, जनरल, मार्शल
कई और सेनापति सेनाध्यक्ष
चेहरे वे मेरे जाने-बूझे-से लगते,
उनके चित्र समाचार-पत्रों में छपे थे,
उनके लेख देखे थे,
यहां तक कि कविताएं पढ़ी थीं
भई वाह!
उनमें कई प्रकांड आलोचक, विचारक, जगमगाते कविगण
मंत्री भी, उद्योगपति और विद्वान्
यहां तक कि शहर का हत्यारा कुख्यात
डोमाजी उस्ताद
बनता है बलबन
हाय, हाय!!
यहां ये दीखते हैं भूत-पिशाच-काय।

पूंजीवाद के पक्षधर आलोचक, विचारक, कवि-गण, मंत्री, उद्योगपति, विद्वान और अपराध-कर्मी—यह है फासिज्म की वैचारिक, राजनीतिक और आर्थिक आधारभूमि! पूंजीवाद-समर्थक लोग दिन में विभिन्न दफ्तरों-कार्यालयों, केंद्रों और घरों में मिलकर षड्यंत्र करते हैं। मुक्तिबोध ने जुलूस में उनका असली चेहरा दिखलाकर उन्हें नंगा कर दिया है। दिन में तो वे अच्छे-भले दिखलाई पड़ते हैं, पर रात में जुलूस में वे भूत-पिशाच-काय प्रतीत होते हैं। क्यों? इसलिए कि "भीतर का राक्षसी स्वार्थ अब / साफ उभर आया है, / छुपे हुए उद्देश्य / यहां निखर आए हैं"। मुक्तिबोध साफ शब्दों में कहते हैं कि "यह शोभा-यात्रा है किसी मृत्यु-दल की।" फासिज्म को विभिन्न आधार प्रदान करनेवाले लोग जनता के हत्यारे हैं। स्वभावतः जब कोई उन्हें असली रूप में जान लेता है, तो उन्हें इतना गुस्सा आता है कि वे उसे जान से मार डालने पर उतारू हो जाते हैं :

मारो गोली, दागो स्साले को एकदम
दुनिया की नजरों से हटकर
छुपे तरीके से
हम जा रहे थे कि
आधी रात अंधेरे में उसने
देख लिया हमको
व जान गया वह सब
मार डालो, उसको खतम करो एकदम।

काव्य-नायक भी कहता है : "हाय, हाय! मैंने उन्हें देख लिया नंगा, / इसकी मुझे और सजा मिलेगी।"

मुक्तिबोध की कविता 'एक स्वप्न-कथा' में भी एक जुलूस है :

स्तब्ध हूं,
विचित्र दृश्य!
फुसफुसे पहाड़ों-सी पुरुषों की आकृतियां
भुसभुसे टीलों-सी नारी प्रकृतियां
ऊंचा उठाए सिर गरबीली चाल से
सरकती जाती हैं।
चेहरों के चौखटे
अलग-अलग तरह के, अजीब हैं,
मुश्किल है जानना,
पर, कई
निज के स्वयं के ही
पहचानवालों का भान हो आता है।
. . . .
जुलूस में अनेक मुख
(नेता और विक्रेता, अफसर और कलाकार)
अनगिन चरित्र
          पर, चरितव्य कहीं नहीं
अनगिनत श्रेष्ठों की अनेक रूप-आकृतियां
रिक्त प्रकृतियां।
मात्र महत्ता की निराकार केवलता।

दोनों जुलूसों में एक ही तरह के असैनिक लोग शामिल हैं, जिनके चौंका देनेवाले चेहरे सुपरिचित हैं, तथापि 'एक स्वप्न-कथा' का जुलूस 'अंधेरे में' के जुलूस का पूर्वाभ्यास-भर है। कारण स्पष्ट है। वह यह कि पहली कविता का जुलूस जहां पूंजीवादी हैं, बावजूद इसके कि वह विराट् है, क्योंकि उसमें "फुसफुसे पहाड़ों-सी पुरुषों की आकृतियां" और "भुसभुसे टीलों-सी नारी प्रकृतियां" शामिल हैं, वहां दूसरी कविता का जुलूस फासिस्ट।

सैनिकों को अपनी ओर बढ़ते देखकर 'अंधेरे में' का काव्य-नायक भागता है। शहर में भयानक आतंक छाया हुआ है। "पत्ते न खड़कें / सेना ने घेर ली हैं सड़कें।" भागता हुआ वह इतना भयभीत है कि एक बरगद के पेड़ के नीचे उसके कंधे पर उसका एक पत्ता टूटकर गिरता है, तो वह चौंक उठता है और उसके पांव से सिर तक एक थरथरी रेंग जाती है। धायं-धायं बंदूक छूट रही है और मकानों के ऊपर गेरुआ प्रकाश-सा छा रहा है। कई गलियों को पार करता हुआ वह एक चौराहे पर पहुंचता है, जहां—

संगीन नोकों पर टिका हुआ
सांवला बंदूक-जत्था

गोल त्रिकोण एक बनाए खड़ा जो
चौक के बीच में!!
एक ओर टैंकों का दस्ता भी खड़े-खड़े ऊंघता,
परंतु अड़ा है!!

वह फिर भागता है और भागते हुए एक सड़क पर स्थित तिलक की प्रस्तर-मूर्ति के निकट पहुंचता है। तत्पश्चात् उसकी मुलाकात महात्मा गांधी से होती है। ये दोनों ही नेता भारतीय स्वाधीनता-आंदोलन की दो मंजिलों के महान नेता रहे हैं। स्वाधीनता-प्राप्ति में इनका योगदान ऐतिहासिक महत्त्व रखता है। महात्मा गांधी ने दूसरे पराधीन देशों में चल रहे स्वाधीनता-आंदोलनों को भी अपना दृढ़ समर्थन दिया था और फासिज्म के विरोध में बहुत ही जोरदार आवाज उठाई थी। मुक्तिबोध बहुत संकट की घड़ी में इन दोनों नेताओं को याद करते हैं। उनके देश में जब फासिस्ट हुकूमत कायम है, तब स्वाधीनता-संग्राम के इन दो महान योद्धाओं के दिल पर क्या गुजर रही है?

तिलक की मूर्ति के बारे में मुक्तिबोध कहते हैं :

भव्य ललाट की नासिका में से
बह रहा खून न जाने कबसे
लाल-लाल गरमीला रक्त टपकता
(खून के धब्बों से भरा अंगरखा)
मानों कि अतिशय चिंता के कारण
मस्तक-कोष ही फूट पड़े सहसा
मस्तक-रक्त ही बह उठा नासिका में से।

महात्मा गांधी की हालत यह है कि वह एक बोरा ओढ़े हुए अपने हाथ-पांव समेटे सर्दी में कांप रहे हैं। उन्हें तिलक की तुलना में जनता की शक्ति का एहसास ज्यादा था, इसलिए वे काव्य-नायक को बतलाते हैं कि शक्ति नेता में नहीं, जनता में होती है :

मिट्टी के लोंदे में किरणीले कण-कण
गुण हैं,
जनता के गुणों से ही संभव
भावी का उद्‌भव

वे राष्ट्रपिता थे। उन्हें फासिस्ट हुकूमत में राष्ट्र-शिशु—भारतीय जनता—की सुरक्षा की चिंता है। उसे वे काव्य-नायक को सौंपकर गायब हो जाते हैं।

काव्य-नायक आगे बढ़ता है, तो एक गली में उसे एक खुला हुआ दरवाजा दिखलाई पड़ता है। अंदर कमरे में एक व्यक्ति की हत्या कर दी गई है। वह व्यक्ति कलाकार था। उसे सच्चाई का ज्ञान था, उसके मन में साधारण जनों के लिए गहरी सहानुभूति थी और उसके पास बेहतर दुनिया के स्वप्न भी थे, लेकिन वह निष्क्रिय था। ऐसी स्थिति में काव्य-नायक को उसकी हत्या का कोई कारण नजर नहीं आता, इसीलिए वह सोचता है कि "न जाने किस झोंक में क्या कर गुजरा कि / संदेहास्पद

समझा गया और / मारा गया वह वधिकों के हाथों।" ये हत्यारे फासिस्ट थे और उन्होंने उस कलाकार की हत्या इसलिए कर दी कि वह भी उनकी दृष्टि में संदिग्ध हो उठा था। संभव है, उसने फासिस्ट हुकूमत का पोशीदे तौर पर ही विरोध किया हो, या अपने विचार-स्वातंत्र्य के अनुरूप आचरण ही किया हो, जो उन्हें सहन नहीं हुआ हो। काव्य-नायक उस कमरे से जैसे ही बाहर आता है, सैनिकों द्वारा गिरफ्तार कर लिया जाता है। अब वह 'आततायी सत्ता के सम्मुख' खड़ा है! सैनिक उसकी पिटाई करते हैं और पूछताछ के लिए उसे जबर्दस्ती एक तहखाने में ले जाते हैं। वहां उसकी 'स्क्रीनिंग' होती है और बेरहमी से उसकी पीठ पर चाबुक बरसाए जाते हैं, जिससे उस पर "उखड़े चर्म की कत्थई-रक्तिम रेखाएं उभर आती हैं।" सैनिक समझते हैं कि वह क्रांतिकारी है और वे उसे यातना देकर उससे गुप्त रहस्य मालूम करना चाहते हैं। अंततः वह रिहा कर दिया जाता है, लेकिन फासिस्ट गुप्तचर उसके पीछे लगे रहते हैं और उस पर कड़ी नजर रखी जाती है। कवि के शब्दों में :

> अब छाया-मुख करते हैं पीछा,
> श्यामाकार न छोड़ते हैं मुझको,
> जहां गया, जहां रुका, जहां चला, वहां पर
> भौंहों के नीचे के रहस्यमय छेद
> मारते हैं संगीन—
> दृष्टि की पत्थरी चमक है पैनी।

फासिस्ट हुकूमत ने जन-क्रांति को दबाने के लिए मार्शल लॉ लागू किया था, लेकिन क्रांति अंततः दबती नहीं है और वह फूट पड़ती है। "कहीं आग लग गई, कहीं गोली चल गई।" यह क्रांति स्वतःस्फूर्त नहीं है। गलियों के अंधेरे में भागते हुए काव्य-नायक को जब कोई आदमी चुपचाप क्रांति से संबंधित एक पर्चा थमा जाता है, तो वह महसूस करता है कि—

> पर्चा पढ़ते हुए उड़ता हूं हवा में,
> चक्रवात-गतियों से घूमता हूं नभ पर,
> जमीन पर एक साथ
> सर्वत्र सचेत उपस्थित।
> प्रत्येक स्थान पर लगा हूं मैं काम में,
> प्रत्येक चौराहे, दुराहे व राहों के मोड़ पर
> सड़क पर खड़ा हूं,
> मनाता हूं, मानता हूं, मनवाता हूं!!

यह शहर की सड़कों पर छोटी-छोटी सभाएं करके जनतांत्रिक तरीके से जनता को क्रांति के लिए तैयार करने का दृश्य है! क्रांति की इस घड़ी में जनता में जो अद्भुत एकता स्थापित हो गई है, उसका वर्णन भी मुक्तिबोध ने किया है : "साथ-साथ घूमते हैं, साथ-साथ रहते हैं, / साथ-साथ सोते हैं, खाते हैं, पीते हैं / जन-मन-उद्देश्य!!" जनता

की आत्मा के चक्के पर संकल्प-शक्ति के लोहे का मजबूत ज्वलंत टायर चढ़ाया जा रहा है। जन-जीवन के जंगलों से सदियों से प्रवाहित वेदना-नदियों का जल पीकर युवकों में व्यक्तित्वांतर हो रहा है : "विभिन्न क्षेत्रों में कई तरह से करते हैं संगर, / मानो कि ज्वाला-पंखुरी-दल में घिरे हुए वे सब / अग्नि-कमल के केंद्र में बैठे।" जन-क्रांति का मुक्तिबोधकृत विस्तृत वर्णन यह है :

राह के पत्थर-ढोकों के अंदर
पहाड़ों के झरने
तड़पने लग गए।
मिट्टी के लोंदे के भीतर
भक्ति की अग्नि का उद्रेक
भड़कने लग गया।
धूल के कण में
अनहद नाद का कंपन
खतरनाक ! !
मकानों की छत से
गाडर कूद पड़े
धम से।
घूम उठे खंभे
भयानक वेग से चल पड़े हवा में।
दादा का सोंटा भी करता है दांव-पेंच,
गगन में नाच रही कक्का की लाठी।
यहां तक कि बच्चे की पेमें भी उड़तीं
तेजी से लहराती घूमती
मुन्ने की सलेट-पट्टी।
एक-एक वस्तु या एक-एक प्राणाग्नि बम है,
ये परमास्त्र हैं, प्रक्षेपास्त्र हैं, यम हैं।
शून्याकाश में से होते हुए वे
अरे, अरि पर ही टूट पड़े अनिवार।
यह कथा नहीं है, यह सब सच है, हां भई ! !
कहीं आग लग गई, कहीं गोली चल गई ! !

इस वर्णन में लाठी-सोंटा देखकर मुक्तिबोध के 'पुनर्मूल्यांकन' में डॉ. रामविलास शर्मा इस निष्कर्ष पर पहुंचे हैं कि मुक्तिबोध की जन-क्रांति 'सशस्त्र' है। वे 'बम' और 'प्रक्षेपास्त्र' का उल्लेख करके अपने निष्कर्ष को पुष्ट कर सकते थे, क्योंकि रूपकात्मक और अभिधेयात्मक वर्णन में वे फर्क करें ही, यह उनके लिए आवश्यक नहीं है। यदि उनके लिए इन दोनों के बीच का फर्क कोई महत्व रखता, तो 'भूल-गलती' शीर्षक

मुक्तिबोध की कविता की "महसूस होता है कि वह, बेनाम / बेमालूम दर्रों के इलाके में / (सचाई के सुनहले तेज अक्सों के धुंधलके में) / मुहैया कर रहा लश्कर" पंक्तियां उद्धृत कर वे यह न लिखते कि "स्पष्ट ही यहां छापेमार दस्तों के संगठन का चित्र खींचा गया है।" (नई कविता और अस्तित्ववाद, पृ. 213) ज्ञातव्य है कि इस कविता में सुलतान से लेकर लश्कर मुहैया करनेवाला बागी तक एक रूपक है। मुक्तिबोध ने कविता के आरंभ में ही बतला दिया है कि "भूल-गलती / आज बैठी है जिरहबख्तर पहनकर / तख्त पर दिल के"। ऐसा जो सुलतान है, अपनी ही समझौतापरस्ती और व्यक्तिगत लाभ-लोभ का, उसे परास्त करने के लिए क्या छापामार दस्तों का संगठन जरूरी है? 'अंधेरे में' कविता में जिस क्रांति का वर्णन है, उसे डॉ. शर्मा ने इस भाव से 'सशस्त्र' घोषित किया है, जैसे मुक्तिबोध का विश्वास क्रांति के शांतिपूर्ण तरीके में बिलकुल न था। यहां इस बात को उन्होंने बिलकुल भुला दिया है कि यह क्रांति फासिस्ट हिंसात्मक दमन की प्रतिक्रिया में जोर पकड़ती है। हिंसात्मक दमन की प्रतिक्रिया में सशस्त्र क्रांति ही हो सकती है और फासिस्ट हुकूमत को सशस्त्र संघर्ष के द्वारा ही समाप्त किया जा सकता है। मार्क्स का यह कथन प्रसिद्ध है कि "आलोचना का हथियार हथियारों द्वारा की जानेवाली आलोचना की जगह कतई नहीं ले सकता; भौतिक शक्ति निश्चय ही भौतिक शक्ति के द्वारा ही परास्त की जानी चाहिए।" वैसे यह स्पष्ट है कि 'अंधेरे में' की क्रांति 'जन-क्रांति' ही है, विधिवत् प्रशिक्षित और सुसंगठित क्रांतिकारी सेना द्वारा की जानेवाली क्रांति नहीं। डॉ. शर्मा ने यह भी लिखा है कि "शहर में लाठी और सलेट-पट्टी से हथियारबंद दमनकारियों का मुकाबला नहीं किया जा सकता। इस तरह क्रांति की विजय हो नहीं सकती।" (उप., पृ. 133) लेकिन मुक्तिबोध ने जिस व्यापक जन-उभार का वर्णन किया है, उसे दबा सकना किसी भी दमनकारी सत्ता के लिए मुश्किल होगा। जन-प्रतिरोध के आगे कैसी भी दमनकारी सत्ता को झुकना होगा, इस क्रांति-वर्णन का सार-तत्व यह है।

डॉ. शर्मा का मुक्तिबोध की कविताओं के प्रसंग में अंतिम कथन यह है कि "हर जगह क्रांति करनेवाला, क्रांति की प्रेरणा देनेवाला, क्रांति का संगठन करनेवाला एक ही व्यक्ति है, वह है कविताओं का नायक। उसे आप मुक्तिबोध मानें चाहे उससे भिन्न कोई और व्यक्ति। यह क्रांति किसी पार्टी-संगठन के बिना स्वतःस्फूर्त ढंग से होती है और कविता का नायक उसका स्रष्टा या द्रष्टा होता है।" (उप., पृ. 214) 'अंधेरे में' में क्रांति जनता करती है, काव्य-नायक नहीं। वह तो उसमें शामिल-भर होता है। इसी तरह वह उसका प्रेरक नहीं है, बल्कि वही क्रांति से प्रेरित होता है, बावजूद इसके कि "मेरे ही विक्षोभ-मणियों को लिए वे / मेरे ही विवेक-रत्नों को लेकर, / बढ़ रहे लोग अंधेरे में सोत्साह।" इन पंक्तियों का अर्थ यह है कि काव्य-नायक क्रांतिकारी लोगों में अपनी ही भावनाओं और विचारों को व्यावहारिक रूप लेते देखता है। वह जहां अभी 'बौद्धिक जुगाली' में ही पड़ा है, वहां लोग क्रांति-पथ पर आगे बढ़ गए हैं। जहां तक पार्टी के नेतृत्व की बात है, उसका उल्लेख कविता में आवश्यक नहीं है। यदि कविता में जनता के एकताबद्ध होने का जिक्र है (और क्रांति की तैयारी का

संकेत भी), लेकिन पार्टी का नहीं, तो यह निष्कर्ष निकालना कि क्रांति स्वतःस्फूर्त ढंग से हो रही है, कविता पर यांत्रिक ढंग से विचार करना है। मुक्तिबोध को क्रांति में संगठन अथवा पार्टी का महत्व मालूम था। 'एक स्वप्न-कथा' शीर्षक कविता में एक हाथ जिस जहाज से निकलकर कवि को व्यक्तिवाद से उबारता है, वह "क्षोभ-विद्रोहभरे संगठित विरोध का / साहसी समाज है!!" आगे की पंक्तियों में वे अपना यह विश्वास व्यक्त करते हैं कि संगठित विरोध का यह साहसी समाज, जो भीतर और बाहर के संपूर्ण दारिद्र्य से मुक्ति की खोज में लगा है, भविष्य की कल्पना नहीं, बल्कि ठोस वर्तमान है : "भीतर व बाहर के पूरे दलिद्दर से / मुक्ति की तलाश में / आगामी कल नहीं, आगत वह आज है!!"

क्रांति के समय पूंजीवादी चिंतकों, कवियों और कलाकारों के आचरण का मुक्तिबोध ने खास तौर से उल्लेख किया है। ये सब चुप हैं और क्रांति को खामखयाली मान रहे हैं। रक्तपायी वर्ग से नाभि-नालबद्ध ये लोग अपनी सुविधाओं का उपभोग करते हैं और समस्या को गहराई से नहीं समझते। क्रांति का विरोध करने में पूंजीवादी पत्रकारों की विशेष भूमिका होती है। वे जन-विरोधी संवाद और टिप्पणियां गढ़ने में लगे रहते हैं। लेकिन उनके रोके क्रांति रुकती नहीं है और बड़े-बड़े चेहरों पर स्याही पुत जाती है! इस तरह फासिज्म की आशंका को लेकर लिखी गई कविता उसे उखाड़ फेंकनेवाली क्रांति के वर्णन के साथ समाप्त होती है।

3

अन्य प्रगतिशील कवियों की तुलना में मुक्तिबोध की विशेषता यह है कि वे सामाजिक-राजनीतिक घटनाओं का वर्णन भी व्यक्ति को छोड़कर नहीं करते। उनकी मान्यता थी कि समाज के साथ व्यक्ति को महत्व नहीं दिया गया, तो चित्रण सामान्यीकृत होकर प्रभावहीन हो जाएगा। यही कारण है कि 'अंधेरे में' में केवल फासिज्म की आशंका और उसे खत्म करने के लिए होनेवाली जन-क्रांति का ही वर्णन नहीं है, उसमें एक व्यक्ति भी है, जिसकी ऊपर काव्य-नायक के रूप में चर्चा की गई है। यह पूरी कविता उस व्यक्ति के माध्यम से ही आगे बढ़ती है, इसलिए उसे काव्य-नायक कहना उचित है। यह काव्य-नायक एक संघर्ष में पड़ा हुआ है। चूंकि वह सचेत मध्यवर्गीय बुद्धिजीवी है, इसलिए देश में जो राजनीतिक दुर्घटना हुई है, उससे वह न केवल परिचित है, बल्कि आंदोलित भी है। उसके आंदोलित होने का कारण उसका कर्तव्य अथवा दायित्व-बोध है। देश में जो फासिस्ट हुकूमत कायम हो गई है और जो मार्शल लॉ लगा हुआ है, उसके लिए वह कहीं अपने को भी, अपनी निष्क्रियता के कारण, जिम्मेवार मानता है। कविता में वह एक स्थान पर कहता है : "मानो मेरे कारण ही लग गया / मार्शल लॉ वह, / मानो मेरी निष्क्रिय संज्ञा ने संकट बुलाया, / मानो मेरे कारण ही दुर्घट / हुई वह घटना।" स्वभावतः वह बेचैन हो उठता है। मुक्तिबोध ने उसकी बेचैनी का इजहार इन शब्दों में किया है :

मेरा सिर गरम है,
इसीलिए भरम है
सपनों में चलता है आलोचन,
विचारों के चित्रों की अवलि में चिंतन।
निजत्व—भाफ है बेचैन,
क्या करूं, किससे कहूं,
कहां जाऊं, दिल्ली या उज्जैन?

ये पंक्तियां कई बातों का पता देती हैं। कविता में जो 'भरम' यानी फैंटेसी है, वह कवि की विशेष मानसिक दशा की देन है। दूसरे, वह फैंटेसी केवल भावावेशमूलक नहीं है, बल्कि वह वैचारिकता से युक्त है। तीसरी बात यह है कि कवि का निजत्व यानी उसकी अंतरात्मा चलने से पहले के रेलवे इंजन की बेचैन भाप की तरह है। उसे पता नहीं चलता कि वह क्या करे और कहां जाए। वह एक द्वंद्व में पड़ा हुआ है। उसके मध्यवर्गीय जीवन की परिस्थितियां उसे इसके लिए इजाजत नहीं देतीं कि वह बाहर आकर फासिस्ट हुकूमत के प्रतिरोध में शामिल हो। वह अपनी सीमाओं में, जोकि परिस्थितिगत भी हैं और संस्कारगत भी, कैद है। वह उन्हें तोड़ना चाहता है, लेकिन जैसे इसके लिए उसके पास शक्ति नहीं है। फासिस्ट हुकूमत से टकराना हद दर्जे तक खतरनाक भी है। लेकिन उसका दायित्व-बोध है, जो उसे चैन नहीं लेने देता। वह उसकी पुकार को भी अनसुना नहीं कर सकता। उसकी आत्मा में भीषण सत्-चित्-वेदना यानी "सत्य की महान् व्यथा" भड़क उठती है। वह रात में अपने कमरे में पड़ा हुआ है। "चिंता के गणित-अंक / आसमानी सलेट-पट्टी पर चमकते / खिड़की से दीखते।" कुछ ऐसी ही गहन चिन्ता में 'ब्रह्मराक्षस' कविता का ब्रह्मराक्षस भी पड़ा था : "सितारे आसमानी छोर पर फैले हुए अनगिन दशमलव-से / दशमलव-बिंदुओं के सर्वतः / पसरे हुए उलझे गणित-मैदान में / मारा गया, वह काम आया ...।"

काव्य-नायक को तारों में टहलते और वहीं से पृथ्वी को देखते तोलस्तोय दीख जाते हैं। तोलस्तोय मुक्तिबोध के लिए मानववाद के सर्वश्रेष्ठ प्रतीक थे। आगे वे तोलस्तोयनुमा व्यक्ति के लिए कहते हैं : "मेरे किसी भीतरी धागे का आखिरी छोर वह, / अनलिखे मेरे उपन्यास का / केंद्रीय संवेदन"। इस प्रसंग को समझने के लिए 'तार सप्तक' में मुक्तिबोध के वक्तव्य का एक अंश देखना चाहिए। अपने आरंभिक कवि-जीवन के बारे में वे बतलाते हैं : "उन दिनों भी एक मानसिक संघर्ष था। एक ओर हिंदी का यह नवीन सौंदर्य-काव्य था, तो दूसरी ओर, मेरे बाल-मन पर मराठी साहित्य के अधिक मानवतामय उपन्यास-लोक का भी सुकुमार परंतु तीव्र प्रभाव था। तॉलस्तॉय के मानवीय समस्या-संबंधी उपन्यास या महादेवी वर्मा? समय का प्रभाव कहिए या वय की मांग, या दोनों, मैंने हिन्दी के सौंदर्य-लोक को ही अपना क्षेत्र चुना; और मन की दूसरी मांग वैसे ही पीछे रह गई जैसे अपने आत्मीय राह में पीछे रहकर भी साथ चले चलते हैं।" देश में जन-साधारण पर कहर बरपा करनेवाली फासिस्ट

हुकूमत के काल में मुक्तिबोध के काव्य-नायक को तोलस्तोय की याद आना स्वाभाविक था। वह याद उसे और बेचैन बना देती है; उसके आत्मसंघर्ष को और तीखा कर देती है।

काव्य-नायक जब अपने बिस्तर से उठकर गैलरी में जाता है, क्रमशः नजदीक आते हुए जुलूस को देखने, तो कुछ सैनिक उसे देख लेते हैं और उसे गोली मार देने के लिए उसकी तरफ दौड़ते हैं। त्रस्त होकर वह भागता है और भागता हुआ एक बरगद के पास जाकर खड़ा होता है। इस बरगद के नीचे एक व्यक्ति रहा करता था, जिसे लोग पागल समझते थे। रात में इस वक्त वह एक 'आत्मोद्‌बोधमय' गान गा रहा है। गान की अंतर्वस्तु मध्यवर्ग के बुद्धिजीवियों की जीवन-स्थिति से संबंधित है :

> ··· ओ मेरे आदर्शवादी मन,
> ओ मेरे सिद्धांतवादी मन,
> अब तक क्या किया?
> जीवन क्या जिया!!
> उदरंभरि बन अनात्म बन गए,
> भूतों की शादी में कनात-से तन गए,
> किसी व्यभिचारी के बन गए बिस्तर,
>
> दुःखों के दागों को तमगों-सा पहना,
> अपने ही खयालों में दिन-रात रहना,
> असंग बुद्धि व अकेले में सहना,
> जिंदगी निष्क्रिय बन गई तलघर,
>
> अब तक क्या किया,
> जीवन क्या जिया!!
>
> बताओ तो किस-किस के लिए तुम दौड़ गए,
> करुणा के दृश्यों से हाय! मुंह मोड़ गए,
> बन गए पत्थर;
>
> बहुत-बहुत ज्यादा लिया,
> दिया बहुत-बहुत कम;
> मर गया देश, अरे, जीवित रह गए तुम!!

यह आत्मभर्त्सना काव्य-नायक की आत्मभर्त्सना बन जाती है, क्योंकि वह भी अपनी परिस्थितियों के दबाव में अपने सारे आदर्शों और सिद्धांतों को छोड़कर पेट के लिए

अपनी आत्मा को बेचता रहा है, अपने सुख-दुख को ही महत्व देता हुआ, शेष विश्व से अलग, आत्मकेंद्रित बना रहा है और गलत कामों में तो सक्रिय रहा है, लेकिन जनता की करुणाजनक स्थिति ने उसके भीतर संवेदना का संचार नहीं किया! 'मर गया देश' का मतलब है, देश में फासिस्ट हुकूमत का कायम होना। उक्त गान उसे जैसे अपने सामने नंगा कर देता है। वह गहन आत्मालोचना में डूब जाता है। उसके भीतर जोरों से तर्क-वितर्क चलने लगता है। "होने लगी बहस और / लगने लगे परस्पर तमाचे।"

भागता हुआ जब वह एक बंद घर की सीढ़ी पर अपना सिर पकड़कर बैठ जाता है, तो स्वप्न के भीतर उसे एक और स्वप्न दिखलाई पड़ता है :

> पाता हूं निज को खोह के भीतर,
> विलुब्ध नेत्रों से देखता हूं द्युतियां,
> मणि तेजस्क्रिय हाथों में लेकर
> विभोर आंखों से देखता हूं उनको · · ·
> पाता हूं अकस्मात्
> दीप्ति में वलयित रत्न वे नहीं हैं
> अनुभव, वेदना, विवेक-निष्कर्ष
> मेरे ही अपने यहां पड़े हुए हैं · · ·
>
> हाय, हाय! मैंने उन्हें गुहा-वास दे दिया
> लोक-हित क्षेत्र से कर दिया वंचित
> जनोपयोग से वर्जित किया, और
> निषिद्ध कर दिया
> खोह में डाल दिया!!
>
> वे खतरनाक थे,
> (बच्चे भीख मांगते) खैर · · ·
> यह न समय है,
> जूझना ही तय है।

इन स्थितियों का वर्णन मुक्तिबोध की कई कविताओं में है। 'भविष्य-धारा' में भी "जीवन की श्यामल खानों से / मणि-रत्न निकाले, पर ज्यों ही वे प्राप्त हुए / क्षण-भर चमके / मानो कि चंद्र-मणि प्रद्योतित / पर जाने तुमने कहां अटाले में डाला"। 'ओ काव्यात्मन् फणिधर' कविता में भी "चुपचाप धंसाए गए, छिपाए गए रत्न मन के, जन के, / जो मूल्य सत्य हैं इस जग के परिवर्तन के।" 'भविष्य-धारा' में यह उक्ति भी है : "और तुम्हारे बच्चे भूखे रह मांगेंगे भीख"। लेकिन 'अंधेरे में' कविता में भय का जितना गहन वातावरण है, उतना किसी कविता में नहीं। इसका कारण यही है कि फासिस्ट हुकूमत में क्रांतिकारी विचारों का प्रचार और उनके अनुसार आचरण करना

सबसे कठिन है।

अंततः काव्य-नायक फासिज्म के विरुद्ध संघर्ष करने का निश्चय कर आगे बढ़ता है। तिलक की दशा उसके संकल्प को और दृढ़ कर देती है। वह अपने मध्यवर्गीय 'निजत्व' से छुटकारा पाने का हठ ठान लेता है। उसके बाद उसकी मुलाकात महात्मा गांधी से होती है, तो वे उसे यह सूत्र देते हैं कि आसमान से टपके हुए नेता नहीं, जनता ही भविष्य-निर्मात्री है। वह काफी डरा हुआ है, इसलिए उसने अपने कंधे से जिस भारतीय जन-शिशु को चिपका रखा है, वह सहसा रो उठता है, तो उसे डर होता है कि कहीं कोई वह आवाज सुन न ले। उस शिशु के रुदन में विस्फोटक क्षोभ, गहरी शिकायत और भयंकर क्रोध है। वह उसे जितना ही चुप कराने का प्रयास करता है, वह उतने ही क्रोध से और चीखता जाता है। लेकिन वह प्रसन्न भी है कि जो वह अपने पूरे जीवन में न कर सका, वह शिशु कर रहा है! संकल्पयुक्त होकर वह आगे बढ़ता है कि अचानक उसके कंधे पर से वह शिशु गायब हो जाता है और वहां सिर्फ प्रकाश बिखराते सूरजमुखी के पुष्प-गुच्छ रह जाते हैं। बाद में वे पुष्प-गुच्छ भी गायब हो जाते हैं और उनकी जगह बंदूक और रायफल ले लेते हैं। यह इस बात का सूचक है कि जनता फूल भी है और जरूरत पड़ने पर बंदूक तथा रायफल भी।

जब काव्य-नायक गिरफ्तार हो जाता है और उसकी पिटाई होती है, तो उससे उसका संकल्प शिथिल नहीं पड़ता, बल्कि वह दृढ़तर हो जाता है। पिटाई के समय उसे क्रांति के दृश्य दिखलाई पड़ते हैं और "अंतर्तत्त्वों का पुनर्प्रबंध और पुनर्व्यवस्था/ पुनर्गठन-सा होता जा रहा"। उसे शारीरिक यातना दी जाती है, लेकिन उसे वह महसूस नहीं करता। उसका मन देह की सीमा का अतिक्रमण कर जाता है और वह सिर्फ एक 'संदेश' रह जाता है, दूरस्थित उदासीन जन के मन को प्रेरित करनेवाला! रिहाई के बाद वह क्रांति में योगदान करने का निश्चय करता है। जब क्रांति शुरू होती है, तो उसकी रही-सही दुविधा भी खत्म हो जाती है और अपनी सभी कमजोरियों से मुक्त होकर वह जैसे क्रांतिकारी कार्यवाहियों में लग जाता है। उसके भीतर आशा और विश्वास हिलोरें लेने लगते हैं। उसे लगता है कि दिशा और काल दोनों अब अपनी पहुंच में हैं, स्वप्न कर्म के सहारे मूर्तिमान हो रहे हैं और जीवन विकास की उच्चतम मंजिल प्राप्त करने को उद्यत है। मुक्तिबोध की तेजस्क्रिय और चित्रात्मक भाषा में यह वर्णन देखने ही लायक है :

> और तब दिक्काल-दूरियां
> अपने ही देश के नक्शे-सी टंगी हुई
> रंगी हुई लगतीं!!
> स्वप्नों की कोमल किरनों का पानी
> घनीभूत संघनित द्युतिमान
> शिलाओं में परिणत,
> ये सब दृढ़ीभूत कर्म-शिलाएं हैं

जिनसे कि स्वप्नों की मूर्ति बनेगी
सस्मित सुखकर
जिसमें से उद्‌गत क्रियाशील किरनें
ब्रह्मांड-भर में नापेंगी सबकुछ!
सचमुच, मुझको तो जिंदगी-सरहद
सूर्यों के प्रांगण पार भी जाती-सी दीखती!!

अंत में जब काव्य-नायक का स्वप्न भंग होता है, तो वह अपने को फिर अकेला तो महसूस करता है, लेकिन उसका मन स्फूर्ति से भरा हुआ है : "मानो कि कल रात किसी अनपेक्षित क्षण में ही सहसा / प्रेम कर लिया हो मनोहर मुख से / जीवन भर के लिए!!" वह जानना चाहता है कि उसने जो स्वप्न देखा है, आखिर उसका अर्थ क्या है?

यह काव्य-नायक कौन है? इसे लेकर मुक्तिबोध-संबंधी हिंदी आलोचना में एक विवाद चलता रहा है। डॉ. रामविलास शर्मा का कहना है कि वह स्वयं मुक्तिबोध हैं। उनके शब्द हैं : "मुक्तिबोध को 'अंधेरे में' कविता के नायक से अलग करके देखना असंभव है।" ('अस्तित्ववाद', पृ. 202) वे इसके साथ यह भी कहते हैं कि मुक्तिबोध सिजोफ्रेनिया नामक एक मानसिक रोग से ग्रस्त थे, जिसका एक लक्षण विभाजित व्यक्तित्व है। उनके अनुसार " 'अंधेरे में' के काव्य-नायक का आत्मसंघर्ष इस विभाजित व्यक्तित्व का ही परिणाम है। वस्तुस्थिति यह है कि न 'अंधेरे में' का काव्य-नायक पूर्णतः मुक्तिबोध से अभिन्न है, न मुक्तिबोध विभाजित व्यक्तित्व के शिकार थे। किसी मानसिक रोगी में कवि के बौद्धिक अनुशासन के निर्वाह की क्षमता नहीं हो सकती, न वह आत्मसंघर्ष द्वारा किसी समस्या को हल करने की स्थिति में होता है। रेडेलिख और फ्रीडमान नामक असामान्य मनोविज्ञान के विशेषज्ञों का कहना है कि सिजोफ्रेनिया के रोगी का व्यक्तित्व इस कदर विभाजित हो जाता है कि उसके दो हिस्सों में कोई तालमेल नहीं रह जाता। 'अंधेरे में' का काव्य-नायक एक बड़ी हद तक उन मध्यवर्गीय बुद्धिजीवियों का प्रतिनिधि है, जिन्हें देश-दशा का पता है और जो अपने दायित्व से परिचित हैं, लेकिन जो अपनी परिस्थितियों और संस्कारों की घेराबंदी तोड़कर संघर्ष के मार्ग पर कदम बढ़ाने में अपने को असमर्थ पाते हैं। उनका आत्मसंघर्ष उनकी इसी स्थिति की देन होता है, विभाजित व्यक्तित्व-जैसे सिजोफ्रेनिया के रोग-लक्षण की नहीं। जैसे-जैसे समाज में वर्गसंघर्ष बढ़ता जाता है, सचेत मध्यवर्गीय बुद्धिजीवी का आत्मसंघर्ष भी बढ़ता है, क्योंकि उसी अनुपात में उसका दायित्वबोध गहन होता जाता है। 'अंधेरे में' का काव्य-नायक स्वयं कहता है : "जितना ही तीव्र है द्वंद्व क्रियाओं घटनाओं का बाहरी दुनिया में, / उतनी ही तेजी से भीतरी दुनिया में / चलता है कि द्वंद्व कि / फिक्र से फिक्र लगी हुई है।" 'एक टीले और डाकू की कहानी' में भी हवा टीले से कहती है : "तुममें जो द्वंद्व है / वह द्वंद्व बाहरी स्थिति ही का बिंब!!" इससे काफी पहले 'प्रथम छन्द' शीर्षक कविता में भी मुक्तिबोध ने

कहा था : "आज भविष्यत् सिंह-द्वार के प्रवेश-पथ पर / एक भयंकर तुमुल नाद है/ आत्मद्वंद्व का, जन-संगर का। / व्यक्ति जूझता, समाज लड़ता, / काल कांपता।" इसमें भी 'आत्मद्वंद्व' तथा 'जन-संगर' और व्यक्ति तथा समाज के संघर्ष का आपसी संबंध ध्यातव्य है। टीले और डाकूवाली कविता में हवा टीले से यह भी कहती है कि "अपना वह मूल द्वंद्व पहचानो। / द्वंद्वशील तथ्यों को तत्त्वों को जान लो / तीव्र करो द्वंद्व को/ अग्रगति सत्यों की विजयों का करो साफ रास्ता / जीवन-स्थिति बदल दो / ध्यान रखो / इस महान् कार्य में / तुम न अकेले हो।"

डॉ. शर्मा ने 'अंधेरे में' के 'पागल' को भी, जोकि एक गान गाकर आत्मभर्त्सना करता है, काव्य-नायक से और उसके माध्यम से मुक्तिबोध से प्रायः अभिन्न मान लिया है। कहते हैं, "इसे सिरफिरा विक्षिप्त मस्तिष्क ठीक कहा गया है। कविता का नायक इससे भिन्न व्यक्ति है, यद्यपि दोनों में बहुत बड़ा अंतर नहीं है। उस पागल का गीत सुनकर काव्य-नायक का व्यक्तित्व लगभग उसी का सा हो जाता है।" (उप., पृ. 210) और फिर, "जो 'पागल' अपना खोया हुआ व्यक्तित्व रात में पा जाता है, वह भीतर से पूरी तरह विभाजित हो चुका है। विभाजित व्यक्तित्व का लक्षण मानसिक असंतुलन का सूचक है। विक्षेप की अनेक प्रक्रियाओं के समान यथार्थ से आत्मरक्षा का यह भी एक रूप है।" (उप.) मुक्तिबोध की कविता पर लिखे गए अपने पहले निबंध में डॉ. शर्मा ने इस 'पागल' की आत्मभर्त्सना की बड़ी तारीफ की थी। लिखा था, "आत्मभर्त्सना का ऐसा प्रखर स्वर हिन्दी के किसी दूसरे कवि की रचनाओं में नहीं सुनाई देता। उसकी प्रखरता उत्पन्न होती है मुक्तिबोध के विवेक से।" (उप., पृ. 131) उनकी बात मानें, तो मानना पड़ेगा कि विभाजित व्यक्तित्व बहुत सृजनात्मक होता है और उसमें विवेक भी बहुत प्रखर होता है! डॉ. शर्मा ने इस प्रसंग में जो छोटी-सी बात भुला दी है, वह यह कि मुक्तिबोध ने जिसे 'सिरफिरा पागल' कहा है, वह सचमुच में पागल नहीं है, लोग उसे पागल समझते हैं : "पागल था दिन में / सिरफिरा विक्षिप्त मस्तिष्क।" उनकी प्रसिद्ध कहानी 'क्लॉड ईथरली' का एक पात्र कहानी के वाचक पात्र से कहता है : "जो आदमी आत्मा की आवाज जरूरत से ज्यादा सुन करके हमेशा बेचैन रहा करता है और इस बेचैनी में भीतर के हुक्म का पालन करता है, वह निहायत पागल है। पुराने जमाने में संत हो सकता था। आजकल पागलखाने में डाल दिया जाता है।" उक्त 'पागल' ऐसा ही पागल है। डॉ. शर्मा को चूंकि मुक्तिबोध को मानसिक रोगी सिद्ध करना था, इसलिए उन्होंने 'विक्षिप्त' शब्द को पकड़ लिया और 'पागल' से उन्हें अभिन्न कर दिया। जहां तक आत्मभर्त्सना अथवा आत्मालोचना की बात है, उसका मानसिक रोग से कोई अनिवार्य संबंध नहीं। 1952 में ही 'नया खून' की एक टिप्पणी में मुक्तिबोध ने लिखा था कि "आत्म-आलोचना का मार्ग इसलिए अपनाया जाता है कि भुजाओं में ताकत पैदा हो, मस्तिष्क में अधिक तेज उत्पन्न हो, जिससे कि जनता के प्रति अपने अनिवार्य उत्तरदायित्वों की राह में आनेवाले रोड़ों की मार की वेदना हमारे हृदय और मस्तिष्क पर हावी न हो।" 'अंधेरे में' के 'पागल' की आत्मभर्त्सना, जोकि काव्य-नायक की आत्मभर्त्सना बन जाती है,

ऐसी ही आत्मालोचना है।

डॉ. शर्मा ने 'अंधेरे में' के काव्य-नायक के दायित्व-बोध को अस्तित्ववादी बतलाया है। वे सार्त्र की पुस्तक 'अस्तित्ववाद और मानवतावाद' का हवाला देते हुए कहते हैं, "सार्त्र अपनी उक्त पुस्तक में कहते हैं कि अस्तित्ववाद का पहला सिद्धांत यह है कि मनुष्य स्वयं को जो कुछ बनाता है, उसके सिवा वह कुछ नहीं है। मनुष्य जो कुछ है, उसके लिए वह स्वयं उत्तरदायी है किन्तु मनुष्य जब अपने लिए एक रास्ता चुनता है, तब वह 'सभी मनुष्यों के लिए भी चुनाव करता है। ... मैं मनुष्य की ऐसी मूर्ति गढ़ रहा हूं, जैसी कि मैं चाहता हूं कि मनुष्य की हो। स्वयं को गढ़ने में मैं मनुष्य को गढ़ता हूं।' ... और इसी दायित्व-बोध से गहरी वेदना और निराशा का जन्म होता है। मनुष्य जो रास्ता चुनता है वह सारी मानव-जाति के लिए होता है। इससे जो दायित्व-बोध उत्पन्न होता है, उसी से गहरी बेचैनी पैदा होती है। ... कोई आश्चर्य नहीं कि 'अंधेरे में' कविता का नायक अपनी कायरता के लिए न केवल स्वयं को धिक्कारता है वरन् शहर में मार्शल लॉ लगने के लिए स्वयं को जिम्मेदार ठहराता है; सोचता है—'मानो मेरे कारण ही लग गया / मार्शल लॉ वह, / मानो मेरी निष्क्रिय संज्ञा ने संकट बुलाया / मानो मेरे कारण ही दुर्घट / हुई यह घटना।' अतिशय दायित्व-बोध का ही यह दूसरा पहलू है अतिशय अपराध-बोध।" (उप., पृ. 180-81) यहां भी डॉ. शर्मा ने काव्य-नायक के तीन वाक्यों में तीन बार प्रयुक्त 'मानो' शब्द को भुला दिया है, जो इस बात का सूचक है कि मार्शल लॉ के लिए वह सिर्फ अपने को जिम्मेवार नहीं मानता और वह ऐसा अपने दायित्व-बोध के तीव्र एहसास के कारण सोचता है। मुक्तिबोध को अच्छी तरह से पता था कि एक व्यक्ति न ऐसी घटना के लिए जिम्मेवार हो सकता है, न अपनी क्षमता से फासिस्ट हुकूमत को खत्म कर सकता है। 'चंबल की घाटी में' कविता में हवा टीले से कहती है :

दस्यु-पराक्रम
शोषण पाप का परंपरा-क्रम
वक्षासीन है,
जिसके कि होने में गहन अंशदान
स्वयं तुम्हारा ! !
इसीलिए जब तक उसकी स्थिति है,
मुक्ति न तुमको।
याद रखो,
कभी अकेले में मुक्ति न मिलती,
यदि वह है तो सबके ही साथ है।

ये पंक्तियां उनके विचार को अधिक स्पष्टता और पूर्णता के साथ हमारे सामने रखती हैं।

मुक्तिबोध की विकृत तसवीर पेश करने के क्रम में डॉ. शर्मा ने 'अंधेरे में' के

काव्य-नायक के इस कथन का भी गलत अर्थ लगाया है कि "मानो कि कल रात किसी अनपेक्षित क्षण में ही सहसा / प्रेम कर लिया हो मनोहर मुख से / जीवन भर के लिए!!" कहा जा चुका है कि इसका संबंध काव्य-नायक के उस स्वप्न से है, जिसमें वह जन-क्रांति को घटित होता हुआ देखता है। इस स्वप्न के सुख को वह प्रेम-सुख जैसा महसूस करता है और आगे कहता है : "क्या कोई प्रेमिका सचमुच मिलेगी? / हाय! यह वेदना स्नेह की गहरी / जाग गई क्योंकर?" स्नेह की गहरी वेदना इसलिए जग जाती है कि स्वप्न भंग हो चुका है। डॉ. शर्मा काव्य-नायक के इस कथन पर मुक्तिबोध का मनोविश्लेषण करते हुए यह टप्पणी करते हैं कि "मुक्तिबोध को एक प्रेमिका की सख्त जरूरत थी।" (उप., पृ. 221)

मुक्तिबोध संघर्ष और क्रांति के प्रसंगों का वर्णन प्रेम-प्रसंगों के रूप में बहुत पहले से करते आ रहे थे। 1944 में रचित 'लाल सलाम' शीर्षक कविता में जर्मनी की फासिस्ट सेना को चीरते हुए आगे बढ़नेवाली लाल सेना के बारे में वे कहते हैं: "अरे, आज काले सागर के, वोल्गा के उस पार / जो प्रकाश के दरिया का लहरा उट्ठा है ज्वार / उसमें नए सत्य का यौवन, प्रात पवन-सा मुक्त / एक चुनौती निर्भय, *चुंबन एक हृदय-संयुक्त।*" इसी तरह अनुमानतः 1941 में लिखी गई 'दमकती दामिनी' शीर्षक कविता में वे क्रांति की कल्पना एक युवती के रूप में करते हैं ("ओ मेघमाला के घने घनघोर जंगल में / सदा तुम डोलतीं। उद्दीप्त यौवन-स्वर्णिमे, / उन्मुक्त चंचल बाल, / यह निर्भय विहरती चाल, / यह कमनीय चिर दुर्धर्ष-गति / जलती सचाई-सी चली, / जो मेघ-गिरि-विस्तार को देती चुनौती क्रुद्ध / स्वर्णिम देह-मन विक्षुब्ध") और उसके बाद कहते हैं, "मैं हूं क्रांति-युग का एक छोटा कवि, तुम्हारा लोभ"। तात्पर्य यह कि उन्हें उस "उन्मुक्त चंचल बाल" का लोभ है!

'अंधेरे में' में भी कविता के आरंभ में ही जब दरवाजे पर 'रक्तालोकस्नात पुरुष' सांकल बजाता है, तो उस समय की बेचैनी का वर्णन वे एक प्रेम-प्रसंग के उल्लेख के द्वारा ही करते हैं : "अरे, हां, सांकल ही रह-रह / बजती है द्वार पर। / कोई मेरी बात मुझे बताने के लिए ही / बुलाता है, बुलाता है (हृदय को सहला / मानो किसी जटिल प्रसंग में सहसा / होंठों पर होंठ रख कोई सच-सच बात / सीधे-सीधे कहने को तड़प जाय, और फिर / वही बात सुनकर धंस जाय मेरा जी ... / इस तरह सांकल ही रह-रह, बजती है द्वार पर)।" मायकोव्स्की ने भी, जिनकी क्रांतिकरिता में किसी आलोचक को संदेह न होना चाहिए, कहा है कि "क्रांति को उसी तरह पुकारना चाहिए, जिस तरह प्रेमी-प्रेमिका पहले दिन के साथ में एक-दूसरे को पुकारते हैं!" इस तरह क्रांति के प्रति गहन भावनात्मक लगाव के कारण उसे प्रेमिका के रूप में देखना अप्रत्याशित नहीं है, लेकिन डॉ. शर्मा को चूंकि मुक्तिबोध को मानसिक रोगी सिद्ध करना है, इसलिए उन्होंने उनकी उक्तियों को हद दर्जे तक तोड़-मरोड़कर उनसे मनोवांछित अर्थ निकाला है। मुक्तिबोध की कविता 'कल जो हमने चर्चा की थी' ('हंस', अक्तूबर, 1957) की प्रेमिका नातालिया है, अग्न्येश्का नहीं, क्योंकि अग्न्येश्का के भारत आने (1960-61) के पहले वह कविता लिखी ही नहीं

जा चुकी थी, प्रकाशित भी हो चुकी थी, लेकिन डॉ. शर्मा उसे अग्न्येश्का ही मानते हुए 'अंधेरे में' की 'प्रेमिका' के प्रसंग में कहते हैं : "यह संभव है कि 'कल जो हमने चर्चा की थी' का सुख-स्वप्न उन्हें 'अंधेरे में' कविता के दुःस्वप्न के अंत में याद आ रहा हो।" (उप.) अग्न्येश्का से मुक्तिबोध का किस प्रकार का संबंध था, यह 'लक्षित मुक्तिबोध' में उनके मित्र शरद कोठारी ने बतलाया है : "आग्न्येष्काजी का हिन्दू रीति से विवाह-संस्कार भी हमीदिया अस्पताल (जहां मुक्तिबोध बीमार होकर भर्ती थे।—ले.) में ही सम्पन्न हुआ था . . . । मुक्तिबोध ने कन्यादान दिया, मुझे भाई बनाया गया। आग्न्येष्काजी मुक्तिबोध को पिता की तरह मानती थीं राजनांदगांव में वह चार-पांच दिन मुक्तिबोध के यहां रही थीं और उसी संगति के परिणामस्वरूप उनमें यह पूज्य भाव पैदा हुआ था।" अब आसानी से समझा जा सकता है कि विकृति कहां है—कवि की संवेदना में, या आलोचक की दृष्टि में।

डॉ. नामवर सिंह ने, डॉ. शर्मा के विपरीत, 'अंधेरे में' के काव्य-नायक को मुक्तिबोध से बिलकुल भिन्न बतलाया है। 'कविता के नए प्रतिमान' में इस कविता पर विचार करते हुए उनकी कविताओं में काव्य-नायक के रूप में उपस्थित होनेवाले चरित्र के बारे में वे कहते हैं, "निश्चय ही यह काव्य-नायक मुक्तिबोध का प्रतिरूप नहीं है और न इसे मुक्तिबोध समझने का भ्रम ही होना चाहिए। यह कवि की काव्य-सृष्टि है— बल्कि काव्य-सृष्टियों में से एक, ठीक उसी तरह जैसे 'एक साहित्यिक की डायरी' का 'मैं' और 'क्लॉड ईथरली', 'पक्षी और दीपक', 'विपात्र' आदि कहानियों का 'मैं'।" (पृ. 223) अगले वाक्य में उन्होंने यह भी बतला दिया है कि "इस चरित्र को प्रबुद्ध, प्रेरित और सक्रिय करके उसकी आस्था को दृढ़ करने के लिए ही मुक्तिबोध ने यह आत्मपरक ढंग अपनाया है।" (उप.) डॉ. शर्मा ने 'अंधेरे में' में एक 'पागल' की आत्मभर्त्सना को कवि की आत्मभर्त्सना मान लिया है, उसकी ओर संकेत करते हुए नामवरजी यह कहते हैं कि "मुक्तिबोध की रचनाओं में आत्मभर्त्सना का स्वर असंदिग्ध है लेकिन इस आत्मभर्त्सना को स्वयं मुक्तिबोध की आत्मभर्त्सना कहना भारी भ्रम है। वस्तुतः मुक्तिबोध ने अपनी रचनाओं में 'मैं' के द्वारा अपने पूरे वर्ग—मध्यवर्ग—की आत्मभर्त्सना को अभिव्यक्त किया है।" (उप., 231) इस स्थापना को भी पूर्णतः स्वीकार करने में बाधा यह है कि स्वयं कविता में ऐसे संकेत हैं, जिनसे इसका नायक किसी हद तक कवि का प्रतिरूप मालूम पड़ता है।

रिहाई के बाद जब काव्य-नायक क्रांतिकारी सक्रियतावाले स्थलों को देखता है, तो स्वयं फासिस्ट-विरोधी कविता लिखकर क्रांति में योग देना चाहता है, लेकिन वैसी कविता लिखने में वह अपने को असमर्थ पाता है। यहां वह कहता है : "काव्य-चमत्कार उतना ही रंगीन / परंतु, ठंडा!! / मेरे भी फूल हैं तेजस्क्रिय, पर अतिशय शीतल।" इसी के बाद वह कहता है कि "अरे, इन रंगीन पत्थर-फूलों से मेरा / काम नहीं चलेगा!!" और वह संकल्प करता है कि "अब अभिव्यक्ति के सारे खतरे उठाने ही होंगे। / तोड़ने होंगे ही मठ और गढ़ सब। / पहुंचना होगा दुर्गम पहाड़ों के उस पार / तब कहीं देखने मिलेंगी हमको / नीली झील की लहरीली थाहें / जिसमें कि

प्रतिपल कांपता रहता / अरुण कमल एक ···।" कहने की आवश्यकता न होनी चाहिए कि 'अभिव्यक्ति' का संबंध यहां काव्याभिव्यक्ति से है और 'अरुण कमल' का मतलब है क्रांतिकारी कविता। 'मठ' और 'गढ़' पुरानी और प्रचलित काव्य-रूढ़ियों के लिए प्रयुक्त हुए हैं। यदि काव्य-नायक कवि नहीं, तो आगे वह यह क्यों कहता है कि "कविता में कहने की आदत नहीं, पर कह दूं / वर्तमान समाज चल नहीं सकता"? ये मुक्तिबोध ही हैं, जो कविता में प्रायः फैंटास्टिक रूपकों के माध्यम से अपनी बात कहते हैं, "वर्तमान समाज चल नहीं सकता"-जैसी सपाटबयानी का इस्तेमाल नहीं करते। नामवरजी भी जब यह कहते हैं कि "कवि मुक्तिबोध के लिए अस्मिता की खोज व्यक्ति की खोज नहीं, बल्कि अभिव्यक्ति की खोज है" और "एक कवि के नाते उनके लिए परम अभिव्यक्ति ही अस्मिता है" (उप., पृ. 217-18), तो थोड़ी देर के लिए वे भी यह मान लेते हैं कि 'अंधेरे में' का काव्य-नायक मुक्तिबोध का ही प्रतिरूप है। यदि वह ऐसा नहीं, तो वह 'अभिव्यक्ति' की खोज क्यों करता है और उसके लिए 'परम अभिव्यक्ति' ही अस्मिता क्यों है? तात्पर्य यह कि इस काव्य-नायक को किसी हद तक मुक्तिबोध से अभिन्न मानने में कठिनाई न होनी चाहिए।

मुक्तिबोध ने अपने वक्तव्यों और अपनी कविताओं में बार-बार अपने लेखन की 'आत्मपरकता' की पुष्टि की है। 'तार सप्तक' के द्वितीय संस्करण के आत्म-वक्तव्य में वे कहते हैं: "जीवन और परिवेश की विषमता की यह स्थिति अभ्यंतर लोक में भी दुःस्थिति उत्पन्न करती है, यह एक दारुण सत्य है। *मैं कहूं कि यह मेरा अपना भी सत्य है।*" इसी तरह 'भविष्य-धारा' शीर्षक कविता में वे कहते हैं: "ये काव्यात्मक पंक्तियां अंक के जंगल में / कैसे सुलगीं? / यह क्या है कुछ *आत्मचरित्रात्मक* गहरा,/ अंकों पर भी मन के डंकों का पहरा है!!" निश्चय ही मुक्तिबोध का समग्र लेखन एक बहुत ही गहरे अर्थ में आत्मचरित्रात्मक है। उन्होंने गणित की तरह वस्तुगत यथार्थ का जो चित्रण किया है, वह भी उनकी निजी पीड़ा से युक्त है। इसके बाद भी यदि 'अंधेरे में' के काव्य-नायक को किसी हद तक मुक्तिबोध का प्रतिरूप मानने में कठिनाई होती है, तो इसलिए कि कवि की जिस रचना-प्रक्रिया को समझने पर उन्होंने अत्यधिक बल दिया था, उनकी कविताओं का विश्लेषण करने के क्रम में उसी की उपेक्षा की जाती है। उनके रचना-प्रक्रिया-संबंधी लेखों में इसके भरपूर संकेत हैं कि उनकी अपनी रचना-प्रक्रिया में कैसे वैयक्तिकता और निर्वैयक्तिकता एक-दूसरे के गुण प्राप्त कर लेती हैं, जिससे दोनों की शक्ति बढ़ जाती है। निष्कर्ष यह कि उक्त काव्य-नायक न पूर्णतः विशिष्ट चरित्र है, जैसा उसे डॉ. शर्मा सिद्ध करना चाहते हैं, न पूर्णतः सामान्य चरित्र, जैसा उसे नामवरजी बतलाते हैं। उसके चरित्र में विशिष्ट और सामान्य दोनों घुल-मिलकर एक हो गए हैं। उसके चरित्र की यही द्वंद्वात्मक एकता उसकी प्रभावोत्पादकता का कारण है।

4

'अंधेरे में' में काव्य-नायक के अलावा एक चरित्र और है—'रक्तालोकस्नात पुरुष'। कविता की शुरुआत ही उसके वर्णन से होती है। वह लगातार काव्य-नायक की जिंदगी के अंधेरे कमरों में चक्कर लगाता रहता है, जैसे किसी तिलिस्मी खोह में गिरफ्तार हो। काव्य-नायक को कभी उसके पैरों की आवाज सुनाई देती है, दीवार के पार से आती हुई, और कभी उसका पलस्तर उखड़ जाने से उसमें बनी उसकी आकृति दिखलाई पड़ती है, लेकिन वह जान नहीं पाता है कि वह कौन है। जब आवाज सुनाई देती है, तो वह दिखलाई नहीं पड़ता और जब दीवार पर उसकी आकृति, जोकि भव्य है, उभर आती है, तो वह पहचान में नहीं आता। काव्य-नायक काफी परेशान है और जानना चाहता है कि वह पुरुष कौन है? उसकी परेशानी का अंदाजा इससे लगाया जा सकता है कि वह उसकी उपस्थिति अपनी जिंदगी के अंधेरे कमरों में ही नहीं महसूस करता, बाहर भी करता है। शहर के बाहर पहाड़ी के उस पार जो एक अंधेरा और शांत तालाब है, उसके काले जल के भीतर से भी उसे उसकी आकृति उभरती दिखलाई पड़ती है। वह श्वेत आकृति मुस्कुराकर काव्य-नायक को अपना परिचय देती है, लेकिन वह उसे समझ नहीं पाता। स्वभावतः वह हतप्रभ रह जाता है। तत्पश्चात् बिजलियां कौंध उठती हैं और जोरों की हवा चलने लगती है, जिससे तालाब के निकट स्थित पेड़ों की डालियां चीखती हुई आपस में टकराने लगती हैं। अचानक पेड़ों के अंधेरे में छिपी हुई किसी एक तिलिस्मी खोह का शिला-द्वार धड़-से खुलता है और उसमें लाल कुहरे में नहाया हुआ एक पुरुष बैठा दीख पड़ता है। इस रक्तालोकस्नात पुरुष की भव्यता को देखकर काव्य-नायक को घबड़ाहट भी होती है और मन में गहन संदेह भी पैदा होता है। इसका रूप उसे 'संभावित स्नेह-सा प्रिय' भी प्रतीत होता है, इसलिए एक विलक्षण शंका उसे घेर लेती है कि आखिर वह कौन है?—

> तेजोप्रभावमय उसका ललाट देख,
> मेरे अंग-अंग में अजीब एक थर-थर।
> गौरवर्ण, दीप्त-दृग, सौम्यमुख
> संभावित स्नेह-सा प्रिय रूप देखकर
> विलक्षण शंका,
> भव्य आजानुभुज देखते ही साक्षात्
> गहन एक संदेह।

इस पुरुष को लेकर उसके मन में जो प्रश्न उठते हैं, वे उसे खतरे में डालनेवाले प्रतीत होते हैं। देश में जब फासिस्ट हुकूमत कायम है और शहर में मार्शल लॉ लगा हुआ है, तब ऐसी-वैसी जिज्ञासा करना ठीक नहीं है। काव्य-नायक के भीतर का भय, जो उसकी आत्मगत और वस्तुगत परिस्थितियों की देन है, उसे अंधेरे में पटक देता है :

> प्रश्न थे गंभीर, शायद खतरनाक भी,

इसीलिए बाहर के गुंजान
जंगलों से आती हुई हवा ने
फूंक मार एकाएक मशाल ही बुझा दी · · ·
कि मुझको यों अंधेरे में पकड़कर
मौत की सजा दी!
किसी काले 'डैश' की घनी काली पट्टी ही
आंखों पर बंध गई,
किसी खड़ी पाई की सूली पर मैं टांग दिया गया,
किसी शून्य बिंदु के अंधियारे खड्डे में
गिरा दिया गया मैं
अचेतन स्थिति में।

आंखों के आगे अंधेरा छा गया, तो ऐसा लगा कि उन पर किसी ने घनी काली पट्टी बांध दी। पट्टी का आकार 'डैश'-जैसा होता है। जब कविता में यह 'डैश' आ गया, तो मुक्तिबोध की कल्पना स्वाभाविक रूप से 'खड़ी पाई' यानी हिंदी के पूर्णविराम के साथ 'शून्य बिंदु' को भी ले आई!

काव्य-नायक अपने कमरे में लेटा हुआ है। सहसा उसे लगता है कि कोई उसके दरवाजे की सांकल बजा रहा है। "कोई मेरी बात मुझे बताने के लिए ही / बुलाता है, बुलाता है"। उसके मन में प्रश्न उठता है कि इस आधी रात अंधेरे में उससे कौन मिलने आया है? फिर वह कहता है : "पहचानता हूं बाहर जो खड़ा है!!/ यह वही व्यक्ति है, जी हां! / जो मुझे तिलिस्मी खोह में दिखा था।" वह दरवाजा खोलकर उसे लिपट जाना चाहता है, "परंतु भयानक खड्डे के अंधेरे में आहत/ और क्षत-विक्षत, मैं पड़ा हुआ हूं; / शक्ति ही नहीं है कि उठ सकूं, जरा भी / (यह भी तो सही है कि / कमजोरियों से ही मोह मुझको) / इसीलिए, टालता हूं उस मेरे प्रिय को / कतराता रहता, / डरता हूं उससे।" वह निश्चय करता है कि "वह जन · · · वैसे ही / आप चला जाएगा आया था जैसे। / खड्डे के अंधेरे में मैं पड़ा रहूंगा / पीड़ाएं समेटे!!" लेकिन उसका निश्चय अंततः डिग जाता है और वह बेचैन होकर दरवाजा खोलने के लिए बढ़ता है। लेकिन अब तक देर हो चुकी है। रात का पक्षी बोलकर उसे बतलाता है कि "वह चला गया है, / वह नहीं आएगा, आएगा ही नहीं / अब तेरे द्वार पर। / वह निकल गया है गांव में शहर में!/ उसको तू खोज अब / उसका तू शोध कर!" इसके बाद रक्तालोकस्नात पुरुष काव्य-नायक को फिर कविता के अंत में दिखलाई पड़ता है, जब वह एक स्वप्न से जागकर दूसरे स्वप्न में प्रवेश करता है :

उठता हूं, जाता हूं, गैलरी में खड़ा हूं।
एकाएक वह व्यक्ति · · ·
सामने गलियों में, सड़कों पर, लोगों की भीड़ में

चला जा रहा है।
वही जन जिसे मैंने देखा था गुहा में।
धड़कता है दिल
कि पुकारने को खुलता है मुंह
कि अकस्मात् . . .
वह दिखा, वह दिखा
वह फिर खो गया किसी जन-यूथ में . . .
उठी हुई बांह यह उठी हुई रह गई!!

'अंधेरे में' की व्याख्या के क्रम में जैसे यह प्रश्न उठा है कि उसका काव्य-नायक कौन है, वैसे ही यह प्रश्न भी कि यह रक्तालोकस्नात पुरुष कौन है? डॉ. रामविलास शर्मा के अनुसार वह रहस्यात्मक सत्ता है। उनका कथन है : " 'अंधेरे में' कविता में जिस रहस्यमय व्यक्ति को मुक्तिबोध खोज रहे हैं, वह उनकी संभावनाओं, निहित प्रभावों, प्रतिमाओं की 'पूर्ण अवस्था' है; 'मेरे परिपूर्ण का आविर्भाव' है। रात का पक्षी उन्हें बताता है, 'वह तेरी पूर्णतम अभिव्यक्ति' है। इसीलिए कविता के अंत में यह अभिव्यक्ति प्राप्त नहीं होती। यदि केवल सर्वहारा वर्ग से तदाकार होने का प्रश्न होता तो मजदूरों के जुलूस और संघर्ष में साथ रहने पर वह प्रक्रिया पूरी हो जाती।" ('अस्तित्ववाद', पृ. 187) डॉ. नामवर सिंह का मत इससे भिन्न है। उनके अनुसार 'अंधेरे में' का काव्य-नायक आत्मनिर्वासन का शिकार है और रक्तालोकस्नात पुरुष उसकी खोई हुई अस्मिता है, जिसकी खोज में वह लगा है। इस तरह दोनों वस्तुतः अभिन्न हैं। उनका कहना है : "नाटकीय कौशल के लिए कविता का 'मैं' दो व्यक्ति-चरित्रों में विभक्त कर दिया गया है : एक है काव्य-नायक 'मैं' और दूसरा है उसका प्रतिरूप 'वह'। यह विभाजन वस्तुतः एक नाटकीय कौशल मात्र नहीं, बल्कि इसका आधार 'आत्म-निर्वासन' (सेल्फ-एलिएनेशन) है। 'अंधेरे में' का काव्य-नायक एक आत्मनिर्वासित व्यक्ति है, जिसके आत्म-निर्वासन का प्रतीक है उसका गुहावास।" (कविता के नए प्रतिमान, पृ. 211-12)

वस्तुस्थिति यह है कि रक्तालोकस्नात पुरुष न कोई रहस्यात्मक सत्ता है, न वह काव्य-नायक की अस्मिता है। कविता में इस बात के स्पष्ट संकेत हैं कि वह मजदूर है और मजदूरों की संगठित शक्ति तथा सर्वहारा-चेतना का प्रतीक है। फासिस्ट हुकूमत में उसे गोलियों से जख्मी ही नहीं किया गया है, बल्कि जेल में भी डाल दिया गया है। जिस 'गुहा' में वह बंद है वह वस्तुतः जेल है। लेकिन चूंकि फासिस्ट हुकूमत के लिए भी मजदूर-वर्ग को खत्म करना असंभव है, वह जेल के बाहर भी दिखलाई पड़ता है। यहां प्रश्न उठ सकता है कि मुक्तिबोध ने रक्तालोकस्नात पुरुष का दर्जा 'मजदूर' को क्यों दिया और उसी को उतने बुरे हाल में क्यों दिखलाया? इसका उत्तर यह है कि मजदूर-वर्ग ही पूंजीवाद का सबसे प्रबल शत्रु होता है और इसी कारण वह फासिस्ट हुकूमत का पहला निशाना होता है। मुक्तिबोध ने अपनी आंखों से देखा था कि द्वितीय विश्वयुद्ध में फासिस्ट जर्मनी ने सोवियत संघ पर, जहां मजदूरों का राज था,

उसे दुनिया के नक्शे से मिटा देने के लिए आक्रमण किया था और लाल सेना ने उसे परास्त किया था। 'लाल सलाम' शीर्षक कविता में उन्होंने सोवियत संघ के बारे में कहा था : "मानव-समता की संस्कृति की बजी नफीरी आज / अरे वहां से जिसको कहते मजदूरों का राज।" फिर कविता के अंत में उन्होंने लाल सेना का अभिनंदन इन शब्दों में किया था :

लाल क्रांति की लड़नेवाली मजूर-सेना आम,
उनको, उनके स्त्री-पुरुषों को मेरा लाल सलाम।

ऐसी स्थिति में यह बिलकुल स्वाभाविक था कि उनकी कविता का नायक, जोकि मध्यवर्गीय सचेत बुद्धिजीवी है, फासिस्ट हुकूमत के काल में उसकी सबसे प्रबल विरोधी शक्ति मजदूर-वर्ग को पहचानकर उससे एकता स्थापित करने के लिए बेचैन हो उठे और सर्वहारा-चेतना को आत्मसात कर अपने व्यक्तित्व को बदल डालना चाहे। ताज्जुब नहीं कि वह उसका जीवनादर्श हो जाए, जिसे पाने के लिए एक तीखे आत्मसंघर्ष से गुजरना लाजिमी हो, क्योंकि यह मार्ग खतरों से भरा और बलिदान का मार्ग होता है।

1954 के शुरू में मुक्तिबोध ने नेमिचंद्र जैन को एक पत्र में लिखा था : "मैं अभी तक ईमानदारी से जन-जीवन का पक्ष लेकर नहीं लिखता रहा हूं। मेरे साहित्य में जनता का चेहरा अपने कठोर और भव्य रंगों में प्रकट नहीं होता। मैं इस बात के प्रति सजग हूं। मैं अपनी इस कमी को जीतकर रहूंगा और पहले की तुलना में ज्यादा लिखूंगा, क्योंकि मैं महसूस करता हूं कि मैं उससे भावनात्मक रूप से जुड़ा हुआ हूं। ... जनता के प्रति यह गहरा भावनात्मक लगाव ही हमारे लेखन का स्रोत होना चाहिए और वही हमारी जमा-पूंजी होनी चाहिए। उसके बिना जीवन संभव नहीं है, वह बेमानी है।" उनकी कविताओं में जनता के भव्य चित्र पहले भी मिलते हैं। उदाहरण के लिए 'मुझे याद आते हैं' कविता में 'मजूर लोहार' का यह चित्र देखा जा सकता है : "निहाई से उठती हुई लाल-लाल / अंगारी तारिकाएं बरसती हैं जिसके उजाले में कि / एक अति-भव्य-देह, / प्रचंड पुरुष श्याम / मुझे दीख पड़ता है / क्षोभ में, शक्ति में मुसकराता खड़ा-सा!" लेकिन जो भव्यता और आंतरिक लगाव, जिसका पता "संभावित स्नेह-सा प्रिय रूप" से चलता है, 'अंधेरे में' के रक्तालोकस्नात पुरुष के चित्रण में दिखलाई पड़ता है, वह पहले उनकी कविताओं में देखने को नहीं मिला था। निश्चय ही यह पुरुष मजदूर है, कोई रहस्यात्मक सत्ता नहीं, बावजूद इसके कि मुक्तिबोध स्वयं उसे 'रहस्य साक्षात्' कहते हैं। काव्य-नायक इन शब्दों में उसे अपने आदर्शों का मूर्तिमान रूप बतलाता है :

वह रहस्यमय व्यक्ति
अब तक न पाई गई मेरी अभिव्यक्ति है,
पूर्ण अवस्था वह
निज-संभावनाओं, निहित प्रभाओं, प्रतिभाओं की
मेरे परिपूर्ण का आविर्भाव,

हृदय में रिस रहे ज्ञान का तनाव वह
आत्मा की प्रतिमा।

"खोई हुई अभिव्यक्ति" की तुलना में "अब तक न पाई गई अभिव्यक्ति" अधिक निर्भ्रान्त शब्दावली है, क्योंकि पहली शब्दावली से जहां यह भ्रम होता है कि वह अभिव्यक्ति पहले अपने पास थी, उसके बाद खो गई, वहां दूसरी शब्दावली से ऐसा कोई भ्रम नहीं होता। यह ऐसी अभिव्यक्ति है, जिसकी तलाश है, लेकिन जो अभी तक मिली नहीं है। वह पुरुष काव्य-नायक का आदर्श है, उसकी मंजिल है। उसकी 'निज-संभावनाएं' उसके उस 'निजत्व' की संभावनाएं नहीं हैं, जिसे आगे चलकर उसका विवेक अपने तीखे रंदे से छील डालना चाहता है और 'चंबल की घाटी में' कविता में जो "दस्यु की चट्टानी आकृति बनकर" टीले की छाती पर बैठा है ("मात्र बृहत्कृत बिंब है तुम्हारे ही निज का")। "निज-संभावनाओं, निहित प्रभाओं और प्रतिभाओं की पूर्ण अवस्था" निश्चय ही अस्मिता का विकसित रूप है। कविता के अंत में भी उसे "अनखोजी निज समृद्धि का परम उत्कर्ष" कहा गया है। इस तरह यह कविता अस्मिता के विकास की कविता है, निश्चय ही उसकी खोज की नहीं, क्योंकि काव्य-नायक की अस्मिता अर्थात "निज-संभावनाएं, निहित प्रभाएं और प्रतिभाएं" उससे खोई नहीं हैं, अविकसित अवस्था में हैं। इसी बात को इस तरह भी कहा जा सकता है कि रक्तालोकस्नात पुरुष काव्य-नायक का 'ऐलिएनेटेड सेल्फ' या जिसे अर्न्स्ट फिशर ने 'मिरर इमेज' कहा है, वह न होकर उसका 'आइडियल सेल्फ' है। भारतभूषण अग्रवाल ने ठीक ही उसे कवि का 'आदर्श स्व' कहा है। ('पूर्वग्रह-9') मुक्तिबोध ने 'काव्य की रचना-प्रक्रिया : एक' शीर्षक अपने लेख में लेखकों को आगाह किया है कि "लक्ष्यों के प्रति दुर्दांत स्नेह की आस्तिकता के बिना वास्तविक अस्मिता का विकास नहीं हो सकता।" 'तनाव' और 'घिराव' मुक्तिबोध के खास शब्द हैं। 'तनाव' को वे एक सकारात्मक वस्तु मानते हैं, जबकि 'घिराव' को नकारात्मक। रहस्यमय पुरुष उनके लिए 'ज्ञान का तनाव' है, 'घिराव' नहीं। आत्मा की उनकी व्याख्या है—'सामाजिक व्यक्तित्व'। यह सब कहने के बाद वे साफ शब्दों में उस पुरुष के बारे में कुछ प्रश्न करते हैं, जिनका उत्तर उन प्रश्नों में ही निहित है :

किन्तु, वह फटे हुए वस्त्र क्यों पहने है ?
उसका स्वर्ण-मुख मैला क्यों ?
वक्ष पर इतना बड़ा घाव कैसे हो गया ?
उसने कारावास-दुःख झेला क्यों ?
उसकी इतनी भयानक स्थिति क्यों है ?
रोटी उसे कौन पहुंचाता है ?
कौन पानी देता है ?
फिर भी, उसके मुख पर स्मित क्यों है ?
प्रचंड शक्तिमान क्यों दिखाई देता है ?

'अंधेरे में' कविता के साथ यह दुर्घटना हुई है कि इस पर सारी चर्चा 'चांद का मुंह टेढ़ा है' में प्रकाशित इस कविता के पाठ को आधार बनाकर की गई है जिसमें ऊपर उद्धृत नौ पंक्तियां गायब हैं। आश्चर्य की बात तो यह है कि इस कविता पर इतनी गंभीर चर्चा हुई और किसी विद्वान ने यह कष्ट न किया कि इसके उक्त पाठ को 'कल्पना' में प्रकाशित पाठ से मिलाकर देखा जाए। ऐसा करना जरूरी था, क्योंकि 'चांद का मुंह टेढ़ा है' में कविताओं का संकलन जहां श्रीकांत वर्मा ने किया था, वहां 'कल्पना' में संभवतः 'अंधेरे में' को प्रकाशनार्थ स्वयं मुक्तिबोध ने भेजा था। इस पत्रिका में प्रकाशित पाठ में ऊपर उद्धृत नौ पंक्तियां बदस्तूर अपनी जगह मौजूद हैं और इस कविता के 'रक्तालोकस्नात पुरुष' के स्वरूप पर भरपूर प्रकाश डालती हैं। हमारा खयाल है कि ये पंक्तियां डॉ. शर्मा और नामवरजी के सामने रहतीं, तो शायद इस बात पर बहस न होती कि वह पुरुष कौन है। इन पंक्तियों में रहस्यमय पुरुष के रहस्य का भी पर्दाफाश है और उसे काव्य-नायक की अस्मिता मानने का भी निषेध, क्योंकि यहां भव्यता ही नहीं, 'फटे हुए वस्त्र' और 'वक्ष पर बना बड़ा घाव' भी है। इतना ही नहीं, 'भव्य आजानुभुज' व्यक्ति के आगे रोटी-पानी की समस्या भी है। नामवरजी ने 'गुहावास' को आत्मनिर्वासन का सूचक बतलाया है। यहां उसका भी निराकरण है 'कारावास' के द्वारा। स्पष्टतः ऊपर की सात पंक्तियां पूंजीवादी व्यवस्था में मजदूरों के शोषण की और फासिस्ट हुकूमत द्वारा किए जानेवाले उनके दमन की परिचायक हैं। अंतिम दो पंक्तियां मजदूरों की संगठित और अपराजेय शक्ति की सूचक हैं। इन पंक्तियों के मेल में ही कविता की ये पंक्तियां हैं, जो रक्तालोकस्नात पुरुष के बारे में ही लिखी गई हैं :

विद्युल्लहरिल वही गतिमयता,
उद्विग्न ज्ञान-तनाव वह
सकर्मक प्रेम की वह अतिशयता
वही फटे-हाल रूप!!

मजदूर-वर्ग शक्तिशाली ही नहीं, सक्रिय भी होता है, इस तरफ इन पंक्तियों में खास तौर से ध्यान दिलाया गया है।

काव्य-नायक जब अपने कमरे में लेटा हुआ है, तब रक्तालोकस्नात पुरुष ही उसके दरवाजे की सांकल बजाता है। यहां वह सर्वहारा-चेतना का प्रतीक है, जो उसे तरह-तरह से परेशान करती है, उसे चैन नहीं लेने देती : "अवसर-अनवसर / प्रकट जो होता ही रहता, / मेरी सुविधाओं का न तनिक खयाल कर। / चाहे जहां, चाहे जिस समय उपस्थित, / चाहे जिस रूप में / चाहे जिन रूपों में प्रस्तुत; / इशारे से बताता है, समझाता रहता, / हृदय को देता है बिजली के झटके!!" पुनः मजदूर-वर्ग की मुट्ठियों में बंद पूंजीवादी समाज का भविष्य, उसकी शक्ति, उसकी शांति की पक्षधरता और फिर उसके प्रति उमड़नेवाला काव्य-नायक का प्यार : "अरे, उसके चेहरे पर खिलती हैं सुबहें, / गालों पर चट्टानी चमक पठार की / आंखों में किरणीली शांति की लहरें, / उसे देख प्यार उमड़ता है अनायास!" लेकिन मजदूर-वर्ग को प्यार

करना और सर्वहारा-चेतना से युक्त होना खतरे को न्योता देना और अपना सुख-चैन गंवाना है, क्योंकि "वह बिठा देता है तुंग शिखर के / खतरनाक, खुरदरे कगार-तट पर; / शोचनीय स्थिति में ही छोड़ देता मुझको। / कहता है— 'पार करो पर्वत-संधि के गह्वर, / रस्सी के पुल पर चलकर / दूर उस शिखर-कगार पर स्वयं ही पहुंचो।" यह चीज काव्य-नायक के भीतर भयानक आत्मसंघर्ष को जन्म देती है, जिसकी अत्यंत सशक्त और अर्थपूर्ण अभिव्यक्ति निम्नलिखित पंक्तियों में हुई है :

क्या करूं, क्या नहीं करूं मुझे बताओ;
इस तम-शून्य में तैरती है जगत्-समीक्षा
की हुई उसकी
(सह नहीं सकता)
विवेक-विक्षोभ महान् उसका
तम-अंतराल में (सह नहीं सकता)
अंधियारे मुझमें द्युति-आकृति-सा
भविष्य का नक्शा दिया हुआ उसका
सह नहीं सकता ! !
नहीं, नहीं, उसको मैं छोड़ नहीं सकूंगा
सहना पड़े मुझे चाहे जो भले ही।

काव्य-नायक को समकालीन विश्व-राजनीति का सही ज्ञान सर्वहारा-दर्शन से मिला है, उसी ने उसके भीतर महान विवेक-विक्षोभ उत्पन्न किया है और उसी ने उसे अंधकार में भविष्य का उज्ज्वल स्वप्न दिया है ! इस सबकी उपेक्षा करना उसके लिए असंभव है, लेकिन उसके पास शक्ति नहीं कि वह उसके अनुसार आचरण करे। अंततः जब वह उठकर दरवाजा खोलता है और बाहर झांकता है, तो रात का पक्षी उसे यह पीड़ादायक संदेश देता है कि वह रक्तालोकस्नात पुरुष तुमसे निराश होकर लौट गया है। वह तुम्हारा गुरु है, लेकिन तुम उसके भगोड़े शिष्य हो ! स्पष्ट है कि यह काव्य-नायक एक आत्मसंघर्षरत चरित्र है, न व्यक्तित्व-विभाजित और न आत्मनिर्वासित चरित्र।

मुक्तिबोध ने अपनी दूसरी कविताओं में भी श्रमजीवी-वर्ग के साथ अपनी एकता और उससे अपने ऊपर आनेवाले खतरों की बातें कही हैं। वे जानते थे कि यह एकता जन-संघर्षों में ही कायम हो सकती है, इसलिए जगह-जगह उन्होंने 'कर्मण्यता' का जिक्र किया है। 'गुंथे तुमसे, बिंधे तुमसे' शीर्षक कविता में इस एकता का बहुत ही मार्मिक वर्णन देखने को मिलता है। वे श्रमजीवियों को संबोधित कर कहते हैं :

वेदना में हम विचारों की
गुंथे तुमसे,
बिंधे तुमसे,
व आवेष्टित परस्पर हो गए

कर्मण्य-क्षिप्रा-तीर पर ! !
· · · कोई नहीं थे हम तुम्हारे किंतु
सहचर हो गए
चाहे जलधि, पर्वत, हजारों मील की दूरी
हमारे बीच में आ जाय,
फिर भी मानसिक अदृश्य सूत्रों से
हमारी आत्माएं परस्पर बात करती हैं
विचारों के स्वयं-संवेदनात्मक तंतु-मूलों ने
गहन मस्तिष्क-कोषों में
हृदय के रुधिर-कोषों में
अनेकों सूक्ष्मतम जाले पसारे हैं
व अंतर्व्यक्ति की रमणीय
ऊंची वृक्ष-शाखों पर
मनोहर फूल विकसित कर दिए · · ·
जीवन-जगत् उनकी महक में डूबता ! !

ऐसी ही एकता 'हर चीज, जब अपनी' कविता में भी है, जिसमें वे "बराबरी का हक, बराबरी का दावा / नहीं तो मुठभेड़ और धावा" के उसूल के कायल श्रमजीवियों के बारे में कहते हैं : "उनके साथ मेरी पटरी बैठती है / उनके साथ / हां, उन्हीं के साथ/ मेरी यह बिजलीभरी ठठरी लेटती है"। लेकिन 'अंधेरे में' के बाद की कविता 'चंबल की घाटी में' की इन पंक्तियों से पता चलता है कि उक्त एकता कोई बनी-बनाई चीज नहीं है, जो एक बार उपलब्ध हो गई, तो हो गई : " · · · जो दूर हैं, / अलग, पृथक् हैं / जो अतिभिन्न हैं / वे प्रियदर्शन सहचर मित्र हैं मेरे / परंतु, शत-गुण-धर्म जो उनके / ले नहीं पाता हूं चाहने पर भी।" तात्पर्य यह कि श्रमजीवी-वर्ग के साथ एकता स्थापित करने का प्रयत्न एक निरंतर चलते रहनेवाले आत्मसंघर्ष से भरा हुआ प्रयत्न है। 'गुंथे तुमसे, बिंधे तुमसे' में इस एकता अथवा उसकी प्रेरणा देनेवाली विचारधारा को आत्मसात करने से पैदा होनेवाले खतरे भी हैं :

वह मान्य ड्राइंग-रूम संस्कृति से तुम्हें हटवाएगी
वह कान पकड़ेगी, उठाकर फेंक देगी
अजनबी मैदान में
घर-बार सब छुड़वाएगी।
तुमको अजाने देश में
गिरि-कंदरा में जंगलों में सब जगह
भटकाएगी।

'पता नहीं' शीर्षक प्रगीतात्मक कविता में जो 'शक्ति-पुरुष' है, वह रक्तालोकस्नात पुरुष का ही एक संस्करण है। यह भी अत्यंत शक्तिशाली है और पूर्णता की खोज के लिए

खतरनाक यात्रा कराता है :

उस कमल-कोष के पराग-स्तर
पर खड़ा हुआ
सहसा होता है प्रकट एक
वह शक्ति-पुरुष
जो दोनों हाथों आसमान थामता हुआ
आता समीप अत्यंत निकट
आतुर उत्कट
तुमको कंधे पर बिठला ले जाने किस ओर
न जाने कहां व कितनी दूर!!
फिर वही यात्रा सुदूर की,
फिर वही भटकती हुई खोज भरपूर की,
कि वही आत्मचेतस् अंतःसंभावना,
... जाने किन खतरों मे जूझे जिंदगी!!

यहां 'आत्मचेतस् अंतःसंभावना' पर भी हमारा ध्यान जाना चाहिए, जो 'निज-संभावनाओं' का ही पर्याय है। इस कविता की आगे की पंक्तियों में 'निःस्वात्मक विकास' की भी बात है और यह भी कि "वे आस्थाएं तुमको दरिद्र करवाएंगी / कि दैन्य ही भोगोगे/ पर, तुम अनन्य होगे, / प्रसन्न होगे!!" यह शक्ति-पुरुष भी रहस्यमय पुरुष की तरह ही प्रिय है : "आत्मीय एक छवि तुम्हें नित्य भटकाएगी"। श्रमजीवी-वर्ग के प्रति कवि की गहरी ममता और प्यार 'ओ काव्यात्मन् फणिधर' कविता में छलका पड़ता है, जहां वह मजदूरिनी और मजदूर के लिए कहता है : "वहीं कहीं / सांवली सिवंती / श्याम गुलाब सो रहे हैं"। नए युग का सत्य श्रमजीवी-वर्ग के पास ही पलता है : "श्रम-गरिमा का पी दूध / सत्य नवजात / विकसता जाएगा।"

कविताओं से अलग अपने निबंधों में भी मुक्तिबोध जब-तब वे बातें कहते रहे थे, जिनसे 'अंधेरे में' की भाव-भूमि को समझने में मदद मिलती है। काफी पहले के अपने निबंध 'समाज और साहित्य' में उन्होंने कहा था : "आज के युग में जन-जीवन के पक्ष से तदाकार होने की वास्तविक जीवनगत सचेत प्रक्रिया लेखक के लिए बड़ी भारी नैतिक परीक्षा है। उसमें न केवल अपने भीतर पुराने और नए के बीच—(पुरानी आदतों और नई जीवनगत आवश्यकताओं के बीच, पुराने संस्कारों और नए सत्यों के बीच, आचरणात्मक धरातल पर व्यक्तिगत जीवन के सभी पक्षों के क्षेत्रों में)—युद्ध छिड़ जाता है, वरन् अपने वर्ग तथा समाज से भी द्वंद्व-युद्ध करना पड़ता है।" इसी तरह 'अंतरात्मा और पक्षधरता' शीर्षक निबंध में वे कहते हैं कि अनेक व्यक्तिगत और वर्गगत कारणों से "एक ओर मूल्य-भावना या *आस्था,* अर्थात् आदर्श-भावना, तथा, दूसरी ओर, आकुल मन—इन दो के बीच खाई पड़ जाती है।" उनके अनुसार यह आत्म-विभाजन का परिणाम होता है। यह आत्म-विभाजन निश्चय ही असामान्य

मनोविज्ञान का व्यक्तित्व-विभाजन नहीं है, जो एक प्रकार की विक्षिप्तता होती है। 'अंधेरे में' उक्त फासले को और इस आत्म-विभाजन को खत्म करने का पीड़ाभरा प्रयास है। यहां स्मरणीय है उसकी काव्य-नायक की 'स्क्रीनिंग' के समय की ये पंक्तियां : "इस संस्था के मंत्री को खोजो / शायद उसका ही नाम हो *आस्था*"। 'तार सप्तक' के द्वितीय संस्करण के लिए लिखे गए मुक्तिबोध के अप्रकाशित वक्तव्य में हमें उनका यह महत्वपूर्ण कथन मिलता है : "आज की परिस्थितियां ऐसी हैं कि जब कष्टग्रस्त मानव-श्रेणी को अपने उद्धार का रास्ता स्वयं अपने हाथों बनाना होगा। निःसंदेह, इस मानव-श्रेणी की राजनीति और समाज-नीति टुच्ची-ओछी स्वार्थगत राजनीति नहीं है। उसके पास न केवल एक विश्व-स्वप्न है, वरन् विश्व के क्रांतिकारी अनुभवों का एक खजाना भी है। भले ही हिंदी साहित्य में इस परंपरा का विकास न हुआ हो, किंतु इस परंपरा की प्रेरणा कुछ हृदयों को तो आकुल कर ही सकती है।" इसे स्पष्ट करने की आवश्यकता न होनी चाहिए कि 'कष्टग्रस्त मानव-श्रेणी' से मतलब है—मजदूर-वर्ग। 'विश्व-स्वप्न' 'भविष्य का नक्शा' है। मजदूर-वर्ग हिंदी में जिन कुछ हृदयों को आकुल बना रहा था, उनमें सर्वोपरि था मुक्तिबोध का हृदय। 'अंधेरे में' इसी मजदूर-वर्ग से तदाकार होने की कविता है। इस दृष्टि से इस कविता के संबंध में 'चांद का मुंह टेढ़ा है' की भूमिका में कही गई शमशेर की यह बात डॉ. शर्मा और नामवरजी की तुलना में ज्यादा सही है कि "इसमें अजब और अद्‌भुत रूप से व्यक्ति और जन का एकीकरण है।" व्यक्ति है मध्यवर्गीय काव्य-नायक और जन है सर्वहारा का प्रतीक रक्तालोकस्नात पुरुष। यह एकीकरण यदि "अजब और अद्‌भुत रूप से" न होता, तो उसे लेकर इतना विवाद न छिड़ता।

'पुनर्मूल्यांकन' के उपसंहार में डॉ. शर्मा कहते हैं, " 'अंधेरे में' कविता में उसका नायक आजानुभुज दिव्य पुरुष को अपने आदर्श रूप में कल्पित करता है। यह दिव्य पुरुष मुक्तिबोध की खोई हुई अस्मिता नहीं है, यह व्यक्तित्व की ऐसी उदात्त कल्पना है जिसे पाना असंभव है। और सब भले हो जाय, गौरवर्ण और आजानुभुजवाला रूप प्राप्त न होगा।" ('अस्तित्ववाद', पृ. 233) क्यों? इसलिए कि वह रूप 'महामानव' का ही नहीं, परब्रह्म परमेश्वर का है! इससे ज्यादा सही बात डॉ. शर्मा ने मुक्तिबोध पर लिखे गए अपने पहले निबंध में कही थी : "नया व्यक्तित्व गढ़ने की क्रिया एक दिन में संपन्न नहीं होती, गढ़ने की क्रिया में विघ्न पड़ता है, जिस कल्पना-चित्र को देखकर वह मूर्ति गढ़ते हैं, वह कल्पना-चित्र ही आंखों से ओझल हो जाता है।" (उप., पृ. 133) रक्तालोकस्नात पुरुष जब सर्वहारा-चेतना का भी प्रतीक है तो निश्चय ही उससे तदाकार होकर या सर्वहारा-चेतना को आत्मसात कर अपनी अस्मिता का विकास या अपने व्यक्तित्व का रूपांतरण एक मध्यवर्गीय बुद्धिजीवी के लिए कोई आसान बात नहीं है। जैसा कि ऊपर कहा गया है, यह आत्मसंघर्ष के माध्यम से चलनेवाला एक अटूट सिलसिला है। 'दिमागी गुहांधकार का ओरांग-उटांग!' कविता में मुक्तिबोध ने उचित ही अपना भय इन शब्दों में व्यक्त किया है :

मस्तिष्क के भीतर एक मस्तिष्क

उसके भी अंदर एक और कक्ष
कक्ष के भीतर
                एक गुप्त प्रकोष्ठ और
कोठे के सांवले गुहांधकार में
मजबूत संदूक
दृढ़, भारी-भरकम
और उस संदूक भीतर कोई बंद है
यक्ष
या कि ओरांग-उटांग हाय
अरे! डर यह है . . .
न ओरांग-उटांग कहीं छूट जाय,
कहीं प्रत्यक्ष न यक्ष हो!

व्यक्तिवादी मनोवृत्ति और संस्कारों से छुटकारा पाना मध्यवर्गीय बुद्धिजीवियों के लिए वाकई एक कठिन काम है। डॉ. शर्मा हिंदी के जिन प्रगतिशील कवियों को आदर्श-रूप में उपस्थित करते हैं, वे मूलतः मध्यवर्गीय चेतना के ही कवि हैं। इस संबंध में 'वस्तु और रूप' शीर्षक लेख के तीसरे प्रारूप में कही गई मुक्तिबोध की यह बात बिलकुल सही है कि प्रगतिवाद "एक विशेष काल में मध्यवर्ग की एक विशेष मनोवैज्ञानिक दशा का सूचक" था। यही कारण है कि उन कवियों में सर्वहारा-लक्ष्यों की न वैसी पहचान दिखलाई पड़ती है, न उनके प्रति वैसा समर्पण। स्वभावतः उनकी कविताएं हमें उतनी गहराई से नहीं प्रभावित करतीं। उनमें हमें उस कवि-व्यक्तित्व का दर्शन नहीं होता, जिसने एक विकट आत्मसंघर्ष से गुजरते हुए सर्वहारा-चेतना को आत्मसात कर अपना पुनर्निर्माण किया हो। वे एक बड़ी हद तक सामान्यीकृत कविताएं होती हैं। प्रगतिशील कवियों में अपने व्यक्तित्व-परिवर्तन या व्यक्तित्वांतरण का पहला गंभीर प्रयास हमें मुक्तिबोध में ही दिखलाई पड़ता है, जिसका प्रमाण है उनका आत्मसंघर्ष। हिंदी की प्रगतिशील आलोचना में इससे यह सरल निष्कर्ष निकाला गया है कि अन्य प्रगतिशील कवि जहां निर्द्वंद्व भाव से सर्वहारा की सेवा में लगे हुए हैं, वहां मुक्तिबोध उसे लेकर संकल्प-विकल्प में ही पड़े रहे। ऐसे आलोचक जब 'अंधेरे में' में देखते हैं कि अंत-अंत तक कवि को उसकी 'अभिव्यक्ति' नहीं मिली, तो कहते हैं कि अपनी काव्य-साधना के अंतिम दौर में भी मुक्तिबोध को अपना लक्ष्य प्राप्त नहीं हुआ। इस कारण वे उन्हीं को मध्यवर्गीय सीमाओं में छटपटाता हुआ कवि ठहराते हैं! ऐसे आलोचक सर्वहारा-चेतना के आत्मसातीकरण को एक यांत्रिक प्रक्रिया मानते हैं, कोई गहन और जटिल मनोवैज्ञानिक प्रक्रिया नहीं। उन्हें इस बात का एहसास नहीं कि 'अंधेरे में' व्यक्तित्व के रूपांतरण की नहीं, बल्कि उस रूपांतरण की प्रक्रिया की कविता है और इसीलिए महत्वपूर्ण कविता है। मध्यवर्गीय पाठक इस कविता के नायक से इसी कारण इतनी आत्मीयता महसूस करते हैं और उन पर इसका इतना गहरा प्रभाव पड़ता है।

रिहाई के बाद काव्य-नायक क्रांतिकारियों की खोज कर उनके दल में सम्मिलित होना चाहता है : "मुझे अब खोजने होंगे साथी— / काले गुलाब व स्याह सिवंती, / श्याम चमेली, / संवलाए कमल जो खोहों के जल में, / भूमि के भीतर पाताल तल में / खिले हुए कबसे भेजते हैं संकेत / सुझाव-संदेश भेजते रहते ! !" क्रांतिकारी पुरुषों और स्त्रियों की चर्चा यहां विभिन्न फूलों के रूप में की गई है, यह इसलिए ध्यातव्य है कि इससे उनके प्रति कवि का गहरा रागात्मक लगाव प्रकट होता है। काव्य-नायक चूंकि कवि भी है, इसलिए वह फासिस्ट-विरोधी कविता लिखने के लिए हर खतरा उठाने का निश्चय करता है। लेकिन जब क्रांति की घड़ी उपस्थित होती है, तो वह पुनः अपने को कमजोरियों से घिरा पाता है। लोग उसी के विचारों को लिए हुए आगे बढ़ रहे हैं और वह "बौद्धिक जुगाली में अपने से दुकेला" है ! अंततः उसका आत्मसंघर्ष समाप्त होता है और वह अपने को क्रांति की तैयारियों में शामिल महसूस करता है। क्रांति शुरू होती है, तो उसी के साथ उसका व्यक्तित्व भी रूपांतरित हो जाता है। उसके भीतर आत्म-विश्लेषण और तेजी से होने लगता है, उसके सारे भ्रम दूर हो जाते हैं और उसकी आत्मा विश्वमूर्ति में ढल जाती है :

धुएं के जहरीले मेघों के नीचे ही हर बार
द्रुत निज-विश्लेष-गतियां,
एक सूक्ष्म पल में शत साक्षात्कार।
टूटते हैं धोखों से भरे हुए सपने।
रक्त में बहती हैं ज्ञान की किरनें
विश्व की मूर्ति में आत्मा ही ढल गई,
कहीं आग लग गई, कहीं गोली चल गई।

लेकिन एक स्वप्न भंग होने के बाद सुबह में जब काव्य-नायक दूसरे स्वप्न में प्रवेश करता है, तब रक्तालोक-स्नात पुरुष एक बार फिर दिखाई देकर उसकी नजरों से ओझल हो जाता है : "वह दिखा, वह दिखा / वह फिर खो गया किसी जनयूथ में ... / उठी हुई बांह यह उठी हुई रह गई ! !" कविता की समाप्ति इन पंक्तियों से होती है :

परम अभिव्यक्ति
अविरत घूमती है जग में
पता नहीं जाने कहां, जाने कहां
वह है।
इसीलिए मैं हर गली में
और हर सड़क पर
झांक-झांक देखता हूं हर एक चेहरा,
प्रत्येक गति-विधि,
प्रत्येक चरित्र
व हर एक आत्मा का इतिहास,

हर एक देश व राजनीतिक स्थिति और परिवेश
प्रत्येक मानवीय स्वानुभूत आदर्श
विवेक-प्रक्रिया, क्रियागत परिणति ! !
खोजता हूं पठार ··· पहाड़ ··· समुंदर
जहां मिल सके मुझे
मेरी वह खोई हुई
परम अभिव्यक्ति अनिवार
आत्मसंभवा।

यह कवि द्वारा उस कविता की तलाश है, जोकि 'परम अभिव्यक्ति' है और जोकि 'आत्मसंभवा' होती है। न तो मुक्तिबोध का काव्य-नायक ऐसा है, जिसका व्यक्तित्वांतरण यांत्रिक ढंग से हो जाता है, न वे कवि ऐसे थे, जिसे क्रांतिकारी कविता बने-बनाए रूप में सहज सुलभ थी। 'अंधेरे में' के बाद रची गई कविता 'एक आत्म-वक्तव्य' में, जोकि 'तार सप्तक' के द्वितीय संस्करण में उनके वक्तव्य के साथ संकलित हुई है, वे कहते हैं : "खूब काट-छांट और गहरी छील-छाल, / रंदों और बसूलों से मेरी देख-भाल, / मेरा अभिनव संशोधन अविरत / क्रमागत" और "इसीलिए, मेरी मूर्ति / अनबनी अधबनी अभी तक ···।" इस कविता में वे / उन लोगों के बारे में भी कहते हैं, जिनकी मूर्ति पूरी तरह बन चुकी है : " ··· 'मैं किसी पेड़-पीछे से झांक / लाख-लाख आंखों से देखता हूं दृश्य / पूरे बने हुओं ही के ठाठदार अक्स, / ऐसा कुछ ठाठ— / मुझे गहरी उचाट, / लगता है वे मेरे राष्ट्र के नहीं हैं।" अंतिम वाक्य अर्थपूर्ण है। ये वे लोग हैं, जिन्होंने अपना नया और पूर्ण व्यक्तित्व अपने देश की परिस्थितियों में संघर्ष करके नहीं, बल्कि किसी दूसरे देश से प्राप्त किया है !

व्यक्तित्वांतरण की प्रक्रिया का बहुत ही सटीक वर्णन मुक्तिबोध ने 'भविष्य-धारा' शीर्षक कविता की इन पंक्तियों में किया है :

करो प्रयास भयंकर,
आत्म-निपीड़नकारी वे गलतियां
कि भाव-प्रवर्तनकारी भव्य सुधार प्रभास्वर
के संयुक्त प्रयास-मार्ग से गुजर चलो तुम
अग्नि-परीक्षाओं से गुजरे यह परंपरा
मेरी प्रियजन-वदन-दीप्ति-भास्वरा ···

स्पष्ट है कि व्यक्तित्वांतरण आत्मनिपीड़नकारी गलितयों और भाव-प्रवर्तनकारी भव्य सुधारों के संयुक्त मार्ग से गुजरकर ही संभव है। 'अंतरात्मा और पक्षधरता' शीर्षक निबंध में भी मुक्तिबोध कहते हैं, "अंतरात्मा के आग्रह और अनुरोध हमेशा आगे-आगे ही रहेंगे, और लेखक उनका अनुगमन करेगा, और उनका अनुगमन करते हुए भी यह सोचता रहेगा कि उसने अपने आग्रह-लक्ष्यों को उपलब्ध नहीं किया। वह इस चिंतन से दुखी भी होगा, दुःख भी प्रकट करता रहेगा। इस प्रकार लक्ष्य और उपलब्धि के

बीच जो फासला है, वह आतुर मन के लिए बराबर बना रहता है, क्योंकि लक्ष्य स्वयं गतिमान है, मनुष्य की अपनी गति के कारण।"

5

पूंजीवादी व्यवस्था के संकट के साथ फासिज्म की आशंका बढ़ती जाती है, खासतौर से तब, जबकि देश में फासिस्ट विचारधारा मौजूद हो और फासिस्ट शक्तियां संगठित हों। इस आशंका की अभिव्यक्ति फैंटास्टिक बिंबों में ही संभव थी, क्योंकि फैंटास्टिक बिंब ही फासिस्ट हुकूमत के आतंक, दमन और यातना को उसकी पूरी भयावहता में मूर्त कर सकते थे। 'अंधेरे में' में ही मुक्तिबोध ने यह कहा है, जिसे ऊपर उद्धृत किया जा चुका है : "मेरा सिर गरम है, / इसीलिए भरम है। / सपनों में चलता है आलोचन, / विचारों के चित्रों की अवलि में चिंतन।" इस तरह फैंटेसी का इस्तेमाल इस कविता में किसी काव्य-कौशल के रूप में नहीं हुआ है, बल्कि वह स्थितियों से उत्पन्न कवि की मनोदशा का स्वाभाविक परिणाम है। दूसरे, 'भरम' से यह भ्रम नहीं होना चाहिए कि फैंटेसी कोई यथार्थ और विचार से रहित वस्तु है। नहीं, इसमें आत्मालोचना भी है और चित्रों के माध्यम से प्रकट होनेवाला चिंतन भी, जिसका देश और समाज से घनिष्ठ संबंध है। निश्चय ही इस कविता की मुख्य वस्तु फासिज्म की आशंका है, लेकिन जैसा कि हमने देखा है, इसमें उससे लगी हुई कई बातें हैं, जिससे इसकी फैंटेसी काफी जटिल हो गई है।

'अंधेरे में' की फैंटेसी को जटिल बनानेवाली जो खास चीज है, वह है इसमें स्वप्न के भीतर स्वप्न का चलना। वैसे तो पूरी कविता एक स्वप्न है, लेकिन उस स्वप्न के भीतर भी स्वप्न चलते रहते हैं। यहां तक कि जब कवि कहता है कि स्वप्न भंग हो गया, तब भी वह स्वप्न में ही रहता है, एक स्वप्न से निकलकर दूसरे स्वप्न में। कविता की शुरुआत फैंटास्टिक चिंतन से होती है, जिसमें काव्य-नायक को कई रूपों में रक्तालोकस्नात पुरुष का आभास होता है। अंत में तिलिस्मी खोह में वह उसे साफ-साफ दिखलाई पड़ता है, लेकिन उसी के बाद वह एक अंधेरे खड्डे में गिरा जाता है। कविता के दूसरे खंड के स्वप्न का, जिसमें काव्य-नायक अपने कमरे में लेटा हुआ दरवाजे पर बजती हुई सांकल की आवाज सुनता है, इस स्वप्न से कोई संबंध नहीं मालूम पड़ता है, लेकिन यह कहकर वह यह संबंध जोड़ देता है कि "खड्डे के अंधेरे में मैं पड़ा रहूंगा / पीड़ाएं समेटे!!" तीसरे खंड की शुरुआत इस वाक्य से होती है : "समझ न पाया कि चल रहा स्वप्न या / जाग्रति शुरू है।" आगे का वर्णन इस तरह किया गया है, जैसे काव्य-नायक सचमुच जाग्रतावस्था में हो, लेकिन जब शहर में मार्शल लॉ लगा हुआ है और वह उससे बेचैन है, तो निश्चय ही यह भी स्वप्नावस्था ही है। इसी अवस्था में उसे तारों में घूमते तोलस्तोय दिखलाई पड़ते हैं और फिर "संगीन-नोकों के चमकीले जंगल" वाला जुलूस। स्वप्न में ही "गैलरी से भागा मैं पसीने से सराबोर!!" यहां कवि यह कहकर स्थिति को स्वयं स्पष्ट कर देता

है कि "एकाएक टूट गया स्वप्न व छिन्न-भिन्न / हो गए सब चित्र।" इतना ही नहीं, वह यह भी कहता है कि "जागते में फिर से याद आने लगा वह स्वप्न"। यह जागरण भी धोखा है, क्योंकि इसी में काव्य-नायक जुलूस में चलनेवाले फासिस्ट-समर्थक असैनिक लोगों के बारे में कहता है कि "हाय, हाय! मैंने उन्हें देख लिया नंगा, / इसकी मुझे और सजा मिलेगी।" इस तरह स्वप्न और स्वप्निल जागरण दोनों साथ-साथ चलते रहते हैं।

"अकस्मात् / चार का गजर कहीं खड़का" से शुरू होनेवाले कविता के चौथे खंड में क्षण-भर के लिए पुनः ऐसा लगता है कि कवि वास्तविक दुनिया में लौट आया है, लेकिन यह भी भ्रम साबित होता है, जब वह अपने जगत-बोध को इस रूप में उपस्थित करता है : "पत्ते न खड़कें / सेना ने घेर ली हैं सड़कें।" इसी स्वप्न में भागते हुए काव्य-नायक को बरगद के नीचे रहनेवाले 'पागल' की आत्मभर्त्सना सुनने को मिलती है, जो उसे और बेचैन बना देता है, और उसे महसूस होता है कि "रात्रि के श्यामल ओस से क्षालित / कोई गुरु गंभीर महान् अस्तित्व / महकता है लगातार"। स्वप्न के भीतर स्वप्न का बहुत स्पष्ट उदाहरण पांचवें खंड का वह अंश है, जिसमें काव्य-नायक एक बंद घर की पत्थर की सीढ़ियों पर बैठकर 'स्वप्न-सरीखा' यह दृश्य देखता है कि जमीन के बहुत नीचे एक अंधेरी गुफा है, जिसमें उसके अनुभव, वेदना और विवेक-निष्कर्ष मणियों के रूप में चमक रहे हैं और उन पर एक झरना झर रहा है। उसके बाद दृश्यांतर होता है और पहला स्वप्न, जिसमें पीछा करते सैनिकों के डर से वह भाग रहा है, फिर चालू हो जाता है। अब काव्य-नायक एक चौराहे पर है, जहां सैनिक हैं, संगीन-नोकों पर टिका उनकी बंदूकों का जत्था है और टैंकों का दस्ता खड़े-खड़े ऊंघ रहा है। वहां से भागकर वह तिलक की मूर्ति के पास पहुंचता है और वहां से भी बंदूक की आवाज सुनकर भागता है, तो रास्ते में उसे महात्मा गांधी मिल जाते हैं। यह स्वप्न काफी देर तक चलता है और आठवें खंड में जन-क्रांति के दृश्यों के वर्णन के बाद समाप्त होता है, जब कवि कहता है : "एकाएक फिर स्वप्न-भंग / बिखर गए चित्र कि मैं फिर अकेला।" लेकिन जैसा कि कहा जा चुका है, यह स्वप्न-भंग भी एक स्वप्न का टूटना और दूसरे स्वप्न का शुरू होना है। यह तब स्पष्ट हो जाता है, जब काव्य-नायक उठकर गैलरी में जाता है और सामने से गुजरते और भीड़ में खो जाते हुए रक्तालोकस्नात पुरुष को देखता है। कविता का यह अंश रात के अंधेरे में नहीं, तब घटित होता है, जबकि "कमरे में सुबह की धूप आ गई है" और "गैलरी में फैला है सुनहला रवि-छोर"। और तो और, कवि का यह कहना कि "खोजता हूं पठार ... पहाड़ ... समुंदर" भी स्वप्न ही है, यथार्थ नहीं।

इस कविता की फैंटेसी इस कारण ही जटिल नहीं है कि इसमें एक स्वप्न टूट जाने के बाद दूसरा स्वप्न शुरू हो जाता है, स्वप्न के भीतर स्वप्न चलता है और इसका जागरण भी भ्रम है, बल्कि इस कारण भी यह जटिल है कि इसकी फैंटेसी इन तीनों बातों—फासिज्म की आशंका, काव्य-नायक का आत्मालोचन और आत्मसंघर्ष तथा रक्तालोकस्नात पुरुष के रूप में मजदूर, मजदूर-वर्ग की संगठन-शक्ति और

सर्वहारा-चेतना का वर्णन—से संबंधित है। 'अंधेरे में' निश्चय ही दुःस्वप्न की कविता है, लेकिन इसमें रक्तालोकस्नात पुरुष, काव्य-नायक के व्यक्तित्वांतरण और जन-क्रांति के सुखद स्वप्न भी हैं, जो पूरी कविता के गहन और डरावने अंधकार को अपने तीव्र आलोक से छिन्न-भिन्न करते रहते हैं। निराला की 'राम की शक्ति पूजा' में सघन अंधकार को कभी राम की नयन-तारिकाएं खंडित कर देती हैं, कभी जलती हुई मशाल, कभी राम के तारकसदृश अश्रु, कभी हनुमान द्वारा किया जानेवाला तेजःप्रसार और कभी लक-लक करते राम के ब्रह्मशर का महाफलक। 'अंधेरे में' में भी सलिल के तम-श्याम शीशे में कोई श्वेत आकृति उभरती है, वृक्षों के शीश पर बिजलियां नाच-नाच उठती हैं, लाल-लाल मशाल से फूटनेवाला लाल-लाल कुहरा है, रक्तालोकस्नात पुरुष का तेजोप्रभावमय ललाट और दीप्त दृग हैं, द्युति-आकृति-सा भविष्य का नक्शा है, विचारों की रक्तिम अग्नि के मणि हैं, तिलक की मूर्ति के कण-कण से झरते नीले 'इलेक्ट्रोन' और उसकी आंखों में सुलगते बिजली के फूल हैं, सूरजमुखी के स्वर्ण-पुष्पों से प्रकाश-विकीरण होता है, जिससे रास्ते पर भी किरणों के कण फैल जाते हैं, बिजली की नंगी लताओं से सफेद, नीले, मोतिया, चंपई और गुलाबी फूल झरते हैं, नीली चांदनी में साक्षात स्वप्न की तरह कोई सुनहला दिया जलता है, क्रांति-पथ पर अग्रसर लोगों की उंगली-संधि से लाल-लाल किरणें फूट रही हैं, क्रांति-संबंधी पर्चे के शब्दों के व्यूहों में नक्षत्र झलमलाते हैं, मिट्टी के लोंदे के भीतर भक्ति की अग्नि का उद्रेक है, कंडों का वर्तुल ज्वलंत मंडल है और क्रांति-काल में जिंदगी के जलते हुए जंगल के ज्वलत् प्रकाशित भीषण कूलों से वेदना-नदियां बहती हैं! 'अंधेरे में' में जिस जुलूस का विस्तार से वर्णन है, उसमें प्रकाश ही प्रकाश है, क्योंकि "उसके दोनों ओर, नीली गैसलाइट पांत / चल रही, चल रही", लेकिन यह कविता के अंधकार को घटाता नहीं, बल्कि और प्रगाढ़ कर देता है, जैसे उसका "शत-ध्वनि-संगम-संगीत" सन्नाटे को तोड़ता नहीं, उसे और गहरा कर देता है। तात्पर्य यह कि प्रकाश से हमेशा अंधकार दूर ही हो, यह आवश्यक नहीं! 'राम की शक्ति-पूजा' में भी कविता जब अंत की तरफ बढ़ती है, एक बार प्रभात होता है : "निशि हुई विगत : नभ के ललाट पर प्रथम किरण/ फूटी, रघुनंदन के दृग महिमा-ज्योति-हिरण।" लेकिन उसके बाद जैसे फिर रात्रि का सघन अंधकार घिर आता है, जिसमें शक्ति राम की परीक्षा लेने के लिए अंतिम नीलकमल उठा ले जाती हैं : "द्विपहर रात्रि, साकार हुईं दुर्गा छिपकर, / हंस उठा ले गईं पूजा का प्रिय इंदीवर।" 'अंधेरे में' एक बार सुबह होती है, तो अंधेरा हमेशा के लिए छंट जाता है, स्वप्न भले चलता रहता हो :

> सब ओर विद्युत्तरंगीय हलचल
> चुंबकीय आकर्षण।
> प्रत्येक वस्तु का निज-निज आलोक,
> मानो कि अलग-अलग फूलों के रंगीन
> अलग-अलग वातावरण हैं बेमाप ...

कविता सुबह के साथ ही समाप्त होती है। सुबह में ही गैलरी से काव्य-नायक

रक्तालोकस्नात पुरुष को सामने से गुजरते और लोगों की भीड़ में खो जाते देखता है।

मुक्तिबोध ने जिस भाषा के द्वारा 'अंधेरे में' की फैंटास्टिक दुनिया का निर्माण किया है, वह अपनी शक्ति और सौंदर्य में बेजोड़ है। कुछ विद्वानों ने इस भाषा को अनगढ़ कहकर इसका महत्व कम करना चाहा है। यह वही विद्वान हैं जो नई कविता की 'जड़ीभूत सौंदर्याभिरुचि' के शिकार हैं। वे इस कविता में भी नई कविता के सुगढ़ शब्द और नकली मुहावरे ढूंढ़ते हैं और निराश होते हैं। वे यह नहीं देखते कि 'अंधेरे में' की भयावह और शक्तिशाली एवं सुंदर दुनिया का निर्माण नई कविता की भाषा में संभव न था। स्वभावतः यह कविता भाषा की पूर्वप्रचलित प्रणाली को तोड़कर एक ऐसी भाषा में रची गई है, जो जितनी ही 'आवश्यक' है, उतनी ही काव्यात्मक भी। इसमें भाषा के अनेक स्तर प्रकट हुए हैं और सभी स्तर एक-दूसरे पर क्रिया-प्रतिक्रिया करते हुए इस कविता को ऐसे तेज और लावण्य से भर देते हैं, जैसा तेज और लावण्य आधुनिक काल में 'राम की शक्ति-पूजा' के पहले किसी कविता में न दिखलाई पड़ा था।

'अंधेरे में' में प्रयुक्त भाषा का एक रूप वह है, जिसमें संस्कृत शब्दों के बेछूट प्रयोग के द्वारा ओजस्वी दृश्यांकन किया गया है। इस रूप का उदाहरण है :

तेजोप्रभावमय उसका ललाट देख,
मेरे अंग-अंग में अजीब एक थर-थर।
गौरवर्ण, दीप्त-दृग, सौम्यमुख
संभावित स्नेह-सा प्रिय रूप देखकर
विलक्षण शंका,
भव्य आजानुभुज देखते ही साक्षात्
गहन एक संदेह।

अथवा

स्वप्नों की कोमल किरनों का पानी
घनीभूत संघनित द्युतिमान
शिलाओं में परिणत,
ये सब दृढ़ीभूत कार्म-शिलाएं हैं
जिनसे कि स्वप्नों की मूर्ति बनेगी
सस्मित सुखकर
जिसमें से उद्‌गत क्रियाशील किरनें
ब्रह्मांड भर में नापेंगी सब कुछ!
सचमुच, मुझको तो जिंदगी-सरहद
सूर्यों के प्रांगण पार भी जाती दीखती!!

इन उदाहरणों में भी संस्कृत शब्दों के साथ 'अजीब' और 'जिंदगी-सरहद'-जैसे 'विजातीय' शब्दों का प्रयोग हुआ है। ये शब्द संस्कृत शब्दों से निर्मित भाषा को जड़ीभूत होने से

बचाते हैं। अन्यत्र तो मुक्तिबोध ने जान-बूझकर संस्कृत शब्दों के साथ 'विजातीय' शब्दों या 'विजातीय' शब्दों के साथ संस्कृत शब्दों को रखकर ओजस्वी चित्रों की सृष्टि की है। दो उदाहरण प्रस्तुत हैं :

विचित्र प्रोसेशन
गंभीर *क्विक मार्च* . . .
कलाबत्तू वाली काली *जरीदार ड्रैस* पहने
चमकदार *बैंड*-दल—
अस्थि-रूप, यकृत-स्वरूप, उदर-आकृति
आंतों के जालों-से उलझे हुए, बाजे वे दमकते हैं भयंकर
गंभीर गीत-स्वन-तरंगें
ध्वनियों के आवर्त मंडराते पथ पर।
. . .   .

उदरंभरि बन अनात्म बन गए,
भूतों की *शादी* में *कनात*-से तन गए

बलयुक्त शब्द निश्चय ही 'विजातीय' हैं, जो घोर संस्कृत शब्दों के साथ बेहिचक प्रयोग में लाए गए हैं और जिन्होंने मिलकर ओजस्वी चित्रों के निर्माण में योग दिया है। लेकिन जरूरी नहीं कि मुक्तिबोध संस्कृत शब्दों के कौशलपूर्ण प्रयोग के द्वारा ही वर्णन को ओजस्वी बनाएं। यह काम वे अपेक्षाकृत सरल और स्वाभाविक भाषा में भी सफलतापूर्वक करने में समर्थ हैं। प्रमाणस्वरूप उनका यह वर्णन देखा जा सकता है :

तालाब के आस-पास, अंधेरे में वन-वृक्ष
चमक-चमक उठते हैं हरे-हरे, अचानक
वृक्षों के शीश पर नाच-नाच उठती हैं बिजलियां,
शाखाएं, डालियां झूमकर, झपटकर
चीख, एक दूसरे पर पटकती हैं सिर कि अकस्मात्
वृक्षों के अंधेरे में छिपी हुई किसी एक तिलिस्मी खोह का शिला-द्वार
खुलता है धड़-से

इस कविता के अनेक स्थल ऐसे हैं, जहां कहानी-उपन्यास की सरल भाषा का प्रयोग हुआ है। लेकिन उनमें प्रायः एक चित्र ऐसा अवश्य होता है, जो वर्णन को काफी ऊपर उठाकर काव्यत्व के धरातल पर प्रतिष्ठित कर देता है। "सूनी है राह, अजीब है फैलाव, / सर्द अंधेरा। / ढीली आंखों से देखते हैं विश्व/उदास तारे। / हर बार सोच और हर बार अफसोस / हर बार फिक्र / के कारण बढ़े हुए दर्द का मानो कि दूर वहां, दूर वहां / अंधियारा पीपल देता है पहरा। / हवाओं की निःसंग लहरों में कांपती / कुत्तों की दूर-दूर अलग-अलग आवाज, / टकराती रहती सियारों की ध्वनि से।" इसमें वर्णन को ऊपर उठानेवाला चित्र है "बढ़े हुए दर्द का अंधियारा पीपल"। इसी तरह दूसरा वर्णन है : "अकस्मात् / चार का गजर कहीं खड़का, / मेरा

दिल धड़का, / उदास मटमैला मनरूपी वल्मीक / विचलित। / अगिनत काली-काली हायफन-डैशों की लकीरों की हलचल / सब ओर बिखराव। / मैं अपने कमरे में यहां लेटा हुआ हूं। / काले-काले शहतीर छत के / हृदय दबोचते। / यद्यपि आंगन में नल जोर मारता, / खूब खखारती पानी की धारा, / किंतु न शरीर में बल है / अंधेरे में गल रहा दिल यह।" इस वर्णन को गंभीर बनानेवाली चीज है मन-विवर से निकलकर चारों ओर चिंता की असंख्य काली-काली चींटियों की कतारों का फैल जाना। "चार का गजर कहीं खड़का, / मेरा दिल धड़का" इस मस्तीभरी सरलता के और भी उदाहरण हैं : "भागता मैं दम छोड़, / घूम गया कई मोड़", "अब तक क्या किया, / जीवन क्या जिया!!", "मेरा सिर गरम है, / इसलिए भरम है", या फिर "यह कथा नहीं है, यह सब सच है, हां भई!! / कहीं आग लग गई, कहीं गोली चल गई!!"

'अंधेरे में' में सरल भाषा का एक रूप वह है, जिसे डॉ. रामविलास शर्मा के शब्द लेकर 'लक्कड़तोड़ भाषा' कहा जा सकता है। वैसी भाषा का नमूना है :

लोकहित-पिता को घर से निकाल दिया,
जन-मन करुणा-सी मां को हकाल दिया,
स्वार्थ के टेरियर कुत्तों को पाल लिया,
भावना के कर्तव्य ... त्याग दिए,
हृदय के मंतव्य ... मार डाले!
बुद्धि का भाल ही फोड़ दिया,
तर्कों के हाथ उखाड़ दिए,
जम गए, जाम हुए, फंस गए,
अपने ही कीचड़ में धंस गए!!
विवेक बघार डाला स्वार्थों के तेल में
आदर्श खा गए।

जाहिर है कि यह भाषा नई कविता की भाषागत सुरुचि पर आघात करनेवाली है। लेकिन हमारा ध्यान इस भाषा की शक्ति पर जाना चाहिए। वही भाषागत सौंदर्य का असली स्रोत है। ऐसी ही भाषा यहां भी दिखलाई पड़ती है :

कुछ बलवान जन सांवले मुख के
चढ़ा रहे लकड़ी के चक्के पर जबरन
लाल-लाल लोहे की गोल-गोल पट्टी
घन मार घन मार,
उसी प्रकार अब
आत्मा के चक्के पर चढ़ाया जा रहा
संकल्प-शक्ति के लोहे का मजबूत
ज्वलंत टायर!!

पकड़कर कॉलर दबाया गया।
चांटे से कनपटी टूटी कि यह क्या
त्वचा उखड़ गई गाल की पूरी।
कान में भर गई
अनहद-नाद की भनभन।
आंखों में तैरीं
रक्तिम तितलियां, चिनगियां नीली।

यह भाषा जितनी ही सरल है उतनी ही सशक्त और सौंदर्ययुक्त। अगले ही पृष्ठ पर यह वर्णन है :

टूटे-से स्टूल पर बिठाया गया हूं।
शीश की हड्डी जा रही तोड़ी।
लोहे की कील पर बड़े हथौड़े
पड़ रहे लगातार।
शीश का मोटा अस्थि-कवच ही निकाल डाला।

फासिस्ट स्क्रीनिंग का यह वर्णन फैंटेसी के द्वारा ही संभव था, जो नए चित्र के साथ नई भाषा भी गढ़ती है।

जन-क्रांति का यह दृश्य भी सरल भाषा का एक नया स्तर सामने लाता है :

मकानों की छत से
गाडर कूद पड़े
धम से।
घूम उठे खंभे
अचानक वेग से चल पड़े हवा में।
दादा का सोंटा भी करता है दांव-पेंच
गगन में नाच रही कक्का की लाठी।

यह भाषा वाकई नई कविता की भाषा को नष्ट कर डालती है। अंतिम पंक्ति के छायावादी 'गगन' का तो दिवाला निकल गया है। लेकिन एक-एक चित्र कितना सटीक और सशक्त है! मुक्तिबोध की सरल भाषा में भी सूक्ष्म अंकन की कैसी क्षमता है, इसका पता ध्वनि और प्रकाश के इन दो चित्रों से चल जाएगा : "अंधेरे में *ध्वनियों के बुलबुले उभरे,* / ⋯ अरे, हां, सांकल ही रह-रह / बजती है द्वार पर" और "गैसलाइट निलाई में रंगे हुए अपार्थिव चेहरे"।

'अंधेरे में' में जगह-जगह पर मुक्तिबोध की भाषा बहुत ही स्निग्ध और मधुर हो उठती है। ये इस कविता के सर्वाधिक संवेदनशील स्थल हैं और यहां उन्होंने उतनी ही संवेदनशील भाषा का प्रयोग किया है। इस दृष्टि से इसका निम्नलिखित अंश द्रष्टव्य है :

मेरा यह चेहरा

धुलता है जाने किस अथाह गंभीर, सांवले जल से,
झुके हुए गुमसुम टूटे हुए घरों के
तिमिर अतल से
धुलता है मन यह।
रात्रि के श्यामल ओस से क्षालित
कोई गुरु गंभीर महान् अस्तित्व
महकता है लगातार,
मानो खंडहर-प्रसारों में उद्यान
गुलाब-चमेली के, रात्रि-तिमिर में,
महकते हों, महकते ही रहते हों हर पल।
किन्तु वे उद्यान कहां हैं,
अंधेरे में पता नहीं चलता।
मात्र सुगंध है सब ओर,
पर उस महक-लहर में
कोई छुपी वेदना, कोई गुप्त चिंता
छटपटा रही है, छटपटा रही है।

हमारा ध्यान "रात्रि के श्यामल ओस से क्षालित गुरु गंभीर अस्तित्व" और "महक-लहर में छटपटाती किसी छुपी हुई वेदना" पर ही नहीं, अभावग्रस्त श्रमजीवियों के ''झुके हुए गुमसुम टूटे हुए घरों के उस अतल तिमिर" की ओर भी जाना चाहिए, जिससे काव्य-नायक का मन धुल जाता है! इसी तरह—

बालक लिपटा है मेरे इस गले से चुपचाप,
छाती से कंधे से चिपका है नन्हा-सा आकाश

और

कमरे में सुबह की धूप आ गई है,
गैलरी में फैला है सुनहला रवि-छोर
क्या कोई प्रेमिका सचमुच मिलेगी?
हाय! यह वेदना स्नेह की गहरी
जाग गई क्योंकर?

वाकई ये "करुण रसाल हृदय के स्वर" हैं। यदि फासिस्ट आतंक की छाया और भयानक आत्मसंघर्ष की अवस्था में लिखी गई इस कविता में ये स्वर दबे रह जाते, तो उसमें जो गहन प्रभावोत्पादकता है, वह संभव न थी। यह कविता वस्तुतः "लहरीली थाहोंवाली नीली झील में कांपता एक अरुण कमल" है : अरुण कमल, यानी फासिज्म के विरुद्ध लिखी गई एक क्रांतिकारी कविता!

000